最新版

地方自治行政論

金 基 玉 著

法英社

최신판을 내면서

계절이 바뀌면 옷을 갈아입는다. 그것은 기온의 변화라는 타의에 의한 것이다.

법령이 바뀌면 그 내용에 맞추어 학자들은 자기 저서의 개정 또는 보정판을 내기 마련이다. 그것도 법령의 개정이라는 타의에 의한 것이다.

여기에서 '타의'를 강조하는 것은 그 타의의 정당성이 공감을 받느냐를 짚어보기 위해서이다.

계절의 변화는 하나님의 질서이기에 따를 수밖에 없다고 하더라도, 법령의 개폐는 인위적 조작이기 때문에 국민적 공감을 수용하지 못하면 정당성을 잃게 되어 비판을 면할 수 없게 된다.

저자는 지방자치제 관련 법령과 이론의 변개에 따라 개정판·증보판을 쓸 때마다 그 변개의 정당성을 의심한다. 그래서 비판적 시각을 곤두세우는 것이다.

2000년에 전정증보판을 낸 이후 지방자치법은 8회, 공직선거 및 선거부정방지법은 무려 11회가 개정되었다. 이 최신판에서는 2009. 5. 1 이전에 개정된 관계법령을 전부 반영하였다.

그런데 그 개정안들이 한결 같이 정부·정당·국회의원들의 권한확장과 편익증대에 치중되어 있었다는 점을 지적하면서 서글픔을 느낀다.

그 증거가 바로 '지방선거에 있어서 정당공천제를 폐지해야 한다.'는 학계와 언론, 시민단체들의 주장을 아예 논의제기조차 하지 않는 입법관계자들의 일관된 태도이다.

지방선거에서의 정당공천제는 우리나라 지방자치제 발전에 있어서 암(cancer)이라고 저자는 주장한다. 이 암 덩어리를 제거하지 않고 우리의 지방자치제가 건전하게 발전하기를 바라는 것은 연목구어(緣木求魚)에 다름 아니다.

이론적인 논리를 접어두고 정치현실에서만 보더라도 정당공천제가 주민의 선택권을 제한하고, 소인군(素人群)을 양산하여 지방자치행정을 코미디로 전락시키고 있기 때문이다. 더욱 위험한 것은 정당공천제의 시행과정에서의 부패로 인하여 정치권 전체가 오염되고 있다는 것이다.

지역의 문제를 잘 알고 그 해결방안을 가지고 있는 행정전문가들이 정당공천제 때문에 입지도 해보지 못하는 현실을 외면해도 되는 것인가? 그러면서도 입으로는 지역균형발전, 지방자치제발전 · 정치발전을 외치는 자들은 개그맨에 다름 아니다.

이 최신판은 그간에 있었던 법령개정안을 반영하면서 이웃 일본 등의 지방분권을 위한 노력들을 보완하였다.

특히 '지방선거'에 관한 부분은 전면 개필 하다시피 하였다.

그 동안 이 작은 책자를 사랑해준 독자제현의 지적과 비판을 겸허히 수용할 것을 다시 한 번 약속드리며, 학계의 목소리가 크게 들려 입법 작업에 반영되는 날이 속히 오기를 기대해 본다.

'우리의 입법현장에서 언제쯤 계절에 맞는 옷을 입을 수 있을까?'

"여호와 마헨(Yehowah Mahken)"

주후 2009. 5. 1

著 者 씀

전정(全訂)판을 내면서

절룩거리면서 걷는 길은 멀고 더딜 수밖에 없다.

우리의 지방자치제는, 「그 본질과 기능이 어떠한 모습을 가져야 하고 어떻게 운영·발전되어야 할 것인가」에 대한 심사숙고 없이 지혜롭지 못한 손들에 의하여 졸속 시행된 결과 '제도적 모순'과 '운영의 미숙'이라는 두 개의 멍에를 진 채 온전치 못한 발걸음을 터덕거리며 내딛고 있다.

제도적으로는 중앙정치와 중앙정부에의 예속이라는 멍에를, 운영 면에서는 지방행정과 지방자치행정의 개념적 구분도 제대로 못하는 素人群들의 지방정치 점유가 덧씌워진 채 제도개선이나 운영의 대안을 제시할 엄두도 내지 못하고 있다.

본서는 저자가 지방자치법 제8차 개정안 작성에 참여한 후 곧 바로 「한국지방자치론」을 출간하였고, 그 뒤를 이어 개정판에서는 「지방자치행정론」으로 제호를 바꾸어 3차례에 걸쳐 개정판을 낸 후, 이번에 지방자치법 제16차 개정, 지방교육자치에 관한 법률개정, 지방세법개정, 지방교부세법개정 등에 근거하여 전정판을 내게 되었다.

본서는 처음부터 일본 등 선진국의 지방자치제도에 비하여 상대적으로 미흡한 우리나라 제도에 대한 이론적 문제점의 제기와 실무적 대안제시에 역점을 두고 원고가 작성되었고, 이번 전정판에서는 이를 더 보충하고, 최근 경영행정의 중시에 따라 제11장에 「지방자치와 경영행정」편을 새로이 추가하였다.

특히 지방자치현장에 있어서 經營行政은 「지방자치단체의 한정된 재원으로 폭증하는 주민수요에 대처할 수 없다」는 지방재정의 한계에서 비롯되어 지방자치단체의 재정자주권의 확립과 그로 인한 주민복지서비스 극대화라는 이중적 과제를 해결하려는 필요성에 따라 실무적 대안제시에 역점을 두었다.

그 동안 본서가 행정실무가들에게는 실무지침으로써, 수험생들에게는 기본서와 참고서로서 기능을 하는 데 일조하였다는 자부심으로 다시 전정판을 내면서 본서가 우리나라 지방정치현장의 「바보들의 행진」을 저지하는데 「붉은 신호등」이 되기를 기원해마지 않는다.

출판을 기쁜 마음으로 해주신 고준영 사장과 교정을 도와주신 이종기 실장께 감사를 드리는 바이다.

"내가 주를 의뢰하고
적진을 달리며,
내 하나님을 의지하고
담을 뛰어 넘나이다(시 18 : 29)"

주후 2000. 1. 20
– 법학도의 길에 들어선 容奭에게 –
著 者 씀

머 리 말

본서는 "한국지방자치론"(政經社:1990.3)의 체제를 전면 개편하고 이론을 보완하여 지방자치행정에 직접 기여하는 지방공무원, 지방의회의원 등을 위한 실무지침서인 동시에 대학과 대학원에서 地方自治行政論을 전공하거나 행정고시 또는 각급 시험에서 "지방행정(도시행정포함)론"을 선택한 수험생들의 교과서로서 편찬한 것이다.

지방자치의 재실시에 즈음하면서 너나없이 가졌던 의문은, '우리가 발전시켜야 할 지방자치행정의 모습은 어떤 것이 되어야 하는가. 하는 것이었다고 생각된다.

도대체 지금 우리 앞에 전개되고 있는 地方自治時代의 진정한 의미는 무엇인가?

그것은 政治的 民主化의 法律的 移植과 自治時代의 發展이라는 두 가지 의미로 함축할 수 있을 것이다. 전자는 지방자치법의 8차 개정(1989.12.30)에서 "대한민국의 민주적 발전"을 지방자치의 목적(동법 § 1)으로 추가하여 명문화함으로써 정치적 민주화를 법률적 의미의 것으로 가시화하였다.

이것은 단지 법률용어상의 구현에 그치는 것이 아니고 국민의 민주화에 대한 열망과 욕구 그리고 의지를 법률에 보장하고 그 실천을 구체화함에 있어서 선언적 의미를 갖는다. 즉, 지방자치를 실시함으로써 지방자치의 민주화와 책임행정을 통하여 중앙정치의 안정 및 균형적인 지역발전을 촉진시킨다는 정치적 의지의 결집이라고 할 수 있을 것이다.

그러나 지방자치의 목적, 구체적으로 지방자치단체의 존립목적이 주민복리의 추구와 달성에 있기 때문에 총량적 의미에서의 지방자치는 법률적 규정의 편의성에 수반하여 주민복리욕구의 변화에 의하여 영향을 받게 될 것이다.

주민의 복리는 주민의 모든 일상생활과 관련되는 것으로서 그 내용은 매우 광범위하고 지역에 따라 그리고 개인에 따라 다르게 나타날 수 있기 때문이다.

지방자치란 주민생활에서 일어나는 사회적 수요에 대한 공공적 대응을 의미하는 것이므로 그 환경의 변화에 민감하게 교차하지 않으면 안 될 것이다.

또한, 지방자치는 정치권의 脫이데올로기적 경향과 주민의 부단한 민주화의 욕구에 영향을 받게 될 것이다.

국내 정치운동이나 정치활동이 이상이나 이념보다는 목적달성의 방법에 큰 비중을 두고 보수정당의 한계를 벗어나지 못할 것이며, 국제외교에 있어서도 국가이익의 우선이라는 원칙을 쫓아 이데올로기에 불구하고 친교의 다변화를 기하게 될 것이다. 아울러 민주화의 욕구는 간단없이 계속되어 정치 분야에서 뿐만 아니라 경제·사회적 영역에서 다 같이 상당기간 혼란과 마찰의 불협화를 경험하게 될 것으로 전망되는데, 이와 같은 民主化와 自治化의 경향은 자연히 국민의 정치의식을 제고시키게 될 것이며 국민의 정치적·사회적 지위를 높여 가게 될 것이다.

이와 같은 현실인식과 전망을 전제로 본서를 보정함에 있어서는 다음 몇 가지 사항에 특히 유의하였다.

첫째, 본서는 1992.6.1 현재 國會에 상정되어 있는 地方自治法改正法律案(제12차 개정안)의 통과를 전제로 집필하였으므로 條例의 公布時限, 條例의 罰則上限規程, 地方自治團體長의 先決處分權의 要件·效力 등에 있어서 현행규정과 달리 서술된 부분이 있음을 유의하여야 한다.

둘째, 지방자치행정론의 범위설정에 있어서 地域開發論까지 포함하여 편제하였다.

셋째, 지방자치제도의 접근에 있어서 종래의 시각을 과감히 비판하고 새로운 시각의 정립을 위한 理論들을 보완하였다.

넷째, 지방자치행정이론에 있어서 저자의 실무경험을 투영하여 이론과 실무의 접근을 시도하였으며, 특히 自治行政權의 分散模型, 地方財政, 地方公務員, 地方監査 등의 章은 實務위주로 집필함으로써 현실적 적응성을 높이려고 노력하였다.

다섯째, 地方自治先進國들의 입법례와 운용사례는 최소 필요한 범위 내에서 최근의 자료들을 인용함으로써, 종래 이 분야의 서적들이 남의 산은 보면서 자기 수목은 지키지 못한 愚를 배제하였다.

여섯째, 實務家와 受驗生의 需要를 충족시키기 위하여 實務상 문제점의 적시와 理論의 補正을 안배하는데 역점을 두었다.

따라서 본서는 지방의회의원, 지방공무원은 물론 각급 대학과 대학원의 연구생, 행정고시수험생 등이 소기의 목적을 달성할 수 있도록 배려하는데 역점을 두었음을 밝혀둔다.

여러 大學·大學院·각급 敎育院 등에서 '地方自治制의 發展方向', '地方自治와 國家發展' 등의 주제로 강의를 하거나, 行政考試 등 각급 시험에서 출제를 하다가 느낀 미비점과 의문점을 가능한 한 해결하려는 필자의 노력이 부족하나마 본서에서 반영되었다고 자부하는 동시에 아쉬운 점은 차후를 기약하면서 독자제현의 목적달성에 일조가 되기를 기원해 마지않는다.

본서를 햇빛 아래 내 놓으면서 연구 분위기 조성에 진력해주신 中央公務員敎育院 黃秉印院長님, 國會 康祐赫議員님, '부동산이론과 부동산조세론'에 이어 본서의 출간을 맡아준 高晙英社長, 사식 · 교정에 애써준 編輯部 南美螺양, 그리고 언제나 부족한 祈禱를 성심으로 보완해 준 아내에게 감사드리는 바이다.

주후 1992. 8. 15.

— 大學生活을 시작한 맏딸 眞慶에게 —

著 者 識

차 례

제 1 장 地方行政과 地方自治

제 1 절 地方自治行政의 政策形成過程 ……21

1. 地方自治와 地方政策形成 ……21
   1) 지방자치의 정치·사회과정 21
   2) 지방자치행정의 중심과제 22
2. 地方政策決定과 漸變主義 ……23
   1) 점변주의의 의의 23
   2) 점변주의의 특징 23
   3) 점변주의의 유형 24
   4) 점변주의에 대한 비판 25

제 2 절 地方自治行政論의 理論體系 ……26

1. 理論體系 및 研究範圍 ……26
   1) 지방자치행정론의 체계 26
   2) 지방자치행정론의 연구방법 27
2. 地方自治行政의 特殊性 ……28
   1) 주체의 특수성 28
   2) 권능의 특수성 28
   3) 사무의 특수성 28
   4) 관할구역의 특수성 28
   5) 공무원·재원의 특수성 29
3. 社會變動과 地方自治行政 ……30
   1) 지방행정환경의 변화 30
   2) 지방자치행정의 역할 30

제 3 절 地方行政과 地方自治 ……31

1. 地方行政의 概念과 遂行方式 ……31
   1) 지방행정의 개념 31
   2) 지방행정의 수행방식 31
2. 地方行政의 理念과 特質 ……32
   1) 지방행정의 이념 32
   2) 지방행정의 특질 34
3. 地方行政需要의 變動 ……35
   1) 사회적 수요의 형성 35
   2) 환경변화예측 36
4. 自治時代의 地方行政 ……38
   1) 주민주권행정 38
   2) 이상형자치 39

제 4 절 地方行政과 都市行政 ……41

1. 都市問題와 都市政策 ……41
1) 도시문제의 증폭 41 2) 도시화와 도시행정 42
2. 都市行政과 廣域行政 ……43
1) 광역행정의 접근방법 44 2) 광역행정의 실태 46
3) 광역행정체제의 제도화방안 48

제2장 地方自治制의 理論的 基礎

제1절 地方自治制度의 原理 ……52
1. 中央集權과 地方分權 ……52
1) 중앙집권과 지방분권의 의의 52 2) 양자의 관계 52
2. 知識的 集權과 權力的 集權 ……53
1) 지식적 집권 53 2) 권력적 집권 54
3. 新中央集權과 新地方分權 ……55
1) 신중앙집권주의 55 2) 신지방분권화의 경향 56
4. 自治的 分權과 行政的 分權 ……57
1) 자치적 분권 58 2) 행정적 분권 58
5. 住民自治와 團體自治 ……59
1) 주민자치 59 2) 단체자치 59
3) 구별의 실익 60
제2절 地方自治의 意義와 價値 ……61
1. 地方自治의 概念 ……61
1) 지방자치의 행정적 의의 61 2) 지방자치와 구별개념 62
2. 地方自治의 價値 ……63
1) 정치적·기술적 필요성 63 2) 지방자치와 대중선택이론 66
3) 지방자치와 민주주의 67
3. 地方自治와 住民參加 ……68
1) 주민참가의 의의·필요성 68 2) 주민참가론의 전개·문제점 70
3) 사회적 합의형성 73
4. 地方自治와 公務員參加 ……74
1) 공무원참가론의 제기 74 2) 공무원참가의 개념 75
3) 공무원참가의 논리 76 4) 공무원참가의 효용 77
5. 地方自治와 情報公開 ……78

1) 행정민주화와 정보공개 78 2) 정보공개의 의의 79
3) 공문서공개제도 80
6. 地方自治의 政治化 ……83
1) 정치화의 개념 · 논리 83 2) 수용가능성 85
7. 地方自治의 政治力學 ……86
1) 지방자치의 복고운동 87 2) 정치역학관계의 원리 88
8. 地方自治의 危機論 ……89
1) 위기론의 대두 89 2) 위기화의 요인 89
3) 위기해소방안 90
제 3 절 地方自治의 發展過程 ……91
1. 各國의 地方自治制度 ……91
1) 영 국 91 2) 미 국 92
3) 프랑스 93 4) 독 일 94
5) 일 본 96
2. 地方自治制度의 類型 ……98
1) 영국형 98 2) 미국형 99
3) 프랑스형 99 4) 북한형 100

제 3 장 우리나라 地方自治制度

제 1 절 地方自治制度의 發展過程 ……101
1. 고려의 事審官制와 鄕職團體 ……101
2. 조선의 鄕廳·鄕約·鄕會 ……101
3. 일제시대의 道·府·邑·面 ……102
4. 제1공화국의 지방자치제도 ……102
5. 제2공화국의 지방자치제도 ……103
6. 제3·4·5 공화국의 지방자치제도 ……103
7. 제6공화국의 지방자치제도 ……104
1) 제7차 개정 104 2) 제8차 개정 104
3) 제9 · 10차 개정 105 4) 제11차 개정 106
8. 문민정부의 지방자치제도 ……107
1) 제12차 개정 107 2) 제13 · 14 · 15차 개정 109
9. 국민정부의 지방자치제도 ……109

10. 참여정부의 지방자치제도 ……111

제 2 절 地方自治制의 組織 ……111

1. 地方自治法의 目的과 性格 ……111

1) 목 적 111
2) 성 격 111

2. 地方自治團體의 種類 ……112

1) 일반지방자치단체 112
2) 특별지방자치단체 113

3. 地方行政階層 ……113

1) 단층제와 다층제 113
2) 자치계층과 행정계층 114

4. 地方自治團體의 管轄區域 ……114

1) 자치구역과 행정구역 115
2) 자치구역의 적정규모 116
3) 자치구역의 경계변경과 폐치·분합 117
4) 「도·농복합형」의 자치구역개편 119

5. 地方自治團體의 住民 ……121

1) 주민의 지위 121
2) 주민의 권리와 의무 122
3) 주민투표제 123
4) 주민발안제 128
5) 주민감사청구제 130
6) 주민소송제 132
7) 주민소환제 136

6. 地方自治團體의 權限(自治權) ……144

1) 지방분권화의 촉진 144
2) 자치권의 제약 144

제 3 절 地方自治團體의 機能과 事務 ……147

1. 地方自治團體의 事務 ……147

1) 자치(고유)사무 147
2) 단체위임사무 148
3) 추정되는 사무 152
4) 사무구분의 실익 153
5) 사무배분의 합리화 153

2. 例示的 列擧主義 ……155

1) 예시열거식 사무규정 155
2) 포괄성과 예외 155

3. 事務處理의 基本原則 ……155

1) 사무처리의 목적 155
2) 기능수행 및 사무처리의 원칙 156
3) 사무처리의 한계 및 제약 156

4. 自治團體의 種類別 事務配分基準 ……156

1) 지방자치계층별 기능분담 156
2) 기초자치단체우선의 원칙 157

5. 國家事務의 處理制限 ……157

1) 국가사무의 처리원칙 157
2) 국가사무의 예시 157

제 4 절 自治立法權(條例와 規則) ……158

1. 條 例 ……………………………………………………………………158
1) 조례의 의의 및 성질 158 2) 조례제정권의 범위 158
3) 조례제정의 규준과 형량명령 159 4) 조례제정·개폐청구권 160
2. 規 則 ……………………………………………………………………160
1) 규칙의 의의 및 성질 160 2) 규칙제정권의 범위 161
3. 條例와 規則의 立法限界 ……………………………………………162
1) 상위조례 또는 규칙의 우위원칙 162
2) 위반의 효과 162
4. 地方自治團體의 新設·變更時의 條例·規則 ………………………162
1) 경과규정 162 2) 조례·규칙의 계속성 162
5. 條例와 規則의 制定節次, 確定, 公布 ……………………………163
1) 조례안의 재의요구 163 2) 조례의 확정 163
3) 공포에 있어서의 예외 163 4) 공포절차·방법 163
5) 조례의 집행정지결정신청 164
6. 條例違反에 대한 過怠料 ……………………………………………164
1) 개정의 취지 165 2) 과태료제정권자 165
3) 과태료의 한도 165 4) 과태료의 과징절차 166
5) 일본의 입법례 166
7. 條例와 規則의 報告·通報 …………………………………………167
1) 조례·규칙의 보고 167 2) 내무부장관의 통보 167
3) 시·도지사의 보고 167
제 5 절 地方選擧 ……………………………………………………………168
1. 地方選擧의 意義와 種類 ……………………………………………168
1) 지방선거의 중요성 168 2) 지방선거의 종류 169
3) 지방선거의 특례 – 동시선거 169
2. 地方選擧의 基本原理 …………………………………………………170
1) 지방선거의 기본원칙 170 2) 선거제도(대표제) 171
3) 선거구 171
3. 選擧人과 候補者 ……………………………………………………172
1) 선거인과 선거권 172 2) 후보자와 피선거권 174
3) 후보자등록제 174
4. 選擧運動 ………………………………………………………………177
1) 선거관리기관 177 2) 선거운동자유의 원칙 178
3) 선거운동의 규제 184
5. 選擧費用 ………………………………………………………………190
1) 선거비용의 정의·범위와 그 제외 190

2) 선거비용제한액의 산정 191 3) 선거비용의 제한액의 공고 192
4) 선거비용의 보전 192 5) 수당과 실비보상 193
6) 선거비용의 회계 194 7) 선거비용에 관한 조사권 196
8) 지방자치단체가 부담하는 선거경비 197

6. 當選人의 決定 ……198
1) 지방의회의원 선거 198 2) 지방자치단체의 장 선거 200
3) 당선무효와 당선인결정의 착오시정 201

7. 選擧爭訟 ……202
1) 선거소청 203 2) 선거 및 당선소송 205
3) 선거쟁송의 특별절차 206

8. 選擧犯罪에 대한 特則 ……207
1) 연대책임제에 의한 후보자의 당선무효 208
2) 선거범죄로 인한 공무담임제한 209
3) 선거범의 공소시효 및 재판기간 210
4) 재정신청 211
5) 선거범죄조사 212
6) 선거부정감시단 · 사이버선거부정감시단 214
7) 선거범죄신고자의 보호 · 포상금 지급 215
8) 정치자금부정수수자 등의 공무담임 제한 215
9) 기부행위에 대한 쌍벌주의 216

9. 地方選擧와 政黨 ……217
1) 정당참여의 유형별 의의 · 내용 217
2) 정당공천제의 찬 · 반론의 이론적 근거 221
3) 정당공천 여부에 대한 외국의 예 223
4) 지방선거에서의 정당참여의 경험과 교훈 226
5) 정당배제제의 당위성 228

제 4 장 地方自治團體의 機關

제 1 절 地方自治團體組織의 類型 ……231

1. 機關統合型(The unified form of local government) ……231
1) 모 형 231 2) 장 · 단점 232

2. 機關對立型(The seperate form of local government) ……233
1) 강시장형과 약시장형 233 2) 집행기관 단독제와 다원제 234
3) 집행기관 직선형 · 간선형 · 임명형 234

3. 折衷型 ……234

1) 참사회 234 2) 장의 지위 235

4. 住民總會型 ……235

1) 의 의 235 2) 대표적 주민총회 235

5. 우리나라의 組織形態 ……236

1) 기관대립형 236 2) 교육·학예기관 236

제 2 절 地方議會 ……236

1. 地方議會의 地位 ……236

1) 주민의 대표기관 236 2) 권한의 범위 237

2. 地方議會의 組織 ……237

1) 지방의원정수 237 2) 지방의회의원 242

3. 地方議會의 權限과 義務 ……249

1) 행정적 권한 249 2) 재정적 권한 255

3) 지방의회의 의무 263

4. 地方議會의 運營 ……264

1) 지방의회의 내부조직 264 2) 지방의회의 회의 267

3) 지방의회의 사무 271

제 3 절 執行機關 ……274

1. 執行機關의 地位 ……274

1) 집행기관의 의의 274 2) 집행기관의 범위 275

2. 地方自治團體의 長 ……275

1) 장의 지위와 기능 275 2) 장의 선거와 임기 276

3) 장의 권한 281 4) 장의 사무인계 285

5) 지방자치단체의 장 등 협의체 287

3. 補助機關과 行政機關 ……288

1) 부단체장 288 2) 행정기구 및 지방공무원 291

3) 소속행정기관 292 4) 합의제행정기관 293

5) 하부행정기관 294

4. 特別地方行政機關 ……294

1) 설치근거 및 동향 295

2) 국가사무의 실효성보장과 자치권의 신장 298

제 4 절 教育·學藝·體育에 관한 機關 ……299

1. 地方教育自治制의 原理 ……299

1) 교육·학예기관의 분리·독립 299 2) 지방교육자치의 원리 300

2. 教育委員會 ……301

1) 심의 · 의결기관으로서의 교육위원회 301
2) 교육위원회의 회의 303
3) 교육위원회의 위원 및 교육의원 305
4) 준용규정 306
3. 地方議會와 教育委員會 ······306
1) 지방의회와 교육위원회의 상관성 307
2) 지방의회와 교육위원회간 운영상의 과제 311
4. 教育監 ······313
1) 집행기관으로서의 교육감 313 2) 교육감의 권한 315
3) 보조기관 및 소속 교육기관 317 4) 하급교육행정기관 318
5. 教育財政 ······319
1) 교육 · 학예에 관한 경비 319 2) 의무교육경비 319
3) 교육비특별회계 319 4) 국가의 보조 319
6. 地方教育行政協議機構 ······320
1) 지방교육행정협의회 320 2) 교육감 협의체 320
제 5 절 地方議會와 自治團體長과의 관계 ······320
1. 相互關係類型 ······321
1) 협력형 322 2) 합의형 322
3) 대립형 323
2. 協力·對立關係 ······324
1) 협력관계 324 2) 대립관계 324
3. 法制度上 相互關係 ······326
1) 지방의회의 권한과 상호관계 326
2) 지방자치단체장의 권한과 상호관계 327
3) 의무사항규정과 상호관계 328 4) 정당참여와 상호관계 328
5) 법제도상의 문제점 329
4. 法制度上 協力方案 ······330
1) 의회의결사항의 점진적 확대 330
2) 행정사무감사 및 조사요건의 강화 331
3) 의무불이행에 관한 제재조항 신설 333

제 5 장 地方自治團體의 力學關係

제 1 절 國家와 地方自治團體間의 관계 ······335

1. 槪念과 模型 ……336
1) 수평적 관계모형(the partnership model) 336
2) 수직적 관계모형(the agency model) 337
3) 상호권한의존관계모형(the power-dependence model) 337
2. 決定要因과 傾向 ……338
1) 역학관계의 체제론적 속성 338 2) 역학관계의 결정요인 338
3) 역학관계의 경향 341
3. 國家關與의 類型 ……343
1) 국가관여의 목적 343 2) 국가관여의 유형 343
3) 선진외국의 실태 346
4. 地方政府의 對應力 ……350
1) 수직적 종속관계이론의 비판 350 2) 대응력의 구체적 형태 351
3) 대응력의 자원 355
5. 우리나라의 中央과 地方 ……356
1) 국가관여의 실태 356 2) 역학관계의 합리화 방안 365
3) 지방자치단체의 대응력강화 376 4) 새로운 력학관계의 실효성 확보 378
제 2 절 地方自治團體相互間의 관계 ……383
1. 廣域自治團體와 基礎自治團體間의 관계 ……383
1) 지방자치단체의 지위에서의 양자의 관계 383
2) 국가기관으로서 시·도지사와 자치단체로서의 시·군·자치구의 관계 384
3) 국가기관으로서의 시·도지사와 시장·군수·자치구청장 384
2. 地方自治團體相互間의 協力關係 ……385
1) 사무위탁 385 2) 행정협의회 386
3) 지방자치단체조합 390 4) 분쟁의 조정 393
5) 장 등의 협의체 397 6) 중앙과 지방간 협의조정 397
제 3 절 地方政治와 地方政策 ……398
1. 地方政治의 主役 ……399
1) 지방의회의원 399 2) 정 당 399
3) 이익집단 400 4) 지방언론 401
2. 先進國의 地方政策形成 ……401
1) 선진국의 정책형성과정의 특징 402 2) 정책형성과 전문가주의 403
3) 법인경제(the corporate economy) 403
3. 우리나라의 地方政治 ……404
1) 지방정치의 형성과정 404 2) 지방정치의 잠재력 405

제6장 地方財政

제 1 절 地方財政의 基本原則 ······ 407

1. 地方財政의 特性 ······ 407
   1) 지방재정의 의의 407 2) 기능상의 특성 408
2. 國家財政과 地方財政 ······ 408
   1) 상호독립과 연계 408 2) 연계의 불가피성 409
3. 地方財政의 基本原則 ······ 409
   1) 건전재정의 원칙 409 2) 재정자주성의 원칙 410
   3) 국가시책구현의 원칙 410 4) 지방채무 · 채권제한의 원칙 411

제 2 절 地方豫算과 決算 ······ 412

1. 地方豫算의 機能 ······ 412
   1) 지방예산의 의의 412 2) 지방예산의 기능 412
2. 會計年度 ······ 412
   1) 의 의 412 2) 입법례 413
3. 豫算의 種類 ······ 413
   1) 일반회계와 특별회계 413 2) 본예산 · 수정예산 · 추가경정예산 413
4. 豫算의 編成과 確定 ······ 414
   1) 예산의 구성 414 2) 예산안의 편성과 확정 415
5. 確定된 豫算의 運營 ······ 416
   1) 확정된 예산의 성격 416 2) 세출예산의 분류 417
   3) 실행예산의 운영 418 4) 추가경정예산의 운영 419
   5) 예산의 목적외 운영 420
6. 地方豫算의 決算 ······ 421
   1) 결산의 법적 특성 421 2) 검사위원 421

제 3 절 地方收入과 支出 ······ 422

1. 收入·支出의 意義 및 根據 ······ 422
   1) 수입 · 지출의 의의 및 특성 422 2) 수입 · 지출의 근거 및 구속성 423
2. 地方稅 ······ 423
   1) 지방세의 특성과 기능 423 2) 지방세의 원칙 424
   3) 지방세의 분류와 체계 425
3. 稅外收入 ······ 425
   1) 사용료 426 2) 수수료 426

3) 분담금 · 부담금 427　4) 징수교부금 427
5) 재산수입 427
4. 地方債 ……428
1) 지방채의 의의와 종류 428　2) 지방채의 발행 및 채무부담행위 428
3) 지방채의 활성화 429
5. 地方自治福券 ……429
1) 지방자치복권의 필요성 429　2) 지방자치복권발행의 목적 · 절차 429
6. 依存(調整)財源 ……430
1) 지방교부세 431　2) 국고보조금 433
7. 地方經費의 支出 ……437
1) 지방경비(세출) 437　2) 지방경비의 종류 437
제 4 절 地方公企業 ……438
1. 地方公企業의 必要性 ……438
1) 지방공기업의 개념 438　2) 지방공기업의 존재이유 438
2. 地方公企業의 範圍와 料金 ……439
1) 지방공기업의 범위 439　2) 지방공기업의 요금 439
3. 地方公企業의 經營方式 ……440
1) 직접경영방식 440　2) 간접경영방식 440
3) 위탁경영방식 441　4) 자본참여방식 441
4. 地方公企業의 保護·監督 ……441
1) 지방공기업의 보호 442　2) 지방공기업에 대한 감독 442
제 5 절 地域開發金融基金 ……442
1. 意義 및 特性 ……442
1) 개념 · 목적 442　2) 특성 · 기능 443
2. 設置形態 ……443
1) 지역개발금융기금 443　2) 기본구상 444
3. 金融基金의 造成 ……444
1) 자본금 445　2) 지역개발금융기금채권발행 445
3) 토지관리 및 지역균형개발특별회계전입금 446
4. 金融基金의 運營 ……446
1) 자금의 대부 446　2) 조직 및 운영 447
제 6 절 地方財政計劃制度 ……448
1. 地方財政運營改善戰略 ……448
1) 감축관리 448　2) 공공재의 조정 448

3) 수익자부담 449 4) 투자심사분석제도 450
5) 영기준예산제도 450
2. 地方財政計劃制度 ······451
1) 지방재정계획의 필요성 451 2) 지방재정계획의 기능 452
3) 지방재정계획의 수립절차 453 4) 지방재정계획의 한계 454
5) 외국의 재정계획제도 455
3. 地方財政計劃의 連動化 ······456
1) 의의 및 특성 457 2) 연동계획의 필요성 458
3) 선진외국의 사례 459 4) 연동계획의 효과 460
5) 연동계획의 제약요인 460 6) 연동계획의 평가모델 462
제 7 절 地方財政擴充方案 ······463
1. 自主財源擴充의 基本前提 ······463
1) 재정자주성의 제약 463 2) 자주재원의 종류·특성 464
3) 자주재원확충의 기본전제 465
2. 地方稅收入의 增大 ······466
1) 새로운 지방세원의 발굴 466 2) 세율의 조정 470
3) 국가와 지방자치단체간의 세원배분체계의 합리화 471
4) 법정외세제의 도입 471
3. 稅外收入의 擴大 ······472
1) 사용료수입 472 2) 수수료수입 475
3) 경영수익사업의 확충 477 4) 지방공기업의 활성화 480
4. 地方議會의 自主財源擴充權能 ······480
1) 조세법률주의 원칙과 예외 481 2) 지방의회와 세외수입확충 482

제 7 장 地方公務員

제 1 절 地方公務員制度의 基本理念 ······483
1. 地方公務員制度의 特質 ······484
1) 지방공무원제의 특성 484 2) 지방공무원제의 추세 485
2. 地方公務員制의 理念 ······486
1) 민주적 공무원제도 486 2) 직업공무원제도 486
3. 地方公務員과 地方議會議員 ······487
1) 지방공무원의 정책결정참여 487 2) 정책결정참여의 정도 487
제 2 절 地方公務員의 法的 地位 ······488

1. 地方公務員制度의 形式과 內容 ……488
1) 지방공무원제의 법형식 488 2) 지방공무원제의 실질내용 489
2. 地方公務員의 槪念과 範圍 ……489
1) 지방공무원의 개념 489 2) 지방공무원의 범위 490
3. 地方公務員의 權利와 義務 ……491
1) 지방공무원의 권리 491 2) 지방공무원의 의무 491
3) 지방공무원의 책임 491
제 3 절 地方公務員制度의 發展方向 ……492
1. 發展模型의 設定 ……492
1) 자율성과 전문성 확보 492 2) 발전모형의 정립 492
2. 發展方案의 具體化 ……493
1) 국가공무원의 한정적 배치 493 2) 인사위원회의 합리화 493
3) 실질적 행정권한의 배분 494 4) 인사교류방식의 합리화 494
5) 인간적인 인사관리 494
제 4 절 地方職業公務員制의 確立 ……495
1. 公職分類構造의 改編 ……496
1) 공직분류의 평가와 개편방안 496 2) 직종의 신설 498
3) 직위분류의 재조정 498 4) 직렬별 직급구조의 합리화 499
5) 공직분류의 실효성 제고 500
2. 轉補·昇進人事의 管理改善 ……500
1) 전보·승진인사관리의 평가 및 개선방향 500
2) 분야별 전보·승진체제의 구축 503
3. 處遇改善方案 ……505
1) 적정한 보수체계의 확립 505 2) 수당의 조정 505
3) 봉급체계상 장기호봉의 승급폭 확대 506
제 5 절 地方公務員能力發展制의 改善 ……506
1. 敎育訓練의 理論模型 ……506
1) 교육훈련의 성립요건과 영역 507 2) 이론모형 508
3) 국가의 역할과 지방자치단체의 역할 512
2. 敎育訓練體系의 改善 ……513
1) 단기적 개선방안 514 2) 장기적 개선방안 517
3. 敎育訓練을 위한 地方自治團體의 役割 ……517
1) 교육훈련에 관한 입법자로서의 기능 517
2) 교육훈련정책과 방침의 결정자로서의 기능 518
3) 교육훈련계획수립자로서의 기능 518

4) 교육훈련시행자로서의 기능 519 5) 교육훈련평가자로서의 기능 519

제 8 장 大都市行政과 都市政策

제 1 절 地方自治法상 大都市行政의 特例 ……521
1. 서울특별시行政의 特例 ……521
1) 서울특별시의 특성 521 2) 법규상 서울특별시행정특례 523
3) 중앙정부와 서울특별시와의 관계 525
4) 서울특별시와 자치구와의 관계 526
5) 서울특별시조직·인사의 개선방향 528
2. 廣域市行政의 特例 ……530
1) 자치구의 재원조정 531 2) 자치구사무의 특례 531
3. 수원 등 準廣域市行政의 特例 ……534
1) 행정조직·기능·사무의 특례 534 2) 준광역시의 재원보전 537
3) 준광역시의 명칭 등 문제점 537 4) 일본의 지정시제도 538
제 2 절 首都圈聯合政府에 관한 構想 ……540
1. 構想의 前提 ……540
1) 연합정부 구상의 필요성 540 2) 이론적 접근방법 541
2. 首都圈 廣域行政體制의 改編論議 ……542
1) 수도청설치안 543 2) 광역의회설치안 543
3) 지방자치단체조합의 구성안 544 4) 광역공사설치안 544
3. 外國의 自治團體聯合體 ……545
1) 토론토聯合政府(The Municipality of Metropolitan Toronto) 545
2) 몬트리올 都市共同體(Communaute urbaine de Montreal) 547
3) 우리나라에의 示唆點 549
4. 首都圈聯合政府의 制度化方案 ……550
1) 의의 및 성격 550 2) 기능배분모형 550
3) 기관구성방법 554 4) 재 원 560
5) 대안의 제시 561

제 9 장 地方自治와 地域開發

제 1 절 地域開發의 戰略變化 ……563
1. 地域開發의 目標와 原理 ……563
1) 지역개발의 목적 563 2) 지역개발의 원칙 564
2. 地域開發行政의 戰略變化 ……565
1) 주민주도형 지역개발 565 2) 지역생활권개발전략 565
제 2 절 地域開發行政의 問題點과 開發政策의 方向 ……566
1. 地域開發行政體制의 問題點 ……566
1) 기능(사무) 재배분 567 2) 지방행정체제의 불비 570
3) 지역개발투자재원의 취약 572 4) 광역행정체제의 미흡 575
5) 지역개발계획제도의 검토 576
2. 地域開發力量 提高 ……577
1) 지역개발의 기본목표 577 2) 지역개발정책의 방향 578
제 3 절 地域開發과 地域經濟 ……581
1. 地域開發과 地域經濟의 論理 ……581
1) 지역경제와 지역경제제력 581 2) 지역경제의 문제점 582
2. 地域經濟活性化條件의 確立 ……583
1) 객체적 조건의 확립 584 2) 주체적 조건의 확립 585
3) 제도적 조건의 확립 585
3. 地方財政運用과 地域經濟 ……586
1) 지방재정과 지역경제의 연계 586 2) 투자효률성강화 587
3) 지방자치단체와 지역경제 588
제 4 절 地域開發과 地方文化 ……592
1. 地方文化에 대한 認識의 轉換 ……593
1) 지방행정과 지방문화 593 2) 지역경제와 지방문화 594
3) 지역개발과 지방문화 595
2. 地方文化의 實態 ……595
1) 문예활동의 공간적 종주화 596 2) 지방문예인들의 물적 기반의 취약 597
3) 문화촉매기반의 취약 597
3. 地方文化의 振興方案 ……598
1) 문화행정의 제도적 정비 599 2) 문예창작활동의 지원 599
3) 지방문화행정의 문화촉매운동 지원 600

제 5 절 地域開發과 住民參加 ······602
1. 地域開發過程別 住民參加 ······603
1) 주민참가의 필요성 603 2) 주민참가의 유형과 방법 604
3) 지역개발과정별 주민참가 605
2. 各國의 地域開發과 住民參加 ······607
1) 미 국 607 2) 영 국 607
3) 독 일 608 4) 일 본 608
5) 우리나라 609

제 10 장 地方自治와 經營行政

제1절 經營行政의 論理 ······611
1. 經營行政의 槪念 ······611
1) 개념정립의 추세 611 2) 경영행정의 의의 612
3) 도시경영과 기업경영 616 4) 경영행정의 필요성 616
2. 經營行政의 主體 ······618
1) 지방자치단체 618 2) 주민의 경영참가행정 619
3. 經營行政의 原則 ······620
1) 주민복지의 극대화 620 2) 공공서비스의 효율화 621
4. 經營行政의 對象 ······622
1) 행정관리와 도시정책 622 2) 내부경영(행정관리) 623
3) 외부경영(공공서비스, 정책경영) 623
4) 경영행정의 체계 625
5. 經營行政의 行爲·類型 ······626
1) 경영행정의 행위 626 2) 경영행정의 유형 628
6. 理論化의 爭點 ······631
1) 제도와 경영 631 2) 기업화와 복지화 631
3) 정치화와 경영화 632 4) 경영행정론과 민주경영론 632
5) 정책경영론의 전개와 주민참가 636
제 2 절 地方自治團體의 經營政策 ······639
1. 經營政策의 原理 ······639
1) 경영정책론의 시각 639 2) 지역개발론 641
3) 공공투자론 642 4) 행정서비스론 644

5) 서비스공급형태론 646 6) 기업적 경영행정론 649
2. 經營政策의 形成·決定 ……651
1) 경영정책형성 · 결정의 민주화 · 과학화 652
2) 정책경영의 확립 · 전개 655
3. 經營政策의 評價 ……659
1) 투자효과의 평가 659 2) 지역서비스의 평가 661
3) 경영정책평가의 한계 664
제3절 經營行政의 民營化 ……665
1. 民營化의 槪念·類型 ……666
1) 민영화(민간화)의 개념 666 2) 민영화의 전개방향 669
3) 민영화의 활용 672
2. 民資誘致 ……674
1) 사회간접자본시설확충과 민자유치 674
2) 민자유치의 제도화 675

제 11 장 北韓의 地方行政

제 1 절 北韓行政의 一般的 性格 ……682
1. 首領·黨·人民의 三位一體 ……682
1) 수 령 682 2) 당 683
3) 인 민 683
2. 中央集權主義 ……683
1) 가식적 민주주의 중앙집권제 683 2) 1인 집권제 684
3. 機關統合主義 ……684
1) 최고회의제도 684 2) 비공식조직의 부인 685
제 2 절 北韓의 地方行政組織 ……685
1. 地方行政의 基幹組織 ……685
1) 지방인민회의 685 2) 지방인민위원회 687
3) 지방행정 · 경제지도위원회 687
2. 特殊地方行政機關 ……688
1) 지구계획위원회 688
2) 도농촌경리위원회 및 시 · 군협동농장경영위원회 688
3) 지방철도국 689

4) 협동수산관리위원회와 수산협동관리이사회 689
5) 도경공업위원회 689
6) 도통계국 689
7) 도(직할시)건설위원회 689

제 3 절 北韓의 地方行政區域 ······690
1. 南北韓 地方行政區域 比較 ······690
2. 地方行政階層調整과 行政地名變更 ······692
1) 지방행정계층구조 692 2) 지방행정지명변경 694

제 4 절 北韓의 地方行政機能 ······694
1. 敎育業務 ······695
1) 중앙집권적 교육체제 695 2) 공산주의적 인간양성 695
2. 經濟業務 ······696
1) 경제활동의 지도·규제 696 2) 경제관리 696
3) 지방공업육성 697
3. 治安業務 ······697
1) 국가보위부와 사회안전부 697 2) 열악한 인권상황 698
4. 醫療·保健業務 ······698
1) 선전뿐인 무상치료제 698 2) 인민경제계획으로서의 보건 699
5. 文化(문학·예술) 業務 ······699
1) 정치사상 계몽수단 699 2) 경제선동사업에 동원 700
6. 生活環境業務 ······700
1) 지방단위 생활환경 개선계획 700 2) 환경보호법 제정 701

제 5 절 北韓地方行政의 特徵 ······701
1. 行政組織體系上의 特徵 ······701
1) 「수령」의 유일적 지도체제 701 2) 주민동원체제 702
2. 行政業務上의 特徵 ······703
1) 지방행정업무의 창의성 결여 703
2) 행정처리에 있어서의 권위주의와 관료주의 703
3) 중첩지도에 따른 행정업무상의 혼란 704
3. 他部門과의 關係上의 特徵 ······704
1) 행정에 대한 당의 통제 및 우위 704
2) 자발적 사회단체의 부재 705

제 6 절 統一後 北韓地方行政의 整備方案 ······706
1. 體制變動의 理論과 그 實際 ······706

1) 體制變化의 모형 706 2) 北韓地方行政整備의 必要性 708
2. 北韓地方行政制度의 整備方案 ······709
1) 통일 後 북한지방행정이 받을 충격 709
2) 통일 後 북한지방행정 정비의 기본방향 711
3) 북한지방행정과 지방자치의 문제 713
3. 北韓地方行政 整備時 注意事項 ······715
1) 북한 기득권층의 저항에 대한 예방 715
2) 대한민국 행정가의 일방적 지배 716
3) 대한민국 지방행정의 문제점 이식 717
4) 전문행정가의 참여통로확보 717
5) 북한주민의 동요 예방 717
6) 논의의 한계 718

◈ 事項索引 ······719

제 1 장

地方行政과 地方自治

제 1 절 地方自治行政의 政策形成過程

1. 地方自治와 地方政策形成

1) 地方自治의 政治・社會過程

지방자치는 지역의 일에 관한 정책형성과정에 그 기능이 집약되기 때문에 地方政治라고도 부른다.

따라서 지방자치제도의 실제적 의의는 중앙집권제에서의 정책결정의 중앙독점으로부터 그 정책형성의 과정이 각급의 지방자치단체와 주민에게로 이행한다는 데 있다고 볼 수 있다.

일반적으로 政策은 개인 또는 특정 집단이 특정의 가치를 획득하고 유지하며, 그 가치를 증대시키기 위하여 의도하는 행동・계획・방침 등을 말하고,[1] 민주주의적 정치체제에 있어서는 최종적인 정책결정기관은 國會를 중심으로 하는 정치기구가 이를 담당하는 것을 본질로 한다.

그러나 현대국가에 있어서는 오히려 行政機構 또는 官僚制가 정책형성의 중심적인 역할을 하고 있다.

따라서 지방자치단체의 정책형성의 주체는 형식상 地方自治團體가 주관하고 住民의 合意過程을 통하는 방식이 되는 것은 극히 자연스러운 현상이며, 그 실질내용에 있어서는 자치입법의 제정, 사업계획의 수립과 이에 따른 소요예산의 책정 등이 주를 이루게 된다.

지방자치단체의 정책형성은 환경의 변화, 주민의 요망 등에 의하여 행정과제가 제

1) 大森彌, "政策" 日本自治學會編, 政治學の基礎概念(東京:岩波書店, 1979), p. 56.

기되어지고 지방자치단체 내에서 議會 · 長 등 정책결정권자에 의하여 조사 · 연구 및 기획 · 입안 · 이해관계자간의 의견조정 등 일련의 과정을 거치게 되는데, 이 과정을 地方自治의 政治 · 社會過程 또는 地方政策形成의 政治 · 社會過程이라고 개념지을 수 있을 것이다.

정책은 개인의 생활순기에서 유추하여 정책과제의 형성, 정책작성, 정책결정, 정책집행, 정책평가 등 5단계의 政策循環을 거치기도 하고, 이 중에서도 정책작성과 정책결정의 단계에 관심을 집중하기도 한다.

이러한 정책단계별 선택 및 집중도는 각각의 정책결정자의 입장에서 이해하는 것이고, 지방자치단체에서 수행하는 정책전체에서 보면 정책순환은 조직의 중층구조에 대응하여 정책도 역시 중층구조를 이루고 있다.

2) 地方自治行政의 中心課題

지방자치단체의 정책 중에는 그 성격상 종합적인 것, 개별적인 것, 여러 지방자치단체에 관련되는 것, 일정 지역에만 관련되는 것이 있고, 국가정책의 입장에서 보면 지방자치단체의 정책의 형성은 정책의 실시 또는 집행과정과 연결되므로 정책형성과 실시 내지 집행과정이 명확히 구분되지 않는 특징을 갖는다.

그런 의미에서 지방자치단체의 정책형성과정은 地方自治行政의 中心課題임이 분명하다고 할 수 있다.

그러나 지방자치단체의 정책형성과정에 있어서 정책결정자의 의사결정 또는 사고과정과 각 정책결정자간의 이해와 의견을 조정하는 사회과정 또는 정치과정을 구분하는 것은 가능하다.

이에 대응하여 정책연구에서는 政策分析論(policy analyis)과 政策形成過程論으로 나누어서 논구하고, 보다 좋은 정책형성과 정책형성과정의 개선을 지향하는 학문으로서 政策科學(policy science)이 제기되고 있다.[2)]

---

2) 정책과학(policy science)이라는 용어가 처음 사용된 것은, 사회학자 러-너(D.Leasner)와 정치학자 라스웰(H.D.Lasswell)이 공저한 논문집에서였으며 1960년이래 학문적 체계를 갖추어 오고 있다.

정책과학은 「보다 유효한 정책의 작성과 보다 유효한 정책형성과정의 개선에 이바지하는 사회과학 또는 사회공학적 지식의 총체가 주요한 구성요소가 된다」고 정의되어 진다[吉村融, 政策科學(東京:旺文社, 1986)], p. 51.

2. 地方政策決定과 漸變主義

1) 漸變主義의 意義

정책결정자간의 의견조정과정은, 각 정치세력간의 합의 및 타협의 과정에서 벡타(Vaktor)의 合成法則이 작용한다.

A를 목적으로 하는 정책결정자와 B를 목적으로 하는 정책결정자간의 의견조정의 결과, C라는 별개의 의견이 형성된다([그림 1-1 참조]). 예를 들면, 어떤 계층이 특정한 사업을 규제하는 법률안을 입안할 경우, 당해 업계의 의견을 대표하는 부처와의 의견조정을 한 결과 거꾸로 당해 사업을 허용하고 그에 따른 이익을 보장하는 식으로 되지 않게 하여야 한다. 따라서 지방자치단체의 정책결정의 중심을 이루게 될 예산편성에 있어서는 전년도와 대비하여 증가부분은 전년도의 집행실적을 감안하여 점차적으로 증가시키는 방식을 취하게 된다.

이런 식의 정책결정자간의 행동양식을 增分主義(incrementalism) 또는 漸變主義라고 한다.3)

[그림 1-1] 벡타의 합성법칙

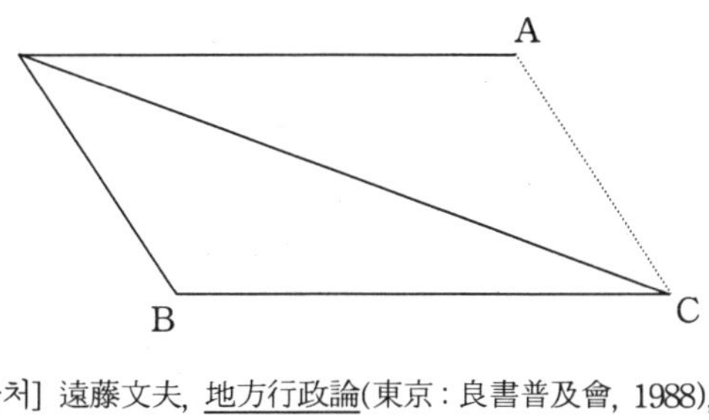

[출처] 遠藤文夫, 地方行政論(東京 : 良書普及會, 1988), p. 309.

2) 漸變主義의 特徵

린드브롬(C.E.Lindblom)에 의하면, 정책결정자의 체계적인 전략과 결합하고 있는 행동양식에 관하여 다음의 8가지 특징을 열거하고 있다.4)

---

3) 점변주의는 린드브롬(C.E.Lindblom)과 와일더브스키(A.Wildavsky) 등의 연구에 의하여 제창된 이래 학계의 주목을 받고 있다.

4) 中村五郎, "行政のストラテシ"—, 都市問題硏究(20卷4號 1968), pp. 257～258.

① 현상과의 차이에 기인하는 政策의 選擇은 정책결정자가 항상 있는 곳에서부터 시작된다. 정책결정은 결코 無에서 나오는 것이 아니다. 대체되는 정책으로부터 발생하는 결과로서의 사회상태가 현상과 차이가 있을 경우에 增量(increment)을 도모하게 된다.

② 새로이 고안되는 代替政策의 數는 한정된다. 결과가 현상과 조금도 변함이 없는 정책의 수는 한정적일 수밖에 없다.

③ 대체정책의 결과에 있어서는 한정된 數밖에 고려되지 않는다.

④ 行政目標를 정책에 부합시키는 합리적인 방법은 대체정책의 목표에 대응하여 적합여부를 검증하여야 하는데, 여기에서는 거꾸로 행정목표가 대체정책에 적합한지 여부를 검증하여야 한다.

⑤ 새로운 자료를 가지고 정책형성을 하는 경우에 있어서 資料의 評價는 명확히 결정된 출발점을 필요로 한다.

그러나 문제를 그 최초의 형태별로 취급하지 않으면 안되는 것은 아니다. 자료를 분석·검토하고 있는 동안에 문제는 점차 변형된다. 가치체계는 새로운 사실체계가 발견되면 재구성하게 된다. 따라서 사실에 대하여 새로운 견해가 채택되면 정책제안은 再設計하게 될 수밖에 없다.

⑥ 정책분석가는 영구적인 문제를 다루는 것이 아니므로 정책과정에서 변해가는 事實에 주의를 기울여야 한다.

⑦ 정책형성이라고 하는 것은 결국 나쁜 것을 바로 고쳐 가는 補正的인 方法이다.

⑧ 政策分析과 評價는 사회의 여러 분야에서 행하여진다. 행정기관뿐만 아니라 민간조직, 각종 위원회 등에서도 행하여진다.

이와 같은 사회과정에서의 의견조정은 전통적인 조정관념에 있는 중심적 권위에 의한 중앙조정이 아니고, 독립된 정책분석가들에 의한 임기응변적(ad hoc)인 상호조정을 의미한다.

3) 漸變主義의 類型

린드브롬의 이론의 두드러진 특징은 정책결정의 유형을 구상함에 있어서 環境과의 연관을 주장하고 있는 점이다.

정책결정에 의하여 발생하게 될 변화의 정도와 결정작성자들이 직면하고 있는 문제에 관해서 이해하고 있는 정도에 따라 다음 4가지 정책결정유형을 제시하고 있다.

① 커다란 변화를 초래하고 또한 충분한 정보와 이해에 의하여 도출된 결정

② 커다란 변화를 초래하지만 ①과 같이 도출되지 않는 결정, 즉 맹목적이거나 예견을 하지 못한 결정
③ 작은 변화를 초래하지만 충분한 정보와 이해에 의하여 도출된 결정
④ 작은 변화를 초래하지만 ③과 같이 도출되지 않은 결정, 즉 끊임없는 再指示에 의하여 작성된 결정

위와 같은 4가지의 유형은 각각 다음과 같은 정치적 맥락에 대응한다.
① 위의 ①과 같은 결정은 현실 사회에는 없다.
② 위의 ②와 같은 결정은 전쟁 · 혁명 등의 경우에서 볼 수 있다.
③ 위 ③과 같은 결정은 정부기관에서 흔히 볼 수 있는 일상적 · 기술적인 것이다.
④ 위 ④와 같은 결정은 의원 · 행정관리 · 정당의 지도자들에게서 볼 수 있는 결정이다.

4) 漸變主義에 대한 批判

린드브롬이 지적한 바와 같이, 漸變主義的 政策形成方式은 현실의 정책형성과정이나 예산편성과정에서 현상을 인식하고 분석하는 데는 타당한 방식이다.

그러나 규범적으로는 비과학적, 부수적, 타성적인 것이라고 비난받는다.

미국에서 카터 대통령에 의하여 채택되었던 ZB(zero base)예산방식이 주목을 받게 되었던 것도 이러한 점변주의에 대한 비판에서 비롯되었다.

점변주의는 과연 非科學的 · 非合理的인 政策形成方式인가?

전술한 바와 같이 점변주의는 합리적 분석방법을 전면적으로 부정하는 것은 아니고, 이러한 방법으로 밖에 해결할 수 없는 영역이 있기 때문에 인정된다.

왜냐하면 정책형성의 곤란성은 정보와 자료의 양에서만 생기는 것이 아니고, 근본적으로 여러 가지에 대한 확고한 조정원리 없이 조정해야 한다는 사실에서 생기기 때문이다.[5)]

와일더브스키(A.Wildavsky)는, 현재의 예산과정은 다른 대체적 방법보다는 여러 가지 점에서 우수하다고 일컬어지는 점변주의적 입장에서만이 그 개혁안을 전개할 수 있다고 주장한다.[6)]

小島昭교수는, 점변주의적 의사결정방식에도 정책의 분석 · 평가에 의거하지 않는

5) 中村五郎, 前揭書 p. 92.
6) A.Wildavsky, 小島昭譯 豫算編成の政治學(東京:勁草書房, 1972), p. 47.

비분석적 방법과 정책의 분석·평가에 의거하는 체계적 방법이 있는데, 전자를 타성적·점변적 방식, 후자를 적응적·점변적 방식 또는 적응적 점변주의라고 부르고, 후자에 의한 예산편성의 합리화를 주장하고 있다.7)

점변주의적인 정책형성과정 자체는 정책형성을 보이지 않는 손, 즉 정치세력간의 항쟁과 타협에만 맡기는 것이기 때문에 정부의 실패가 발생할 우려가 많고, 합리적인 정책형성과정으로 보기는 어렵다.

그러나 정책결정자의 정치·사회과정에 있어서 관계자간의 合意形成手段으로는 가치를 갖는다고 보아야 한다.

그런 의미에서 지방정책형성의 이론적 전제로서 지방자치행정론의 이론체계, 지방행정과 지방자치의 함수관계, 지방행정과 도시행정의 범주 등을 먼저 규명하여 보아야 한다.

제 2 절 地方自治行政論의 理論體系

地方自治行政論은 地域問題를 行政科學的 입장에서 연구하는 理論體系이다. 이러한 지방자치행정론은 지역의 여러 현상 가운데에서도 특히 政治·法制·行政현상을 연구하기 때문에 지역에 관한 個別科學과 구별되는 특징이 있다.

1. 理論體系 및 硏究範圍

1) 地方自治行政論의 體系

지역지리학의 연구대상인 地理, 지역인구학의 대상인 人口, 기술공학의 대상인 施設, 지역경제학의 대상인 經濟, 지역사회학의 대상인 社會 등에 관한 계획·관리·통제에 있어서 여러 가지 접근방법을 이용하는 이론체계이므로 綜合科學性을 그 특질로 한다.

따라서 지방자치행정론의 이론체계 또는 연구범위는 다음과 같이 설정하는 것이

---

7) 小島昭, 自治體豫算編成(東京:學陽書房, 1984), p. 163.

합리적이다.[8)]

① 지방의 行政이나 自治의 문제뿐만 아니라 都市 및 地域開發의 문제까지도 연구한다.

② 地方行政이나 地方自治의 制度 뿐만 아니라 그 運營實態까지 포괄적으로 연구한다.

③ 지방의 一般行政 뿐만 아니라 公企業經營의 문제까지도 연구하게 된다.

이와 같이 지방행정론은 그 연구범위에 있어서 지방자치뿐만 아니라 도시행정과 지역개발을 포괄하고, 특히 지방자치에 있어서는 자치행정 · 위임행정 · 관치행정 더 나아가 공기업경영까지를 포괄한다.

지방행정의 研究體系에 관하여는, 그 관점에 따라서 여러 가지의 방안이 나올 수 있겠으나, 地方自治論 · 都市行政論 · 地域開發論에 관하여 그 제도 및 이론, 운영 등을 검토 · 분석하는 것이 통설적 견해를 이루고 있다.

2) 地方自治行政論의 研究方法

지방자치행정론은 그 이론의 종합과학성으로 말미암아 그 研究方法에 있어서도 특수성을 갖는다.

첫째, 地方 또는 都市는 자연적 존재인 동시에 社會的 實體이기 때문에 그것을 대상으로 하는 연구에 있어서도 자연과학과 사회과학을 연계하는 綜合科學的 接近方法(interdisciplinary approach)을 사용하게 된다.

둘째, 지방행정론 내지 지방자치론은 제도와 운영의 연구가 불가분의 관계에 있기 때문에 規範論的 接近方法과 事實論的 接近方法을 동시에 사용한다. 즉 지방행정구역, 지방행정계층, 지방자치권 등의 제도여하가 큰 변수로 되고 있으며 실제 운영의 비중도 다른 사회현상에 비하여 크기 때문이다.

셋째, 지방행정론에서는 현실보존 · 유지적인 관리와 개발 · 창조 · 개혁적인 정책을 동시에 연구하여야 하기 때문에 管理學的 接近方法과 政策學的 接近方法을 동시에 사용한다.

넷째, 지방행정에 있어서는 행정적 측면뿐만 아니라 지방선거, 주민참가 등 정치적 측면도 중요시되기 때문에 政治學的 接近方法과 行政學的 接近方法을 동시에 사용한다.

---

8) 崔昌浩, 地方自治制度論(서울:三英社, 1988), p. 32.

2. 地方自治行政의 特殊性

지방자치행정론의 연구대상으로서의 地方行政은 中央行政에 비하여 상대적으로 다음과 같은 특성을 갖는다.[9)]

1) 主體의 특수성

지방행정의 주체는 원칙적으로 국가로부터 일정한 범위의 독립성을 가지고 있는 公法人인 地方自治團體이다.

2) 權能의 특수성

지방자치단체의 권능이 국가로부터 유래하는 것이지만(전래설), 일정한 獨自的 統治性을 가지고 있으며, 국가와 지방자치단체사이의 권능의 배분은 행정적 차원에서가 아니라 國家의 政治哲學 내지 統治構造次元에서 이루어진다.

3) 事務의 특수성

중앙행정은 국가의 존립·전체적 통일성에 관계되는 사무·사업을 수행하는데 비하여, 지방행정은 住民의 日常生活과 관련되는 사무·사업을 수행한다.

4) 管轄區域의 특수성

중앙행정은 전국적 총량적 견지에서 수행되는데 비하여, 지방행정은 비교적 작은 규모의 일정한 지역적 범위를 기초로 하여 地方의 個別性과 特殊性의 견지에서 수행된다.

중앙행정도 일선기관을 통하여 소규모의 지역별 행정을 수행하기도 하나 일선기관의 행정구역은 국가의 행정상의 편의를 기준으로 설정되는데 비하여, 지방행정의 수행을 위한 自治區域은 地域共同社會(community)를 기준으로 설정한다는 특성을 가지고 있다.

---

9) 自治省(編), 地方自治の動向(東京:第一法規, 1988), pp. 23~24.

5) 公務員・財源의 특수성

지방행정은 지방비부담의 地方公務員[10]에 의하여 수행되며, 지방행정을 수행하는데 소요되는 재원도 地方稅에 의한 자주적 재원에 의하여 수행됨을 원칙으로 한다.

이상의 특수성에서 지적되는 바와 같이, 지방행정은 단순히 중앙행정의 부속물이 아니고, 독특한 문제성과 원리성을 지닌 固有의 學問領域으로 인정된다.

地方自治團體는 단순히 피동적으로 중앙정부의 정책이나 방침 또는 계획을 집행하는데 그치지 않고, 능동적으로 地域發展과 住民福祉向上을 설계하고 사업을 선정하며 투자재원을 확보하고 주민과 유관기관 및 중앙을 설득하는 일을 수행해 나가고 있다.

이러한 지방행정의 특성과 역할을 중앙정부와 연관하여 국가발전에 기여한다는 측면에서 보면, 다음과 같이 도식화 할 수 있다.[11]

[그림 1-2] 국가발전과 지방행정체계

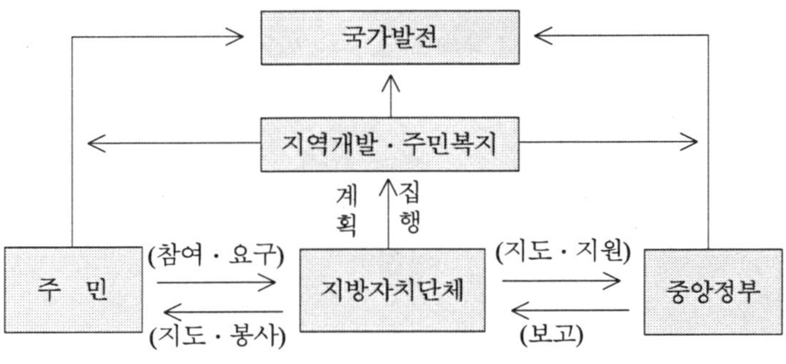

10) 지방공무원과 국가공무원의 구별기준에 관하여는 여러 가지 견해가 있으나 그 담당사무와 보수지급재원을 기준으로 구별하는 것이 통설적 견해이다.

따라서 지방공무원은 지방자치단체에 대하여 勤務義務를 지고 地方費에 의하여 보수가 지급되는 공무원을 말한다(상세한 것은 제8장 참조).

11) 成田賴明, 現代社會と自治制度の變革(東京:學陽書房, 1979), p. 51.

3. 社會變動과 地方自治行政

1) 地方行政環境의 變化

국가발전의 能動的 主體[12]로서의 지방행정의 역할은 오늘날 급변하는 행정환경의 변화에 따라 더욱 가속화되고 있다.

오늘날 지방행정이 담당해야 할 역할은 소극적인 秩序維持로부터 적극적인 經濟·社會·文化的 福祉向上에 이르기까지 실로 복잡·다기하다고 할 수 있다.

이러한 역할 가운데에는 중앙행정으로부터 불가피하게 떠맡겨진 것도 있고 지방행정 고유의 필요성에 의한 것도 있다.

따라서 지방행정이 국가발전에 기여하는 역할을 이론적으로 한정하기는 매우 어려우나 그 역할의 성격·대상·과정·효과에 따라 다음과 같이 정리할 수 있다.

2) 地方自治行政의 役割

① 지방행정의 역할은 그 성격에 따라 소극적으로 社會安定에 기여하고, 적극적으로는 社會變動(fertilizing social change)을 촉진한다.

② 지방행정의 역할은 그 대상에 따라 주민에 대하여는 指導와 奉仕를 하고, 중앙정부에 대하여는 協助하는 기능을 수행한다. 이러한 역할을 통하여 지방행정은 중앙정부와 주민사이의 架橋的 役割을 수행한다.

③ 지방행정의 역할은 그 과정에 따라 일정한 사업을 計劃·設計하는 역할(의사결정기능)과 執行·實踐하는 역할(집행기능)을 수행한다.

④ 지방행정의 역할은 그 효과에 따라 지역사회발전에 기여하는 역할과 주민복지향상에 기여하는 역할을 수행한다. 地域社會開發과 住民福祉는 상호연계되어 국가발전에 기여하게 된다.

이와 같이 지방행정은 국가발전에 있어서 중앙행정의 파동적인 연장으로서 뿐만 아니라, 적극적으로 주민복지증진과 지역개발사업 등을 계획·실천해 나가는 能動的인 實體(entity)가 되고 있다.

---

12) 崔昌浩, 전게서, p. 70.

제 3 절 地方行政과 地方自治

1. 地方行政의 槪念과 遂行方式

1) 地方行政의 槪念

地方行政(local government, local administration)과 중앙행정의 구별기준은 논자에 따라서 다의적으로 논구되나, 그것은 행정의 주체가 누구인가, 그리고 그 행정의 효력이 전국적으로 미치는가 아니면 일부지역에 한정되는가 하는 地域性의 問題로 보아야 한다.

그러므로 中央行政이란 전국에 그 권한이 미치는 중앙정부(각원 · 부 · 처 · 청 등)[13]에 의하여 수행되는 행정을 말하며, 地方行政이란 일정한 지역에 한하여 그 권능이 인정되는 일정한 지방행정의 주체가 공공목적의 실현을 위하여 행하는 행정작용을 지칭한다고 개념[14]지을 수 있다.

지방행정의 범주를 행정주체에 따라 넓게 보는 견해(광의의 지방행정)는 ① 지방자치단체에 의한 행정작용, ② 국가의 일선기관(특별지방행정관서)에 의한 행정작용, ③ 일정한 공권이 부여된 공공단체(예, 산림조합, 농지개량조합 등)가 행하는 사무 등을 모두 지방행정이라고 본다.[15]

2) 地方行政의 遂行方式

지방행정의 개념과 범주는 그 수행방식을 살펴봄으로써 보다 구체적으로 규정할 수 있다.

지방행정의 遂行方式은 크게 두 가지로 나누인다.

그 하나는 지방에 중앙정부의 一線機關(특별지방행정관서)을 설치하여 지방행정을 수행하는 방식(직접행정방식 또는 관치행정방식)이고, 다른 하나는 지방에 국가와는 별

---

13) 중앙정부는 1992.1.1 현재, 문화공보부의 분리, 환경청의 승격, 경찰청의 독립 등으로 2院 16部 6處 15廳 2外局이 되었다.

14) 金甫炫 · 金庸來, 地方行政의 理論과 實際(서울:法文社, 1969), p. 62.

15) 韓垣澤, 韓國地方行政論(서울:성균관대학교출판부, 1980), p. 13.

개의 법인격을 가진 地方自治團體를 설립하여 지방행정을 담당·수행케 하는 방식(간접행정방식 또는 위임행정방식)이다.

지방자치단체에 의한 지방행정수행방식도 두 가지가 있는데, 하나는 지방자치단체가 그 固有事務(복지사무 또는 자치사무)를 중앙정부의 통제를 받지 아니하고 독자적·자율적으로 수행하는 방식(自治行政方式)이고, 또 하나는 지방자치단체가 중앙정부로부터 사무를 위임받아 중앙정부의 간섭과 통제 하에 지방행정을 수행하는 방식(委任行政方式)이다. 이중 自治行政方式이 地方自治制度이다.

영·미 등에서와 같이 행정이 거의 자치행정적으로 수행되고 관치행정이나 위임행정이 거의 없는 나라에서는 지방행정이란 주로 자치행정을 의미한다.

그러나 우리나라의 현실에서 보는 바와 같이 官治行政의 범위가 넓고 지방자치단체의 행정 가운데에도 委任行政의 폭이 넓은 반면에 自治行政의 범위가 극히 제한되어 있는 나라에서는 지방행정의 범위를 자치행정과 위임행정을 포함하는 것으로 파악하여야 할 것이다.

본서에서는 지방행정을 위와 같은 의미로 파악하고 地方自治法을 중심으로 그 理論과 制度를 상술하고자 한다.

2. 地方行政의 理念과 特質

1) 地方行政의 理念

우리나라의 지방행정은 그 추구하는 價値·理想·原則 내지 發展指標로서, ① 민주성과 능률성, ② 합법성과 합목적성, ③ 종합성과 다원성을 갖는다.

지방행정의 理念은 지방행정의 방향과 지침을 제시하고, 이념상호간의 우선순위를 정립해주며 사회변동에 대한 대응능력을 강화해주는 기능을 수행한다.

지방행정이념의 상호관계는 相互依存·補完的 性格으로 그 평가기준에 따라 우선순위가 달라지며 목적적 이념이 수단적 이념보다 우선적이다.

일본의 지방자치법에서는, 지방행정의 원칙으로서 합법성, 민주성, 능률성, 합리성, 종합성 등을 명문으로 규정(동법 §2)하고 있으나, 우리의 지방자치법은 지방자치의 목적으로서 民主性만을 규정하고 있을 뿐이므로(지방자치법 §1 참조), 이론적으로 그 이념을 논구할 수밖에 없다.

첫째, 지방행정은 民主性과 能率性의 조화를 이념으로 한다.

민주성은 住民福祉를 위한 행정을 수행함으로써 확보되며 이를 구현하기 위하여 分權·參與·責任·公開·代表性 등이 요구된다.

능률성은 주민복지를 극대화하기 위한 行政의 動作化過程을 의미하며, 이것은 合理·節約·生産性을 도모함으로써 달성된다. 능률성은 행정의 목적을 기계적 합리성에 두느냐 아니면 행정조직속에서 인간적 가치를 실현하는데 두느냐에 따라 機械的 能率과 社會的 能率로 나누어지는데, 근래의 행정이론은 이 두 가지 능률을 종합적으로 파악하는 綜合的 能率을 행정이념으로 파악한다.

민주성과 능률성은 상반되는 관계에 있으므로 이를 조화시키는 것이 지방행정의 과제이다. 이 조화점 내지 균형점의 추구는 권력구조에 있어서 中央集權과 地方分權의 조화로서 현실화된다[그림 1-3].

[그림 1-3] 민주성과 능률성의 조화16)

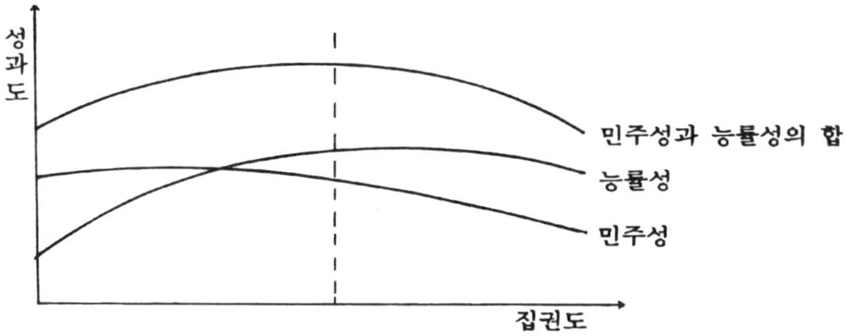

그러나 이러한 이론상의 조화점을 실제에서 찾기란 불가능하다. 이 點은 실제에 있어서 각 국가의 정치·경제·사회·문화·군사적 여러 가지 여건과 역사적 전통에 따라 각각 다르게 나타날 수밖에 없기 때문이다.

결국 민주성과 능률성의 조화문제는 時·空상의 特殊性의 문제17)로 귀결되므로 이에 관한 절대적 기준의 제시는 사실상 불능이라고 할 수 있을 것이다.

둘째, 지방행정은 合法性과 合目的性을 동시에 추구한다.

합법성은 法適合性을 도모하는 것을 말하는데, 이는 법치행정의 당연한 요청으로서 추구된다. 그러나 현대행정의 裁量權의 확대는 법치행정을 저해할 우려가 있다.

합목적성은 행정에 있어서 目標達成度를 높이는 것을 말하는데, 이는 정책수립이

---

16) K. O. Kim, *A Lecture on Administrative Theories & Policies*,(Seoul:Futuer Research Institute, 1989), pp. 25～26.

17) 金甫炫·金庸來, 전게서, pp. 61～62.

지방행정의 최고목표와 일치하고 국가발전의 목표와 합치됨으로써 달성된다.

행정책임의 면에서 합법성에 위배되는 행정행위는 違法行爲가 되어 行政訴訟의 대상이 되고, 합목적성에 위배되는 행정행위는 不當行爲가 되어 行政審判의 대상이 된다.[18)]

셋째, 지방행정은 綜合性과 多元性을 도모한다.

종합성은 지역안의 모든 부문요소들을 포괄적으로 고려하여 일관성 있고 체계성 있는 계획과 집행을 도모하는 것을 말하고, 다원성은 각 지역·기관·단체의 특수성에 따라 각각의 개별성을 도모하는 것을 말한다.

종합성은 지역·기관·단체안의 여러 要素의 融合問題로 나타나고, 다원성은 상이한 지역·기관·단체사이의 類型의 分化問題로 표출된다.

2) 地方行政의 特質

위와 같은 지방행정의 이념은 自治行政·一線行政·生活行政·地域行政·綜合行政으로 구현된다.

⑴ 지방행정은 自治行政이다.

지방행정은 주민의 의사에 입각하여야 하는 행정으로서 민의의 반영을 기본으로 하고, 궁극적으로는 주민의 공동책임하에 수행되는 자율적·자치적 행정인 점이 제일가는 특질이다.

⑵ 지방행정은 一線行政이다.

지방행정은 주민과 직접 접촉하여 그들과의 대화를 통하여 지역의 발전을 실제로 구현하여 나가는 일선행정이다.

중앙행정이 정책을 기획·입안하는 文書行政이라면, 지방행정은 주민사이에 실제로 뛰어 다니면서 현실적인 결과를 직접 구현하는 實踐行政인 점이 두 번째의 특질이다.

⑶ 지방행정은 生活行政이다.

지방행정은 주민의 일상생활에 직결되는 도시계획, 주택, 상·하수도, 도로·교통, 보건위생, 청소, 교육, 문화, 소방, 생활보호 등의 행정수요를 충족시키는 생활행정인 점이 세 번째의 특질이다.

---

18) 金基玉, 行政法(서울:박문각, 1987), p. 240.

(4) 지방행정은 地域行政이다.

지방행정은 국가안의 한 지역공동사회를 단위로 하여 각 지역이 가지고 있는 특수적 조건 속에서 개별적·다원적으로 실시되는 지역행정인 점이 네 번째 특질이다.

(5) 지방행정은 綜合行政이다.

중앙정부의 일선기관이 처리하는 사무는 특정적이고 부분적인 것인데 비하여, 지방행정은 주민을 대상으로 그들의 복지증진을 위하여 수행하는 행정이므로 지역 내의 모든 행정수요에 대응하여 종합적으로 추진되는 점이 다섯 번째 특질이다.

지방행정의 대상인 地域과 住民은 한 존재이기 때문에 지역개발과 복지증진을 위한 행정은 기능별·분야별로 분리되어 수행되는 것보다는 각 기능별·분야별로 유기적인 조정과 협조 하에 종합적으로 처리되는 것이 합리적이기 때문이다.

3. 地方行政需要의 變動

1) 社會的 需要의 形成

지방행정은 정치적·사회적·경제적·문화적·자연적 환경과 영향을 주고받는 관계에 있다.

새로운 환경변화로부터 지방행정수요가 발생하고 이 수요를 충족시키기 위하여 새로운 지방행정 서비스가 제공되는 관계가 계속적·반복적으로 일어나고 있다.

行政需要(service needs)란 행정에 의하여 해결되기를 바라는 사회일반의 기대와 요구를 가리킨다. 행정수요는 특정의 개인 또는 집단의 기대 및 요구가 그대로 구체적인 행정수요를 이루는 것이 아니라, 그 다양한 기대 및 요구가 대립·투쟁·협상·타협을 통하여 社會的 需要를 이룰 때에 형성되는 것이다.

이와 같이 형성되는 행정수요는 시대와 장소에 따라 그 내용과 질을 달리한다.

행정수요에 대응하려면 먼저 그에 대한 豫測이 이루어져야 하며, 행정수요를 예측하기 위하여는 그 計量化가 요구된다.

그러나 행정수요의 계량화는 행정수요의 성질에 따라서는 불가능한 것도 있고, 또 그것이 가능하다 하더라도 그 측정요소의 선정, 수요판단기준, 기타 계량상의 여러 기준치의 적정성이 문제이기 때문에 매우 어려운 과제이다.

장래의 행정수요의 예측은 과거와 현재에 대한 올바른 분석과 이해를 토대로 하여서만 가능하다.

장래의 상황은 가변적이기 때문에 그것을 정확히 예측하기란 지극히 어려운 일에 속한다.

2) 環境變化豫測

우리나라의 지방행정수요의 변동을 전망하는 전제조건으로서 지방행정의 환경이 어떻게 변동해 나갈 것인가를 간략히 전망해 보면, 다음 몇 가지 사항으로 요약할 수 있을 것이다.

첫째, 주민의 民主化에 대한 욕구가 더욱 촉진될 것이다.

사회전반에 걸쳐 민주화의 분위기가 고조됨에 따라 지방분권과 지방자치의 중요성이 강조되고 주민의 정치 · 행정에 대한 참여의 욕구가 강하게 표출되고 있다.

이러한 주민의 정치 · 행정에 대한 참여욕구는 단순한 선거적 참여를 넘어 이익집단 · 압력단체 등을 통하여 조직적으로 참여하려고 할 것이다.

또한 소득과 교육수준의 향상은 정치 · 행정에 대한 감시 · 감독활동의 확대를 수반하게 될 것이다.

이와 같은 정치적 · 행정적 환경변화로 인하여 지난 날 능률에 중점을 둔 하향적 · 통제적 행정방식은 그 한계를 이미 나타내고 있다.

둘째, 高度産業社會가 도래할 것이다.

경제성장과 더불어 산업구조의 고도화가 이루어 질 것이다. 그 동안 근대화 · 산업화과정에서 1, 2, 3차 산업의 구성비는 70년의 GNP대비 26%, 22%, 52%였었으나 91년에는 13%, 30%, 57%로 구조개편이 이루어졌으며, 특히 3차 산업 중 사회간접자본 및 서비스 부문은 2천 년대에 들어와서는 GNP의 58%이상을 점유하게 되었다.

아울러 제2의 혁명으로 불리우고 있는 컴퓨터와 커뮤니케이션 분야의 새로운 첨단과학기술의 발전은 우리의 정치 · 경제 · 사회 · 문화생활에 커다란 변화를 가져와 情報化社會를 형성하게 되었다.

셋째, 多元化된 市民社會가 형성될 것이다.

산업화 · 도시화가 진전됨에 따라 우리 사회는 선진국들이 경험하고 있는 다원화된 시민사회의 방향으로 변화해 갈 것이다.

사회기능이 분화되면 다양한 가치 · 문화 · 직업 · 생활양식 등이 존재하게 되어 두터운 中産層이 형성되며 市民社會의 성격이 함께 나타나게 된다.

市民社會는 시민 또는 대중이 그 사회의 주역이므로 시민의 價値와 思考 등이 정치 · 사회생활에 반영되는 사회이다.

다원화된 시민사회에서는 시민의 이익추구방식이 개별적인 것에서 분야별・계층별로 조직화되기 쉽고, 각 이익집단은 그들의 이익을 확대하기 위하여 다른 집단 조직들과 경쟁하며 국가 또는 지방의 정책결정에 영향을 끼칠 노력을 증대하게 된다.

넷째, 都市化가 계속 확대될 것이다.

도시화현상은 산업화・공업화 과정의 필연적 산물이다.

우리나라의 도시화율은 60년에 39%, 70년 50%, 80년 73%였고, 오는 2천년에는 83%로 전망[19]하였으나, 2천년대 초입에서 이미 90% 넘어서고 있다.

도시화는 지금까지는 주로 인구의 도시에로의 이동에 의하여 이루어졌으나, 앞으로는 농업구조개선과 소득향상에 따라 농촌생활의 도시화현상이 이루어질 것으로 예상된다.

다섯째, 國際化가 더욱 심화될 것이다.

국토의 협소와 자원부족을 극복하기 위한 대외수출전략은 더욱 가속화되어 수출입의 GNP비율은 80% 이상을 차지하게 될 것이다.

해외와 교류되는 정보와 문화의 질・양은 교통・통신수단의 혁신과 더불어 정치・경제・사회・문화・행정 등의 분야에서 더욱 증대되어 국제화는 심화될 전망이다.

여섯째, 우리 사회와 경제적 여건이 변화함에 따라 시민의 政治的・行政的 需要도 변화를 수반하게 될 것이다.

지방행정에 대한 수요변화는, ① 삶의 질(quality of life)의 향상에 대한 욕구증대, ② 균등배분(social equity)에 대한 욕구증대, ③ 정치・행정에 대한 참여욕구증대에 관한 대응을 요구하게 될 것이다.

먼저 주민들은 삶의 질의 향상이란 차원에서 地域福祉에 관심을 갖게 되어, 환경오염 및 공해대책, 노약자・장애자보호, 보건의료의 확충, 실업대책, 노사문제, 청소년문제, 지역경제활성화, 사회범죄예방 등은 지방행정의 중심과제가 될 것이고 이 분야에 대한 지방행정의 관리능력의 강화가 요청될 것이다.

다음 均等分配에 대한 주민들의 욕구는 선거를 통하여 경제・사회발전의 혜택과 果實에 대한 공정한 분배를 요구하는 형태로 표출될 것이므로 지방자치단체는 저소득층의 생활보호와 복지기반을 확충하고 두터운 중산층의 형성을 위한 정책・시책개발에 노력하여야 할 것이다.

또한 분권과 자치를 중시하는 지방의 시대가 전개됨에 따라 주민은 정부시책을 맹목적, 수동적으로 받아들이기를 거부하고 그들의 의사와 이익을 정치・행정에 보다 적극적으로 반영하려고 할 것이다.

---

19) 金基玉, 中小都市開發論(서울:大旺社, 1986), pp. 29~30.

따라서 지방행정은 지방자치제를 바탕으로 각종 시책과 사업계획의 수립 · 추진에 있어서 주민의사가 충분히 반영될 수 있도록 行政節次 · 內容 등에 민주성을 제고시켜야 할 것이다.

4. 自治時代의 地方行政

1) 住民主權行政

지방자치시대에 지방행정은 어떻게 변모하게 될 것인가? 지방행정의 函數로서의 지방자치는 어떻게 기능할 것인가?

여기에서 함수라는 용어를 사용한 것은 개념에서 본 바와 같이 지방행정에는 자치행정 외에 위임행정이 포함되기 때문이다.

지방자치제의 실시로 인하여 지방행정에는 다음과 같은 세 가지 주요변화가 일어났다.

첫째, 憲法機關인 地方議會가 구성되었다.

둘째, 임명제 국가공무원이 아닌 直選制 政治人이 지방자치단체의 長의 자리를 차지하게 되었다.

셋째, 地方分權과 住民自治가 대폭적으로 확충되고 있다.

이러한 변화는 주민의 위치에 커다란 변혁이 있음을 뜻한다.

지금까지의 주민은 대표권 없는 납세자로서 통치의 객체에 머무르는 국가시혜의 수혜자자적 주민이었고, 의존형 주민이었다.

그러나 이제 대표권 없는 납세자로서의 주민에서 통치의 주체인 당사자의식을 지닌 參加型住民으로 탈바꿈하게 된 것이다.

이것은 지방행정이 주민주권, 주민참가, 주민본위라는 세 가지 원칙에 기초를 둔 행정이라는 점에서 도출된 당연한 결과이다.

지역사회의 주인은 어디까지나 주민이고, 지방자치단체란 주인인 주민의 신탁을 받아 행동하는 주민의사의 대행기관이다. 따라서 지방자치단체의 정책결정과정에 주민들이 발언하고 실질적인 영향력을 행사할 수 있는 기회가 보장되어야 한다.

지방자치단체가 주민의 자기기관이고 또한 주민참가의 기회보장을 요건으로 존립하는 이상 자치단체의 활동은 주민을 위한 활동이어야 한다.

주민의 건강, 안전, 편익, 쾌적을 확보하기 위한 정책을 자치단체는 적극적으로 펴

나가야 한다.

그러나 이러한 요청은 경우에 따라 대립 경합하는 경우가 많아 취사선택이나 우선순위의 결정이 불가피하게 된다.

이 가치판단이나 재량행위는 언제나 주민에게 책임을 져야 하는 것이기에 판단과 결정에는 주민의 감시와 비판이 뒤따르기 마련이고, 이러한 것이 바로 住民本位行政을 가능케 하는 요체인 것이다.

2) 理想型自治

이러한 주민관의 변화를 중심으로 지방행정의 기능을 도식화해 보면 다음과 같다 ([그림 1-4]).

[그림 1-4] 주민을 중심으로 본 지방행정의 기능[20)]

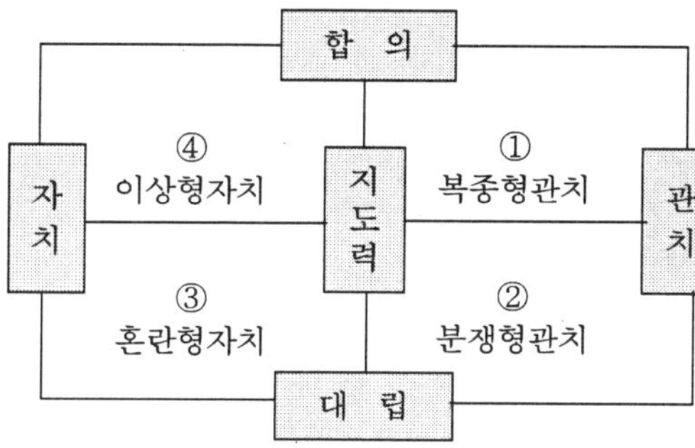

이 그림에서 횡축은 社會統合의 방법을 官治와 自治로 구분한 것인데, 官治란 정책결정이 중앙정부에 의하여 마련되고 주민은 희생과 양보를 강요당한 체 이에 복종하도록 되어 있는 사회통합방식이다. 이때의 지도력은 고도의 관리능력을 가지고 주민의 의사와는 무관하게 중앙결정을 집행만 하면 된다.

自治란 지역사회주민이 하나가 되어 정책결정을 하고 주민이 권력자로서 사회통합을 해나가는 방식이다. 이때의 지도력은 지역주민 전원이 자발적 · 적극적으로 정책결정에 참가하도록 유도하고 결정된 내용에 대하여 자발적 · 적극적으로 복종하도록 하는 것이다.

한편, 이 그림의 종축은 사회적 가치의 조정 · 분배에 대한 공공정책의 마련에 있

20) 盧隆熙, "地方自治時代를 맞는 地方行政의 새로운 課題", 地方行政研究所, 제2회 지방행정연찬회(1987.12) 발표논문, p. 12.

어서 상반된 개념을 合意와 對立으로 표현한 것이다.

合意란 사회적 가치의 조정 분배를 위한 공공정책의 결정에 있어서 지역사회 구성원 전체의 이익을 고려해 가면서 합리적으로 마련하는 방법이다. 이때의 지도력은 사회적 가치의 전면표출과 그 이해관계 대립의 조정에 중점이 놓여진다.

對立은 사회적 가치가 구성원간의 분쟁이나 투쟁관계를 통해서 사실상 조정·분배되는 불합리한 분배방법을 뜻한다. 이때의 지도력은 쟁탈의 대상이 되는 사회적 가치가 힘에 따라 불합리하게 배분되어도 이를 교정할 줄 모르고 쟁취자와 피쟁취자간의 사회적 부정의를 묵인하는 데 그치고 있다.

官治와 合意로 형성된 <① 복종형관치>는 70년대까지 우리가 경험한 지방행정이다.

국가발전을 앞세운 지역사회의 불이익이 감수되도록 강요받고 국민은 있으되 주민은 부재하는 지방행정시기에 있었던 형태이다. 지방의회는 물론 구성되어 있지 않았고 자치단체의 장은 물론이고 고위직은 모두 중앙이 임명한 국가공무원이 담당했으며, 주민의 대표권이 전혀 인정되지 않았고 국가이익을 위해 지방의 희생은 당연한 것으로 받아들여진 시기의 지방행정의 모습이다.

官治와 對立으로 형성된 <② 분쟁형 관치>는 80년대에 들어와 개발시책의 희생자들이 집단행동을 통해 중앙의 결정에 항거하기 시작한 때의 지방행정을 의미한다.

自治와 對立으로 형성된 <③ 혼란형 자치>와 自治와 合意로 형성된 <④ 이상형 자치>를 대비하여 보면, 우리가 지향하여야 할 지방행정의 방향은 자명하다.

理想型自治를 실현하기 위해서 필요한 것은 관치에서 자치제로, 대립에서 합의에로의 전환을 조속하게 이끌 수 있는 길을 마련하는 것이다.

관치에서 자치에로의 전환은 정부의 노력여하에 달려 있다. 그러나 대립에서 합의에로의 전환은 전적으로 주민에게 그 책임이 있다. 지도력을 담당할 지방의회의원과 자치단체의 장을 모두 주민이 직선하도록 되어 있고 이들을 비판·감시하는 기능도 주민에게 있다는데서 오는 당연한 귀결이다.

그러나 그간 자치의 경험이 거의 없는 우리 주민의 입장에서 볼 때 지방의원과 자치단체의 장을 모두 직선하는 二元的 代表民主制를 한꺼번에 실시하는데 따르는 부담은 결코 과소평가해서는 안될 것이다.

도시화에 따른 두뇌유출로 인한 인재빈곤, 정당정치의 미발달에 따른 각종폐해, 행정실무에 관한 이해부족에서 오는 대표자의 지도력미흡 등은 이원적 대표민주제의 주역이 될 주민들의 선택의 폭을 좁힐 것이 틀림없기 때문이다.

제 4 절 地方行政과 都市行政

지방행정의 대상으로서의 地域問題란 지역 내의 정치·행정·사회·교육·문화 등 모든 분야에 걸쳐 보다 나은 방향으로 해결하여야 할 지역사회개발의 과제와 동일한 개념으로 이해되므로[21] 지방행정 또는 지방자치제는 현대사회의 급속한 도시화 경향과 관련시켜 볼 때 도시행정과 실질적인 상관관계를 갖는다.

도시의 영광이 없는 국가나 문명은 있을 수 없고 도시의 몰락은 바로 문명의 종말을 의미하기 때문이다.[22]

1. 都市問題와 都市政策

1) 都市問題의 增幅

현대사회를 산업사회라고 표현한다면, 산업사회의 특징은 都市社會(urban society)라고 하지 않을 수 없다.

챠일드(V. G. Childe)는 산업혁명이 도시화에 끼친 변화의 총화를 都市革命에 비유하여, "농업·공업 그리고 교통에 기술적 혁신이 이루어짐으로써 유럽에서는 결정적인 도시혁명을 유발하였다. 18세기 중엽에 제반 기술혁신은 몇몇 인구조밀지역에 경제활동을 고도로 집중시키는 현상을 보이고 있었으나, 19세기에 기관차·기선에 의하여 세계의 농경지역이 대폭 확장됨으로써 대규모의 도시화가 전개되었다."고 표현하고 있다.[23]

또한 웨버(A. Webber)는 도시인구집중이 19세기의 대표적인 사회적 현상(social

---

21) 김기옥, 地方自治와 都市政策(서울:박문각, 1991), p. 58.

22) J.Jacobs, *Cities and Wealth of Nations:Principles of Economic Life*, (Random House, 1964), p. 231.

23) · V.Gorden Childe, *What Happened in History*?(Baltimore:Penguin Books, 1969), pp. 97～120.
· 사회백과사전에 의하면 도시혁명이라는 용어는 V.G.Childe에 의하여 처음으로 제시되었다고 한다.

phenomenon)이라고 주장하면서, 이 현상은 종국적으로 도시간의 여러 가지 문제를 초래할 것으로 예측하였다. 웨버가 예측했던 도시문제(urban problems)로는 학교시설의 부족, 노동쟁의, 임대주택의 스럼화, 교통난, 도시서민의 빈곤 등이 대두될 것이라고 지적하였다.24)

오늘날 우리사회의 都市問題로 지적할 수 있는 것은 도시민의 삶의 질의 향상이라는 차원에서 주택문제, 교통문제, 상·하수도문제, 교육시설문제, 보건의료문제, 진개처리문제, 소방시설문제, 환경공해문제, 도시재정문제, 도시경제문제 등 도시시설 및 생활행정과 관련된 10대 현안과제로 집약할 수 있다.

2) 都市化와 都市行政

도시혁명으로 비유되는 급속한 도시화 현상은 사회적·경제적·정치적으로 적절한 대책이 강구되어야 하는 여러 가지 현안을 제기하고 있다.25)

첫째, 社會的으로는 도시의 거대화와 복잡성, 인구의 과밀현상과 실업율의 증가는 도시에서 각종 사회악이 발생할 여건을 조성하고 있으며, 이에 대한 적절한 통제력의 부족은 사회범죄의 증가를 불가피하게 하고 있다.

둘째, 經濟的으로는 도시화와 산업화의 촉진이 도시와 농촌간의 소득격차를 확대시켰으며, 도시에서의 노동력의 잉여, 도시산업의 포화상태, 시장 및 판로의 한계 등에 의해 도시의 실업률을 증대시켜 경제적·사회적 문제를 제기하고 있다.

도시의 실업상태는 농촌인구의 계속적인 유입과 경제개발의 한계 때문에 더욱 악화되어 왔다. 이들 무직실업자 또는 후진지역에서 몰려온 유입인구는 도처에서 貧民村을 형성하고 있다.

셋째, 政治的으로는 도시는 정치활동의 중심지이므로 도시민은 정치적으로 대단히 민감하고 정치참여의식이 강하다.

그러면서도 도시민은 교육·문화·신앙·경제력 등에서 대단히 이질적인 요소들로 구성되어 있기 때문에 이들을 전반적으로 원활하게 통솔한다는 것은 매우 어려운 정치적 난제이다. 이런 점에서 도시의 政治的 不安定性이 제기되는 것이다.

도시에서 이와 같은 정치적 통제와 조정을 원활히 하기 위한 대표적인 수단은 官僚制度의 강화이다.

도시의 성장과 거대화·도시기능의 복잡성과 다양화에 따라 도시정부의 관료조직

---

24) A.F.Webber, The Growth of Cities in the Ninteenth Centry, (Cornell University Press, 1969), p. 2.
25) 金基玉, 전게서, pp. 31～33.

은 강화되어 왔다. 그러나 조직이나 법규에 의한 통제는 한계가 있으므로 도시의 정치적 안정성의 확보는 도시행정의 주요한 과제가 된다.

넷째, 物理的으로 도시화는 도시기반시설의 수요를 증대시키는 결과 세계 각국의 대도시에서는 심각한 주택난, 교통난, 취수난, 급배수난, 오물처리난, 교육 · 방화 · 의료시설의 부족을 겪고 있다.

도시개발과 이들 도시기반시설에 대한 투자가 증대된다고 하더라도 인구증가를 억제하기 위한 근본대책이 없는 한 격증되는 수요를 충족시키기는 쉬운 문제가 아니다.

오늘날 도시는 變化의 中心地(center of change)[26]라고 불려지듯이 경제적 · 사회적 · 정치적 · 물리적 · 문화적 측면들의 거의 모든 인간활동에 관련되는 폭넓은 변화가 일어나며, 이러한 변화를 총괄하여 대응하는 행정적 수요가 都市行政이라고 함축할 수 있다.

이와 같은 도시행정의 복잡성, 시의성, 변화성, 난해성 등을 지적하여 브리스(G. Breese)는 그의 저서 「개발도상국의 도시화」에서 "도시를 다스릴 수 있는 자는 국가를 다스린다"고 갈파하고 있을 정도로, 현대도시에는 「도시문제는 있어도 도시정책은 없는 것」이 부인할 수 없는 현실이 되었다.

2. 都市行政과 廣域行政

오늘날의 도시행정은 산업화 · 도시화의 급격한 진전에 의한 행정수요의 증대로 지방자치단체간의 관계를 광역적으로 정립할 필요성이 대두되어 광역행정으로의 개념정립이 顯在化하고 있다.

지금까지 도시정책결정자들은 도시를 閉鎖體制로 간주하여 도시문제를 해결하려 하였기 때문에 행정의 비능률성, 지역간 복지수준의 불균형 및 행정협조 · 행정체제의 미비 등 문제점이 노정되었었다.

그러나 인간활동의 영역이 정부가 없는 공간영역(territorial entities without government)에 걸치게 되어 행정수요의 광역화를 초래하게 됨으로써, 행정수요에 대한 자치단체의 완결범위는 좁아지는 반면 인접자치단체와의 협력 조정을 통하여 공동적으로 처리하여야 할 행정기능이 증가하고 있다. 특히 대도시권의 경우 規模의 經濟를 살리고 財政投資의 空間的 擴散效果를 內部化(internalization of spilover effect)시킬 필요성이 증대하고 있다.[27]

26) 韓垣澤, 都市行政論(서울:法文社, 1982), p. 11.

1) 廣域行政의 接近方法

廣域行政方式은 여러 가지 기준에 의하여 다양하게 분류할 수 있으나, 기존자치단체의 정치·행정체제의 개편여부와 그 정도에 따라 크게 세 가지로 나누어 볼 수 있다.

(1) 종합적 접근방법

다수의 기존 지방자치단체를 해체하여 상위계층의 단일 정부단위로 통합, 광역업무를 처리하는 방식으로, 자치단체의 정치·행정체제에 상당한 구조적 변화와 권한의 집중화를 수반한다.

이 방법에 속하는 유형에는, 몇 개의 군소자치단체를 통폐합하여 강력한 단일정부를 만드는 자치단체의 統合(consolidation), 중심도시에 도시화된 인접지역을 편입시키는 合倂(annexation), 기존 郡으로부터 일정지역을 떼어내어 새로운 자치단체를 만드는 市·郡分離(seperation), 郡을 중심으로 중심도시와 인근도시를 흡수하여 단일정부를 만드는 市·郡統合(city-county consolidation), 전통적으로 지방자치단체와 독립해서 강력한 지방정부로 존재해 온 敎育特別區의 統合 등 다섯 가지 유형이 있다.

이들 유형은 규모의 경제를 실현할 수 있어 서비스 공급의 효율성을 높이고 課稅區域과 서비스 이용구역의 일치로 형평성을 제고하는 등의 장점이 있는 반면에, 관료주의적 운영·관리로 인한 서비스 효과가 저하될 가능성이 있고 주민이나 기존 자치단체의 저항과 반발이 있는 등의 피할 수 없는 단점을 수반한다.

(2) 부분적 접근방법

기존의 정치·행정체제와 그에 따른 행정구역별 관할권은 그대로 유지하면서 관련정부간의 協議나 機能移讓을 통하여 광역업무를 처리하는 방식이다.

이 방식에 속하는 유형에는, 합의·협정에 의한 방법, 기능을 상위정부에 이양하는 방법, 재정을 이양하는 방법, 협의회를 설치하는 방법, 기관을 공동으로 설치하는 방법, 직원을 상호파견하는 방법, 지방행정연락기구를 설치하는 방법 등 일곱 가지 방식이 있으나, 각각 장·단점이 있기 때문에 각 자치단체의 사정에 따라 한 개 또는 두 개 이상의 방법이 혼용되고 있다.

---

27) 金基玉, 전게서, pp. 190～194.

(3) 절충적 접근방법

기존의 행정구역별 관할권은 인정하면서 광역행정을 담당하기 위한 새로운 자치단체를 설치하는 방식으로, 동일한 지역을 두 개의 자치단체가 관할한다는 점에서 地方的 聯邦主義 개념으로 원용되는 방식이다.

다음 다섯 가지 유형이 이 방식에 속하는 예이다.

① 둘 이상의 자치단체가 각각의 법인격을 유지하면서 광역적인 제 사무를 처리하기 위하여 새로운 上位的 自治團體(도시공동체)를 구성하는 방법이다.
캐나다의 토론토 도시권연합과 같이 의결권·집행권·과세권을 갖는 도시권연합(metropolitan federation)이 있는가 하면, 캐나다의 몬트리올 도시공동체와 같이 의결권·집행권만 갖고 주민에 대한 과세권을 갖지 않는 경우도 있고, 프랑스 시·읍·면의회와 같이 자치단체가 아닌 행정적 공공단체로서 과세권·기채권은 인정되는 경우도 있다.

② 자치단체의 기능 중에서 광역적인 1개 또는 수개의 사무를 공동처리하기 위한 2개 이상의 자치단체가 합의에 의하여 규약을 정하고 地方自治團體組合을 설치·구성하는 방법이다.
이 유형에는 프랑스의 시·읍·면조합과 독일의 목적조합과 같은 一部事務組合, 일본의 지방자치단체조합의 경우와 같은 複合事務組合이 있다.

③ 일본의 예에서 볼 수 있는 地方開發事業團을 구성·운영하는 방법이다.
지방개발사업단은 지방자치단체가 일정한 지역의 종합적인 개발계획에 의거하여 행하여지는 주택, 공업용수, 도로, 항만, 상·하수도, 공원녹지 등의 시설의 건설, 용지의 취득·조성, 토지구획정리사업 등에 관한 사업을 종합적으로 실시하기 위하여 공동 설치하는 特別地方自治團體이다.
이 사업단에는 이사장 및 이사로 구성되는 이사회가 의결권을 가지며, 고유의 직원을 두지 않고 설치단체의 직원 중에서 단체장의 동의를 얻어 이사장이 임명한다.
사업에 필요한 경비는 설치단체가 부담하는 경비와 기채수입으로 충당하며, 사업이 완료되면 분양주택이나 토지는 처분하고, 완공된 시설과 일체의 권리·의무는 시설단체나 장에게 이관하고 자동 해산한다.

④ 미국의 교육구와 급수구, 런던의 상수도 특별구와 같이 特別區를 설정하는 방법이다.

특정한 광역행정사무를 처리하기 위하여 일반 행정구역이나 자치구역과는 별도의 구역을 설정하는 방식인데, 독자적인 公選議會를 가지며 과세권 · 조례제정권 · 집행권 등의 권한을 갖는다.

지방자치단체조합과 특별구의 차이는 그 構成員에 있다.

전자는 자치단체간의 협력으로 구성되기 때문에 일반지방자치단체를 구성원으로 하는데 비하여, 특별구는 새로운 구역을 설정하기 때문에 주민을 구성원으로 하는 점이 다르다.

⑤ 영국의 도시개발공사와 같이 公社를 설립하는 방법이다.

도시개발공사는 대도시권의 특별한 목적을 수행하기 위하여 관계법에 의거하여 중앙정부와 관련 지방자치단체가 협의 · 설립하는 한시적 성격의 공공단체로서 의결권과 집행권을 갖는다.

2) 廣域行政의 實態

우리나라에서의 광역행정은 대도시에의 編入이나 統合, 特別地方行政機關의 設置 등과 같이 주로 중앙정부의 하향적 결단에 의해 이루어져 왔으며, 한편으로는 지방자치단체의 협력체제로서 行政協議會(법 제8장 제2절)가 설치 · 운영되고 있고, 地方自治團體組合(법 제8장 제3절)도 구성할 수 있다.

(1) 區域變更에 의한 방법

우리나라에서 가장 많이 이용된 것으로 주로 대도시의 성장에 따라 編入, 擴大分離, 統合 등의 형태로 이루어져 왔다.

기존의 행정체제를 유지하면서 주변지역을 편입하는 예로는, 서울특별시가 1919년 36㎢에서 1973년 627㎢로 확장된 것이 대표적인 예이고, 확대분리한 경우의 예로는 일반시를 직할시로 승격시키면서 주변지역을 편입 · 확대하여 道로부터 분리하는 것으로 대구광역시(1980, 179.7㎢에서 1981, 455.9㎢)와 대전광역시(1988, 208.4㎢에서 1989, 539.9㎢)가 대표적인 예이다.

또한 인근자치단체를 완전히 합병하여 하나의 자치단체로 만든 통합의 예로는 1988년 송정시와 광산군을 광주광역시로 통합한 것이 대표적인 예이다.

이와 같이 행정구역을 변경하는 방법은 주민의 욕구충족, 대도시의 재정력향상 및 행정능률의 제고 등 긍정적 효과도 가져왔으나 잔여지역(rump county)문제를 발생시키기도 하였다.

(2) 特別行政機關에 의한 광역행정

중앙의 각 부처가 각종 일선기관을 설치하여 이 기관으로 하여금 광역적 업무를 처리케 하는 방식으로, 현재 15부 2처 8청 중에서 3부 1처(외교통상부, 통일부, 여성부, 법제처)를 제외한 전 부처에서 특별행정기관을 설치·운영하고 있다. 그 밖에 公社에서도 지방에 지사를 설치하여 업무를 수행하고 있다.

이렇게 됨으로써 지방행정의 영역을 잠식하거나 중복행정의 폐단이 나타나고 있다.

(3) 地方自治團體組合의 구성

지방자치단체는 하나 또는 둘 이상의 사무를 공동으로 처리하기 위하여 필요한 때에는 규약을 정하여 당해 지방의회의 의결을 거쳐 상급관청의 승인을 얻어 지방자치단체조합을 설립할 수 있다(법 §149:1).

현재 서울, 인천, 경기도 일부지역이 참여하여 운영하고 있는 수도권 매립지관리공사가 대표적인 예이다.

(4) 行政協議會의 설치·운영

지방자치단체는 둘 이상의 지방자치단체에 관련된 사무를 공동으로 처리하기 위하여 지방자치단체간 행정협의회를 구성할 수 있는데(법 §142), 지금까지는 법규에 관계없이 행정지시에 의하여 52개 권역에서 구성·운영하여 오고 있으나 그 실적이 미미하였다.[28)]

행정협의회는 매분기마다 자치단체장과 관계관이 참석하여 광역행정에 관한 협의를 하도록 되어 있는데, 그 주요협의내용은 도시계획 및 개발, 도로, 상하수도, 환경관리 등에 관한 사항이다.

(5) 事務의 委託處理

지방자치단체 또는 그 장은 소관사무의 일부를 다른 지방자치단체 또는 그 장에게 위탁하여 처리하게 할 수 있는데(법 §141:1), 지금까지는 그 활용도가 극히 미미한 실태이다.

---

28) 1975~2006년까지의 행정협의회 운영실태를 살펴보면, 총663회, 1,594건에 달하고 있으나 이것은 형식상의 통계수치일 뿐이고, 권역별로 볼 때 회의개최는 1~2회, 협의안건은 3~4건에 불과하여 실제에 있어서는 운영이 극히 저조한 실태이다.

3) 廣域行政體制의 制度化方案

광역행정체제는 이른바 민주성과 능률성의 추구라는 지방자치의 근본이념을 구현함과 동시에 개별 자치단체만으로는 처리 곤란한 새로운 광역적 행정수요에 대해서도 중앙정부에 의존하지 않고 자주적으로 대응해 나가려는 양면적 요구를 충족시키려는 제도이다.

그러나 광역행정수요의 특성, 즉 광역성의 정도, 시장성 여부 및 혐오성 여부에 따라 처리방식이 다르다.

이러한 기본방향에 따라 광역행정방식을 평가・선정하면 <표 1-1>과 같다.

<표 1-1> 광역행정방식별 평가 및 선정

선정기준 / 행정방식	행 정 이 념		광 역 성		시 장 성		혐 오 성	
	능률성	민주성	대	소	유	무	유	무
특 별 구 (광역지방공사)		○	○			○	○	
상위정부대행	○			○		○		
조 합		○		○	○			
협 의 회		○		○	○	○		○
협 정	○	○		○	○	○		
특별지방 행정기관	○		○			○		
선정기준과 의의	・중앙집권적 체제에서는 능률성이 강조되는 광역행정 방식을 선정 ・지방자치제가 본격화됨에 따라 민주성이 강조		・광역시설간에도 광역성의 정도는 상이함 ・광역시설자체의 광역성 정도에 맞는 합당한 행정방식을 선정		・지방정부의 재정자립도 제고에 기여할 수 있는 행정방식 ・시장성이 있는 시설과 없는 시설에 합당한 행정방식을 선정		・혐오시설의 입지는 해당지방정부는 물론 해당지역 주민의 반발야기 ・이러한 반발과 환경에의 악영향을 극소화할 수 있는 행정방식 선정	

(1) 행정협의회의 운영방안

행정협의회가 지방자치단체간의 행정적 협조와 조정의 역할 뿐만 아니라 지역개발의 주체적 역할을 수행할 수도 있기 때문에 제2차 국토종합개발계획상의 28개 지역생활권과 일치되게 圈域을 조정하고, 지방자치단체만이 구성원이 될 수 있도록 되어 있는 현행 규정을 개정하여 권역내의 특별지방행정기관 및 공공단체도 참여할 수 있도록 하여야 한다.

또한 각 자치단체의 행정안전부 또는 기획관리실에 행정협의회에 관한 사항을 전담할 전문부서 및 인력을 배치하고, 협의회에서 결정된 사항에 대한 소요경비를 구성 지방자치단체별로 익년도 예산에 계상하도록 의무화하는 동시에 일정부분에 대해서는 중앙정부의 보조금을 우선 지급하도록 하여야 할 것이다.

(2) 지방자치단체조합의 운영방안

지방자치의 경험이 일천한 우리나라에서 지방자치단체의 자율적 협력방식인 복합사무조합을 모든 광역사무별로 설립하게 되면 여러 가지 문제점이 나타날 것으로 예견된다.

複合事務組合은 법인격을 갖는 독립적인 주체가 다수의 관련사무를 종합적으로 연구・검토하여 처리한다는 점에서 기능의 중복을 피할 수 있으나, 다수의 사무에 대한 구성자치단체간의 동의는 상대적으로 매우 어려운 문제일 뿐만 아니라 사무의 기능권역이 서로 일치하는 경우는 거의 찾기 힘들다는 사실로 미루어 볼 때 이의 구성은 거의 불가능하지 않을까 염려된다.

따라서 광역사무의 고유특성에 따라 개별적으로 조합제도를 활용하는 것이 필요한데, 예를 들어, 광역성은 작으나 행정수요가 많은 환경・위생관계사무 등에 대하여 선별적으로 조합을 구성하여야 할 것이다.

즉, 이러한 조합은 원칙적으로 일부사무조합형태로 구성하고, 행정수요의 변화추이와 지방자치단체의 자율성・성숙도에 따라 점진적으로 복합사무조합을 구성하도록 하는 것이 합리적이라고 생각된다.

(3) 특별지방자치단체의 제도화방안

우리나라에서도 기존 지방자치단체의 구역을 초월하여 처리될 것이 필요한 행정기능을 위하여 기능별・개별적으로 구역을 설정하여 사례별로 행정을 다루는 特別區方式이 필요하다는 인식이 점증하고 있는데, 이것은 특정한 행정목적을 위하여 필요한 경우 별도의 특별지방자치단체를 설치할 수 있도록 되어 있는 규정(법 §2:3)에 근거하여 제도화하면 될 것이다.

特別區는 수행하는 기능의 수에 따라 單一目的特別區와 多目的特別區로 나눌 수 있으나, 경험이 전혀 없고 전문성확보가 곤란한 현시점에서는 제도형성적인 시범적 체제로서의 단일목적특별구의 설립이 바람직하다고 하겠다.

특별구의 의결기관 및 집행기관은 원칙적으로 당해 주민의 公選에 의하여 구성되어야 하나, 자치경험이 일천한 현실을 감안할 때 단기적으로는 관계지방자치단체의 대표자가 참여하는 의결기관으로서의 이사회와 이사회가 임명하는 집행기관을 구성하는 이른바 廣域地方公社形態가 필요할 것으로 생각된다.

광역지방공사를 구상함에 있어서는, 권역설정방법·조직구성방법·기능분담·재원확보방안 등이 사전에 충분히 검토·분석된 후 대안이 마련되어야 한다.

광역지방공사의 설치대상으로서 고려할 수 있는 事務로는, ㉮ 상·하수도, 오물, 공해 등의 保健衛生機能, ㉯ 도로, 지하철, 버스터미널 등의 交通機能, ㉰ 택지조성, 공영주택 등의 住宅建設機能, ㉱ 公園, 墓地管理機能, ㉲ 도시계획, 토지구획정리, 도시토목관리 등 都市計劃機能 등을 우선 고려할 수 있을 것이다.

제 2 장

地方自治制의 理論的 基礎

인간이 창출한 政治・行政制度 중에서 가장 잘 되었다고 평가받고 있는 것에는 두 가지가 있다.

그 하나는 權力分立制度이고, 또 하나는 地方自治制度이다.

이 두 제도는 사람의 本性(人間性)을 어떻게 보느냐의 관점이 다른 데서 그 특성을 발견할 수 있다.

權力分立制度는 한 사람의 손에 권력이 집중되면 남용하기 쉽다는 人間性의 不信, 즉 사람을 믿지 못한 데에서 발상된 제도이고, 地方自治制度는 자기 일은 자기 손으로 할 수 있다는 人間性의 信賴, 즉 사람을 믿는 데에서 발상된 제도이다.

그러므로 지방자치제도는 人間의 本性과 能力에 대한 信賴로부터 출발한다.[1]

地域의 問題는 지역주민 자신들의 당면문제이므로, 그 지역주민 자신이 그 문제를 해결할 방도를 잘 알고 있다는 현실적 논리를 전제로 한다.[2]

여기에서 地域問題란 지역 내의 政治・行政・社會・教育・文化 등 모든 분야에 걸쳐 보다 나은 방향으로 해결하여야 할 地域社會開發의 課題와 동일한 개념으로 이해하여야 한다.

---

1) 金基玉, 地方自治와 都市政策(서울:博文閣, 1988), p. 13.

2) 自治省(編), 地方自治の動向(東京:第一法規), p. 47.

제 1 절 地方自治制度의 原理

1. 中央集權과 地方分權

1) 中央集權과 地方分權의 意義

現代國家는 대체적으로 광활한 영토와 방대한 인구를 가지고 있을 뿐만 아니라 수행하고 있는 기능도 복잡 다양하다.

따라서 中央政府가 전국을 효과적으로 통치한다는 것은 사실상 어려운 일이기 때문에 國家事務는 중앙정부와 지방정부에 의하여 분담처리되고 있다. 이렇듯 오늘날 대부분의 국가에서는 국가의 권한과 사무가 중앙과 지방에 분담되고 있는 것이 현실이므로 현대국가의 정치 · 행정에 있어서 中央集權(centralization)과 地方分權(decentralization)은 대단히 중요한 의미를 지니고 있다.[3)]

정치적 측면에서 中央集權은 중앙의 정치권력(통치권)이 강하고 지방의 자주성 · 독립성이 약한 것을 의미하는데 비하여, 地方分權은 중앙권력에 비하여 지방의 자주성 · 독립성이 강한 것을 의미하고 있다.

2) 兩者의 關係

중앙집권과 지방분권은 상호 相對的 · 補完的 關係에 있다고 할 수 있다. 현대국가에 있어서 절대적 중앙집권체제를 채택하는 국가나 또는 절대적 지방분권체제를 채택하는 국가는 없으며, 또한 있을 수도 없기 때문이다.

모든 정치권력이나 행정권한은 중앙정부가 완전히 독점할 수 없는 반면에 모든 권력과 권한을 자치정부에만 다 맡길 수도 없는 것이다.

그러므로 현대국가는 나라마다의 역사적 특수성, 정치적 이념, 경제 · 사회적 여건에 따라 중앙집권과 지방분권이 調和와 均衡을 이루도록 하고 있다.

---

3) Games D.Mooney, *The principles of Organization*(New York:Happer & Row, 1947), pp. 5～6.

2. 知識的 集權과 權力的 集權

1) 知識的 集權

지방자치제의 원리를 논함에 있어서 바로 잡아야 할 인식은 지방자치는 分權主義 논리위에서 만이 성립과 존립이 가능하다고 보는 견해이다.

분권주의는 지방자치제의 성립이론의 계기는 될 수 있어도 존립의 당위성을 설명할 수는 없다고 보아야 한다.

지방자치단체는 상위체계로서의 국가의 존립범위, 기능과 권한의 한계 내에서 그 당위성이 인정되기 때문이다.

따라서 중앙집권과 지방분권을 어떻게 조정할 것인가 하는 문제는 지방자치단체가 어떠한 범위의 자주적 권한을 가지는가, 또한 국가가 이에 대하여 어느 정도의 통제를 주장할 수 있느냐 하는 문제에 귀착된다.4)

이 문제에 관한 연구는 오늘날 행정학의 분야에서 많은 성과를 낳고 있으나 특히 지방자치의 모국이라고 부르는 영국에서 이 양자의 관계를 더욱 고전적으로 규명한 것은 밀(J.S. Mill)이다.

밀은 벤담(Bentham)이 「立憲綱領(Constitutional Code)」에서 시사한 이 문제의 고찰을 더욱 발전시켜 그의 「代議政治論」의 제15장을 중앙집권과 지방분권의 규명에 충당하였다.

밀에 의하면 지방자치단체의 기능은 세 종류로 구별된다.

첫째, 순수한 지방적 기능으로서 그 지방주민 이외에는 하등의 관심도 갖지 않는 기초적 사업

둘째, 경찰사법과 같이 전국적인 기능이지만 편리상 지방자치단체가 수행하고 있는 사업

셋째, 救貧法이나 위생법규에 관한 기능으로서, 이것들은 전국적인 성격을 가지고 있음에도 불구하고 지방적 목적을 행사할 수 없는 종류의 것인데, 이 경우에 지방자치단체는 어느 정도의 자주권을 확보할 수 있는가가 문제된다.

밀은 이에 대하여 양자의 기능과 능력에 있어서 상대적 비중을 고려한 결과 다음과 같이 규명하고 있다.

---

4) 金基玉, "지방자치의 권력적 분권과 지식적 집권", 地方行政(지방행정공제회, 1988. 4월호), pp. 71～86.

먼저 중앙통제를 긍정하는 논거로서, 지방의회와 그 공무원의 이해력(intelligence)과 지식(knowledge)이 국회와 중앙공무원에 비하여 낮다는 것과 지방공무원을 감시하는 여론의 시야가 좁다는 이유를 들고 있다.

반대로 지방분권의 논거로서, 행정원리에 관한 이해를 가지고 있는 것과 비록 그 범위가 좁다고는 하나 지방여론을 통하여 행하여지는 의사쪽이 보다 강하게 지방자치단체의 기능을 지배할 수 있다고 봄으로써 양자는 균형을 유지할 수 있다고 주장하였다.

밀은 「기능의 구체화에 있어서는 지방자치단체가 뛰어나지만, 그 원칙의 이해에 있어서는 중앙정부가 훨씬 유능하다」고 설명하고 「권력은 분화하여도 지식은 집권화하지 않으면 안된다(Power may be localised, but knowledge must be centralized)」고 하는 유명한 實證的 定義를 부여한 것은 어느 것이나 이 같은 추론의 귀결이었다.

밀은 중앙과 지방의 관계를 위와 같이 생각함으로써 지방자치단체의 자주성을 보유함과 동시에 중앙통제의 중요한 방법으로서 원칙적인 지시, 즉 권고(advice)나 통보(information)에 그치게 한 것이다.

2) 權力的 集權

라스키(H.J.Laski)는 밀의 사상을 이어받아, 강력한 지방자치조직(strong system of local goverment)이 지방주민으로 하여금 자기가 속하는 지방자치단체의 행정에 강한 관심을 갖게 하는 민주적 효과를 강조하면서도 동시에 지역을 초월해서 누중되어 가는 많은 문화적·사회적 문제의 처리에 대하여서는 중앙통제가 필요하다고 주장한다.5)

라스키는 중앙통제의 기준으로 다음 네 가지를 들고 있다.

첫째, 교육·위생·주택 등의 문제에 대하여 지방자치단체가 어떤 의사를 표현하던 그것이 일정 한도를 넘어서 저하되는 것에 대하여서는 강한 중앙통제가 필요하다.

둘째, 사회적 요청의 변화가 가져오는 지방자치단체의 권한과 구역변경에 관한 결정은 중앙에 유보하지 않으면 안된다.

셋째, 우편이나 철도와 같이 그 본질에 있어서 명확히 전국적인 성격을 가지는 기능에 관하여 지방자치단체는 결정권이 없다.

넷째, 그 기능이 지방적인 성격을 가지고 있다 하더라도 이에 대한 보고와 검열(repoet & inspection)을 행하는 권리는 중앙통제에 귀속시키지 않으면 안된다.

---

5) H.J. Laski, *A Grammer of Politics*, 4ed., 1937, pp. 411~412.

라스키는 이상과 같이 전제함으로써 그가 생각하고 있는 중앙통제가 밀의 지식적 집권의 20세기적 표현이라고 표명하였다.

밀과 라스키는 다 같이 중앙통제를 권력적 성격이라고 간주한다.

중앙집권과 지방분권사이에는 일종의 유기적 결합이 존재하지 않으면 안되는 것을 확인한 것이다.

그들의 확인이 단순한 탁상추론이 아니고 나아가서 현실의 중앙통제의 직접적 반영이었던 것은 영국의 지방자치에 대하여 최근 쓰여진 실증적 서술이 중앙통제방법의 가장 중추를 이루는 것으로서 검열(inspection)과 권고(advice)를 들고 있는 것으로도 용이하게 이해할 수 있을 것이다.6)

3. 新中央集權과 新地方分權

1) 新中央集權主義

新中央集權主義(new centralization)는 주로 영국, 미국 등지에서 1930년대 중반부터 시작된 하나의 행정적 추세로서 당시 영·미에 있어서 그들이 겪고 있던 세계적 경제공황에 대응하기 위한 중앙정부의 새로운 역할을 말하는 것이다. 즉 지방자치를 포기하고 중앙집권을 하자는 것이 아니라 종래의 지방정부의 고유권한으로 생각되었던 권한, 예를 들면, 교육, 도로, 하천 등의 시설유지가 전국적 관심사가 됨으로 말미암아 중앙정부가 그러한 문제에 대해서 새로운 관심과 정책을 갖고 지방정부와 협력하여 함께 그러한 문제를 해결해 보자는 노력인 것이다.

이것은 지방과 중앙이 다 함께 그 生活領域을 擴張하는 것을 말하는 것이지 흔히 우리에게 소개되는 것처럼 지방자치가 시기상조라는 뜻은 결코 아니다.7)

특히 2차 대전 후 급속한 都市化, 人口의 社會的 變化 등으로 생겨난 행정적 수요를 충족시키기 위해서 영·미에서는 都市問題, 住宅問題, 環境汚染問題 등의 해결은 한 지역사회의 문제가 아니고 전국적 정책의 개발이 시급하다는 뜻에서 新中央集權化란 말이 나온 것이고, 이러한 경우에도 그 집행은 어디까지나 현존 지방정부를 통해서 시행하므로 결코 지방자치의 뜻이나 가치가 줄어듬을 의미하는 것은 아니다.

---

6) R.K. Gooch, *Local Goveenment in Europe, England*(in W, Anderson ed., 1979), pp. 197～198.

7) 조창현, "우리나라 지방자치의 회고와 전망", 지방자치제란 무엇인가(서울:중원문화, 1988), p. 99.

따라서 행정능률과 지방자치의 관계에 대한 인식을 새롭게 할 필요가 있다.

교통 · 통신이 발달되지 못한 시절에는 정보수집의 어려움, 기술 · 인력의 부족 등으로 어느 정도의 중앙집권이 능률향상에 도움이 되었으나 행정의 실수요자와 그 허가권자와의 행정거리가 행정절차적, 시간적, 계층적, 권한적으로 극히 미세할 정도로 단축된 요즈음에는 중앙집권의 기술적 타당성은 그 존재가치를 잃었다고 보아야 할 것이다.

地方自治行政은 지역적 특성, 현지성에 가장 예민하고 책임 있는 행정수행으로서 경제적으로 가장 능률적일 뿐만 아니라 주민의 지지를 받아 낸다는 점에서 정치적으로도 매우 능률적인 행정이 된다.

地方問題를 지방자치단체의 문제로 국한시킴으로써 필요할 때는 중앙의 지원이나 지도가 필요한 만큼 얻을지라도 그것이 중앙정부의 문제로 비약되지 않게 됨으로 정치적 안정을 가져올 수 있기 때문이다.

제3 · 4공화국 때의 프랑스, 현재의 이태리에서 內閣이 한 달이 멀다 하고 바뀌고 있으나 그 나라가 유지되는 것은 지방분권으로 地方自治가 잘되고 있어서 정치적 안정을 가져올 수 있었던 예를 주목할 필요가 있다.

지방자치는 都市開發 또는 地域社會開發에 참여의 폭을 극대화시킴으로써 간접민주주의의 단점인 간헐적인 선거 이외에 할 일이 없는 주권자인 국민에게 좀 더 많은 정책결정과정에의 참여를 유인한다.

그 결과 정치적 지지의 확대를 통한 정치적 발전과 안정이 가능해진다.

2) 新地方分權化의 傾向

지방자치에 대한 인식으로 최근에 주목해야 할 것은, 新地方分權化의 경향이다.

新中央集權化의 거센 물결이 일고 있는 오늘날에 프랑스를 비롯한 세계 도처에서 신지방분권화의 경향이 부각되고 있으며 2,000년대에도 이 경향이 주를 이룰 것으로 예견된다.

프랑스의 경우를 보면, 1981.5. 미테랑(F. Mitterrand) 사회당정부가 출발한 이후 분권화 경향이 나타나기 시작하였으며, 1982년에 「지방분권법(commune department)」 그리고 「region의 權利와 自由에 관한 법률」이 제정되면서부터 지방자치단체에 대한 행정부의 통제가 행정재판소에 의한 통제로, 후견적 감독에서 사후적 감독으로 변모하였다.

또한 신지방분권화의 일환으로 1983년에 「新權限配分法」(국가와 지방간의 사무권한의 재배분)과 「新地方公務員法」(지방공무원의 신분규정의 정비)이 입법화되었고, 1990년에 「新地方選擧法」과 「新地方財政法」이 입법화되었다.

결국 프랑스의 신지방분권화 경향은 증대되는 행정수요에 중앙정부보다 지방자치단체가 대응하는 것이 더 바람직하다는 새로운 지방행정을 탄생케 한 것이다.

이러한 新地方分權化 傾向은,

① 지방과 유관한 국가정책에 있어서는 自治團體의 參加·共同決定·意見陳述權을 보장하고,

② 共管的 事務에 있어서는 국가가 기본정책을, 자치단체는 구체적 결정과 집행을 수행하고,

③ 非權力的 關與方式을 채택하며,

④ 자치단체 상호간의 協力體系를 확보하는 등의 형태로 나타난다.

더욱이 이 경향은 국가와 지방자치단체의 協力·共存의 關係를 모색하고 중앙집권과 지방분권의 장점을 동시에 충족하려고 하기 때문에 매우 비권력적이고 협동적일 것이 요구된다.

신중앙집권화와 신지방분권화가 동시에 교호적으로 나타나고 있는 오늘날에 있어서 국가의 지방자치단체에 대한 통제는 강화되어야 한다는 주장과 반대로 약화되어야 한다는 두 가지 견해가 대립되고 있다.

그러나 앞으로는 행정기능의 전문화·기술화로 인한 集權化가, 그리고 지방행정수요의 증대로 인한 分權化가 混在할 것이기 때문에 이를 적절히 조화시켜야 한다.

국가의 지방자치단체에 대한 통제는 분권화와 집권화가 갖는 단점인 비능률성과 비민주성을 지양하고, 행정의 능률성과 민주성의 조화라는 관점에서 균형있게 전개되어야 한다.

4. 自治的 分權과 行政的 分權

지방분권이라 함은 일반적으로 自治的 分權을 의미하고 있다. 그러나 학자에 따라서는 지방분권의 개념을 넓게 해석하여 自治的 分權(autonomous decentralization)은 물론 行政的 分權(administrative decentralization)까지 포함하기도 한다.

1) 自治的 分權

自治的 分權은 지방적으로 처리해야 할 행정사무와 기능을 일정한 범위 내에서 자치권을 인정받고 있는 지방자치단체에 위임하여 지역주민 또는 그 대표자의 의사와 책임, 권한 하에 처리하도록 하는 분권형태를 뜻하는데, 이것은 地方自治(local autonomy)와 동일한 개념이다.[8)]

自治的 分權은 주민과 가까운 곳에서 지방행정을 수행함으로써 행정의 민주화를 실현할 수 있을 뿐만 아니라 지방의 특수성과 실정에 맞는 행정을 수행할 수 있다는 이점을 가지고 있다.

2) 行政的 分權

行政的 分權은 중앙정부의 권한과 사무 중 지역에서 처리하여야 할 사무를 위하여 중앙정부가 地域一線機關(예컨대, 지방세무서, 우체국, 지방보훈청 등)을 설치하고, 그에게 행정권한과 사무를 위임하여 행사하게 하는 분권형태를 가리킨다.

이러한 行政的 分權의 遂行方式은 중앙정부가 지역일선기관을 설치하여 그 권한과 사무를 수행하는 방식(直接行政)과 그 권한과 사무를 지방자치단체의 집행기관에 위임하여 수행하는 방식(委任行政) 등 두 가지 형태가 있다.

오늘날 대부분의 地方分權形態는 自治的 分權과 行政的 分權을 混用하는 協力的 分權을 시도하고 있다.

[그림 2-1] 지방분권의 구분

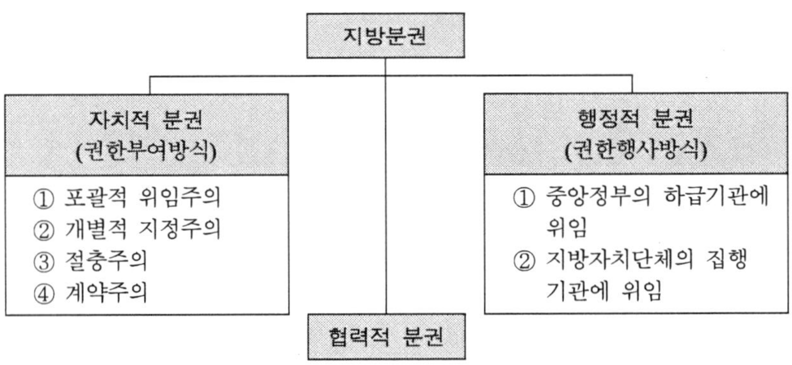

(주) 김형배, 地方自治論(서울:계명사, 1988), p. 27.

---

8) 崔昌浩, 地方自治制度論(서울:三英社, 1988), p. 41.

5. 住民自治와 團體自治

지방자치는 정치적으로 깊은 역사와 전통을 가지고 있는 영국·프랑스 등에서부터 발달한 것으로서, 住民自治制度와 團體自治制度의 두 가지 형식을 모체로 하여 발달하였다.

1) 住民自治

住民自治制度는 지방자치의 母國이라고 불리우는 영국에서 발전한 것으로서 주민의 일상생활에 관련된 사무를 중앙의 간섭과 감독을 받지 아니하고 그 지역주민이 스스로 자기들의 의사와 책임 하에 처리하는 제도이다.

住民自治는 자치권의 본질을 개인이 기본적 인권을 타고 나는 것처럼 지방자치단체가 국가와는 무관하게 고유한 권리로서 지니는 것이어서 그것은 기본적 인권이 불가침인 것처럼 국가권력에 의해서 침해될 수 없는 것이라는 주장(固有權說)에 근거하고 있다.[9)]

다시 말하면, 住民自治는 地域住民은 본래적으로 자치권이 있고, 이를 토대로 자치행정을 수행하며 민주주의 원리를 실천한다고 하는 政治的 槪念이다. 이 경우의 自治行政은 직업공무원이 아닌 일반시민이 행정에 참여함을 특징으로 한다. 지방의원을 명예직으로 하는 것은 이러한 의미의 자치행정을 수용하는 것이다.

2) 團體自治

團體自治制度는 프랑스·독일에서 발달한 제도로서 일정한 區域을 기초로 하는 公共團體가 국가로부터 독립된 法人으로서의 지위와 자치권을 부여받아 가급적 국가의 감독과 관여를 받음이 없이 단체의 사무를 처리하는 제도로서 法律上의 槪念에 중점을 두고 있다.

團體自治는 자치권의 본질이 천부적인 고유한 권리가 아니라 국가의 승인에 의해서 비로소 존재하는 것이기 때문에 국가로부터 전수된 것(傳來說)이라는데 근거하고 있다.

---

9) 星野光男, 地方自治論(東京:きようせい, 1982), pp. 27~31.

<표 2-1> 주민자치와 단체자치 특징 비교

구 분	주 민 자 치	단 체 자 치
① 관념적 기반	주민자치사상	단체자치사상
② 자치의 원리	민주주의	지방분권
③ 자치의 본질적 내용	지방행정주체와 주민과의 관계	지방행정주체와 국가(중앙정부)와의 관계
④ 자치권의 근거	주민의 고유권리(고유권설)	국가에 의하여 주어진 권리(전래설)
⑤ 기능배분방식	개별적 지정주의	포괄적 위임주의
⑥ 자치의 범위	광범함(국가사무와 자치사무를 구분하는 개념이 없음)	협소함(국가사무와 자치사무를 엄격히 구분함)
⑦ 중앙통제의 방식	입법적 · 사법적 통제	행정적 통제
⑧ 기관구성형태	기관통합형(의회우월주의)	기관분립형(집행기관우월주의)
⑨ 자치단체의 성격	자치단체로서의 순수 단일성	자치단위인 동시에 국가의 행정단위(이원성)

(주) 김기옥, 行政法(서울:박문각, 1987) pp. 283～285.

3) 區別의 實益

주민자치와 단체자치의 구별은 기본적으로는 중앙정부의 감독과 통제가 지방정부에 대하여 얼마나 작용하는가를 구별해 주는 실익이 있다.10)

즉, 住民自治에서는 국가의 감독 · 관여가 거의 없고 또한 지방정부가 수행하는 사무에 있어 국가사무 · 지방사무의 구별이 없는 것을 특징으로 하고 있다.

그러나 團體自治에서는 지방자치단체의 사무가 국가의 委任事務와 자체의 固有事務로 구분되어 왔으며, 자치단체의 성격은 국가기관으로서의 지위와 지방자치단체로서의 지위의 二重的 地位를 가지고 있다.

10) 金亨培, 地方自治論(서울:啓明社, 1988), p. 45.

제 2 절 地方自治의 意義와 價値

1. 地方自治의 槪念

지방자치제도는 사람들이 가능한 한 자기의 自治領域을 넓혀가려 하고 規制領域을 좁혀 가려는 인간본능을 충족시키는 제도이므로 주민이 자치의 영역을 넓혀 가려면 자치원리를 생활이념으로 하는 自治意識이 성숙되어야 한다.

원래 自治란 자기의 일을 자기 스스로의 역량과 책임 하에 처리하는 것을 의미하기 때문이다.

1) 地方自治의 行政的 意義

지방자치란 政治的으로는 政治의 地域的 實驗을 의미하고 行政的으로는 住民의 政治的 實驗을 의미한다. 여기에서는 지방자치의 보편적 개념으로 사용되는 후자의 경우만을 살펴보기로 한다.

행정적 의미의 지방자치는 일정한 地域의 住民들이 地方公共團體를 구성하여 중앙정부의 일정한 監督 아래, 그 지역안의 共通問題를 자기의 부담에 의하여 스스로 처리하는 것을 말한다.[11)]

이러한 지방자치의 개념은 그 요소를 중심으로 하여 좀더 구체적으로 보면 다음과 같다.

첫째, 自治權을 가지고 있는 地方政府(The Local Government) 또는 地方團體(The Local Collective)가 그들의 事務를 처리하는 組織形態이다.

영 · 미의 경우는 자치행정기관에 법인격을 부여하지 아니하고 "정부(Government)"라고 부르는데 비하여, 프랑스 · 독일에서는 이에 법인격을 부여하고 "단체"라고 부른다.[12)]

둘째, 일정한 地域과 住民을 기초로 하고 있다.

이 점에서 다른 공공조합, 공공법인, 예컨대 농지개량조합, 지방공사 등과 구별된

---

11) 崔昌浩, 전게서, p. 49.

12) 大森彌(外), 日本の地方政府(東京:東京大學出版會, 1986), p. 4.

다. 이들 조합과 공사는 지역과 주민을 기초로 하지 않으므로 지방자치단체라고 볼 수 없다.

셋째, 지방자치는 地方的·地域的 事務를 처리한다.

지방 또는 단체는 국가사무와 구별되는 自治事務를 처리하고 있다. 국가사무는 국가의 존립목적을 위한 사무이나, 자치사무는 지역사회·지역주민의 이해관계가 큰 사무를 말한다.

넷째, 지방자치에 있어서 핵심적 요소는 自治權이다.

지방정부 또는 단체는 국가의 간섭과 통제를 받지 아니하고 지역주민의 자주적 의사에 따라 지역·지방사무를 처리하여야 하기 때문이다. 자치권은 自治組織權, 自治立法權, 自治行政權, 自治財政權을 그 내용으로 한다.

다섯째, 지방자치는 地域住民이 그들 자신에 의해 선출된 代表를 통하여 地方政治·行政에 참여한다.

지역주민은 그들의 대표를 통하여 지방행정에 대한 자신의 의견·의사를 반영하고 있다.

그러므로 지방자치에 있어서 지역주민이 그들 자신의 의견과 이익을 대표해 주는 대표를 뽑는다는 것은 매우 중요한 의미를 가지고 있다. 이와 같은 間接參政制외에 아주 예외적으로 住民發案(initiative), 住民投票(referendum), 住民召喚(recall) 등 直接參政制를 인정하는 경우도 있다.

여섯째, 지방자치는 주민이 부담한 租稅(地方稅)를 중심으로 한 自主財源을 가지고 지역 내의 사무를 처리한다.

지방자치제도가 아무리 훌륭한 제도이고 완벽하다 할지라도 自主財源이 없다면 자주적 의사를 가지고 지역 내의 일을 처리하기는 어려울 것이다.

사실상 지방정부가 그들의 재정을 중앙정부에 크게 의존하고 있을 때에 중앙의 간섭과 관여 없이 지역 내의 일을 자주적으로 처리한다는 것은 불가능하다.

2) 地方自治와 區別槪念

위와 같은 지방자치는 다음의 세 개념과 구별된다.

첫째, 지방자치는 聯邦國家를 구성하고 있는 支分國家(州)가 갖는 권력과 구분되어야 한다.

연방국가에 있어서 각 州는 그 관할구역 내에서 입법·사법·행정에 관하여 準主權的 地位를 가지며, 연방정부와는 단순한 상·하관계가 아닌 동등한 지위에 있으나,

지방자치단체는 동일한 통치권의 기반 하에서 국가로부터 승인된 일정범위의 자치권을 중앙의 지도와 감독 하에 행사함을 그 특질로 하고 있다. 즉, 연방국가의 州는 지방자치단체가 아니라는 점을 명백히 하여야 한다.[13)]

둘째, 지방자치는 주민의 의사에 의한 행정을 수행한다는 뜻에서 중앙부처의 하급기관 또는 지역일선기관에 의하여 수행되는 행정, 즉 行政的 分權 또는 行政分散과 구별하여야 한다.[14)]

셋째, 지방자치는 封建的 地方制와는 엄격히 구별되어져야 한다. 봉건적 지방제는 중세에 있어서 국가권력의 분열상태에서 생긴 소국가성 · 주권성 · 절대성을 갖는 봉건적 특권(도시자치권)을 말하므로, 근대 민족통일국가를 전제로 하는 지방자치와는 그 유래, 성질 등에서 전혀 별개의 개념이다.[15)]

2. 地方自治의 價値

지방자치의 價値, 즉 必要性의 문제는 오늘날 우리사회의 일부 정치인이나 언론이 주장하는 것처럼 지방자치가 우리사회의 모든 문제를 해결할 수 있는 代案이 될 수 있는가 하는 각도에서 실증적으로 검토되어야 한다.

1) 政治的 · 技術的 必要性

전통적 지방자치론의 시각에서는 지방자치의 필요성을 다음과 같이 정치적 · 기술적 측면에서 그 존재이유를 규명한다.

(1) 自由民主主義(liberal democracy)의 수호

근대 민주정치의 발전은 시민에 의한 국가권력의 제한에서부터 시작되었으며, 지방자치도 국가권력을 제한하는 한 방편이 되었던 것이다.

지방자치는 군주의 절대권력에 대한 일종의 對抗的 槪念으로 이해되었으며, 독재정치에 대한 방파제 역할을 하였다.

---

13) 鄭仁興, 地方自治(서울:博英社, 1967), p. 19.

14) 行政的 分權과 行政分散은 그 성격이 서로 다르나, 양자는 모두 행정조직의 피라밋적 계층구조가운데서의 상 · 하기관 사이의 관계에서 나타나는 현상이라는 점에서 같다(崔昌浩, 전게서, p. 53).

15) 崔昌浩, "地方自治論", 서울대학교(편), 行政學硏究(서울:英文社, 1963), pp. 381～382.

또한 지방자치는 지역사회의 일을 지역주민이 참여와 토의를 통하여 스스로 결정하는 것이므로 "풀뿌리 민주주의(grass roots democracy)"로서 민주주의를 지방주민의 생활에 스며들게 하고 있다.

"지방자치는 자유국민의 힘을 형성한다"라는 표현은 지방자치가 민주주의 성립·발전과정에서 주요한 위치를 차지하고 있음을 단적으로 말해주고 있다.[16]

(2) 民主政治의 敎育·訓練(political education & training)

지방자치는 지역문제를 스스로 처리하는 정치과정을 통하여 민주시민이 갖추어야 할 요건인 公共心, 協同心, 自治能力을 길러주고 있다.

민주주의가 발전하기 위하여는 국민의 민주적 사고·습성·형태 등이 앙양되어야 하는데, 지방자치는 지역주민이 지역사회문제를 민주적 과정을 통하여 스스로 결정하므로 민주주의의 역량을 제고시킬 수 있다.

"지방자치는 민주주의의 원천으로서 민주주의의 최량의 학교(the best school of democracy)"라고 표현[17]한 것이나 "지방자치의 목적은 건전한 정치적 상식을 길러주는데 있다" 는 표현[18] 등은 지방자치가 民主政治의 訓練過程임을 적시하고 있는 것이다.

지방자치는 주민뿐만 아니라 정치지도자에게도 정치교육(training in political leadership)을 시키고 있다. 지방의회의원 등으로 정치적 수업을 쌓은 사람이 중앙의 정치무대에 진출하는 것이 상례이기 때문이다.

(3) 住民의 政治·行政參與擴大(political participation & equality)

지방자치는 주민들에게 지방정부의 정책형성과정에 참여하는 餘分의 기회를 제공함으로써 주민의 행정참여를 확대하고 정치적 권리를 신장시켜 주는 역할을 한다.

개인의 경우, 국가적 차원의 민주주의 보다는 지방차원의 민주주의, 즉 지방자치에서 보다 많이 정치·행정에 참여할 수 있는 기회를 얻게 된다.

지방자치의 가치는 지방의 정책과 사업결정에 주민의 참여를 증진시키고, 유대의식·일체감·응집성 등을 공고히 하는 데 있다.

---

16) A.Tocqueville, *Democracy in America*, Vol.1.(Paris:Callimard, 1961), pp. 42～43.

17) G.Bryce, *Modern Democracies*, Vol,1.(New York:Macmillian, 1921), pp. 131～132.

18) H.Maddick, Democracy, *Decentralization and Development*(Bombay:Asia Publishing House, 1963), p. 59.

(4) 平和的인 社會改革(social improvement)

지방자치는 정권교체기에 정국의 안정을 도모하고, 유혈 쿠테타(coupdétat)와 혁명을 미연에 방지하는 역할을 수행한다. 국가권력의 지방적 분산은 정권탈취의 목표를 분산시켜 짧은 시간에 그 전복을 기대할 수 없기 때문이다.

따라서 지방자치는 정국의 안정을 기하여 점진적인 사회개혁을 평화적으로 도모할 수 있다는 점에서 볼 때 개발도상국가에 있어서 특수한 가치를 발견할 수 있다.

지방자치는 중앙의 정권교체에 따른 정치적·사회적·행정적 혼란이 지방에까지 미치는 영향을 완화하는 기능을 수행한다.

"지방자치는 사회적 조화, 지역공동체의식 그리고 정치적 안정에 기여하고 있다"는 표현[19]은 平和的 社會改革機能을 강조한 것이다.

(5) 地域的 特殊行政의 遂行

농촌지역과 도시지역은 각각 다른 지역적 특수성을 가지고 있으며 주민의 행정수요도 각각 다르다.

지방자치는 지역주민의 의사가 존중됨으로써 지역주민의 요구사항 또는 지역특수사정에 부응하는 행정을 펴나갈 수 있다.

지방자치단체에 있어서는 政策決定者인 지방의회의원 등과 政策受惠者인 일반주민 사이에 정보와 지식의 교류가 아주 활발한데 이것은 주민의 욕구와 여론을 행정에 반영시켜 주는 역할을 한다.

(6) 責任行政의 遂行

지방자치는 지역주민이 그들이 선출한 지방의회의원을 통하여 지방공무원들이 지역사회와 지역주민의 이익을 위하여 업무를 수행하도록 監視·監督·批判을 하고 있다.

지방의회의원은 주민들의 지방행정에 대한 불평·불만사항을 조사하여 이의 시정·개선을 촉구하는 한편, 지방공무원의 위법·부당행위, 업무태만행위, 재정낭비행위 등에 대하여 책임추궁을 하게 된다.

이와 같이 지방자치는 지방의회의원과 지역매스컴 등을 통하여 지방행정이 지역사

---

19) L.J.Sharpe, "Theories of Local Government," in L.D.Feldman(ed), *Politics and Government of Urban Canada*(London:Methuen, 1981), p. 34.

회, 지역주민의 이익에 부합하여 적정하게 수행되도록 효과적인 監視·監督·指導(effective on local government) 機能을 하고 있다.

2) 地方自治와 大衆選擇理論(the public choice theory)

大衆選擇理論은 경제학적 방법을 사용하여 지방자치의 가치를 설명하는 이론이다.[20)]

대중선택이론이 대두된 것은, 미국의 지방자치단체는 전통적으로 소규모이며 또한 다원화되어 행정의 비능률을 초래하고 있으므로 소규모 자치단체를 통폐합(consolidation)하여 적정규모로 재편성하자는 주장이 1960~70년대에 제기된 데 대하여, 小規模 自治團體의 存在價値와 正當性을 옹호하기 위하여 제기된 이론이다.

이 이론을 주장하는 학자들은, 지방자치는 個人福祉(personal welfare)를 증진시키는 중요한 요인이라고 보고, 기본적으로 공공행정에 私企業과 같은 經濟學原理를 도입하고 있다.

개인이 자기의 거주지역으로 선택할 수 있는 수개의 지방자치단체가 존재하게 되면 그 개인은 자기가 낸 세금과 각 지방자치단체가 제공하는 행정서비스의 내용을 비교하여 자기에게 최대의 이익(the greatest net advantage)을 가져다주는 자치단체로 이사를 가게 된다.[21)]

그러므로 많은 수의 소규모 자치단체의 존재는 개인이 자기이익을 최대로 만족시켜주는 자치단체를 선택할 수 있는 기회를 제공한다는 것이다.

그러나 이 이론에 대하여 실제상 여러 가지 問題點이 지적되고 있다.

첫째, 이 이론은 지방자치단체가 제공하는 서비스의 효과는 그 자치단체 구역 내에 한정되어 있다는 전제하에 이론을 전개하고 있으나, 자치단체의 사무 가운데 토지이용, 교통계획, 지역개발, 환경사무 등의 효과는 당해 자치단체의 구역을 넘어서 다른 지방자치단체에까지 미친다는 점을 간과하고 있다.

둘째, 소규모 자치단체는 현대행정에 요청되고 있는 전문인력과 장비, 재정을 확보할 수 없어 주민들이 요구하는 사업을 실시하지 못하는 경우가 많아, 시민의 다양한 수요와 욕구를 만족시켜 줄 수 없다는 점을 간과하고 있다.

---

20) 행정조직에 있어서 대중선택이론을 주장하고 있는 학자로는 C.M.Tibut, W.E.Oates 등이다(崔順植, 現代地方自治論(수원:상문사, 1988)), p. 26.

21) W.E.Oates, *The Political Economy of Fiscal Federalism*(Lexington:Mass Lexington Books, 1972), pp. 11~12.

셋째, 지방자치단체 구역 내에서 이미 상당기간 거주하여 기득권을 누리고 있는 주민들은 그들의 거주구역에 이득보다 부담이 되고 있는 영세민 등의 입주를 제한하기 위하여 영향력을 행사하고 있으므로 주민의 거주지역의 자유선택을 실제적으로 제약하고 있는 현실을 무시하고 있다.

넷째, 개인의 자치단체에 대한 비용부담은 개인의 편익만을 기준으로 하는 것이 아니고, 가족구성원 전체의 편익이 상호 조화되는 점에서 이루어져 거주지역을 결정하게 된다는 현실을 간과하고 있다.

3) 地方自治와 民主主義

지방자치와 민주주의와의 결합관계에 대해서, 긍정적으로 보는 견해는 지방자치가 민주주의의 이념을 실현하는 제도로서의 가치에 의문을 제기하지 않지만, 이에 대하여 다음과 같이 이들의 상관관계를 부인하는 견해가 있다.

이러한 부정적인 견해는 지방자치의 실시를 회의적으로 보는 행정실무자들의 시각과 일치하고 있다.

否定的 視角의 概要는 다음과 같다.[22)]

첫째, 민주주의와 지방자치가 다같이 權力制限原理로서 기능을 한다고 보는 긍정적 견해에 대하여, 중앙정부가 민주적 방법에 의하여 구성되어 있는 오늘날에는 그 기능은 사실상 무의미하다고 주장한다.

둘째, 민주주의와 지방자치가 공히 民選・自己處理의 政治・行政原理라고 보는 긍정적 견해에 대하여, 민주주의적 지방분권체제하에서도 중앙정부에 의하여 임명되는 공무원이 다수 있게 되고 실제 자치단체의 사무집행에 있어서도 어느 정도 중앙정부의 개입을 허용하지 않을 수 없으므로 민선・자기처리의 원리는 극히 형식적이라고 주장한다.

셋째, 지방자치가 民主主義의 基礎인 동시에 實驗室이라고 보는 긍정적 견해의 허구성을 지적한다.

지방자치라 하더라도 현실적으로 자치단체의 의사결정이나 사무집행은 전문적인 사무직원(지방공무원)에 의하여 운영되므로 주민의 참여와 통제는 사실상 허구에 지나지 않는다고 주장한다.

위와 같은 부정적 시각은 개발도상국가의 개발초기에 중앙정부의 능률성 추구를 위한 이론으로서 당위성을 가지나, 정치적으로는 "政治의 地域的 實驗場"이며, 행정

---

22) 星野光男, 地方自治の理論と構造(東京:新評論, 1970), pp. 138~147.

적으로는 "住民의 政治的 實驗場"으로서의 지방자치는 配分的 參與的 成長·發展의 道具로서 機能을 수행하므로 그의 필요성은 부인할 수 없다고 보아야 한다.

3. 地方自治와 住民參加

住民參加는 각 국가 각 시대의 현실적 요청에 부응하여 경험적으로 발전되어 왔기 때문에 그 범위·방법·효과 등은 너무도 다양하다.

그러므로 주민참가에 대하여는 그 동안 무수한 논의가 있었고, 아직도 새로운 모형을 찾고 있다. 이것은 주민참가가 이념적으로 확립되지 못한데 근본적인 원인이 있다고 보여진다.[23)]

1) 住民參加의 意義·必要性

住民은 지방자치단체의 構成員인 동시에 基本單位일 뿐 아니라 지방자치의 主人公이다. 이와 같은 지위에서 보면 주민은 지방자치행정에 직접 또는 간접적으로 참여하고 이를 감시·비판 또는 통제하는 역할을 한다.[24)]

민주주의 및 주민자치의 이념으로 보아도 명백하듯이, 주민은 지방자치의 主體이고, 이념을 실현하는 조직으로서 選擧와 地方議會制度가 있으며, 주민의 기본권으로서 參政權이 보장되어 있다.

그럼에도 불구하고 주민참가 또는 시민참가가 주장되는 이유는 무엇인가? 이 질문에 답하기 위하여 민주주의 구성원리인 代表의 原理 및 多數決의 原理와의 관계를 살펴 볼 필요가 있다.

(1) 代表原理와의 關係

현대사회를 管理社會라고 부르는 데서 짐작할 수 있는 바와 같이, 오늘날은 專門家의 支配가 강해지고, 주민은 현실의 행정상 정책형성과정에서 분리되고 소외된다. 더욱이 이러한 전문가의 독선이나 실수를 감시하기 위한 代表機能이 반드시 적절하게 행사되지 않는다는데 문제가 있다.

---

23) 韓國地方行政研究院, 地方自治時代의 住民參與方案研究(서울:한국지방행정연구원,1989), p. 1.

24) 孫在植, "地方自治의 건전한 실시를 위한 기본적 課題", 延大行政學報(서울:연세대학교), pp. 65~78.

주민참가는 이러한 전문가의 지배를 억제하기 위하여 필요하다.

간접민주제하에서 선거에 의한 민의와 정책과의 동일화를 실현시키는 제도적 장치가 주민의 기대에도 불구하고 작동되지 않는 이유로서 距離·時間·爭點이라는 3가지 요인이 거론된다.25)

첫째, 「거리」라는 조건은 지리적 거리에 의한 원격감에 유권자가 생각하는 심리적 거리라는 조건이 가해져 더욱 강화된다.

둘째, 「시간」이라는 조건은 선거가 일정기간을 두고 실시되는 제도적 특징에서 불가피하게 발생한다.

셋째, 「쟁점」이라는 조건은 선거에서의 공약이나 정책으로 제기되는 사항 등 여러 가지 형태로 존재하는데, 이것들이 반드시 민의와 일치하지 않는다는 데서 문제가 생긴다.

이와 같은 간접민주제의 결함을 시정하는 조건으로서 직접민주주의의 여러 제도가 보완기능을 수행하고 있지만, 문제는 그것만으로는 해결될 수 있는 것이 아니고 그와 같은 조건에 적의한 주민참가가 있어야만 주민운동은 성공할 수 있다.

(2) 多數決原理와의 관계

정책형성을 할 때에는 정책결정자의 합리적·과학적인 정책의 기획과 입안이 필요한 것은 말할 것도 없지만 利害關係者의 意見을 調整하는 쪽이 곤란을 겪는 경우가 많다.

우리나라에서 70년대 말이래 각종의 지역개발, 공공의 시설을 하려는 경우에 지역주민의 集團的 民願事例를 그 예로 들 수 있다.

무엇보다도 이러한 이해관계자의 의견을 조정하고, 사회적 합의를 확보하기 위해서 環境評價(environmental assessment)와 같은 합리적·과학적 정책형성을 하려는 노력이 필요하지만 합리성의 한계가 불분명한 경우가 있기 때문에 일의적인 결론을 내리는 것이 사실상 불가능하다.

특히 일정지역의 개발 등의 대규모 프로젝트가 50년 또는 100년 후의 장래에 걸쳐 지역경제의 발전, 환경, 주민생활 등에 어떤 영향을 끼칠 것인가 하는 문제는 현재의 과학수준으로는 예측하기가 곤란하고, 궁극적으로는 지역주민의 선택에 맡길 수밖에 없는 과제들이 적지 않다.

이러한 과제에 대응하여 이해관계자의 의견을 조정하고 사회적 합의를 형성하는

---

25) 辻清明, 日本の地方自治(東京:巖波書店, 1977), p. 141.

제도로서 多數決原理가 활용된다. 예컨대, 도로건설 · 하수도처리시설 등에 있어서 전체의 이익과 특정지역의 이익이 상반하는 경우에는 소수의 희생이 크게 문제되지 않는다.

한편 소수자의 이익을 보호하기 위한 제도로서 全員一致主義가 주장되고 있다.26)

그러나 전원일치주의는 시간이 많이 소요되고 소수자의 이익이 과도하게 존중되는 반면에 다수가 희생되고 적절한 단체의사의 형성이 저해되는 등의 폐단을 수반한다.

여기에서 전체의 이익과 부분의 이익, 다수의 이익과 소수의 이익을 조정하기 위한 기능으로서 住民參加가 주장된다.

따라서 주민참가제도가 필요한 이유는 다음 두 가지로 요약할 수 있다.

첫째, 代表原理의 補完機能으로서, 주민과 지방자치단체간에 공통의 이해를 조정하기 위한 상설의 대화경로가 제도화되어야 한다.

둘째, 多數決原理의 補完機能으로서, 주민운동의 문제는 주민들간에 상호조정하여야 한다.

住民運動은 지역간의 이해대립, 주민상호간의 대립을 초래한다. 여기에 필요한 것은 주민과 주민간의 대화이고 주민자신들에 의한 조정이다.

2) 住民參加論의 展開 · 問題點

그러면 주민참가론은 어떤 經路로 전개되어 왔고 어떤 問題點을 가지고 있는가?

주민참가론은 1960년대 이래 세계적으로 분출되었으며, 오늘에 이르러서는 지방행정의 운영에 있어서 필수적인 요소로 받아들여지게 되었다.

일본에서 주민참가론이 특히 폭발적 관심을 불러일으키게 된 것은 1950년대 말 고도성장에 따른 도시환경의 악화를 배경으로 한 "革新自治體"의 등장과 불가분의 관계에서 전개되었기 때문이다.

이렇게 폭발적인 참가요구와 운동이 일어나게 된 이유로서 제기되는 것은,27)

첫째, 관리사회에 대한 극한적인 반발이다.

둘째, 현대사회는 일반적으로 기능의 집권화를 초래하고, 사회 속에서 생활하고 있는 인간은 정책결정의 장에서 멀어지고 무력화 해지는데 대한 저항이다.

셋째, 자본주의의 고도화에 수반하여 생활파괴를 가져온 데서 제기되는 주민의 불만 등이 거론되고 있다.

---

26) 利光三津夫, 滿場一致と多數決(東京:日本經濟新聞社, 1981), p. 200.

27) 篠原一, 市民參加(東京:巖波書店, 1977), p. 18.

우리나라에서는 1970년대 말 목동아파트단지개발에 있어서의 주민의 집단행동을 주민참가요구의 효시로 볼 수 있을 것이다.

행정현실면에서 주민참가는 지방행정의 기본이념을 전제로 하고 이를 행정구호로 내걸고 있지만 실제에 있어서 제도면에서나 운영면에서 활성화되지 못하고 있는 것이 사실이다.

주민참가의 理論的인 問題點은 다음과 같이 지적할 수 있다.

첫째, 權力을 수반하지 않는 리더쉽과 住民參加와의 관계에 있어서의 문제이다.

주민참가의 문제는 권력과 참가라는 민주주의 정치체제의 두 가지 관계에서 충족되는 것인데, 시책을 시행할 수 있는 권한이 없는 자의 참가는 행정의 무책임과 부재현상을 초래하게 된다.[28)]

최근에는 與論調査가 성행하고 있는데 여론조사 자체는 주민이 참가리더쉽을 발휘할 수 없게 하는 데 문제점이 있다.

둘째, 地方議會와의 관계에 있어서의 문제이다.

주민참가라는 이름아래 장과 주민이 결합하는 것은 주민의 대표기관임을 자임하는 의회를 경시 내지 무시하는 것이라는 「의회경시론」 또는 「의회우회론」이 주장되고 있다.[29)]

그러나 二元的 代表民主制하에서는 공선되는 長도 주민의 대표이다. 주민참가의 기능은 어디까지나 대표민주제의 기능을 보완하는 것이기 때문에 의회의 권능도 보완하고 그 기능도 활성화시키는 것이어야 한다.

그런 의미에서 장과 의회의 상호관계와의 관련에 있어서는 주민참가의 본질이 시비의 대상이 되지 않는다고 보아야 한다.

셋째, 制度化의 문제이다.

주민참가는 權力指向性을 갖는다. 의식적이든 무의식적이든 간에 권력에 轉化하는 경향을 가지고 있다.

그러므로 주민참가의 효율성을 확보하기 위해서는 어떤 형태로든지 제도화되지 않으면 안되는데, 일단 제도화가 되고 나면 그 力動性을 잃어버리고 원래의 의미를 반감시킨다는 숙명을 지니고 있다. 따라서 주민운동의 제도화와 제도의 운동화라는 두 개의 과정이 언제나 순환하여야 한다.[30)]

---

28) 篠原一, 前揭書, p. 16.

29) 西宅勝, “過疎と過密の行政”, 日本政策學會編, 55年體制の形成と 崩壞(東京:巖波書店, 1979), p. 251.

30) 篠原一, 前揭書, p. 78.

넷째, 住民參加의 유형화에 있어서의 문제이다.

넓은 의미의 주민참가의 개념에는 주민참가, 시민참가, 커뮤니티 참가 등 3개의 유형이 포함된다.[31]

「住民參加」는 특정사업에 의해 직·간접으로 영향을 받는 이해관계자로서의 주민이 그 사업의 계획과 집행과정에 참가하는 것을 말한다. 이 경우 주민참가의 과제는 어떤 방법과 절차로 전체의 이익과 부분의 이익, 다수의 이익과 소수의 이익의 조화를 도모할 것인가 하는 데에 있다.

「市民參加」는 시민들이 일상적으로 자치의무를 수행할 자치조직을 확립하기 위하여 시민간 또는 시민과 구청간에 토론의 장을 확대해 나가는 것을 말한다.

자치의 주체인 시민이 능동적으로 정치·행정체계에 참가하고, 시민토론의 광장에서 참된 공공복지, 시민적 이성 또는 협동의 원리라고 하는 것을 발견하고 형성하여 나가는 것을 과제로 한다.

「커뮤니티 참가」는 마을 또는 동일학군, 경제권 등 공동유대권을 전제로 하는 수준의 참가이다. 기능적으로는 주민참가나 시민참가에 대한 매개역할이 기대되는 것이다. 그러므로 커뮤니티 참가의 동기는 두 가지 측면으로 규정되어진다.

하나는, 주민참가에서 해결할 수 없는 문제를 해결하고 싶다는 기대이고, 또 하나는 시민참가의 저변의 확충 또는 시민참가의 중층화로의 기대이다.

이상의 주민참가의 세 가지 유형에 대응하여 주민참가의 기능을 보면, 앞에서 설명한 代表原理의 補完機能, 多數決原理의 補完機能외에 公私間에 機能分擔의 合意機能을 들 수 있을 것이다.

커뮤니티(community) 형성에 있어서는, 주민은 그 정책형성과정에 참가함과 더불어 그 실시에 있어서도 적극적으로 역할분담을 할 것이 요청된다. 그러한 公私機能分擔에 관한 합의의 확보, 즉 社會契約이라고도 할 수 있는 기능이 있다.[32]

다섯째, 參加方法상의 문제이다.

참가의 방법은 위에서 본 유형에 따라 다르다.

시민참가의 방법으로는 여러 가지 입장을 대표할 사람들이 참여한 합의기관을 설치하고, 이 합의기관으로 의견통합을 도모하는 방식이 기본으로 되어 있다. 이러한 방법의 구체적인 예로는, 지방자치단체의 위탁방식, 시민위원회방식, 전문위원방식, 심의회방식 등이 있다.

31) 西宅勝, 前掲論文, p. 411.

32) 市町村自治硏究會 編, 市町村計劃資料集(東京:第一法規, 1982), p. 324.

주민참가의 방법으로는 運動, 交涉, 機關參與 및 自主管理 등 네 가지 방식이 있다.

여기에서의 운동과 교섭의 차이는 당사자의 이원적인 대항관계의 성립 유무와 교섭권의 제도적 보장유무로 구별된다.

機關參與와 自主管理는 제도화된 주민참가의 형태인데, 기관참여는 기관의사의 형성에 내부에서부터 참여하고 그 책임을 공동으로 분담하는데 대하여, 자주관리는 일정한 범위의 권한과 책임이 완전히 주민의 대표기관의 책임에 맡겨져 있는 점이 다르다.

3) 社會的 合意形成

오늘날 주민참가는 중요한 政策形成過程에 있어서 基本的인 手段으로서 위치를 점하게 되었다.

공공사업의 계획과정에서의 주민참가는, 종래 계획수립과정이 주민이 알지 못한 곳에서 알지 못한 자료에 의거하여 행하여져 온 것에 대한 비판에 의거하는 것이기 때문에 社會的 合意를 확보하기 위한 불가결한 수단이 되었고, 그 시행방법으로 조사결과의 공표 · 환경평가 · 공청회의 개최 등 여러 가지 방법이 시도되어 왔다.

그러나 계획수립과정에 참가하는 것 그 자체에 저항이 있을 뿐만 아니라 주민참가의 절차를 어떻게 추진하더라도 지역주민의 합의가 확보될 수 없다는 것에 당사자들의 고뇌가 있다.

따라서 사회적 합의형성제도가 연구과제가 되어 여러 가지 측면으로 조사 · 연구가 진행되어 왔다. 즉, 정보의 공개, 주민조직의 권리확충, 주민참가 기구의 정비, 합의형성기관의 설치 등의 필요성이 꾸준히 제기되어 왔다.

공공사업 등에 수반하는 이해관계의 조정과 같은 사회적 합의형성을 위한 절차는 裁判制度에 비유하면 事實審理段階에 해당한다. 그러나 이 절차만으로 社會的 合意形成을 위한 절차적 기능이 끝나는 것이 아니다.

원래 사회적 합의형성을 위한 조직의 유효성은 그 사회의 국민성에 의존하는 바가 큰데, 우리나라의 국민성은 전원일치의 지향성이 강하고 중개인 내지 중재인의 역할을 중시하기 때문에 제도상으로는 仲介 · 斡旋制度 등이 채택되고 있다.

지방자치단체장의 공선제도가 우리 국민성에 적합하다고 지지를 받는 이유는, 의회 내지 정당 · 정파로부터 독립성을 유지하며, 지역사회의 중개인 내지 조정자로서의 기능이 기대되기 때문이라고 추찰된다.

4. 地方自治와 公務員參加

지방자치의 개념을 논함에 있어서 새로이 주목을 요하는 이론은 公務員參加論이다.

지방자치제하에서는 지방공무원은 지방자치의 주체로서의 기능과 객체로서의 기능 등 二重的 機能을 수행하게 된다.

전자의 기능은 공무원의 신분에서 갖는 自治行政擔當者로서의 지위에서 파생되는 것이며, 후자의 기능은 지역주민의 신분에서 갖는 自治果實의 享受者로서의 지위에서 파생되는 기능과 책임을 일컫는다.

특히 전자의 지위에서 최근 논의가 제기되고 있는 것은 지방공무원이 주민과 똑같이 지방자치행정에의 참가가 가능한가 하는 것이다. 즉, 시민참가에 비례하는 공무원참가의 문제가 제기된다.

1) 公務員參加論의 提起

公務員參加問題는 지방자치단체의 정책형성에 있어서 지방공무원이 시민보다는 물론이려니와 경우에 따라서는 지방자치단체의 장 또는 의회보다도 原案作成者로서 큰 영향력을 가지고 있으며, 政策의 提案者·推進者라는 점에서 제기된다.

최근 일본 등 선진국의 자치단체개혁에 있어서 행정·재정제도, 행정관리기술 등의 관점에서 여러 가지 논의가 제기되어 시민참가론, 정책결정과정론 등은 자치단체행정의 민주화·과학화에 공헌한 바가 컸으나, 공무원 참가론은 논의의 초점에서 제외되어 있었던 것은 학계의 주목을 요한다.

자치단체의 개혁은 중앙이나 주민통제라고 하는 외부압력에 의하여 유발되는 것이지만 개혁 그 자체의 실시는 자치단체 운영에 직접 참여하는 자치단체의 장과 공무원의 자기개혁에 의하여 이루어지는 것이기 때문이다.

자치단체의 개혁은 자치단체장의 리더쉽과 공무원의 참가의식에 의하여 성취된다는 점에 착안하여 공무원참가론을 이론화한 학자는 일본의 동경대 마쯔시다(松下圭一) 교수였다.[33]

지방공무원들의 정책형성에 있어서 실질적인 역할에도 불구하고 지금까지 공무원참가가 문제의식을 갖지 못한 이유는 공무원참가를 행정주체로서의 정책집행면에서

33) 松下圭一, 職員參加(東京:學陽書房, 1986) 참조.

보아왔기 때문에 그 실적을 도외시한 데에 기인하였다고 보여진다.

그 동안 우리 국내에서 공무원참가에 대한 문제제기가 거의 없었음에도 불구하고 저자가 이 논제를 국내학계에 소개하였던 이유는 다음과 같은 두 가지 점에 특히 유의할 필요가 있었기 때문이다.[34)]

첫째는, 지방자치단체의 정책형성에 있어서 住民參加가 갖는 限界를 무엇으로 극복할 것인가 하는 것이다.

지금까지 주민참가가 지방행정의 합리화 내지 변명의 수단 또는 책임전가의 수단으로 활용되어왔던 점을 반성하고 지방자치단체의 정책형성·집행에 적극적·실질적 참가를 보장한다 하더라도 행정의 전문성과 그 집행의 기술성 때문에 주민참가는 스스로의 한계를 갖는다.

따라서 行政의 專門家로서의 지방공무원에게 자치단체장 및 의회와 동일하게 계획의 선택·집행에 있어서 하나의 제도적 참가를 보장해야 한다는 발상이 제기된다.

둘째, 지방행정을 둘러싸고 있는 行政環境의 變化를 들 수 있다.

이것은 지방자치를 오랫동안 실시해오고 있는 선진국의 경험이지만, 자치단체의 정책형성에 있어서 주민참가는 제2선으로 물러서고 다방면의 참여를 통한 최적의 정책형성을 하려는 움직임이 현저하게 대두하고 있고, 지방자치단체가 복지사회를 지향함으로 인하여 정책선택의 폭과 질이 다양화·세분화되고 있기 때문에 專門家 그룹으로서 또는 第一線 從事者로서의 지방공무원의 內發力에 의한 공무원참가가 필수불가결의 요소로 제기된다.

2) 公務員參加의 概念

공무원참가는 지방자치단체의 소속원으로서 주민전체의 봉사자의 입장에서 그 자치단체의 정책의 입안·실시에 참여하는 것이다.

공무원참가에는 두 가지 측면이 있다.

제1의 측면은 공무원 각자가 그 담당업무·소속부서의 업무를 통하여 의욕적·창조적으로 施政의 개선을 도모하는 경우이며, 제2의 측면은 공무원이 각자의 담당·소속을 넘어서 자치단체의 행정전반에 대하여 건설적인 비판·제언을 하는 경우이다. 공무원참가로서 지방자치단체의 정책형성에 중요한 것은 후자의 참가이다.

이와 같은 공무원참가는 분파주의가 강한 관청조직 안에서 실행하려고 하면 갖가

---

34) 金基玉, "地方自治와 公務員參加", 地方行政(서울:대한지방행정공제회, 1988. 7), pp. 43~58. 참조.

지 저항에 부딪히게 되는데 그것을 배제하기 위하여서는 무엇인가 제도적 보장을 하지 않으면 안된다.

3) 公務員參加의 論理

지방자치단체의 행정안에 공무원참가를 어떤 논리위에서 정립하고 어떻게 평가하며 어떤 방법으로 전개해 갈 것인가?

첫째, 공무원참가는 주민참가에 의한 自治團體管理의 일환으로서 자리를 굳힐 수 있다.

주민전체의 봉사자로서 공무원은 먼저 주민으로서 의식과 체질을 갖추고 있지 않으면 안된다. 즉, 자치단체의 지방공무원도 주민으로서의 의식을 가지고 住民主權의 主體가 되어야 한다.

지방공무원의 주민이라는 자각의 시작이 자치단체의 기구안에 주민과의 횡적공감대 내지 의사소통(communication)의 가능성을 낳을 수 있는 기본조건이 된다.

지방공무원은 "주민과 더불어 생각하는 것"이 아니고 "주민으로서 생각한다"는 思考 위에 서야 한다.

둘째, 공무원참가는 종래 권력의 담당자로서의 지방공무원이 住民으로서의 공무원으로 인식을 전환할 것을 전제로 하여 성립된다.

지금까지 지방공무원은 권력의 담당자로서 주민과는 이질적 존재라는 선입관에 의한 관청적 발상이 있었는데 공무원참가가 성립하려면 이러한 낡은 공무원상으로부터의 탈피가 불가결하다.

물론 지방공무원은 조직의 일원으로서 법률 · 조례 · 직무명령에 기속되지만 현실의 집행에 있어서는 주민자치의 관점에서 대응이 기대된다. 왜냐하면 집행에 있어서는 상당한 재량이 지방공무원에게 남겨져 있기 때문이다.

셋째, 공무원참가는 정책의 다기화에 따른 共同參與의 要求와 지방공무원의 自己發見의 論理위에 성립한다.

오늘날의 고소득 · 고복지사회에서 비롯되는 정책의 다양화는 시민의 협력 없이는 그 정책목표 달성이 점차로 곤란해져 가고 있기 때문에 낡은 下請的 行政으로부터 시민도 공무원도 탈피하고 주민자치의 관점에서 본 가장 적합한 정책체계, 최고의 행정실적을 도모하지 않으면 안될 환경에 이르렀다.

넷째, 공무원참가는 주체적인 자치활동담당자로서 창조적인 활동을 하는 의욕 있는 지방공무원상을 전제로 한다.

그런데 공무원참가는 자치단체의 질을 높이는 행정적 가치에도 불구하고 자치단체의 장이나 시민에게 쉽사리 인지되지 않는다.

공무원이 자치단체 내부에 있으면서 직책을 떠나서 무엇 때문에 자치단체의 계획들을 검토 · 비판하는가라는 비난 때문에 좀처럼 그 실무적 효용을 찾아보기 어렵기 때문이다.

4) 公務員參加의 效用

공무원참가가 지방자치단체에 끼치는 공헌은 새로운 행정체제(system)의 창조이다.

새로운 行政體制(system)는 종래의 행정체제에 비하여 다음과 같은 특질을 갖는다.

첫째, 계선조직에 대한 幕僚組織機能의 발휘이다.

종래 행정조직 내에 막료조직을 만들었으나 이윽고 그 조직이 계선조직화 하는 악순환을 거듭해 왔다. 공무원참가는 이와 같은 직제의 결함을 보완하도록 공무원의 발상을 막료기능으로 활용하고 더 나아가 그와 같은 막료적 발상을 살리는 기회와 장소를 만들어 냄으로써 행정기구에 미치는 분파주의의 피해를 극복하게 한다.

둘째, 公務員參加의 有效性을 공무원에게 느끼게 한다.

이것은 행정민주화의 당연한 귀결이기도 하다.

셋째, 自治團體行政의 科學化에 기여한다.

공무원참가를 진척해 가면 당연히 목표관리의 설정 등이 행하여진다. 더욱이 설정된 목표는 공무원이 충분히 토의에 참가한 것이며 그 목표도달과정에서 공무원은 새로운 자치의 존재방식을 배우게 되어 종래의 職務參加와는 다른 행정과 연수효과가 나타나게 될 것이다.

넷째, 自治團體行政의 民主化에 기여한다.

공무원참가는 자치단체의 情報公開體制를 자연발생적으로 창출해 간다.

공무원참가에는 직무참가와는 달리 행정정보를 직무상 당연히 또는 사전에 알고 있는 공무원이 참가하는 것이 아니다. 따라서 공무원참가를 위하여서는 아무래도 행정정보의 정리 · 공개는 그 전제조건이 된다.

우리의 행정현실에서 볼 때 공무원참가는 성공적인 자치행정 수행을 위해서 더 나아가 시민자치의 이상을 실현하는 방향으로서의 자치단체개혁과 그에 따른 새로운 행정체제의 개발을 위하여 연구 · 보완하여야 할 필수불가결의 과제로 인식된다.

5. 地方自治와 情報公開

지방자치이론과 그 시행에 있어서 근본적으로 다시 인식하여야 할 실제적인 문제는 行政情報公開, 즉 公文書公開制度이다.

1) 行政民主化와 情報公開

政策決定過程의 公開는 정치의 공정 및 공정함에 대한 신뢰성의 확보를 위한 기본적 조건이다.

국민의 대표기관인 국회의 회의를 공개하는 것은 민주정치의 기본원리로서 각국에서 인정받고 있고, 재판의 공개는 재판의 공정성을 확보하기 위한 불가결의 제도로서 현대국가에 널리 인정된 소송제도이다.

이에 대하여 행정분야의 정책결정과정에는 공개의 원칙이 확립되어 있지 않고, 공문서를 공개할 것인가의 여부도 행정기관의 재량에 위임되어 있다. 따라서 행정에 있어서 정책결정과정에 공개원칙을 확립하는 것은 行政民主化를 위한 기초적 조건이다.

특히 현대국가에 있어서는 주민의 "알 권리"의 성립기반으로서, ① 국가기능의 증대, ② 대중매체의 거대화, 주민의 소외상황, ③ 정보화사회의 진전, ④ 국가기밀・행정기밀의 증대, ⑤ 기업의 사회적 책임, ⑥ 참가민주주의 등이 열거되는 바와 같이[35] 행정에 있어서 정보공개의 중요성이 증대하고 있다.

그 동안 정보공개의 문제는 여러 관점에서 논의되어 왔다.

첫째, 헌법상 「알 권리」의 규정여부가 논란의 대상이 되고 있다. 우리 헌법에서는 구체적으로 이를 규정하고 있지 않으나, 알 권리, 정보청구권 등을 헌법 제10조의 포괄적 기본권의 내용으로서 인정하는 견해[36]가 통설적인 경향이다.

國際人權規約 제19조에서도 표현의 자유에는 "모든 종류의 정보 및 생각을 요구하고 받고 전달할 자유를 포함한다"고 규정하고 있다.

그러나 알 권리의 법적 성격에 대해서는 여러 가지 논의는 있지만, 주민이 지방자치단체에게 헌법에 의거하여 특정한 情報의 開示를 청구할 수는 없다고 해석되어진다.[37]

---

35) 奧平康弘, 知る權利(東京:巖波書店, 1979), p. 54.

36) 金哲洙, 韓國憲法(서울:法英社, 1990), p. 137.

따라서 情報開示請求權을 입법화할 필요성이 제기된다.

둘째, 국민의 정치·행정에 대한 統制手段으로서 정보공개의 필요성이 주장되고 있다. 이 주장은 환경문제, 부동산문제, 증권문제 등 정치·행정에 대한 불신에 근거를 두고 있다.

셋째, 住民參加와의 관계에 있어서도 정보공개가 주장되고 있다.

정책결정과정의 공개는 주민자치의 기초적 조건인데, 특히 요즈음처럼 국민생활수준이 향상되었을 뿐 아니라 가치관이 다양해지고 주민의 권리의식이 고양된 사회에서는, 환경평가의 예에서 보듯이 정보공개 없이는 사회적 합의형성은 아주 곤란하다. 때문에 공개행정은 주민참가와 더불어 지방행정의 기본이념으로 중요시되게 되었다.

넷째, 정보공개제도는 行政節次法과 밀접한 관계가 있다.

告知 및 聽聞은 행정의 적법절차를 보장하기 위한 기본적인 제도이지만, 당사자에게 증거제시의 기회를 보장하는 것으로서 文書閱覽制度가 요구된다.

다섯째, 정보공개제도는 個人의 秘密保護(사생활보호)와도 관련이 있다.

個人情報保護法은 1973년 스웨덴에서 정보보호법이 제정된 이래 지금까지 OECD 가맹국 중 미국, 독일, 캐나다, 프랑스, 영국 등 12개국에서 제정·시행하고 있다.

OECD에서는 1980. 9.「개인사생활보호와 개인정보의 국제유통에 관한 이사회보고」를 채택하고 있고, 일본에서는 1982. 7 행정관리청의 개인정보보호연구회가 보고서를 제출하였고, 1983년 제2차 임시행정조사회의 최종답신 중에, "법적 조치를 포함하여 개인정보보호에 관계되는 제도적 방책에 대해서도 적극적으로 대응할 필요가 있다"는 내용의 제언을 하고 있다.

일본의 개인정보보호법에서는 잘못된 자료 등에 의한 국민의 사생활침해 등 불이익이 미치는 것을 방지하기 위하여 자기에게 관련된 자료를 열람·확인 등을 청구할 권리를 인정할 필요성이 있다고 규정하고 있다.[38]

2) 情報公開의 意義

情報公開라는 용어는 여러 가지 의미로 사용된다.

① 가장 넓은 의미에서는, 정부기관이 보유하고 있는 정보를 외부에 있는 자에게 제공하는 일체의 행위를 가리킨다.

② 넓은 의미에서는, 정부기관에 대하여 그가 보유하고 있는 정보를 외부에 있는

---

37) 遠藤文夫, 地方行政論(東京:良書普及會, 1988), p. 321.

38) 行政管理廳 行政管理局編, プライパシ-保護の現狀と將來(東京:きようせい,1982), p. 93.

자에게 제공하도록 의무화하는 법과 제도를 창설하는 행위를 가리킨다.

③ 좁은 의미에서는, 정부기관에 대하여 그가 보유하고 있는 정보를 개시청구할 때에는 당해 정보를 청구자에게 개시할 것을 의무화하는 법과 제도를 창설하는 행위를 가리킨다.

④ 가장 좁은 의미에서는, 위 ①, ②, ③ 중, 특히 청구목적을 한정하지 않고, 청구자의 범위를 가능한 한 불특정 다수인으로 넓히고, 또한 청구가 있으면 개시할 정보의 범위도 가능한 한 넓히도록 법과 제도를 창설하는 것(정보공개법에 의한 정보개시)을 가리킨다.

일본 행정관리청 개인정보보호연구회의 보고서는 이상의 정의 중에서 가장 넓은 의미의 정보공개체계 <표 2-2>를 제시하고 그의 상호관계에 대하여 검토하고 있다.

그러나 오늘날 정보공개법의 대상으로서 논의되고 있는 정보공개의 의의는 위 ④의 公文書 등의 開示請求權(일반정보개시청구제도)이다. 아래에서는 그런 의미에서 公文書公開制度를 주로 검토하고자 한다.

3) 公文書公開制度

(1) 立法化의 傾向

정보공개법에 관한 입법예는, 미국의 정보자유법(Freedom of Information Act)을 필두로 스웨덴, 핀란드, 덴마크, 노르웨이, 프랑스, 네덜란드, 오스트레일리아, 캐나다 등 9개국에서 제정・시행하고 있다.39)

일본에서는 앞에서 본 바와 같은 학설의 동향을 배경으로 1976. 록히드사건, 1979. 일본철도건설공단, 국제전신전화주식회사의 독직사건 등을 계기로 하여 정보공개제도에 대한 관심이 제고되고, 각 정당과 단체 등의 법률안 제안, 대중매체에 의한 캠페인 등이 전개되었다.

39) 總務廳編, 總務廳年次報告書(東京:總務廳, 1985), p. 137.

<표 2-2> 정보공개제도의 체계

시책		특정인에게 공개	불특정다수인에게 공개
정보제공시책	적극적인 정보수요를 전제로 하지 않는 시책=홍보시책	· 소개안내 · 자료제공 · 지도 · 조언 등	· 시책안내 · 행정자료의 간행 · 배포 · 판매 등의 홍보 · 홍보지발행 등의 종합광고
	적극적인 정보수요를 전제로 하는 시책=정보센타 등의 시책	· 안내창구 · 상담창구 · 정보전시코너 등	· 국회도서관 · 자료실, 간행물센타 · 도서관 등
정보공개제도	개시청구를 전제로 하지 않는 시책=정보공표의무제도	· 행정절차의 일환으로서 행하여진 고시 · 교시 등	· 회의의 공개, 의사록의 공표 · 조례 등의 공포, 고시 · 공보에 의한 공표, 고시 · 재정상황공포 · 각종 계획 등 열람
	개시청구를 전제로 하는 시책=정보개시청구제도	· 증명서의 교부 · 개인정보의 개시청구 · 행정절차의 일환으로서 행하여진 관계문서의 열람청구 등(특별정보개시 청구제도)	· 정보공개법에 의한 정보의 개시 (일반정보개시청구제도)

이러한 동향에 대하여, 정부는 1979년에 정보공개문제에 관한 연락회의를 설치하였고, 1980년에 閣議에서 시달된 「정보공개에 관한 개선조치 등에 대하여」에 의하여 각 부청에 문서열람창구를 개설하라고 지시하였다.

1981년에는 제2차 임시행정조사회가 설치되자마자 이 문제의 검토를 위임하였으며, 동조사회는 1983.3 최종답신에서 기본적으로 행정정보공개의 필요성은 인정하면서도 전문적 조사연구를 수행할 조직의 설치를 제안하는 데 그치고 있다.

이에 의하여 지방자치단체에서는 1979년이래 자주적인 정보공개제도를 검토하여 오다가 1982.10. 가나가와현(神奈川縣)에서 「공문서의 공개에 관한 조례」를 제정 · 시행하게 된 것을 시작으로 1986년 말 현재 19都 · 道 · 府 · 縣, 59市 · 町 · 村 등 모두 78개 자치단체가 정보공개제도를 시행하기에 이르렀다.[40)]

우리나라에서는 1991.12. 청주시 행정정보공개조례가 대법원의 판결을 거쳐 확정된 이후 수 개의 지방자치단체에서 이를 답습하였고, 정부에서는 행정정보공개운영지침(국무총리훈령 288호, 1994.3.2)을 시달하여 시행하다가 행정정보공개에 관한 법률

40) 遠藤文夫, 前揭書, p. 324.

을 제정하였다.

그의 주요한 골자는 다음과 같다.

① 주민을 청구권자로 하고 공문서 등을 대상으로 하여 개시청구권을 규정한다.

② 공개 · 비공개기준을 명시한다.

③ 개시청구를 거부한 비공개결정에 대한 구제제도를 정비한다.

지방자치단체의 공문서공개제도는 알 권리와 공개행정에 이바지한다.

그러나 공문서공개제도 자체가 갖는 문제점을 규제하는 데에는 지방자치단체의 條例가 갖는 본질적인 제약도 있고, 그 효용에서도 스스로 갖는 한계가 있다.

(2) 機能上의 限界

공문서공개제도의 중요한 효용은 국민이 정치를 감시하고, 그것을 사후에 비판 · 교정하는 수단을 보장한다는 점에 있으나, 정책결정과정에 참가를 촉진한다는 효용은 비교적 빈약하므로 이것은 다른 제도나 시책에 기대할 필요가 있다고 생각된다.

넓은 의미의 정보공개에 관한 각종의 제도는 각각 독자의 기능을 분담하면서 서로 보완 · 보강하고 있으므로 정보공개를 추진하기 위해서는 이들 모두를 균형 있게 발전시켜야 한다.

① 公文書公開의 逆機能

공문서공개제도의 역기능으로 지적할 수 있는 것은,

첫째, 인력과 예산이 많이 소요된다.

둘째, 중요한 문서 등은 기록하지 않고 공문서화하지 않는 역현상을 일으킨다.

셋째, 정부기관에 임의로 정보를 제공하고 있던 사람이 제공정보의 개시를 두려워하여 제공하지 않게 된다.

넷째, 정보개시의 결과 제3자의 개인정보를 침해 또는 부당한 손해를 끼치게 되고, 정부기관의 책임을 추궁할 사태도 일어나게 된다는 것 등이다.

종래 공문서공개제도의 창설을 요구하는 측에서는 제도의 순기능을 과대평가하고, 정부측에서는 역기능을 과대평가하는 경향이 있으므로, 이를 적절히 평가하고 적절히 대응하는 지혜가 필요할 것 같다.

② 地方自治團體의 制度上 限界

지방자치단체의 조례에 관한 법률상 문제점은 어느 것이나 관계된 법률의 해석상 문제이다.

條例로는 司法審査를 보장하는 규정을 제정할 수 없고, 알 권리의 개념을 기초로 한 완전무결한 제도를 창설할 수 없는 기본적 제약이 있다.

또한 公文書公開條例를 제정할 때 주로 논의되어 지는 것은 청구권자의 범위, 대상이 될 공문서 등의 범위, 기관위임사무에 관한 정보의 적용가부, 비공개기준과 비밀유지의무와의 관계, 구제기관 및 구제절차 등이었던 점을 유의할 필요가 있다.

③ 文書 등의 情報管理

공문서공개제도의 전제로서 문서 등의 정보관리가 필요한데, 공문서공개에 원활하게 대응할 수 있도록 정보관리가 행하여지고 있는 자치단체는 일본에서도 거의 없는 것으로 지적되고 있다.41)

일본의 문서관리체제로서 1955년 도입된 파일링시스템(filing system)은 거의 모든 지방자치단체에서 적절한 기능을 발휘하지 못하고 있다고 한다. 그 이유는 파일링시스템을 도입할 당시 전통적 제도인 稟議制에 대한 배려가 부족했기 때문인 것으로 지적되고 있다.

따라서 공문서공개제도를 창설하려면 필수적으로 문서관리제도를 재검토할 필요가 있다.

6. 地方自治의 政治化

地方自治의 概念을 논함에 있어서 바로잡아야 할 인식은 「지방자치의 정치화(local politicization)」라고 부르는 현상의 개념 정립에 관한 것이다.

1) 政治化의 概念 · 論理

지방자치의 정치화에 관한 관심이 제기된 것은 1978. 4 뉴욕에서 열렸던 「일본 · 프랑스 · 이태리에 있어서의 지방자치의 정치화와 중앙 · 지방관계에 관한 워크 샵(Workshop on local politicization & center local relations in Japan, France and Italy)」으로 지칭되는 국제회의에서였다.

이 회의에서 위의 3국이 검토대상으로 선정된 것은, 상당히 강한 중앙통제제도를 갖는 단일 주권국인 점과 이러한 제도 아래에서 경제적 · 사회적 변동을 배경으로 하

---

41) 遠藤文夫, 前揭書, p. 326

여 좌파 내지 혁신자치제가 등장함으로써 지방권력의 배분구조에 변화가 생겨 地方自治의 政治化라고 부를 수 있는 공통현상을 경험하고 있는 데서 기인하였다.

즉, 이들 국가들은 中央集權體制의 아래에 있으면서도 지방정부는 정책혁신 세력으로서, 또 사회 · 정치참가의 유력한 통로로서, 더욱이 정당의 경쟁이나 공공사업의 전개를 위한 무시할 수 없는 무대로서 점점 그 중요성을 증가시켜 온 점 등에 착안하였던 것이다.

따라서 지방자치의 정치화는 좁은 의미에서는 일본 · 프랑스 · 이태리 등 3개국에 있어서의 中道 내지 保守 중앙집권에 대한 革新의 지방정부의 대두현상을 가리키고 있으나, 정치이론상으로는 좀 더 넓은 관련의미를 가리키는 것으로서 아래와 같이 요약하여 볼 수 있다.42)

근대 정치이론가들은 전국적인 민주적 정치질서의 발전과 유지에 있어서 지방의 정치 · 사회제도가 중요한 기능을 수행하는 것으로 생각하고 있었다.

예를 들면 토크빌(A.D. Toqueville)이나 브라이스(T. Bryce)는 지방의 다양성과 자율성에 기초한 지방의 자기통제가 사람들을 민주정치로 사회화하기 위한 수단으로서 유용하다고 생각하고 있었다.

지방의 자기통제는 주민이 자신들의 일을 자신들이 처리하는 것을 통하여 자유의 옹호에 필요한 정치기술과 감독능력을 발전시키는 한 「민주주의 학교」일 수 있다고 여겨져 온 것이다.

더구나 반자율적인 지방정부의 존재는 여러 가지의 불만을 전국적인 당파 · 항쟁에 말려드는 일없이 지방수준에서 흡수하는 기회를 만들어 냄으로써 전국수준의 정치적 긴장을 완화하는 기능을 수행 가능케 하는 것이라고 생각되었다.

토크빌이나 브라이스와는 전혀 다른 생각으로 여하히 전국적인 정치통합과 발전을 도모할 것인가를 의도했던 그나이스트(L. Gneist)나 슈타인(R.F. Stein)은 지방 정부를 어떻게 전국적인 정당정치로부터 격리할 것인가를 생각하였다.

그들은 중앙 각 부 · 청의 직접 통제 하에 놓이도록 주의 깊게 설계된 지방제도야말로 각종의 개발목적을 실현하기 위해 권위에 복종하는 전통적인 관습을 동원하는 것에 의해 사회적 혼란이 일어나는 기회를 극소화하여 경제 · 사회의 진보를 촉진하는 것이라고 논하였다.

흥미 있는 것은 전자의 「지방주의적 민주정치이론가(localist democratic theoirsts)」도,

---

42) 金基玉, "地方自治의 政治化에 관한 序說", 地方行政硏究(한국지방행정연구원, 1988. 9), pp. 63~77 참조.

후자의 「집권주의적 전국발전이론가(centralist national development theorists)」도 모두 전국 영역의 정치적 항쟁으로부터 지방자치를 격리시키지 않으면 안된다고 주장했다는 점이다.

이와 같은 지방자치의 정치화를 포착하는 방법의 하나는 중앙과 지방의 행정관료나 여·야당의 정치가·이익단체·노동조합·시민단체 등 각종 행위주체(actor)가 지방정부와의 관계에서 취할 전략에 초점을 맞추는 것이다. 즉, 이들 행위주체는 어떠한 목적에서 어떤 가치의 실현을 위해 어떤 동기에서 지방정부에 접근할 것인가, 이들 행위주체는 환경변화에 대해 그 목표를 어떻게 적응시키려고 하는가, 또 지방정부와의 경험의 결과로서 전략이나 전술을 어떻게 바꿀 것인가 하는 것 등이다.

2) 受容可能性

그러면 우리나라의 여건에서 볼 때 지방자치의 정치화는 수용할 수 있는 것인가를 검토해 볼 필요가 있다.

지방자치의 정치화의 개념을 좁은 의미로서 보수적인 중앙집권에 대한 혁신지방정부의 대두현상으로 본다면, 과거 40여 년간의 일본의 지방자치의 예에서 볼 수 있는 바와 같이 보수적 집권화, 경제개발, 승공안보로 요약되는 우리나라의 지방자치에서의 정치화는 성립될 수 없다고 판단된다.

그러나 지방자치의 정치화를 전국적인 민주정치 질서의 발전과 유지에 있어서 지방의 정치·사회제도의 기능의 충실화 내지 분권화라는 넓은 의미로 본다면, 우리나라의 지방자치의 제도적 특성과 결부하여 다음과 같이 정리할 수 있을 것이다.

첫째, 우리나라의 지방자치제도와 통치구조는 1960년대 이후 급속한 경제성장과 산업화의 필요성에 밀려 민주주의와 분권화를 이룩하지 못한 상태에서 형식적인 지방자치를 실시하게 되었다.

따라서 인구의 도시집중과 농촌사회의 낙후, 지역사회의 경제적 취약성, 행정업무의 관료화와 주민복지 및 시민참여부재현상 등 직·간접의 중앙집권화의 문제점을 어떻게 극복할 것인가 현실적 과제이다.

그러나 무엇보다도 중앙집권화로 인한 폐해는 행정국가화의 경향이다.

1970년대 중반이후 우리나라의 정치에서는 국가적 또는 정당차원의 이해관계가 점차 정치과정을 우회하여 행정과정에 의해 확인되고 운영되어 왔다.

行政國家하에서는 주민의 정치에 대한 의욕이나 참여의 요구가 왕왕 국가발전과 경제안정에 장애가 되는 요소로 인식되는 경향이 있으며, 여러 가지 이익집단이나 지역의 요구에 바탕을 둔 利益表出機能(투입과정)이 중요성을 잃는 대신 그 기능이 행정에 의해 주도된다.

우리나라와 같이 사회·경제적 변화가 급속하게 이루어지고 그에 따라 기능분화가 급속도로 촉진되는 곳에서는 행정국가는 조만간 그 한계를 드러내기 마련이다. 행정국가의 폐해에 대한 해결책은 분권화에서 찾을 수밖에 없다.

둘째, 이와 같은 맥락에서 볼 때, 지방자치법은 아직까지 권한과 자원을 지방정부로 이관시키려는 정치적 의도가 약하고 그 조직과 통치구조상 중앙집권화를 오히려 조장하는 각종 문제점을 안고 있다.

따라서 지방자치를 실시하더라도 시민들을 행정과정에 참여시키거나 행정업무가 시민에게 책임지는 방향으로 이루어지기를 기대하기는 어려울 것 같다.

셋째, 지방자치에 관한 임시조치법에 의하여 지방자치가 중단되었던 33년간의 중앙과 지방의 관계의 변화는 지방의 정치와 행정이 國有化된 과정이라 해도 과언이 아니다.

地域社會는 시민들의 자치능력을 배양하고 의사결정에 대한 참여동기를 유발시키기에 가장 적합한 統治單位를 이룬다. 또한 지역사회는 경제발전을 촉진하고 사회복지를 증진시키는 과업에 필요한 시민들의 지원과 노력을 동원해 내기에 가장 적합한 사회조직과 제도적 틀을 제공할 수 있는 생활단위를 이루고 있다.

따라서 국가발전의 기획과 정책은 지역사회를 통하여 「아래에서 위로」 향하여 이루어져 가야 하는 것이 당연하다.

그러나 지방정치가 국유화된 상황에서는 이와 같은 발전이 이루어지기가 어려울 수밖에 없었다.

그러므로 우리나라의 지방자치의 정치화는 위와 같은 제도와 과정상의 여러 가지 문제를 정치적인 차원에서 해결하여 나가는 방향으로 계획하고 발전시켜 나가야 하리라고 생각된다.

7. 地方自治의 政治力學

지방자치의 개념정립에서 실무적으로 논증할 문제로 대두되는 것은, 지방자치가 오늘날 일부 정치가나 언론이 주장하는 것처럼 우리 사회의 모든 문제를 해결할 수 있는 代案이 될 수 있는가 하는 것이다.

이 문제는 근본적으로 위에서 본 바와 같이 지방자치에 있어서 중앙과 지방의 정치역학관계의 시각에서 검토되어야 한다.

여기에서는 최근 대두되고 있는 일본의 地方自治復古運動을 예로 들어 지방자치의 역기능적 우려와 중앙과 지방의 정치역학관계를 살펴보고자 한다.

1) 地方自治의 復古運動

일본에서 지방자치의 복고운동이 제기된 것은 1970년대 말과 80년대 초에 지방재정의 악화로 인하여 지방자치의 활력이 급속히 쇠퇴한데서 비롯된다.

이는 정치적으로는 혁신자치단체의 패배, 행정적으로는 자치권의 자기억제 그리고 재정적으로는 감량경영에 기인하였다고 볼 수 있다.

그러나 地方交付稅에 의한 재원보전을 고려하면 지방재정의 위기는 그렇게 심각한 것이 아니었음에도 불구하고 지방자치단체는 재정위기의 환상에 사로잡혀 스스로 의기소침하여 지방자치력이 퇴조하였던 점은 우리나라의 지방자치제실시에 있어서도 비슷한 정신적 상황에 있기 때문에 그 원인을 분석해 보면 다음과 같다.[43)]

첫째, 지방자치단체의 精神構造의 脆弱性을 들 수 있다.

지방자치에 대한 믿음이 약하고 중앙의 권위나 재원의 매력에 매도되는 경향이 노골화되어 재정위기에 직면해서 참을성 있게 제도의 잘못된 곳을 시정함으로써 사태의 호전을 꾀하려는 행동원리가 없었다. 심지어는 재원 때문에 자치를 묻어 버리려는 경향도 부인할 수 없게 되었다.

둘째, 지방의 自己統治力의 未熟을 들 수 있다.

재정위기는 다분히 재정운영의 졸렬함에서 초래되는 것이 부정할 수 없는 사실인데 지방자치단체가 재정위기를 이용하여 효율적·효과적인 집행·운영체제를 창출하려는 노력이 부족하였다.

셋째, 地方自治團體의 官僚性을 지적할 수 있다.

주민참가만 하더라도 극히 형식적이었으며, 정책결정을 시민에게 묻는다고 하는 제도화의 정책의욕은 조금도 없었다. 또한 정책선택의 적정이라는 과학성주입에 있어서도 지방자치단체의 장·의원·관료·조합이라는 조직방위 본능의 벽에 의하여 막혀 버리고 말았다.

넷째, 政策能力의 貧困은 빼놓을 수 없는 요인이다.

---

43) 金基玉, "地方自治에 있어서의 中央과 地方의 政治力學", 지방자치(서울:지방자치연구원, 1989.1), pp. 89～96.

지방자치의 활력이 대단하였던 1960년대 초에 비하여 지역복지, 환경보전, 시민참가의 제도화 등 예민한 문제에 대하여 정책적 대응의 노력이 현저히 뒤 떨어졌다.

위와 같은 점에서 보면 지방자치의 활력이 뒤쳐진 것은 재정위기보다는 근본적으로는 자치단체 자신의 정신적 빈곤과 태만이 주원인이었다고 분석할 수 있다.

지방자치단체가 그 행정을 시민으로부터 위탁받고 있다는 고전적이지만 본질적인 원리(主權信託原理)를 생각한다면 지방자치의 활력을 되찾으려는 헌신적인 노력을 아끼지 않아야 함에도 불구하고 지방자치단체를 맡고 있는 장·의원·정당 등은 제도에 기대어 빈둥거리고 있다는 비판으로부터 지방자치복고운동이 지방공무원들을 중심으로 제기되고 있다.

2) 政治力學關係의 原理

지방자치단체가 위와 같은 침체한 분위기를 불식하기 위하여서는 敎條的인 지방자치관·제도론을 탈피하고 현실의 행정메카니즘을 투시한 예리한 현상분석 안에서 문제를 발췌하여 정책전개를 해 나가지 않으면 안된다.

확실한 정책의식에 입각하여 시민적 감각에 이끌려지는 선험적 노력이야말로 정책전개의 기초를 만들어 간다는 실현과정을 확신하지 않으면 안된다.

이를 중앙과 지방의 정치력이란 관점에서 보면 근본적으로 중앙집권적인 현행 제도에서는 중앙은 현상유지를 지속하려 하지만 지방은 현행 제도의 변혁에 의하여 지방자치권의 확충을 지향하려고 한다.

지방자치가 정치역학상 주민주권의 신장과 그 실현을 보장하는 하나의 수단에 지나지 않는다는 것은 일본의 지방자치 40여 년사에서 최근 일고 있는 지방자치복고운동이 웅변으로 증명하고 있다.

지방자치가 주민의 이상을 어김없이 실현할 수 있고 정치·사회문제를 해결할 수 있다면 왜 중앙정부는 재원을 과도하게 장악하여 지방자치단체를 왜소화시키려 하고, 지방자치단체는 끊임없는 투쟁을 중앙정부와의 관계에서 지속하면서 지방자치단체의 연합, 주민참가, 공무원참가, 경영능력의 창출 등을 전개하고 있는가.

경제성장을 뒷받침하는 행정능률의 극대화는 확실히 지난 4반세기 동안 확실한 명제로서 우리 사회에 필요성과 당위성이 인정되었고 그로 인한 성장의 과실로서 민주발전이 오늘 이 시점의 우리에게 제기된 것이지, 행정능률의 추구가 잘못된 결과로 민주화의 요구, 그 일환으로서 지방자치제의 시행이 절실해진 것이 아니라는 사실을 명백히 인식하여야 한다고 본다.

중앙과 지방의 정치역학적 측면에 있어서도 양자는 공통의 행정목적을 지향하여 협력자의 관계를 유지하는 것이 원칙이지 재원배분관계에서 볼 수 있는 것처럼 이해가 대립하는 관계에 있는 것만이 아니라고 보아야 한다.

8. 地方自治의 危機論

1) 危機論의 擡頭

지방자치의 실시는 선진제국을 비롯하여 이미 여러 나라에서 오랜 경험을 쌓아 왔다.

그러나 新中央集權化의 경향과 중앙정부의 지방정부에 대한 통제 및 관여의 강화 등으로 인하여 선진국의 고전적 지방자치제가 심각한 도전을 받아 그의 개편을 서두르지 않을 수 없게 되어 이른바 地方自治의 危機論이 대두되었다.

이러한 이론은 1950년대에 대륙법계의 국가에서 제기되어 영미법계의 국가에서도 논의가 일기 시작하였다.

랍슨(W.A.Robson)은 그의 저서 「위기에 처한 지방정부(Local Government in Crisis, 1966)」에서 오늘의 산업사회는 그가 안고 있는 질병을 진단하고 이것을 치료할 방법을 찾아내야 하지만 그것은 대단히 어려워서 고도의 정교한 조작이 필요한데, 이러한 상황은 오늘날의 지방자치에도 존재한다고 보고 있다.

따라서 오늘날 위기에 처한 지방자치를 구하기 위해서는 지방의회와 지방정부를 구성하는 인력의 질적 개선, 지방자치의 기구와 재정구조의 개선, 중앙정부와의 관계 재조정, 지방의회가 가지고 있는 권한에 대한 광범위한 개혁 등을 들고 있다.[44)]

2) 危機化의 要因

대륙법계국가에서는 이론적으로 위기화의 요인을 다음 몇 가지로 규명하고 있다.

첫째, 地方自治理論의 歷史的 基盤喪失을 지적한다.

지방자치이론은 군주권력에 대한 대항논리로서 성립하였는데, 오늘날 민주국가에서는 정부 그 자체가 민주적으로 구성되어 있을 뿐만 아니라 더 나아가 국가와 사회의 동질성을 확보해 가고 있으므로 본래적 의미의 지방자치는 그 고유한 역사적 기반을 상실하였다고 본다.

---

44) 東京都市調査會 研究部 譯, <u>危機に立つ地方自治</u>, p. 3~4

둘째, 자치제도의 精神的 基礎의 상실을 지적한다.

지방자치의 정신적 기초는 鄕土愛 또는 隣保的 共同體意識에 있었다. 그러나 오늘날과 같은 산업사회에서는 교통·통신의 발달, 생활권의 확대, 빈번한 인구이동 및 도시화 등으로 향토애와 인보적 공동체의식은 약화되고 있어 고전적 지방자치의 정신적 기초를 상실해 가고 있다고 보여진다. 이러한 위기적 상황은 대도시로 갈수록 심하게 나타나고 있는 것이 사실이다.

셋째, 地方財政의 脆弱性을 들 수 있다.

지방자치는 재원의 자주성이 뒷받침되어야 하는데 도시화, 새로운 행정수요의 유발, 팽창주의적 행정의 경향 등은 지방재정의 위기적 상황을 초래하고 있다.

특히 開發途上國에 있어서 비정상적인 도시화와 불균형적인 지역개발은 지방자치의 시행의의를 의문스럽게 하고 있으며, 더욱이 빈약한 지방재정을 극복한다는 미명하에 지방자치단체를 통폐합하여 그 규모를 광역화시킬 경우에는 지방자치가 갖는 교육가치를 상실시킬 우려가 있다.

넷째, 地方政治에 있어서 政黨의 介入을 지적한다.

지방자치는 정책결정에 있어서 독립성과 자주성이 확보되어야 하는데, 오늘날의 정당은 전국적 조직을 통하여 지방에 있어서의 행정의 정치적 중립성을 침해하고, 자치단체의 구성에서 지역적 특수성이 무시되는 사례를 보이고 있다.

이러한 政治的 中央集權化 現象은 지방자치의 본래의 의미를 상실케 하는 요소로 간주된다.

3) 危機解消方案

현재 지방자치를 실시하고 있는 나라 등에서 제기되는 위와 같은 지방자치의 위기현상은 우리나라가 지방자치를 실시함에 있어서도 간과할 수 없는 요인들로 지적할 수 있다.

특히, 인력의 개선, 자치제도의 정신적 기초상실 등이 우리나라의 지방자치의 성공여부에 가장 중요한 요인이 될 것이라고 추찰된다.

지방자치는 주민을 발생근거로 하는 자치권에 의해 다스리는 지역에 있어서의 정치·행정이라고 한다면, 지방자치의 능력·수준·체질 등은 주민의 自治意識[45]에 의해 결정된다고 볼 때 주민의 자치의식의 제고나 함양은 지방공무원의 자질과 그 정신적 기초에 못지않게 중요할 것이기 때문이다.

45) 自治意識은 多義的으로 쓰이나, 여기에서는 住民意識, 自治 및 參與意識, 愛鄕心 또는 地域社會意識, 住民性, 市民感情, 公民意識 등을 포함하는 넓은 의미로 이해하여야 한다.

제 3 절 地方自治의 發展過程

한 국가의 지방자치제도는 그 나라의 政治的 理念과 社會的 環境의 産物이라고 할 수 있다.

각국의 지방자치제도가 각국의 정치적 · 사회적 · 문화적 여건과 환경에 부응하여 발전하여 왔기 때문이다.

일찍이 발달한 한 국가의 지방자치제도는 다른 국가로 전파되어 수개의 국가가 비슷한 유형의 제도를 채택하고 있음을 보게 되므로, 여기에서는 외국의 지방자치제도를 우리나라의 지방자치발전과정과 관련하여 살펴보려고 한다.

1. 各國의 地方自治制度

1) 영 국

영국의 지방자치는 중세부터 영국민의 生活의 一部(a part of English way of life)가 되어 왔다.

자치행정형태는 15~18세기에 이르는 동안 敎區(parish), 郡(shire, county), 都市(coporate town, borough) 등 3가지 유형으로 발전하였다.

敎區는 교회의 구역단위로 형성되어 주로 법질서유지, 빈민구제, 마을공동시설관리업무를 수행하였으며, 都市는 국왕의 특허를 받아 시장 · 보안관 · 도로관리관 등의 공무원과 의회의원을 주민직선에 의하여 선출하였고, 郡(shire)은 농촌과 같이 비교적 넓은 지역을 행정구역으로 하여 후에 道(county)로 발전하였다. 영국의 지방자치는 영국민의 價値觀, 生活方式, 慣習으로서 19세기말에야 법적으로 제도화되었다.

오늘날의 지방자치제는 1972년 「지방자치법」과 1963년 「런던자치법」에 의하여 성립되었기 때문에 "成文法人"이라고 부르는데, 지방행정조직은 道(County Council)와 市 · 郡 · 區(Borough or District Council)의 2층 구조로 단순화 · 간소화되었다.

[그림 2-2] 영국의 지방자치단위

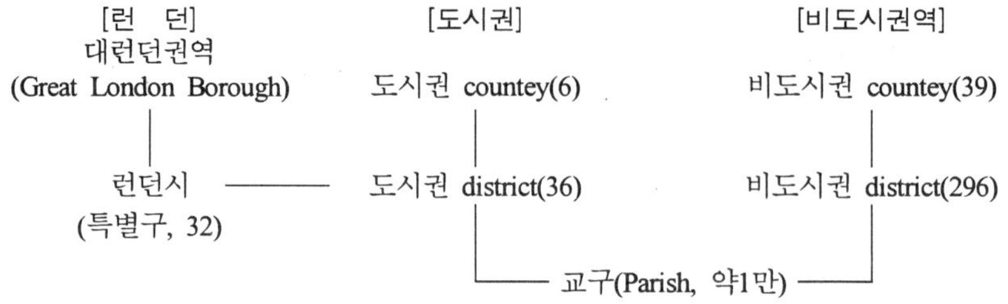

영국의 지방자치단위에서 특이한 것은 영연방을 구성하고 있는 잉글랜드, 스코틀랜드, 웨일스, 북아일랜드 지역 중 북아일랜드, 스코틀랜드, 웨일스 지방이 각각 독립된 의회를 1966(북아일랜드), 1977(스코틀랜드, 웨일스)에 구성하였다는 것이다. 이 같은 지방분권적 의회설치로 영국은 하나의 국가로서 단결과 정치적 안정을 유지하는 가운데 지역별 다양성을 존중하면서 균형 있는 발전을 기약하고 있다는 것이다.

2) 미 국

미국의 지방자치제도는 두 가지의 특징을 가지고 있다.

첫째, 地方自治權이 매우 강하고, 둘째, 지방자치단체가 一般自治團體와 特別自治團體로 나누어져 있다.

최초의 13개 주는 당시 영국에 존재하고 있던 자치제도를 그대로 모방하여 자치권을 확립하였다.

그러나 남북전쟁(1861∼1865) 이후 지방자치행정은 지나친 정치의 영향으로 부조리와 비위, 무책임성, 비능률이 만연되어, 19세기 후반부터 책임성 있는 지방행정을 구현하기 위한 방안이 강구되었는데, 그 주요한 것으로는,

① 주민투표, 주민소환, 주민창안 등 住民의 直接參政權의 擴大

② 교육행정의 독립성 · 전문성을 보장하기 위한 學校區의 설치

③ 전문행정의 강화를 위한 주택구, 소방구, 상하수도구 등 特別自治團體의 擴大

④ 대도시지역에서 市長의 權限과 責任의 강화(의회-시장형의 확대)

⑤ 중소도시에서의 專門行政管理官制度(the city manager)의 도입 등이다.

미국의 지방정부의 자치권은 대공황(1928)이전까지는 아주 강한 정치적 독립성과 자주성을 가지고 있었으나, 대공황이후부터 지방정부는 연방 및 주정부로부터 복지 · 교육 · 주택 · 도시재개발 등의 분야에 많은 補助金을 받게 되었고, 이로 인하여

독립성 · 자주성은 침식 · 약화되기 시작하였다.

[그림 2-3] 미국의 지방자치단위

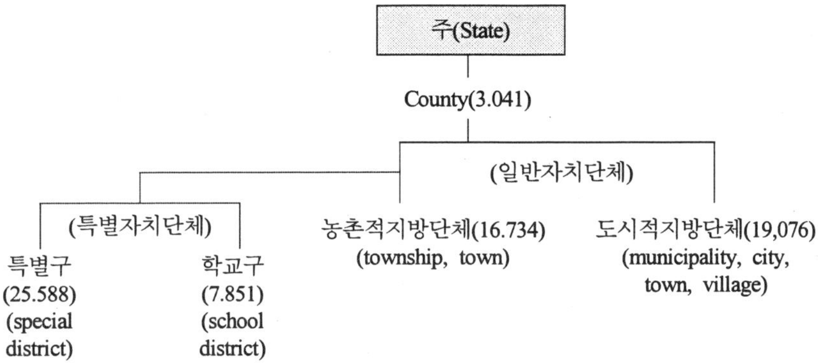

3) 프랑스

프랑스의 지방자치단체는 그들의 문제를 스스로 해결하여 나가는 자치단체라는 인식보다는 오히려 國家行政機構의 하나라는 전통이 확립되어 있다.

1789년 대혁명 이후 지방의 민주화 · 자유화의 요구가 높아져 왔으나, 자율화 · 민주화요소를 정치 · 행정체제에 전면적으로 수용하지 않고 점진적으로 조금씩 주입하여 오늘날 프랑스의 지방행정제도는 매우 복잡하게 되어 있다.

이와 같이 프랑스의 자치행정제도는 주민 스스로 그들의 문제를 해결하기 위하여 그들의 생활 · 습관 · 감정에 맞게 발전시켜 온 것이 아니고, 制度的 · 人爲的 · 法律的으로 만들어진 것이다

지방자치단체는 중앙정부와 밀접하게 연결되어 있고 종속되어 있다.

지방자치행정조직은 계층제적 종속원리에 따라 3개의 계층, 도(département : 90) — 군(arrondissements : 약 450) — 읍(cantons : 약 3,000), 코뮌(commume : 약 38,000)으로 편성되어 있다.

지방자치행정단위에서 중요한 것은 도와 코뮌이고, 읍은 다소의 서비스를 제외하고는 최소한도의 역할만 수행하고, 군 역시 부차적인 중요성만 가지고 있을 뿐이다.

그러나 중앙집권적 정치 · 행정체제도 1982년 미테랑정부의 집권이후 개혁조치로 지방분권화 · 민주화의 과정을 밟고 있다.

1982년의 지방행정에 관한 주요 개혁내용을 보면,

① 지방자치단체의 권리와 자유의 확보

② 국가임명 도지사제의 폐지(장은 지방의회에서 선출)
③ 상급자치단체의 하급지방자치단체에 대한 감독의 대폭완화
④ 국가와 지방간의 권한재분배
⑤ 지방공무원의 신분규정정비
⑥ 지방재정제도의 개혁 등이다.

[그림 2-4] 프랑스의 지방자치단위

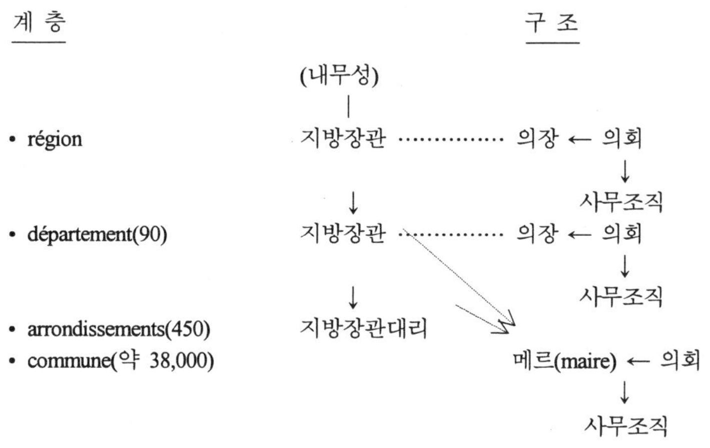

4) 독 일

독일은 聯邦共和國으로서, 聯邦은 16개의 邦(land)으로 구성되어 있으며, 그 중에서도 베르린 · 브레멘 · 함부르크의 3곳은 방과 동격의 지위를 인정받는 都市國家이고, 다른 13개의 방은 모두 방의회, 방수상 및 장관들로 구성된 邦政府를 지니고 있다.[46)]
이들 방의 구역 내에 복수의 지방자치단체가 존재하고 있다.

이러한 제도는 일찍부터 통일국가를 형성한 프랑스와는 달리 19세기후반에 겨우 통일국가를 이루었으므로 각지에 지방의 중심도시가 발달해 방자치가 강하다고 하는 독일의 전통에서 유래되었다.

독일연방헌법 제28조는 지방자치에 관한 원칙적 규정으로서, 다음과 같은 3가지 원칙을 규정하고 있다.

① 방(land), 크라이스(kreis), 게마인데(gemeindes)에 있어서는 국민은 보통 · 직접 · 자

46) 張志浩, 西獨地方自治論(서울:大旺社, 1987), p. 114.

유 · 평등 · 비밀선거에 근거하여 만들어진 의회를 가져야 한다. 단, 게마인데에 있어서는 게마인데 총회가 선거된 단체를 대신할 수 있다.

[그림 2-5] 독일의 지방지차단위

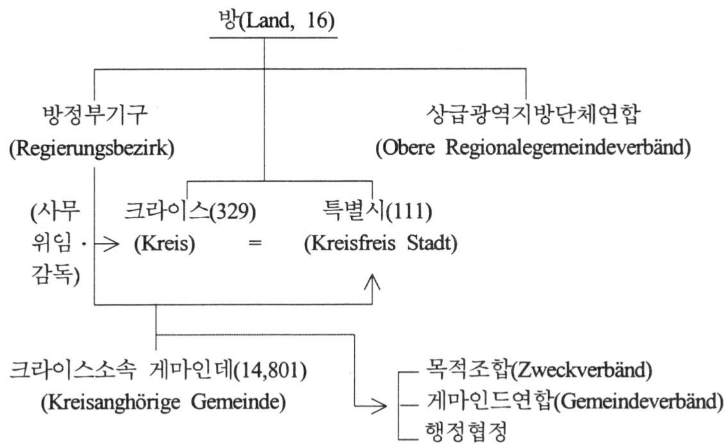

② 게마인데는 법률의 범위 내에서 지역적 공동체의 모든 사항을 자기의 책임으로 규율하는 권리를 보장받지 않으면 안된다.

③ 게마인데연합(gemeindeverband)도 그 법률상의 임무범위 내에서 법률에 따라 자치권을 가진다.

基本法은 게마인데에 대하여, ① 공동체의 모든 사항을 처리하는 권한(전권한성의 원칙), ② 국가의 지령을 받지 않고 국가에서 독립하여 자치사무를 자기의 책임으로 처리(자기책임의 원칙)하는 지위를 보장하며, 게마인데연합에 대하여는 법률이 규정하는 사무에 대해서만 법률에 따라 처리하는 制限的 自治權을 보장한다.

이에 따라 독일의 16개 방(land)은 각 방마다 지방선거를 규정하는 고유한 선거법을 가지고 있는데, 지방자치단체인 크라이스 단위에서도 지역에 따라 별도의 지방선거법규를 제정하기도 한다.

그러나 지방자치단체의 지방선거형태는 연방정부가 결정하는 것이 아니라 방정부의 입법재량에 맡겨져 있다. 방은 연방헌법에 특별한 제한규정이 없는 이상 연방법률을 집행하므로(연방헌법 §83) 연방선거법에 근거하여 방 및 지방선거법을 제정하여야 한다.

게마인데는 지방의회의 의장과 단체장의 지위 및 권한배분을 중심으로 이사회형, 시장형, 행정사무총장제를 채택하고 있는 북독일의회형, 강시장기관대립형을 채택하고 있는 남독일의회형으로 나눌 수 있으며, 5인부터 80인까지의 의원으로 구성되는 의회를 가지고 있고, 크라이스는 20인부터 120인의 의원으로 구성되는 의회를 가지고 있다.

독일에서 선거권은 18세 이상의 독일국민으로서 3개월 이상 당해 지역에 거주하거나 통상적으로 거주하고 있는 국민(연방헌법 §12)과 유럽공동체의 회원국가 국민으로서 최소한 3개월 이상 계속하여 해당지역에 거주하였거나 통상적으로 거주하는 자에게 부여된다(연방헌법 §13).

지방의원 피선거권도 18세 이상의 주민에게 인정(노르트라인베스트판렌방은 21세)되나, 단체장의 피선거권은 독일국적을 가지고 선거일 현재 25세 이상 65세 이하인 자로서 자유민주적 기본질서를 위하여 일할 수 있다고 보장되는 자에게 인정된다(게마인데법 §46:1).

5) 일 본

일본의 지방자치제도는 상호 상반되는 두 가지의 政治文化가 혼합되어 있다.

그 하나는 “전통적인 계층구조와 복종성의 문화”이고, 또 하나는 “현대적인 자유와 민주성의 문화”이다.[47]

지방자치라는 용어는 19세기 明治維新憲法에서부터 사용되기 시작하였으며 1870년대의 독일의 자치제도를 본따서 그 나름대로의 근대적인 자치제도를 확립하였다. 이 시기에 府와 縣, 市・町・村이 지방자치단체로 인정되어 국가와 지방행정사무를 수행하였으며, 이들 지방자치단체는 주민직선에 의해 선출되는 의원으로 구성되는 지방의회를 가지고 있었다.

그러나 주민의 참정권은 일부 주민에게만 허용되었었다.

戰後 일본은 지방행정제도에 대한 일대 개혁을 단행하였는데, 그 근간은 미국의 지방자치와 지방분권의 이념을 도입하여, 지방의회의원은 물론 모든 자치단체의 장을 주민이 직접 선출하고 있다.

일본의 지방자치제도는 고도산업사회화과정을 거치면서 다음과 같은 問題點이 지적되고 있다.

---

47) 鈴木正明, 地方自治法(東京:良書普及會, 1986), p. 2.

[그림 2-5] 일본의 지방자치단위

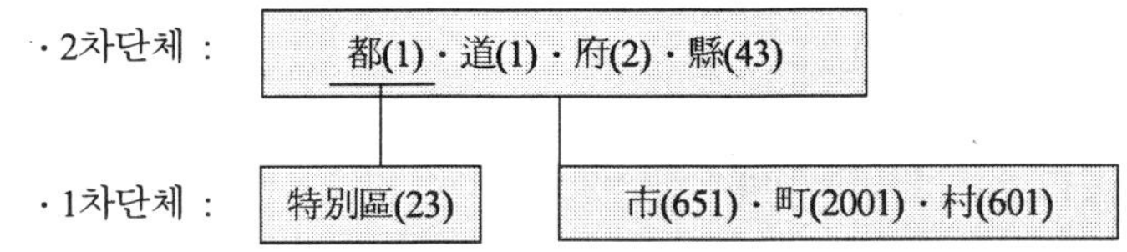

첫째, 地方議會議員, 知事, 市 · 町 · 村長과 國會議員이 지나치게 밀접한 關係를 맺음에 따라 國會議員의 관심이 선거구의 이해에만 좁게 한정되는 경향을 들 수 있다. 현재 일본은 국제적으로 과거에 비해 더 중요한 역할을 수행해야 하고 이에 따라 정치가는 더 폭넓은 국제적 시각을 갖추어야 한다는 요구가 일어나고 있다. 이 같은 맥락에서 보면, 분권 · 복합형 시스템의 결과라 할 수 있는 지방이익의 영향력 증대는 장기적으로 일본의 국익을 저해할 위험성도 내포하고 있다는 지적이다.

둘째, 지방자치단체의 財政能力이 높아지고, 知事 및 대도시 市長의 영향력이 증대함에 따라 많은 지방자치단체에서 공산당을 제외한 전 정당의 與黨化가 진전되고 있다는 점이다. 이 경향은 점차 국정 전역에 미치기 시작하고 있다. 주요 정당의 여당화가 과도하게 진전되는 것은 유권자의 정당선택 폭을 좁혀 민주주의 形骸化를 가져올 위험이 있다는 것이다.

셋째, 경제가 발전함에 따라 많은 영역의 행정분야에 있어서 종래의 行政區劃이 부적절하게 되어 있는 점이다. 현재 수자원의 개발 · 관리, 환경의 보호, 교통체계의 정비 등은 都 · 道 · 府 · 縣의 단위를 훨씬 뛰어 넘는 광범위한 지역에 걸치는 계획과 관리를 필요로 하고 있다. 이러한 요청에 부응하기 위해 70년대 후반 이후 市 · 町 · 村의 합병이 다시 강력히 이루어져 그 수는 3천 정도로까지 감소하였다. 그러나 많은 市 · 町 · 村의 규모는 행정사무의 효율적인 수행을 위해서는 아직 너무 작은 감이 있다. 더구나, 都 · 道 · 府 · 縣의 합병은 1890년대 이후 1세기에 걸쳐서 한 번도 이루어지지 못했다. 都 · 道 · 府 · 縣制 대신 더 큰 규모의 道 · 州制를 도입해야 한다고 하는 의견도 몇 번 제시되었지만 그 어느 것도 실현되지 못했다. 中央政府, 都 · 道 · 府 · 縣, 그리고 市 · 町 · 村이라고 하는 3층의 구조가 적절한 것인가에 대하여도 의문이 제기되고 있으며, 도 · 도 · 부 · 현과 시 · 정 · 촌을 통합하여 지방자치단체를 한 종류로 단순화해야 한다는 주장도 제기되고 있다. 이런 제반맥락에서 지방분권추짐법(1995년)을 제정하며 지방분권추진위원회를 구성하였으며, 이 위원회에서 논의된 문제점을 일괄타개하기 위하여 지방분권추진일괄법(1999. 7)을 제정, 시행(동법시행령공포, 2000. 4)하고 있다. 이 법에 의하여 기관위임사무폐지 등 475건의 지방자치관련법령을 개폐하였다.

2. 地方自治制度의 類型

지방자치는 자생적·비제도적·자율적인 영국의 제도(英美型)와 인위적·제도적·통제적인 프랑스·독일의 제도(大陸型)으로 대별되어진다.

이들 두 가지 유형의 자치제도는 역사의 흐름과 함께 이들 나라의 정치적·사회적·경제적·문화적 여건에 부응하여 발전하여 왔으며, 또 다른 나라와의 접촉과 교류를 통하여 다른 나라의 자치제도의 발전에 많은 영향을 미쳤다.

이들 先進國 地方自治制度는 식민지정복·전쟁 등의 과정을 통하여 식민지 국가나 후진국가에 전달·이식되었거나 또는 지리적 근접성에 따른 국가간의 활발한 교류를 통하여 인접국에 전파되었다.

1) 영국型

이 유형에는 영국을 위시하여 캐나다·호주·뉴질랜드·남아연방 등 영국이주민이 설립한 국가와 인도·파키스탄·말레이지아 등 영국의 식민지였던 국가 등이 포함된다.

그러나 이들 국가들이 다 같이 영국과 동일한 자치제도를 채택하고 있는 것은 아니며 각국의 여건과 사정에 따라 상이한 점도 있다. 즉, 인도·파키스탄·말레이지아 등 개발도상국은 영국형 자치제도의 영향을 많이 받고 있기는 하지만 아직도 중앙집권적 색채가 아주 강하다.

영국형의 주요한 특징은 다음과 같다.

① 議會優位主義와 權力統合主義에 의해 지방의회가 정책결정기능과 집행기능을 동시에 수행하고 있다.

지방의회의 집행기능은 의회의 행정분야별 常任委員會가 담당하고 있으며, 우리나라와 같은 시장·군수 등이 따로 있는 것이 아니다. 명목적인 시장(지방의회의장)이 있기는 하지만 그는 행정집행권한이 없으며, 다만 의전적인 수장으로서의 기능을 수행하고 있을 뿐이다.

이와 같은 조직원리는 정부행정이 한 사람의 손에 의하여 좌우되어서는 안되며 두 사람 이상의 손에 의하여 행하여져야 신중하고 공정한 행정을 수행할 수 있다는 영국민의 오랜 전통과 생활양식에서 비롯된 것이다.

② 지방자치단체가 수행하는 행정은 국가행정과 자치행정의 구별이 없다. 國家行政은 중앙부처와 그들의 일선기관에 의하여 수행되며, 지방자치단체는 지역주민의 이해에 관계되는 행정, 즉 自治行政만을 수행하기 때문이다.

③ 중앙정부와 지방정부의 관계에 있어서는, 지방정부는 매우 높은 수준의 자치권을 보유하고 있으며 중앙정부의 지도·감독은 행정적·사전적·통제적 방법을 배제하고, 비교적 상호 대등한 입장에서 立法的·協力的·指導的 방법에 의존하고 있다.

2) 미국型

미국형에는 미국을 위시하여 미국의 식민지였거나 또는 점령 하에 있었던 전후 일본 그리고 독일의 일부 주의 자치제도가 포함된다.

미국형의 자치제도, 특히 도시형의 정부형태는 캐나다, 중남미 여러 나라의 자치제도 발전에 많은 영향을 주었다.

미국형은 영국자치제도를 모방한 것이었지만, 신대륙이라는 새로운 여건 하에서 점차 독자적인 제도로 발전하였다.

미국형의 주요 특징은 다음과 같다.

① 지방정부의 자치권이 매우 강하며, 연방 또는 주정부의 간섭을 최소화하고 있다.

② 자치정부의 권한을 의회와 시장에게 각각 분리시키는 議會-市長型의 정부형태를 발전시켜왔다.

③ 지방의회의원과 시장을 주민이 직접 선출하고 있으며, 住民發案, 住民投票, 公職者解職請求制度 등 주민의 직접참정권을 강화하였다.

④ 일반자치단체이외에 특정기능을 담당하기 위한 特別自治團體가 많으며, 중소도시에서는 행정의 전문성을 확보하기 위하여 市支配人制度(city manager system)를 확대해가고 있다.

이러한 영향을 받아 캐나다의 많은 도시정부는 미국식 지배인제도를 채택하고 있다.

3) 프랑스型

이 유형에는 1982년 지방행정개혁전의 프랑스를 위시해서 이태리·터키·태국·

한국 · 戰前의 독일과 일본의 자치제도가 포함된다.

여기에 속하는 국가들의 자치제도는 각 국가의 특수사정에 따라 다르기는 하나 다음과 같은 특징을 갖고 있다.

① 지방자치단체는 國家行政의 피라밋적 계층구조의 下部構造를 형성하고 있다.

② 지방자치단체는 자치사무 뿐만 아니라 국가기관으로부터 위임된 사무도 처리하고 있으며, 委任事務의 처리를 위하여 지방자치단체에 國家公務員이 배치되어 있다.

③ 중앙정부는 자기를 대신하여 지방자치단체의 행정을 감독할 地方長官(prefects)을 임명하여 오다가 1982년 이후 지방의회에서 선출하는데, 그는 국가기관의 대리인과 지방자치단체장의 이중적 지위를 갖는다.

④ 중앙정부의 지방정부에 대한 監督은 매우 엄격하여 중앙정부는 지방정부의 주요간부의 임명, 의회의 해산과 기능정지, 지방의회의원의 면직, 의회의결사항의 취소 등의 권한을 가지고 있다.

4) 북한型

북한의 지방행정제도는 일반적으로 과거 공산주의국가 지방행정제도의 대표적인 것으로 지적되고 있다.

이 유형의 지방행정제도를 채택하고 있었던 국가는 독립국가연합(CIS)에 속하는 국가들과 폴란드, 불가리아 등 동구권 국가들이였다.

북한형의 특징은 다음과 같다.

① 국가행정과 자치행정의 구분이 없고, 地方行政은 國家行政의 下位階層으로 서 성격을 가지고 있다.

② 형식적으로는 민주주의 국가의 지방의회에 해당하는 지방인민의회와 집행기관으로서 그가 선임하는 집행위원회가 있으나 실질적으로는 모든 지방행정은 중앙의 지도와 책임 하에 이루어지고 있다.

③ 지방행정의 집행은 상급 또는 동급의 각종 기관에 의하여 복잡하게 監視 · 監督을 받고 있다.

제 3 장

우리나라의 地方自治制度

제 1 절 地方自治制度의 發展過程

우리나라의 지방행정제도는 고대로부터 근세의 일제말기까지 중앙집권체제를 유지하여 왔으며, 1948년 현대적 민주정부의 수립이후에도 1950년대와 1960년대 초에 일시적으로 지방자치가 실시되었을 뿐 계속적으로 中央集權體制로 유지하여 오다가 1995. 6. 27. 전면적인 지방자치제를 재실시하기에 이르렀다.

현대적 의미의 지방자치제라고는 할 수 없으나 우리나라에서 고려시대 이래 자치기관의 성격을 지니고 있었던 것은 다음과 같다.

1. 고려의 事審官制와 鄕職團體

① 事審官制는, 고려 초기에 시행된 제도인데, 고려 왕조에서 건국공신들을 그들의 출신지방에 보내어 지방주민을 보호케 하는 동시에 관할지역을 통치케 한 제도로서, 이는 봉건적 지방호족에 의한 자치제도의 일종이다.

② 鄕職團體는, 고려 초기에 지방세력가인 지방호족에게 일정한 직위를 주고 夫役의 부과와 징수, 질서와 풍속의 유지를 위하여 州·郡·縣에 두었던 소규모의 조직이다.

2. 조선의 鄕廳·鄕約·鄕會

① 鄕廳(유향소·향소)은 풍속을 바로잡고 政令을 민간에게 전달하며 민의를 대변해 주는 수령의 자문기관으로서, 향청의 장인 座首와 약간의 보좌관은 주민의 추천

에 의하여 수령이 임명하였다.

② 鄕約은 자치규약으로서 행정기구의 일부는 아니나 향교·향청 등과 관련하여 선량한 자를 정부에 알리고 악행한 자를 처벌하는 강제력을 갖추고 있었다.

③ 鄕會는 갑오경장 직후인 1895년 군·면·리에 설치되어 도로·교량·산림·조세 등에 관하여 심의기능을 수행하였으며, 면과 리에 있어서는 집행기관적 성격을 지닌 執綱(면장)과 尊位(이장)를 주민이 선출하였다.

3. 일제시대의 道·府·邑·面

① 일제시대에는 외형적인 지방자치형식을 갖춘 조직으로서 상급기관인 道와 하급기관인 府·邑·面이 있었다.

道에는 집행기관으로서 道知事, 의결기관으로서 道議會가 설치되었으며, 도의회의원의 2/3는 부·읍회의원과 면협의회 회원에 의한 간접선거로 선출하고 1/3은 도지사가 임명하였다.

府·邑에는 집행기관인 府·邑長과 의결기관인 府·邑會가 있었으며, 부·읍회의원은 직선제에 의해 선출되었다.

面에는 집행기관인 面長과 자문기관인 面協議會를 두었으며, 그 회원은 선거제로 하였다.

② 일제시대의 지방제도는 외형적으로는 지방자치적 형식을 갖추고 있었으나 실제적으로는 집행기관의 절대우위, 중앙집권주의적 관료주의적 통치로 말미암아 참된 의미의 지방자치는 전개될 수 없었다.

4. 제1공화국의 지방자치제도

우리나라에 근대적 의미의 지방자치제도가 도입된 것은 1949. 7. 4 地方自治法制定이 그 시초가 된다.

당초의 지방자치법의 주요내용은,

① 지방자치단체의 종류를 道와 서울特別市, 그리고 市·邑·面의 5종으로 정하고, 도와 서울특별시는 정부의 직할 하에 두고, 시·읍·면은 도의 관할 하에 두었다.

② 지방자치단체의 기관은 의결기관으로서 地方議會를, 집행기관으로서 長을 두고, 이들에게 不信任議決權과 議會解散權을 각각 부여하였다.

③ 지방의회의원은 주민이 직선한 4년 임기의 명예직으로 구성하고, 시・읍・면장은 당해 시・읍・면의회에서 선출하고, 도지사와 서울특별시장은 대통령이 임명하였다.

당초의 지방자치법은 제1공화국 기간 동안 집권자의 편의에 따라 4차에 걸쳐 개정되었었다.

5. 제2공화국의 지방자치제도

4.19혁명에 의하여 집권한 민주당은 1960. 11. 1 지방자치법을 개정하였는데, 지방의회의원은 물론 지방자치단체의 장인 서울특별시장, 도지사 및 시・읍・면장 모두를 주민이 直選토록 함으로써 완전한 지방자치제를 실시하였다.

6. 제3・4・5 공화국의 지방자치제도

1961. 5. 16 군사혁명위원회 고시 제4호로 전국의 지방의회는 해산되고, 이어 9.1 제정된 「지방자치에 관한 임시조치법」에 의거 지방자치는 중단되었다.

지방자치에 관한 임시조치법은,

① 읍・면 대신 郡을 기초지방자치단체로 정하였다.

② 지방의회의 권한대행은, 시・도는 내무부장관이, 시・군은 도지사가, 서울특별시는 국무총리가 대행하도록 하였다.

③ 지방자치단체장을 任命制로 하고 國家公務員으로 보하도록 하였다.

이와 같은 지방행정에 관한 특별조치는 능률지상주의 행정체제로서 3・4・5공화국에 이르는 동안 경제사회발전에 많은 기여를 해 왔으나, 주민의 민주화・다양화의 욕구를 충족시키는 데는 많은 제약을 가하였다.

7. 第6공화국의 지방자치제도

1) 第7차 개정

第6공화국은 지방자치의 부활을 위하여 1988. 4. 6 지방자치법을 전면적으로 개정(법률 제4004호)하였다.

① 지방자치단체의 종류를, 서울特別市·直轄市·道와 市·郡·自治區의 2종으로 구분하였으며,

② 지방자치단체의 기능과 사무에 관하여 例示的 包括主義를 채택하여 지방자치단체의 사무와 국가사무의 구분을 명확히 하였다.

2) 第8차 개정

第7차 개정에서 1989. 4. 31까지로 구성하기로 되어 있던 기초지방자치단체의 지방의회를 구성하지 아니하고 미루어 오다가 1989. 12. 19 전격적으로, 동법을 다시 개정(법률 제4162호)하였다.

개정된 주요내용은,

① 지방자치의 목적이 지방의 균형적 발전과 大韓民國의 民主的 發展에 있음을 명백히 하였다(법 §1).

지방자치법의 목적이 "지방자치의 건전한 발전을 기하는 데 있다"는 취지의 규정을, 「지방의 균형적 발전과 대한민국의 민주적 발전을 기함을 목적으로 한다」고 개정하여 政治的 民主化를 法的 民主化로 명문화하였다.

② 地方議會議員定數에 관한 규정(법 §27~30)을 삭제하고, 이를 지방의회의원선거법에서 규정하도록 하였다.

이것은 입법사항의 중복규정을 일원화하고 법개정시까지의 정치적 타협의 여지를 남긴데 의의가 있었다고 보여진다.

③ 地方議員의 報酬에 관한 규정을 명백히 하였다. 지방의원이 명예직임에도 불구하고 종래 보수에 지나치게 집착한 나머지 의회운영의 해태·지연 등의 폐단을 낳았던 것을 명백히 제한하기 위하여, 日費는 회기 중에 한하여 지급하고, 旅費는 위원회의 의결 또는 의장의 명에 의하여 공무여행하는 경우에만 지급토록 제한하였다.

또한 일비나 여비의 지급기준은 지방자치법시행령이 정하는 범위 안에서 당

해 지방자치단체의 條例로 정하도록 하였다(법 §32).

④ 地方議員의 兼職禁止의 범위를 확대하였다. 종전의 겸직금지대상 직종에, 농지개량조합, 산림조합, 엽연초생산조합, 인삼협동조합의 임직원도 겸직할 수 없도록 추가하였다(법 §33:1).

⑤ 지방의회의 執行機關에 대한 監督權限을 강화하였다.

지방의회의 행정사무조사권을 行政事務監査 및 調査權으로 강화하고, 집행기관의 사무일반에 관한 감사권을 인정하였으며, 이에 필요한 절차는 지방자치법 시행령이 정하는 바에 따라 자치단체의 條例로 정하도록 하였다(법 §36).

이것은 지방자치단체장에 대한 불신임제도를 채택하지 않고 있는 상황하에서 지방의회의 견제기능을 확대한 데 그 의의가 있었다.

⑥ 시·도의회의 會議總日數를 100일로 연장하였다(법 §41:3).

⑦ 議案의 議員發議 定足數를 複數로 규정하였다. 즉, 재적의원 5분의 1이상 또는 의원 10인 이상의 연서로 의안발의를 하게 하였다(법 §58).

⑧ 地方自治團體長을 주민이 직접선거하도록 명문화하였다(법 §86:1).

종래 "선거한다"라고 규정하고 있어 직·간접선거로 논란이 있었는데, 이를「주민이 직접선거한다」고 규정하여 지방자치의 민주성을 천명하였다.

⑨ 市·道의 副團體長은 당해 시·도지사가 추천한 자를 임명토록 개정하였는데(법 §101:3), 최초로 선출된 시·도지사의 임기만료까지는 종전대로 내무부장관의 제청에 의하여 국무총리를 경유하여 대통령이 임명하도록 하였다(법 부칙 §4).

⑩ 지방자치단체조합의 설립목적사무에 있어서, 특정사무에 국한하였던 것을 複合事務로 개정하였다(법 §149).

8차 개정이 돋보이는 것은 지방자치실시 시기를 시한적으로 명문화한 데 있다. 지방의회의원선거는 1990. 6. 30 이내에, 지방자치단체장선거는 1991. 6. 30 이내에 실시한다는 것이었다(법 부칙 §2).

3) 제9·10차 개정

제8차 개정에서 명기한 실시시기를 또 지키지 못하고 천연시킨 결과 지방자치법을 다시 개정(법률 제4,310호, 1990. 12. 31)하게 되었는데, 이 9차 개정에서는 지방자치제의 실시시기를 다시 정하고, 겸직금지의 범위를 축소하여 국민의 참정기회를 넓혔다.

① 지방의회의원선거는 1991. 6. 30 이내에, 장선거는 1992. 6. 30 이내에 실시토록 법부칙 §2를 개정하고,

② 법 §33:1의 ⑥을 개정하여 농협 등 각 조합의 장과 상근임·직원의 경우에만 겸직할 수 없도록 하였다.

제10차 개정(법률 제4367호, 1991. 5. 31)에서는, 지방의회의원이 농업협동조합·수산업협동조합·축산업협동조합·산림조합·엽연초협동조합·인삼협동조합의 비상근 조합장까지 겸직할 수 없도록 한 규정(법 §33:1)이 헌법재판소의 違憲決定으로 그 효력을 잃게 됨에 따라, 이를 개정하여 지방의회의원이 이들 조합장중 비상근조합장은 겸직할 수 있도록 하였다.

4) 제11차 개정

제6공화국 하에서 5번째로 개정한 지방자치법 제10차 개정(법률 제4,464호, 1991. 12. 31)에서는 지방의회의 운영과정에서 제기된 문제점을 보완하여 지방의회운영의 효율성과 의원의 의정활동의 원활을 도모하도록 관계규정을 개정하였다.

① 지방의원이 회기 중 본회의 또는 위원회에 출석할 때 여비를 지급할 수 있도록 하였다(법 §32:2).

② 정부는 逮捕 또는 拘禁된 地方議員이 있을 때에는 지체 없이 의장에게 영장의 사본을 첨부하여 이를 통지하도록 하였다(법 §32의 2).

③ 지방의회는 본회의 또는 위원회 의결로 안건의 심의를 위한 관련서류 제출을 관계기관에 요구할 수 있도록 하고, 서류제출요구시는 의장을 경유하도록 하였다(법 §37의 2).

④ 地方議會 定期會는, 시·도는 매년 11.20.에, 시·군·자치구는 11. 25에 집회토록 함으로써 그 회기를 시·도의회는 35일로 연장하였다(법 §41:2).

⑤ 시·군·자치구의회의 경우에도 常任委員會를 설치할 수 있도록 하고, 그 설치기준은 대통령령으로 정하도록 하였다(법 §50:2).

⑥ 폐회중에 위원회는 본회의 의결이 있거나, 지방자치단체장의 요구외에 의장이 필요하다고 인정하거나, 재적의원 3분의 1이상의 요구가 있을 때에도 개회할 수 있도록 하였다(법 §53).

⑦ 시·도의회 사무국을 事務處로 개칭하고, 시·군·구의회의 간사를 事務局長 또는 事務課長으로 개칭하였다(법 §82, §84).

⑧ 시·군·자치구의 예산안제출일을 회계년도 개시 전 30일 전에서 35일 전으로 앞당기고, 의결시한일을 시·도의 경우 10일 전에서 15일 전으로, 시·군·자치구의 경우 5일 전에서 10일 전으로 하였다(법 §118).

8. 문민정부의 지방자치제도

1) 제12차 개정

제6공화국에서 전면적인 지방자치제의 실시를 지연시킬 목적으로 지방자치법의 제12차 개정안을 정부입법으로 1991. 9. 국회에 상정한 후 방치해 두었다가, 문민정부에 들어와서야 개정안(법률 제4741호)이 공직선거 및 선거부정방지법, 정치자금에 관한 법률 등과 같이 이른바 정치개혁에 관련된 법률의 일환으로서 改正·公布(1994. 3. 16)되었다.

그 주요개정내용은 다음과 같다.

① 都·農複合形態의 지방자치단체를 설치할 수 있도록 하였다. 현행의 시와 군을 통합한 지역이나, 인구 5만이상의 도시형태를 갖춘 지역이 있는 군을 도농복합형태의 시로 할 수 있도록 하고, 이러한 시에는 읍·면·동을 두도록 하였다(법 §7:2, §3:2).

② 住民投票制를 도입하여 住民의 직접참정의 기회를 부여하였다. 지방자치단체의 장이 지방자치단체의 장이 주요결정사항 등에 대하여 별도 법률이 정하는 바에 따라 주민투표에 붙일 수 있도록 하였다(법 §13의 2).

③ 條例로써 정할 수 있는 罰則의 범위를 축소하였다. 지방자치단체가 조례로써 조례위반행위에 대하여서만이 1천만원이하의 과태료를 정할 수 있도록 하였다(법 §20).

④ 지방의회의원의 지위와 신분을 강화하였다. 지방의원의 의정자료의 수집·연구와 이를 위한 보조활동에 소요되는 비용 등을 보전하기 위하여 매월 議政活動費를 지급할 수 있도록 하고(법 §32), 지방의회의원이 직무로 인하여 상해를 입거나 사망한 때에는 補償金을 지급할 수 있도록 하였다(법 §32의 2).

⑤ 委任事務에 관한 지방의회의 감사를 허용하고 지방의회의 감사·조사권을 강화하였다. 지방자치단체 및 그 장이 위임받아 처리하는 국가사무와 시·도의 사무에 대하여 국회와 시·도가 직접 감사하기로 한 사무를 제외하고는 각각 당해 지방의회가 그 감사를 행할 수 있도록 하고, 이 경우 국회와 시·도의회는 필요한 경우 당해 지방의회의 감사결과를 요구할 수 있도록 하였고(법 §36:3), 행정사무감사 및 조사시 허위증언을 한 자에 대하여는 고발할 수 있도록 하고, 출석요구를 받은 자가 정당한 이유 없이 출석하지 아니하거나 증언 또는 진술

을 거부하는 때에는 500만 원 이하의 과태료를 부과할 수 있도록 하였다(법 §36:5).

⑥ 지방의회의 規則制定權을 명문화하였다. 즉, 지방의회는 의회의 회의 등 내부운영에 관하여 필요한 사항을 규칙으로 정할 수 있도록 하였다(법 §37의 2).

⑦ 지방의회의 會期를 연장하였다. 시・도의회 및 시・군・자치구의회의 정기회 및 임시회의 회기를 현행보다 각각 5일을 연장하고, 연간 회의총일수도 각각 20일을 연장하였다(법 §41).

⑧ 지방자치단체의 장의 當然退職사항을 규정하였다. 지방자치단체의 장이 겸임할 수 없는 직에 취임한 때, 피선거권이 없게 된 때, 지방자치단체의 폐치・분합으로 그 직이 없어진 때에는 당연퇴직하도록 하였다(법 §90의 2),

⑨ 지방자치단체의 장의 지방의회와의 관계에 있어서의 권한을 강화하였다. 즉, 장은 지방의회의 재의결사항이 법령에 위반된다고 인정되는 때에는 대법원에 訴를 제기할 수 있도록 하였고(법 §98:3), 장의 선결처분요건을 완화하는 한편 지방의회의 승인을 얻지 못한 때에는 그때부터 효력을 상실하도록 하였다(법 §100:1, 3).

⑩ 副團體長의 자격기준과 임명절차를 명백히 하였다. 특별시와 직할시의 부시장과 도의 부지사는 대통령령으로 정하는 바에 의하여 2인을 둘 수 있도록 하고, 이 경우 1인은 정무직 또는 별정직 지방공무원으로 보하되 그 자격기준은 당해 지방자치단체의 조례로 정하도록 하였고, 정무직 또는 일반직 국가공무원으로 보하는 부시장과 부지사는 시・도지사의 제청으로 내무부장관을 거쳐 대통령이 임명하되 제청된 자에게 법적 결격사유가 없는 한 30일 이내에 그 임명절차를 종료하도록 하였으며(법 §101:1~3), 시・군・자치구의 부시장・부군수・부구청장은 일반직 지방공무원으로 보하고 당해 시장・군수・구청장이 임명하도록 하였다(법 §101:4).

⑪ 읍・면・동장을 一般職化하였다. 읍・면・동장은 일반직지방공무원으로 보하되, 이 법 시행당시 재직중인 읍・면・동장은 임기만료일 또는 퇴임일까지 신분을 보장하도록 하였다(법 §109:2, 부칙 §6).

⑫ 지방자치단체 상호간 또는 지방자치단체의 장 상호간의 분쟁 등의 조정을 위하여 내무부장관 또는 시・도지사소속하에 지방자치단체분쟁조정위원회를 설치하도록 하였다(법 §104조의 2).

⑬ 職務履行命令制를 도입하였다. 지방자치단체의 장이 법령에 의하여 그 의무에 속하는 국가위임사무 및 시・도위임사무의 관리 및 집행을 명백히 해태하고 있

다고 인정되는 때에는 주무부장관 또는 시·도지사가 직무이행명령을 할 수 있도록 하고, 지방자치단체의 장은 이 직무이행명령에 이의가 있는 때에는 대법원에 訴를 제기할 수 있도록 하였다(법 §157의 2).

⑭ 자치사무에 대한 監査의 요건을 한정하였다. 내무부장관 또는 시·도지사가 지방자치단체의 자치사무에 관하여 감사할 경우, 보고를 받거나 서류·장부 또는 회계를 감사할 수 있되 法令違反사항에 한하여 실시하도록 하였다(법 §158).

⑮ 議決執行停止決定申請制를 도입하였다. 지방의회의 재의결사항이 법령에 위반된다고 판단되는 때에는 지방자치단체의 장은 대법원에 訴를 제기할 수 있고, 그 의결의 집행을 정지하게 하는 집행정지결정을 신청할 수 있도록 하는 한편, 이 경우 당해 지방자치단체의 장이 제소를 하지 아니하는 때에는 내무부장관 또는 시·도지사는 직접 제소 및 집행정지결정을 신청할 수 있도록 하였다(법 §159:3, 4).

2) 제13·14·15차 개정

제13차 개정(법률 제4789호, 1994. 12. 31)에서는 직할시의 명칭을 광역시로 개정하였으며(법 §3), 제14차 개정(법률 제4877호, 1995. 1. 5)에서는 지방화시대에 따른 지방자치단체의 자율성을 제고하기 위하여 지방자치단체 소속 국가공무원의 임명은 당해 지방자치단체장의 제청으로 하도록 개정하였다(법 §103:5).

제15차 개정(법률 제4959호, 1995.8.4)에서는 도·농복합형태의 시설기준을 규정하였다(법 §7:3 신설).

9. 국민정부의 지방자치제도

제16차 개정(1999. 8. 14)에서는 지방자치에 관한 주민의 직접참여를 확대하기 위하여 주민의 조례제정·개폐청구제항과 주민감사청구제를 도입하고 국가와 지방자치단체간 또는 지방자치단체 상호간의 갈등을 효과적으로 조정할 수 있는 제도적 장치를 마련하는 한편, 각급 지방자치단체의 장 또는 지방의회의 장이 전국적 협의체를 마련하는 등 현행제도의 운영상의 미비점을 개선·보완하였다.

① 20세 이상의 주민은 주민총수의 20분의 1의 범위 안에서 대통령령이 정하는 일정수 이상 주민의 연서로써 해당 지방자치단체의 장에게 조례의 제정 및 개폐

를 청구할 수 있다(제13조의 3).

② 20세 이상의 주민은 주민총수의 50분의 1의 범위 안에서 조례가 정하는 일정수 이상의 연서로써 해당 지방자치단체 및 그 장의 위법·부당한 사무처리에 관하여 그 지방자치단체의 감독기관에게 감사를 청구할 수 있다(제13조의 4).

③ 지방의회 정기회에 집중된 안건을 분산하여 심도있는 심의를 도모하기 위하여 연2회 정례회제를 도입하고, 결산서 작성일정을 일부 조정하였다(제41조, 제125조).

④ 의안발의권을 지방자치단체장, 지방의회의원 외에, 지방의회의 위원회도 그 소관사항에 관하여 발의할 수 있도록 부여하였다(제58조).

⑤ 지방자치단체의 장이 辭任하고자 할 때에 그 서면(사임서)에 사임일자를 명시하도록 하고, 그 임기 중 해당 지방자치단체의 구역 밖으로 주민등록을 이전할 때에는 退職의 사유가 됨을 명시하였다(제90조, 제90조의 2).

⑥ 지방자치단체의 장의 職務代理에 관하여, 단체장이 궐위·구속·장기입원으로 직무를 수행할 수 없는 경우와 단체장 선거에 입후보하는 경우에 부단체장이 그 권한을 대행하도록 상세히 규정하였다(제101조의 2).

⑦ 사용료·수수료 등의 부과·징수에 대하여 이의신청을 한 자가 행정소송을 제기하고자 하는 경우에 종전에는 이의신청 결정의 통지를 받은 날로부터 60일 이내에 소를 제기하도록 하였으나, 이를 90일 이내로 완화하였다(제131조).

⑧ 지방자치단체 분쟁조정위원회의 기능을 심의기능에서 議決機能으로 강화하고, 감독기관의 지방자치분쟁조정을 분쟁당사자의 신청 없이 職權으로도 할 수 있도록 하였다(제140조).

⑨ 각급 지방자치단체의 장 또는 지방의회의 장은 상호간의 교류·협력 및 공동문제 협의를 위하여 전국적 협의체를 설립할 수 있도록 하고, 이들 협의체는 지방자치법령에 관하여 중앙정부에 의견을 제출할 수 있도록 하였다(제154조의 2).

⑩ 중앙행정기관의 장과 지방자치단체의 장이 사무를 처리함에 있어서 의견을 달리하는 경우 이를 협의·조정하기 위하여 국무총리 소속하에 協議調整機構를 둘 수 있도록 하였다(제156조의 2).

제17차 개정(2000. 1. 12, 법률 제6115호)에서는 특별시와 광역시·도의 부단체장의 자격기준을 당해 조례로 정하도록 하였고, 제18차 개정(2002. 3. 25, 법률 제6669호)에서는 지방자치단체의 장의 권한대행사유에 '금고 이상의 형의 선고를 받고 그 형이 확정되지 아니한 경우'를 추가하였다.

10. 참여정부의 지방자치제도

참여정부에 들어와서 우리나라 지방자치제도는 제 모습을 갖추었다고 평가해도 과언이 아니다.

참여정부는 지방분권과 지역균형개발에 국정목표를 두고 이에 관한 법률들을 제정·시행하였고, 지방자치법만 하더라도 무려 12회를 개정하여, 그동안 숙원으로 미뤄왔던 주민투표법, 주민소송제, 주민소환에 관한 법률 등을 제정·시행토록 하였다.

괄목할만한 것은 「제주특별자치도 설치 및 국제자유도시 조성에 관한 특별법을 제정」하여 2006.7.1부터 제주특별자치도제가 시행되고 있다는 것이다.

제 2 절 地方自治制의 組織

1. 地方自治法의 目的과 性格

1) 目 的

지방자치법은 지방자치단체의 조직과 운영에 관한 大綱을 정한 基本法이다.

지방자치법은 「이 법은 지방자치단체의 종류와 그 조직 및 운영에 관한 사항을 정하고, 국가와 지방자치단체와의 기본적 관계를 정함으로써 지방자치행정의 민주성과 능률성을 도모하며 지방의 균형적 발전과 대한민국의 민주적 발전을 기함을 목적으로 한다」(법 §1)고 규정하여, 그 목적과 성격을 규명하고 있다.

특히 지방자치법이 지방의 균형적 발전과 국가발전의 당면목표인 민주발전을 도모함을 명시한 것은 주목을 요한다. 이른바 民主化의 法律的 具現이다.

2) 性 格

지방자치법은 그 성격상 지방자치단체의 조직 및 운영에 관한 기본법이다.

憲法은 지방자치에 관한 章을 두어, 지방자치제도가 국가의 기본제도임을 분명히 하고 지방자치단체에 자치권을 인정하면서, 지방자치단체의 조직과 운영에 관한 사항은 법률이 정하는 바에 의하도록 하고 있다(헌법 §117, §118).

이러한 헌법규정에 근거하여 지방자치에 관한 여러 법률이 제정되어 있는데, 그 가운데에서 지방자치법은 지방자치행정에 있어서 基本法典으로서의 성격을 지니며, 그런 의미에서 지방자치법을 '憲法의 附屬法典'이라고도 한다.

지방자치법이 지니고 있는 내용은, 그 제1조에서 명시한 바와 같이,

① 지방자치행정의 組織에 관한 사항

② 지방자치행정의 作用에 관한 사항

③ 국가와 지방자치단체에 관한 사항으로 대별된다.

憲法에 규정된 지방자치에 관한 기본원칙은 지방자치법을 비롯한 여러 법률에 의하여 구체적으로 구현되는데 그 가운데에서 기본적인 법률을 간추려보면 [그림 3-1]과 같다.[1)]

[그림 3-1] 지방자치관련 기본법률

지방자치제에 관한 기본법률			
	= 조직·운영 기본사항	⇒	지방자치법
	= 재정관계	⇒	지방재정법 지방세법
	= 기업관계	⇒	지방공기업법
	= 공무원관계	⇒	지방공무원법
	= 선거관계	⇒	공직선거 및 선거부정방지법

2. 地方自治團體의 種類

지방자치단체는 一般地方自治團體와 特別地方自治團體의 2종으로 대별된다.

1) 一般地方自治團體

일반지방자치단체는 特別市·廣域市·道·特別自治道(상급지방자치단체·광역지방자치단체)와 市·郡·自治區(하급지방자치단체·기초지방자치단체)로 구분된다.

1) 金亨培, 전게서, pp. 52～53.

自治區는 「특별시와 광역시의 관할구역안의 구」에 시 · 군과 동일한 법인격과 지위를 부여한 것이다.

그러나 自治區에 대하여는 「자치권의 범위는 법령이 정하는 바에 따라서 시 · 군과 다르게 할 수 있으며」(법 §2:2), 「특별시장 및 직할시장은 시세수입중의 일정액을 확보하여 區상호간의 재원을 조정하여야 한다」(법 §160)고 특례를 인정하고 있다.

[그림 3-2] 우리나라 지방자치단체의 종류

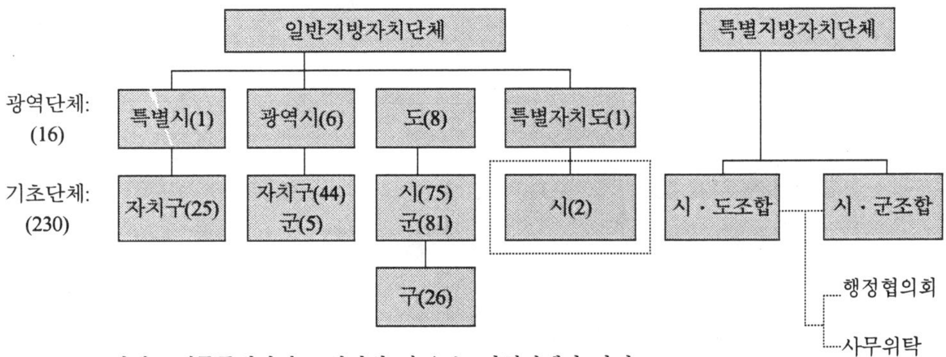

※ 2006.7.1 현재 : 제주특별자치도 산하의 시(市)는 자치단체가 아님

2) 特別地方自治團體

特別地方自治團體(組合)는 하나 또는 둘 이상의 사무를 공동으로 처리하기 위하여 필요한 경우에 설치되는 것이기 때문에 그 구성과 목적이 일반지방자치단체와 구별된다(법 §149～154).

그 외에 지방자치단체는 둘 이상의 지방자치단체에 관련된 사무를 처리하기 위하여 事務委託(법 §141)과 行政協議會(법 §142～§148) 제도를 인정하고 있다.

3. 地方行政階層

1) 單層制와 多層制

지방자치단체는 일정구역 내에 하나만 존재하는 경우가 있는가 하면(단층제), 상 · 하계층구조를 이루며 수개가 존재하는 경우(다층제)가 있다.

일반적으로 地方自治가 발달한 영미계 국가에서는 단층제 또는 2층제를 채택하고 있고, 대륙계 국가에서는 다층제를 채택하고 있다.

2) 自治階層과 行政階層

우리나라는 지방자치법에 의하여 자치행정계층은 전국적으로 2層制로 통일하였으나, 기초지방자치단체 밑에 지방자치단체가 아닌 구·읍·면·동·리 등 下部行政組織을 두고 있다(법 §3:3).

따라서 [그림 3-3]과 같이 지방자치단체의 종류와 규모에 의거하여 지방행정계층은 3층제와 4층제로 다원화되어 있다.

[그림 3-3] 지방행정계층

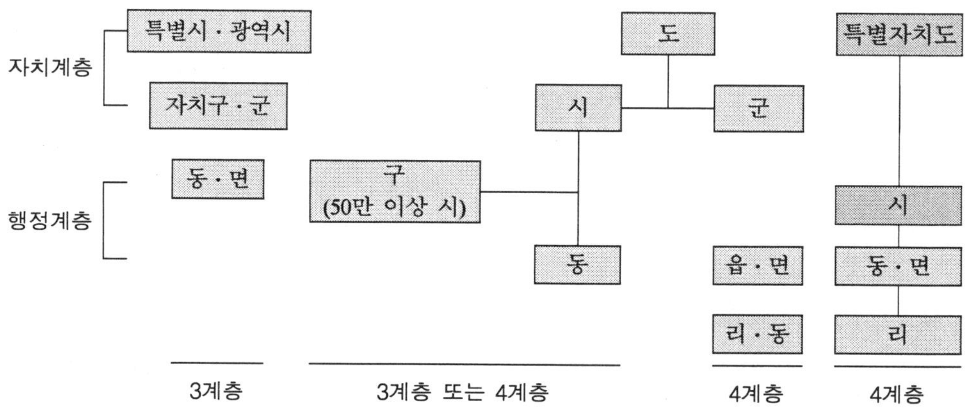

4. 地方自治團體의 管轄區域

서울특별시와 직할시 및 도는 정부의 직할 하에 두고, 시와 군은 도의 관할구역 안에 두며, 자치구는 특별시와 직할시의 관할구역 안에 둔다(법 §3:2).

법률적으로 管轄區域이란 일정한 공공의 기관 또는 단체의 관할권이 미치는 지역적 범위를 뜻한다.

따라서 地方自治團體의 區域이라는 것은 당해 지역에 있어서 집행되는 일체의 자치적 정치·행정작용이 미치는 범위라고 정의할 수 있다.

그러므로 「관할구역 안에 둔다」는 뜻은 기초자치단체의 구역은 당연히 광역자치단체의 구역이 된다는 의미와 거주하는 주민은 기초자치단체의 주민인 동시에 광역자치단체의 주민이라는 의미도 내포하고 있다.

1) 自治區域과 行政區域

지방자치단체의 구역은 토지를 기초로 이루어지므로 어느 지방자치단체에도 속하지 아니한 토지는 있을 수 없다. 여기에서의 토지에는 육지뿐만 아니라 하천·호소 등의 수면과 그 지역에 접속하는 해역도 육지의 연장으로서 포함된다. 이와 같은 구역은 그 법적 성격에 따라 自治區域(autonomus area or district)과 行政區域(administrative area or district)으로 나누어지고, 그 기능의 복합성여부에 따라 一般目的區域과 特別目的區域으로 나누인다.

① 자치구역은 지방자치단체의 자치권이 미치는 지역적 범위를 말하고, 행정구역(행정구획)은 국가 또는 지방자치단체가 그 행정상의 편의를 위하여 그 내부에 설정하여 놓은 지역적 단위를 말한다. 한편 일반목적구역은 일정한 지역 안에서의 일반적 사무를 종합적으로 처리하기 위하여 설치된 구역을 말하고, 특별목적구역은 특수한 행정사무를 일정한 지역 안에서 보다 전문적으로 처리하기 위하여 설치된 구역을 말한다.

② 시·도와 시·군·자치구는 지방자치단체인 동시에 국가의 지방행정기관의 지위를 겸하고 있으므로 그 관할구역은 일반목적자치구역인 동시에 일반목적행정구역으로서의 의미를 지니고 있다.

③ 2009.5.1 현재 우리나라의 행정구역은 1특별시, 6광역시, 8도, 1특별자치도 등 16개의 廣域自治團體와 75시, 86군, 69자치구 등 230개의 基礎自治團體와 그 아래 下部行政機關으로서 2시, 26행정구, 209읍, 1,208면, 2,168동으로 구성되어 있다.

이러한 현행 행정구역의 문제점은, 첫째 그 동안의 커다란 사회적·경제적 변화, 급속한 산업화·도시화에 따르는 사회·경제적 여건의 큰 변화에 제대로 적응하지 못하고 있다는 점이다. 그 동안 産業化와 都市化는 우리의 생활환경을 완전히 변질시켰으며, 교통·통신의 발달, 간척사업·댐건설·고속도로 건설 등 일련의 대규모 토목사업은 경제권·생활권 및 국토공간구조를 크게 변화시켜 놓았으나, 농업사회에 바탕을 둔 전통적인 행정구역은 이러한 변화에 따라가지 못하고 있다.

둘째, 開發圈과 生活圈이 행정구역과 일치하지 않는 곳이 많다는 점이다. 교통·통신이 발달하지 않았던 시대에 산맥·하천·해안선 등 주로 자연조건을 토대로 행정구역이 확정된 것이어서 오늘날의 산업·경제 및 교통·통신의 발달로 인한 地域開發圈域의 변화를 반영하지 못하고 있다. 또 구역의 규모도 너무 커서 「풀뿌리 민주주의」 배양에 필요한 「가까운 정부」로서의 역할을 제대로 수행하기 어렵고, 주민의 일상생활영역과 괴리되어 주민의 행정에의 接近性(accessibility)과 행정의 대주민 對應性(responsiveness) 모두가 저하되고 있다.

셋째, 都·農 분리적 행정구역조정으로 殘餘地區(rump county)의 약화문제이다. 도시화의 진전에 따라 읍이 시로, 대도시는 광역시로 승격되어 군이나 도로부터 분리·독립됨으로써 잔여지구의 행정·재정력을 약화시킨다. 또 같은 생활권 안에 행정관청이 둘로 나뉘어 행정낭비의 요인이 많고, 시·군간의 편익과 비용을 둘러싼 갈등도 적지 않으며, 지역의 종합적인 개발도 어렵게 하고 있다.

넷째, 지방자치단체의 구역간 規模의 심한 불균형을 나타내고 있다. 인구 및 면적간의 규모의 불균형은 행·재정능력상의 격차를 초래하고 이는 균형적인 지역발전을 저해하는 요인이 되고 있다. 실제로 동일계층의 자치단체간의 인구는 많게는 19배, 면적은 100배 이상의 불균형을 보여주는 곳도 있다.

2) 自治區域의 適正規模

지방자치단체의 구역은 소극적으로는 지방자치단체의 기능을 지역적으로 한정시키며, 적극적으로는 그 구역 안에 주소·거소 또는 영업소를 둔 국민과 그 구역과 일정한 장소적 관계를 가진 물건을 지방자치단체의 권능에 복종시키는 효과를 가져온다.

① 자치구역은 다음과 같은 特性을 지닌다.

첫째, 지방자치단체의 구역은 지방자치단체의 권능과 분리하여 생각될 수 없다. 즉, 지방자치단체가 수행하는 기능의 성격과 내용에 따라 그 지역적인 범위가 달라져야 하며, 그 기능의 변동에 따라 지역적 범위를 신속히 적응해 나가야 한다.

둘째, 지방자치단체의 구역은 지방자치단체의 계층구조(tier system)와 밀접한 관련을 가진다. 그 기능수행의 광협에 따라 기초자치단체와 광역자치단체가 설립되며, 양자 사이에 계층적 체계가 형성된다.

셋째, 지방자치단체의 구역은 지방행정의 민주화와 능률화와 관련되며, 그것은 결국 중앙집권 및 지방분권과 밀접한 관련을 가진다. 따라서 구역개편은 결국 지방행정제도의 전면적인 재편성과 밀접한 관련을 갖게 된다.

② 지방자치단체의 구역의 적정여부는 지방자치의 성패의 결정적인 요소가 된다. 그것은 구역이 주민의 행정참여·행정통제, 자치행정의 능률적 수행, 지방자치

단체의 재원확보 등에 있어서 그 기초가 되기 때문이다.

지방자치단체의 적정규모(optimun size of local unit)의 기준에 관한 논의는 나라에 따라서 다르나, 적정구역설정의 기준으로서 고려되는 요소는 자연발생적인 공동사회, 행정량(service unit), 재정적 자주성, 주민의 편의성, 주민의 지방행정에의 참여와 통제의 정도 등이 거론된다.

그러나 지방자치단체의 구역은 지방행정의 목표, 행정기능과의 관계, 지방자치단체의 중층상의 위치, 국가와 지역의 특수한 사정을 고려하여 이에 적응할 수 있도록 설정되어야 한다.

人口를 기준으로 외국의 지방자치단체의 규모를 보면, 기초지방자치단체는 최저인구수준을 3,000명이상으로 하는 경우(노르웨이, 네덜란드, 벨기에), 8,000~10,000명 이상으로 하는 경우(스웨덴, 핀란드, 독일, 일본, 파키스탄), 30,000명 이상으로 하는 경우(독일 일부지역의 Gemeinde, 영국의 district) 등으로 대별하여 볼 수 있다.

우리나라의 2009.1.1 현재 지방자치단체별 평균인구규모는 특별시 10,167천명, 광역시 2,065천명, 도 2,511천명, 특별자치도 557천명이고, 기초지방자치단체로서는 시 174천명, 군 79천명, 자치구 379천명에 달하고 있어 인구기준으로 볼 때는 그 규모가 지나치게 크다고 할 수 있다.

3) 自治區域의 境界變更과 廢置·分合

지방자치법상 구역변경의 경우로서 경계변경과 폐치·분합을 명시하고 있다. 자치행정의 효율성·행정력 증대와 관련하여 지방자치단체의 관할구역의 변경에는 공공복지의 관점에서 사항상의 정당성과 민주적인 절차에 따른 신중한 방식이 요구되어진다.

① 지방자치법은 경계변경을 區域變更이라고 한다. 즉, 지방자치단체의 구역변경은 법률로써 하되(법 §4:1 전단), 시·군·자치구의 관할구역경계변경은 대통령령으로 정한다(법 §4:1 후단). 자치구가 아닌 구와 읍·면·동을 폐치·분합할 때에는 행정안전부장관의 승인을 얻어 당해 지방자치단체의 조례로 정한다(법 §4:3). 다만, 그 구역변경만을 할 때는 시·도지사의 승인을 얻어 해당 지방자치단체의 조례로 정한다(법 §4:3 단서).

지방자치법상 폐치·분합·명칭·경계변경에 관한 법형식으로는 관계지방자치단체의회의 의견청취(법 §4:2)를 하여야 하나, 이것도 주민투표를 실시하는 경우에는 예외로 하고 있다(법 §4:2, 단서). 그러나 법해석상 공공복지 적합성의 원칙은 준수되어야 할 것이다.

구역변경시 관련구역 주민들은 원칙적으로 소속구역의 선택권을 갖지 못한다. 구역변경은 일반적인 행정작용이기 때문이다.

지방자치단체의 구역변경이 있게 되면 새로이 그 지역을 관리하게 되는 지방자치단체가 그 사무와 재산을 승계한다(법 §5:1). 이 경우 지역에 의하여 지방자치단체의 사무 및 재산을 구분하기 곤란한 때에는 시 · 도에 있어서는 행정안전부장관이, 시 · 군 · 자치구에 있어서는 시 · 도지사가 행정안전부장관의 승인을 얻어 그 사무와 재산의 한계 및 승계할 지방자치단체를 지정한다(법 §5:2).

여기에서 문제가 되는 것은 末所屬地의 문제이다. 즉, 종래 어느 지방자치단체의 구역에도 속하지 않는 지역과 공유수면매립으로 인하여 조성된 지역의 경우에는 현행법상 명문의 규정이 없으므로 경계변경의 규정에 의하여 지방자치단체의 구역에 편입되어야 할 것이다.

② 폐치 · 분합은 하나 또는 둘이상의 지방자치단체의 신설 또는 폐지와 관련되는 점에서 관련 지방자치단체의 존립에 영향을 미치지 아니하는 경계변경과 다르다.

폐치 · 분합에는 하나의 지방자치단체가 둘이상의 새로운 자치단체로 되는 경우(分割), 하나의 지방자치단체구역의 일부를 새로운 자치단체로 구성하는 경우(分立), 둘이상의 지방자치단체가 하나의 지방자치단체로 되는 경우(合併)가 있다. 합병에는 흡수합병(編入)과 신설합병(合體)이 있다.

어느 경우이든지 합병은 헌법상 지방자치제도의 보장에 반하는 것이 아니다. 폐치 · 분합은 경계변경의 경우와 마찬가지로 지역개발의 촉진, 주민편의 제고, 행정능률의 향상을 목적으로 하므로 오히려 지방자치단체의 자치행정을 보장하는 것이 때문이다.

지방자치단체의 폐치 · 분합은 法律로 정하고(법 §4:1 전단), 자치구가 아닌 구와 읍 · 면 · 동의 폐치 · 분합은 행정안전부 장관의 승인을 얻어 당해 지방자치단체의 條例로 정한다(법 §4:3). 다만 구역변경은 특별시장, 광역시장, 도지사의 승인을 얻어 당해 지방자치단체조례로 정한다.

지방자치단체가 폐치 · 분합된 경우에 그 사무와 재산의 이전은 위에서 본 경계변경의 경우와 같다(법 §5:1, 2).

여기에서의 문제는 관련지방자치단체의 장의 지위와 조례 · 규칙의 효력에 관한 사항이다.

첫째, 지방자치단체가 폐치·분합되게 될 경우 그 長의 지위는 다음과 같이 결정된다.

㉮ 2개 이상의 동격의 지방자치단체가 합하여 새로운 지방자치단체가 설치된 때에는 새로 그 지방자치단체의 장을 선거한다(법 §89:2). 이 경우 새로운 장이 선출될 때까지 시·군·자치구의 경우에는 시·도지사가, 시·도의 경우에는 행정안전부장관이 당해 지방자치단체의 장의 직무를 대행할 자를 종전의 장 중에서 지정한다(법 §89:3).

㉯ 1개의 지방자치단체가 분할되어 2개 이상의 지방자치단체가 설치된 때에는 종전의 지방자치단체의 장은 새로 설치된 지방자치단체 중 종전의 지방자치단체의 사무소가 위치한 지역을 관할하는 지방자치단체의 장으로서 잔임기간 중 재임하고, 다른 지방자치단체의 장은 새로 선거한다. 이 경우 지방자치단체의 장을 새로 선거할 때까지 시장·군수·구청장은 시·도지사가, 시·도지사는 행정안전부장관이 각각 그 직무를 대행할 자를 지정하여야 한다(법 §89:4).

㉰ 시·자치구 및 광역시가 새로 설치된 때에는 지방자치단체의 장을 새로 선거한다. 이 경우 장을 새로 선거할 때까지 시장은 도지사가, 구청장은 특별시장 또는 광역시장이, 광역시장은 행정안전부부장관이 그 직무를 대행할 자를 지정한다(법 §89:5).

둘째, 지방자치단체가 분합하여 새로운 지방자치단체가 설치되거나 지방자치단체의 격이 변경된 때에는 당해 지방자치단체의 장은 필요한 사항에 관하여 새로운 조례 또는 규칙이 제정·시행될 때까지 종래 그 지역에서 시행되던 조례 또는 규칙을 계속 시행할 수 있다(법 §18).

4) 「都·農複合型」의 自治區域改編

시와 군을 통합한 지역이나, 인구 5만이상의 도시형태를 갖춘 지역이 있는 군을 「도·농복합형태의 시」로 할 수 있다(법 §7:2). 도·농복합형태의 시에는 도시의 형태를 갖춘 지역에는 동을, 그 밖의 지역에는 읍·면을 둔다(법 §3:4).

도·농복합형 자치구역 설치에 관한 위의 규정은 제12차 개정(1994. 3. 16, 법률 제4,741호)에서 신설된 것으로서, 종래의 도·농분리식 일변도의 자치구역제로부터의 일대 전환을 의미하고 있다.

(1) 都·農分離型과 都·農統合型

종전의 도·농분리식 자치구역제는 일정한 지역에 인구가 집중하여 2만 또는 5만이 되고, 도시적 형태가 갖추어지면 이 지역을 면의 관할에서 분리하여 읍으로 독립시키고, 군의 관할에서 분리하여 시로 독립시켜 도시행정의 특수성을 살리는데 기여하여 왔다. 그러나 도·농분리식 구역설정은 동일생활권이 불합리하게 시와 군으로 분리됨에 따라 그 결과 다음과 같은 문제점을 야기시키고 있다.

첫째, 행정의 비능률화를 조장하고 있다. 같은 생활권이면서도 관청이 둘로 나뉘어 과잉 인건비·행정비 등 행정낭비의 요인이 많다. 이것은 시승격에 따른 행정기관의 증설, 공무원의 증가, 공무원직급의 상향조정 등에서 비롯되고 있다.

둘째, 시와 군간의 갈등을 초래하고 있다. 상·하수도, 쓰레기처리 등 민생문제가 인접시·군간에 연계되어 있어 양자간에 편익과 비용을 둘러싼 갈등이 심각하다.

셋째, 지역의 종합적 개발을 저해하고 있다. 동일생활권이면서도 군지역의 공동화 및 시지역의 토지부족에 따른 지역발전이 저해되고 있다.

넷째, 시분리 승격에 따라 주변 농촌지역의 종속성을 강요하고, 중심지를 잃은 나머지 군의 재정력을 약화시켜 지역개발을 제약함으로써 도·농간의 발전격차를 심화시키며, 주민의 일체감과 연대의식을 약화시키고 있다.

이러한 문제점을 극복하는 방안으로서 도·농통합식 자치구역개편이 제기된다. 도·농통합형은 도·농분리형의 문제점을 극복할 수 있을 뿐만 아니라, 주민생활의 편의성을 확보하고, 규모의 경제를 실현함으로써 국가경쟁력과 행정의 효율성을 제고하며, 광역지역개발의 촉진 등 긍정적 효과를 기대할 수 있기 때문이다.

(2) 都·農統合型의 事例

도·농통합식 자치구역은 제2차 대전 이후 독일에서 도시권중심의 구역개편을 행한 것, 영국에서 대도시지역(metroploitan area)에 시 뿐만 아니라 군을 포함시킨 것, 일본에서 시구역에 町·村을 두고 있는 것 등에서 그 예를 찾아볼 수 있다.

우리나라에서도 갑오경장(1895) 후에 「23府制」를 채택한 바 있는데, 이 또한 도·농통합식 구역제의 사례로 지적할 수 있다.

이러한 도·농통합식 자치구역에 있어서는 그 구역 안에 도시적인 지역과 농촌적인 지역이 공존하므로 각 지역이 특수성에 대한 배려를 최대화하는 제도 내지 운영상의 장치가 필요하다.

⑶ 都·農統合型 改編의 構想

도·농통합형의 장점에 따라 정부에서 개편안으로서 지방자치법의 12차 개정을 전후하여 인구규모, 생활·경제권, 발전추세, 선거구 등을 감안하여, ① 인구 10만 이하 시 23개에 대한 기계적 통합, ② 인구 15만 이하 시중 생활권 등을 고려한 33개 시를 통합, ③ 인구 50만 명까지 확대하여 47개 시 통합 등 3개안을 검토하였으나, 인구 10만 명 이하의 시를 대상으로 배후의 군과 통합하는 이른바 「농촌형 정주생활권」방안을 실시하고 있다. 이 경우 대상시는 모두 33곳에 이르렀으나 주민의 의견을 반영하여 1994년 말까지 우선 32개 군을 인근 또는 중심지역 시로 편입하는 방안을 처음 추진하였다. 그러나 도·농통합형을 채택할 경우 다음과 같은 부정적인 측면이 있다는 점을 간과해서는 안 될 것이다.

첫째, 지방자치의 측면에서 군을 1993년말 현재 그 평균면적이 663㎢이고, 평균인구 7만 9천명이나 된다. 이러한 대규모의 단위가 기초자치단체로 되어 있는 나라는 우리나라밖에 없는데, 여기에다가 기존 시의 인구와 면적이 추가될 경우 주민과의 접근성은 더욱 어려워져 지방자치의 정신에 상치된다.

둘째, 행정적인 측면에서 시·군통합이 이루어지려면 막대한 비용과 행정력이 소모되며 감원되는 공무원의 정리 등 또 다른 차원에서의 지역갈등도 예상된다.

⑷ 都·農複合型 市의 설치기준

도·농복합형식의 설치는, ① 종래의 시와 군을 통합하는 지역, ② 인구 5만 이상의 도시형태를 갖춘 지역이 있는 군, ③ 인구 2만 이상의 도시형태를 갖춘 2개 이상의 지역의 인구가 5만 이상인 군, 이 경우 군의 인구가 15만 이상으로서, (i) 도시형태를 갖춘 지역 내에 상업·공업 기타 도시적 산업에 종사하는 가구의 비율이 군전체 인구의 45% 이상이어야 하고, (ii) [(지방세+세외수입-지방채)+일반회계예산]×100으로 계산한 군의 재정자립도가 전국 군의 재정자립도의 평균치 이상이어야 한다(법 §7:2, 영 §7:2).

5. 地方自治團體의 住民

1) 住民의 地位

지방자치단체의 구역 안에 住所를 가진 자는 그 지방자치단체의 住民이 된다(법 §12).

住民은 성별 · 연령 · 국적 · 자연인 · 법인 · 행위능력의 유무를 가리지 않는 개념이다.

住所는 자연인에게는 생활의 근거가 되는 곳(민법 §18:1), 법인에게는 그 주된 사무소의 소재지를 의미한다(민법 §36). 따라서 지방자치법상의 주소는 주민등록법 또는 기타 특별법(한국은행법 §2 등)상의 주소와 반드시 일치하는 것이 아니다.

여기에서의 주민은 參政權의 主體로서의 住民(公民)과 구별된다.

참정권의 주체로서의 주민은 지방자치단체 내에서 선거권과 피선거권을 가진 주민, 즉 일정한 요건에 맞는 자연인만을 가리킨다.

2) 住民의 權利와 義務

주민은 법령이 정하는 바에 의하여 소속 자치단체의 재산과 공공시설을 이용할 권리를 가진다(법 §13). 住民의 權利는 공공시설이용권, 행정혜택을 받을 권리, 지방선거에 참여할 권리 등이 주된 내용을 이룬다. 또한 주민은 법령이 정하는 바에 의하여 소속 지방자치단체의 비용을 분담할 義務를 진다(법 §14).

[그림 3-4] 주민을 중심으로 본 지방자치의 구조

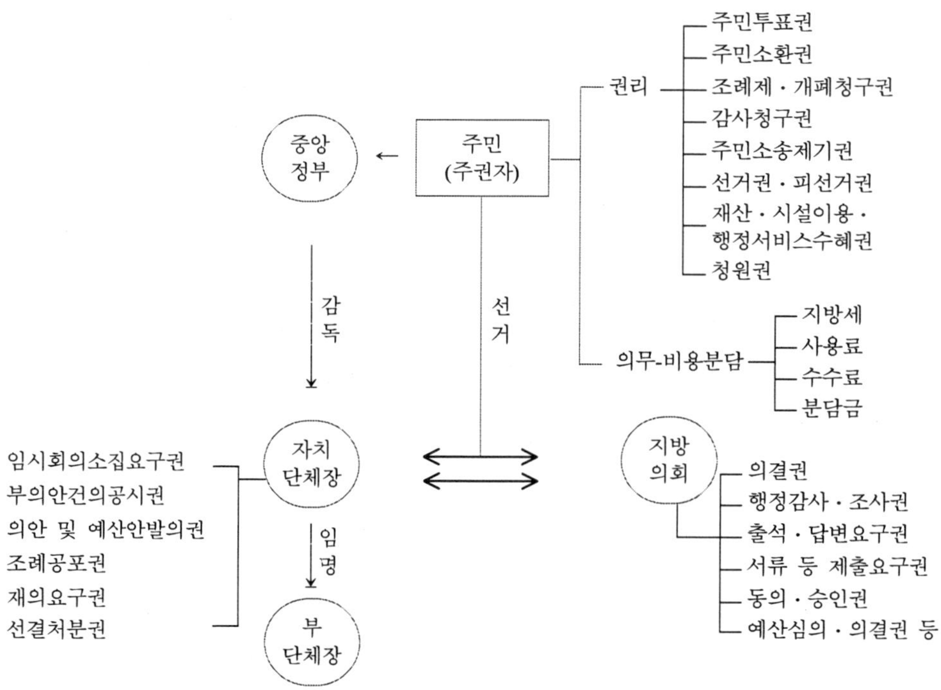

주민이 분담할 비용에는 地方稅(법 §126), 공공시설의 이용료 및 재산의 使用料(법 §127), 특정인을 위한 사무처리에 대한 대가로서의 手數料(법 §128:1), 지방자치단체의 재산 또는 공공시설로 인하여 주민의 일부가 특히 이익을 받을 때, 그 이익을 받는 범위 내에서 부담하게 되는 分擔金(법 §129) 등이 있다.

3) 住民投票制

지방자치단체의 장은 지방자치단체의 폐치·분합 또는 주민에게 과도한 부담을 주거나 중대한 영향을 미치는 지방자치단체의 중요한 결정사항 등에 대하여 주민투표에 붙일 수 있다(법 §13의 2:1). 주민투표의 대상·발의자 기타 투표절차 등에 관하여는 따로 법률로 정한다(법 §13의 2:2).

이 주민투표제는 지방자치법 12차 개정(1994. 3. 16)에서 신설된 것이다.

(1) 選擇的(임의적) 投票制

우리나라는 대부분의 나라에서와 같이 지방자치에 있어서 주민은 지방의회의원과 지방자치단체장의 선출을 통하여 지방자치단체의 운영에 간접적으로 참여(법 §26의 2, §85)하는 것을 원칙으로 하고, 예외적으로 직접참정의 방법으로서 주민청원(법 §65)과 선거소청(공직선거법 §219)을 채택하고 있었는데, 이에 더하여 주민투표제가 도입되었다.

주민의 직접참여의 방법으로는 주민발안(initiative), 주민소환(recall), 주민투표(referendum) 등이 인정되는데, 미국의 대다수 대도시와 캐나다, 일본, 대만 등에서는 이들 제도 모두를 채택하여 주민참여의 길을 넓게 열어 놓고 있다.

주민투표제에는 주민들의 투표청구에 의하여 시행되는 투표제와 일정한 중요사항 결정의 절차로서 시행되는 투표제가 있고, 후자의 경우에도 중요사항결정에 있어서 강제적(필수적) 투표제와 선택적(임의적) 투표제가 있는데, 우리나라에서는 후자를 채택하고 있다.

(2) 주민투표법의 제정·시행

주민투표제는 지방자치단체의 중요 정책사항 등을 주민투표로 결정하는 제도로서 스위스가 이 제도를 가장 빈번히 활용하고 있다.

우리나라의 경우에는 1994년 개정 지방자치법에 주민투표제의 법적 근거를 마련한 후, 주민투표법(법률 제7214호, 2004, 1, 29)을 제정하고 2004, 7, 30일부터 시행하고 있다.

① 주민투표사무의 관리

주민투표사무의 효율적 처리와 객관성. 공정성을 확보하기 위하여 투표에 관한 사무는 시, 도, 시 · 군 · 자치구 관할 선거관리위원회에서 담당토록 하였다.

② 주민투표권

㉠ 투표권이 있는 자 - 투표일 현재 19세 이상의 주민과 일정한 자격을 갖춘 외국인에게 주민투표권을 부여한다.

ⓐ 투표일 현재 19세 이상의 주민으로서 투표인명부작성기준일(주민투표발의일) 현재 그 지방자치단체의 관할구역에 주민등록이 되어 있는 자.

ⓑ 투표일 현제 19세 이상의 외국인으로서 출입국관리관계법령의 규정에 의하여 대한민국에 계속 거주할 수 있는 자격을 갖춘 자로서 지방자치단체의 조례가 정하는 자.

㉡ 투표일 현재 다음 요건 중 하나라도 해당하는 자는 투표권이 인정되지 않는다.

ⓐ 금치산선고를 받은 자.

ⓑ 금고이상의 형의 선고를 받고 그 집행이 종료되지 아니하거나 그 집행을 받지 아니하기로 확정되지 아니한 자.

ⓒ 선거범, 정치자금법 제45조(정치자금부정수수죄) 및 제49조(선거비용관련 위반행위 관한 벌칙)에 규정된 죄를 범한 자 또는 대통령 국회의원 지방의회의원 지방자치단체의 장으로서 그 재임 중의 직무와 관련하여 형법(특정범죄가중처벌 등에 관한 법률 제2조에 의하여 가중 처벌되는 경우 포함) 제129조(수뢰, 사전수뢰)내지 제132조(알선수뢰). 특정범죄가중처벌등에관한법률 제3조(알선수재)에 규정된 죄를 범한 자로서, 100만 원 이상의 벌금형의 선고를 받고 그 형이 확정된 후 5년 또는 형의 집행유예의 선고를 받고 그 집행을 받지 아니하기로 확정된 후 또는 그 형의 집행이 종료되거나 면제된 후 10년을 경과하지 아니 한 자(형이 실효된 자 포함).

ⓓ 법원의 판결 또는 다른 법률에 의하여 선거권이 정지 또는 상실된 자.

③ 주민투표의 대상

ⓐ 주민에게 과도한 부담을 주거나 중대한 영향을 미치는 지방자치단체의 주요 결정사항으로서 그 지방자치단체의 조례로 정하는 사항(법 제7조 제1항)

ⓑ 중앙행정기관의 장이 지방자치단체의 폐합, 분합 또는 구역변경, 주요시설의

설치 등 국가정책수립에 관하여 주민의 의견을 듣기 위하여 필요하다고 인정하는 때에 주민투표의 실시구역을 정하여 관계지방자치단체의 장에게 주민투표의 실시를 요구한 사항(법 제8조)

④ 주민투표의 실시요건

주민투표의 실시요건은 투표청구권자 주민, 지방의회, 지방자치단체의 장, 중앙행정기관에 따라 각각 다르다.

ⓐ 주민에 의한 투표청구의 경우

주민투표권자 총수의 20분의 1 이상 5분의 1 이하의 범위 안에서 당해 지방자치단체의 조례로 정하는 수 이상의 서명이 있어야 한다.

ⓑ 지방의회에 의한 투표청구의 경우

재적의원 과반수의 출석과 출석의원 3분의 2 이상의 찬성으로 지방자치단체의 장에게 주민투표를 청구할 수 있다.

ⓒ 지방자치단체의 장의 직권실시의 경우

지방자치단체의 장은 직권에 의하여 주민투표를 실시하고자 하는 때에는 지방의 회 재적의원 과반수의 출석과 출석의원 과반수의 동의를 얻어야 한다.

ⓓ 중앙행정기관에 의한 투표요구의 경우

중앙행정기관의 장이 지방자치단체의 장에게 주민투표의 실시를 요구받은 지방자치단체의 장은 지체 없이 이를 공표하여야 하며, 공표한 날로부터 30일 이내에 그 지방의회의 의견을 듣고, 그 결과를 관계중앙행정기관의 장에게 통지하여야 한다.

⑤ 주민투표청구절차(주민에 의한 투표청구의 경우)

[그림 3-5] 주민에 의한 투표청구절차

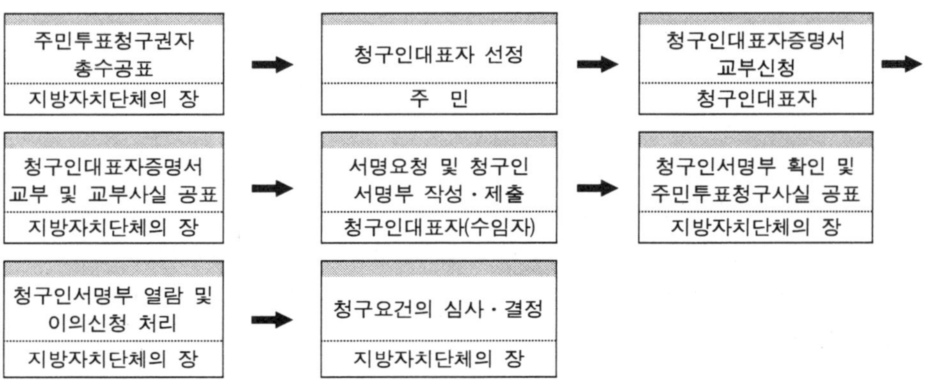

⑥ **주민투표의 발의**

ⓐ 청구요지의 공표

당해 지방자치단체의 장은, 중앙행정기관의 장에게 주민투표를 발의하겠다고 통지한 경우, 주민 또는 지방의회의 주민투표청구가 적법하다고 인정한 경우, 지방자치단체의 장이 직권으로 주민투표를 실시하기 위하여 지방의회의 동의를 얻은 경우에는 주민투표청구 요지를 공표하여야 한다.

ⓑ 주민투표의 발의

주민투표의 발의권자는 지방자치단체의 장이다. 장은 주민투표청구요지의 공표일로부터 7일 이내에 주민투표의 발의를 하여야 한다.

주민투표의 발의 시 투표일과 주민투표안의 공고는 관보, 게시판, 일간신문 중 하나이상과 인터넷에 게시 또는 공고하여야 한다.

ⓒ 주민투표의 투표일

투표일은 지방자치단체의 장이 결정한다. 투표일의 결정은 주민투표발의일로부터 20일 이상 30일 이하(투표일로 정할 수 없는 기간은 산입하지 아니 한다)의 범위 안에서 관할 선거관리위원회와 협의하여 정한다.

ⓓ 주민투표의 형식

주민투표는 특정한 사안에 대하여 찬성 또는 반대의 의사표시를 하거나, 두 가지 사항 중 하나를 선택하는 형식으로 실시하여야 한다.

⑦ **투표인명부 및 부재자신고인명부**

ⓐ 투표인명부

투표인명부는 구, 시, 읍, 면장이 주민투표발의일을 기준으로 작성하여야 한다.

투표인명부는 투표일전 7일에 확정되며, 당해 주민투표에 한하여 효력을 가진다.

ⓑ 부재자신고인명부

부재자 투표를 하고자 하는 자는 투표일전 19일부터 5일 이내에 구, 시, 읍, 면장에게 신고하여야 한다.

구, 시, 읍, 면장은 같은 기간 내에 부재자신고인명부를 작성하여야 한다.

부재자신고인 명부는 부재자신고기간 만료일의 다음날에 확정되며 당해 주민투표에 한하여 효력을 갖는다.

⑧ 주민투표에 관한 운동

ⓐ 투표운동기간

주민투표발의일로부터 주민투표일의 전일까지이다.

ⓑ 찬성·반대운동 대표단체의 신청

신청권자는 다음 다섯 사람에 한한다.

주민투표 찬성·반대운동 대표단체가 되고자 하는 단체(연합단체 포함), 국가정책에 관한 주민투표를 요구한 중앙행정기관의 장, 주민투표를 청구한 지방의회의 의장, 주민투표를 실시하고자 하는 지방자치단체의 장과 주민투표청구인대표자는 주민투표발의일의 다음날까지 대표단체 신청을 하여야 한다.

ⓒ 찬성·반대 대표단체의 지정

관할 선거관리위원회는 주민투표발의일후 2일까지 대표단체를 지정해야 한다.

ⓓ 투표운동방법

주민투표운동은 설명회, 토론회, 주민투표공보 등으로 할 수 있다.

설명회와 토론회는 대표단체마다 1회 이상 개최할 수 있고, 주민투표공보는 매세대 및 부재자신고인에게 각각 1회 발송할 수 있다. 공보에 개제할 수 있는 사항은 주민투표안의 내용, 주민투표 안에 관한 의견 및 그 이유 등이다.

⑨ 투·개표

ⓐ 투표

주민투표는 공직선거 및 선거부정방지법 제159조의 규정에 의한 기표방법으로 한다.

투표는 직접 또는 우편으로 하되, 1인 1표로 한다.

구, 시, 읍, 면장은 세대별로 투표인의 성명, 투표인명부등재번호, 투표소의 위치(투표소약도를 별도첨부 가능), 투표할 수 있는 시간, 투표하러 갈 때 지참물, 기타 투표참여를 권유하는 내용 등을 작성하여 주민투표공보와 동봉하여 우편으로 발송할 수 있다.

부재자투표소에서 투표하여야 할 부재자 중 주민등록지인 구, 시, 군밖에 거소를 둔 자의 부재자투표에 관하여는 공선법상 거소투표자의 예에 의한다.

투표시간은 오전 6시부터 8시까지로 한다.

ⓑ 개표

개표는 투표구별로 투표함 이상 유무를 확인한 후 개함하여 유. 무효구분(개표기에 의한 개표)하고, 찬 · 반별로 득표를 집계한 후 공표한다.

⑩ **투표 및 개표결과확정**

ⓐ 주민투표는 주민투표권자 총수 3분의 1이상의 투표와 유효투표 과반수의 득표로 확정된다.

ⓑ 다음의 경우에는 찬성과 반대 모두를 수용하지 아니 하거나, 양자택일의 대상 모두를 선택하지 아니 하기로 확정된 것으로 본다.

- 전체 투표수가 주민투표권자 총수의 3분의 1에 미달되는 경우
- 주민투표에 부쳐진 사항에 관한 유효득표수가 동수인 경우

ⓒ 전체투표수가 투표권자 총수의 3분의 1에 미달되는 때에는 당해 지방자치단체의 조례가 정하는 바에 따라 개표하지 아니할 수 있다.

4) 住民發案制

제16차 개정(1999.8.14)에서는 주민발안제의 하나로서 주민의 조례제정 · 개폐청구권(법률 §13:2)을 도입하였다.

이는 제13차 개정에서 주민투표제를 도입한 이래 주민권의 신장을 위한 직접참정제의 제도적 보완으로서 의의를 갖는다.

(1) 조례제정 · 개폐청구권자로서의 주민

당해 지방자치단체내의 19세 이상의 주민이면 누구든지 조례제정 · 개폐청구권을 행사할 수 있다. 그러나 공직선거법 제18조의 규정에 의하여 선거권이 없는 자는 제외되며 19세 이상의 주민이라도 주민 개개인이 청구권을 행사할 수 없고 당해 지방자치내의 19세 이상의 주민총수(전년도 12. 31일 현재의 주민등록표상의 통계)의 시 · 도는 100분의 1이상 70분의 1이하, 시 · 군 · 구는 50분의 1이상 20분의 1이하 범위 안에서 당해 지방자치단체의 조례로 정하는 주민수 이상이라야만 이 권한을 행사할 수 있다. 따라서 주민의 조례제정 · 개폐청구권은 주민단체의 권리로서의 성격을 갖는다.

(2) 청구권의 제한

① **서면청구주의**

주민의 조례제정 · 개폐청구권은 당해 지방자치단체의 조례가 정하는 19세 이상의 주민 중 그 총수의 시도는 100분의 1이상 70분의 1이하, 시군구는 50분의 1이상 20분의 이하의 連書로 당해 지방자치단체의 장에게 청구하여야 한다.

② 청구대상의 제한

지방세, 사용료, 수수료, 부담금의 부과·징수 또는 감면에 관한 사항과 행정기구의 설치·변경에 관한 사항 또는 공공시설의 설치를 반대하는 사항에 관하여는 청구권을 할 수 없다.

(3) 청구권의 행사방법·절차

① 대표자의 선정 및 등재

주민이 조례의 제정이나 개폐를 청구하는 때에는 청구인의 대표자를 선정하여 이를 請求人名簿에 반드시 기재하여야 한다. 청구인명부의 서명이나 대표자 선정·등재에 관하여 이의가 있는 자는 청구서를 접수한 날부터 7일 이내에 당해 지방자치단체장에게 이의신청을 할 수 있다.

② 청구내용의 공표·열람

지방자치단체의 장은 주민의 청구가 있을 때에는 접수한 날부터 5일 이내에 그 내용을 공표하여야 하며, 청구를 공표한 날로부터 10일간 청구인명부 또는 그 사본을 공개된 장소에 비치하여 열람할 수 있도록 하여야 한다. 이에 대하여 주민의 이의신청이 있을 때에는 지방자치단체의 장은 열람기간이 종료된 날부터 14일 이내에 이를 심사·결정하여야 하고, 그 신청이 이유 있다고 결정한 때에는 청구인명부를 수정하고, 이를 이의신청한 자와 청구인의 대표자에게 통지하여야 하며, 그 이의신청이 이유 없다고 결정한 때에는 그 뜻을 즉시 이의신청을 한 자에게 통지하여야 한다.

(4) 청구의 심사·처리

① 조례안제출

지방자치단체의 장은 조례의 제정·개폐청구를 받은 때에는 청구인대표자에게 조례의 제정·개폐안을 작성, 제출토록 해야 한다.

② 수리·각하

지방자치단체의 장은 청구권자의 서명 및 내용 등에 관하여 이의신청이 없는 경우 또는 이의신청을 결정한 경우에 청구인 등의 요건이 갖추어졌으면 그 청구를 受理하고, 그러하지 아니한 경우에는 청구를 却下(불수리)하여 이를 청구인의 대표자에게 통지한다. 지방자치단체의 장은 청구를 각하하는 경우에는 청구인의 대표자에게 의견제출의 기회를 주어야 한다.

③ 지방의회에 부의

지방자치단체의 장은 청구를 수리한 날부터 60일 이내에 조례의 제정 또는 개폐안을 작성하여 지방의회에 부의하여야 하며, 그 결과를 청구인의 대표자에게 통지하여야 한다.

5) 住民監査請求制

제16차 개정의 중요한 사항의 또 하나는 주민감사청구권(법 §13:4)의 신설이다. 그러나 우리나라에서 새로 채택한 이 주민감사청구권에는 많은 의문점 내지 문제점이 있다.

주민감사청구권이 주민의 직접參政權이냐 주민의 訴求權이냐에 따라 그 제도의 내용·절차가 달라진다. 소구권의 행사에 있어서는 주민 다수의 연서를 요하지 않고 주민 1인의 청구로서 족하고, 지방자치행정수행에 있어서 반드시 위법 부당한 사무처리 또는 그 해태로 인한 손실·피해를 요건으로 하여 그 방지·시정·개선·補塡을 위한 필요한 조치를 청구케 되는 것이다.

(1) 입법례

일본에서는 주민감사청구권과 사무감사청구권이 따로 규정되어 있다. 사무감사청구권은 일본 지방자치법 제75조에서 주민의 조례정청구권, 의회해산청구권과 함께 주민의 직접청구권의 일환으로 규정되어 있는데 비하여, 주민감사청구권은 그 제24조에서 예산·회계 등 재무분야의 위법·부당한 처분의 방지를 위한 訴求의 일환으로써 訴訟과 함께 규정되어 있다.

주민감사청구에 있어서는 위법·부당한 공금지출 등의 처분 또는 그 관리해태가 있을 때에 그것을 증명하는 서면을 첨부하여 자치단체의 감사위원에게 감사를 청구하여 해당 행위의 방지·시정·개선·보전을 위하여 필요한 조치를 요구할 수 있게 하고 있으며, 이때에 청구는 주민 1인으로서도 할 수 있고, 이러한 청구에 대한 조치에 불복할 때에는 소송을 제기할 수 있도록 하고 있다.

이러한 일본의 주민감사청구제도는 미국의 納稅者訴訟制度와 유사하다. 이에 비하여 사무감사청구에 있어서는 지방자치단체의 장 등의 사무처리에 관하여 선거권자 총수의 50분의 1이상의 연서에 의하여 지방자치단체의 감사위원에게 감사청구를 할 수 있도록 하고 있는 것이다.

(2) 성 격

우리나라에 새로 도입한 주민감사청구권은, 주민 일정 수 이상의 연서로써 청구할 수 있게 한 점에서는 직접참정권의 일환으로 보이나, 지방자치단체와 그 장의 사무처리가 법령에 위반되거나 공익을 현저히 해한다고 인정되는 경우에 청구할 수 있게 한 점과, 그 청구를 해당 지방자치단체의 감독기관(시 · 도에 있어서는 주무부장관, 시 · 군 · 자치구에 있어서는 시 · 도지사)에게 청구할 수 있게 한 점에서는 訴求權으로 보인다.

위법 · 부당한 사무처리를 요건으로 함은 이미 행하여진 사무처리를 시정 · 보전하려는 訴求로서의 의미를 가지는 것이고, 그 청구를 해당 자치단체 안에 있는 지방의회 등에게 하지 아니하고 그 자치단체 밖의 감독기관에게 하여 외부의 간섭을 불러들이는 것은 결코 치자와 피치자의 동질성을 확보하는 자치적인 권한행사라고는 볼 수 없는 것이다. 따라서 우리나라의 주민감사청구권은 일본의 주민감사청구권(소구권)과 사무감사청구권(직접참정권)을 혼합한 것으로 보이며, 그 본질은 소구권에 가깝다고 하여야 할 것이다.

(3) 주민감사청구권자로서의 주민

당해 지방자치단체의 주민으로서 19세 이상인 자만이 감사청구권을 행사할 수 있으며, 당해 지망자치단체의 條例가 정하는 주민수 이상이라야만 동권한을 행사할 수 있다.

(4) 감사청구권의 제한

① **서면청구주의**

주민의 감사청구권은 시 · 도는 500명, 50만 이상 구 380명, 그 밖의 시 · 군 · 구는 200을 초과하지 아니하는 범위 내에서 당해 지방자치단체의 조례로 정하는 수의 連書로 시 · 도에 있어서는 주무부장관, 시 · 군 · 자치구에 있어서는 시 · 도지사에게 청구하여야 한다.

② **감사청구대상**

당해 지방자치단체와 그 장의 권한에 속하는 사무처리가, ㉠ 법령에 위반되거나, ㉡ 공익을 현저히 해한다고 인정되는 경우에 감사청구 할 수 있으며, ㉢ 다른 기관에서 감사했던 사항이라도 새로운 사항이 발견되거나, 중요한 사항이 감사에서 누락된 경우에는 감사를 청구할 수 있다.

그러나 다음의 경우에는 감사를 청구할 수 없다.

㉠ 수사 또는 재판에 관여하게 되는 사항
㉡ 개인의 사생활을 침해할 우려가 있는 사항
㉢ 다른 기관에서 감사하였거나 감사중인 사항
㉣ 동일한 사항에 관하여 주민소송에 계속중이거나 그 판결이 확정된 사항
감사청구는 당해 사무처리가 있었던 날 또는 종료된 날부터 2년을 경과하면 제기할 수 없다.

(5) 청구의 처리·조치

① **처리 · 통지 · 공표**

㉠ 주무부장관 또는 시 · 도지사는 감사청구를 수리한 날부터 60일 이내에 감사청구된 사항에 대하여 감사를 종료하여야 하며, 그 감사결과를 청구인의 대표자와 당해 지방자치단체의 장에게 서면으로 통지하고, 이를 공표하여야 한다. 다만 위 기간 내에 감사를 종료하기가 어려운 정당한 사유가 있는 때에는 그 기간을 연장할 수 있다. 이 경우 이를 미리 청구인의 대표자와 당해 지방자치단체의 장에게 통지하고, 공표하여야 한다.

㉡ 주무부장관 또는 시 · 도지사는 주민감사청구를 처리함에 있어서 청구인의 대표자에게 증거제출 및 의견진술의 기회를 부여해야 한다.

㉢ 주무부장관 또는 시 · 도지사는 주민감사청구사항이 다른 기관에서 이미 감사한 사항이거나 감사 중인 사항인 경우에는 그 기관에서 실시한 감사결과 또는 감사중인 사실과 감사종료 후 그 결과를 통지하겠다는 사실을 청구인의 대표자에게 통지해야 하고, 당해 기관에도 그 사실을 통지해야 한다.

② **감사결과의 조치**

주무부장관 또는 시 · 도지사는 당해 지방자치단체의 장에게 감사결과에 따른 필요한 조치를 요구할 수 있다. 이 경우에 당해 지방자치단체의 장은 이를 성실히 이행하여야 하고, 그 조치 결과를 지방의회와 주무부장관 또는 시 · 도지사에게 보고하여야 한다.

6) 住民訴訟制

지방분권 로드맵의 일환으로 주민의 직접참여에 의한 지방행정의 공정성과 투명성

강화를 위하여 주민소송제(지방자치법 제13조의 5 및 제13조의 6 신설)를 도입하여 2006, 1, 1일부터 시행하게 되었다.

(1) 개념

주민소송제는 지방자치단체의 위법한 재무·회계행위에 대해 지역주민이 자신의 개인적 권리·이익의 침해와 관계없이 그 위법한 행위의 시정을 법원에 청구할 수 있는 제도이다.

(2) 내용

① 주민소송의 대상

지방자치단체의 위법한 재무 회계행위로 지방자치단체가 행하는 공금의 지출, 재산의 취득·관리·처분, 자치단체를 당사자로 하는 매매·임차·도급·그 밖의 계약의 체결. 이행이 위법한 경우이거나 지방세. 사용료. 수수료 등 공금의 부과. 징수를 위법하게 해태한 경우가 그 대상이 된다.

② 주민소송의 선행절차

지역주민이 이러한 대상에 대해 주민소송을 제기하기 위해서는 그 선행절차로서 일정 수 이상의 주민이 연서하여 상급기관에 주민감사청구를 제기하여야 한다.

주민감사청구에 필요한 연서주민 수는, 시·도는 500명, 50만 이상 대도시는 300명, 시·군·구는 200명을 초과하지 않는 범위 내에서 자치단체의 조례로 규정한다.

감사청구기관은, 시·도의 행정처분에 대하여는 주무부장관에게, 시·군·구의 행정처분에 대하여는 시·도지사에게 청구하여야 한다.

다만, 당해 행정처분이 있었던 날 또는 종료된 날로부터 2년이 경과하면 감사청구를 할 수 없다.

감사청구결과에 불복이 있는 경우에는 감사청구에 연서한 주민은 누구나(1인이라도) 주민 소송을 제기할 수 있다.

③ 주민소송의 유형

주민이 청구할 수 있는 소송유형은 무분별한 소송형태의 난립을 방지하기 위하여 4가지 유형으로 법정화 하였다.

㉠ 1유형 - 당해 행위의 전부 또는 일부의 중지를 구하는 소송

㉡ 2유형 - 당해 행위의 취소 또는 변경을 구하거나 효력의 유무 또는 존재여부의

확인을 구하는 소송

㉢ 3유형 - 당해 해태사실의 위법확인을 구하는 소송

㉣ 4유형 - 책임 있는 당사자에게 손해배상청구 또는 부당이득반환청구를 할 것을 요구하는 소송

④ 주민소송제기기간

주민소송은 주민감사청구에 대한 불복사유가 발생한 날로부터 90일 이내에 제기하여야 한다. 행정이 지속적으로 불안정한 상태에 놓이지 않도록 그 기간을 법정하였다. 이 기간은 제척기간이다.

(3) 주민소송의 절차

주민소송의 선행절차로서 주민감사청구절차와 주민소송절차로 나누어 보면 다음 [그림 3-6, 3-7]과 같다.

(4) 주민소송의 효력

① 실비보상청구권

소송을 제기한 주민이 승소한 경우에는 당해 자치단체에 대해 변호사보수 등의 소송비용과 감사청구 절차의 진행 등을 위해 소요된 비용을 청구할 수 있다.

② 손해배상금지불청구권

주민소송의 확정판결에 따라 손해배상 등의 책임을 지게 되는 당사자에게는 판결이 확정된 날부터 60일 이내에 손해배상금 등의 지불을 청구하여야 한다. 다만, 이 기간 내에 손해배상금 등이 지불되지 않을 경우에는 자치단체가 손해배상금을 지불할 당사자를 피고로 민사소송을 제기하여 배상금 지불의 이행을 담보하여야 한다.

회계 관계 공무원이 변상금 지불의 당사자가 되는 경우에는 지불명령을 통해 그 변상금 지불을 청구하고, 불이행시는 지방세체납처분의 예에 따라 강제집행이 가능하다.

[그림 3-6] 주민감사청구 절차

감사청구인 대표자 증명
19세 이상의 주민중 감사를 청구하고자 하는 청구인의 대표자는 주무부장관 또는 시·도지사에게 문서로 대표자증명서 교부신청

⬇ 시도⇒주무부장관, 시군구⇒시도지사에게 감사청구

감사청구인 서명요청
대표자는 증명서를 교부한 날부터 시도에 있어서는 6월 이내, 시군구는 3월 이내에 주민을 대상으로 청구인명부에 서명요청

⬇ 19세 이상의 주민중 조례가 정하는 일정수 이상 주민서명 필요

감사청구인 명부제출
서명요청기간이 경과한 날부터 시도에 있어서는 10일 이내, 시군구에 있어서는 5일 이내 주무부장관과 시·도지사에게 청구인명부 제출

⬇ 주무부장관, 시·도지사는 청구인명부를 공개된 장소에 비치·열람

청구인명부 보정
주무부장관 또는 시·도지사는 청구인명부에 서명한 주민수 미달시 대표자로 하여금 시도는 5일, 시군구는 3일 이내 보정 허용

⬇ 청구인명부의 이상유무에 대해서는 감사청구심의회가 심사

감사 실시 결과 통지
주무부장관 또는 시·도지사는 감사청구를 수리한 날부터 60일 이내에 감사를 종료하고 감사결과를 대표자와 자치단체장에게 서면통지·공표

⬇ 감사기간연장시 청구인 대표자와 자치단체장에게 통지·공표
기간 내 감사종료가 어려운 정당한 사유발생시 감사기간 연장

감사결과 조치요구
주무부장관 또는 시·도지사는 당해 자치단체장에게 감사결과에 따라 기간을 정하여 필요한 조치를 요구, 요구내용 통지·공표

⬇ 주무부장관 또는 시·도지사는 감사결과 조치요구내용 통지·공표

조치요구 이행 및 보고
당해 자치단체장은 조치요구를 성실히 이행하고 그 조치결과를 지방의회와 주무부장관 또는 시·도지사에게 보고

⬇ 주무부장관 또는 시·도지사는 자치단체장의 조치결과 통지·공표

주민소송제기
주민감사청구사항이 위법한 재무회계행위와 관련된 경우에는 다음 각호의 사유가 발생한 경우에 한해 주민소송 제기

- 주무부장관 또는 시·도지사가 감사청구를 수리한 날로부터 60일을 경과하여도 감사를 종료하지 아니한 경우
- 감사결과 또는 조치요구에 불복이 있는 경우
- 주무부장관 또는 시·도지사의 조치요구를 지방자치단체의 장이 이행하지 아니한 경우
- 지방자치단체의 장이 이행조치에 불복이 있는 경우

[그림 3-7] 주민소송절차

주민소송 제기	주민감사청구를 경유한 주민은 주민소송 제기요건이 충족될 경우에 한해 주민소송 제기(이 경우 1인도 소송제기 가능)
⬇	
소송 고지	당해 자치단체장은 소송제기로 권리·이익의 침해를 받을 제3자나 손해배상 등의 책임을 질 당사자에게 지체 없이 소송고지를 하여 줄 것을 법원에 신청
⬇ 소송이 계속중인 때는 다른 주민은 별도로 동일 소송 제기 불가	
소송참가 및 소송수계	국가, 상급 자치단체, 감사청구 연서주민, 소송고지 받은 자는 소송참가 가능 소송중 원고사망 등 사유발생시 타 주민 소송수계 가능
⬇ 법원의 결정 및 심리 후 판결(행정소송절차와 동일하게 3심제)	
법원판결에 따른 조치	당해 지방자치단체는 법원의 확정판결에 따른 조치의무 발생(소송유형에 따라 행위중지, 향후 동일한 사항의 행정처분 금지 등) 주민승소시 당해 자치단체에 대해 변호사비용 등 실비청구 가능
손해배상금 등 지불청구	당해 자치단체장은 손해배상 등 판결이 확정된 날부터 60일 이내의 날을 기한으로 손해배상금 등의 지불을 배상당사자에게 청구
⬇ 배상당사자 : 자치단체장, 직원 개인, 지방의회 의원, 기타 상대방	
감사결과 조치요구	• 확정판결일부터 60일 이내 배상당사자가 손해배상금 등 지불불이행시 당해 자치단체는 손해배상청구 등을 목적으로 하는 소송(민사소송)을 의무적으로 제기 ※ 배상당사자가 자치단체장일 경우, 지방의회의장이 소송을 대표 • 당해 자치단체직원(회계관계직원)에 대한 변상명령을 구하는 소송의 경우는 확정판결일부터 60일 이내 변상금이 지불되지 않은 경우, 지방세체납처분의 예에 따라 강제집행(변상명령에 불복시 행정소송 제기 가능) ※ 다만, 당해 변상명령에 대하여는 행정심판법에 의한 심판청구를 제기할 수 없음

7) 住民召喚制

주민소환제는 지방자치의 범주 안에서 선거권을 가진 주민들이 자기들이 선출한 지방자치단체의 장과 지방의회의 의원을 임기 전에 투표로서 해임시키는 제도이다.

우리나라에서의 주민소환제는 주민소환법(법률 제7958호, 2006, 5, 24)이 제정되고, 동법 부칙에 의하여 2007, 5, 25일부터 시행되게 되었다.

주민소환법 제1조는 "이 법은 지방자치법 제13조의 8의 규정에 의한 주민소환의 투표청구권자, 청구요건, 절차 및 효력 등에 관하여 규정함으로써 지방자치에 관한 주민의 직접참여를 확대하고 지방행정의 민주성과 책임성을 제고함을 목적으로 한다."고 규정하고 있다.

이러한 제1조의 목적규정은 단순히 선언적 의미로만 머무르는 것이 아니라, 향후 동법 제24조에 의한 소청이나 소송에 있어서 재판규범으로서 또는 다른 규정의 해석에 있어서 해석지침적, 해석향도적 역할을 할 수 있을 것이다.

원래 소환제(recall)는 그리스의 아테네에서 행해졌던 도편추방제(Ostrakimos) 또는 로마공화정 당시의 해임제도가 시민들이 통치자를 소환하는 하나의 원형이라고 볼 수 있다.

이후 중세 절대국가의 성립. 발전을 통해 권력전횡의 극단을 경험하였고, 뒤이은 시민혁명을 통해 확보된 민주헌정시스템은 특히 미국과 프랑스에서 직접민주주의 구현의 한 방법으로서 공직자에 대한 소환제도의 도입을 당연한 역사적. 논리적 귀결로 확보하게 되었다.

(1) 주민소환제와 국민소환제

주민소환제는 주요 현안에 대해 주민의사를 묻는 주민투표제도와 더불어 대의민주제의 한계를 보완하는 직접민주주의 장치로서 작용한다. 미국, 독일, 일본 등 선진국에서는 지방의원, 교육위원, 단체장 등 지방 공직자에게 주민소환제가 광범하게 적용되고 있다.

한편 국민소환제는 국회의원을 대상으로 하는 파면제도이다. 국민들이 선출한 국회의원들이 부패에 연루되거나 불법행위를 하는 등 자질이 없다고 인정될 경우 이를 선출한 국민이 직접 그 책임을 물어 파면시키는 것이다.

우리나라에서는 주민소환제는 도입하였으나, 국민소환제는 도입하지 않고 있어 입법상 형평 논란이 제기되고 있다.

주민소환제는 공무원들의 활동을 위축시키고 방어적인 태도를 취할 수 있다는 점과 당리당략에 이용될 위험이 있다는 부정적인 측면이 있지만, 공무원들의 채임 있는 행정과 의정활동을 북돋운다는 측면에서 주민견제의 작동원리로 작용될 수 있어 직접민주주의를 강화하고 보장하는 제도이다.

(2) 주민소환제와 반부패의무

지방공무원으로서의 지방자치단체의 장이나 지방의원들은 성실의 의무, 친절. 공정의 의무, 청렴의 의무 등을 지고, 지방의회의원은 공공의 이익을 우선하여 양심에 따라 그 직무를 성실히 수행해야 하고, 지방의회는 지방의회의원의 윤리강령 및 윤리실천규범을 조례로 정해야 할 의무를 지고 있다. 이러한 지방자치법상의 공무원의 의무는 이를 위반할 경우 징계책임을 진다는 데서 의미를 찾을 수 있지만, 현실적으로 지방자치단체의 장에 대한 징계가 어렵고 지방의원에 대한 통제 역시 강력한 장치라고 할 수 없다.

주민감사청구권 및 주민소송제는 지방권력의 부패방지에 긍정적인 기여를 할 것으로 기대되지만, 이는 대상에 있어서 주로 지방자치단체의 장에만 한정되고 그 효과도 손해배상이나 부당이득반환과 같은 금전적인 전보 차원에 그친다는 한계가 있다. 이에 따라 지방자치단체의 장의 자의적 권한행사와 지방의회의 비효율적. 비합리적인 운영 등에 대한 견제수단방법으로서주민소환제의 기능이 기대된다.

새로 도입된 주민소환제가 반드시 지방공직자들의 부패방지만을 목적으로 제정된 법은 아니지만 선출직 지방공직자들의 부패에 대한 견제장치로서의 기능이 가장 주목받는 점을 부인할 수 없다.

(3) 외국의 주민소환제

① 일본의 해직청구제

일본 지방자치법상 해직청구의 대상은 지방자치단체장, 지방의원, 부지방자치단체장, 재정책임자, 선거관리위원, 감사위원, 공안위원회위원이다.

② 미국의 주민소환제

미국에서는 약 15개 주에서 주민소환이 행해지고 있다. 캔자스 주에서는 임명직 공무원도 대상으로 한다. 보통 주민소환의 절차는, 주민들이 해당 공무원에 대한 해직사유를 기재한 청원서를 제출하게 되는데, 유권자의 10~35%의 서명을 통해 이루어진다. 그 후 청구서에 대한 요건심사가 이루어지고 적합하다는 판정을 받으면 주민소환에 대한 주민투표를 실시한다. 해직이 되면 곧바로 후임자를 선출하는 선거가 행해진다.

(4) 주민소환법의 내용

① 주민소환법과 제주특별자치도법과의 관계

주민소환법 제6조에서는 "주민소환에 관하여 '제주특별자치도 설치 및 국제자유도시 조성을 위한 특별법'(이하 '제주자치도특별법'이라 함)등 다른 법률에 특별한 규정이 있는 경우를 제외하고는 이 법이 정하는 바에 따른다."라고 하여, 특히 제주특별자치도의 경우 제주자치도특별법(법률 제7849호, 2006, 2, 21)이 우선 적용됨을 규정함으로써, 2006, 7, 1일부터 설치된 제주특별자치도에서는 동법상의 주민소환에 관한 규정이 적용된다.

제주자치도특별법상의 주민소환의 대상은 도지사, 제주자치도의회의원(비례대표의원 제외)외에 제주특별자치도교육감(주민직선)이 포함된다.

② 주민소환투표의 사무관리

주민소환투표사무는 해당 지방자치단체의 장선거 및 지방의회의원선거의 선거구 선거사무를 행하는 관할 선거관리위원회가 관리한다. 관할 선거관리위원회는 주민소환투표의 효력에 불복하는 경우 피소청인 또는 피고의 지위에 서게 된다.

③ 주민소환투표청구권자 및 주민소환투표권자

주민소환투표청구권자 및 주민소환투표권자는 공히 지방선거권자를 원칙으로 하고 있다. 주민투표권을 가진 외국인을 포함한다.

주민소환투표청구권자는 전년도 12월 31일 현재 주민등록표 및 외국인등록표에 등록된 당해 지방자치단체의 장과 지방의원에 대한 선거권이 있는 자로 한다.

주민소환투표권자는 주민소환투표인명부작성일 현재 당해 지방자치단체의 장과 지방의회의원에 대한 선거권이 있는 자로 한다.

④ 주민소환투표의 대상

주민소환투표의 대상은 지방자치단체의 장, 지방의회의원, 시도교육감, 시도의회교육의원 등이다. 비례대표로 선출된 지방의회의원은 제외한다.

주민소환투표의 대상과 직접선거의 대상이 일치해야 하는가에 대해서는 학설의 대립이 있다.

주민소환제는 그 대상의 직선제를 전제로 한다는 견해와 주민소환제는 직접참여의 간접참여에 대한 우월성, 신결정의 구결정에 대한 우월성에 기초한 것이므로 직선을 주민소환의 논리적 전제로 보는 것은 무리라는 견해가 있다.

주민소환제는 '직접 선출된 대의자'에 대한 견제의 차원에서 유용성이 인정되기도 하지만, 직선제와 소환제를 필연적으로 결부시킬 필요가 없음은 미국, 일본, 독일 등에서 시행되는 제도를 통하여 확인할 수 있다. 따라서 주민소환제가 처음 도입되는 시점에서는 직선으로 선출되는 공직자만을 대상으로 하는 것이 바람직하나 향후 대상의 확대는 가능하다고 보아야한다.

⑤ 주민소환투표 실시청구의 제한기간

선출직 지방공직자가 임기개시일부터 1년 이내. 임기만료일부터 1년 미만인 때와 해당 선출직 지방공직자에 대한 주민투표를 실시한 날부터 1년 이내인 때에는 주민소환투표의 실시를 청구할 수 없다.

⑥ 주민소환투표청구에 필요한 서명인 수

서명인 수는 선출된 공직자별로 차별화 하였다.

- 시 · 도지사(시도 교육감 포함)는 당해 지방자치단체의 주민소환투표청구권자 총수의 100분의 10이상
- 시장 · 군수 · 자치구의 구청장은 당해 지방자치단체의 주민소환투표청구권자 총수의 100분의 15이상
- 지역구 시 · 도의원(시도 교육의원 포함), 지역구 시 · 군 · 구의원은 당해 지방의회의원선거구 안의주민소환투표청구권자 총수의 100분의 20이상으로 한다.

또한 특정지역 중심의 주민소환투표청구가 남용되지 않도록 하기 위하여,

- 시 · 도지사에 대한 주미소환투표를 청구함에 있어서는 당해 지방자치단체 관하구역 안의 시 · 군 · 자치구 전체의 수가 3개 이상인 경우에는 3분의 1이상의 시 · 군 · 자치구에서 각각 주미노환투표권자 총수의 1,000분의 5이상 1,000분의 10이하의 범위 안에서 대통령령이 정하는 수 이상의 서명을 받아야 하고,
- 시장 · 군수 · 자치구의 구청장 및 지역구지방의원에 대해서는 당해 시장 · 군수 · 자치구의 구청장 및 지역구지방의원 선거구 안의 읍 · 면 · 동에서 시. 도지사의 경우와 동일한 기준으로 서명을 받아야 한다.

이러한 서명요청 활동을 하는 기간은 대통령령이 정하는 바에 의한다.

일본 지방자치법은 해직청구대표자증명서의 교부의 고시일의 익일부터 기산하여, 원칙적으로 광역지방자치단체(廣域地方自治團體)에서는 2개월 이내, 기초지방자치단체(基礎地方自治團體)의 경우는 1개월 이내로 하고 있다.

⑦ 주민소환의 청구사유

주민소환투표를 청구할 수 있는 사유에 대해서는 법률상 아무런 제한이 없다.

소환사유제시여부의 문제는 주민소환의 성격이 정치적 절차인가, 사법적 절차인가의 문제와 결부시켜 논해지고 있다.

"그 직무집행에 있어서 헌법이나 법률에 위배"할 것을 요구하는 사법적 성격을 가진 탄핵심판과는 달리 주민소환제는 대상자의 직무집행에 대한 정치적 심판이라는

사고가 소환사유의 제한이 없는 현행법의 근저에 깔려있다.

이는 일본, 독일, 미국의 다수의 주에서의 주민소환법제가 취하고 있는 입장이고, 우리나라 다수 학자들의 견해이다.

입법론적으로는 소환청구사유를 명시하는 것이 다음과 같은 이유로 바람직하다.

첫째, 선거와 주민소환을 같은 축에 놓고 볼 필요가 없다.

둘째, 소환사유를 법정하는 것이 비리, 부패와 관련된 지방공직자를 더 철저히 심판할 수 있다.

셋째, 소환제가 정치적 성격을 띠고 있더라도 필요 최소한의 여과를 거치는 것이 지방자치법의 성격에 부합하다.

넷째, 선출 공직자가 불확실한 소환사유, 즉 비선호시설 설치에 대한 주민의 거부 및 반발이 곧바로 소환으로 연결될 폐단이 우려된다.

다섯째, 소환사유가 법정화되어 있지 않으면 정당의 인기도(변화)에 따라 소환될 가능성도 배제할 수 없다.

⑧ 권한행사정지의 효력

주민소환투표대상자는 주민소환투표안을 공고한 때부터 주민소환투표결과를 공표할 때까지 그 권한행사가 정지된다.

지방지차단체의 장의 권한이 정지된 경우에는 부단체장이 그 권한을 대행한다.

권한행사가 정지된 지방의회의원은 그 정지기간 동안 인터넷에 의정활동보고서를 게재하는 경우 외에는 공직선거 및 선거부정방지법 제111조의 규정에 의한 의정활동보고를 할 수 없다.

⑨ 주민소환투표운동

주민소환투표운동은 주민의 정당한 정치적 권리로서 일반선거에 준하여 보장되며, 불법운동에 대한 규제도 마찬가지이다.

주민소환투표운동방법으로는, 해당 주민소환투표대상자의 선거에서 적용된 공직선거법 제61조(선거운동기구의 설치), 제63조(선거운동기구 및 선거사무관계자의 신고, 선거운동기구에 관한 사항에 한함), 제69조(신문광고), 제79조(공개장소에서의 연설 · 대담 · 사회자에 관한 사항은 제외), 제82조(언론기관 초청 대담 · 토론회, 제1항 단서 제외), 제82조의4(정보통신망을 이용한 선거운동) 및 제82조의6(인터넷언론사 게시판 · 대화방 등의 실명확인)의 규정을 준용한다.

주민소환투표운동에 대한 금지행위로는, 공직선거법 제80조(연설금지장소에서의 연설행위), 제82조의5(전자우편을 이용한 주민소환투표운동정보를 전송하는 행위), 제91조(확성장치 및 자동차사용제한), 제102조(야간에 연설·대담하는 행위), 제106조(호별방문, 주민소환투표운동을 목적으로 서명 또는 날인을 받는 행위), 제85조(지위를 이용한 주민소환투표운동) 등이다.

⑩ 주민소환의 확정 및 보궐선거출마 가능여부

주민소환은 주민소환투표권자 총수의 3분의 1이상의 투표와 유효투표 총수의 과반수의 찬성으로 확정된다.

주민소환이 확정된 때에는 주민소환투표대상자는 그 결과가 공표된 시점부터 그 직을 상실하며, 그 직을 상실한 자는 그로 인하여 실시하는 해당 보궐선거에 후보자로 등록할 수 없다.

일본의 지방자치법은 해직된 공직자의 재선거 입후보를 허용하고 있다.

⑪ 주민소환투표의 효력에 대한 불복

㉠ 소청

주민소환투표의 효력에 관하여 이의가 있는 주민소환투표대상자 또는 주민소환투표권자는 주민소환투표결과가 공표된 날부터 14일 이내에 관할 선거관리위원회 위원장을 피소신청인으로 하여 소청을 제기할 수 있다.

㉡ 행정소송

소청에 대한 결정에 관하여 불복이 있는 소청인은 관할선거관리위원회 위원장을 피고로 하여 그 결정서를 받은 날부터 10일 이내에 소를 제기할 수 있다.

⑫ 주민소환제의 문제점

주민소환사유에 아무런 제한이 없는 정치·절차적 주민소환제를 채택한 우리의 경우에 선거에서 패배한 경쟁후보 내지 잠재후보 또는 패배한 정당이나 반대하는 주민측에서는 여하한 명분으로든 주민소환을 시도할 것이다.

이와 관련하여 민주주의가 제도 내재적으로 요청하고 있는 책임성의 원리가 작동하지 않는다면 주민소환제는 광기에 찬 군중, 내일보다는 오늘에 열광하는 집단적 히스테리의 정치라는 폭민정치의 본질을 벗어나지 못할 것이다. 따라서 제도적으로, 입법기술상으로 주민소환제가 오·남용되지 않도록 신중을 기해야 할 것이다. 무엇보다 주민소환제의 실시와 더불어서 이에 상응하는 주민들의 이성과 절제 그리고 책임의식이 뒤따르지 않으면 안 된다.

한편 주민소환제로 인하여 지방자치행정을 책임질 선출직 공직자들이 주민 전체의 복지가 아니라 지역 내에서 주민소환을 추진·시도할 수 있는 조직화된 개별집단들의 눈치 보기에 급급하여 이들의 개별이익을 우선시하고, 이로써 주민 전체의 이익 내지 공정성에 위배되는 업무수행이 행해질 우려가 높다.

<표 3-1> 한국·일본·미국·독일의 주민소환제 비교

	한국	일본	미국	독일
근거	◦지방자치법 제13조의8 ◦주민소환에 관한 법률	◦지방자치법 §13	◦주 헌법/법률, 지방헌장 ※주정부:18개주	◦각주 지방자치법 ※바이에른, 바뎀,-뷔르템베르크는 실시하지 않고 있음
소환대상	◦단체장, 지역구 지방의원	◦단체장, 의회의원 ◦주요 임명직 -부지사, 조역, 출납장, 수입역, 감사·선관·공안위원 ※지방의회 포함	◦집행부, 입법부, 사법부 선출직공직자 망라 ※일부 주는 판사제외	◦지방자치단체장 -지방의원까지 확대 추세
청구요건	◦광역단체장:투표청구권자 10% ◦기초단체장:15% ◦지방의원:20% ※청구사유는 명시하지 않으며, 특정지역중심의 청구방지 위한 규정 둠	◦선거권자 1/3이상(유권자 40만 초과시 1/6 특례적용) ※청구사유는 명시하지 않음	◦일반적으로 최근 총선거 투표자의 25% ※대다수 주는 청구사유를 제한하거나 명시하지 않으나, 일부 주가 특정사유 규정	◦지방의원 발의 -재적의원 1/2~3/4이상 청구, 재적의원 2/3~3/4이상 찬성으로 의결 ◦주민발의(일부 주) -유권자 주민의 15~33%이상 범위 내에서 발의
주요제한요건	◦임기시작·임기만료 1년 기간동안 소환제외 ◦1년 내에 재실시 청구 불가	◦단체장·의원·보좌기관 -취임일·해직청구투표일로부터 1년 기간동안 제외 ※위원회 위원 -취임일·해직의결일로부터 6월 기간 동안 제외	◦대부분의 주가 임기시작·임기만료 6월 기간동안 제외 ◦임기중 1번만 허용(2개주) 재소환 금지(5개주) 재소환유예기간설정(3개주)	◦임기시작·임기만료 6개월 기간동안 소환 제외 ◦소환투표부결된 경우, 1년 동안 재발의 금지
해직요건	◦투표권자의 1/3이상 참여, 과반수찬성	◦선출직은 투표자 과반수 동의로 해직 ※임명직은 지방의회에서 결정 -재적 2/3출석, 3/4동의	◦직전선거 참여 유권자의 50%이상 참여, 과반수 찬성	◦유권자 주민의 20~50% 투표참가, 과반수 찬성
운영사례	◦2007.5.25부터 시행	◦1947~1995년 기간 중 -의원은 242명이 해직청구되어 67명 해직 -단체장은 565명이 해직청구되어 85명 해직	◦주지사 소환 2회(노스다코타, 캘리포니아) ◦시장·의원 소환(96-01년) -시장 4.1% 발의, 17.6% 소환 -시의원 5.3% 발의, 29.2% 소환 결정	◦Brandenburg주의 경우 '93~'02 10년동안 전체 직선단체장의 10%에 해당되는 숫자가 소환됨 ※'94~'97사이 청구요건이 10%로 낮아 소환이 남발되자 '98이후, 청구요건 강화(15% 이상)

6. 地方自治團體의 權限(自治權)

1) 地方分權化의 促進

국가가 지방자치단체로 분권화를 도모하는 근본목적은 지역정책을 보다 주민 가까운 곳에서 결정・시행함으로써 행정이 더욱 민주적, 효율적이 되도록 하려는데 있으므로 중앙정부는 地方分權化를 促進시켜야 한다.

지방분권화는 민주주의 정치구조의 일환을 형성하는 명목적 의미에 그치는 것이 아니라 그것을 통하여 주민의 복지증진과 경제적, 사회적 발전을 이룩한다는 실질적 의미를 가진다. 그런데 우리나라는 아직도 중앙집권체제로 되어 있고 지방정부의 활동과 기능이 중앙의 통제와 승인 하에 수행되어야 하는 제약을 받고 있어서 지방자치법에 규정된 지방분권화와 지방자치에 관한 규정은 다분히 형식주의에 그치고 있다. 그러므로 현재와 같은 擬似分權化를 탈피하고 점진적으로 진정한 지방분권화를 실현해야 할 것이다.

2) 自治權의 制約

지방자치단체의 자치권은 이론상 국가로부터 수여된 권리이기 때문에 국가의 법률에 의하여 한계지어지고 국가의 주권적 통제에 종속된다. 그렇지만 자치권은 헌법이 보장하는 권리이며 일정한 범위 내에서 자주성을 그 본질로 하는 독자적 권리이다. 이러한 독자적 권리야말로 지방자치단체의 자치권을 상급기관의 무제한한 지휘・감독을 받는 상급기관의 지위로부터 구별하는 징표가 되고 있다. 그러나 우리나라 지방자치법은 지방자치단체의 자치권을 극도로 제한하고 있어서 자치권을 헌법이 보장한 취지에 역행하고 있다.

(1) 自治立法權

자치입법권은 地方議會의 條例制定權과 지방자치단체長의 規則制定權을 말한다. 이중에서 학자 간에 논쟁의 중점이 되는 것은 조례제정권의 범위를 지방자치제의 취지에 맞도록 확대해야 한다는 것이다.

지방의회는 「법령의 범위 안에서」 그 관할구역의 자치사무와 법령에 의하여 지방자치단체에 속하는 사무(단체위임사무)에 관하여 조례를 제정할 수 있어(법 §9:1, §15) 조례제정권의 범위가 상당히 넓은 것처럼 보이나 실제로는 매우 한정되어 있다.

① 지방자치법에 지방자치단체의 사무로 예시되어 있는 것(57개 사무)일지라도 법률에 국가의 사무로 규정되어 있으면 국가사무가 되게 되어 있는데, 실제로 이러한 법들을 보면 성질상 당연히 자치사무에 속해야 할 것을 국가사무화한 것이 많기 때문이다(예컨대, 도시계획사무를 건설교통부장관의 소관으로 한 도시계획법을 들 수 있다). 그러므로 자치사무를 국가사무화하는 이러한 요건들을 개정하여 자치사무를 지방자치단체에 돌려주어야 할 것이다.

② 주민의 권리제한 또는 의무부과에 관한 사항이다. 벌칙을 정할 때에는 개별적인 법률의 위임이 있어야 하는데 자치권의 범위에 속하는 사항인 한 법률의 위임을 받을 필요가 없으므로 관련규정을 개정해야 할 것이다.

(2) 自治組織權

지방자치단체는 자치권의 당연한 요청으로 그 組織을 自主的으로 정하는 권한을 가지고 있어야 한다. 이 자치조직권은 機構의 조직개편권과 人事權으로 나누어서 볼 수 있는데 현행법상 문제가 되는 것은 다음과 같다.

우리나라 지방자치법은 시·도의 부시장·부지사의 직급과 행정기구를 그 시·도의 조례로 정하지 않고 大統領令으로 정하게 되어 있으며, 부시장·부지사는 당해 시·도지사가 시·도 공무원 중에서 시·도의회의 동의를 얻어 임명하도록 하지 않고 시·도지사가 추천한 자를 중앙정부가 임명하도록 하고 있다. 또한 부시장·부군수·부구청장의 직급을 당해 시·군·자치구의 조례로 정하지 않고 시·도지사의 승인을 얻어 당해 시·군·자치구의 規則으로 정하게 되어 있으며 시·군·자치구의 행정기구도 그러하다.

① 지방자치단체의 부단체장 직급을 정하고 지방자치단체의 행정기구를 설치·개혁·폐지하는 것은 당연히 지방의회가 조례로 정하여야 함에도 불구하고 그 어느 경우도 지방의회를 배제하고 광역자치단체는 중앙정부가 대통령령으로, 기초자치단체는 시·도지사의 승인을 얻어 당해 시장, 군수, 구청장이 발하는 규칙으로 각각 정하도록 하고 있는 것은 입법론상 자치권을 제약하는 것이므로 시정되어야 한다.

② 시·도에 근무하는 모든 공무원을 지방공무원으로 바꾸도록 공무원제도를 전면 개혁해야 한다. 다만 자치능력이 제고될 때까지 당분간은 부시장, 부지사 및 기획관리실장을 국가공무원으로 보하고 그 외의 지방자치단체 전공무원은 地方公務員으로 보해야 하는 것이 바람직하다.

③ 시·도의 행정조직에 보하는 지방공무원의 직급체계를 국가의 행정조직에 보하

는 국가공무원의 직급체계와 맞추어 시 · 도의 과장을 지방서기관으로, 국장을 지방부이사관 또는 지방이사관으로 보하고, 단계적으로는 기획관리실장을 지방관리관으로, 부시장 · 부지사를 지방차관급으로 조정할 필요가 있다고 본다.

지방자치단체장 직선제가 실시되면 지방행정의 전문성을 보장하기 위하여 부시장 · 부지사를 道 行政官으로 개혁하는 것이 바람직하다. 도 행정관은 지방행정전문가 중에서 시 · 도지사가 시 · 도의회의 동의를 얻어 임명하도록 하되 任期制로 하는 것이 바람직하다.

(3) 自治行政權

자치행정권의 적정한 보장과 행사는 지방자치의 가장 중요한 본질적 내용을 이룬다. 그런데 지방자치법(법 §157)은, ① 지방자치단체의 자치사무에 관한 시 · 도지사의 명령 또는 처분이 법령에 위반될 때에는 중앙의 주무부장관이, 시장 · 군수 · 구청장의 명령 또는 처분이 법령에 위반될 때에는 시 · 도지사가 각각 그것을 취소 또는 정지할 수 있도록 하고 있으며 ② 그 밖의 지방자치단체의 사무, 즉 단체위임사무와 기관위임사무에 관하여는 시 · 도지사 또는 시장 · 군수 · 구청장의 명령 또는 처분이 위법하거나 심지어는 부당하다고 인정될 때에도 주무부장관 또는 시 · 도지사가 각각 그 취소 · 정지권을 행사할 수 있도록 규정하고 있어 자치행정권을 지나치게 제한하고 있다. 따라서 自治行政權의 보장은 다음과 같은 방향으로 개선되어야 한다.

첫째, 자치단체장의 명령 또는 처분이 법령에 위반되는지의 여부를 주무부장관이 자의적으로 판단하도록 하고 있는 것은 잘못이다. 위법성여부는 헌법재판소 또는 법원이 가릴 사항이기 때문이다.

둘째, 단체위임사무에 관한 단체장의 명령 또는 처분이 설령 적법하더라도 부당하다는 이유로 주무부장관이 그것을 취소 · 정지시킬 수 있도록 규정한 것은 지방자치단체의 자치행정권을 인정하지 않는다는 의미로 밖에는 해석되지 않는다.

셋째, 장의 명령 또는 처분이 위법하다고 판단될 때에도 그 위법임을 주장하는 것이 소송의 기본상식인데 주무부장관은 독자적 판단에 따라 자치사무에 관한 장의 명령 또는 처분이 위법하다는 이유로 그것을 취소 · 정지할 수 있게 해놓고 취소 · 정지조치를 당한 자치단체장에게 訴를 제기하라고 하는 것은 법상식에 맞지 않을 뿐 아니라 중앙의 지방지배적 권위주의적 발상을 나타낸 것이라고 생각된다. 이러한 입법례는 어느 나라에도 없다. 그러므로 지방자치단체의 자치사무와 단체위임사무에 관한 장의 명령 또는 처분이 법령에 위반된다고 인정될 때에는 그 위법을 주장하는 국가(주무부장관)가 헌법재판소 또는 당해 지방자치단체를 관할하는 고등법원에 그 취소 또는 정지를 구하는 소를 제기할 수 있도록 개정해야 할 것이다.

(4) 自治財政權

지방자치단체가 그 필요한 재원을 조달하고 그 운영에 적정을 기하는 것은 지방자치의 선결조건이다. 그럼에도 불구하고 우리나라는 재정자립도가 매우 낮아 地方財政의 中央依存度가 지나치게 높아 지방자치를 형식화하고 있다(제7장 참조).

제 3 절 地方自治團體의 機能과 事務

1. 地方自治團體의 事務☆

지방자치단체는 그 관할구역의 자치사무와 법령에 의하여 지방자치단체에 속하는 사무를 처리한다(법 §9:1).

이론상으로 이 규정에서 自治事務 또는 固有事務는 「그 관할구역의 자치사무」를 가리키고, 團體委任事務는 「법령에 의하여 지방자치단체에 속하는 사무」를 가리킨다.2)

지방자치단체가 일상적으로 처리하고 있음에도 불구하고 법적으로 지방자치단체의 사무가 아닌 것은 機關委任事務로 분류된다.

1) 自治(固有)事務

자치사무는 지방자치단체의 존립의 목적이 되는 사무이다. 따라서 固有事務 또는 公共事務라고도 부른다.

지방자치단체는 원래 지방공공사무를 처리하는 것을 목적으로 하므로 그 주민의 복리를 위해서 적극적으로 자기의 책임과 부담 하에 각종 사무 또는 사업을 실시하여야 한다. 자치사무는 법령으로 위임되지 아니한 사무로서, 條例로 정하지 아니하고도 행할 수가 있으며 주민에 대하여 서비스를 제공하는 非權力的 사무이다. 다만 주

☆ 행정안전부('99.7.1)에 의하면, 지방자치단체가 처리하는 3,169개 사무 중 그 기능별로 국가사무, 국가위임사무, 자치사무의 비율은 75:12:13으로서 87%가 중앙부처의 권한에 속하는 사무로 분류하고 있다.

2) 박윤흔, 최신行政法(下)(서울:국민서관, 1991), p. 120.

민의 권리제한 또는 의무부과에 관한 사항이나 벌칙을 정할 때에는 법률의 위임이 있어야 한다(법 §15 단서).

자치사무는 법령에 별단의 규정이 없는 한 지방자치단체가 자유로이 취사선택하여 처리하는 사무(수의사무)와 국민학교 설치 · 운영, 오물처리 · 청소사업 등과 같이 법률에 의하여 의무적으로 실시하게 되어 있는 사무(필요사무)로 구분된다.

자치사무에 대한 국가감독은 消極的 監督(교정적 감독)과 合法性 監督만 허용되고, 적극적 감독(예방적 감독)과 합목적성감독은 배제되는 것이 원칙이다. 자치사무는 지방자치단체가 그 의사와 책임과 부담 하에 자주적 · 자율적으로 처리하여야 할 사무로서 지방자치의 생명이 바로 여기에 있기 때문이다.[3)]

자치사무의 수행에 소요되는 經費는 지방자치단체의 自主財源과 地方交付稅, 地方讓與金 등으로 전액 충당하는 것이 원칙이고(지방재정법 §17 참조), 國庫補助金을 받는 경우에는 장려적 보조금의 성격을 갖는 것이라야 한다.

2) 團體委任事務

단체위임사무는 지방자치단체의 본래의 사무가 아니고 개개의 法令에 의하여 지방자치단에 위임된 사무이다.

단체위임사무에는, 국가의 사무로서 지방자치단체에 위임된 것과 시 · 도의 사무로서 시 · 군에 위임된 것 등 두 가지가 있으나, 통상 문제가 되는 것은 국가로부터 위임된 사무이다.

단체위임사무는 지방자치단체가 반드시 처리하지 않으면 안되는 必要事務이다.

단체위임사무는 비록 국가의 사무이더라도 일단 지방자치단체에 위임되면 지방자치단체의 사무로서 自治事務와 같이 處理되므로 양자의 구별의 실익은 크지 않다. 다만 법령상의 규제범위가 넓다든가, 경비의 일부를 국고에서 부담하게 되어 있다든가, 국가의 감독이 크다든가 하는 정도의 차이가 있을 뿐이다.

단체위임사무의 구체적인 例로서는, 예방접종에 관한 사무, 전염병원 · 격리병사에 관한 사무, 쥐와 곤충의 구제사무, 시 · 군의 국세징수사무, 시 · 군의 시 · 도세징수사무, 서울특별시 · 광역시 · 도의 하천보수 · 유지사무, 국유하천점용료 또는 사용료의 징수사무, 시 · 군의 재해구호업무, 도의 국도유지 · 수선사무, 국도점용료 징수사무, 서울특별시와 광역시의 관할구역 내에 있는 국도의 관리사무, 보건소의 운영, 농촌지도소의 운영, 생활보호사무 등을 들 수 있다.

---

3) 孫在植, 現代地方行政論(서울:博英社, 1988), p. 113.

단체위임사무에 대한 감독은 자치사무에 대해서 인정되는 소극적 감독과 합법성 감독 외에 合目的性監督이 허용되나, 예방적 감독은 원칙적으로 배제된다고 보아야 한다.

단체위임사무의 처리에 소요되는 經費는 이 사무가 성질상 지방적 이해관계와 전국적 이해관계를 동시에 가지고 있으므로 당해 지방자치단체와 국가가 분담하는 것을 원칙으로 하며, 이 경우 국가가 교부하는 국고보조금은 일부보조로서 負擔金의 성격을 갖게 된다.

(1) 國家事務의 委任處理

기관위임사무는 그 성질이 지방적 이해관계보다 전국적 이해관계가 큰 사무로서, 국가 또는 시·도로부터 지방자치단체의 執行機關에게 위임된 사무이다.

이러한 사무는 국가가 직접 자기기관을 설치하여 처리하야 할 사무인 것을 지방자치단체의 집행기관에게 위임하여 처리하는 것이므로, 위임받은 지방자치단체의 집행기관은 국가의 하급기관과 동일한 지위에서 국가의 代理機關으로서 그 사무를 처리하게 된다.

기관위임사무는 그 수임의 주체가 지방자치단체가 아니고 그 집행기관이므로 지방의회는 원칙적으로 그 처리에 관여하지 못한다. 이와 같은 점을 이용해서 지방자치단체에 대한 실질적인 중앙정부의 통제권을 강화하기 위하여 많은 사무를 기관위임사무의 형식으로 위임하는 경향이 있다.

(2) 法的 根據 및 事例

기관위임사무는 지방자치단체의 입장에서 볼 때 원래 자기사무가 아니고 국가 등의 사무, 즉"남의 사무"이므로 지방자치단체가 그것을 처리하기 위해서는 당연히 法律에 의한 授權을 필요로 한다.

그 일반적인 근거로는, 지방자치법 제93조(국가사무의 위임), 제141조제1항(사무의 위탁), 정부조직법 제5조제1항(권한의 위임 또는 위탁) 등에 의하여 중앙행정기관의 사무를 일괄하여 지방자치단체장에게 위임하는 관례를 취하고 있다.

일반적 규정이외에, 도시계획법(§10:1), 식품위생법(§72) 등과 같이 개별법에 수권규정이 산재되어 있다.

이와 같이 기관위임사무의 수권규정이 다기하므로 지방자치단체가 어떠한 종류의 기관위임사무를 처리하고 있는가를 파악한다는 것은 극히 어려운 일에 속한다.

호적사무, 주민등록사무, 병사사무, 대통령·국회의원의 선거에 관한 사무, 국민투표에 관한 사무, 경찰사무, 소방사무, 지적사무, 국세조사, 인구산업통계에 관한 사무, 국채 · 국민저축사무, 기부금품통제사무, 경제계획, 경제통제사무, 농업개발사무, 상공업진흥사무, 해양수산업진흥사무, 공유수면매립사무, 각종의 인 · 허가사무 등이 기관위임사무로 분류된다.

(3) 委任機關의 監督과 費用負擔

기관위임사무에 대한 위임기관의 監督은 수임기관이 이 사무를 위임기관의 하급기관의 지위에서 처리하는 것이므로 교정적 감독과 합법성감독, 더나아가 예방적 감독과 합목적성의 감독까지도 인정하고 있다.

기관위임사무처리에 소요되는 經費는 그 전액을 국고에서 부담하는 것을 원칙으로 하며, 이 경우에 교부되는 國庫補助金은 의무적인 위탁금 또는 교부금으로서의 성격을 지닌다.

(4) 順機能과 逆機能

지방자치단체가 기관위임사무를 처리하는데 있어서 그 순기능과 역기능으로 지적되는 것은 다음과 같다.

첫째, 기관위임사무의 순기능으로 지적되는 것은, 행정의 경제성, 지방사정의 정통성, 국가와 지방의 연결 등이다.

① 行政의 經濟性은 사무처리비용의 절약성을 의미한다. 예컨대, 호적 · 선거 · 지적 · 통계 · 경제시책 · 인허가 등의 국가적 사무를 기관위임사무로서 지방자치단체의 기관이 처리하지 않는다면, 국가는 부득이 국가의 지방행정기관을 별도로 설치하여 처리할 수밖에 없는데 그 경우에 소요되는 인원, 경비, 시설 등을 절약할 수 있다.

② 지방사정의 精通性의 활용이다. 국가적 사무를 지방자치단체의 기관에서 위임받아 처리하게 되면 지역의 사정에 정통한 결과 적의하게 처리할 수 있다.

③ 기관위임사무는 위임자로서의 국가(또는 타지방자치단체)와 피위임자로서의 지방자치단체간의 연결고리의 기능을 한다.

기관위임사무를 예외적 · 제한적으로 인정하고 있는 독일의 경우 국가와 지방자치단체간의 긴밀한 유대 및 협조관계를 유지하기 위한 수단으로 인정하고 있는 예에서 이 기능의 정당성을 엿볼 수 있다.

둘째, 우리나라의 경우, 기관위임사무에 대하여 부정적 평가가 많이 행하여지고 있다. 기관위임사무의 필요성 · 정당성에도 불구하고 우리의 현실에 있어서 부작용이 부각되고 있기 때문이다.

行政學의 관점에서는 다음의 문제점이 지적된다.

① 지방자치단체를 국가의 하급기관으로 전락시킨다.
② 지방자치단체에 대한 광범하고 강력한 통제의 주요 통로가 된다.
③ 국가와 지방자치단체사이의 행정적 책임의 소재를 불분명하게 한다.
④ 민중통제의 경로를 차단한다.
⑤ 지방적 특수성과 배분적 형평이 희생된다.

行政法學의 관점에서 지적되는 역기능은 다음과 같다.

① 행정조직법정주의를 허물어뜨린다.
② 권한과 책임의 분리를 초래한다.
③ 수임자는 자치사무의 수행만큼 책임을 느끼지 않는다.
④ 법상의 권한자와 실제상의 권한행사자의 분리로 인하여 행정적 혼란이 야기된다.
⑤ 기관위임사무는 국가와 지방의 양쪽에 이해관계가 있고, 지방자치단체의 인력과 경비가 직·간접으로 투입되고 있음에도 불구하고 지방의회와 주민의 통제가 미치지 못하고 있다. 따라서 기관위임사무는 지방자치의 본래의 취지와는 거리가 먼 것이라는 비판을 받기도 한다.[4)]

기관위임사무는 이와 같은 역기능을 개선하기 위한 방안으로서, ① 기관위임사무의 명확화, ② 사무위임절차의 정비, ③ 기관위임사무에 대한 효율적 통제, ④ 기관위임사무의 자치사무화의 필요 등이 거론된다.

국가행정의 경우와 마찬가지로 지방자치단체의 사무도 그 수행수단의 법적 성질을 기준으로 볼 때, 행정사무와 국고사무로 구분된다.

국고사무는 지방자치단체가 사법상의 주체로서 私法에 근거하여 활동하는 경우의 사무를 말한다. 예컨대, 잡종재산의 매각 등이다.

이러한 경우 지방자치단체는 私人에 대한 관계에서 아무런 특권적 지위도 갖지 못한다. 따라서 법적 분쟁이 있는 경우 민사법원의 관할대상이 된다.

---

4) 홍정선, 지방자치법론(서울:법영사, 1990), p. 245.

<표 3-2> 지방자치단체가 수행하는 사무의 성질별 분석

구 분 / 法 源	기관위임사무	단체위임사무	자 치 사 무
法 源	· 지방자치법 §93	· 개별법령	· 지방자치법 §9 ①②
위임방식 및 존재양식	· 법령이나 일반 통첩에 의하여 위임되는 사무 · 국가사무	· 법령에 반드시 위임규정이 있어야 함 · 국가와 지방의 이익이 겹친 사무	· 지방자치법이나 다른 법령에 정한 사무: 자치단체의 존립이나 지방복리사업
중앙정부 감독	· 적극적 감독(합목적 감독 · 사전감독) : 위법부당 사항에 대하여 지휘명령, 예방 감독	· 적극적 및 소극적 감독(합법성 · 사후감독): 위법사항 중심	· 소극적 감독(합법성 · 사후감독) : 위법사항
비용부담	· 전액국고보조 : 보조금은 교부금 또는 위탁금 성격	· 일부 또는 전부를 국가가 부담 : 보조금은 부담금성격	· 자치단체부담원칙 · 법령에 규정이 없더라도 국고보조 가능: 보조금은 장려금적 성격
지방의회 간여	· 불간여원칙 · 사무수행에 필요한 경비부담에 관한 사항은 간여	· 지방의회의 의결 · 동의 · 사무감독 · 행정조사 · 행정감독에 간여할 수 있음	· 지방의회 간여
국정조사	· 국정조사 대상이 됨	· 국정조사 대상이 됨	· 국정조사대상에서 제외

<출처>유봉영, 한국지방자치의 발전정책론(녹원, 1991), p. 226.

3) 推定되는 事務

지방자치법상 지방자치단체의 사무로 예시(법 §9:2)되어 있지 아니하고 다른 법률에도 특별한 규정이 없는 사무는 어디에 귀속할 것인가가 문제된다.

이러한 사무가 발생할 수 있는 것은 지방자치단체가 처리하여야 할 복지사무, 생활배려 등 개별적인 임무영역을 빠짐없이 기술한다는 것은 불가능하고, 또한 기술의 발전, 자연환경의 변화, 인간사고의 변화 등으로 인간공동생활에서의 문제는 항상 가변적인 것이기 때문이다.

구체적인 경우에 특정사무가 지방자치단체의 사무인지 또는 국가사무인지의 구분이 명확하지 아니한 경우에는 헌법과 지방자치법의 합목적적인 해석을 전제로 하여, 지방자치단체의 관할사무의 포괄성의 원칙이 적용되어 지방자치단체의 사무로 推定되어야 한다고 보아야 한다.

4) 事務區分의 實益

지방자치단체의 사무중 자치사무와 단체위임사무는 자치권행사에 크게 영향을 미치지 않으므로 구별의 실익이 크지 않다.

이에 대하여 기관위임사무는 중앙각부처의 광범위하고 강력한 지휘·통제와 업무부담의 과중으로 지방자치단체장은 물론 그 보조기관에게까지도 중대한 영향을 미치고 있다.

(1) 監督機關

자치사무에 대하여는 행정안전부장관과 시·도지사가 원칙적으로 합법적·사후적 감독권을 갖는다(법 §158). 위임사무에 대하여는 위임기관이 감독권을 갖게 된다.

(2) 經費負擔

자치사무는 지방자치단체가 그 비용을 부담하고, 위임사무는 위임기관이 부담하여야 한다. 다만 지방자치단체의 재정자립도가 낮기 때문에 시책상 필요시에는 자치사무에 대하여서도 중앙정부가 장려보조금을 지급하도록 되어 있다.

(3) 地方議會의 관여

고유사무와 단체위임사무에 대하여는 지방의회의 관여가 인정되지만(법 §35, §36), 기관위임사무에 대하여는 원칙적으로 관여할 수 없다.

(4) 賠償責任

자치사무의 처리에 있어서 필요적 사무를 제외하고는 지방자치단체의 재량에 속하지만, 기관위임사무의 처리에 있어서는 재량권이 없는 것이 보통이다. 따라서 그에 대한 배상책임에 있어서도 자치사무의 경우는 지방자치단체가 원칙적으로 그 손해를 배상하여야 하나, 위임사무의 경우는 위임자가 배상책임을 지는 것이 원칙이다(국가배상법 §2, §5).

5) 事務配分의 合理化

지방자치단체사무의 성질별 분석현황을 보면, 지방자치단체의 사무중 위임사무가 자치사무보다 많아 행·재정력이 과도하게 편중 집행되는 것으로 나타나고 있으며,

기관위임사무가 증가추세를 보이고 있어 지방자치에 중대한 제약요인으로 지적되고 있다. 위임사무의 비중과 자치권의 범위는 역함수관계가 성립하기 때문이다.

더욱이 지방자치법은 例示的 列擧主義를 채택(법 §9)하고 있으면서 다른 법률에 의한 排除主義를 동시에 채택(법 §9:2 단서)하고 있어 다음과 같은 문제점이 지적되고 있다.

첫째, 다른 개별법상의 사무배분에 관한 규정과의 저촉문제이다.

법리상 특별법은 일반법에 우선하기 때문에 자치단체의 사무에 관한 지방자치법의 규정은 개별법의 규정에 의해서 배제될 수밖에 없으며, 지방자치법상의 사무배분기준에 반하여 새로운 개별법을 제정하더라도 법리상 위법이 될 수가 없다.

둘째, 지방자치사무의 배분절차상의 문제이다. 지방자치법에 열거된 사무의 내용은 대부분 개별법에서 국가사무로 규정되어 있거나 기관위임사무의 형태로 되어 있기 때문에 이를 지방자치단체에서 집행하려면 중앙으로부터 사무가 대폭 이양되지 않으면 안된다.

그러나 실제 사무배분의 형태를 보면 중앙각부처는 자기소관의 사무를 자발적으로 지방자치단체에 이양하는 경우는 거의 볼 수 없으며 이양을 하더라도 사무추진에 필요한 재원의 이양이 따르지 않아 지방자치단체에 큰 부담이 되거나 사무추진이 부진하게 되는 경우가 허다하다.

셋째, 지방자치단체사무의 재배분과정에서 지방자치단체가 사무를 처리할 수 있는 조건이 충분히 부여되지 않아 二重指示·監督 등의 폐해가 일어나고 있다.

즉, 우리나라의 광역지방자치단체나 시·도지사는 기초지방자치단체에 대하여 상급기관이나 중앙행정기관의 장을 대리하는 권한을 가지고 있기 때문에 기초지방자치단체는 중앙과 상급지방자치단체로부터 二重指示·監督을 받게 되어 사무배분의 내재적인 문제가 제기되고 있다.

이상의 문제점에 비추어 볼 때, 지방자치단체사무의 합리화는 다음 세 가지 방향으로 접근하는 것이 바람직하다고 보여진다.

첫째, 중앙에 집중되어 있는 사무들을 지방에 이양하거나, 지방자치단체에 위임된 사무를 줄여나가야 할 것이다.

둘째, 지방자치단체의 사무처리에 대한 중앙정부 또는 광역지방자치단체의 지도·감독범위를 축소해 나가야 할 것이다.

셋째, 사무배분이 이루어질 때에는 委任事務이면 반드시 보조금 등의 財源補助와 지방자치단체나 단체장에 대한 人的支援까지도 고려하여야 할 것이다.

2. 例示的 列擧主義

1) 例示列擧式 事務規定

우리나라 지방자치법상 처음으로 채택된 例示列擧式 事務規定에 따른 예시적 지방자치단체의 사무는 6개 기능분야에 모두 57개로 되어 있다(법 §9). 이를 분야별로 나누어 보면,

① 자치단체의 존립과 유지에 관련된 11개 사무
② 자치단체의 기본적 공공적 기능에 관련된 10개 사무
③ 자치단체의 경제성장과 산업발전에 관련된 14개 사무
④ 공공편익시설과 공간개발에 관련된 15개 사무
⑤ 지방주민의 정신계발과 지방문화의 창달을 위한 5개 사무
⑥ 민방위 · 소방 등의 지역안전을 도모하기 위한 2개 사무 등을 예시하고 있다.

2) 包括性과 例外

例示라고 하는 것은 본조에 규정하고 있는 사무와 동일 내지 유사한 것은 자치단체의 사무로 간주한다는 뜻이다. 그러나 다른 법률에서 자치단체의 사무로 인정하지 않는 규정이 있을 때에는 그 법률에 따라야 한다(법 §9:2 단).

地方自治團體의 種類별 사무는 지방자치법시행령에서 세분화하여 규정하고 있다(동령 §8, 별표 1 참조).

3. 事務處理의 基本原則

1) 事務處理의 目的

지방자치단체는 그 사무를 처리함에 있어서 住民의 便宜 및 福利增進을 위하여 노력하여야 한다(법 §8:1).

여기에서 「주민편의」라 함은 주민들의 공사생활 및 생산활동 등의 모든 영역에서 환경적 조건의 절차상 과정이 편리하고 능률적이어서 만족감을 주는 상태를 말하고, 「주민복리」라 함은 주민 모두의 경제적 수준과 생활조건을 개선하고 사회복지적 조건을 향상시킴으로써 형평 있게 향상된 삶의 질을 뜻한다.

2) 機能遂行 및 事務處理의 原則

지방자치단체는 組織 및 運營의 合理化에 노력하고 그 規模의 適正化를 도모하여야 한다(법 §8:2).

「조직과 운영의 합리화」라는 것은 조직의 편제와 그 운영이 합법·합목적적이며 건전성과 정당성을 가지고 능률적이고 민주적으로 이루어져야 한다는 뜻이고, 「규모의 적정화」라는 것은 지방자치단체의 존립목적과 규모 및 기능, 특성에 일치할 수 있는 정도의 규모로서 조직되고 운영되어야 한다는 의미이다.

3) 事務處理의 限界 및 制約

지방자치단체는 法令이나 상급자치단체의 條例에 위반하여 그 사무를 처리할 수 없다(법 §8:3).

모든 지방자치단체는 헌법·지방자치법을 위시한 국가의 모든 법령과, 시·군의 경우는 도의 조례, 특별시·직할시의 자치구의 경우는 특별시·직할시의 조례가 정하는 범위 안에서만 그의 사무를 처리하여야 한다.

만일에 이를 위반하는 사례가 발생했을 때는 국가 또는 상급자치단체가 이의 無效 또는 是正을 명할 수 있다.

4. 自治團體의 種類別 事務配分基準

1) 地方自治階層別 機能分擔

법 §9의 규정에 의한 지방자치단체의 사무를 지방자치계층에 따라 기능분담을 하고 있다(법 §10).

광역자치단체인 特別市·廣域市·道는 광역적이고 통일적이며 조정적인 기능을 담당하고, 기초자치단체인 市·郡·自治區는 국지적이고 특수적이며 개별적인 기능을 담당하도록 규정하고 있다.

그러나 지방자치단체의 구역·조직 및 행정관리 등에 관한 사무는 모든 자치단체의 존립과 운영에 관한 필수적인 것이므로 각급 자치단체의 共通的 事務로 규정하고 있다.

시·도가 담당할 자치단체사무는 대개, ① 광역적 수요를 가진 사무, ② 통일적 성격을 가진 사무, ③ 협력적 추진을 필요로 하는 사무로 한정하고 있다.

시·군·자치구가 담당할 자치단체사무는 시·도가 관장하는 사무를 제외한 여타의 자치단체사무를 수행하도록 되어있다.

다만, 인구 50만 이상의 대도시는 행정수요가 비대하고 광역적 수요가 많으며 행정능력도 높기 때문에 대도시의 특성을 고려하여 상급기관인 도의 사무중 일부를 직접 처리할 수 있는 예외규정을 두고 있다(법 §10:1의 단서, 동령 §10:2, 별표 3 참조).

2) 基礎自治團體優先의 原則

지방자치단체의 종류별 사무의 구체적 내용은 동법시행령(동령 §8, 별표 1)에 규정하고 있으나, 상급자치단체와 기초자치단체는 동일사무의 처리에 있어 경합이나 중복을 피해야 하며, 만일 양단체간에 경합 내지 중복이 발생하는 경우에는 기초자치단체인 시·군·자치구가 우선하여 처리하도록 하고 있다(법 §10:3). 이와 같은 기초자치단체우선의 원칙은 주민자치의 이념을 살리고 지방자치의 근저를 공고히 하기 위한 제도적 장치를 마련하고 있는 것이다.

5. 國家事務의 處理制限

1) 國家事務의 處理原則

지방자치단체는 다음 각호에 해당하는 국가사무를 처리할 수 없을 뿐만 아니라 국가가 이의 처리를 자치단체에 강요할 수 없도록 하고 있다(법 §11). 다만, 國家는 이와 같은 사무를 처리함에 있어 필요한 지방적 자료를 자치단체에 요청하거나 사무처리의 협조를 자치단체에 요구할 수 있을 뿐이다.

2) 國家事務의 例示

① 外交·國防·司法·國稅 등 국가의 존립에 필요한 사무
② 물가정책·금융정책·수출입정책 등 전국적으로 통일적 처리를 요하는 사무
③ 농림·축산·수산물 및 양곡의 수급조정과 수출입 등 전국적 규모의 사무
④ 국가종합경제개발계획, 직할하천, 국유림, 국토종합개발계획, 지정항만, 고속국도, 일반국도, 국립공원 등 전국적 규모 또는 이와 비슷한 규모의 사무

⑤ 근로기준 · 측량단위 등 전국적으로 기준의 통일 및 조정을 요하는 사무
⑥ 우표 · 철도 등 전국적 규모 또는 이와 비슷한 규모의 사무
⑦ 고도의 기술을 요하는 검사 · 시험 · 연구, 항공관리, 기상행정, 원자력개발 등 지방자치단체의 기술 및 재정능력으로 감당하기 어려운 사무

제 4 절 自治立法權(條例와 規則)

1. 條 例

1) 條例의 意義 및 性質

지방자치단체는 법령의 범위 안에서 그 사무에 관하여 條例를 제정할 수 있다. 다만, 주민의 權利制限 또는 義務賦課에 관한 사항이나 罰則을 정할 때에는 法律의 委任이 있어야 한다(법 §15).

條例란 지방자치단체가 지방의회의 의결을 거쳐 제정하는 법형식을 의미한다.

條例는 형식적으로 보면 법규이나 실질적으로 보면 행정규칙의 성질을 갖는 것도 있다. 즉, 조례는 주민에 대한 구속력(대외적 효력)을 가지는 것이 원칙이나, 이와 같은 대외적 효력은 조례의 필수적 요소가 아니기 때문에 조례 중에는 지방자치단체의 조직내부에서만 구속력을 가지는 것도 있다.

2) 條例制定權의 範圍[5)]

① 지방자치단체는 「法令의 범위 안에서」만 조례를 제정할 수 있다. 조례의 제정에 있어서는 法令優位의 原則과 法律留保의 原則이 적용된다.
여기에서 법령이라고 함은 법률과 그것을 구체화한 명령 등 형식적 의미의 法規命令을 의미한다. 조례는 이와 같은 의미의 법령에 저촉되면 무효가 된다(大判).
　또한 조례의 제정사항 가운데에는 법률의 授權(위임)이 있어야만 조례로서 제정할 수 있는 것이 있다.

---

5) 成田賴明, 現代社會と自治制度の變革(東京:學陽書房,1974), pp. 3～5. ; 金南辰, "地方自治團體의 條例制定權의 範圍와 限界", 地方行政(서울:대한지방행정협회, 1965.12.), pp. 136～142.

주민의 권리를 제한하며, 의무를 부과하는 일 및 징역형, 벌금형 등 벌칙을 설정하는 것 등은 법률의 수권 없이 조례가 독자적으로 정할 수는 없게 되어 있다.

② 조례는 지방자치단체의 「그 事務에 관하여」서만 제정할 수 있다. 여기에서의 사무란"自治事務"와 "團體委任事務"를 포함하는 것으로 보아야 한다.

3) 條例制定의 規準과 衡量命令

조례제정에 있어서의 수권은 개괄적 수권이 가능하므로 조례제정권자가 지켜야 할 규준 또는 준칙은 關係諸利益의 정당한 衡量이다.

위와 같은 의미의 정당한 형량이 행하여지기 위해서는 먼저 사물의 성질에 비추어 필요하다고 인정되는 자료를 신중히 수집할 필요가 있으며, 또한 관계이익의 형량에 있어서는 무엇이 당해 지방자치단체의 이익이 되는 것인가 및 형량의 결과가 의사형성체계에 미치는 영향 등을 고려해야 한다고 보여진다.

[그림 3-8] 조례의 제정절차

발 의	○ 20세 이상 주민 20분의 1 이상 연서 ○ 지방자치단체의 장 ○ 재적 1/5 이상 또는 의원 10인 이상의 연서 ○ 지방의회상임위원회	
⇩		
의 결	○ 재적과반수 출석	○ 출석과반수 찬성
⇩		
이 송	○ 결의한 날부터 5일 이내	
⇩		
공 포	○ 20일 이내 ○ 이유 첨부	○ 20일 이내 ※ 일부 또는 수정제의 요구불가
⇩		
제 의 의 결	○ 재적과반수 출석	○ 출석 2/3 이상 찬성
⇩		
공 포	○ 5일 이내 ※ 효력발생은 특별규정 없는 한 공포일로부터 20일	

4) 條例制定・改廢請求權(제13조의 3)

주민의 조례제정・개폐청구권의 신설(제16차 개정)되었다. 이는 지방자치에 있어서 代議制의 취약점을 보완하기 위한 3대 직접참여제도, 즉 住民發案(initiative), 住民召還(recall), 住民投票(referendum) 제도 중에서, 지난 1994년 제13차 개정으로 주민투표제가 도입된데 이어(제13조의 2), 주민발안제의 일환으로서 주민조례발안제도를 도입한 것이다.

동조는 그 제1항에서 20세 이상의 주민총수의 20분의 1의 범위 안에서 대통령령이 정하는 일정 수 이상의 연서로써 해당 지방자치단체의 장에게 조례의 제정 및 개폐를 청구할 수 있되, 지방세 등의 부과・징수・감면과, 행정기구・공공시설의 설치・변경에 관한 사항은 청구대상에서 제외하고 있고, 그 제2항에서 제8항까지에 걸쳐서 그 청구절차를 상세하게 규정하고, 그 제9항에서 청구에 관하여 필요한 사항을 대통령령으로 정하도록 하고 있다. 조례제정・개폐의 청구를 지방자치단체의 장에게 하게 되어 있는데, 그것은 일본의 경우도 마찬가지인 바, 이때의 자치단체장은 집행부의 장으로서가 아니라 지방자치단체의 首長으로서의 지위를 의미한다고 해석하여야 한다.

2. 規 則

1) 規則의 意義 및 性質

地方自治團體의 長은 법령 및 조례가 위임한 범위 안에서 그 권한에 속한 사무에 관하여 규칙을 제정할 수 있다(법 §16).

지방자치단체의 자치입법중, 조례는 지방자치단체의 의결기관이며 주민대표의 성격을 가지는 지방의회의 의결을 거쳐서 제정되는 것인데 비하여, 규칙은 지방자치단체의 집행기관인 지방자치단체의 장이 지방의회의 의결을 거치지 아니하고 독자적으로 제정하는 것인 점에서 양자는 구별된다.

따라서 규칙은 命令의 일종으로 볼 수 있으며, 명령에 관한 여러 法理가 그대로 규칙에 통용된다고 볼 수 있다.

여기에서 명령에 관한 법리는, 첫째 상위법규에 저촉할 수 없다는 점과, 둘째 적어도 개인의 권리・의무에 관한 사항은 상위법규의 개별적이고 구체적인 위임이 있어야 한다는 것이다.

2) 規則制定權의 範圍

(1) 규칙을 제정할 수 있는 기관은 「地方自治團體의 長」이다.

서울특별시장, 광역시장, 도지사, 시장, 군수 및 자치구청장 등이다(법 §85).

(2) 규칙은 「法令 또는 條例가 위임한 範圍」안에서만 제정할 수 있다.

여기에서 法令이란 법률과 국가기관이 정하는 명령을 의미하며, 條例는 지방자치단체의 장이 속해 있는 당해 자치단체의 조례 및 당해 지방자치단체가 속해 있는 상급자치단체의 조례를 의미한다.

법령 또는 조례의 규칙에의 委任은 개별적 · 구체적이어야 한다. 예컨대, 지방의회가 조례의 제정사항인 『사용료 · 수수료 · 분담금의 징수에 관한 사항(법 §130:1)』을 스스로 정하지 않고 그 전부를 규칙에 위임할 수는 없으며, 기본적인 사항(예, 사용료의 상한 등)은 조례로서 정하고 그 내용을 집행하는 사항만을 규칙에 위임할 수 있을 뿐이다.

지방자치법이 明文으로 규칙에 위임한 사항은,

① 부시장 · 부군수 · 자치구의 부구청장의 직급에 관한 사항(법 §101:1)

② 시 · 군 및 자치구의 행정기구(법 §102:1)

③ 당해 지방자치단체의 경비로서 부담하는 지방공무원의 정원(법 §103:1) 등이 있다.

이들 규칙 가운데에는 그의 제정에 법령의 위임이 있는 외에 上級機關의 承認을 필요로 하는 것도 있음을 유의하여야 한다.

(3) 규칙을 제정할 수 있는 사항과 범위는 「그 규칙을 정하는 지방자치단체의 장의 권한에 속하는 사무」에 관한 것이어야 한다.

지방자치단체의 장의 권한에 속하는 사무에는 "自治事務"와 "機關委任事務"가 있으므로 규칙으로 정할 수 있는 사항 역시 그 두 가지 사무에 관한 것이어야 한다고 해석되어진다.

3. 條例와 規則의 立法限界

1) 上位條例 또는 規則의 優位原則

시 · 군 및 자치구의 조례나 규칙은 시 · 도의 조례나 규칙에 위반하여서는 아니된다(법 §17).

이 규정은 조례나 규칙으로 정할 수 있는 사항의 전체적인 범위나 한계를 정한 것이 아니고, 하급자치단체의 조례나 규칙이 상급자치단체의 조례나 규칙에 위반할 수 없다는 점에 관해서만 규정하고 있음을 유의하여야 한다.

2) 違反의 效果

어느 시 · 군 · 자치구의 조례나 규칙이 상급지방자치단체의 조례나 규칙에 저촉되는 경우에 그 효력은 無效이다.

저촉되는 조례나 규칙에는 公定力이 인정되지 않는다. 우리의 법제에서는 條例 · 規則의 取消爭訟은 인정되고 있지 않기 때문이다.

4. 地方自治團體의 新設·變更時의 條例·規則

1) 經過規程

기존의 지방자치단체가 分割되거나 合併되는 방법으로 새로운 지방자치단체가 설치되거나, 시가 광역시 · 특별시 등으로 格이 변경되는 경우에 있어서의 기존의 조례 또는 규칙의 효력에 대한 經過措置에 대하여 규정하고 있다.

2) 條例 · 規則의 계속성

새로 탄생되는 지방자치단체의 장은 당해 자치단체의 조례나 규칙이 정비되기까지는 필요한 사항에 관하여 종래 그 지역에 시행되던 조례 또는 규칙을 계속 시행할 수 있다(법 §18).

5. 條例와 規則의 制定節次, 確定, 公布

조례와 규칙의 제정절차 · 효력의 확정 · 공포 등은 다음과 같다(법 §19).

1) 條例案의 再議要求

조례안이 지방의회에서 의결된 때에는 의장은 의결된 날로부터 5일 이내에 그 지방자치단체장에게 이송하여야 하고(법 §19:1), 지방자치단체의 장은 이송 받은 조례안에 대하여 이의가 있을 때 20일 이내에 이유를 붙여 지방의회에 환부하여 再議를 요구할 수 있다. 다만, 이 경우 지방자치단체의 장은 조례안의 전부에 대하여 재의를 요구해야 하며, 그 일부 또는 수정안을 재의에 요구할 수 없다(법 §19:3).

2) 條例의 確定

지방자치단체의 조례안은 정상적으로는 장의 公布에 의하여 확정된다. 그러나 이러한 원칙에 대하여 다음과 같은 두 가지 例外가 인정된다.

① 장의 재의요구에 대하여 지방의회가 재적의원 과반수의 출석과 출석의원 2/3이상의 찬성으로 전과 같은 의결을 한 경우(법 §19:4)와,

② 장이 법정의 기간 내에 공포나 재의의 요구를 하지 않은 경우(법 §19:5)에는 조례안은 조례로서 확정된다.

3) 公布에 있어서의 例外

지방자치단체의 장은 지방의회로부터 조례안을 이송받은 경우에는 20일 이내에 그것을 공포하여야 하는데, 이러한 원칙에 대하여 다음과 같은 두 가지 예외가 인정된다.

① 장이 재의요구한 조례안이 지방의회에서 재의결된 경우, 장은 “지체 없이” 공포하여야 한다(법 §19:6).

② 확정된 조례를 장이 공포하지 않는 경우 지방의회의 의장이 그것을 공포하여야 한다(법 §19:6).

4) 公布節次 · 方法

① 조례 · 규칙의 公布文에는 全文을 붙여야 한다. 그 全文에는 제정하거나 개정하는 뜻을 기재하여 지방자치단체의 장이 서명한 후 직인을 찍고 그 일자를 명기

하여야 한다. 이 경우 조례공포문의 전문에는 지방의회의 의결을 얻은 뜻을 기재하여야 한다(영 §11:1, 2). 지방의회의 의장이 조례를 공포하게 되는 경우에는 공포하는 조례의 공포문전문에 지방의회의 의결을 얻은 뜻과 그가 공포하게 된 사유(법 §19:6)를 기재하고 지방의회의장이 서명한 후 직인을 찍고 그 일자를 명기하여야 한다(영 §11: 3).

② 조례와 규칙의 공포방법은, 당해 지방자치단체의 公報나 일간신문에 게재 또는 게시판에의 게시로써 한다(영 §12:1). 지방자치단체 또는 그 장의 公告 또는 告示의 방법도 이에 준한다(영 §12:2).

5) 條例의 執行停止決定申請

지방자치단체의 장은 재의결된 조례가 법령에 위반된다고 판단되는 때에는 재의결된 날부터 20일 이내에 대법원에 訴를 제기할 수 있다. 이 경우 필요하다고 인정되는 때에는 그 의결의 집행을 정지하게 하는 집행정지결정을 신청할 수 있다(법 §159:3).

내무부장관 또는 시・도지사는 재의결된 조례가 법령에 위반된다고 판단됨에도 당해 지방자치단체의 장이 소를 제기하지 아니한 때에는 당해 지방자치단체의 장에게 제소를 지시하거나 직접 제소 및 집행정지결정을 할 수 있다(법 §159:4).

이 경우 제소의 지시는 당해 조례가 재의결된 날부터 20일이 경과한 날부터 7일 이내에 하여야 하고, 당해 지방자치단체장은 제소의 지시를 받은 날부터 7일 이내 제소하여야 하며(법 §159:5), 행정안전부장관 또는 시・도지사의 직접 제소는 이 기간이 경과한 날부터 7일 이내에 할 수 있다(법 §159:6).

지방자치단체의 장은 법령에 위반된 조례에 대하여 재의를 요구한 때와 그에 따른 지방의회의 의결이 있는 때, 재의결된 사항에 관하여 행정안전부장관 또는 시・도지사의 제소지시에 따라 소를 제기하거나 집행정지결정을 신청한 때와 그에 따른 대법원의 판결 또는 결정이 있는 때에는 행정안전부장관에게 즉시 그 내용을 보고하여야 한다(영 §56).

6. 條例違反에 대한 過怠料

지방자치단체는 조례로써 조례위반행위에 대하여 1천만 원 이하의 과태료를 정할 수 있다(법 §20:1)고 하고, 그 과정절차를 규정하고 있다(법 §20:2~5). 이는 지방자치단체가 조례의 실효성을 확보하기 위하여 필요로 하는 수단 중의 하나인 과태료의 부과에 관한 사항을 정할 수 있는 법적 근거를 마련한 것이다.6)

1) 改正의 취지

본조는 「시·도는 당해 지방자치단체의 조례로써 3월 이하의 징역 또는 금고, 10만 원 이하의 벌금·구류 또는 50만 원 이하의 과태료의 벌칙을 정할 수 있다」는 구법 제20조를 전면 개정한 것이다.

그 개정취지는 종래 구법 제20조가 죄형법정주의를 규정한 헌법 제12조에 반한다는 주장을 입법적으로 수용하고, 지방자치단체에 포괄적인 벌칙제정권을 부여할 만큼 지방자치제가 성숙하지 않았다고 판단하였기 때문인 것으로 추찰된다.

2) 過怠料制定權者

지방자치단체가 제정권자이다. 구법이 광역지방자치단체만이 벌칙을 제정할 수 있도록 하였었으나, 현행법 하에서는 모든 지방자치단체가 과태료를 제정할 수 있게 되었다.

3) 過怠料의 限度

조례위반행위에 대하여 1천만원이하의 과태료만을 조례로 정할 수 있다. 이에 대하여는 다음 몇 가지 문제점이 제기된다.

첫째, 지방자치단체가 1천만 원의 과태료부과도 규정할 수 있다는 것이다. 이러한 액수는 지방자치법상 과태료가 행정질서벌적인 면 외에 행정형벌적인 면도 갖는다는 것을 고려한 결과이다. 그러나 일반 행정법령상의 벌금이 1천만원인 경우가 희소하다는 점을 고려하여 보면 과도한 액수라고 보여진다.

둘째, 이 개정으로 인하여 지방자치단체는 조례가 정한 바를 관철시키는 강제수단을 상당부분 잃게 되었다는 것이다. 벌칙의 내용이 축소되었을 뿐 아니라 재산형적인 처벌만으로는 지역공동체의 본연의 임무를 용이하게 수행하기가 어려울 것으로 지적된다.

셋째, 앞으로 조례로서 형벌을 부과할 수 있기 위해서는 개별 법률상의 위임이 있어야 한다는 것이다. 따라서 지방자치와 관련성이 있는 개개의 법률의 개정에 있어서

---

6) 홍정선, "지방자치법중 개정조문해설", 자치행정(지방행정연구소, 1994. 5), pp. 60~62.

국회는 지방자치단체에 벌칙제정권을 부여할 것인가의 판단을 하여야 하게 되었다.

넷째, 현행법 하에서 지방자치단체가 형벌을 전혀 규정할 수 없는가에 대하여는 여전히 의문이 제기된다는 것이다. 지방의회의 구성이 민주적 정당성을 갖는 기관인 점을 강조하는 입장에서는 지방자치단체가 형벌을 제정할 수 있다고 주장하기 때문이다.

다섯째, 본조와 법 제15조 단서와의 관계도 문제가 된다. 법 제15조 단서는 조례에 의한 벌칙제정에는 법률의 근거가 있어야 한다는 원칙을 선언한 규정이고, 본조는 법 제15조에 따라 국회가 지방자치단체에 1천만원이하의 과태료부과권과 과태료부과에 관한 규정을 제정할 수 있는 권한을 부여한 것이다. 그런데 논자에 따라서는 구법의 해석의 경우와 마찬가지로 본조가 지방자치단체에 대하여 포괄적인 범위에서 과태료에 관해 규정할 수 있는 권한을 부여한 것이므로 죄형법정주의에 어긋난다고 할 수도 있을 것이기 때문에 이론상 문제가 된다. 그러나 조례에 대한 위임의 경우는 법규명령의 경우와 달리 보아야 한다. 법규명령은 법률의 집행을 기본적인 임무로 하는 정부가 국회의 위임에 의해 행하는 타율적인 입법이지만, 조례는 입법을 기본적인 임무로 하는 지방의회가 국회의 수권에 의해 자신의 사무에 관해 스스로 정하는 자율적인 입법인 점을 고려해보면 국회의 지방자치단체에 대한 위임에는 반드시 구체적으로 범위를 정하여야 하는 것은 아니라고 보아야 할 것이다.

4) 過怠料의 課徵節次

과태료의 과징권자는 지방자치단체의 장이다. 즉, 지방자치단체의 조례가 정하는 바에 따라 당해 지방자치단체의 장 또는 그 관할구역안의 지방자치단체의 장이 부과ㆍ징수한다(법 §20:2).

과태료처분을 받은 자는 그 처분의 고지를 받은 날로부터 30일 이내에 당해 지방자치단체의 장에게 異議를 제기할 수 있고(법 §20:3), 이의가 제기된 때에는 당해 지방자치단체의 장은 지체 없이 관할법원에 그 사실을 통보하여야 하며, 통보를 받은 관할법원은 비송사건절차법에 의한 과태료의 재판을 한다(법 §20:4). 과태료처분을 받은 자가 위 기간 내에 이의를 제기하지 아니하고 과태료를 납부하지 아니한 때에는 지방세의 체납처분의 예에 의하여 이를 징수한다(법 §20:5).

5) 일본의 立法例

일본지방자치법 §14:5은 「보통지방자치단체는 법령에 특별히 규정된 경우를 제외하고 그 조례 중에, 조례를 위반한 자에 대하여 2년 이하의 징역이나 금고, 1백만 엔 이하의 벌금, 구류, 과료 또는 몰수를 과하는 규정을 정할 수 있다」고 규정하고 있다.

이와 같이 일본 역시 조례의 실효성을 확보하기 위하여 벌칙제정권을 지방자치단체에 부여하고 있는데, 그 범위가 우리의 구법의 경우보다도 넓다. 그럼에도 불구하고 일본의 학설·판례는 동조항이 合憲이라고 하는 데에 완전 일치를 보이고 있다. 이렇게 보면 구법 제20조가 죄형법정주의에 반하기 때문에 현행 제20조로 개정하였다는 것은 충분한 논리적 근거가 되지 못한다고 보아야 할 것이다.

7. 條例와 規則의 報告·通報

1) 條例·規則의 報告

조례나 규칙을 제정 또는 개폐하는 경우, 시·도지사는 행정안전부장관에게, 시장·군수 및 자치구의 구청장은 시·도지사에게, 일정기간 내(조례는 이송된 날부터 5일, 규칙은 공포예정 15일전)에 全文을 붙여 각각 보고하여야 한다(법 §21).

2) 內務部長官의 通報

시·도지사로부터 조례 또는 규칙에 관해 보고를 받은 행정안전부장관은 이를 관계 중앙행정기관의 장(중앙각부처·청의 장)에게 통보하여야 한다.

3) 市·道知事의 報告

시·도지사가 시장·군수·자치구의 구청장으로부터 조례나 규칙에 관한 보고를 받은 경우에는, 그 보고 중 행정안전부장관이 지정한 사항이 있을 때에는 지체 없이 이를 행정안전부장관에게 보고하여야 한다(법 §21 단서).

제 5 절 地方選擧

종전의 地方自治法에서는 선거관계조항으로서, 選擧權(법 §22), 被選擧權(법 §23), 選擧管理機關(법 §24)만을 규정하고 있었으나, 제12차 개정에서는 이 규정들을 모두 삭제하고 지방선거에 관한 일체의 규정을 새로이 제정된 公職選擧 및 選擧不正防止法(1994.3.16, 법률 제4,739호, 2006.8.4 법률 제07681호 명칭변경)으로 일원화하였다.

지방선거에 관한 입법례는 다양하다. 미국의 경우에는 통일법전이 없고 각 州법에 따라 선거를 치르고 있으며, 영국은 국민대표법(representation of people Act)에 의하여 모든 선거를 치르고, 프랑스는 선거관계법에 의하여 국회의원 · 상원의원 · 지방의원 선거를 치르며, 대만은 公職人員選擧罷免法에 의하여 모든 선거를, 일본은 公職選擧法에 의하여 상원의원 · 중의원 · 지방의원 · 지방자치단체장선거를 치르고 있다.

1. 地方選擧의 意義와 種類

1) 地方選擧의 重要性

地方選擧란 지방자치단체의 기관이 되는 의회의원이나 장을 선출함에 있어서 住民이 選擧人으로서 普通 · 平等 · 直接 · 秘密投票에 의하여 선출하는 행위를 말한다(법 §26의 2, §86:1).

지방자치에 있어서 선거절차가 큰 의의를 갖는 것은 지방자치의 운영이 주민의 직접참여에 의하기 보다는 代表者를 選擧하여 이들을 통하여 간접적으로 참여하는 것이 기본으로 되어 있기 때문이다. 따라서 주민의 選擧權(the right to vote)은 지방자치가 고도로 발달한 나라일수록 넓고 또 자주 행사된다.

選擧는 법률적으로 選擧人團이라고 하는 합의제기관이 다른 기관을 선정하는 행위이므로, 피선거인은 선거인의 대리인도 아니고, 그의 직무가 선거인단에 의해 위임된 것도 아니다.7)

---

7) 谷合靖夫, 選擧制度論(동경:第一法規, 1983), p. 1.

2) 地方選擧의 種類

지방선거는 선거대상에 따라 地方議會議員選擧와 地方自治團體의 長選擧로 구분된다.

우리나라 지방자치법은 지방의회의원과 지방자치단체의 장 모두를 주민의 보통 · 평등 · 직접 · 비밀선거에 의하여 선출하도록 규정(법 §26의 2, §86:1)하고 있다.

또한 선거목적에 따라 總選擧(general election)와 部分選擧(partial election), 本選擧와 再選擧(re-election), 補闕選擧(by-election)와 增員選擧로 구분된다.

지방선거에 있어서는 全員選擧制(총선거)가 일반적이며, 部分選擧制는 영국 · 프랑스 · 미국 등 몇 나라에서 그 예를 찾아볼 수 있다.

再選擧는 본선거의 실시 후 일정한 사유의 발생으로 인하여 당선인의 수가 그 선거구의 기관구성원 정수에 미달하거나 그 선거 또는 당선인의 효력이 적법하게 발생하지 못함에 따라 재차 실시되는 경우인데, 재선거의 사유가 법정되어 있다(공선법 §195). 一部 再選擧, 延期選擧 또는 再投票를 실시하는 경우(공선법 §196~199)도 재선거의 개념에 포함된다.

補闕選擧와 增員選擧도 우리나라 지방선거에 채택되어 있다. 지방의회의 의원 및 장에 궐원 또는 궐위가 생긴 때에는 보궐선거를 실시한다(공선법 §200:1). 지방자치단체 장의 경우에는 그 선거일로부터 임기만료일까지의 기간이 1년 미만인 때에는 보궐선거를 실시하지 아니하고, 지방의회의원의 경우에는 그 결원이 의원정수의 4분의 1이상이고, 선거일로부터 임기만료일까지의 기간이 1년 이상인 경우에만 보궐선거를 실시한다(공선법 §201:1). 증원선거는 그 미달정원의 수가 새로 산정된 기관구성원 정수의 3분의 1을 초과한 경우에만 실시된다(공선법 §28, §29, §35:2).

3) 地方選擧의 特例 — 同時選擧

동시선거제는 공직선거 및 선거부정방지법에서 새로이 도입한 제도이다. 동시선거라 함은 선거구의 일부 또는 전부가 서로 겹치는 구역에서 2이상의 다른 종류의 선거를 같은 선거일에 실시하는 것을 말한다(공선법 §202:1). 동시선거에 있어서 선거기간 및 선거사무일정이 서로 다른 때에는 선거기간이 긴 선거의 예에 의한다(공선법 §202:2).

① 동시선거의 범위와 선거일은 다음과 같다.

㉮ 임기만료일이 같은 지방자치단체의 의회의원 및 장의 선거는 그 임기만료에 의

한 선거의 선거일에 동시 실시한다(공선법 §203:1).

㈏ 임기만료에 의한 선거의 선거기간 중에 그 선거를 실시할 수 있는 기간의 만료일이 있는 보궐선거와 선거를 실시할 수 있는 기간의 만료일이 임기만료에 의한 선거의 선거일 후에 해당되나 그 선거의 실시사유가 임기만료에 의한 선거의 선거일 30일 전까지 확정된 보궐선거는 동시실시한다(공선법 §203:2).

㈐ 임기만료에 의한 선거의 선거기간개시일 전 40일 내에 선거일이 있는 보궐선거와 임기만료에 의한 선거의 선거일 전 30일까지 확정된 그 사유가 확정된 보권선거 등은 임기만료에 의한 선거의 선거일에 동시에 실시한다(공선법 §203:3). 따라서 임기만료에 의한 선거의 선거일 전 30일 후에 그 선거의 실시사유가 확정된 보궐선거 등은 그 다음의 보궐선거 등의 선거일에 실시하게 된다. 그리고 보궐선거 등의 선거일이 국회의원 또는 지방의회의원 및 지방자치단체장의 임기만료에 의한 선거의 선거기간개시일전 40일부터 선거일후 50일까지의 사이에 있는 때에는 당해 임기만료에 의한 선거의 선거일부터 50일 후 첫번째 목요일에 그 보궐선거 등을 실시하되, 그 연기된 보궐선거 등의 선거일전 30일까지 선거의 실시사유가 확정된 보궐선거 등도 동시에 실시한다(공선법 §203:3 단서).

② 보궐선거의 선거일은 관할선거관리위원회 위원장이 정하여 공고하여야 한다(공선법 §36).

③ 동시선거에 있어서는 선거인명부, 선거운동기구의 설치 및 선거사무관계자의 선임, 선거운동, 정당활동, 투・개표, 선거비용제한액 등에 있어서 각각 특례가 인정된다(공선법 §204~218 참조).

2. 地方選擧의 基本原理

1) 地方選擧의 基本原則

선거는 직접적으로는 국민의 대표자를 선출하는 것이며, 간접적으로는 정부구성을 국민의 의사에 따라서 행하는 것이므로, 국민주권과 개인기본권사상을 토대로 選擧平等, 投票自由, 選擧公正 등을 그 지도원리로 삼고 있다.[8)]

지방선거의 기본원칙으로는 普通選擧, 平等選擧, 直接選擧, 秘密選擧 등 현대선거제도의 기본원칙이 그대로 적용된다.

---

8) 丁堯燮, 選擧論(서울:博英社, 1984), p. 27.

2) 選擧制度(代表制)

하나의 선거구에서 당선인의 수를 몇 사람으로 할 것인가, 1인의 선거인이 몇 명의 후보자에게 투표하도록 할 것인가, 당선인의 결정은 어떻게 할 것인가 등에 따라서 선거의 결과는 현저하게 다르게 된다.

이러한 관점에서 선거제도(대표제)는, 多數代表制, 小數代表制, 比例代表制, 職能代表制로 구분된다. 여기에서는 우리의 지방선거에서 채택하고 있는 다수대표제만을 검토한다.

多數代表制는 1선거구에 있어서 총유효투표의 다수를 차지한 후보자를 당선자로 결정하는 제도로서, 이것은 다수파의 이익을 최고도로 보장하는 방법이다.[9]

小選擧區制에서는 일반적으로 다수대표제가 채택된다.

이와 같은 제도는 당선의 조건이 되는 다수를 비교다수로 하느냐, 절대다수로 하느냐에 따라 比較多數代表制와 絶對多數代表制(과반수제)로 나누인다.

우리나라 지방선거에서는 單記投票式 比較多數代表制를 채택하고 있다(공선법 §146, §159 §187).

3) 選擧區

選擧區(electoral circumscription)는 전체의 선거인을 선거인단체로 구분하는 표준이 되는 지역적인 단위를 말한다.

선거구는 선거절차상의 편의에 따른 地域的 單位에 불과하며, 당선인과 선거인과의 사이에 강제적 위임관계를 설정하는 것은 아니다.

그러나 선거구의 획정에는 일정한 基準이 있어야 하는데 이러한 기준에는 행정구역을 단위로 하는 경우, 일정한 인구수를 단위로 하는 경우, 지방선거에 있어서는 국회의원 선거구를 단위로 하는 경우 등이 있다.

선거구의 劃定根據로는 법률 또는 명령으로 하는 경우와 시도의 조례 또는 규칙으로 하는 경우 등이 있다.

선거구제에는 小選擧區制, 中選擧區制, 大選擧區制가 있다.

그러나 지방선거에서는 대·중·소선거구의 구별의 의미가 일반의 경우와 달라서, 어느 지방자치단체의 관할구역전체를 하나의 선거구로 하는 경우를 大選擧區라 하

---

9) 丁堯燮, 전게서, p. 258.

고, 그 관할구역을 여러 선거구로 세분하여 그 각 선거구에서 1인의 대표자를 선출하는 경우를 小選擧區, 그 관할구역을 몇 개의 선거구로 나누어 그 각 선거구에서 2인 이상의 대표자를 선출하는 경우를 中選擧區라고 하게 된다.

지방의회의 의원은 각 선거구에서 원칙적으로 1인씩 선출하되, 그 선거구는 시·군·구 또는 읍·면·동의 행정구역단위로 인구·지세·교통 기타 여건을 고려하여, 시·도의회의원의 경우는 法律로, 시·군·자치구의회의 의원의 경우는 市·道條例로 정하도록 하였다(공선법 §26).

지방자치단체의 장의 선거구는 당해 지방자치단체의 관할구역으로 한다(공선법 §20:3).

3. 選擧人과 候補者

1) 選擧人과 選擧權

選擧人이란 해당 지방선거에 있어서 選擧權을 가지고, 選擧人名簿에 등재된 자를 말한다(공선법 §3). 그러므로 선거권을 가지고 있을지라도 실제로 투표를 하기 위해서는 선거인명부에 등록되어야 한다.

選擧人名簿는 선거인의 범위를 획정하기 위해서 선거인명을 등재한 공부로서, 원칙적으로 당해 선거에 한하여 효력을 갖는다(수시명부제:공선법 §37:1).

選擧人名簿는 영국, 독일, 이태리 등의 예를 따라 一般行政機關(구청장·시장·읍·면장)이 作成하도록 하고 있다.

선거인명부의 등재대상은 해당 선거의 선거일 현재 선거권을 가진 자이다.

선거권은 참정권의 내용을 이루는 것이지만, 參政權은 주민의 기본권을 의미하는데 비하여, 選擧權은 일정한 조건(연령, 주소 등)을 갖춘 자에게만 인정되는 권리인 점에 차이가 있다.

공직선거법에서는 선거일 현재 19세 이상인 대한민국 국민으로 선거인명부작성기준일(지방선거에서는 선거일전 22일) 현재, ① 당해 지방자치단체의 관할구역 안에 住民登錄이 되어 있는 주민, ② 재외동포의 출입국과 법적 지위에 관한 법률 제6조 제1항에 따라 당해 지방자치단체의 '국내거소인신고인명부'에 올라있는 국민, ③ 출입국관리법 제10조에 따른 영주의 체류자격취득일후 3년이 경과한 외국인으로서 같은 법 제34조에 따라 당해 지방자치단체의 '외국인등록대장'에 올라있는 사람은 그 지방자치단체에서 시행하는 지방선거의 선거권을 가진다고 규정(공선법 §15:2, §37)하고 있다.

선거인명부는 선거인명부작성기준일부터 5일 이내에 작성하여야 한다(공선법 §37:1)

따라서 지방선거에서 선거권을 행사할 수 있는 자(적극적 요건)는,

(1) 선거일 현재 19세 이상인 자라야 한다.

선거권자의 연령은 선거일 현재로 신청한다(공선법 §37:1)

지방자치법 제정당시에는 21세 이상으로 연령제한을 하였지만 5차 개정 이후 20세로 낮추었으며, 공직선거 및 선거부정방지법에서도 그대로 수용하였다.

선거권을 인정하는 연령제한은 나라마다 다르다.

그 입법례를 보면, 16세 이상(이란, 쿠바), 17세 이상(인도네시아:기혼자는 그 이하도 가능), 18세 이상(미국, 영국, 프랑스, 오스트랄리아, 독일, 러시아, 이태리, 스웨덴 등), 19세 이상(오스트리아), 20세 이상(일본, 스위스, 대만, 태국, 튀니지), 21세 이상(터키, 싱가폴, 키프로스, 네팔, 인도, 쿠웨이트, 말레이지아) 등으로 다양하다.

(2) 선거공고일 현재 해당 지방자치단체의 住民에게만 선거권이 부여된다.

우리나라의 경우 주민이 되는 요건은 住民登錄(국내거소인명부 등재, 외국인등록대장 등재)이다(공선법 §15:2).

한편 선거권자는 결격사유(소극적 요건)가 없어야 하는 바, 그 결격사유로는, ① 금치산선고를 받은 자, ② 금고 이상의 형의 선고를 받고 그 집행이 종료되지 아니하거나 그 집행을 받지 아니하기로 확정되지 않은 자, ③ 선거범, 정치자금에 관한 법률 § 30(정치자금부정수수죄)에 규정된 죄를 범한 자 또는 대통령 · 국회의원 · 지방의회의원 · 지방자치단체의 장으로서 그 재임 중의 직무와 관련하여 형법(특가법 § 2에 의해서 가중처벌되는 경우 포함) § 129(수뢰 · 사전수뢰) 내지 § 132(알선수뢰) 특정범죄가중처벌법 § 3(알선수재)에 규정된 죄를 범한 자로서 1백만 원 이상의 벌금형을 선고받은 후 5년 또는 형의 집행유예의 선고를 받은 후 10년을 경과하지 아니하거나 징역형의 선고를 받고 그 집행을 받지 아니하기로 확정된 후 또는 그 형의 집행이 종료되거나 면제된 후 10년을 경과되지 아니한 자(형이 실효된 자 포함), ④ 법원의 판결 또는 다른 법률에 의하여 선거권이 정지 또는 상실된 자를 들고 있다(공선법 § 18:1).

여기에서 '선거범'이라 함은 공선법 제16장 벌칙에 규정된 죄와 국민투표법 위반의 죄를 범한 자를 말하며, 선거에 관한 죄와 다른 죄의 경합범은 선거범으로 본다(공선법 §18:2).

선거일 현재 투표소에서 투표할 수 없는 자는 不在者申告人名簿에 등재되어야 郵便을 통하여 투표를 할 수 있다(공선법 §38).

2) 候補者와 被選擧權

候補者란 일정한 기관구성원에 당선되려는 것을 일정한 절차에 따라 공인받은 자를 말한다.

후보자가 되려는 자는 被選擧權을 가진 자로서 선거일 전 15일(후보자등록신청개시일)부터 2일간(후보자등록기간) 이내에 해당 選擧區 選擧管理委員會에 登錄申請을 하여야 한다(공선법 §49:1).

지방선거의 선거권이 있는 25세 이상의 주민으로서 선거일현재로 계속하여 90일 이상 그 지방자치단체의 관할구역 안에 주민등록이 되어 있는 자는 그 의회의원 및 장의 피선거권을 가진다(공선법 §16:2).

① 지방선거의 피선거권이 있는 자라 함은, 대한민국 국민으로서 지방자치단체의 관할구역 안에 계속하여 90일이상 주소를 가진 住民(법 §22:3)을 말한다. 90일의 기간은 그 지방자치단체의 폐치·분합·경계변경·신설에 의하여 중단되지 아니한다. 이 거주요건에 있어서 지방자치단체의 사무소소재지가 다른 지방자치단체의 관할구역 안에 있어 당해 지방자치단체의 장의 주민등록이 그 다른 지방자치단체의 관할구역 안에 있게 된 때에는 당해 지방자치단체의 관할구역 안에 주민등록이 되어 있는 것으로 본다(공선법 §16:3).

② 지방선거의 피선거권은 선거일 현재 25세 이상인 자로 연령제한을 규정하고 있다. 지역사회의 지도자는 선거권을 행사하는데 필요한 요건에다가 주민을 대표하고 대변할 수 있는 자격을 갖추어야 하기 때문에 선거권의 연령제한보다 높게 규정한 것이다.

피선거권을 인정하는 年齡制限은 나라마다 각각 다르다. 이에 관한 입법례를 보면, 18세 이상(독일, 쿠바, 우간다, 스웨덴, 가이아나(영어능통자)), 20세 이상(스위스, 나우르, 뉴질랜드, 노르웨이, 덴마크, 핀란드), 21세 이상(인도네시아, 영국, 베트남, 말레이지아, 브라질, 프랑스), 23세 이상(대만, 카메룬, 지부티, 루마니아, 리베라, 코티디브와르), 25세 이상(미국, 일본, 인도, 태국, 멕시코, 네덜란드, 그리이스, 키프로스) 등으로 그 예가 다양하다.

3) 候補者登錄制

(1) 自進登錄制

후보자등록의 방법에는 自進登錄制와 推薦登錄制의 두 가지 방법이 있는데, 지방선거에서는 자진등록만을 인정하되, 그 신청서에 정당의 추천(공선법 §47) 또는 일정 수 이상의 선거인의 추천장을 첨부하도록 하고 있다(공선법 §48).

입후보자가 타인의 추천을 받아 등록신청을 함에 있어서 정당의 추천(공천)을 필수요건으로 하는 방식과 그것을 필수요건으로 하지 않고 선거인의 추천으로 족하도록 하는 방식이 있다.

지방선거의 후보자등록신청에 있어서, 政黨公薦制에 의할 때는 정당정치의 실현을 기할 수 있는 반면에 정당과두제로 인한 중앙집권화의 폐해를 가져오기 쉽고, 반대로 선거인 추천제에 의할 때에는 민의의 반영을 높일 수 있는 반면에 후보자의 난립 등 혼란을 초래할 우려가 있다.

오늘날에는 政黨公薦과 選擧人推薦을 모두 인정하는 방식이 일반적으로 채택되고 있으며, 우리나라의 지방선거에 있어서는 당원인 경우에는 政黨推薦을, 무소속인 경우에는 選擧人推薦을 받도록 길을 열어 놓고 있다.

지방선거에 있어서, 시 · 도의원의 경우에는 100인 이상 200인 이하, 시 · 군 · 구의원의 경우는 50인 이상 100인 이하(인구 1,000명 미만 선거구는 30인 이상 50인 이하)의 추천장을, 시 · 도지사의 경우는 당해 시 · 도안의 3분의 1이상의 자치구 · 시 · 군에 나누어 하나의 자치구 · 시 · 군에 주민등록이 되어 있는 선거권자의 수를 50인 이상으로 한 1,000인 이상 2,000인 이하, 시 · 군 · 자치구의 장의 경우는 300인 이상 500인 이하의 추천장을 등록서류에 첨부하여야 한다(공선법 §48:2). 추천장은 관할선거구선거관리위원회가 검인하여 교부하는 추천장을 사용하여야 한다.

후보자등록기간은 선거일전 15일(후보자등록신청개시일)부터 2일간이다. 후보자 등록은 법 §49:4에 게기된 서류를 첨부하여 관할선거구선거관리위원회에 서면으로 신고해야 한다(§49:1).

후보자등록기간은 선거일전 15일(후보자등록신청개시일)부터 2일간이다. 후보자 등록은 법 § 49:4에 게기된 서류를 첨부하여 관할선거구선거관리위원회에 서면으로 신고해야 한다(§ 49:1).

유의할 것은 정당과 선거권자는 후보자에 대한 추천을 취소하거나 변경할 수 없다(공선법 §50)는 점이다.

후보자등록제에 있어서 중요한 문제의 하나는 입후보제한의 문제이다.

일반적으로 선거의 공정성확보와 혼란을 방지하기 위하여 공무원 등 공직자의 立候補를 制限하고, 입후보에 寄託金制度를 채택하고 있다.

그러나 전자는 사실상 대표자로서 기대되는 인물임에도 불구하고 그 신분이 공무원 등 공직자이기 때문에 입후보할 수 없게 되고, 후자는 유능한 인물임에도 불구하

고 재력이 없어 입후보할 수 없게 되는 결함을 가지고 있다.[10)]

(2) 立候補制限

우리나라에서도 지방선거에 있어서 공무원 등 공직자의 입후보제한(공선법 §53)과 기탁금제도(공선법 §56)를 규정하고 있다.

국가공무원과 지방공무원 등 일정한 공직자가 지방선거에 있어서 후보자가 되려고 할 때에는 선거일 전 60일까지 그 직을 그만두어야 한다. 다만 임기만료에 의하지 아니하는 재선거·보궐선거·증원선거 또는 연기된 선거의 경우에는 후보자등록신청 전까지 그 직을 그만두어야 한다.

후보자가 그 직을 그만 둘 때는 그 소속기관의 장 또는 소속위원회에 사직원이 접수된 때에 그 직을 그만 둔 것으로 본다(공선법 §53:2).

이와 같은 공직자들의 입후보제한은 선거의 공정을 기하기 위한 것일 뿐 기본권을 제한하려는 것이 아니므로 그 해임의 절차를 간이하게 하여 辭職願이 그 기관장 또는 위원회에 接受된 때에 해임된 것으로 본다(공선법 §53:2).

지방의회의원과 장이 해당 지방선거에 재선되기 위하여 입후보하는 때에는 미리 사임하지 않아도 되나(공선법 §53:1 단서), 격이 다른 지방선거에 입후보할 때에는 후보자등록신청 전까지의 그 직을 그만두어야 한다.

(3) 寄託金制度

寄託金制度는 영국·일본 등의 예를 따라 우리나라에서도 채택하고 있다.

후보자등록을 신청하는 자는 등록신청시에 시도지사는 5,000만원, 시·도의회의원은 300만원, 시·군·구의 장은 1,000만원, 시·군·자치구의회의원은 200만원을 관할 선거관리위원회에 기탁하여야 한다(공선법 §56:1).

기탁금은 체납처분이나 강제집행의 대상의 되지 아니한다(공선법 §56:2). 공선법 §261에 의한 과태료 및 동법 §271에 의한 불법시설물 등에 대한 대집행비용은 기탁금에서 부담한다(공선법 §56:3).

① 기탁금의 반환

㈎ 지방자치단체장·지역구지방의원선거에서는 법 § 56:3의 규정에 의하여 기탁금에서 부담하는 금액을 뺀 나머지 금액을 다음과 같이 반환한다.

㉠ 후보자가 당선되거나 사망한 경우와 유효투표총수의 100분의 15 이상을 득표한 경우에는 기탁금 전액을 선거일 후 30일 이내에 기탁자에게 반환한다

10) 水木惚太朗, 選擧制度論(東京:有信堂, 1967), p. 327.

(공선법 § 57:1).

㉡ 후보자가 유효투표총수의 100분의 10 이상 100분의 15 미만을 득표한 때에는 기탁금의 100분의 50에 해당하는 금액을 선거일 후 30일 이내에 기탁자에게 반환한다(공선법 § 57:1①).

(나) 비례대표시 · 도의원선거의 경우 후보자 중 당선인이 있는 때에는 당해 정당이 지출한 선거비용 전액을 반환한다(공선법 § 57:1②).

② 기탁금의 지방자치단체귀속

㉠ 비례대표 시 · 도의원 후보자 명부에 올라 있는 후보자 중 당선인이 없거나,
㉡ 후보자가 사퇴 또는 등록무효가 된 때,
㉢ 득표수가 반환요건에 미달한 때에는 선거일 후 30일 이내에 기탁금 중에서 동법 §56:3의 규정에 의하여 기탁금에서 부담하는 비용을 뺀 나머지 금액은 지방자치단체에 귀속한다.

③ 기탁금에서 부담할 비용이 초과되는 경우

동법 §56:3에 의하여 기탁금에서 부담해야 할 비용이 기탁금을 초과하는 때에는 당해 선거구 선거관리위원회의 고지에 따라 그 초과금액을 당해 기탁자가 그 고지를 받은 날부터 10일 이내에 선거구 선거관리위원회에 납부하여야 한다. 그 기간 내에 납부하지 아니한 때에는 우선 당해 지방자치단체가 지출한 후 관할세무서장에게 위탁하여 관할세무서장이 국세체납처분의 예에 따라 이를 징수하여 당해 지방자치단체에 납입하여야 한다(공선법 §57:2).

4. 選擧運動

1) 選擧管理機關

지방선거의 선거사무는 選擧管理委員會法에 의한 각종 선거관리위원회가 관리한다(공선법 §12, §13).

지방자치법은 지방선거의 선거사무에 관한 일체의 규정을 생략한 채 선거관리위원회법에 전적으로 위임하고 있다.

選擧管理委員會法이란 선거와 국민투표의 공정한 관리 및 정당에 관한 사무를 관장하는 선거관리위원회의 조직과 직무를 규정함을 목적으로 제정된 법이다(동법 §1).

선거관리위원회의 종류로는, 중앙선거관리위원회 밑에 서울특별시 · 공역시 · 도선거관리위원회, 선거구선거관리위원회, 구 · 시 · 군 선거관리위원회, 투표구선거관리위원회를 두고 이들 위원회로 하여금 선거관리사무를 수행토록 하고 있다(동법 §2).

2) 選擧運動自由의 原則

選擧運動이란 특정의 선거에 당면하여 특정후보자의 당선을 목적으로 득표를 하거나 득표를 시키기 위하여 또는 특정후보자를 당선되지 못하게 하기 위하여 직접 간접으로 필요하고도 유용한 행위를 하는 것을 말한다(공선법 §58:1). 그러므로 통상적인 정당활동, 단순한 입후보준비행위 또는 선거운동준비행위, 선거에 관한 단순한 의견개진 및 의사표시, 정당의 추천에 관한 단순한 지지 · 반대의 의견개진 및 의사표시(신설), 일당을 받고 포스터를 붙이거나 승차시키는 행위 등 단순한 노무 또는 영리행위 등은 선거운동이 아니다.[11] 누구든지 자유롭게 선거운동을 할 수 있다. 그러나 공직선거 및 선거부정방지법과 다른 법률의 규정에 의하여 금지 또는 제한되는 경우는 그러하지 아니하다(공선법 §58:2).

(1) 選擧公營制의 확대

선거운동의 방식에는 公營制中心의 방식과 私營制中心의 방식이 있는데, 지방선거에 있어서는 무질서한 선거운동과 선거의 과열 및 타락선거를 억제할 수 있는 제도적 장치가 중요하므로 公營制를 原則으로 하고 私營制를 보충수단으로 하는 경향이 있다.

우리나라의 지방선거에 있어서는 양자가 混用되어 있으나 공직선거 및 선거부정방지법에서는 공영제방식을 확대하였다.

우리나라 지방선거에 있어서 공영제와 사영제의 선거운동방식을 비교하면 <표 3-2>와 같다.

(2) 自願奉仕者에 의한 선거운동

공직선거 및 선거부정방지법은 선거운동의 자유를 최대한 보장하고 선거운동주체를 제한하지 않는 한편 공명선거의 의지를 실천하려 한다. 그것은 자원봉사자에 의한 선거운동을 제도적으로 보장하는 것이다.

미국 등 선진국에서는 자원봉사자에 의한 선거운동을 제도화 또는 관행화하고 있다.

---

11) 秋山陽一郎, 選擧(東京:第一法規, 1983), pp. 246~249.

<표 3-3> 지방선거운동방식의 공 · 사영제 대비

주 요 선거운동	선거별	공영제	사영제	비 고
1. 선전벽보	· 모든 지방선거	· 첩부·철거(지방자치단체)	· 작성(후보자 : 기탁금 반환요건 해당시 지자체가 보전)	매수제한 · 읍·동:500인당 1매(동은 1천인에 1매 가능) · 면:200인당 1매(100~200인 이하 자연부락 1매)
2. 선거공보	〃	· 발송비용·우편요금(지방자치단체)	· 작성(후보자 : 기탁금 반환요건 해당시 지자체가 보전)	· 매세대에 1매(우편)
3. 현수막	· 시·도지사선거 · 구·시·군의 장선거 · 시·도의원선거 · 구·시·군의원 선거	- - - -	· 제작·게시(후보자) 〃 〃 〃	· 읍·면·동수의 2분 1 상당수 · 읍·면·동수에 상당수 · 〃 · 당해 선거구안에 1매
4. 소형 인쇄물	· 지방자치단체장 선거	· 책자형·전단형 발송(선거관리위원회)	· 작성(후보자:지자체 보전) · 배부(후보자:명함형)	· 2종(전단형·책자형)
	· 지방의회의원 선거	· 전단형 발송(선거관리위원회)	-	· 1종(전단형)
5. 어깨띠	· 시 · 도지사 선거 · 지방의원선거 · 장선거	-	· 후보자	· 후보자만 착용
6. 명 함	· 시 · 도지사 선거 · 지방의원선거 · 장선거	-	· 후보자	· 크기: 9cm×5cm ※공공장소 배포금지
7. 공개장소 연설·대담	· 시·도지사선거 · 지방의회의원 선거 · 구·시·군의 장선거	- -	· 개최(후보자·배우자·연설원) · 개최(후보자·배우자)	· 후보자와 구·시·군연락소마다 자동차 1대, 확성기 1조 사용가능 · 후보자마다 1대·1조 ※ 사회자: 1일1인 한함.
8. 방송연설	· 시·도지사선거	-	· 후보자(기탁금 반환요건 해당시 지자체가 보전)	· 1회 10분내에서 TV, 라디오 별로 각 1회
9. 경력방송	· 시·도지사선거 · 구·시·군의 장선거	● 비용(KBS 또는 방송시설주관자) 〃	- -	· TV, 라디오 별로 각 3회 이상 · TV, 라디오 별로 각 2회 이상
10.방송광고	· 시·도지사선거	-	· 후보자	· TV, 라디오 별로 각 3회
11.신문광고	· 시/도지사선거	-	· 후보자	· 총 5회 이내(인구 300만을 넘는 경우 추가)

① 미 국

미국선거운동의 기본개념은 후보자가 유권자에게 무엇을 주는 것이 아니라 반대로 헌금·노력봉사 등 유권자들이 스스로 후보자들에게 주는 방식이다.

(i) 미국에서는 자원봉사자 없는 선거란 상상할 수조차 없다.

4년마다 실시되는 대통령선거, 그 중간의 하원의원 또는 상원의원선거 또는 지방의원 등의 선거운동과 관리가 모두 자원봉사자에 의해 이루어지기 때문이다. 미국의 각종 선거의 선거운동원은 일당이나 여비를 받지 않는다.

선거관리도 마찬가지다. 우리나라처럼 선거관리위원회가 있어서 이들이 투·개표를 관리하는 것이 아니라 투·개표관리의 주축은 그 지역의 자원봉사자들이다.

미국에서의 선거운동은 PAC(political action committee)의 구성으로부터 시작된다. PAC는 후보자와 선거전략가 등 약간명을 제외하고는 모두 자원봉사자로 구성된다.

우리의 선거사무소와 같은 PAC는 모든 선거운동의 주체인 동시에 당사자이다. 선거운동과 관련된 모든 수입·지출이 PAC명의로 이루어진다.

PAC의 규모는 연방하원의원의 경우 50~100명, 주의원은 30~50명, 시의원 10~30명 등이 일반적이나 지역구와 개인능력에 따라 약간씩 차이가 난다.

특정 후보자의 선거운동을 돕는 자원봉사자들의 역할은 매우 다양하다. 홍보물제작·발송, 호별방문, 각종 일정작성, 각 행사장 보조, 선거관련 자료작성 등 선거사무의 대부분을 자원봉사자들이 주관한다.

유급사무원으로는 캠페인메니저로 불리는 선거전략가 및 여론전문가, 컴퓨터 직원 등 4~5명 이상을 넘지 않는다. 이들 중 캠페인메니저 등은 선거의 기본전략수립 등을 세워주는 정도이며, 그 외의 일은 모두 자원봉사자들이 한다.

(ii) 자원봉사자들이 주축이 되는 미국선거운동의 특징은 당조직구성에서도 그대로 드러난다.

연방에서 주·카운티로 이어지는 정당조직에서 우리와 같은 식의 직업당료들은 중앙당을 제외하고는 두지 않는다.

중앙당에도 불과 수십 명의 유급사무원들이 있을 뿐이고, 주·카운티 등의 지부장 및 중앙위원 등과 같은 간부 대부분이 자신의 직업을 가진 채 자원봉사자로서 정당의 일을 한다.

정당간부들이 자원봉사자로 구성되어 있다는 것은 매우 중요한 의미를 지닌다.

후보자의 당선에서 반대급부를 바라는 풍토가 조성될 수 없도록 하기 때문이다.

선거결과에 구애되지 않는 사람들이 선거관리를 하게 됨으로써 선거과정의 투명성이 확보되는 것이다.

(iii) 선거자금의 모금도 철저하게 자원봉사방식에 의한다.

선거자금을 모으는 가장 일반적인 형태는 모금방식(fund rising)이다. 특정후보를 지지하는 사람들이 갖가지 사교모임에 자발적으로 참석하여 회비형식으로 헌금하는 것이다.

헌금액은 그 상한선을 법으로 엄격하게 규제된다.

연방선거의 경우 개인이 헌금할 수 있는 한도는 1,000달러, 돈이나 물건·건물을 빌려주더라도 이 한도를 넘을 수 없다.

이 경우 특기해야 할 사항은 헌금은 반드시 현금이 아닌 개인수표로 해야 된다는 점이다. 따라서 누구로부터 얼마를 받아 어디에 썼으며, 누가 얼마를 헌금했는지 등 모든 사실은 그대로 기록되며 공개된다.

그러므로 선거에서의 자원봉사는 시민 스스로 선거운동과 관리에 뛰어들어 공정성과 투명성을 확보해 나가는 적극적 의미의 정치참여인 동시에 미국 정치문화의 기본 원동력이라고 할 수 있다.

② 영 국

유급선거운동원의 수에는 아무런 제한이 없으나 선거비용한도가 낮아 선거운동은 대부분 자원봉사자에 의존하고 있다.

이는 선거구당 한 후보자가 사용할 수 있는 기본비용이 4,330파운드(약 520만원)에, 유권자 100명당 대도시는 3파운드 70펜스, 지방은 4파운드 90펜스를 추가로 사용할 수 있기 때문이다.

영국의 선거구 평균 유권자수가 7만 명 정도이므로 선거비용은 우리 화폐로 총 800만 원 정도가 소요되는 셈이다.

이 경비로 기본적인 선거운동, 즉 유인물배포, 선전벽보첩부, 우편물 발송 등에도 충당하기 어려워 사실상 유급선거원을 두는 것이 불가능하다. 따라서 주로 후보소속 정당원이나 친지들이 선거운동을 자원봉사하게 된다.

영국의 경우 현재 645개 선거구에서 약 20만 명 이상이 자원봉사를 하고 있는 것으로 추산되고 있다. 후보당 평균 1백여 명의 자원봉사자가 선거운동에 참여하는 셈이다.

이들은 유인물배포나 포스터 부착, 홍보책자 발송 등 일반적인 선거운동 외에 유권자의 집을 방문하여 지지를 호소하기도 한다.

원칙적으로 무급이지만 선거구의 재정사정에 따라 약간의 수고비를 지급받기도 한다.

영국의 선거는 구조적으로 많은 돈이 들지 않도록 되어 있다. 후보자의 간단한 신상명세와 소속정당의 공약이 담긴 팜플렛과 소책자를 만들어 가정마다 우송하거나 돌리고 길거리에서 만나는 사람마다 한표를 부탁하는 것이 고작이다.

선거운동에 소요되는 돈도 지구당에서 평소 당원들로부터 모금한 것으로 일체를 충당한다.

공천과정도 지구당위원회가 선출하여 중앙당에 보낸 자가 예외 없이 공천되는 상향식이다.

공천에서부터 선거운동까지 후보자는 돈 부담이 거의 없다. 능력만 있으면 무일푼이라도 얼마든지 공천을 받고 출마할 수 있게 되어 있다.

③ 프랑스

프랑스도 영국과 크게 다르지 않다. 당원들이 자원봉사형식으로 선거운동을 돕는 경우가 일반적이나, 이와 별도로 대학생들이 선거자원봉사활동을 활발히 전개하고 있다.

이들도 모두 무보수가 원칙이지만 점심값이나 지방출장의 경우 숙박비 · 차량지원 등의 사례를 받고 있다. 그러나 이것은 어디까지나 자원봉사자가 금전적 손해는 보지 않게 한다는 최소한의 배려일 뿐 그 이상의 의미는 없다.

그러나 TV · 라디오 등 전파매체를 이용한 유세비중이 점차 높아지고 있는 프랑스에서 선거운동원의 의미는 점점 퇴색하여 가고 있으며, 이에 따라 자원봉사자의 활동도 다른 유럽 국가들에 비해 비교적 적은 편이다.

④ 독 일

독일의 경우도 선거운동은 영국이나 프랑스와 비슷하지만 선거자체, 즉 투표일의 모든 절차가 자원봉사자들에 의해 치러진다는 점이 두드러진 특색이다.

총선이나 지방의원선거 등 일반선거의 경우 오전 8시부터 오후 6시까지의 모든 일정이 자원봉사자들에 의해 진행된다.

투표장의 질서유지, 투표자 신상확인, 투표용지배포, 투표소안내, 그리고 검표까지도 자원봉사자들이 수행한다.

독일의 선거구는 모두 91,000개 달하며 자원봉사자는 약 70만 명으로 추산되고 있다. 한 개의 투표소에 7~8명이 배치되는 셈이다. 물론 이들 70만 명의 자원봉사자가 전부 민간인만은 아니다. 이들 가운데는 공무원이 상당수 포함되어 있는데, 이들 공무원은 상급자의 지시나 강요에 의해 봉사하는 것이 아니라 스스로 지원하여 자원봉사를 하는 것이기 때문에 더욱 의의가 있다.

독일의 선거자원봉사자는 이른바 「명예공무」를 수행하기 때문에 원칙적으로 보수가 없다. 그렇다고 해서 이들에게 손해를 보게는 하지 않는다. 음료수대라는 명목으로 1인당 30마르크씩 지불된다. 공무원 신분으로 자원봉사를 하는 사람에게는 30마르크 외에 휴가를 하루 더 주는 곳도 있으나 이는 수당이 아니라 최소한의 손해보상이라는 의미가 더 강하다고 보여진다.

⑤ 자원봉사자들의 참여가능분야

선진국들의 선거행태에서 본 바와 같이 우리의 새로운 법에 의한 선거풍토는 자원봉사자들의 참여를 허용하지 않을 수 없게 되었다.

각종 선거의 선거사무를 선거관리위원회의 한정된 인력으로는 감당할 수 없을 뿐만 아니라 후보자 측에서도 법정된 선거사무원만으로는 선거운동을 할 수 없을 것이기 때문이다.

선거사무에 있어서 자원봉사자가 참여할 수 있는 분야는,

첫째, 선거인명부작성에 있어서 명부작성 감독·보조, 주민등록등본에 의한 작성 감독요원

둘째, 후보자등록에 있어서 후보자등록접수, 등록재산신고사항검토, 추천장검인

셋째, 선거운동에 있어서 불법선거운동감시·단속, 선전벽보·공보·소형인쇄물배부, 선전벽보첨부·철거, 선거공보봉투작성·발송, 투표안내서 등 소형인쇄물 발송, 합동연설회장설치·철거, 합동연설회고지벽보첩부·고지방송·질서유지

넷째, 투표관리에 있어서 정당대리인의 투표용지가인, 투표용지날인, 부재자투표봉투작성·발송·접수, 투표함 수송·회송

다섯째, 개표관리에 있어서 개표장소설치·철거, 개표집계, 개표장투표함운반, 개표합동정리

여섯째, 선거계도·홍보에 있어서 계도물첩부·철거, 계도물관리 등 전문성이 덜 요구되는 분야가 될 것이다.

종래 일용직들에게 맡겨져 왔던 위와 같은 분야에 자원봉사자들이 참여하게 되면 막대한 국고절감과 함께 보다 높은 수준의 업무수행이 가능하게 될 것이다.

그러나 자원봉사자들에게 선거관리업무의 상당부분을 의존할 경우 전혀 예상치 못

한 사고가 발생할 가능성도 있다. 생업을 가진 자원봉사자들은 제한적 활용이 불가피하고 개인사정으로 예고 없이 불참할 경우 선거사무는 일시적이거나 부분적인 공백사태를 빚게 되고 선거무효의 원인을 제공할 가능성도 있기 때문이다.

따라서 자원봉사자들은 선거문화개혁의 주역으로서 사명감 및 고도의 책임감과 도덕성을 갖춰야 하며, 선거관리위원회에서도 이들에 대한 치밀한 인력관리대책을 수립하여야 할 것이다.

이 같은 요소들이 충족될 때 자발성이라는 최대의 무기를 가지고 있는 자원봉사자들의 적극적 참여는 선거관리업무 전반에 활력을 불어넣을 것으로 기대된다.

특히 자원봉사자들이 대거 참여할 경우 지금까지 인력부족으로 소홀히 할 수밖에 없어 매번 선거에서 분쟁의 소지가 되었던 불법선거운동에 대한 감시 · 단속업무는 획기적인 개선이 이루어질 것이다.

문제는 국민들의 자원봉사에 대한 열의와 선거관리위원회의 선거관리능력 등 선거문화의 성숙도가 공직선거 및 선거부정방지법의 성패를 좌우할 것으로 보여진다.

3) 選擧運動의 規制

선거운동을 규제하는 데에는 운동의 방법을 법으로 한정하는 방식과 법에 금지사항만을 정하고 그 외에는 자유롭게 하는 방식이 있는데, 우리나라의 지방선거에 있어서는 선거운동의 자유를 천명하고 예외적으로 선거운동의 방법을 법이 규정하는 방법으로 한정하고, 동시에 각종 금지 또는 제한을 명시하고 있다. 이러한 금지 또는 제한에 위반한 때에는 벌칙이 적용된다(공선법 제7장).

(1) 選擧運動期間

선거운동은 당해 후보자의 등록마감일의 다음 날부터 선거일 전일까지에 한하여 이를 할 수 있다(공선법 § 59).

이 기간 이전에 행하는 선거운동은 사전선거운동으로 규제하고 있다. 그러나 예비후보자의 선거운동(§ 60:3), 선거운동기구의 설치, 명함의 배포, 전자우편에 의하여 정보를 전송하는 행위는 허용된다(§ 59 단서).

선거운동기간은 선거기간에서 후보등록의 최소 일수를 뺀 것이므로 지방의원선거와 지방자치단체의 장 선거에 있어서는 14일이 된다(공선법 § 33:2). 선거기간과 선거운동기간은 다르다. 선거운동기간은 후보등록마감일의 다음날부터 선거일전일까지를 말하고, 선거기간은 후보등록기간과 선거일까지를 포함한 개념이다. 선거일은 지방선거에 있어서는 그 임기만료일전 30일 이후 첫번째 수요일이다. 선거일이 민속절·공휴일이거나, 선거일 전일 또는 다음 날이 공휴일일 때는 그 다음 주 목요일로 한다(공선법 § 34:2).

보궐선거·재선거·증원선거와 지방자치단체의 설치·폐지·분할 또는 합병에 의한 지방자치단체의 장의 선거는, ① 전년도 10.1부터 3.31까지의 사이에 그 선거의 실시사유가 확정된 때에는 4월 중 마지막 목요일에 실시하고, ② 4.1부터 9.30일까지의 사이에 그 선거의 실시사유가 확정된 때에는 10월 중 마지막 목요일에 실시한다. 이 경우 선거일에 관하여는 § 34:2의 규정을 준용한다.

(2) 예비후보자의 사전선거운동과 그 기간

① 예비후보자가 되고자 하는 자(비례대표시·도의원 제외)는 선거일전 120일(선거일 전 120일 후에 실시사유가 확정된 보궐선거 등에 있어서는 그 선거의 실시사유가 확정된 때)부터 관할선거구선거관리위원회에 피선거권에 관한 증명서류를 첨부하여 예비후보등록을 서면으로 신청해야 한다(§ 60:2①). 예비후보자의 신분은 서면을 신청·접수한 때부터 후보자등록마감일까지 지속된다. 예비후보자가 사퇴하고자 하는 때에는 직접 당해 선관위에 서면으로 신고해야 한다(§ 60의2③).

② 예비후보자 등록 후에, ㉠ 피선거권이 없는 것이 발견된 때, ㉡ 공무원 등이 그 직을 가지고 입후보할 수 없는 자에 해당하는 것이 발견된 때, ㉢ 선거범죄로 공무담임이 제한되었거나, 정당법상 후보자가 될 수 없는 자에 해당하는 것이 발견된 때에는 그 등록이 무효가 된다(§ 60의2②).

③ 예비후보자는 다음과 같은 방법으로 선거운동을 할 수 있다(§ 60의3).

㉠ 선거사무소를 설치하거나 그 선거사무소에 간판·현판 또는 현수막을 설치·게시하는 행위

㉡ 자신의 성명·사진·전화번호·학력·경력 기타 홍보에 필요한 사항을 게재한 길이 9cm, 너비 5cm 이내의 명함을 직접 주는 행위. 다만 지하철역 구내 기타 다수인이 왕래하거나 집합하는 공개된 장소에서 주는 행위는 금지.

㉢ 전자우편(컴퓨터 사용자끼리 네트워크를 통하여 문자·음성·화상 또는 동영상 등의 정보를 주고받는 통신시스템)을 이용하여 문자·음성·화상 또는 동영상 기타의 정보를 전송하는 행위

㉣ 선거구 안에 있는 세대수의 10분의 1 이내에 해당하는 수(2만을 초과할 수 없다)의 인쇄물을 작성하여 관할선거관리위원회로부터 발송대상·매수 등을 확인받은 후, 후보자등록개시일 전일까지 1회에 한하여 우편발송하는 행위.

④ 예비후보자는 선거사무장을 포함하여 3인 이내의 선거사무원을 둘 수 있다 (§ 62③).

(3) 選擧運動의 主體

누구든지 자유롭게 선거운동을 할 수 있다(공선법 §58:2). 그러나 다음의 자는 선거운동을 할 수 없다(공선법 §60:1).

① 대한민국 국민이 아닌 자
② 미성년자
③ 공무원(국회의원과 지방의회의원, 정무직 공무원 제외)
④ 지방선거에서의 입후보제한자(정부투자기관 등의 상근직원포함)
⑤ 향토예비군 소대장급 이상의 간부
⑥ 통 · 리 · 반장 및 읍 · 면 · 동 주민자치센터에 설치된 주민자치위원회 위원
⑦ 특별법에 의하여 설립된 국민운동단체로서 국가 또는 지방자치단체의 출연 또는 보조를 받는 단체(바르게살기운동협의회 · 새마을운동협의회 · 한국자유총연맹 등)와 제2건국범국민추진위원회(시 · 군조직 포함) 상근 임 · 직원과 이들 단체의 대표자
⑧ 국민건강보험법에 의하여 설립된 국민건강보험공단의 상근 임 · 직원

향토예비군 소대장급이상의 간부 · 주민자치위원회위원 또는 통 · 리 · 반장이 선거사무장, 선거연락소장, 선거사무원, 회계책임자, 연설원, 대담 · 토론자 또는 투표참관인이나 부재자투표참관인이 되고자 하는 때에는 선거일전 90일(보궐선거 등에 있어서는 그 선거의 실시사유가 확정된 때부터 5일 이내)까지 그 직을 그만두어야 하며, 선거일후 6월 이내(주민자치위원회위원은 선거일까지)에는 종전의 직에 복직될 수 없다. 이 경우 그만둔 것으로 보는 시기는 그 소속기관장에게 사직원이 접수된 때이다(공선법 §60:2).

(4) 選擧運動機構와 事務關係者

① 정당 또는 후보자는 선거운동 기타 선거에 관한 사무를 처리하기 위하여 선거사무소와 선거연락소를, 예비후보자는 선거사무소를 설치할 수 있다(공선법 §61:1).

- 비례대표 시 · 도의원 선거에 있어서는 정당이 설치하되, 시 · 도마다 선거사무소 1개 소를 둔다.
- 지방의회의원선거에 있어서는 후보자가 설치하되 당해 선거구 안에 선거사무

소 1개소를 둘 수 있다.

- 시 · 도지사선거에 있어서는 후보자가 설치하되 당해 시 · 도안에 선거사무소 1개소와 당해 시 · 도안의 구 · 시 · 군마다 선거연락소 1개소를 둘 수 있다.
- 자치구 · 시 · 군의 장선거에 있어서는 후보자가 설치하되 당해 자치구 · 시 · 군안에 선거사무소 1개소를 둘 수 있다. 다만, 자치구가 아닌 구가 설치된 시에 있어서는 선거사무소를 두지 아니하는 구마다 선거연락소 1개소를 둘 수 있으며, 하나의 구 · 시 · 군이 2이상의 국회의원지역선거구로 된 경우에는 선거사무소를 두지 아니하는 국회의원지역구마다 선거연락소 1개소를 둘 수 있다.

선거사무소와 선거연락소는 고정된 장소 또는 시설에 두어야 하며, 식품위생법에 의한 식품접객영업소 또는 공중위생법에 의한 위생접객영업소 안에 둘 수 없다(공선법 §61:5). 선거사무소와 선거연락소에는 중앙선거관리위원회 규칙에 따라 선거운동을 위한 간판 · 현판 또는 현수막을 합하여 모두 4개 이내와 선전벽보, 선거공보, 소형인쇄물, 후보자의 사진을 첨부할 수 있다(공선법 §61:6).

② 정당은 선거에 있어서 당해 선거에 관한 정당의 사무를 처리하기 위하여 선거일전 120일부터 선거일 후 30일까지 선거구 안에 구 · 시 · 군마다 1개의 정당선거사무소를 둘 수 있다(§ 61의2①).

- 정당선거사무소에는 당원 중에서 소장 1인을 두어야 하며, 2인 이내의 유급사무직원을 둘 수 있다(§ 61의2②).
- 중앙당 또는 시 · 도 당의 대표자는 정당사무소를 설치하는 때에는 지체 없이 관할선거구관리위원회에, 설치년월일 · 사무소의 소재지와 명칭 · 소장 및 회계책임자의 성명 · 주소 · 주민등록번호, 사무소인(印)을 서면으로 신고해야 한다. 변경사항이 있는 때에는 지체 없이 변경신고를 해야 한다(§ 61의2③).
- 정당선거사무소에는 정당의 홍보에 필요한 사항을 게재한 간판 · 현판 · 현수막 등을 4개 이내 설치 · 게재할 수 있다(§ 61의2④).
- 정당은 선거일 후 30일이 지난 때에는 정당선거사무소를 즉시 폐쇄해야 한다(§ 61의2⑤).

③ 선거사무소와 선거연락소를 설치한 자는 선거운동을 할 수 있는 자 중에서 선거사무소에 사무장 1인을, 선거연락소에 선거연락소장 1인을 두어야 한다(공선법 §62:1). 선거사무장 또는 선거연락소장은 다음의 기준에 의하여 선거에 관한 사무를 처리하기 위하여 선거운동을 할 수 있는 자 중에서 선거사무원(수당과 실비를 지급받는 선거사무원)을 둘 수 있다(공선법 §62:2).

- 시 · 도의원선거에 있어서는 선거사무소에 10인 이내
- 비례대표 시 · 도의원 선거에 있어서는 선거사무소에 당해 시 · 도 안의 구 · 시 · 군의 수(산정한 수가 20 미만인 때는 20인)
- 시 · 도지사선거에 있어서는 선거사무소에 당해 시 · 도안의 구 · 시 · 군 數(그 구 · 시 · 군수가 10 미만인 때에는 10인) 이내와 선거연락소에 당해 구 · 시 · 군안의 읍 · 면 · 동수 이내
- 자치구 · 시 · 군의회의원선거에 있어서는 선거사무소에 5인 이내
- 자치구 · 시 · 군의 장선거에 있어서는 선거사무소와 선거연락소를 두는 구 · 시 · 군안의 읍 · 면 · 동수의 3배수 이내

여기에서 주의를 요하는 것은, 첫째 수당을 지급받을 수 없는 정당의 유급당원, 국회의원과 그 보좌관 · 비서관 · 비서 또는 지방의회의원은 선거사무원이 된 경우에도 선거사무원수에 산입하지 아니한다(공선법 §62:3).

둘째, 선거사무장을 두지 아니한 경우에는 후보자가 선거사무장을 겸한 것으로 본다(공선법 §62:4).

셋째, 같은 선거에 있어서는 2 이상의 정당 또는 후보자가 동일인을 함께 선거사무장, 선거연락소장 또는 선거사무원으로 선임할 수 없다.

넷째, 누구든지 인쇄물, 시설물, 가타 광고물을 이용하여 선거운동원을 모집할 수 없다. 그러나 선거사무장, 선거연락소장, 선거사무원을 공선법에 의한 방법으로 모집하는 경우에는 그러하지 아니하다.

다섯째, 정당 또는 후보자가 선거사무소와 선거연락소를 설치 · 변경한 때와 정당 · 후보자 · 선거사무장 또는 선거연락소장이 선거사무장 · 선거연락소장이나 선거사무원을 선임하거나 해임한 때에는 지체 없이 관할 선거관리위원회에 서면으로 신고하여야 한다. 이 경우 교체선임할 수 있는 선거사무원 수는 법 §62:2의 규정에 의한 선거사무원수의 2배를 넘을 수 없다(공선법 §63:1).

여섯째, 선거사무장 등을 당해 선거관리위원회가 발행하는 사진이 부착된 신분증명서를 패용하고 선거운동을 해야 하며, 해임된 때는 즉시 이를 반환해야 한다. 반환하지 아니한 때는 선거사무장 등을 교체할 수 없다(공선법 §63:2).

(5) 選擧運動의 方法·行爲

지방선거에서 일정한 제한 하에 허용되는 선거운동의 방법 또는 행위로 허용되는 것은, 선전벽보(공선법 § 64), 선거공보(동 § 65), 소형인쇄물(동 § 66), 현수막(동 § 67), 어

깨띠(동 § 68 ; 후보자만 착용), 신문광고(동 § 69), 후보자 등의 방송연설(동 § 71), 방송시설주관후보자연설의 방송(동 § 72), 경력방송(동 § 73), 방송시설주관경력방송(동 § 74), 공개장소에서의 연설 · 대담(동 § 79), 초청대담 · 토론회(동 § 81, § 82), 시 · 도지사선거에만 허용되는 신문광고(동 § 69), 방송광고(동 § 70), 방송연설(동 § 71), 연설원에 의한 공개장소에서의 연설 · 대담(동 § 79), 시 · 도지사 선거에서만 허용되는 공영방송주관 텔레비전 대담 · 토론회(§ 82의2) 등이다. 주목을 요하는 것은 「컴퓨터통신을 통한 선거운동」이다. 선거운동을 할 수 있는 자는 선거운동기간 중에 정보통신망을 이용하여 인터넷 홈페이지 또는 그 게시판 · 대화방 등에 선거운동을 위한 내용의 정보를 게시하거나 전자우편을 전송하는 방법으로 선거운동을 할 수 있다(동 § 82의3①). 누구든지 컴퓨터 통신을 이용하여 후보자, 배우자, 직계존비속 · 형제자매에 관하여 허위사실을 유포하여서는 아니되며 공연히 사실을 적시하여 이들을 비방하여서는 안된다. 다만 진실한 사실로서 공공의 이익에 관한 때는 그러하지 아니하다(동 § 82의3②). 누구든지 정보수신자의 명시적인 수신거부의사에 반하여 선거운동목적의 정보를 전송해서는 아니된다(동 § 82의5). 인터넷언론사는 그 사이트의 게시판 · 대화방 등에 선거에 관한 의견을 게시할 수 있도록 하는 경우에는 실명확인을 해야 한다(동 § 82의6).

전자통신에 의한 선거운동으로서 상시 금지되는 사항은 다음과 같다.

- 후보자는 선거운동용 인터넷 홈페이지에 정규 학력 외의 학력을 게시할 수 없다.
- 언론사나 각종 포털사이트의 인터넷 홈페이지에 정당이나 후보자의 인터넷 홈페이지로 연결되도록 하기 위하여 또는 선거운동을 위하여 배너 · 팝업 · 우선검색 등의 형태로 그 명칭(성명) · 사진 · 로고(기호) · 홈페이지 주소나 선전문구 등을 광고할 수 없다.
- 인터넷 홈페이지에 후보자의 사진 · 캐릭터 등을 활용한 게임이나 저서, 기타 재산상의 이익이 될 수 있는 것을 선거구만이 내려받을 수 있도록 게시할 수 없다.
- 정당 또는 후보자가 정보통신 서비스 제공자로 하여금 자신의 선거공약 · 약력 · 출판의 변 · 추천사 기타 정당 또는 후보자를 선전하는 내용을 전자우편을 통하여 선거권자에게 송부할 수 없다.
- 선거운동을 목적으로 인터넷상에서 후보자, 그의 배우자 또는 직계 존 · 비속이나 형제자매에 관하여 허위사실을 공표하거나 공연히 사실을 적시하여 비방할 수 없다.
- 공식선거운동 기간이 시작되기 전에는 전화를 이용하거나 휴대폰 메시지를 이용해 사전선거운동을 할 수 없다.
- 전자우편이나 전화이용 선거운동 정보를 전송할 때는 정보수신자가 명시적으로

수신거부의사를 나타내면 선거운동목적의 정보를 전송해선 안된다.

- 정보수신자에게 정보를 전송할 때는 선거운동정보에 해당하는 사실 및 선거운동정보의 주요내용과 전송자의 명칭 및 연락처, 전자우편주소를 수집한 출처(전자우편에 한함), 수신거부의 의사표시를 쉽게 할 수 있는 조치 및 방법에 관한 사항을 담고 있어야 한다.
- 전화를 이용할 경우는 접속 즉시 수신자에게 수신여부에 관한 동의를 물어 동의하지 않으면 전송해서는 안된다. 이때 수신자가 수신거부를 할 때 발생하는 전화요금 기타 금전적 비용을 수신자가 부담하지 않도록 조치되어야 한다.
- 숫자 · 부호 또는 문자를 조합하여 전화번호 · 전자우편주소 등 수신자의 연락처를 자동으로 생성하는 프로그램 및 그 밖의 기술적 장치를 이용할 수 없다.
- 전자우편 및 전화 선거운동정보는 중앙선관위가 정한 양식을 지키지 않으면 선거법 위반이다.

지방선거에서의 선거운동으로서 금지 또는 제한되는 사항은 공무원 등의 선거에 영향을 미치는 행위금지 등 34개 항이다(공선법 §84~118 참조).

지방선거기간을 전후하여 선거와 관련이 있는 일정한 정당활동은 제한 또는 금지된다(공선법 §137~145 참조).

(6) 選擧運動의 制限·中止

지방의회의원선거에 있어서 후보자등록마감 후 후보자가 사퇴 · 사망하거나 등록이 무효로 된 경우 그 선거구의 후보자가 그 선거구의 의원정수를 넘지 아니하게 되어 투표를 하지 아니하게 된 때에는 그 사유가 확정된 때부터 당해 지방의원선거의 선거운동은 중지한다(공선법 §275).

5. 選擧費用

1) 選擧費用의 정의 · 범위와 그 제외

① 선거비용이라 함은 당해 선거에서 선거운동을 위하여 소요되는 금전, 물품, 채무, 기타 모든 재산상의 가치가 있는 것으로서 당해 후보자 또는 후보자가 되고자 하는 자(대통령선거에 있어서 정당추천후보자와 비례대표국회의원선거 및 비례대표시 · 도의원선거에 있어서는 추천정당)가 부담하는 비용을 말한다(공선법 §119:1 전단).

② 이 경우 이 법에 위반되는 선거운동을 위하여 지출한 비용과 기부행위제한 규정을 위반하여 지출한 비용 및 제3자가 정당 · 후보자 · 선거사무장 · 선거연락소장 또는 회계책임자와 통모하여 당해 후보자의 선거운동을 위하여 지출한 비용 및 기부행위제한규정을 위반하여 지출한 비용은 모두 선거비용으로 본다(공선법 §119:1 후단).

③ 선거비용의 수입은 정당(대통령선거 · 비례대표국회의원선거 · 비례대표시 · 도의원선거) · 후보자의 선거운동목적의 자산(차입금 포함) · 정치자금에 관한 법률에 의하여 후원회가 기부하는 금품 및 소속정당의 지원금에 의한다(공선법 §126).

④ 여기에서 "수입"이라 함은 선거비용의 충당을 위한 금전 및 금전으로 환가할 수 있는 물품 기타 재산상의 이익을 받거나 받기로 한 약속을 말하고(공선법 §119:2), "지출"이라 함은 선거비용의 제공 · 교부 또는 그 약속을 말한다.

⑤ 선거권자의 추천을 받는데 소요되는 비용, 후보자등록전의 선거운동을 위한 준비행위에 소요되는 비용 등 공직선거 및 선거부정방지법 제120조에 열거된 9개 항목의 비용은 선거비용으로 보지 아니한다(공선법 §120).

2) 선거비용제한액의 산정

① 선거비용제한액은 선거별로 다음 산정기준에 의하여 산정되는 금액으로 하고, 이 경우 100만 원 미만의 단수는 100만 원으로 한다(동 § 121:1).

㉠ 지역구시 · 도의원선거 : 4천만 원+(인구수×100원)

㉡ 비례대표시 · 도의원선거 : 4천만 원+(인구수×50원)

㉢ 시 · 도지사선거

㉮ 특별시장 · 광역시장선거 : 4억 원(인구수 200 미만인 때는 2억원)+(인구수×300원)

㉯ 도지사선거 : 8억 원(인구수 100만 미만인 때는 3억원)+(인구수×250원)

㉣ 자치구 · 시 · 군의원선거 : 3천500만원+(인구수×100원)

㉤ 자치구 · 시 · 군의 장선거 : 9천만 원+(인구수×200원)+(읍 · 면 · 동수×100만원)

② 선거비용제한액을 산정하는 때에는 당해 선거의 직전 임기만료에 의한 선거의 선거일이 속하는 달의 말일부터 선거비용제한액 공고일이 속하는 달의 전전달 말일까지의 전국소비자물가변동률(통계법 § 3)을 감안하여 정한 비율(제한액산정비율)을 적용하여 증감할 수 있다. 이 경우 그 제한액산정비율은 관할선거구 선거관리위원회가 해당 선거 때마다 정한다(§ 121:2).

③ 선거비용제한액산정을 위한 인구수의 기준일, 제한액산정비율의 결정 기타 필

요한 사항은 중앙선거관리위원회 규칙으로 정한다(§ 121:3).

3) 선거비용의 제한액의 공고

선거구선거관리위원회는 선거별로 선거비용제한액의 산정(§ 121)의 규정에 의하여 산정한 선거비용제한액을 중앙선거관리위원회 규칙이 정하는 바에 따라 공고해야 한다(§ 122).

4) 선거비용의 보전

(1) 기탁금 반환요건 해당시 보전비용

선거구선거관리위원회는 다음의 기준에 따라 후보자가 선거운동을 위하여 지출한 비용을 공고한 비용의 범위 안에서 지방자치단체의 부담으로 선거일후 보전한다(§ 122의 2).

① 후보자가 당선되거나 사망한 경우 또는 후보자의 득표수가 100분의 15 이상인 경우 : 후보자가 지출한 선거비용의 전액

② 후보자의 득표수가 유효투표총수의 100분의 10 이상 100분의 15 미만인 경우 : 후보자가 지출한 선거비용의 100분의 50에 해당하는 금액

③ 비례대표시·도의원선거 : 후보자명부에 올라 있는 후보자 중 당선인이 있는 경우에 당해 정당이 지출한 선거비용의 전액

(2) 지방자치단체가 부담하는 비용

다음 각호의 비용은 지방자치단체가 후보자를 위하여 부담한다(공선법 §122의2 ②). ① 선전벽보의 첨부 및 철거의 비용, ② 선거공보의 발송비용과 우편요금, ③ 책자형 소형인쇄물과 전단형 소형인쇄물의 발송비용과 우편요금, ④ 선거방송토론위원회주관 대담·토론회 개최비용, ⑤ 부재자 투표참관인의 수당과 식비, 개표참관인의 수당과 식비.

(3) 보전비용의 산정방법

선거비용의 보전액의 산정방법과 기타 필요한 사항은 중앙선거관리위원회규칙으로 접한다(공선법 §122의2③).

(4) 선거비용보전의 제한

① 선거관리위원회는 선거비용을 보전함에 있어서 선거사무소의 회계책임자가 정당한 사유 없이 선거비용의 수입과 지출보고서를 그 마감일까지 제출하지 아니한 때는 그 비용을 보전하지 아니한다(공선법 §135의2①).

② 선거관리위원회는 후보자 · 예비후보자 · 선거사무장 · 회계책임자가 당해 선거와 관련하여 선거사범으로서 유죄판결이 확정되거나 선거비용제한액을 초과하여 지출하는 경우에는 비용의 2배에 해당하는 금액의 보전을 아니한다(동 §135의2②).

③ 선거비용초과지출로 인한 당선무효(§263) 내지 선거사무장 등의 선거범죄로 인한 당선무효(§265)된 자는 기탁금반환(§57), 선거비용보전(§122의2)의 규정에 의하여 반환 · 보전받은 금액을 반환하여야 한다. 비례대표시 · 도의원선거에 있어서 후보자의 당선이 모두 무효로 된 때에는 그 추천정당이 반환해야 한다(§265의2①).

④ 관할선거구선거관리위원회는 위의 반환사유가 발생한 때에는 지체 없이 당해 정당 · 후보자에게 반환하여야 할 금액을 고지하여야 하고, 당해 정당 · 후보자는 그 고지를 받은 날부터 30일 이내에 선거구선거관리위원회에 이를 납부하여야 한다(§265의2②).

⑤ 관할선거구선거관리위원회는 위의 납부기한까지 당해 정당 · 후보자가 납부하지 아니한 때에는 당해 후보자의 주소지(정당에 있어서는 중앙당의 사무소 소재지)를 관할하는 세무서장에게 징수를 위탁하고 관할세무서장이 국세체납처분의 예에 따라 이를 징수한다(§162의2③). 징수된 금액은 지방자치단체에 귀속한다(§265의2④).

⑥ 반환 · 보전된 금액의 반환에 관한 고지방법 · 절차 기타 필요한 사항은 중앙선거관리위원회 규칙으로 정한다(§265의2⑤).

5) **手當과 實費補償**

선거사무장, 선거연락소장, 선거사무원 및 회계책임자에 대하여는 수당과 실비를 지급할 수 있다(공선법 §135:1).

① 정당의 유급사무직원, 국회의원과 그 보좌관 · 비서관 · 비서 또는 지방의회의원이 선거사무장 등을 겸한 때에는 실비만을 보상할 수 있다.

② 공선법에 의하여 수당 · 실비 기타 이익을 제공하는 경우를 제외하고는 수당 ·

실비 기타 자원봉사에 대한 보상 등 명목여하를 불문하고 누구든지 선거운동과 관련하여 금품 기타 이익의 제공 또는 그 제공의 의사를 표시하거나 그 제공의 약속 · 지시 · 권유 · 알선 · 요구 또는 수령할 수 없다(동 §135:3).

③ 회계책임자가 선거사무관계자에게 수당 · 실비 등을 지급하는 때에는 당해 선거사무장 등이 지정한 금융기관의 예금계좌에 입금하는 방법으로 지급하여야 한다(동 §135:4)

6) 選擧費用의 會計

(1) 회계책임자의 선임

지방선거에 있어서 후보자 및 예비후보자(선거연락소의 회계책임자는 선거연락소장 포함)는 선거사무소와 선거연락소마다 선거비용에 관한 수입과 지출을 행할 회계책임자 1인을 선거운동을 할 수 있는 자 중에서 선임하여, 그 성명 · 주소 및 주민등록번호를 당해 선거관리위원회에 서면으로 신고하여야 한다(공선법 § 123:1).

회계책임자 선임시기는 ① 선거사무소의 회계책임자－후보자등록을 신청하는 때, ② 선거연락소의 회계책임자－선거연락소설치신고를 하는 때이다.

후보자 또는 후보자의 선거사무장이나 선거연락소장은 회계책임자를 겸할 수 있으며, 이 경우에도 그 뜻을 당해 선거관리위원회에 신고하여야 한다(공선법 §123:2). 회계책임자는 선거사무원 중에서 회계사무보조자를 둘 수 있다(공선법 §123:3).

회계책임자가 사고 등으로 인하여 그 직무를 수행할 수 없거나 해임 또는 궐위된 때에는 선임권자는 지체 없이 회계책임자를 선임하고 선거관리위원회에 서면으로 신고하되, 그 사유를 기재한 해임서 또는 사임서의 사본을 회계책임자의 교체신고서에 첨부하여야 한다(공선법 §123:5).

회계책임자의 교체가 있는 때에는 선거비용의 수입과 지출에 관한 인계 · 인수서를 작성하여 인계자와 인수자가 서명 · 날인하여야 한다(공선법 §123:6).

(2) 회계책임자의 직무

후보자가 회계책임자를 선임 · 신고한 때에는 선거비용제한액 한도 내에서 회계책임자가 지출할 수 있는 금액의 최고액을 정하고 회계책임자와 그 회계책임자를 선임한 정당의 대표자 또는 후보자가 함께 서명 · 날인한 약정서(선거사무소의 회계책임자에 한함)를 작성하여야 하며, 그 약정서와 회계책임자가 선거비용의 수입과 지출에 관한 사무를 자신의 책임 하에 엄정하게 처리할 것을 다짐하는 선서서를 함께 제출하여야 한다.

후보자 · 선거사무장 또는 선거연락소장이 회계책임자를 겸하게 된 때에도 같다. 다만, 후보자가 회계책임자를 겸하는 경우에는 약정서를 작성하지 아니한다(공선법 §123:4).

회계책임자는 당해 선거관리위원회에 선임 · 신고되기 전에는 선거비용을 수입 · 지출할 수 없다(공선법 §124). 따라서 회계책임자의 선임 · 신고전의 선거비용의 수입과 지출에 관한 사무는 후보자 또는 후보자가 되고자 하는 자(대통령선거에 있어서는 정당의 회계책임자 포함)가 담당하되, 시 · 도의원선거에 있어서는 후보자를 추천한 정당 또는 추천하고자 하는 정당의 회계책임자가 담당한다(공선법 §125:1). 회계책임자를 선임 · 신고한 때에는 선임 · 신고전의 선거비용의 수입과 지출에 관한 인계 · 인수서를 작성하여 인계 · 인수자가 서명 · 날인한 후 현금 및 회계장부 기타 관계서류와 함께 회계책임자에게 인계하여야 한다(공선법 §125:2).

정당 또는 후보자 또는 예비후보자가 회계책임자를 선임 · 신고한 때에는 즉시 당해 선거사무소 또는 선거연락소의 소재지를 주된 영업구역으로 하는 금융기관에 선거비용의 수입과 지출을 위한 예금계좌를 개설하고, 당해 정당 또는 후보자의 성명 · 예금주명 · 금융기관명 · 예금의 종류 · 예금계좌번호를 관할 선거관리위원회에 서면으로 신고하여야 하고(공선법 §127:1), 회계책임자는 모든 선거비용의 수입과 지출을 이 예금계좌를 통해서만 하여야 한다(공선법 §127:2).

회계책임자가 선임 · 신고된 후에는 회계책임자가 아니면 선거비용을 지출할 수 없으나, 회계책임자로부터 지출의 목적과 금액의 범위를 정하여 서면으로 위임받은 회계사무보조자가 지출하는 경우에는 그러하지 아니하다(공선법 §127:3).

회계책임자가 선거비용을 지출할 때에는 이를 지급받는 자가 지정한 금융기관의 예금계좌에 입금하거나, §127:1에 의하여 개설한 예금계좌를 결제계좌로 하는 신용카드 또는 수표를 사용해야 한다. 다만, 지출금액이 20만원(분할지급 때는 총액) 미만인 때는 그러하지 아니하다(§127:4). 현금으로 지출할 수 있는 금액은 선거비용제한액의 100분의 10을 넘을 수 없다(§127:5).

회계책임자는 선거비용의 수입과 지출보고서, 예금통장의 사본을 관할 선거관리위원회에 제출하여야 하고(공선법 §128, §132), 중앙선거관리위원회의 규칙으로 정하는 회계장부를 비치하고 영수증 기타 증빙서류를 구비하여야 한다(공선법 §129, §130).

회계책임자는 선거비용에서 지출하여야 할 모든 비용을 선거일후 20일까지 정산하고 선거비용에 관한 회계를 마감하여야 한다(공선법 §131).

관할 선거관리위원회는 선거비용의 지출보고서, 영수증 등 증빙서류의 사본을 당해 선거관리위원회의 사무소에 비치하고, 선거비용의 수입과 지출보고서의 공고일부터 3월간 열람에 공하여야 하고(공선법 §133:1), 열람인은 수입과 지출보고서의 내용에 관하여 이의가 있는 때에는 그 이의에 관한 증빙서류를 첨부하여 열람기간 중에는 언제든지 관할 선거관리위원회에 서면으로 이의신청을 할 수 있으며(공선법 §133:2), 선거비용에 관한 수입과 지출보고서 및 그 명세서의 사본의 교부를 서면으로 신청할 수 있다(공선법 §133:5).

회계책임자는 회계장부와 영수증 기타 증빙서류를 선거일로부터 3년간 보존하여야 하는데 회계책임자는 당해 선거관리위원회에 그 보존을 위탁할 수 있다(공선법 §136).

(3) 선거비용의 초과지출 및 부정지출

선거사무장 또는 선거사무소의 회계책임자가 공고된 선거비용제한액의 200분의 1 이상을 초과지출한 이유로 선무사무장 또는 선거사무소의 회계책임자가 징역형 또는 300만 원 이상의 벌금형의 선고를 받은 경우와 선거사무소의 회계책임자가 회계보고서를 허위기재하거나 고의로 누락하여 같은 형을 선고받은 때에는 그 후보자의 당선은 무효로 된다(공선법 §263:1 본문). 다만 다른 사람의 유도 또는 도발에 의하여 당해 후보자의 당선을 무효로 되게 하기 위하여 지출한 때에는 그러하지 아니하다.

7) 選擧費用에 관한 調査權

(1) 서류 및 관계인 조사권

각급선거관리위원회(투표구선거관리위원회 제외)는 선거비용의 수입과 지출에 관하여 확인할 필요가 있다고 인정되는 때에는 회계장부 기타 출납서류를 보거나, 정당·후보자·예비후보자·회계책임자 또는 선거비용에서 지출하는 비용을 지급받거나 받을 권리가 있는 자 기타 관계인에 대하여 조사할 수 있으며, 보고 또는 자료의 제출을 요구할 수 있다(공선법 § 134:1).

(2) 금융자료조사권

관계 선거관리위원회는 선거비용의 수입과 지출에 관한 조사를 위하여 불가피한 경우에는 다른 법률의 규정에 불구하고 금융기관의 장에게 이 법에 위반하여 선거비용을 주거나 받은 혐의가 있다고 인정되는 상당한 이유가 있는 자의 계좌개설내역, 통장원부사본, 계좌이체의 경우 거래상대방의 인적사항, 수표발행기관 및 발행의뢰인

인적사항 등 거래자료의 제출을 요구할 수 있다(§ 134:2). 이 경우 요구를 받은 자는 지체 없이 이에 따라야 한다(§ 134:3). 거래정보 등을 알게 된 자는 그 거래정보를 타인에게 제공 또는 누설하거나 목적 외 용도로 사용해서는 안된다(§ 134:4).

(3) 고발 또는 수사

선거관리위원회는 선거비용의 수입과 지출보고서에 대한 이의신청과 열람·보고 또는 제출된 자료 등에 의하여 회계장부 기타의 출납서류 또는 수입과 지출보고서의 내용 중 허위사실의 기재·불법지출이나 초과지출 기타 이 법에 위반되는 사실이 있다고 인정되는 때에는 관할 수사기관에 고발 또는 수사의뢰 기타 필요한 조치를 취하여야 한다(공선법 §134:5).

8) 地方自治團體가 부담하는 選擧經費

지방선거에 있어서 선거의 관리준비와 실시에 필요한 다음의 경비는 당해 지방자치단체가 부담한다(공선법 §277:2).

(1) 선거관리경비의 범위

① 선거의 관리준비와 실시에 필요한 경비
② 선거에 관한 계도·홍보 및 단속사무에 필요한 경비
③ 선거에 관한 소송에 필요한 경비
④ 선거에 관한 소송의 결과로 부담하여야 할 경비
⑤ 선거결과에 대한 자료의 정리에 필요한 경비
⑥ 선거관리를 위한 선거관리위원회의 운영 및 사무처리에 필요한 경비
⑦ 선거에 관한 訴請에 필요한 경비
⑧ 선거에 관한 소청의 결과로 부담하여야 할 경비

(2) 선거관리경비의 납부

선거관리경비는, ① 임기만료에 의한 선거에 있어서는 당해 선거의 선거기간개시일이 속하는 연도의 본예산에 편성하여야 하며, 늦어도 선거기간개시일전 60일까지 시·도의 의회의원 및 장의 선거에 있어서는 당해 시·도선거관리위원회에, 자치구·시·군의 의회의원 및 장의 선거에 있어서는 당해 선거구선거관리위원회에 납부하여야 하며, ② 보궐선거 등에 있어서는 그 사무의 수행에 지장이 없도록 그 선거의

실시사유가 확정된 때부터 15일까지 시·도의 의회의원 및 장선거에 있어서는 해당 시·도선거관리위원회에, 자치구·시·군의회의원 및 장선거에 있어서는 당해 선거구선거관리위원회에 납부하여야 한다(공선법 §272:2 본문).

(3) 재해보상준비금

중앙선거관리위원회는 각급 선거관리위원회위원, 선거부정감시단원, 투표 및 개표사무원(공무원제외), 이 선거기간(선거부정감시단원의 경우 선거부정감시단을 두는 시기부터 선거일까지)중에 선거업무로 인하여 질병·부상·사망한 때에는 중앙선거관리위원회 규칙이 정하는 바에 의하여 보상금을 지급하여야 한다(공선법 §277의2①).

중앙선거관리위원회는 위의 보상을 위하여 매년 예산에 재해보상금을 계상하여야 한다(동 §277의2②).

지방자치단체가 선거관리경비를 배정 또는 납부한 후에 이미 그 경비를 배정 또는 납부한 선거와 동시에 선거를 실시하여야 할 새로운 사유가 발생하거나, 배정 또는 납부한 경비에 부족액이 발생한 때에는 그 경비가 시·도의 의회의원 및 장선거에 따르는 것이면 시·도선거관리위원회의, 자치구·시·군의 의회의원 및 장선거에 따른 것이면 당해 선거구선거관리위원의 요구에 의하여 당해 선거의 선거일부터 15일 안에 당해 선거관리위원회에 배정 또는 납부하여야 한다(공선법 §277:3, 4).

6. 當選人의 決定

투표는 직접 또는 우편으로 하되, 1인1표로 한다. 이 경우 시·도의원선거에 있어서는 지역구의원선거 및 비례대표선거마다 1인 1표로 한다(§146:2)

지방선거에 있어서 당선인의 결정은 지방의회의원의 경우와 지방자치단체의 장의 경우가 다르다.

1) 지방의회의원 선거

지방의회의원선거에 있어서는 선거구선거관리위원회가 당해 선거구에서 유효투표의 다수를 얻은 자(자치구·시·군의회의원선거에 있어서는 유효투표의 다수를 얻은 자 순으로 의원정수에 이르는 자)를 당선인으로 결정한다. 다만, 최고득표자가 2인 이상인 때에는 연장자순에 의하여 당선인을 결정한다(공선법 §190).

① 무투 · 개표로 당선인을 결정하는 경우는 다음 두 가지이다.

㉮ 후보자 등록 마감시각에 후보자가 당해 선거구에서 선거할 의원정수를 넘지 아니하거나, 후보등록마감 후 선거일 투표개시시각까지 후보자가 사망하거나 등록이 무효로 되어 후보자수가 당해 선거구에서 선거할 의원정수를 넘지 아니하게 된 때에는 투표를 실시하지 아니하고, 선거일에 그 후보자를 당선인으로 결정한다(공선법 §190:2).

㉯ 선거일의 투표개시시각부터 투표마감시각까지 후보자가 사퇴 · 사망하거나 등록무효가 되어 후보자가 의원정수를 넘지 아니하게 된 때에는 나머지 투표는 실시하지 아니하고 그 후보자를 당선인으로 결정한다(공선법 §190:3, §188:4).

㉰ 비례대표시 · 도의원선거에 있어서는 시 · 도선거관리위원회가 유효투표총수의 100분의 5이상 득표한 각 정당(의석할당정당)에 대하여 당해 선거에서 얻은 득표비율에 비례대표시 · 도의원정수를 곱하여 산출된 정수(整數)의 의석을 먼저 배분하고 잔여의석을 단수(端數)가 큰 순으로 각 의석할당정당에 배분하되, 같은 단수가 있는 때에는 그 득표수가 많은 정당에 배분하고 그 득표수가 같은 때에는 당해 정당사이의 추첨에 의한다. 이 경우 득표비율을 각 의석할당정다의 득표수를 모든 의석할당정당의 득표수의 합계로 나누고 소수점 이하 제5위를 반올림하여 산출한다(공선법 §190:4).

관할시 · 도선거관리위원회는 제출된 정당별 비례대표시 · 도의원후보자 명부에 게재된 순위에 따라 정당에 배분된 비례대표시 · 도의원 의석의 당선인을 결정한다(공선법 §190:6). 정당에 배분된 비례대표시 · 도의원 의석수가 그 정당이 추천한 비례대표시 · 도의원 후보자 수를 넘는 때에는 그 넘는 의석은 공석으로 한다(공선법 §190:7).

시 · 도선거관리위원회는 비례대표시 · 도의원선거에 있어서 천재 · 지변 등으로 인한 재투표사유가 발생한 때에는 그 투표구의 선거인 수를 당해 시 · 도의 선거인수로 나눈 수에 비례대표시 · 도의원 의석정수에서 뺀 다음 의석을 배분하고 당선인을 결정한다.

다만, 비례대표시 · 도의원 의석배분이 배제된 정당 중 재투표결과에 따라 의석할당정당이 추가될 것으로 예상되는 때에는 추가가 예상되는 정당마다 비례대표시 · 도의원 정수의 100분의5에 해당하는 정수를 별도로 빼야 한다(공선법 §190:8)

위 ㉮, ㉯의 경우로서 투표를 실시하지 아니하는 때에는 당해 선거구선거관리위원회는 지체 없이 이를 공고하고, 상급선거관리위원회에 보고하여야 하며,

하급선거관리위원회에 통지하여야 한다(공선법 §190:3, §188:5).

② 선거일의 투표마감시각후 당선일결정전까지 후보자가 사퇴·사망·등록무효가 된 경우에는 개표결과 유효투표의 다수를 얻은 자를 당선인으로 결정하되, 사퇴·사망·등록무효로 된 자가 유효투표의 다수를 얻은 때에는 그 선거구는 당선인이 없는 것으로 본다(공선법 §190:3, §188:4).

③ 천재·지변 기타 부득이한 사유로 인하여 개표를 모두 마치지 못하였다 하더라도 개표를 마치지 못한 지역의 투표가 선거의 결과에 영향을 미칠 염려가 없다고 인정되는 때에는 중앙선거관리위원회가 우선 당선인을 결정할 수 있다(공선법 §190:3, §187:4). 이 경우 당선인의 결정은 중앙선거관리위원회의 재량사항임을 유의하여야 한다.

④ 지방의회의원선거에 있어서 당선인이 결정된 때에는 당해 선거구선거관리위원회위원장은 이를 공고하고, 지체 없이 당선인에게 당선증을 교부하여야 하며, 상급선거관리위원회에 보고하여야 한다(공선법 §190:3, §188:6).

2) 지방자치단체의 장 선거

지방자치단체의 장선거에 있어서는 선거구선거관리위원회가 유효투표의 다수를 얻은 자를 당선인으로 결정하고, 이를 당해 지방의회의장에게 통지하여야 한다. 다만, 최고득표자가 2인 이상인 때에는 연장자를 당선자로 결정한다(공선법 §191:1).

① 무투·개표 당선제는 인정되지 아니한다. 후보자등록마감시각에 후보자가 1인이거나 후보자등록마감 후 선거일투표마감시각까지 후보자가 사퇴·사망·등록무효가 되어 후보자수가 1인이 된 때에도 투표를 실시하여 그 득표수가 유효투표총수의 3분의 1이상에 달하여야 당선인으로 결정한다(공선법 §191:2).

또한 선거일의 투표마감 시각 후 당선인 결정전까지 후보자가 사퇴·사망·등록무효가 된 경우에도 후보자가 1인인 때에는 그 득표수가 유효투표총수의 3분의 1 이상을 얻은 자를 당선자로 결정하되, 사퇴·사망·등록무효가 된 자가 더 많은 유효투표를 얻은 때에는 그 선거구에는 당선자가 없는 것으로 한다(공선법 §191:3, §188:4).

② 당선인의 결정·공고·통지 및 천재·지변 기타 부득이 한 사유가 있을 때의 개표중 당선인의 결정 등은 지방의회의원선거의 경우와 같다(공선법 §191:3).

3) 當選無效와 당선인결정의 錯誤시정

(1) 피선거권상실로 인한 당선무효

① 선거일에 피선거권이 없는 자는 당선인이 될 수 없으며(공선법 §192:1), 당선인이 임기개시 전에 피선거권이 없게 된 때에는 당선의 효력이 상실된다(공선법 §192:2).

② 당선인이 임기개시 전에 피선거권이 없음이 발견된 때, 당선인이 등록무효사유(공선법 §52)에 해당하는 사실이 발견된 때는 그 당선을 무효로 한다(공선법 §192:3).

③ 비례대표시 · 도의원이 소속정당의 합당 · 해산 또는 제명외의 사유로 당적을 이탈 · 변경하거나 2 이상의 당적을 가지고 있는 때에는 퇴직된다(공선법 §192:4).

(2) 연대책임제에 의한 당선무효

① 선거비용의 초과지출 및 부정지출로 인한 당선무효

선거비용제한액의 200분의 1 이상을 초과지출한 이유로 선거사무장 · 선거사무소의 회계책임자 또는 예비후보자의 회계책임자가 징역형 또는 300만 원 이상의 벌금형의 선고를 받은 때에는 그 후보자의 당선은 무효로 된다(공선법 § 263:1).

선거사무소의 회계책임자가 회계보고서를 허위기재하거나 고의로 누락하여 징역형 또는 300만 원 이상의 벌금형의 선고를 받은 때에는 그 후보자(비례대표시 · 도의원 후보자 제외)의 당선은 무효로 된다(공선법 § 263:2).

② 선거사무장 등의 선거범죄로 인한 당선무효

선거사무장, 선거사무소의 회계책임자(선거사무소의 회계책임자로 선임 · 신고되지 아니한 자로서 후보자와 통모하여 당해 후보자의 선거비용으로 지출한 금액이 선거비용제한액의 3분의 1 이상에 해당하는 자 포함) 또는 후보자(후보자가 되고자 하는 자 포함), 직계존 · 비속 등이 당해 선거에서 당선무효유도죄, 기부행위를 한 죄 또는 정치자금부정수수죄를 범하여 징역형 또는 300만 원 이상의 벌금형의 선고를 받은 때에 그 후보자의 당선은 무효가 된다(공선법 § 265).

(3) 당선인의 선거범죄로 인한 당선무효

당선인이 당해 선거에 있어서 범한 선거범죄로 인하여 징역 또는 100만 원 이상의 벌금형의 선고를 받은 때에는 그 당선은 무효가 된다(공선법 §264).

(4) 당선무효의 통지

관할선거구선거관리위원회는 당선인의 당선의 효력이 상실되거나, 당선의 무효로 된 때에는 그 사실을 공고하고, 당해 당선인 및 그 당선인의 추천정당에 통지하여야 하며, 당해 지방의회의장에게 통지하여야 한다(공선법 §192:5).

(5) 당선인결정의 착오시정

선거구선거관리위원회는 당선인결정에 명백한 착오가 있는 것을 발견한 때에는 선거일후 10일 이내에 당선인의 결정을 시정하여야 한다(공선법 §193:1). 선거구선거관리위원회가 당선인결정의 착오를 시정하는 때에는 비례대표시 · 도의원선거와 시 · 도지사선거에 있어서는 중앙선거관리위원회의, 지역구시 · 도의원 자치구 · 시 · 군의회의원선거 및 자치구 · 시 · 군의 장선거에 있어서는 시 · 도선거관리위원회의 심사를 받아야 한다(공선법 §193:2).

(6) 당선인의 재결정과 비례대표시·도의원 의석의 재배분

당선인의 결정의 위법을 이유로 당선무효의 판결이나 결정이 확정된 때에는 당해 선거구선거관리우원회는 지체 없이 당선인을 다시 결정하여야 한다(공선법 §194:2). 선거구선거관리위원회는 비례대표시 · 도의원선거의 당선인이 그 임기 개시 전에 사퇴 · 사망하거나 피선거권 상실 등(공선법 §192:2,3)에 의하여 당선의 효력이 상실되거나 당선이 무효로 된 때에는 그 선거당시의 소속정당이 추천한 후보자를 비례대표시 · 도의원 후보자명부에 기재된 순위에 따라 당선인으로 결정한다(공선법 §194:3).

선거구선거관리위원회는 비례대표시 · 도의원선거에 있어서 후보자가 없거나 당선인이 없거나(공선법 §195:1), 선거의 연기, 선거의 일부무효로 인한 재선거, 천재 · 지변 등으로 인한 재투표를 실시한 때에는 당초 선거에서의 득표수와 재선거 등에서 득표수를 합하여 득표비율을 산출하고 그 득표비율에 의석정수를 곱하여 얻은 수에서 각 정당이 이미 배분받은 의석수를 뺀 수가 큰 순위에 따라 잔여의석을 배분하고 당선인을 결정한다(공선법 §194:4).

7. 選擧爭訟

지방선거에 있어서 인정되는 쟁송수단으로는, ① 選擧訴請, ② 選擧訴訟, ③ 當選

訴訟 등이 인정된다.

1) 選擧訴請

(1) 民衆爭訟으로서의 선거소청

선거소청제는 지방선거에 있어서만이 인정되는 쟁송수단이다. 民衆爭訟으로서의 성격을 갖는다.

민중쟁송은 당사자 사이의 구체적인 권리 · 의무에 관한 분쟁의 해결을 위한 것이 아니라 행정감독적 견지에서 행정법규의 정당한 적용을 확보하거나 선거 등의 공정의 확보를 위한 쟁송으로서 객관적 쟁송에 속한다. 따라서 민중쟁송은 법률의 규정이 있는 경우에 한하여 제기할 수 있다(행정소송법 §45 참조).

지방자치단체의 의회의원 및 장의 선거에 있어서 당선 및 선거의 효력에 관하여 이의가 있는 선거인 · 정당(후보자를 추천한 정당에 한함) · 후보자는 당선인결정일 또는 선거일로부터 14일 이내에 당해 선거의 선거구관리위원장을 피소청인으로 하여 지역구시 · 도의원선거, 자치구 · 시 · 군의원선거 및 자치구 · 시 · 군의 장선거에 있어서는 시 · 도선거관리위원회에, 비례대표시 · 도의원선거 및 시 · 도지사선거에 있어서는 중앙선거관리위원회에 소청을 제기할 수 있다(공선법 §219:1, 2).

(2) 當事者

訴請人은 선거의 효력에 관하여 이의가 있는 선거인 · 정당(후보자를 추천한 정당에 한함) · 후보자와 당선의 효력에 관하여 이의가 있는 정당(후보자를 추천한 정당에 한함) · 후보자이다.

被訴請人은 선거의 효력에 다툼이 있는 경우(선거소청)에는 당해 선거구선거관리위원회위원장이 되나(공선법 §219:1), 당선의 효력에 관하여 다툼이 있는 경우(당선소청)에는 그 사유에 따라 피소청인이 달라진다.

즉, 등록무효(공선법 §52:1, 2) 또는 피선거권상실로 인한 당선무효(공선법 §192:1～3) 사유를 소청이유로 제기하는 때에는 당선인이 피소청인이 되고, 지방의회의원 및 지방자치단체의 장선거의 당선인결정의 위법을 이유로 하는 때에는 당해 선거구선거관리위원장이 피소청인이 된다(공선법 §219:2).

피소청인으로 될 당해 선거구선거관리위원회위원장이 궐위된 때에는 당해 선거구선거관리위원회위원 전원을 피소청인으로 한다(공선법 §219:3).

피소청인으로 될 당선인이 사퇴 · 사망 · 당선효력상실 · 당선무효로 된 때에는 당해 선거구선거관리위원회위원장을, 당해 선거구선거관리위원장이 궐위된 때에는 당해 선거구선거관리위원회위원 전원을 피소청인으로 하여야 한다(공선법 §219:4).

(3) 訴請提起期間

소청인은 선거일 도는 당선결정일로부터 14일 이내에 소청을 제기하여야 한다(공선법 §219:1,2).

(4) 訴請決定機關

지방의회의원선거 및 자치구 · 시 · 군의 장선거에 있어서는 시 · 도선거관리위원회가, 시 · 도지사선거에 있어서는 중앙선거관리위원회가 소청결정기관이 된다(공선법 §219:1, 2).

(5) 訴請提起形式—訴請狀

訴請은 書面으로 하여야 한다(要式主義). 訴請狀에는 ① 소청인의 성명과 주소, ② 피소청인의 성명과 주소, ③ 소청의 취지 및 이유, ④ 소청의 대상이 되는 처분의 내용, ⑤ 대리인 또는 선정대표자가 있는 경우에는 그 성명과 주소를 기재후 기명 · 날인하여야 한다. 이 경우 訴請狀에는 당사자 數에 해당하는 부본을 첨부하여야 한다(공선법 §219:5).

(6) 訴請의 決定節次

① 소청장을 접수한 중앙선거관리위원회 또는 시 · 도선거관리위원회는 지체 없이 소청장부본을 당사자에게 송달하여야 한다(공선법 §219:6). 소청장부본을 송달받은 피소청인은 중앙선거관리위원회 또는 시 · 도선거관리위원회가 지정한 기일까지 답변서를 제출하여야 한다. 이 경우 당사자 수에 상응하는 부본을 첨부하여야 하며, 답변서를 접수한 중앙선거관리위원회 또는 시 · 도선거관리위원회는 그 부본을 당사자에게 송달하여야 한다(공선법 §219:7).

② 소청을 접수한 중앙선거관리위원회 또는 시 · 도선거관리위원회는 소청을 접수한 날부터 60일 이내에 그 소청에 대한 결정을 하여야 한다(공선법 §220:1). 그 決定은 반드시 書面으로 하여야 하며, 그 決定書에는 ㉠ 사건번호와 사건명, ㉡ 당사자 · 참가인 · 대리인의 성명과 주소, ㉢ 주문, ㉣ 소청의 취지, ㉤ 이유, ㉥ 결정한 날짜를 기재하고 결정에 참여한 위원이 서명 · 날인하여야 한다(공선법 §220:2).

중앙선거관리위원회 또는 시 · 도선거관리위원회는 지체 없이 결정서의 정본을 소청인 · 피소청인 · 참가인에게 송달하여야 하며, 그 결정요지를 공고하여야 한다(공선법 §220:3).

③ 訴請決定의 效力은 결정서의 정본이 소청인 · 피소청인 · 참가인에게 송달된 때에 발생한다(공선법 §220:4). 소청의 결정에 관하여 불복이 있는 소청인은 선거소송 또는 당선소송을 제기할 수 있다.

(7) 行政審判法의 準用

선거소청에 관하여는 공직선거 및 선거부정방지법에 규정된 것을 제외하고는 행정심판법의 관계조항을 준용하고, 기타 필요한 사항은 중앙선거관리위원회규칙으로 정한다(공선법 §221).

2) 選擧 및 當選訴訟

선거소청과 선거 및 당선소송의 관계에 있어서는 訴請前置主義가 적용된다.

(1) 選擧訴訟

지방자치단체의 의회의원 및 장의 선거에 있어서 선거의 효력에 관한 소청의 결정에 불복이 있는 소청인(당선인을 포함한다)은 당해 선거구선거관리위원장을 피고로 하여 선거소송을 제기할 수 있다. 이 경우 피고로 된 위원장이 궐위된 때에는 당해 선거구선거관리위원 전원을 피고로 한다(공선법 §222:3).

선거소송의 제기기간은 소청에 관한 결정서의 정본을 받은 날로부터 10일이내에, 소청결정기관이 소청을 접수한 날부터 60일 이내에 결정하지 아니한 때에는 그 기간이 종료된 날부터 10일 이내에 제기하여야 한다(공선법 §222:2).

선거소송의 관할법원은 비례대표시 · 도의원선거 및 시 · 도지사선거의 경우는 대법원이 되고, 지역구시 · 도의원선거, 자치구 · 시 · 군의원선거 및 자치구 · 시 · 군의 장선거에 있어서는 그 선거구를 관할하는 고등법원이 된다(공선법 §222:2).

(2) 當選訴訟

지방자치단체의 의회의원 및 장의 선거에 있어서 당선의 효력에 관한 소청의 결정에 불복이 있는 소청인 또는 당선인인 피소청인(당선인의 결정의 위법을 이유로 선거구선거관리위원장이 피소청인인 경우에는 당선인을 포함한다)은 당선인(당선인의 결정의 위법을 이유로 하는 때에는 관할 선거구선거관리위원회 위원장을 말한다)을 피고로 하여 당선소송을 제기할 수 있다(공선법 §223:2). 이 경우 피고로 될 관할 선거구선거관리위원장이 궐위된 때에는 당해 선거구선거관리위원 전원을 피고로 하고(공선법 §223:3), 피고로 될 당선인이 사퇴·사망·당선의 효력상실·당선무효인 경우에는 관할 고등검찰청 검사장을 피고로 한다(공선법 §223:4).

당선소송은 소청에 관한 결정서의 정본을 받은 날로부터 10일 이내에, 소청결정기관이 소청을 접수한 날로부터 60일 이내에 결정하지 아니한 때에는 그 기간이 종료된 날부터 10일 이내에 제기하여야 한다.

당선소송의 관할 법원은 비례대표시·도의원선거 및 시·도지사선거에 있어서는 대법원이고, 지역구시·도의원선거, 자치구·시·군의원선거 및 자치구·시·군의 장선거에 있어서는 그 선거구를 관할하는 고등법원이다(공선법 §223:2).

3) 選擧爭訟의 特別節次

(1) 선거쟁송처리기간(우선처리의 원칙)

선거에 관한 소청이나 소송은 다른 쟁송에 우선하여 신속히 결정 또는 재판하여야 하며, 소송에 있어서 受訴法院은 소가 제기된 날부터 180일이내에 처리하여야 한다(공선법 §225).

(2) 쟁송에 관한 통지의무

소청이 제기된 때 또는 소청이 係屬되지 아니하게 되거나 결정된 때에는 중앙선거관리위원회 또는 시·도선거관리위원회는 당해 지방자치단체와 지방의회 및 관할 선거구선거관리위원회에 통지하여야 한다(공선법 §226:1).

訴가 제기된 때 또는 소송이 係屬되지 아니하게 되거나 판결이 확정된 때에는 대법원장 또는 고등법원장은 당해 지방자치단체와 지방의회 및 관할 선거구선거관리위원회에 통지하여야 한다(공선법 §226:2).

(3) 증거보전신청과 검증

정당(후보자를 추천한 정당에 한한다) 또는 후보자는 개표완료 후에 선거쟁송을 제기하는 때의 증거를 보전하기 위하여 그 구역을 관할하는 지방법원 또는 그 支院에 투표함·투표지·투표록 등의 보전신청을 할 수 있다(공선법 §228:1).

증거보전신청이 있는 때에는 법관은 현장에 출장하여 조서를 작성하고 적절한 보관방법을 취하여야 한다. 다만, 소청심사에 필요한 경우 중앙선거관리위원회 또는 시 · 도선거관리위원회는 증거보전신청자의 신청에 의하여 관계법관의 입회하에 증거보전물품에 대한 검증을 할 수 있다(공선법 §228:2).

법원 또는 선거관리위원회의 증거보전신청에 관한 처분은 소청의 제기가 없거나 선거소송 · 당선소송의 제기가 없는 때에는 그 효력을 상실한다(공선법 §228:3).

선거에 관한 소송에 있어서 대법원 및 고등법원은, 고등법원 · 지방법원 또는 그 지원에 증거조사를 촉탁할 수 있다(공선법 §228:4).

(4) 선거·당선무효결정 및 판결

소청이나 소장을 접수한 선거관리위원회 또는 대법원이나 고등법원은 선거쟁송에 있어 선거에 관한 규정에 위반된 사실이 있는 때라도 선거의 결과에 영향을 미쳤다고 인정하는 때에 한하여 선거의 전부나 일부의 무효 또는 당선의 무효를 결정하거나 판결한다(공선법 §224).

(5) 印紙첨부에 관한 특례

선거에 관한 소송에 있어서는 民事訴訟 등 印紙法의 규정에 불구하고 소송서류에 첨부하여야 할 인지는 민사소송 등 인지법에 규정된 금액의 10배로 한다(공선법 §229).

(6) 行政訴訟法의 準用과 제외

선거에 관한 소송에 있어서는 공직선거 및 선거부정방지법에 규정된 것을 제외하고는 행정소송법 제8조 2항 및 제26조(직권심리)의 규정을 준용한다.

다만, 같은 법 제8조 2항에서 준용되는 민사소송법 제145조(화해의 권고), 제147조(제출기간의 제한), 제149조(실기한 공격 · 방어방법의 각하), 제150조(자백간주) 제1항, 제220조(화해 · 포기 · 인락조서의 효력), 제225조(결정에 의한 화해권고), 제226조(결정에 대한 이의신청), 제227조(이의신청의 방식), 제228조(이의신청의 취하), 제229조(이의신청권의 포기), 제230조(이의신청의 각하), 제231조(화해권고결정의 효력), 제232조(이의신청에 의한 소송복귀 등) 제284조(변론준비절차종결) 제1항, 제285조(준비기일종결의 효과), 제288조(불요증사실)의 규정은 제외한다(공선법 §227).

8. 選擧犯罪에 대한 特則

공직선거 및 선거부정방지법의 제정으로 새로이 연대책임제에 의한 당선무효, 공무담임제한, 공소시효의 법정화, 선거범판결우선제, 재정신청제 등이 도입되었다.

1) 連帶責任制에 의한 후보자의 당선무효

(1) 선거비용의 초과지출 및 부정지출로 인한 당선무효

선거비용제한액(공선법 §122)의 200분의 1이상을 초과지출한 이유로 선거사무장, 선거사무소의 회계책임자 또는 예비후보자의 회계책임자가 징역형 또는 300만 원 이상의 벌금형의 선고를 받는 때에는 그 후보자의 당선은 무효가 된다(공선법 §263:1).

선거사무소의 회계책임자가 회계보고서를 허위기재하거나 고의로 누락하여 징역형 또는 300만 원 이상의 벌금형의 선고를 받은 때에는 그 후보자(비례대표후보자 제외)의 당선은 무효로 된다(공선법 §263:2)

여기에서 유의할 것은 두 가지이다.

첫째, 징역형의 선고만으로 당선무효가 된다는 사실이다.

형의 효력은 확정에 의하여 발효되는 것이 원칙이나, 여기에서는 형의 선고만으로 당선무효의 효력이 발생케 하였다. 이것은 선거부정의 발호를 발본하겠다는 공명선거의 의지의 발현인 동시에 연대책임제를 엄격히 시행코자 하는 취지로 보아야 한다.

둘째, 그 초과지출행위가 다른 사람의 유도 또는 도발에 의하여 당해 후보자의 당선을 무효로 되게 하기 위하여 행하여진 때에는 당선무효가 되지 않는다(공선법 §263 단서). 이는 선거과정에서의 음해행위를 차단하려는 것이지만, 그 행위가 다른 사람의 고의에 의한 유도였다는 사실의 입증책임은 그것을 주장하는 자에게 있는만큼 그 거증의 정도가 문제이다.

(2) 선거사무장 등의 선거범죄로 인한 당선무효

선거사무장 · 선거사무소의 회계책임자 또는 후보자(후보자가 되고자 하는 자 포함)의 직계존 · 비속 및 배우자가 당해 선거에 있어서 당선무효유도죄(동 § 234) 또는 기부행위의 금지제한 등 위반죄(동 § 257) 중 기부행위를 한 죄, 정치자금부정수수죄(정치자금에 관한 법률 § 30)를 범함으로 인하여 징역형 또는 300만 원 이상의 벌금형의 선고를 받은 때에는 그 후보자(비례대표시 · 도의원 후보자 제외)의 당선은 무효가 된다(공선법 § 265).

그 당선무효의 시기, 타인의 유도에 의한 경우의 예외 등은 선거비용의 초과지출 및 부정지출로 인한 당선무효의 경우와 같다.

2) 선거범죄로 인한 公務擔任制限

선거범죄로 인하여 공무담임이 제한되는 경우는 다음의 구성요건을 충족하여야 한다(공선법 §266).

① 일정한 선거범죄를 범하여야 한다. 즉, 다른 법률의 규정에 불구하고 매수 및 이해유도죄(동 §230), 재산상의 이익목적의 매수 및 이해유도죄(동 §231), 후보자에 대한 매수 및 이해유도죄(동 §232), 당선인에 대한 매수 및 이해유도죄(동 §233), 당선무효유도죄(동 §234), 선거의 자유방해 및 부정선거운동죄(동 §237~255), 각종 제한규정위반죄(동 §256:1~2), 기부행위의 금지제한 등 위반죄 및 선거범죄선동죄(동 §257) 내지 선거범죄선동죄(동 §259) 등 27개 항의 선거범죄를 범한 자이어야 한다.

② 그 선거범죄로 인하여 징역형의 선고 또는 형의 집행유예선고를 받거나 100만 원 이상 벌금형의 선고를 받아야 한다. 형의 선고만으로 공무담임제한의 효력이 발생한다.

③ 공무담임제한기간은 징역형 또는 그 형의 집행유예선고를 받은 자는 그 형이 확정된 날로부터 10년간, 벌금형을 선고받은 자는 그 형이 확정된 날로부터 5년간이다.

④ 공무담임이 제한되는 직종은 거의 모든 공직이다. 그 공직의 범위는 법에 열거되어 있으나 그 범위가 포괄적이기 때문이다. 그 담임이 제한되는 직에는 취임 또는 임용될 수 없다.

공직선거 및 선거부정방지법에 열거된 직종은 다음과 같다(공선법 §266:1~5호).

㉮ 동법 제53조(공무원 등의 입후보) 제1항 각호의 1에 해당하는 직[같은 조 같은 항 제5호의 경우 각 조합의 조합장 및 상근직원을 포함한다]

㉯ 동법 제60조(선거운동을 할 수 없는 자) 제1항 5호 또 6호에 해당하는 직

㉰ 공직자윤리법 제3조(등록의무자) 제1항 10호 또는 11호에 해당하는 기관·단체의 임·직원

㉱ 사립학교법 제53조(학교의 장의 임면) 또는 같은 법 제53조의 2(학교의 장이 아닌 교원의 임면)의 규정에 의한 교원

㉲ 방송법 제21조(위원회의 구성 등)의 규정에 의한 방송위원회의 위원

3) 選擧犯의 公訴時效 및 裁判期間

① 선거범의 공소시효를 법률로 규정하였다. 공직선거 및 선거부정법에 규정한 죄의 공소시효는 당해 선거일 후 6월(선거일 후에 행해진 범죄는 그 행위가 있은 날부터 6월)을 경과함으로써 완성한다. 다만, 범인이 도피한 때나 범인이 공범 또는 범죄에 필요한 참고인을 도피시킨 때에는 그 기간은 선거일 후 3년으로 한다(동법 § 268:1).

그러나 § 136(회계장부 기타 서류의 보전)의 제1항을 위반한 죄의 공소시효는 그 보전기간 만료일을 경과함으로써 완성된다(§ 268:2)

선거에 관한 범죄로 당선인, 후보자, 후보자의 직계 존·비속 및 배우자, 선거사무장, 선거사무소의 회계책임자를 기소한 때에는 당해 선거구선거관리위원회에 이를 통지하여야 한다(동법 §267:1).

② 선거범에 관한 재판우선제를 도입하였다. 선거범과 그 공범에 관한 재판은 다른 재판에 우선하여 신속히 하여야 하며, 그 판결의 선고는 제1심에서는 공소가 제기된 날부터 6월 이내에, 제2심 및 제3심에서는 전심의 판결의 선고가 있는 날부터 각각 3월 이내에 반드시 하여야 한다(동법 §270)고 규정하여 선거범에 관한 재판은 공소가 제기된 날부터 최장 1년 이내에 재판이 종결되도록 하였다. 매수 및 이해유도죄 등 일정한 범죄(동법 §230~235, §237~259에 규정된 범죄)에 대한 확정판결을 행한 재판장은 그 판결서 등본을 당해 선거구선거관리위원회에 송부하여야 한다(동법 §267:2).

③ 선거범에 관한 재판의 관할도 법정하였다. 선거범과 그 공범에 관한 제1심 재판은 법원조직법 제32조(합의부의 심판권) 제1항의 규정에 의한 지방법원합의부 또는 지원의 합의부관할로 한다. 다만, 군사법원이 재판권을 갖는 선거범과 그 공범에 관한 제1심 재판은 군사법원법 제11조(보통 군사법원의 심판사항)의 규정에 의한 보통군사법원의 관할로 한다(동법 §269).

④ 선거범에 관한 재판에서 피고인이 공시송달에 의하지 아니한 적법한 소환을 받고서도 공판기일에 출석하지 아니한 때에는 다시 기일을 정하는데, 피고인이 정당한 사유 없이 다시 정한 기일 또는 그 후에 열린 공판기일에 출석하지 아니한 때에는 피고인의 출석 없이 공판절차를 진행(궐석재판)할 수 있다(§ 270의2 ①②). 이 경우에는 출석한 검사 및 변호인의 의견을 들어야 하고, 법원이 궐석재판에서 판결을 선고한 때에는 피고인 또는 변호인에게 전화 기타 신속한 방

법으로 그 사실을 통지해야 한다(§270의2 ③⑪).

4) 裁定申請

재정신청제도는 고소 또는 고발을 한 자가 검사로부터 공소를 제기하지 아니한다는 통지를 받은 경우, 그 검사소속 검찰청에 대응하는 법원 또는 그 상급법원에 그 당부에 관한 재정을 신청하는 불복수단이다.

공직선거 및 선거부정방지법에서 이 제도를 도입한 것은 정치적으로 매우 중요성을 갖는다. 우리나라의 정치풍토에서 여당후보자에게는 유리하게 야당후보자에게 불리하게 起訴便宜主義가 행사되었던 사례를 시정하려는데 그 도입의 목적이 있기 때문이다.

(1) 구성요건

공직선거 및 선거부정방지법 제230조(매수 및 이해유도죄) 내지 제234조(당선무효유도죄), 제237조(선거의 자유방해죄) 내지 제239조(직권남용에 의한 선거자유방해죄), 제248조(사위투표죄) 내지 제250조(허위사실공표죄), 제256조(부정선거운동죄) 제1항제1호, 제10호, 제11호, 및 제3항, 제257조(기부행위의 금지제한 등 위반죄) 또는 제258조(선거비용부정지출 등 죄)의 죄에 대하여 고소 또는 고발을 한 후보자와 정당(중앙당에 한한다)은 검사로부터 공소를 제기하지 아니한다는 통지를 받은 날부터 10일이내에 그 검사소속의 고등검찰청에 대응하는 고등법원에 그 당부에 관한 재정을 신청할 수 있다(동법 §273:1).

이 경우 검사가 당해 선거범죄의 공소시효만료일전 10일까지 공소를 제기하지 아니한 때에는 그때 검사로부터 공소를 제기하지 아니한다는 통지가 있는 것으로 본다(동법 §273:4).

(2) 형사소송법의 준용

재정신청에 관하여는 형사소송법 제260조(재정신청) 제2항, 제261조(검사장 또는 지청장의 처리), 제262조(고등법원의 재정결정), 제263조(공소제기의 의제), 제264조(대리인에 의한 신청과 1인의 신청의 효력, 취소), 제265조(공소의 유지와 지정변호사)의 규정을 적용한다(동법 §273:2).

(3) 공소시효의 정지

재정신청서가 형사소송법 제260조제2항에 규정한 그 검사소속의 지방검찰청 또는 지청에 접수된 때에는 그때부터 형사소송법 제262조제1항의 결정이 있을 때까지 공소시효의 진행이 정지된다(동법 §273:3).

5) 선거범죄조사

(1) 조사의 주체와 대상

각급선거관리위원회(투표구선거관리위원회 제외)위원과 직원은 다음 선거범에 대하여 질문 · 조사를 하거나 관련서류 기타 조사에 필요한 자료의 제출을 요구할 수 있다(공선법 §272의2①).

① 공선법 제16장 벌칙에 규정된 죄와 국민투표법을 위반한 죄(이하에서 '선거범'이라 함)에 관한 혐의가 있다고 인정되는 경우
② 후보자 · 예비후보자와 선거사무장 · 선거연락소장 및 선거사무원이 제기한 선거범죄의 혐의가 있다는 소명이 이유 있다고 인정되는 경우
③ 현행범의 신고를 받은 경우

(2) 증거물품의 수거·송부

① 각급 선거관리위원회 위원과 직원은 선거범죄현장에서 선거범죄에 사용된 증거물품으로서 증거인멸의 우려가 있다고 인정되는 때에는 조사에 필요한 범위 안에서 현장에서 이를 수거할 수 있다.
② 이 경우 당해 위원 · 직원은 수거한 증거물품을 그 관련된 선거범죄에 대하여 고발 또는 수사의뢰한 때에는 관계수사기관에 송부하고, 그러하지 아니한 때에는 그 소유 · 점유 · 관리하는 자에게 지체 없이 반환하여야 한다(공선법 §272의2 ②).

(3) 동행 또는 출석요구

각급 선거관리위원회의 위원 · 직원은 금품 · 향응제공의 선거범죄조사와 관련하여 관계자에게 질문 · 조사하기 위하여 필요하다고 인정하는 때에는 선거관리위원회에 동행 또는 출석할 것을 요구할 수 있다(공선법 §272의2 ④).

(4) 현장조치

각급 선거관리위원회의 위원 · 직원은 선거의 자유와 공정을 현저히 해할 공선법위반행위가 눈앞에 행하여지고 있거나, 행하여질 것이 명백하다고 인정되는 경우에는

그 현장에서 행위의 중단 또는 예방에 필요한 조치를 할 수 있다(공선법 §272의2 ⑤).

(5) 조사절차

① 각급 선거관리위원회의 위원·직원이 선거범죄혐의가 있는 장소에 출입하거나 질문·조사·자료제출을 요구하는 경우에는 관계인에게 신분을 표시하는 증표를 제시하고, 소속과 성명을 밝히고 그 목적과 이유를 설명하여야 한다(공선법 §272의2 ⑥).

② 누구든지 선관위의 위원·직원이 선거범죄혐의가 있는 장소의 출입을 방해하여서는 안되며, 질문·조사를 받거나 자료제출을 요구받은 자는 이에 응하여야 한다(공선법 §273의2 ④)

③ 선거범죄조사에 대한 소명절차·방법·증거자료수거·증표규격 기타 필요한 사항은 중앙선거관리위원회 규칙으로 정한다(공선법 §272의2 ⑦)

(6) 통신관련 선거범죄의 조사

① 각급 선거관리위원회(투표구선거관리위원회 제외) 직원은 정보통신망을 이용한 선거법위반 행위의 혐의가 있다고 인정되는 상당한 이유가 있는 때에는 당해 선거관리위원회의 소재지를 관할하는 고등법원(구·시·군선거관리위원회의 경우에는 지방법원) 수석부장판사 또는 이에 상당하는 부장판사의 승인을 얻어 정보통신서비스 이용자의 성명(이용자를 식별하기 위한 부호 포함)·주민등록번호·주소(전자우편주소·인터넷로그기록자료 및 정보통신망에 접속한 정보통신기기의 위치를 확인할 수 있는 자료 포함)·이용기간·이용요금에 대한 자료의 열람이나 제출을 요구할 수 있다(§272의3 ①).

② 전화를 이용한 선거법위반행위의 혐의가 있다고 인정되는 경우도 위와 같다(§272의3 ②).

③ 위의 규정에 의한 요청을 받은 자는 지체 없이 이에 응하여야 한다(§272의3 ③).

④ 각급 선거관리위원회 직원은 정보통신제공자로부터 제출받은 자료를 선거법위반행위에 대한 조사목적외의 용도로 사용하여서는 아니되며, 관계 수사기관에 고발 또는 수사의뢰하는 경우를 제외하고는 이를 공개해서는 아니된다(§272의3 ④).

⑤ 통신관련선거범죄의 조사에 필요한 사항은 중앙선거관리위원회 규칙으로 정한다.

6) 선거부정감시단 · 사이버선거부정감시단

(1) 선거부정감시단

① 선거부정감시단은 선거개시일전 120일(선거일전 120일 후에 실시사유가 확정된 보궐선거 등에 있어서는 그 선거실시사유가 확정된 후 5일)부터 선거일 후 30일까지 운영한다.

② 선거부정감시단은 선거운동을 할 수 있는 자로서 정당의 당원이 아닌 중립적이고 공정한 자 중에서 50인 이내로 구성한다.

이 경우 정당(선거기간 전에는 비례대표시 · 도의원선거에서 유효투표총수의 100분의 3 이상을 득표한 정당을, 선거기간 중에는 당해 선거에 후보자를 추천한 정당)이 선거부정감시단원의 수의 2분의 1의 범위 안에서 각 동수로 추천하는 자를 포함하여야 한다(§ 10의2 ②).

③ 정당이 추천하는 선거부정감시단원의 수가 전체 선거부정감시단원의 수의 2분의 1에 미달하는 때에는 그 미달하는 수에 해당하는 선거부정감시단원은 선거관리위원회가 위촉할 수 있다(§ 10의2 ③).

④ 관할 구 · 시 · 군선거관리위원회는 선거부정감시단원을 나누어 조를 편성 · 운영하는 때에는 정당이 추천한 선거부정감시단원의 균형 있는 참여를 보장하여야 한다.

⑤ 구 · 시 · 군선거관리위원회는 선거부정감시사무의 처리를 위하여 5인 이내의 선거부정감시단원을 별도로 둘 수 있다(§ 10의2 ⑤).

(2) 사이버선거부정감시단

① 중앙선거관리위원회와 시 · 도선거관리위원회는 인터넷을 이용한 선거부정을 감시하기 위하여 선거일전 120일(선거일전 120일 후에 실시사유가 확정된 보궐선거 등에 있어서는 그 선거의 실시사유가 확정된 후 5일)부터 선거일까지 각각 30인 이내로 구성된 사이버 선거부정감시단을 설치 · 운영하여야 한다. 다만 보궐선거 등에 있어서는 선거의 종류 · 실시지역 등을 감안하여 중앙선거관리규칙이 정하는 바에 의하여 설치한다(§ 10의3 ①).

② 사이버선거부정감시단은 정당의 당원이 아닌 중립적이고 공정한 자로 구성한다(§ 10의3 ②).

③ 사이버선거부정감시단의 세부운영절차 등은 선거부정감시단의 규정을 준용한다.

7) 선거범죄신고자의 보호 · 포상금 지급

(1) 선거범죄신고자의 보호

선거범죄신고자라 함은 선거범죄(공선법 제16장 벌칙에 규정된 죄와 국민투표법위반죄를 포함)에 관한 신고 · 진정 · 고소 · 고발 등 조사 또는 수사단서의 제공, 진술 또는 증언 기타 자료제출행위 및 범인검거를 위한 제보 또는 검거활동을 한 자를 말한다.

① 선거범죄신고자가 신고행위와 관련하여 피해를 입거나 입을 우려가 있다고 인정할 만한 상당한 이유가 있는 경우 그 선거범죄에 관한 형사절차 및 선거관리위원회의 조사과정에서는 특정범죄신고자 등 보호법 § 5(불이익처우의 금지) § 7(인적사항의 기재생략), § 9(신원관리카드의 열람) 내지 § 12(소송진행의 협의 등) 및 § 16(선거범죄신고자 등에 대한 형의 감면)의 규정을 준용한다(§ 262의2 ①).

② 누구든지 보호되고 있는 선거범죄신고자라는 점을 알면서 그 인적사항 또는 선거범죄신고자임을 알 수 있는 사실을 다른 사람에게 알려주거나 공개 또는 보도하여서는 아니된다(§ 262의2 ②).

(2) 선거범죄신고자에 대한 포상금지급

① 각급선거관리위원회(투표구선거관리위원회 제외)는 선거범죄에 대하여 선거관리위원회가 인지하기 전에 그 범죄행위의 신고를 한 자에 대하여 중앙선거관리규칙이 정하는 바에 따라 포상금을 지급할 수 있다(§ 262의3).

② 중앙선거관리위원회는 선거범죄신고자에 대하여 최고 5,000만 원의 포상금을 지급하도록 그 규칙으로 규정하고 있다.

8) 정치자금부정수수자 등의 공무담임 제한

정치자금부정수수자, 선출직 공무원으로서 재임중 직무와 관련하여 뇌물을 수수한 자 등은 선거범과 동일하게 공무담임권이 제한된다.

① 규제대상은 선거범, 정치자금에관한법률 § 30(정치자금부정수수죄)에 규정된 죄를 범한 자, 대통령 · 국회의원 · 지방의회의원 · 지방자치단체의 장으로서 그 재임중의 직무와 관련하여 형법(특정범죄가중처벌법 § 2에 의하여 가중처벌되는 경우 포함) § 129(수뢰, 사전수뢰) 내지 § 132(알선수뢰) · 특정범죄가중처벌 등에 관한 법률 § 3(알선수재)에 관한 범죄를 범한 자이다.

② 이들이 100만 원 이상의 벌금형의 선고를 받고 그 형이 확정된 후 5년 또는 형의 집행유예선고를 받고 그 형이 확정된 후 10년을 경과하지 아니하거나, 징역형의 선고를 받고 그 집행을 받지 아니하기로 확정된 후 또는 그 형의 집행이 종료되거나 면제된 후 10년을 경과하지 아니한 경우(형실효된 자 포함)에는 선거권과 피선거권이 없다(§ 18:3).

9) 기부행위에 대한 쌍벌주의

(1) 후보자 등의 기부행위제한

① 지방의회의원 · 지방자치단체의 장 · 정당의 대표자 · 후보자(후보자가 되려고 하는 자)와 그 배우자는 당해 선거구 안에 있는 자나 기관 · 단체 · 시설 또는 당해 선거구의 밖에 있더라도 그 선거구민과 연고가 있는 자나 기관 · 단체 · 시설에 기부행위(결혼식에서의 주례행위 포함)를 할 수 없다(§ 113:1).
② 누구든지 ①의 기부행위를 약속 · 지시 · 권유 · 알선 또는 요구할 수 없다(§ 113:2).

(2) 기부의 권유·요구한 자에 대한 처벌

기부의 권유 · 요구 등의 금지(§ 116)의 규정을 위반하여 다음 각호의 1에 해당하는 자는 그 제공받은 금액 또는 음식물 · 물품가액의 50배(주례의 경우에는 200만 원)에 상당하는 과태료(헌법불합치결정 : 2009.3.28)에 처하되, 그 상한은 5천만 원으로 한다.

① 물품 · 음식물 · 서적 · 관광기타 교통편의를 제공받은 자
② 입당의 대가로 금전 · 물품 · 음식물을 제공받은 자
③ 출판기념회, 의정활동보고회, 공개장소에서의 연설 · 대담, 대담 · 토론회 기타 정당 또는 후보자(후보자가 되려고 하는 자)가 개최하거나 정당의 대표자 · 정당선거사무소의 소장 또는 후보자가 참석한 모임 · 집회에 참석한 대가로 금전 · 물품 · 음식물을 제공받은 자
④ § 113(후보자 등의 기부행위제한)에 규정된 자로부터 야유회 · 관광모임 · 체육대회 · 등산대회 등 각종 행사에서 금전 · 물품 · 음식물을 제공받은 자
⑤ § 113에 규정된 자로부터 관혼상제의식 기타 경조사에서 축의 · 부의금품을 제공받은 자
⑥ § 113에 규정된 자로부터 주례행위를 제공받은 자

9. 地方選擧와 政黨

오늘날에는 대의민주주의가 政黨民主主義로 변질되어 가고 있다.[12] 그것은 오늘날의 민주정치에 있어서 정당이 수행하는 기능과 그것이 차지하는 비중이 확대·강화되고 있음을 뜻한다.

정당이 그 기능과 목적을 수행·달성하는 데 있어서 중요한 수단이 되는 것이 選擧이다.

민주국가에서는 선거를 통해서 국민의 지지와 참여를 확인할 수 있고 또한 그것을 통해서 국가의 政治的 意思決定에 기여할 수 있는 것이다.

따라서 선거에서 후보자를 추천하여 그에 대한 선거인의 지지를 호소하고 투·개표과정을 참관하여 선거쟁송을 전개하는 것 등이 정당의 중요한 활동이 된다.

지방선거에서 정당참여 여부가 논의되는 것은,

첫째, 政黨員에게 지방의원을 비롯한 지방공직입후보자격을 허용할 것인가의 여부이고, 둘째, 당적을 가진 자라도 정당표방을 하지 않는 한 지방공직에 입후보자격을 부여할 것인가 여부이며,

셋째, 지방의원으로 당선된 이후에 의원의 政黨加入을 허용할 것인가의 여부이다.

1) 政黨參與의 類型別 意義·內容

(1) 政黨公薦制

정당공천제란 후보자가 정당의 공천을 받아 후보등록을 하고 정당의 지원 하에 선거운동을 하는 제도를 의미한다.

정당공천제의 제도상의 내용은 다음과 같다.

첫째, 후보자의 등록시 등록신청서에 당적기입(무소속은 "무소속"으로 기입)을 하며 정당의 추천서를 첨부(무소속은 선거인추천서)하고 정당·무소속후보간 기탁금액에 차등을 둔다.

둘째, 선거운동은 정당중심의 선거운동이 가능(정당원 지원)하며 벽보, 현수막 등에 정당표시, 연설회시 정당표방을 할 수 있고 정당사무실(지부·지구당)을 선거사무소로 사용할 수 있다.

---

12) 權寧星, 憲法學(서울:博英社, 1987), p. 163.

셋째, 투표용지는 소속정당을 게재(기호 · 후보자명 · 소속정당)하여야 한다.

넷째, 투 · 개표참관인은 정당원 중에서 추천가능(무소속은 선거인 중 추천)하다.

다섯째, 선거쟁송당사자는 선거인 · 후보자 · 정당이 된다.

여섯째, 지방의회운영은 정당중심의 의회운영(교섭단체구성 · 위원회배정 · 의석배치 등)을 그 주요내용으로 하고 있다.

(2) 政黨表示制

정당표시제란 후보자의 정당표방이 가능하고, 제한적으로 소속정당을 표시할 수 있는 제도로 정당공천제와 정당배제제의 중간형이라 할 수 있으며, 소극적인 정당참여제도로서 허용범위 설정문제는 정책적 사항에 속한다.

이 제도의 내용으로는, 첫째, 후보자의 등록은 등록시 등록신청서에 당적을 기입(무소속은 "무소속"기입)하며, 정당추천서는 첨부가 필요치 않고 선거인추천서만 첨부하면 된다.

둘째, 선거운동은 선거벽보 · 공보 · 소형인쇄물 · 현수막 등에 정당표시를 하고 연설회시 정당표방이 가능하다. 정당별 연설회 및 정당사무실 사용 등 조직적인 정당지원에는 제한을 둔다.

셋째, 투표용지는 기호 · 성명(또는 정당명)만 게재하면 된다.

넷째, 선거쟁송당사자는 후보자 · 선거인에게만 허용된다.

다섯째, 지방의회운영은, 교섭단체구성에 있어서는 각 정당별로 구성하는 것이 가능하고, 상임위원회구성은 정당소속의원과 무소속의원을 일정기준을 두어 배분하는 것이 가능하다. 한편 의원의 좌석배치는 각 정당별로 배치가능하다.

(3) 政黨排除制

정당배제제란 지방선거에 있어 정당의 참여를 일체 허용하지 않는 제도로 당적보유금지제, 정당공천표시금지제 등으로 구별할 수 있다.

이 제도의 주요내용을 살펴보면,

첫째, 후보자등록은 명시적으로 정당공천을 금지하므로 등록서류에 정당기입이 불가하나, 사실상 정당 내부적인 공천이나 후보자선임은 가능하다.

둘째, 선거운동을 할 때에는 선전벽보 · 선거공보 · 현수막 · 연설회 등에 정당표방 · 표시는 금지(법에 규정)하며, 법에 규정치 않을 경우 사실상 정당표시가 묵인가능하다.

셋째, 투 · 개표참관인은 정당의 참관인 추천을 배제(당적보유자 불가능)한다.

넷째, 지방의회운영은 정당의 조직적 지방의회운영을 배제(교섭단체구성불허, 무작위 위원회배정 · 좌석배치 등)한다.

(4) 공직선거 및 선거부정방지법의 태도

공직선거 및 선거부정방지법에서는 지방선거에 있어서 정당공천제를 수용하고 있다. 법제정의 과정에서 찬 · 반 논란이 있었음에도 불구하고, 여 · 야가 공히 정당공천제를 합의 · 수용한 것은 지방자치 내지 지방정치를 정당의 조직에 의하여 장악하려는 저의를 표출한 것으로 보여진다. 정당공천제의 수용으로 말미암아 우리나라의 지방자치제는 각 정당의 정강 · 정책에 의하여 지배받게 되고, 주민의사의 표출을 왜곡 · 억제시킴으로써 지방자치의 본질에 역행하게 되어 후진적 정치양상을 형성해 가게 될 것으로 예측된다.

따라서 우리나라의 지방자치제는 관련법의 제 · 개정과정을 통하여 개정되었다기보다는 改惡되었다는 비판을 면할 수 없게 되었다.

① 정당공천제

정당은 선거에 있어 선거구별로 선거할 정수의 범위 안에서 그 소속당원을 후보자로 추천할 수 있다(공선법 §47:1)고 포괄적으로 규정하여 대통령선거, 국회의원선거, 자치단체장선거에 있어서 후보자의 정당공천이 가능하도록 하였다.

정당이 후보자를 추천함에 있어서는 정당법 제31조(공직선거후보자의 추천)의 규정에 따라 민주적인 절차에 의하여야 한다(공선법 §47:2)는 규정은 우리 정당운영의 현실에 비추어 볼 때 선언적 규정에 지나지 않는다고 보여진다.

주목하여야 할 것은 정당이 비례대표지방의원 후보자를 추천하는 때에는 정당법 제31조 제5항의 규정에 따라 여성후보자(후보자 중 100분50은 여성, 매2인마다 1인은 여성)여야 한다(공선법 §47:3)는 규정이다. 여성유권자의 표를 유인하여 정당공천제를 고착시킴으로써 정당과두제를 확립하겠다는 것이다.

② 무소속후보자의 정당표방금지

무소속후보자는 특정정당으로부터의 지지 또는 추천을 표방할 수 없다. 다만, 무소속후보자가 되기 전까지의 정당의 당원경력의 표시는 그러하지 아니하다(공선법 §84)고 규정하여, 일본의 공직선거법이 정당표기가 가능하도록 규정한 것과는 다른 입법태도를 취하고 있다.

무소속후보자의 정당경력표기에 있어서 허위사실이 선전벽보 등에 게재된 때에는 당해 선거관리위원회는 이를 공고하여야 한다(공선법 §64:5, §65:4).

더욱이 무소속후보자가 특정 정당으로부터의 지지 또는 추천받음을 표방한 경우에는 2년 이하의 징역 또는 400만 원 이하의 벌금에 처하도록 규정하고 있다(공선법 §256:1, 다).

따라서 무소속후보자는 정당과 무관하게 등록이 가능하나, 후보자 등록서류제출시 일정한 선거권자의 추천서를 제출하여야 한다(공선법 §49:3).

정당의 당원인 자는 무소속후보자로 등록할 수 없으며, 후보자등록기간 중(후보자 등록신청시를 포함한다) 당적을 이탈·변경하거나 2이상의 당적을 가지고 있는 때에는 당해 선거에 후보자로 등록할 수 없다. 소속정당의 해산이나 그 등록의 취소 또는 중앙당의 지구당창당승인취소로 인하여 당원자격이 상실된 경우에도 또한 같다(공선법 §49:5). 이는 정당과 그 당원간의 귀속관계를 엄정히 하고, 이른바 '철새정치인'의 발호를 예방하려는 취지로 보여지나 이를 지방선거에까지 엄격히 적용하는 것은 자칫 잘못 운영될 경우 주민자율결정권을 억제하는 부작용으로 확대될 우려가 있다.

선거운동에 있어서는 정당·무소속후보자간에 차별을 하지 않으나, 합동연설회 또는 개인연설회를 개최할 때 무소속후보자가 정당경력표기를 어떻게 할 것인지 규정이 없어 만약 무소속후보자가 연설회개최 벽보 등에 정당경력표기를 할 경우 규제가 곤란하다.

③ 정당공천제에 대한 정치현실적 비판

정당공천제에 대하여는 이론적으로 찬·반 양론이 있으나, 우리나라 지방자치제에 있어서 정당공천제의 도입은 다음 세 가지 측면에서 볼 때 역기능이 더 표출될 우려가 있다.

첫째, 정당공천제는 탈정당화의 추세에 반한다. 일부 선진국에서 지방선거에 정당공천제를 도입·시행해 본 결과 지방자치제와 정당간의 본질·구조·기능상의 상반된 차이로 인하여 지방자치의 본질을 훼손하게 되는 경험측에 따라 탈정당화해가는 추세를 감안해보면, 우리의 경우는 이러한 흐름에 역행하고 있다고 하지 않을 수 없다.

둘째, 지역감정을 심화시킬 우려가 있다. 근래 수차례의 선거를 치르는 과정에서 지역적 배경이 다른 정당간의 대립이 주민감정까지 부추겨 지역분열·지역반목·지역대립의 양상까지 표출해 온 점에서 보면 지방선거에 전면적인 정당공천제를 수용한 것은 지역감정을 더욱 심화시킬 것이 명약관화하고, 정당의 특정지역지배를 촉진하여 행정의 통일성, 전문성을 저해할 우려가 크다고 보여진다.

셋째, 우리나라 정당의 구조, 운영의 특질에서 비롯되는 정당의 1인집중제·정당의 중앙집권화 양상은 지방분권제의 원리를 도입하고 있는 지방자치제와 본질적으로 상반된다. 따라서 정당공천제를 계속 시행할 경우 우리나라의 지방자치제는 형식화·형해화의 양상을 면치 못하게 될 것으로 전망된다.

2) 정당공천제의 贊·反論의 理論的 根據

(1) 贊成論의 입장

지방선거에 정당이 참여할 수 있게 하는 동시에 지방의회가 정당중심으로 지방정치를 하도록 하여야 한다는 주장의 근거는 대체로 다음과 같다.

① 복잡화·이질화된 현대사회에서 지방의 정책을 결정함에 있어서는 주민 각 계층의 의사를 골고루 수렴하여 조직화하고, 이를 정책에 반영시키기 위하여 어떤 중개적 기구를 필요로 하는데 이러한 필요에 대응하기 위한 기구가 바로 정당이라 할 수 있다. 지방자치에 있어 개인에 대신하여 일정한 組織 또는 結社가 전면에 등장하게 되는데 정당이 바로 그것을 의미한다.

② 대중적 민주주의 국가에서 정당은 국민을 정치적 행동통일체로 결집시키는 중요한 계기이며 지방정치에 정당이 당연히 관여해야 한다고 주장한다.

③ 지방선거에 정당이 참여함으로써 정당정치가 발전될 뿐 아니라 각 정당의 지방조직이 활성화되어 이른바 풀뿌리 민주주의의 구현에 기여하게 된다는 것이다.

④ 정당인들의 정치적 교육 내지는 훈련을 위해서도 정당의 참여는 필요하다고 주장한다. 즉, 지방의 정치인들이 소규모의 지방정치무대에서 정치훈련을 받으면서 충분한 경험을 쌓아 장차 중앙의 정치무대에 진출할 수 있는 높은 식견과 역량을 갖게 해야 한다는 것이다.

⑤ 행정기능은 순수한 지방적 이해관계사항(matters on purely local concern)과 전국적 이해관계사항(matters on national concern)으로 확연히 구별될 수 없으므로 중앙정당이 지방자치에도 관여해야 한다고 본다.

⑥ 정당이 지방선거에 참여해야만 선거시에 투표권자들이 입후보자를 선택하기 용이하며, 의회의 과반수의석을 점한 정당의 임기동안의 치적을 평가할 수 있다.

이상과 같이 찬성론자들은 지방선거의 경우 이론적으로는 정당공천·정당표방을 하여야 하며 현실적으로도 보편화되어 있는 정당의 관행이 반드시 있을 수밖에 없다고 주장하고 있다.

(2) 反對論의 입장

지방선거 및 지방의회의 운영에 있어 정당의 관여를 배제해야 한다고 주장하는 이론적 근거는 다음과 같다.

① 지방자치에 중앙정당이 참여하면 자치행정의 최고 징표인 지방분권성은 국가를 지배하는 정당의 조직을 통하여 강력한 중앙집권적 경향으로 대치되기 때문에 자치행정에 조종을 울리게 된다는 주장이다.

② 지방자치에 정당의 개입을 허용하고 있는 독일·프랑스 등 제국에 있어서도 모두가 지방자치에의 정당의 개입을 지지하는 것은 아니며, 정당이 관여함으로써 지방민주주의가 불안한 상태에 놓이게 되었거나, 또는 위기에 직면하고 있다는 강한 비판론이 대두되고 있다.

③ 지방자치에 중앙정당이 개입하면 지방의 문제가 그 지방주민들의 의사보다는 중앙정당의 지시에 따르게 되고, 특히 우리나라처럼 당내 민주화가 안된 나라에서는 당수 1인의 의사에 따라 좌우되므로 주민들이 그 지역 내의 사무를 스스로 또는 대표를 선출하여 처리한다는 이른바 주민자치와는 거리가 멀어진다. 따라서 지방의원은 주민의사를 충실히 반영하기 보다는 중앙당의 정강·정책의 실현에 치중하게 되며 당총재의 의사에 따라 지방의회의 기능이 좌우되어 결국 주민의사와 유리될 우려가 있다.

④ 중앙정당이 지방자치에 참여하는 경우에 어느 한 정당이 지방의회의 다수의석과 자치단체장을 차지하여 地方議會와 長을 모두 지배하게 될 때에는 기관대립형에 있어서의 지방의회와 자치단체장간의 이른바 견제와 균형(checks and balances)의 원리는 그 지배정당에 의한 정치적 결단의 통합에 의하여 形式化되고 말 것이다. 반대로 지방의회를 지배하는 정당과 집행기관의 소속정당이 각각 다를 때에는 중앙에 있어서의 정당간의 정치적 대립과 마찰이 지방에까지 그대로 연장 재연되어 지방의회와 집행기관간의 대립과 반목이 격화될 것이며 자치행정이 혼란에 빠지거나 마비될 우려도 있다.

이러한 피해를 극복하고 순수한 의미에서 그 지역 내의 사무를 주민들끼리 스스로 처리하게 하는 이른바 行爲의 自己決定性, 自己支配의 原理 등을 실현하려면 지방자치에서 중앙정당의 관여를 배제해야 한다고 주장한다.

⑤ 정당간의 정권교체에 따르는 중앙정국의 격변이나 혼란이 지방에까지 파급되는 것을 최소화하거나 방지하기 위하여서도 지방자치에 정당의 개입을 금해야 한다고 주장한다.

⑥ 지방자치를 그 전통적 유형의 하나인 住民自治(burgerliche selb stverwaltung)로 이해할 때에는 주민들이 그 지역 내의 사무를 자기 책임 하에 스스로 또는 그들이 선출한 대표자로 하여금 처리하게 하는 것이므로 중앙정당이 반드시 개입해야 할 근거가 없다.

⑦ 지방선거에 정당을 참여시키면 선거가 과열되고 정당간의 대립이 격화될 우려가 있다.

⑧ 자치행정의 부패와 비효율성을 극소화하거나 방지하려면 지방자치에 정당참여를 배제함이 바람직하다는 주장도 있다.

⑨ 우리나라의 정당들은 영국 · 독일 · 프랑스 · 스웨덴 · 덴마크 등 제국의 정당들과는 달리 지방의 조직기반이 매우 약할 뿐 아니라 지방의 하급당원들이 지방정치를 주도해 나갈 정도로 훈련되어 있는 것도 아니므로 지방정치에 정당을 참여시키는 것은 오히려 자치행정의 질을 떨어뜨리고 국민들로 하여금 정당정치에 대한 염증을 느끼게 할 우려가 있다는 현실론 등이 강력히 대두하고 있다.

3) 政黨公薦 여부에 대한 外國의 例

영국 · 프랑스 · 독일 · 스웨덴 · 덴마크 · 이태리 · 스페인 등 유럽제국에서는 지방선거에 정당의 관여를 폭넓게 인정하고 있으며, 스페인 같은 나라에서는 아예 정당중심의 지방선거를 실시하고 있다.[13)]

따라서 이들 나라에서는 지방의회를 운영함에 있어서도 中央政黨이 영향력을 미치고 있다. 이와 같이 유럽제국이 지방자치를 실시함에 있어 정당의 참여를 허용하는 政治思潮를 가지게 된 것은 革新政黨이 출현하면서부터이다.

이에 비하여, 미국에서는 지방자치단체의 약 70.3%가 지방선거에 중앙정당의 관여를 금지하고 있다. 다만 70.3% 중에는 정당원이라 하더라도 정당표시만 하지 않으면 개인자격으로 입후보할 수 있는 자치단체가 있고, 정당원은 지방선거에서 완전히 배제되는 자치단체도 있다.

(1) 영 국

영국에서는 당적보유자의 지방의회의원입후보자격과 지방의회의원의 정당가입이 자연스럽게 許容되고 있다. 즉, 지방정부는 중앙정부보다 훨씬 국민 가까이에 있으므로 민의를 수렴하여 정책에 반영해야 할 정당이 지방의회의 의결과 운영에 관여한다

---

13) 한국지방행정연구원, 2000년을 향한 지방행정좌표(서울:한국지방행정연구원, 1986) p. 411.

는 것은 지극히 당연하다는 견해에 따라 地方議會議員選擧, 議會의 政策決定이나 運營 등에 있어서 지방정치에의 정당참여가 아무런 이의 없이 허용되고 있다.

영국에서는 지방의회의 다수의석을 차지한 정당이 정치적으로 그 의회를 지배하게 된다. 따라서 의회의 다수의석을 점한 정당지도자인 의회지도자가 주도하는 다수당의 정책이 지방의회에서 의결・채택된다. 지방적 이해에 관한 사항과 국가적 이해에 관한 사항은 긴밀하게 연관되어 있으므로 양자를 인위적으로 분리할 수 없으며, 따라서 중앙정당이 지방정치에도 관여해야 한다고 생각한다.

(2) 프랑스

프랑스에서도 광역자치단체(레죵), 도・시・읍・면(꼬뮌느)의회의원선거에 중앙정당의 참여가 허용되고 있다. 즉, 선거법(Code elctoral)에는 의회의원 또는 시・읍・면의회의원으로 선출될 수 있는 결격사유(ineligibilities)와 도의회의원 및 시・읍・면의회의원의 임기 또는 직책과 양립할 수 없는 사항을 규정하고 있으나, 당적보유자의 지방의회의원입후보와 지방의원의 정당가입을 금지하는 내용은 그 어느 규정에도 없다.

(3) 미 국

미국의 다수 자치단체에서는 지방선거에 정당참여를 排除하고 있다. 1990년 현재 미국도시의 3분의 2정도가 지방선거에 정당표시를 금지(nonpartian election)하고 있으며 이러한 현상은 작은 규모의 시에서는 물론 큰 시에서도(Boston, Chicago, Cincinnati, Detroit, Los Angeles 등) 상당수가 채택하고 있다. 이와 같은 政黨表示禁止制度는 일반적으로 보편화되어 있으며, 선거에서 정당공천 등 정당의 공식적인 참여만 배제하는 유형은 Chicago, Detroit 등 대도시에서 채택되고, 정당이 사실상 전혀 역할을 못하도록 하는 유형은 주로 작은 시에서 채택되고 있다.

미국에서 이러한 운동이 일어난 것은 정당의 지방행정개입으로 지방에서 獵官主義(spoils system)등 폐단이 많았기 때문에 20C초부터 實積主義(merit system)로의 개혁운동이 일어났으며, 그 일환으로 정당표시금지제도가 시작되었다. 이론적으로는 지방자치는 기본적으로 서비스행정이므로 정당참여가 배제되어야 한다는 것이다.

(4) 캐나다

캐나다에서는 聯邦政黨과 州政黨은 지방선거에 입후보자를 공천하지 않으며 지방정치에 관여하지도 않는다. 市에는 중앙과는 별도로 地方自治團體別 政黨이 창설되어 있다. 주목할 사실은 시선거에 관한 법률이나 헌장(예컨대, 몬트리올 시헌장)에 연방정당이나 주정당이 지방의원 선거시에 입후보공천을 할 수 없다거나 입후보자가 연방이나 주정당의 당적을 갖지 못한다는 규정은 없다.

그러나 예컨대, 연방정당 또는 주정당의 공천을 받아 몬트리올(Montreal) 시선거에 입후보했던 사람들이 선거권자들의 지지표를 획득하지 못하고 모두 낙선되었기 때문에 사실상 당선 가능성이 없으므로 아예 출마하지 않는 실정이다.[14] 연방정당은 연방적 이해에 관한 정강・정책을 제시해야 하며, 연방과는 관련이 없는 주와 지방의 사항에 관여해서는 안된다고 캐나다 국민들은 생각하고 있다.

마찬가지로 주정당은 주에 관한 사항에 대해서만 관심을 갖고 주선거에만 입후보자를 공천해야 하며 지방자치단체인 시의 사항에 관여해서는 안된다고 생각하고 있다. 그 결과 몬트리올시의회를 장악하려는 연방 및 주정당의 시도는 결국 실패로 돌아갔으며 독자적인 지방정당이 필요함을 인식하게 되었다. 현재 몬트리올시에는 공민당(Civic Party)이 집권하고 있는데 공민당은 몬트리올시의 이해에 관한 사항에 대해서만 공약을 내걸고 정치활동을 하고 있다. 또한 캐나다에서는 도시수준의 정치인들은 시정치에서 중앙정당을 배제할 때에 보다 폭넓은 행동의 자유가 주어짐을 알게 되었다.

(5) 일 본

일본에서는 지방자치에의 정당관여가 微弱한 편이다. 즉, 제도상으로는 지방선거에 정당후보자의 공천 등 정당의 관여가 허용되어 있으나, 실제로는 중앙정당이 지방자치에까지 아직 뿌리를 내리지 못하고 있으며, 특히 기초자치단체인 시・정・촌의 의회의원과 장의 다수를 무소속이 차지하고 있다.[15]

즉, 2002년 12월 31일 현재 都・道・府・縣의회의원을 보면, 총 2천8백95명 중에서 85.9%가 당적을 보유하고 있고 무소속은 14.1%에 불과한 반면, 시의회의원은 당적보유자가 44.4%, 무소속이 55.6%를 차지하고 있으며, 정・촌의회의원은 당적보유자가 10.3%, 무소속이 89.7%를 점하고 있다.

그러나 특별구의회의원은 당적보유자가 93.9%로 압도적으로 많으며, 무소속은 6.1%에 불과하다. 당적보유자들 중에는 선거시에만 정당을 앞세우거나 표방하여 정당의 지원하에 선거운동을 하고, 일단 당선된 다음에는 정당과의 관계가 소원해지는 이른바 選擧政黨의 傾向이 현저하게 나타나고 있다.

---

14) 정세욱, "지방자치와 정당참여", 지방자치(서울:현대사회문제연구소, 1989.8), pp. 66～69.

15) 大原光憲, 都市自治の革新(東京:中央大學出版部, 1975), p. 152.

4) 지방선거에서의 政黨參與의 經驗과 敎訓

1952~61년까지 우리나라의 지방선거상황을 살펴보면, 그 당시 지방자치법상 지방선거와 관련하여 정당규정에 아무런 제한규정을 두지 않음으로써 사실상 정당의 후보공천 등 정당의 참여가 許容되었었다.

지방자치에의 정당참여는 그 당시 현실여건에 대한 면밀한 분석 없이 외국제도를 무비판적으로 도입한 것으로 그 결과 각 정당은 지방선거를 통한 자당 세력확장에만 급급하였을 뿐 지방의회에서 건전한 정책대결이나 지방정책의 발전촉진 등 본래의 취지를 살리지 못하였다. 특히 정당개입의 여파로 지방의회내부의 각

정당간 또는 지방의회와 장간의 극심한 마찰 등 많은 부작용을 가중시켰을 뿐만 아니라, 중앙정국의 불안요인이 지방선거에 그대로 반영되어 정치과열현상 등 사회적 불안요인을 가중시켰다.

(1) 제1회 지방선거(1952)에서 나타난 문제점

① 읍・면의회의원을 선거함에 있어서 소구역인 읍면 내에서 혈연・지연을 중심으로 하는 입후보자간의 대립과 선거전의 과열로 주민간의 화목이 깨지고 반목과 적대감정이 심화된 예가 많았다.

② 시・읍・면의회에서 시・읍・면장을 선거함에 있어 서로 자기사람이 선출되게 하려고 상대방을 비방함에 따라 지방의회 내에서 폭력사태가 빈번히 발생하였고, 심지어 시・읍・면의회가 구성된 이후 6~7개월이 지나도록 읍면장이 선출되지 못하여 시・읍・면행정이 혼란에 빠진 예도 있었다.

③ 지방의회는 지방자치단체의 장을 불신임할 수 있고, 지방자치단체의 장인 시・읍・면장은 의회를 해산할 수 있게 한 제도가 얼핏 보기에는 의결기관과 집행기관의 견제와 균형(checks and balances)을 유지하기 위한 법적 장치로서 그럴듯하게 생각되나, 실제상으로는 시・읍・면장이 도지사의 허가를 받아야만 의회해산을 할 수 있었기 때문에 견제와 균형이 이루어지지 못하였다.

이로 인하여 지방자치단체의 장이 지방의회에 예속되는 결과를 낳았고 허다한 폐해가 노정되었는데, 그 중 하나는, 이권청탁을 들어주지 않으면 의원들은 다른 사유를 붙여 그 시・읍・면장에 대한 불신임결의안을 의회에 제출하는 것을 마치 전가의 보도처럼 휘둘렀던 점이다. 1956.2.3. 제2차 지방자치법 개정으로 시・읍・면장이 간선제에서 住民直選制로 바뀌고 議會解散制度가 廢止될 때까지 약 3년 동안에 사직한 시・읍・면장 수는 1천1백68명으로서 그 중 불신

임의결에 의하여 해직당한 시·읍·면장은 66명인데 비하여 의회해산은 18건(27.3%)에 불과하다. 더구나 사직한 읍·면장도 대부분 의원들로부터 불신임의결의 위협을 받아 사임할 수밖에 없었던 점을 감안한다면 불신임결의의 폐단이 얼마나 컸던가를 쉽게 짐작할 수 있다.

(2) 市·邑·面長의 직선제에 의한 지방선거에서의 문제점

이와 같은 결함과 문제점이 드러남에 따라 지방자치제도에 대한 비판, 문제점 특히 의원들의 자질과 지방의회에 대한 불만이 일반 국민들과 집행기관에서는 물론 지방의회 내부에서도 일게 되었다. 그러나 이러한 결함이 생기는 가장 중요한 이유는 지방의회의원을 비롯한 국민들의 정치의식수준이 낮기 때문이란 점을 간과하고 법률에만 그 책임을 돌려, 집행기관에서는 중앙정부에 지방자치법 개정건의서를 제출하는가 하면 각급 지방의회에서는 지방자치법 개정건의를 결의하였다.

이러한 움직임 속에서 일반적으로 제시된 처방의 내용은, ① 시·읍·면장의 직선제, ② 지방의회의원의 정수감소, ③ 지방의회의원과 시·읍·면장의 임기단축, ④ 의회의 빈번한 소집과 이에 따라 집행기관이 의회에 불려가 시간을 너무 빼앗기는 폐단을 없애기 위한 의회소집제도의 개정 및 회의 일수의 제한, ⑤ 자치단체의 장에 대한 의회의 불신임의결권 및 장의 의회해산권 폐지 등 대부분이 지방의회의 권한을 축소하려는 것이었다.

시·읍·면장이 주민의 직접선거로 선출됨에 따라 지방의회의원의 무리한 청탁을 들어주지 않을 때에도 불신임의결이 발의되지 않게 되고, 그 임기동안 일관성있게 지방시책을 펴 나갈 수 있게 되었다. 그러나 시·읍·면장은 선거민의 응접에 많은 시간을 소모하게 되어 사무처리를 위한 시간은 적었고 따라서 근무가 불성실해졌으며, 재선을 위한 인기정책에 급급하여 행정의 공정성이 저해되었고 오로지 당선되기 위하여 남발한 공약을 무리하게 실행하기 위하여 파행적인 재정운영을 함으로써 지방재정이 더욱 취약해졌다. 또한 시·읍·면 공무원의 인사가 정실인사로 흘렀으며 시·읍·면장 후보들이 과다한 선거비용을 들였기 때문에 행정과정에서 선거비용을 뽑기 위한 부정·부패도 나타나게 되었다.

민주주의와 지방자치의 역사적 경험도 없고, 오로지 수직적·관존민비적·권위주의적 행정문화의 오랜 전통 속에서 절대군주체제, 식민통치제도로 이어온 우리나라에서 지방자치를 처음 실시하면서 주민직선으로 뽑힌 시·읍·면장이 자치행정을 수행하는 가운데 그 정도의 문제점을 낳은 것을 차라리 당연하였다고 할 수 있다.

(3) 전면적 지방자치제(1960)에서의 문제점

1960.12. 민주당정권하에서 제5차 개정 지방자치법에 의하여 각급 지방의회의원과 각급 지방자치단체의 장선거가 있었다. 그러나 그 역시 운영과정에서 많은 문제점만을 남겼다.

① 지방자치단체의 장의 소속정당과 지방의회의 과반수이상을 차지한 정당이 다를 때에는 장과 의회간의 반목과 불화가 극심하여 의회가 장을 축출하기 위한 책략을 쓴 예도 있고, ② 공선된 도지사와 국가가 임명한 국장 간에 또는 도지사와 군수 간에 반목과 충돌이 발생하기도 했으며, ③ 中央政府와 道간의 협력의 미숙·협력체제의 결여 등 상당한 결함이 노정되기도 하였다.

역시 지방자치는 日淺한 기간 내에 큰 성과를 기대할 수 없는 것이었다.

이러한 우리나라의 과거의 부끄러운 경험에 비추어 볼 때 지방선거에 있어서 정당참여 여부는 이상적으로 또는 현실적으로 신중히 검토해야 할 문제라고 인식되어진다.

5) 政黨排除制의 當爲性

(1) 理論的 當爲性

지방선거에 있어 입후보자의 政黨推薦制는 時機尙早라고 할 수 있다. 그 이유는 먼저 이론적으로는 여러 가지 논리를 거론할 수가 있으나 대표적인 것으로 다음의 세 가지를 들 수 있다.

첫째, 政黨政治의 不健全性에 있는 바, 아직 우리는 건전한 정당체제가 확립되어 있지 못하고 정치와 행정 간의 올바른 관계정립이 이루어지지 못하고 있기 때문에 지방에서의 정당정치는 행정은 물론 자치에 있어서도 많은 혼란과 사회적 비용을 야기하게 될 것이라는 점이다.

둘째, 國民分裂의 우려에 있다. 민주주의의 훈련이 덜된 상태에서 많지 않은 주민이 몇 개의 정당으로 나뉘어지고 전국의 자치단체장과 지방의회의원이 지역별로 특정정당 일색으로 선출될 때 국민간의 이질감은 더욱 커지게 되고 상호비방과 대립의 경향은 더욱 짙어지게 될 것이다.

셋째, 政治의 集權化에 있다. 지방정당이 존재하지 않은 상태에서 자치단체의 장과 지방의회의원을 정당추천에 의해 선출하게 되면 이들은 중앙정부의 지시나 통제보다는 자기소속당의 명령이나 요구에 더 민감하게 대처하게 될 것이므로 행정의 분권화는 이루어지는 반면에 政黨的 集權化라는 새로운 현상이 발생하게 될 것이다.

우리의 정치, 경제, 사회현실과 과거의 경험에 입각하여 지방선거에 있어 정당의 참여문제에 대하여는, 민주정치는 정당정치이므로 정당정치의 육성·발전을 위해 정당참여는 필요하며, 집행기관에 대한 효율적인 견제와 선거시 투표권자의 입후보자 선택의 용이성 및 인위적인 정당참여배제의 부당성을 이유로 참여가 필요하다는 주장이 있는 반면, 정당참여는 주민들의 원초적인 살림살이를 주민들이 직접 보살핀다는 주민자치의 원리에 반하며, 정당이 개입함으로써 지방행정의 중앙정치예속화, 의회와 장간의 대립 마찰 등이 우려되므로 배제되어야 한다는 주장도 있다.

이처럼 地方選擧에 있어 政黨推薦에 대한 贊反兩論은 양쪽 다 나름대로 상당한 근거를 갖고 있는 것이 사실이나, 정당의 참여여부는 그 나라의 역사와 전통·자치의식 수준과 함께 실제 정치상황, 정치형태 등을 다각적으로 고려하고 그 같은 분석을 토대로 결정되어야 할 것이다.

(2) 現實的 當爲性

실제 우리의 과거 52년부터 61년 5·16직전까지 9년 동안 정당참여하의 지방자치제를 실시하는 과정에서 과열·타락선거에 따른 부락간, 씨족간의 대립·갈등 등 사회·경제적 부작용과 각 정파간 또는 지방의회와 자치단체장과의 대립·마찰 등으로 지방행정이 침체, 마비되는 시행착오를 경험한 바 있다.

또한 우리의 정당정치의 현실을 보면, 黨內 民主化와 上向的 意思決定文化가 정착되어 있지 않으며, 제도와 이념을 중심으로 한 公黨의 성격보다는 특정인을 중심으로 한 私黨적 성격을 띠고 있어 정당정치의 정착이전의 名望家的 政治形態를 벗어나지 못하고 있다는 국민의 따가운 비판을 부인할 수 없을 것이다.

만약, 과거의 경험과 우리의 정치현실을 외면하고 지방선거에 정당이 공천을 하여 정당후보자가 공식화되고 정당이 대립하는 형식을 취하게 되면 다음과 같은 문제가 예상된다.

첫째, 지방자치제 실시의 목적자체를 왜곡·변질시킬 우려가 있다.

지방자치는 지방의 잠재력을 자율적으로 창출하여 지역사회발전과 지역주민의 복지향상을 도모하는데 그 본질과 목적을 두고 있는데, 우리의 경우 정당의 후보공천을 인정할 경우 이는 곧 중앙당의 후보지명을 이야기하는 것이 되기 때문에 지방의회의원은 내고장발전과 주민복지향상에 신경을 쓰기보다는 중앙당의 지시에 더 관심을 가지게 되어 지방의 자율성 신장을 돕기보다 오히려 저해할 위험성이 더 클 것이다.

둘째, 지자제선거가 中央黨의 選擧遊說場化할 것이다.

선거의 쟁점이 지역사회발전을 위한 생산적 이슈가 아닌 지역사회와 아무런 관계도 없는 중앙의 활동이나 전국적인 정치이슈에 휘말릴 위험성이 클 것이다.

셋째, 지역사회의 대립·갈등과 地域分解現象이 우려된다.

지자제선거에 정당이 인위적으로 개입하는 경우 선거분위기를 과열시킴으로써 아직도 전통사회적 미덕과 인간관계를 중요시하는 우리의 지역사회를 마을단위, 문중단위로 사분오열시키는 등 반목과 대립을 부추길 것이다.

또한 현재의 지역감정에 기초를 두고 있는 정당구조 하에서의 지자제선거는 지역감정을 심화시켜 지역분할의 골을 심화시킬 가능성이 농후하다.

넷째, 經濟에 끼치는 영향을 생각하지 않을 수 없다.

정당이 후보자를 공천하게 되면 공천과정 및 선거과정에 막대한 選擧資金이 동원될 것이며, 이로 인한 통화팽창과 인플레는 국민경제의 안정을 해칠 것이 명백하기 때문이다.

다섯째, 앞에서 본 바와 같이 주요선진국들의 경향에 비추어 볼 때, 지방자치에 정당참여 여부는 어느 것이 옳고 어느 것이 그르냐의 문제가 아니고 그 제도가 도입되는 政治土壤의 問題라 할 수 있다.

우리의 정당정치의 발전이 유럽 또는 미국의 그것과 비교하여 어느 수준이냐 하는 것은 부끄럽지만 우리의 낙후성을 솔직히 인정하지 않을 수 없다. 우리의 현실여건을 직시할 때 지방선거에의 정당공천제 채택이 맞지 않는다는 것이 분명하다.

지방자치란 지역살림살이를 주민 스스로가 결정하고 실행해 나가는 제도로서 이러한 과정에의 정당참여는 반드시 필요조건은 아니며, 다만 이 기회를 통하여 정당의 뿌리를 방방곡곡에 내리고 정당육성 발전의 계기를 삼을 수 있겠다는 기대도 할 수 있겠지만, 지방자치에의 정당참여는 정당정치의 육성·발전이라는 기대효과와 政爭의 희생물이 될 수도 있다는 양면성을 가지고 있기 때문에 정당공천제를 수용한 우리의 제도가 현실적합성이나 논리적 당위성을 갖느냐 하는 것은 재검토할 필요가 있다.

제 4 장

地方自治團體의 機關

지방자치단체의 기관은 의사결정을 담당하는 地方議會와 이를 집행하는 執行機關으로 구분된다.

그러나 이들 기관을 조직하는 형태는 각국마다 정치적 전통과 행정여건에 따라 각양각색으로 발전하고 있다.

제 1 절 地方自治團體組織의 類型

지방자치단체의 기관조직형태는 의결기관과 집행기관을 어떻게 설치하느냐에 따라 크게 세 가지 유형으로 분류되고 있다.

① 의결기관과 집행기관을 단일기관에 귀속시키는 機關統合型

② 양기능을 각각 다른 기관에 분담·분리시키는 機關分立(對立)型

③ 위의 두 가지 형을 혼합한 折衷型 등이 그것이다.

1. 機關統合型(The unified form of local government)

1) 模 型

이 형은 權力統合主義에 입각하여 지방자치단체의 의사결정기능과 집행기능을 地方議會라는 단일기관에 귀속시키는 형태이다.1)

이 형에 있어서는 議會議長이 형식상으로 자치단체의 長의 지위를 갖게 되지만 실

1) 金亨培, 地方自治論(서울:啓明社, 1988), pp. 207~208.

질적인 지방행정의 책임자라기보다는 그 지방자치단체를 의례적으로 대표하는 상징적인 존재에 불과하며 실질적인 행정권은 지방의회의 각 分科委員會가 관장하고 있는 것이 특징이다.

이와 같은 기관통합형의 대표적인 예는, 영국의 지방정부와 미국의 위원회(the commission plan)형 지방정부이다. 캐나다, 호주, 뉴질랜드, 인도 등도 이 유형에 따르고 있다.

[그림 4-1] 기관통합형의 모형

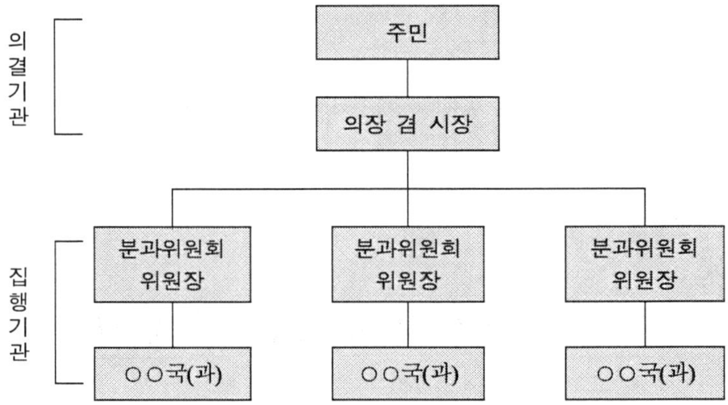

2) 長・短點

機關統合型의 장점으로는,

① 지방행정에 대한 권한과 책임이 의회에 통합・집중되어 있으므로 민주주의의 원리와 책임정치의 구현에 가장 적합한 형태이다.
② 의결기관과 집행기관 사이에 대립・마찰의 여지가 적어 업무를 원활히 추진할 수 있고, 정책효과를 높일 수 있다.
③ 委員會型의 경우, 조직이 간단명료하여 주민이 행정업무를 이해하기 쉽고, 정치적・행정적 권한을 동시에 가지는 소수의 위원에 의하여 자치행정이 신속하고 탄력성 있게 집행될 수 있다.

한편 短點으로 지적할 수 있는 것은,

① 행정집행을 통합하고 조정할 집행책임자가 없으므로 행정 각 실국간에 獨立性(분파주의:sectionalism)이 강화되어 행정의 종합성・통일성을 유지하기 곤란하다.
② 지방자치단체의 정치적 기능과 행정적 기능이 동일 기관에 집중되어 견제와 균형(checks and balance)의 원리가 적용될 수 없으므로 權力濫用의 소지가 있다.

③ 政治的 機能이 강화됨으로써 지방행정이 정치적 영향력에 의하여 크게 좌우될 우려가 있다.

④ 행정에 대한 전문적 지식과 경험이 적은 위원이 많은 경우에 행정의 전문성이 무시되는 폐를 낳기 쉽다.

2. 機關對立型(The seperate form of local government)

이 형은 국가의 정부형태에 있어서 대통령중심제와 유사한 제도로서 권력분립주의 원칙에 입각하여 지방자치단체의 의사결정기능을 담당하는 議會(the local council)와 정책집행기능을 담당하는 執行機關(the executive)을 분리시키고 이들 상호간에 견제와 균형에 의하여 자치행정을 운영하는 정부형태이다.

이 형태는 미국, 독일의 여러 지방자치단체와 프랑스, 일본, 우리나라의 지방자치단체가 채택·운영하고 있다.

이 형을 채택하고 있는 경우에도 의결기관인 의회의 조직운영은 각국마다 거의 유사하지만, 집행기관의 구성형태는 국가마다 매우 다르다.

이 형의 지방정부형태는 자치단체의 對 의회관계에 있어서 지위와 권한을 기준으로 强市長型과 弱市長型으로 구분되며, 집행기관의 권한의 집중 또는 분산여부에 따라 單獨制와 多元制로, 집행기관의 장의 선출방법을 기준으로 選擧型과 任命型으로 나눌 수 있고, 선거형은 다시 直選型과 間選型으로 구분된다.[2)]

1) 强市長型과 弱市長型

强市長型은 시장이 의회에 대하여 상호견제와 균형으로 거의 대등한 지위에 있으면서 행정집행을 주도한다. 이 형에 있어서 시장은 정치적 지도자인 동시에 실질적인 行政執行責任者이며, 儀典的 代表이다.

이에 대하여, 弱市長型은 議會가 정책결정은 물론 행정집행에 있어서도 많은 권한을 행사하기 때문에 시장의 행정집행권한이 미약한 형태이다.

---

2) 金亨培, 전게서, pp. 211～212.

[그림 4-2] 기관대립형의 모형

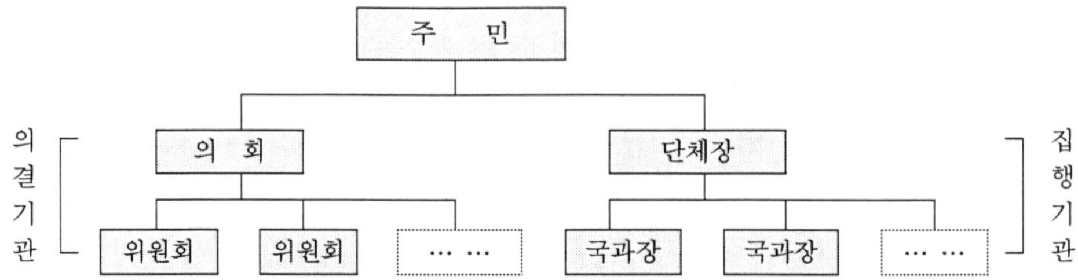

2) 執行機關 單獨制와 多元制

미국의 강시장형(the strong mayer-council plan)이나 市支配人制(the city manager system) 지방정부형태는 집행기관이 單獨制로서 대체적으로 집행권한은 시장이나 시지배인 1인에게 집중되어 있다.

반면, 일본의 지방정부는 집행권한중 일반적 성질의 기능은 지사·시장 등 1인에게 집중되어 있으나, 특수한 기능, 예컨대 경찰·교육·감사·인사·선거관리·노동 등은 행정의 專門性保障이란 측면에서 다수의 行政委員會에 분산되어 있다.

최근 행정기능이 복잡한 대규모 지방정부는 행정의 전문성과 능률성을 높이기 위하여 경찰·교육·노동 등의 특정기능에 관하여 執行機關 多元制形態를 취하는 경향을 보이고 있다.

3) 執行機關 直選型·間選型·任命型

집행기관의 장의 선출방법을 기준으로 住民直選型, 議會間選型, 中央政府任命型으로 구분된다.

3. 折衷型

1) 參事會

이 형은 지방자치단체의 의결기관과 집행기관을 분리시킨다는 점에서 기관대립형의 요소를 갖고 있으나 의결기관과 집행기관이 대립하지 않는 점에 그 특징이 있다. 집행기관은 단독제가 아닌 소수의 지방의원으로 구성되는 參事會이다.3)

3) 崔順植, 現代地方自治論(수원:尙文社, 1988), p. 145.

기관통합형이 의결기관과 집행기관의 동일체를 특징으로 하는데 대해 절충형은 집행기관인 參事會가 의회를 모체로 하면서 獨立된 合議制執行機關으로서의 역할을 하고 있는 점에서 양자가 구별된다.

2) 長의 地位

이 형에 있어서 參事會議長은 집행책임자인 경우도 있고, 단지 의례적인 경우도 있다.

스웨덴, 노르웨이, 덴마크 등 북구제국과 스위스, 네덜란드, 벨기에 등의 국가에서 보편화되고 있다.

[그림 4-3] 절충형의 모형

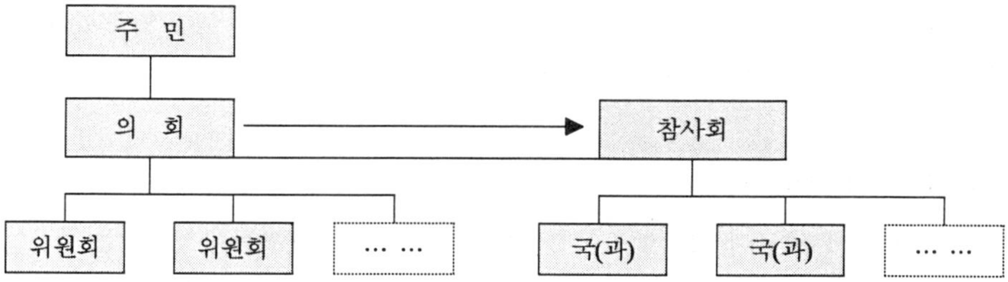

4. 住民總會型

1) 意 義

住民總會制(popular assembly system)는 直接民主制의 原理를 현실적으로 적용한 유형이다.

자치단체의 유권자전원으로서 구성되는 住民總會가 그 자치단체의 최고기관으로서 기본정책, 예산, 인사 등을 직접 결정한다.

일본의 町 · 村總會, 미국의 town meeting, 스위스의 Gemeindeverssammlung이 그 예이다.

2) 代表的 住民總會

오늘날에는 인구증가, 행정구역확대, 공공사무의 증가 등으로 이 유형은 주민의 대표자를 선출하여 구성하는 代表的 住民總會(representative town meeting)로 변형되고 있다.

5. 우리나라의 組織形態

1) 機關對立型

우리나라는 1949년 지방자치법의 제정 이래 계속 지방의회와 집행기관을 분리 · 독립시키는 機關對立型을 채택하고 있다. 이 점에서 우리나라의 자치단체 기관조직형태는 미국의 강시장형 또는 일본의 지방정부형태와 매우 유사하다.

다만, 집행기관 구성에 있어서 長 이외에 장으로부터 독립한 지위와 권한을 가지는 행정위원회를 설치하지 아니하고 모든 권한을 장에게 일원적으로 집중시키는 執行機關의 一元主義를 채택하고 있는 점이 일본의 경우와 다르다.

2) 敎育 · 學藝機關

지방교육자치에 관하여서는 교육의 자주성 · 전문성을 보장하기 위하여 시 · 도에 교육 · 학예에 관한 의결기관인 敎育委員會와 단독제집행기관인 敎育監을 두고 시 · 군 · 자치구에 敎育長을 두고 있다.

제 2 절 地方議會

1. 地方議會의 地位

1) 住民의 代表機關

地方議會는 지역주민이 선출하는 대표에 의하여 구성되는 會議體이다. 즉, 지방의회는 주민의 대표기관으로서의 지위를 갖는다.

주민의 대표기관이라는 지위에서 지방의회는 지방자치단체의 주요정책과 사업을 결정하고, 이를 집행하는 장과 공무원이 그 임무를 적정하게 수행하고 있는지 여부를 감시·감독한다.

따라서 地方自治의 核心은 지방의회의 구성과 운영에 있다.

일반적으로 지방의회는 意思決定機關으로서의 지위와 역할을 하고 있지만, 기관통합형을 취하고 있는 영국 등의 국가에서는 지방의회가 집행기관의 역할까지도 겸하고 있다.

이러한 국가들에서는 지방자치단체명 위에 의회를 의미하는 council을 붙이고 있다. 예를 들면, 영국은"○○시의회"라고 自治團體名을 표시하고 있다.

2) 權限의 範圍

지방의회는 국가에 따라 그 권한에 차이가 있기는 하나 일반적으로, ① 조례제정, ② 예산과 결산의결, ③ 주민부담사항승인, ④ 행정사무에 대한 감시권 등의 권한을 가지며, 그 권한이 광범위한 경우에는, ① 고급공무원임명동의, ② 주요시책·사업의 승인, ③ 주요계약의 체결승인, ④ 손해배상과 손실보상액의 결정 등의 권한을 갖는다.

2. 地方議會의 組織

1) 地方議員定數

지방자치단체에 議會를 둔다(법 §26). 地方議會議員은 被選擧權(법 §23:1, 3) 있는 者중에서 주민이 直接選擧한다(법 §26:2).

지방의회는 지역주민이 선출하는 대표에 의하여 구성되는 회의체로서 지방자치단체의 最高意思決定機關이다.

헌법 제118조 제1항의 규정을 그대로 지방자치법에 규정하고 있는 것은 지방자치의 부활을 명백히 한다는 정치적 의미가 있었다.

지방의회의 부활은 1961.9.「지방자치에 관한 임시조치법」에 의하여 지방의회의 권한을 상급관청이 대행하도록 된 이래 실로 30년 만에 국민의 숙원이 실현된 것이기 때문이다.

지방의회는 의결기관으로서 당해 자치단체의 중요한 政策을 決定할 뿐만 아니라 지방행정수행에 대한 강력한 監視·監督을 실시하고 있다.

지방자치법의 12차 개정(법률 제4741호, 1994.3.16)에서는 지방의회의 조직에 관련된 지방자치단체의 의원정수·인구기준에 관한 조항(법 §27~30)을 전면 삭제한 8차 개정(법률 제4162호, 1989.12.10)안을 그대로 이어받고, 이를 공직선거 및 선거부정방지법에서 규정하도록 하였다.

공직선거 및 선거부정방지법(법률 제4739호, 1994.3.16)에서는 地方議會議員定數와 選擧區를 다음과 같이 규정하고 있다. 지방의회의원은 당해 의원의 선거구를 단위로 선거한다(공선법 §20:2).

(1) 市·道議會議員定數

① 시·도의회의원정수는 그 관할구역안의 자치구·시·군(하나의 자치구·시·군이 2이상의 국회의원지역선거구로 된 경우에는 국회의원지역선거구를, 행정구역변경으로 국회의원지역선거구와 행정구역이 합치하지 아니하게 된 때는 행정구역을 말한다)마다 2인으로 한다(공선법 §22:1). 시·도의원정수가 16인 미만이 되는 광역시 및 도는 그 정수를 16인으로 한다(공선법 §22:3).

② 비례대표시·도의원정수는 지역구시·도의원정수의 100분의 10으로 한다. 이 경우 단수(端數)는 1로 본다. 다만, 산정된 비례대표시·도의원정수가 3인 미만인 때에는 3인으로 한다(공선법 §22:4).

③ 市·道議員의 選擧區 劃定은 지치구·시·군을 분할하여 인구·행정구역·지세·교통 기타 조건을 고려하여 획정하되, 하나의 선거구에서 선출되는 의원정수는 1인으로 하는 小選擧區制를 채택하고 있다(공선법 §26:1, 동법 별표 2 참조). 여기에서 특히 주의를 요하는 것은, 선거구를 획정하는 경우에 1개의 읍·면·동의 일부를 분할하여 다른 선거구에 소속하게 하지 못한다는 것이다(공선법 §26:3).

(2) 自治區·市·郡 議員定數

① 시·도별 자치구·시·군의회의원정수는 당해 시·도의 총 접수범위 내에서 선거구획정위원회가 자치구·시·군의 인구와 지역대표성을 고려하여 중앙선거관리위원회규칙이 정하는 기준에 따라 정한다(공선법 §23:1).

② 자치구·시·군의회의 최소정수는 7인으로 한다(공선법 §23:2).

③ 비례대표자치구·시·군의원정수는 자치구·시·군의원정수의 100분의 10으로 한다. 이 경우 단수는 1로 본다(공선법 §23:3).

(3) 地方議會議員定數의 調整

지방의회의원의 임기 중 인구의 증감 또는 행정구역의 변경에 따라 지방의회의 의원정수·선거구 또는 그 구역의 변경이 있더라도 임기만료에 의한 총선거를 실시할 때까지는 그 증감된 선거구의 선거는 실시하지 아니한다. 다만, 지방자치단체의 구역변경이나 설치·폐지·분할 또는 합병이 있는 때에는 다음의 기준에 의하여 당해 지방의원의 정수를 조정하고, 일정한 경우 增員選擧를 실시한다(공선법 §28).

① 지방자치단체의 구역변경의 경우

지방자치단체의 구역변경으로 선거구에 해당하는 구역의 전부가 다른 지방자치단체에 편입된 때에는 그 편입된 선거구에서 선출된 지방의회의원은 종전의 지방의회의원의 자격을 상실하고 새로운 지방의회의원의 자격을 취득한다.

선거구에 해당하는 구역의 일부가 다른 지방자치단체에 편입된 때에는 그 편입된 구역이 속하게 된 선거구에서 선출된 지방의회의원은 그 구역이 변경된 날부터 14일 이내에 자신이 속할 지방의회를 선택하여 당해 지방의회에 서면으로 신고하여야 하며, 그 선택한 지방의회가 종전의 지방의회가 아닌 때에는 종전의 지방의회의원의 자격을 상실하고 새로운 지방의회의원의 자격을 취득한다.

그 임기는 종전의 지방의회의원의 잔임기간으로 하며, 그 재임기간에는 종전의 의원정수규정에 불구하고 그 재직의원을 각각 의원정수로 한다.

이 경우 새로운 지방의회의원의 자격을 취득한 지방의회의원의 주민등록이 종전의 지방자치단체의 관할구역 안에 되어 있는 때에는 그 구역이 변경된 날부터 14일 이내에 새로운 지방자치단체의 관할구역으로 주민등록을 이전하여야 하며, 그 구역이 변경된 날부터 14일 이내에 자신이 속할 지방의회를 신고하지 아니한 때에는 그 구역이 변경된 날부터 14일이 되는 날 현재 당해 지방의회의원의 주민등록지를 관할하는 지방자치단체의 의회에 신고한 것으로 본다.

② 지방자치단체의 합병의 경우

2 이상의 지방자치단체가 합하여 새로운 지방자치단체가 설치된 때에는 종전의 지방의회의원은 같은 종류의 새로운 지방자치단체의 의회의원으로 되어 잔임기간 재임하며, 그 잔임기간에는(종전의 의원정수에 불구하고) 그 재직의원수를 각각 의원정수로 본다.

③ 지방자치단체의 분할의 경우

하나의 지방자치단체가 분할되어 2 이상의 지방자치단체가 설치된 때에는 종전의 지방의회의원은 후보자등록 당시의 선거구를 관할하게 되는 지방자치단체의 의회의원으로 되어 잔임기간 재임하며, 그 잔임기간에는 종전의 의원정수에 불구하고 그 재직의원수를 각각 의원정수로 한다. 다만, 재직의원수가 새로 책정된 의원정수의 3분의 2에 미달한 때에는 의원정수에 미달하는 수만큼의 증원선거를 실시한다.

④ 시가 광역시로 승격된 경우

시가 광역시로 된 때에는 종전의 시의회의원과 당해 지역에서 선출된 도의회의원은 종전의 지방의회의원의 자격을 각각 상실하고 광역시의회의원의 자격을 취득하되, 그 임기는 종전의 도의회의원의 잔임기간으로 하며, 그 잔임기간 중에는 종전의 의원정수에 불구하고 그 재직의원수를 의원정수로 한다.

⑤ 읍·면이 시로 승격된 경우

읍 또는 면이 시로 된 때에는 시의회를 새로 구성하되 최초로 선거하는 의원의 수는 공직선거 및 선거부정방지법 제23조의 기준에 의하여 새로이 의원정수를 산정하되 당해 지역에서 이미 선출된 군의회의원수를 뺀 수로 하고, 종전의 당해 지역에서 선출된 군의회의원은 시의회의원이 된다.

⑥ 구가 자치구로 된 경우

자치구가 아닌 구가 자치구로 된 때에는 자치구의회를 새로 구성하며, 그 의원정수는 공직선거 및 선거부정방지법 제23조의 기준에 의하여 의원정수를 산정하여야 한다.

(4) 地方議會議員의 增員選擧

① 증원선거를 실시하는 경우

(i) 하나의 지방자치단체가 분할되어 그 재직의원수가 새로 책정된 의원정수의 3분의 2에 미달된 때

(ii) 읍·면·시로 승격된 경우

(iii) 구가 자치구로 된 경우 중 종전 지방의회의원이 없거나 종전 지방의회의원의 수가 그 선거구의 의원정수에 미달되는 선거구에 한하여 실시한다. 다만, 그 선거는 새로 확정된 선거구(기준:공선법 §22, §23, §26)에 의하여 실시한다(공선법 §29:1).

② 새로운 선거구획정과 의원정수

선거구획정에 있어서 종전의 지방의회의원의 선거구는 그 의원의 후보자등록당시

의 주소지를 관할하는 선거구로 하며, 새로 획정한 하나의 선거구 안에 종전 지방의회의원의 수가 그 선거구의 새로 정한 의원정수를 넘는 때에는 임기만료에 의한 총선거를 실시할 때까지 그 넘는 수를 합한 수를 당해 선거구의 의원정수로 한다(공선법 §29:2).

③ 증원선거의 선거관리위원회

증원선거에 관한 사무는 당해 구·시·군선거관리위원회가 설치되지 아니한 경우에는 시·도선거관리위원회가 지정하거나, 그 구역을 관할하던 종전의 구·시·군선거관리위원회로 하여금 선거사무를 행하게 할 수 있다(공선법 §29:3).

(5) 議員定數에 있어서 多數主義와 小數主義

지방의회의 의원정수는 의원의 자질과 의회의 운영방향 등에 영향을 주는 중요한 요소이지만 이에 관한 통일된 기준은 없다.

대체로 영국 등 유럽 각국에서 채택하고 있는 大議會制度(多數主義)와 미국 등에서 채택하고 있는 小議會制度(小數主義)로 구분할 수 있다.

多數主義의 長點은 지역주민의 이익을 보다 광범하고 고르게 대표할 수 있고, 민주성의 원리에 보다 충실할 수 있으며, 또한 의사진행을 보다 신중하게 할 수 있는데 비해, 小數主義의 長點은 의원의 자질을 높여 유능한 인재를 뽑을 수 있고, 의회의 운영을 능률적으로 할 수 있으며, 또한 의회의 운영비를 절감할 수 있다.

이와 같은 양자의 장점은 상호 단점으로 엇갈린다.

多數主義를 채택하는 국가는 도시지역의 기초자치단체의 경우 30~100인, 광역자치단체의 경우 50~100인으로 하고 있으며, 소수주의를 채택하는 국가는 대체로 10인 이내로 하고 있다(<표 4-1> 참조).

그리고 의원정수의 기준은 人口比例에 의하는 방법(일본·자유중국 등), 行政區域을 기준으로 하는 방법(프랑스 등) 및 행정구역원칙에 인구기준 을 가미하는 방법(태국 등), 그리고 지방자치단체별로 통일된 기준이 없이 자율적으로 결정하는 방법(미국·영국) 등 다양하다.

현행 지방의회의원선거법상 의원정수에 관한 규정은, 광역자치단체와 기초자치단체의 구분 없이 다수주의쪽에 가까운 중간수준의 정수로 하였다고 볼 수 있으며, 의원정수의 산정기준은 行政區域原則에 人口基準을 가미한 방법을 택하였다고 볼 수 있다.

<표 4-1> 대의회형과 소의회형의 국가

유형	국가별	기초적 단체		광역적 단체		비고
대의회형	영국	District	도시 50~80인 (런던시 159) 농촌 30~60	County	60~100인	의원 명예직
	프랑스	Commune	9~49	Department	20~68	〃
	일본	市·町·村	시 30~100 정·촌 12~30	都·道·府·縣	40~130	의원 유급직
소의회형	미국	city, town township 등	3~9인 (50인 안팎의 경우도 있음)	County	3~5인 (100인을 넘는 경우도 있음)	의원 유급직
	캐나다	city, town township 등	7~20인 (50인 안팎의 경우도 있음)	—	—	〃
	필리핀	시·읍	6~12	도	4~8	〃

2) 地方議會議員

(1) 地方議會議員의 地位와 機能

지방의회의원은 주민이 직접 선출하는 주민의 대표로서 지방자치단체의 주요한 사항을 집합적으로 결정하고 지방행정운영상황을 감시·감독하는 기능을 한다. 그 신분은 政務職 地方公務員이다.

① 地域全體의 代表者로서 기능을 한다. 즉, 자치단체 전구역의 문제와 관심사를 다루고 처리해야 한다.

② 地域의 政策決定·意思決定者로서 기능을 한다. 이는 지방의회의원의 주된 임무이다.

③ 住民의 民願事項解決者로서 기능을 한다. 지방의회의원은 주민과 공식·비공식 접촉을 통하여 주민의 애로·불편·고정사항을 파악하고 이의 해결을 위하여 각 부서에 협조를 요청한다.

④ 地方行政의 監視者·指導者로서 기능을 한다. 지방공무원이 불성실, 위법, 부당한 행위를 한 때에는 이의 시정과 문책을 요구할 수 있다.

⑤ 지역 내의 問題와 葛藤의 調整者로서 기능을 한다. 지방의회의원은 政治人으로

서 자치구역 내의 지역간 · 계층간 · 집단간의 이해관계와 갈등을 조정하는 기능이 요구된다.

(2) 地方議會議員의 選擧

지방의회의원은 주민의 보통 · 평등 · 직접 · 비밀선거에 의한다(법 §26의 2).

법 제12차 개정에서는 지방선거에 관하여 "이 법에서 정한 것을 제외하고 필요한 사항은 법률로 정한다"(법 §25)라는 한 조문만 두고 지방선거의 선거권, 피선거권, 선거관리기관에 관한 규정을 모두 삭제하였다. 이러한 규정들은 모두 공직선거 및 선거부정방지법에 규정하고 있다.

따라서 지방자치법에서 지방선거에 관하여는 본조와 제86조의 지방자치단체의 장의 선거원칙규정만을 두고 있다. 그러나 공직선거 및 선거부정방지법에 규정하고 있는 지방의원의 정수에 관한 규정 등은 종전과 같이 지방의회 구성에 관한 기본사항으로 지방자치법에 규정되어야 할 사항이다(일본 지방자치법 §90, §91 참조).

신설된 법 §26의 2는 지방자치단체의 조직으로서 지방의회의 구성에 관한 기본원칙을 제시한 것으로서 헌법에 규정된 국회의 구성방법과 취지를 같이 하는 것이라고 할 수 있다(헌법 §41 참조).

종래 지방의원의 선거는 이미 주민의 직접선거에 의하여 왔고 이는 당연한 것으로 이해되어 왔으나, 제12차 개정에서는 이러한 원칙을 명시적으로 규정한 데 의의가 있다.

이는 지방자치단체의 장의 선거를 규정함에 있어 주민의 직접선거로만 규정하던 것을 지방의회의원의 선거규정과 동일하게 명시한 점(법 §86)에서 지방선거에 관한 일반원칙으로 이해될 수 있다.

① 지방의회의원선거는 그 임기만료일전 30일 이후 첫 번째 목요일에 실시한다(공선법 §34:1③). 선거일이 국민생활과 직접 관련이 있는 민속절 또는 공휴일인 때와 선거일 전일이나 그 다음날이 공휴날인 때에는 그 다음 주의 목요일에 실시한다(공선법 §34:2).

② 보궐선거는 의원정수의 4분의 1 이상이 궐원되지 아니한 경우에는 실시하지 아니하고, 보궐선거를 실시하는 경우에는 그 궐원된 의원 전원에 대하여 실시하여야 한다(공선법 §201:1). 보궐선거 실시요건인 의원 4분의 1 이상의 결원 국정은 임기만료일까지의 기간이 1년 이상인 때에 재선거, 연기된 선거, 재투표로 인한 경우에는 적용되지 아니한다. 그리고 선거소청 또는 당선소송에 의하여 당선의 효력이 계속 중인 때에도 보궐선거를 실시하지 아니한다(공선법 §201:2). 지방위원의 보궐선거 · 재선거는 전년도 10월1부터 3월31일까지의 사이에 그

선거의 실시사유가 확정된 때에는 4월 중 마지막 목요일에 실시하고, 4월1일부터 9월30일까지의 사이에 그 선거의 실시사유가 확정된 때에는 10월 중 마지막 목요일에 실시한다(공선법 §35:1①).

(3) 地方議會議員의 任期

지방의회의원의 임기는 4년으로 하며(법 §31:1), 의원의 임기는 總選擧에 의한 전임의원의 임기가 만료된 다음 날로부터 개시된다.

그러나 최초의 시·도 및 시·군·자치구의 의회의원의 임기는 그 의회의 最初 集會日로부터 개시된다(법 부칙 §3:1).

지방의회의원의 임기는 의회기능의 계속성과 행정적 사회적 안전성, 주민통제의 적정주기성 및 지방재정의 여건 등과 관련되어 있는 문제이다.

위의 여러 가지 요소를 고려하면 3년 이하의 임기는 단기에 속하고 5년 이상은 장기에 속한다.

외국의 제도는, 1년제의 최단기(미국의 일부 도시와 스위스의 시·읍·면)를 비롯하여 6년제(프랑스·스페인)에 이르기까지 다양하다.

4년의 임기는 정치적·사회적 안정성 확보에도 큰 문제가 없고 주민통제와 주민에게 신임을 묻는 점에서도 적정주기로 판단되며, 각국의 추세와 국회의원의 임기와도 부합한다고 볼 수 있다.

(4) 지방의회의원의 議政活動費

지방의회의원은 명예직으로 할 것인가, 유급직으로 할 것인가에 대하여는 나라마다 입법태도가 다르다.

지방의원의 보수는 크게 名譽職과 有給職으로 나누어 볼 수 있다.

名譽職을 주장하는 근거는,

(i) 공공복리를 위하여 無料奉仕精神이 요청된다.

(ii) 지방의원의 職務가 고정급을 지급해야 할 만큼 많거나 전문성을 요하지 않는다.

(iii) 무보수봉사에 따른 주민들의 존경 등 住民代表者로서의 입장을 고려할 가치가 있다.

한편 有給職을 주장하는 근거는,

(i) 고정급을 지급함으로써 의원들이 본연의 職務에 專念할 수 있다.

(ii) 유능한 인사를 지방의회에 진출하게 한다.

(iii) 의원들의 品位維持와 不條理豫防에 기여한다.

지방의회의원보수에 있어서 영국·프랑스·독일·대만 등은 명예직원칙을 고수하고 있다.

유급직을 채택하고 있는 국가는 미국·캐나다·필리핀·일본 등을 들 수 있는데, 일본을 제외하면 유급직의 채택은 의원정수에서 小數主義를 택하는 국가에서 나타나고 있다.

지방재정의 과중한 부담만 해결된다면 유급직이 이상적일 수도 있다. 명예직은 재력이 있는 인사에 한해서 지방의회에 진출하게 되는 폐단이 있고, 심지어 회기중 일비만을 지급하는 경우 고의적으로 회기를 지연시키는 폐단이 있기 때문이다.

그러나 우리의 경우 지방자치단체의 재정상태와 다수주의에 가까운 의원정수를 고려해 보면 유급직으로 전환한 것은 적절치 못하다는 비판을 받고 있다.

① 의정자료의 수집·연구에 소요되는 비용을 보전하기 위한 月定額과 시·도의원에게는 이에 더하여 보조활동에 소요되는 비용도 매월 지급하도록 하고 있다.

(i) 의정활동비는 의원의 생계비를 지급하는 급료는 아니며, 어디까지나 의정활동을 충실히 하기 위한 목적에 사용함을 전제로 하는 실비보상적 성격의 보상이다. 그러나 매월 일정액을 지급하게 됨으로써 사실상 급여로 이해될 수밖에 없을 것이다. 이러한 활동비에 대하여는 그 기준을 대통령령(지방자치법시행령 §15)으로 정하고 구체적인 지급금액은 기준범위 안에서 당해 자치단체의 조례로 규정하도록 하고 있다(법 §32:2). 이는 적정기준의 산정에 있어 전국적인 균형을 유지하며 또한 당해 지방자치단체의 재정여건에 따라 지급액을 스스로 조정·결정할 수 있게 하려는 것이다.

(ii) 보조활동비의 지급은 그 동안 논의되어 오던 의원보좌관제를 지방공무원으로 임명하는 것이 아니라 의원 개인의 책임 하에 둘 수 있게 한 것으로 그 역할은 의원의 활용여하에 따라 다양하게 될 것이다. 시·도의 경우 의원의 보좌관제가 사실상 인정됨으로써 의정활동이 보다 활성화될 것으로 기대된다.

② 본회의 또는 위원회의결이나 의장의 명에 의한 공무수행을 위한 여행에 필요한 경비를 지급하게 된다.

의원의 공무수행에 따른 여비의 지급은 당연하나 의원활동의 공사구분이 확실하지 않은 점을 고려하여 공무여행을 본회의 또는 위원회의 의결 등으로 한정하고 있다. 종전에는 지방의원의 회기 중 회의(본회의 또는 위원회)출석시 여비도 따로 지급하였으나 제12차 개정에서는 이를 제외하고 있다.

③ 지방의회의원의 직무활동에 대하여 지급하는 월정수당을 지급한다. 월정수당

은 의정활동비와 마찬가지로 대통령령이 정하는 지급기준에 따라 당해 지방자치단체의 의정비심의위원회에서 결정하는 범위 내에서 당해 지방자치단체의 조례로 정한다.

지방자치법시행령 제15조(일비와 여비지급)에는 별표 4와 별표 5로 각기 일당과 여비지급기준을 제시하고 있다.

여비와 수당에 관한 외국의 예를 보면, 영국의 경우 지방의원은 무급을 원칙으로 하되 법률로 기준을 정한 수당을 지급하고 있으며, 일본의 경우 지방의원의 보수와 실비변상은 조례로 정하는 바에 따라 지급토록 정하고 있다. 따라서 자치단체별로 지급액에 차이가 있으며, 대체로 그 비용은 높아지는 경향이 있어 自治省에서는 비용절감을 권고하고 있다.

(5) 兼職禁止 및 營利行爲制限

지방의회의원이 겸직할 수 없는 직은 다음과 같다(법 §33:1).

① 국회의원, 다른 지방의회의원
② 헌법재판소 재판관, 각급 선거관리위원회의 위원
③ 국가공무원법 제2조에 규정된 국가공무원과 지방공무원법 제2조에 규정된 지방공무원, 단 정당법 제6조의 규정에 의하여 정당의 당원이 될 수 있는 공무원(예, 국무위원, 차관 및 조교수, 부교수, 교수, 학장, 총장 등)은 제외
④ 정부투자기관관리기본법 제2조에 규정된 정부투자기관(한국방송공사와 한국은행 포함)의 임·직원
⑤ 지방공기업법 제2조에 규정된 지방공사와 지방공단의 임·직원
⑥ 농협, 수협, 축협, 농지개량조합, 임업협동조합, 엽연초생산협동조합, 인삼협동조합의 상근 임·직원과 중앙회장·연합회장
⑦ 정당법 제17조단서의 규정에 의하여 정당의 당원이 될 수 없는 교원(예:사립학교 조교수 이상을 제외한 교원)

또한 지방의회의원은 당해 지방자치단체 및 공공단체와 營利를 목적으로 하는 去來를 할 수 없으며, 이와 관련된 시설 또는 재산의 양수인 또는 管理人이 될 수 없다(법 §33:2).

이와 같이 겸직금지와 영리행위를 제한하고 있는 것은 地方議員의 義務(§34)를 성실히 지킬 수 있도록 하기 위함이다.

兼職禁止의 범위가 너무 확대되면 직능대표 등 각계의 유능한 인사의 의회진출이

어렵고, 주민의 광범위한 참여에 지나친 제한을 가하는 결과를 가져오게 한다.

그렇다고 반대로 겸직을 광범위하게 허용하면 住民代表로서의 公正性 維持에 문제가 생길 수 있다.

겸직금지의 범위에서 선진제국들은 우리보다 훨씬 관대한 편이다.

우리의 경우 몇 차례의 지방자치법 개정에서 점차 그 금지범위가 확대되어 왔으며, 현행법은 더욱 금지범위를 넓혔다.

따라서 우리의 지방자치법은 유능한 직능대표의 지방의회 진출보다 주민대표의 공정성유지를 더욱 강조하는 경향에 있다고 볼 수 있다.

<표 4-2> 겸직 및 거래금지 대상변화

구 분	제 정 (1949)	2차 개정 (1956)	3차 개정 (1960)	10차 개정 (1991. 5.31)
겸직금지 대상	당해 자치단체 유급직	국가 또는 자치단체유급직	국가, 자치단체 및 공공단체의 유급직	농지개량조합 · 임업협동조합 · 엽연초생산협동조합 · 인삼협동조합의 상근임직원 추가
거래금지 대상	-	당해 자치단체와의 영리목적의 거래	당해 자치단체 및 공공단체와의 영리목적거래	변동없음

(6) 地方議會議員의 身分保護

① 議員逮捕 및 確定判決의 通知

逮捕 또는 拘禁된 지방의회의원이 있을 때에는 관계 搜査機關의 長은 지체 없이 의장에게 영장의 사본을 첨부하여 이를 통지하여야 한다(법 §34의 2, ①).

지방의원이 형사사건으로 공소가 제기되어 그 판결이 확정된 때에는 각급 법원장은 지체 없이 당해 의장에게 이를 통지하여야 한다(법 §34의 2, ②).

국회의원에게는 불체포특권과 면책특권이 인정되나, 지방의원에게는 이러한 특권이 인정되지 않으므로 부당한 신분상 침해로부터 보호하기 위하여 의원체포의 통지제도를 규정하고, 형사사건으로 판결이 확정된 경우에도 해당의원의 신분관계를 명백히 하기 위하여 법원장의 통지를 의무화하였다.

② 傷害 · 死亡 등의 補償

지방의회의원이 職務로 인하여 신체에 상해를 입거나 사망한 때와 그 상해 또는 직무로 인한 질병으로 사망한 때에는 보상금을 지급할 수 있다(법 §32의 2, 1). 여기에서의 직무의 범위는 會期中은 물론 委員會의 개회 또는 위원회의 의결이나 장의 명에 의하여 폐회중의 공무집행을 포함한다.

이 규정은 지방의원의 신분이 政務職 地方公務員이므로 당연한 규정이라고 할 수 있다. 보상금의 지급기준은 대통령령이 정하는 범위 안에서 당해 지방자치단체의 條例로 정한다(법 §32의 2, 2).

그 보상금의 지급기준은 다음 각호의 범위 내에서 당해 지방자치단체의 재정능력을 감안하여 조례로 정한다(영 §15의 2, ①).

(i) 직무로 인한 사망, 직무상 상해 · 질병으로 인한 사망의 경우 — 시 · 도의원 일비의 2년분(240일) 상당액

(ii) 직무상 상해로 인한 장애의 경우 — 시 · 도의원 일비의 1년분(120일) 상당액

(iii) 기타 직무로 인한 상해의 경우 — 치료비 전액

이는 국회의원의 경우 인정되고 있는 상해 · 사망보상금과 같은 취지로 이해된다.

국회의원상해 등에 관한 법률 제10조에 의하면, 사망시는 수당의 1년분 상당액, 상해로 인한 불구가 된 때에는 수당의 6월분 상당액, 상해시는 치료비 전액을 지급하도록 하고 있다.

사망 · 상해 등에 해당여부와 보상금액 등을 심의하기 위하여 지방자치단체에 지방의회의원 상해 등 보상심의회를 둔다(영 §15의 2, ②).

이 보상심의회는 위원장을 포함하여 5인 이내로 구성하되, 위원장은 시 · 도의 경우에는 부시장 또는 부지사, 시 · 군 및 자치구의 경우에는 부시장 · 부군수 또는 부구청장이 되고, 위원은 당해 지방의회의원 1, 당해 지방자치단체 소속공무원 1, 의무직공무원 1, 사회보장에 관한 학식과 경험이 있는 자 1인으로 지방자치단체의 장이 임명 또는 위촉한다(영 §15의 2, ③).

보상금은 보상금을 받을 권리가 있는 자의 신청에 의하여 보상심의회의 심의를 거쳐 지방자치단체의 장이 결정하여 지급하고(영 §15의 2, ④), 보상심의회에 출석한 위원에 대하여는 예산의 범위 안에서 수당을 지급할 수 있다(영 §15의 2, ⑤). 지방자치법시행령에 규정한 것 외에 보상금의 지급기준과 절차 등에 관하여 필요한 사항은 당해 지방자치단체의 조례로 정한다(영 §15의 2, ⑥).

(7) 地方議會議員의 義務

지방의회의원은 誠實義務(법 §34:1), 淸廉 및 品位維持義務(법 §34: 2), 職位濫用禁止

義務(법 §34:3)를 진다.

종래의 법에서는 의무에 관한 규정이 따로 없고, 회의장의 질서유지, 모욕 또는 사생활에 대한 발언금지 등 질서에 관한 규정뿐이었으나, 현행법이 명문으로 의무규정을 신설한 것은 道德政治具現과 社會正義實現을 요구하는 국민의 염원을 반영한 것이라고 볼 수 있다.

3. 地方議會의 權限과 義務

地方議會는 지방자치단체의 最高意思決定機關으로서, 地方行政의 監督機關으로서, 자치행정운영에 관한 주요한 사항을 결정하고 지방행정수행의 적정여부를 감시·감독한다.

1) 行政的 權限

(1) 議決權

지방의회의 권한 중에서 가장 중요한 권한이다.

지방의회의 의결사항을 규정하는 방법에는 槪括主義와 列擧主義가 있으나, 우리의 경우는 지방자치단체의 사무 중 중요한 사항만을 열거하여 의결받도록 하는 槪括的列擧主義를 채택하고 있다.

지방자치법에 열거된 사항(법 §35:1)은 반드시 의회의 의결을 얻어야 하며, 기타 중요한 사항은 당해 자치단체의 조례가 정하는 바에 의하여 의결을 받아야 한다(법 §35:2).

지방의회의 必要的 議決事項은 다음과 같다.

① 조례의 제정·개폐
② 예산의 심의·확정
③ 결산의 승인
④ 법령에 규정된 것을 제외한 사용료, 수수료, 분담금, 지방세 또는 가입금의 부과와 징수
⑤ 기금의 설치·운용
⑥ 대통령령으로 정하는 중요 재산의 취득·처분
⑦ 대통령령으로 정하는 공공시설의 설치·관리 및 처분

⑧ 법령과 조례에 규정된 것을 제외한 예산의 의무부담이나 권리의 포기
⑨ 청원의 수리와 처리
⑩ 외국지방자치단체와의 교류협력에 관한 사항
⑪ 기타 법령에 의하여 그 권한에 속하는 사항

이상의 필요적 의결사항 중 豫算案의 審議·議決만은 그 時限이 법적규제를 받는다. 즉, 지방자치단체장은 회계년도마다 예산안을 편성하여 시·도는 회계년도개시 50일전까지, 시·군·자치구는 회계년도개시 40일전까지 지방의회에 提出하여야 하고(법 §118:1), 시·도의회는 회계년도개시 15일전까지, 시·군·자치구의회는 회계년도개시 10일전까지 이를 議決해야 한다(법 §118:2).

(2) 行政事務監査 및 調査權

지방의회의 집행부, 즉 자치단체의 장이 집행하는 사무에 대한 감시수단으로서 감사 및 조사권을 인정하고 있다.

제12차 개정에서는 감사의 기간이 연장되고, 자치단체나 장에 위임된 국가나 시·도사무에 대해서도 감사할 수 있는 규정을 두었으며, 증인선서 후 증언을 하게하고 허위증언자나 출석거부 또는 진술거부자에게 과태료를 부과할 수 있게 하는 등 종전의 감사규정을 대폭 개정하였다. 이는 지방의회의 집행부감시기능을 보다 활성화하는 조치로 평가된다.

① 監査 및 調査權의 범위

(i) 自治事務監査 및 調査權

지방의회는 자치사무전반에 결쳐 연 1회(정기회의 회기내) 감사를 할 수 있으며, 그 기간은 시·도의 경우 10일 이내, 시·군·자치구의 경우 7일 이내에서 감사를 실시할 수 있다. 그리고 특정사무에 대한 조사권은 본회의의결로 본회의 또는 위원회로 하여금 실시하게 할 수 있다(법 §36:1, 영 §16:1). 특정사무에 대하여 조사를 발의하고자 할 때에는 이유를 명시한 서면으로 하여야 하며, 재적의원 3분의 1이상의 연서가 있어야 한다(법 §36:2).

(ii) 委任事務의 代行監査權

지방자치단체 및 그 장이 위임받아 처리하는 국가사무와 시·도의 사무에 대하여 국회와 시·도의회가 직접 감사하기로 한 사무를 제외하고는 그 감사를 각각 당해 시·도의회와 시·군·자치구의회가 행할 수 있다. 이 경우 국회와 시·도의회는 그

감사결과에 대하여 당해 지방의회에 필요한 자료를 요구할 수 있다(법 §36:3).

이 대행감사 및 조사권에 의하여 대부분의 위임사무에 대한 감사기능이 당해 지방의회로 사실상 이관된 것으로 보이며, 그만큼 지방의회의 감사기능이 강화됨을 의미하나 한편 그 책무도 그만큼 커졌다고 할 것이다.

(iii) 監査權과 調査權의 區別

지방의회의 지방행정집행에 관한 감사는 광범위한 감사를 인정하는 行政監査權과 이를 보다 약하게 인정하는 行政調査權으로 구분된다.

이러한 권한은 지방의회가 주민의 대표기관이라는 점에서 이론상 타당하고 행정의 독주를 견제할 수 있지만 국가 또는 자체감사와 중복될 수 있고, 감사권을 남용할 때에는 행정의 마비가 우려되므로 이의 시행에는 신중을 기하여야 한다.

(iv) 입법례

영국, 프랑스, 대만, 태국 등 대부분의 국가는 포괄적인 감사권을 인정하고 있으며, 일본도 사무조사와 서류・검열권을 인정하고 있다.

우리나라 지방자치법에서는 특정사항에 대한 조사권만을 인정(7차 개정)하였다가, 8차 개정에서 행정감사권을 추가로 규정하고, 12차 개정에서 위임사무에 관한 대행감사권을 인정하였다.

② **監査 및 調査의 節次・方法**

지방의회가 행정사무감사 및 조사권을 발동하거나, 위임사무대행감사권의 발동을 위하여 필요한 때에는 현지확인을 하거나 서류제출을 요구할 수 있으며, 지방자치단체의 장 또는 관계공무원이나 그 사무에 관계되는 자를 출석케하여 증인으로서 선서한 후 증언하게 하거나 참고인으로서 의견의 진술을 요구할 수 있다(법 §36:4).

이 증언에서 허위증언을 한 자에 대하여는 고발할 수 있으며, 출석요구를 받은 자가 정당한 이유 없이 출석하지 아니하거나 증언 또는 진술을 거부하는 때에는 500만원 이하의 과태료를 부과할 수 있는데(법 §36:5, 영 §17의 4, ④) 이 과태료의 부과절차는 법 제20조의 규정에 의한다(법 §36:6).

지방의회는 당해 지방자치단체의 사무를 감사하거나 조사하고자 할 때에는 본회의에서 이를 행하거나, 소관상임위원회별로 또는 특별위원회를 구성하여 이를 행하게 할 수 있다(영 §17).

지방의회가 본회의에서 직접 감사 또는 조사를 행할 경우에는 감사 또는 조사계획서를 작성하여 의결하고 지체 없이 이를 당해 지방자치단체의 장에게 통보하여야 한다(영 §17의 2, ④).

지방의회가 현지확인의 통보 및 서류제출이나 지방자치단체의 장, 관계공무원 또는 그 사무에 관계되는 자의 출석증언 및 의견진술의 요구는 늦어도 그 현지확인일 · 서류제출일 · 출석일 등의 3일 전까지 의장을 통하여 행하여야 한다(영 §17의 4, ①). 지방의회의 이러한 요구를 받은 지방자치단체의 장, 관계공무원 또는 그 사무에 관계되는 자가 이에 응할 수 없는 정당한 이유가 있는 경우에는 그 이유서를 출석 · 증언이나 의견진술일 등의 1일 전까지 의장에게 제출하여야 한다(영 §17의 4, ②).

의장 또는 위원장이 증인에게 증언을 요구할 때에는 선서하게 하여야 하며, 선서하기 전에 의장 또는 위원장은 선서의 취지와 위증의 경우에는 고발될 수 있음을 알려야 한다(영 §17의 4, ⑤). 이 경우 증인선서의 방식은 형사소송법 제157조의 규정을 준용한다(영 §17의 4, ⑥).

또한 지방의회에서 증언 · 진술하는 증인 · 참고인이 방송 · 보도 등에 응하지 아니한다는 의사를 표명하거나 특별한 이유로 회의의 비공개를 요구한 때에는 본회의 또는 위원회의 의결로 방송 · 보도를 금지시키거나 회의의 일부 또는 전부를 공개하지 아니할 수 있고(영 §17의 5, ①), 그 증인 등이 그 사본을 요구한 때에는 의장의 승인을 얻어 이를 교부할 수 있다(영 §17의 5, ②).

국가 및 시 · 도의 사무에 대한 감사의 실시방법 · 절차도 위와 같으나(영 §17의 10, ①), 법 제36조 3항 후단에 의하여, 국회 또는 시 · 도의회가 감사를 실시한 지방의회에 대하여 필요한 자료를 요구한 때에는 이에 응하여야 한다(영 §17의 10, ②).

③ 監査 및 調査權의 限界

지방의회가 행정사무감사 및 조사권을 발동할 경우에 주의를 요하는 사항은 다음과 같다.

첫째, 지방의회의 감사 또는 조사는 개인의 사생활을 침해하거나, 계속 중인 재판 또는 수사 중인 사건의 訴追에 관여할 목적으로 행사되어서는 안된다(영 §17의 6).

둘째, 지방의회의원은 직접 이해관계가 있거나 공정을 기할 수 없는 현저한 사유가 있는 경우에는 그 사안에 한하여 감사 또는 조사에 참여할 수 없으며(除斥), 해당 지방의회의원은 감사 또는 조사위원회의 허가를 받아 감사 또는 조사를 回避할 수 있다(영 §17의 7).

셋째, 지방의회가 감사 또는 조사를 할 때는 그 대상기관의 기능과 활동이 현저히 저해되거나 기밀이 누설되지 아니하도록 주의하여야 하며, 지방의회의원 및 사무보조자는 감사 또는 조사를 통하여 알게 된 비밀을 정당한 사유 없이 누설해서는 안된다(영 §17:8).

넷째, 지방의회의 감사 또는 조사는 그 위원회가 의결로 공개하지 아니하도록 한 경우(본회의, 감사 또는 조사위원회의 의결)를 제외하고는 반드시 공개하여야 한다(영 §17:9).

다섯째, 자치사무에 대한 감사 또는 조사와 위임사무에 대한 감사를 위하여 필요한 사항은 「국정감사 및 조사에 관한 법률」에 준하여 대통령령으로 정하고, 선서·증언·감정 등에 관한 절차는 「국회에서의 증언·감정 등에 관한 법률」에 준하여 대통령령으로 정한다.

<표 4-3> 행정사무감사·조사처리 흐름도

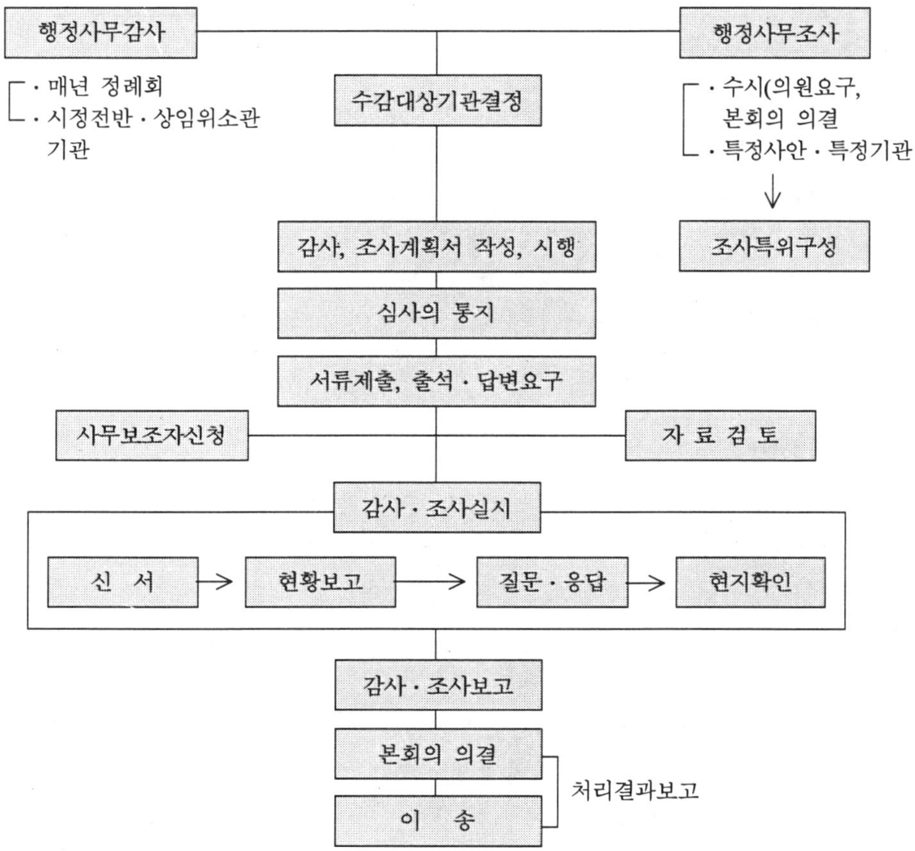

(3) 行政事務處理報告·出席·答辯·書類提出要求權

지방자치단체의 장 또는 관계 공무원은 지방의회나 그 위원회에 출석하여 행정사무의 처리상황을 보고하거나 의견을 진술하고 질문에 응답할 수 있고(積極的 報告·陳述權, 법 §37:1), 지방의회나 그 위원회의 요구가 있는 때에는 출석·답변하여야 하는데(消極的 報告·陳述權), 다만, 특별한 사유가 있는 경우에 지방자치단체장은 관계 공무원으로 하여금 출석·답변하게 할 수 있다(법 §37: 2).

지방의회 또는 그 위원회에 출석하여 답변할 수 있는 관계 공무원은 조례로 정한다(법 §37:3).

이 권한은 현행 지방자치법의 8차 개정과 11차 개정에서 새로이 규정한 것으로서, 외국에서는 그 예를 찾아보기 힘들다.

이것은 지방의회의 권한의 확대나 강화라기보다는 행정에 대한 조사를 보다 분명하게 하여 그의 기능을 충실하게 이행하도록 한다는 취지가 엿보인다.

또한 본회의 또는 위원회는 그 의결로 안건의 심의 또는 행정감사·조사와 직접 관련된 서류의 제출을 당해 지방자치단체의 장에게 요구할 수 있다. 위원회의 경우에는 반드시 의장을 경유하여야 한다(법 §37:2). 서류제출요구는 늦어도 그 서류제출일 3일전까지 행하여야 한다(영 §15의 3:1). 서류제출요구를 받은 지방자치단체의 장은 법령이나 조례에서 특별히 규정한 경우를 제외하고는 이에 응하여야 한다(영 §15의 3:2).

(4) 請願受理權

지방의회는 주민으로부터 請願을 受理할 수 있는데(법 §65~68), 지방의회에 대한 청원은 地方議會議員의 紹介를 얻어 書面으로 제출하여야 한다(법 §65:1).

청원서에는 청원인의 성명(법인의 경우에는 그 명칭 및 대표자), 주소를 기재하고 서명·날인하여야 한다(법 §65:2).

청원을 접수받은 지방의회는 청원의 내용이 재판에 간섭하거나 법령에 위반되는 사항일 때에는 이를 수리하지 아니한다(법 §66).

접수된 청원은 위원회 또는 본회의에 회부하여 심사를 하며, 본회의에서 이를 채택한다(법 §67).

본회의에서 채택한 청원 중에서 그 지방자치단체장이 처리하는 것이 타당하다고 인정되는 청원은 의견서를 첨부하여 장에게 이송하여야 한다. 이 경우 장은 이를 처리하고 그 결과를 지체 없이 의회에 보고하여야 한다(법 §68).

(5) 內部自律權

지방의회는 內部組織과 運營에 관한 권한을 가진다.

지방의회는 회의 기타 내부운영에 관하여 이 법에 정한 것을 제외하고 필요한 사항을 규칙으로 정할 수 있다(법 §37의 2).

지방의회는 議長, 副議長, 臨時議長을 선거할 뿐만 아니라 事務處(시 · 도의회) · 事務局 또는 事務課(시 · 군 · 구의회)를 둘 수 있으며, 지방자치단체장과 協議하여 그 직원을 보임할 수 있다(법 §42, 법 §82~84).

또한 의사진행(법 §63), 회의질서유지(법 §77), 징계(법 §81), 의회사무조직의 기능분담, 인사관리 등에 관하여 會議規則을 제정하며, 의원의 資格審査 · 懲戒 등에 관한 권한을 가진다.

2) 財政的 權限

지방자치법상 지방의회가 행사할 수 있는 권능은 앞에서 본 바와 같이 의결권(법 §35), 행정사무감사 및 조사권(법 §36), 지방자치단체장 또는 관계공무원의 출석 · 답변 · 서류제출요구권(법 §37:2), 청원심사 · 처리권(법 §67~68) 기타 각종 선거권, 자율권 등에 한정된다.

이러한 권능중 지방회의가 지방자치단체의 재정운용에 관여할 수 있는 것은 豫算, 決算, 重要財産의 取得.處分 등에 관한 議決權을 행사하는데 그친다.

즉, 지방자치법 제35조의 必須議決事項 중, 예산의 심의 · 확정(동조 ②), 결산승인(동조 ③), 법령에 규정된 것을 제외한 사용료 · 수수료 · 분담금 · 지방세 또는 가입금의 부과와 징수(동조 ④), 기금의 설치 · 운용(동조 ⑤), 법령과 조례에 규정된 것을 제외한 예산외 의무부담(동조 ⑥)과 기타 법령에 의하여 지방의회의 의결사항에 포함되는 주요사항으로 추가경정예산의 심의 · 확정(법 §121), 계속비의 설정(법 §119), 예비비의 지출(법 §120), 지방채무 및 채권의 관리(법 §115), 일시차입금(지방재정법 §11), 지방세의 감면(지방세법 §3, §9) 등에 관한 의결권의 행사가 地方議會의 財政機能의 전부라고 볼 수 있다. 다만 지방의회는 조례에 의하여 任意的 議決事項을 따로 정할 수 있으므로(법 35:2) 조례에 의하여 그 재정기능을 확충할 수는 있다.

豫算審議에 있어서 기초의회는 회계년도 개시 10일전까지, 광역의회는 15일전까지 이를 의결하여야 하며(동법 §118:2), 만일 회계년도 개시까지 의결되지 못하는 때에는 지방자치단체장은 그것이 의결될 때까지 법령 또는 조례에 규정된 必要經費와 繼續

事業費는 전년도예산에 준하여 집행할 수 있다(법 §122). 그리고 지방의회는 지방자치단체장의 동의 없이 금액의 증가나 새 비목을 설치할 수 없으며(법 §118:3), 새로운 재정부담을 수반하는 사례나 안건을 의결하고자 할 때에는 미리 지방자치단체장의 의견을 들어야 한다(법 §123).

재정에 관련된 조례제정에 있어서도 감독청의 承認을 받아야 하는 경우도 있다. 즉, 국고보조를 받아야 할 지방자치단체의 공공시설의 설치 등에 관한 조례를 제정하고자 할 때에는 행정안전부장관의 승인을 얻어야 한다(지방재정법 §109:1).

또한, 지방의회의 의결이 예산상 집행할 수 없는 경비가 포함되었을 때와 반드시 부담하여야 할 경비, 비상재해로 인한 시설의 응급복구를 위하여 필요한 경비가 삭감되었을 때는 지방자치단체장은 그 수리를 거부하고 이유를 붙여 再議를 요구할 수 있다(법 §99). 재의요구에 대해 지방의회가 재적과반수의 출석과 출석의원 3분의 2이상의 찬성으로 전과 같은 의결을 하면 그 의결사항은 확정되나(법 §98:2), 이 의결정족수에 미달할 경우에는 폐기된다고 해석된다. 그리고 재의결이 법령에 위반된다고 판단되는 때에는 광역지방자치단체장은 행정안전부장관의 승인을, 기초자치단체장은 시·도지사의 승인을 얻어 재의결된 날로부터 15일 이내에 大法院에 訴를 제기할 수 있다. 이 경우 의결의 효력은 대법원의 판결이 있을 때까지 정지된다(법 §159:3).

여기에서는 지방의회의 財政的 權限 중 가장 핵심이 되는 地方豫算審議·議決에 관해서만 상론한다.

(1) 地方豫算審議·議決權

지방자치단체 예산의 심의·확정 및 결산의 승인은 지방의회의 의결사항이다(법 §35). 이러한 지방의회의 豫算審議權은 단순히 예산안이라는 안건을 절차에 의하여 심의·통과시키는 제도상의 권한만을 의미하는 것이 아니라 지방의회가 지방자치단체의 집행기관에 부여한 재정집행권의 행사과정과 결과에 대한 감독과 시정을 할 수 있는 권한까지를 포함한다.

따라서 지방의회의 예산심의권은 정책과 사업의 타당성·공정성을 확보하는, 그리고 공익과 주민의 욕구를 조화시키는 방향으로 행사되어야 할 것이다.

그런데 지방의회가 예산심의를 함에 있어 익년도 재정활동이 당면할 중요하고도 기본적인 과제가 무엇인지를 충분히 인식할 수 있는 경험의 부족과 관련법의 구속 및 지방재정의 현실적 제약을 안고 있어 지방자치단체가 편성한 예산원안과 비슷한 수준으로 예산을 확정하게 되는 예산심의를 할 가능성이 높다.

지방자치단체에 의하여 편성된 地方豫算案은 지방의회의 심의·의결을 거쳐 확정되는 데, 이러한 豫算審議는 지방자치단체의 재정활동을 사전에 심의·조정하는, 즉 지방의회가 집행기관에 대해 財政統制 또는 監督을 하는 제도이다.

따라서 예산심의는 주민의 의사결정은 물론 주민의사를 활성화 내지는 집약화하는 정치적 의미를 내포하고 있으므로, 지방의회는 지방자치단체에 대한 재정권의 부여와 감독의 형식을 통하여 주민의 여망을 지방행정에 반영하게 되는 것이다.

그런데 지방의회는 지역주민의 다양한 이해와 욕구를 잘 조화시켜야 하는 본연의 기능을 수행해야 하므로 지방자치단체의 예산이 어떠한 정책목표 하에 어떠한 내용으로 편성되었으며, 이에 대하여 지방의회는 주민대표기관으로서 어떠한 방법과 절차를 거쳐 예산안을 심사하는 것이 재정에 대한 주민적 합의와 재정운영의 효율성을 증대시키는 것인가에 깊은 관심을 가지게 되며, 이는 지방의회의 존립과 풀뿌리 민주정치의 발전과 관련된 중요한 과제이다.

그러므로 지방의회는 지방자치단체 예산안 심의의 기본목표를 「地域住民의 福祉增進과 便益의 最大化」로 설정하여 예산을 심의하게 되는데, 심의의 질을 제고하기 위하여는 심의 전에 다음 사항에 대한 고려가 있어야 할 것이다.[4)]

첫째, 예산내용 중에 비합법적·비민주적 요소는 없는가?

둘째, 재원배분의 우선순위는 지방자치단체의 사업계획에 따라 효과적으로 편성되어 있는가?

셋째, 불평등한 예산조치가 예산에 포함되어 있지는 않은가?

넷째, 지역주민의 복지실현이라는 관점에서 소득재분배는 잘 고려되어 있는가?

다섯째, 중·장기계획을 무시한 단기적·미봉적 내용은 없는가?

여섯째, 예산의 내용이 과연 현실적으로 실현가능한 것이며, 과거에 집행상 문제는 없었는가?

따라서 豫算審議란 주민의 대표기관인 지방의회에 의하여 집행기관이 제출한 예산안을 심의·의결하는 것으로서, 이는 財政民主主義를 실현하는 방안이며,[5)] 구체적으로는 지방정부의 정책과 사업계획을 검토하고 재정규모를 결정하는 예산과정의 하나인 것이다.

(2) 地方豫算審議節次

지방자치단체의 장은 法令과 條例가 정하는 범위 내에서 합리적 기준에 의하여 필

---

4) 조창현·이기옥, 地方自治의 基礎理論(지방의회의원 연수교재), (한양대 지방자치연구소, 1991), p. 162.

5) 判睦忠次, 現代地方自治財政論(東京:岩波書店, 1988), pp. 249～257 참조.

요한 경비를 계상하고, 재원을 정확하게 포착하여 경제현실에 맞도록 수입을 산정하여 이를 예산에 계산한 豫算案을 작성하여,[6] 이를 地方議會에 提出(시 · 도는 회계년도 개시 50일전까지, 시 · 군 · 자치구는 회계년도개시 40일 전까지)하게 되는데, 이때 첨부되는 서류로는, ① 지방재정법 시행령 제30조 제3항에 의한 예산편성기본지침, ② 세입 · 세출사항별 설명서, ③ 채무부담행위 설명서, ④ 명시이월비 설명서, ⑤ 전전년도 결산의 총계표.순계표와 전년도 세입 · 세출결정추정액의 총계표 · 순계표, ⑥ 지방채 증권과 차입금에 관한 전전년도말의 발행과 상환실적, 전년도와 당해년도말의 현재액 추정과 연차별 상환계획에 관한 조서, ⑦ 공유재산의 전전년도말의 현재액과 전년도말과 당해년도말의 현재액의 추정액에 관한 조서, ⑧ 계속비에 관한 전년도까지의 지출액 또는 지출추정액 · 당해년도 이후의 지출예정액과 사업전체의 계획 및 그 진행상황에 관한 조서, ⑨ 예산정원표, ⑩ 기타 예산의 내용을 명백히 함에 필요한 서류 등이다.

이와 같이 예산안이 지방의회에 제출되면지방자치단체의 장으로부터 예산안이 작성된 경제적 배경과 그 속에 포함되어 있는 財政 · 經濟政策의 方向 및 예산의 기본내용과 관련한 提案說明을 들은 후 소관상임위원회의 豫備審査를거치거나 곧바로(상임위원회가 미설치된 시 · 군 · 구의회) 심사 기간을 정하여 매년 지방의회의 정기회의 초에 조례에 따라 본회의의 의결을 거쳐 구성하게 되는 豫算決算特別委員會(그 구성원은 의회의장이 선임하게 되는데, 비상설의 특별위원회이기 때문에 안정성과 속성이 결여되어 있음)에 회부하여 종합심사를 끝낸 후,[7] 本會議에 上程하게 된다. 그리고 본회의에서는 綜合審査를 거친 예산안을 찬반토론과 표결을 통하여 시 · 도의 경우는 회계년도 개시 15일전, 시 · 군 · 자치구의 경우는 10일전까지 확정하게 된다(<표 4-4>).

한편, 지방자치단체의 장은 예산안을 제출한 후 부득이한 사유로 인하여 그 내용의 일부를 수정하고자 할 때에는 修正豫算을 작성하여 지방의회에 다시 제출할 수 있다.[8]

(3) 歲出豫算審議의 限界

지방의회는 주민의 대표기관으로서 법령에 의해서 다른 기관의 권한에 속하지 않는 모든 지방자치단체의 업무에 대해서 管轄權을 갖는데, 예산의 심의확정은 지방의

6) 지방재정법 §30:1~2.

7) 지방의회에 따라 의원정수가 극히 적어 예결위원회의 설치 · 운영이 용이하지 않은 경우에는 예산을 본회의에서 바로 심사할 수 있다.

8) 지방자치법 §118:4.

<표 4-4> 예산심의 · 의결절차별 내용

예산안처리절차	내 용
① 지방의회 본회의에서의 제안설명	· 지방자치단체장이 예산편성방침 결정에 대해 보고
↓	
② 상임위원회의 예비심사 (상임위원회가 없는 시 · 군 · 자치구는 생략)	· 5일 이내의 예비심사 · 소관부서장의 정책설명과 지방의회 전문위원의 예비검토 · 검토보고 · 정책질의(자료제출 요구와 공청회 개최) · 부서별 심사 · 토론 및 계수조정
↓	
③ 의장에게 보고	· 소관상임위원회에서 예비심사보고
↓	
④ 예산결산위원회의 종합심사	· 10일 이내 종합심사 · 집행기관의 설명 및 전문위원의 보고 · 종합정책질의 및 심사 · 예산안에 대한 계수조정
↓	
⑤ 본회의 상정 및 의결 · 찬반토론 및 표결	· 회계년도 개시 15일 이내 의결(시 · 군 · 자치구는 10일 전 · 예결위원장이나 위원장이 지명한 의원이 종합심사결과 보고

회의 법정의결사항으로 되어 있다(법 §35:1).

이러한 지방의회의 예산심의의 대상범위는 一般會計 및 각종 特別會計의 지방재정 전반이 되는데, 특히 집행기관이 편성한 세출예산안을 지방의회가 추인하여 주는 소극적 역할보다 적극적으로 지역주민의 대표자 또는 납세자로서 낭비적 요인의 경비를 과감하게 적출하는 동시에 경비지출의 효율성을 제고하는 예산심의가 요청되는 것이다.

따라서 지방의회가 행하는 歲出豫算案의 編成方向에 대한 審議는 다음 사항에 초점을 두어야 할 것이다.

첫째, 주민의 복지향상과 기초욕구의 충족을 위한 공공수요에 우선점을 두었는가?

둘째, 지역발전 기반을 조성하고 사회적 파급효과가 큰 사회간접시설의 확충에 기여할 수 있는가?

셋째, 지역특성을 살리면서 지역경제의 활성화와 산업구조의 혁신을 도모할 수 있는가?

넷째, 투자사업의 적극적 추진을 위한 외부재원의 확보를 위해 노력하였는가?

다섯째, 소외계층에 대한 깊은 배려가 있는가?

여섯째, 지방자치제의 조기정착·발전을 위한 기반조성에 기여할 수 있는가?

일곱째, 투자부문별로 장래의 수요에 대비한 부문간의 투자비중을 고려하였는가?

예산낭비를 방지하기 위하여 豫算의 削減調整을 위한 경비의 검토시의 고려사항은 다음과 같다.

첫째, 주민의 시각에서 행정활동의 효율성에 대한 의문의 소지가 있는 경비(예: 전시적 성격의 홍보물 제작, 과소비적 겉치레식 각종 행사의 소요경비, 공공건물의 호화스런 집기구입 및 시설비 등)는 없는가?

둘째, 사업계획변경에 따른 불용경비의 계상은 없는가?

셋째, 실소요를 초과하여 과다하게 책정된 경비는 없는가?

넷째, 업무 및 제도개선 등으로 절감가능한 경비는 없는가?

다섯째, 예산편성기준에 부합되지 않는 경비가 계상되어 있지는 않은가?

여섯째, 예산의 배정·집행과정에서 낭비적 성향이 큰 경비는 없는가?

그런데 지방의회가 집행기관이 제출한 세출예산안을 심의함에 있어서는 심의 처리와 관련한 法的 拘束 및 지방재정의 특성으로 인한 現實的 制約을 받게 되는데, 이러한 세출예산심의의 限界를 살펴보면 다음과 같다.

① 예산심의기간의 부족으로 인한 準豫算의 출현을 방지하기 위하여 지방의회의 豫算審議期間이 法定化되어 있다. 즉, 지방자치단체가 편성한 예산안을 지방의회가 심의하도록 광역자치단체인 시·도의 경우는 회계년도 개시 50일전까지, 기초자치단체인 시·군·자치구의 경우는 회계년도 개시 40일전까지 지방의회에 제출하여야 하며, 지방의회는 시·도에서는 회계년도 개시 15일전까지, 시·군·자치구에서는 10일전까지 이를 의결하도록 되어 있다(법 §118:1, 2).

② 지방의회는 자치단체장의 동의를 얻지 않고는 세출예산 각항의 금액을 증가시키거나 새로운 비목을 설치할 수 없도록 되어 있으며(법 §118:3), 새로운 재정부담을 수반하는 조례나 안건을 지방의회가 의결하고자 할 때에는 미리 지방자치단체장의 의견을 듣도록 되어 있어(법 §123) 지방재정의 건전운영을 제약하는 지방의회의 예산심의·의결을 제한하고 있다.

③ 지방자치단체의 장은 지방의회의 의결이 예산상 집행할 수 없는 경비가 포함되어 있다고 인정되는 때와 지방의회가 법령에 의하여 지방자치단체에서 의무적으로 부담해야 할 경비 및 비상재해로 인한 시설의 응급복구를 위하여 필요한 경비를 삭감하는 의결을 한 때에는 재의를 요구할 수 있도록 되어 있다(법 §99).

④ 지방의회의 심의를 거쳐 성립한 예산의 변경을 가할 필요가 있는 경우에는 지방자치단체의 장은 追加更正豫算을 편성하여 지방의회의 심의를 받을 수 있도록 되어 있는데, 이때 시·도의 경우 국가로부터, 시·군·자치구의 경우 국가 또는 시·도로부터 그 용도가 지정되고 소요전액이 교부되는 경비는 추경예산의 성립이전에 이를 사용할 수 있으며, 이를 동일 회계년도 내에 차기추경예산에 계상하도록 되어 있다(지방재정법 §36).

⑤ 서울특별시·광역시 및 都市자치단체를 제외한 대다수 자치단체의 예산의 절대비중을 차지하는 지방교부세·지방양여금 및 보조금에 대한 假內示額에 기초하여 편성한 세출예산안은 지방의회에 의해 심의·확정되어도 이들 의존재원의 규모와 내역을 예산심의의 적기에 정확하게 예측할 수가 없으므로 세출예산의 규모를 회계년도 개시 전에 확정하기가 곤란한 실정이다.

<표 4-5> 중앙예산 및 지방예산편성순기

월 별	중앙예산	지방예산
1	예산편성지침작성 및 시달	
2		
3		
4	각 부처 예산요구서 작성 및 제출	
5		
6	예산편성	· 예산편성지침작성 및 시달 · 보조금가내시 · 지방교부세, 지방양여금 가내시
7		
8		
9		
10	예산심의 및 의결(국회) 예산집행계획수립	예산편성
11		예산심의 · 의결(지방의회)
12		
익년 1		지방예산종합보고
2		국고보조금 확정내시
3		추경예산편성

⑥ 지방의회의 예산심의 기간은 1개월 정도에 불과하여 주민의 일상생활과 관련된 거의 모든 분야의 기능을 포괄하는 성격을 지니고 있는 세출예산을 투자의 경제적 효율성, 주민의 숙원도, 사업의 파급효과, 주민수혜도, 사업의 계속성 등을 고려하는 철저한 심사를 하기 어렵다.

⑦ 지방정부의 재원배분의 우선순위는, (ⅰ) 경직성경비로 볼 수 있는 인건비, 관서당경비, 공과·유지비, 미수교부금, 채무상환비 등의 法定義務的 經費와 豫備費를 먼저 확보하고, (ⅱ) 국고보조와 시·도비 보조의 사업실시에 따른 지방비 부담을 한 다음에 남은 재원으로 投資事業費를확보하는 방식으로 세출예산의 심의가 이루어져야 하므로 가용재원이 적거나 일반재원 보다 특정재원의 비중이 큰 지방자치단체의 경우 세출예산심의에 있어서 지방의회의 역할을 제약하게 된다.

⑧ 중앙정부와 지방자치단체간에 機能配分이 명확히 되어 있지 않으며, 광역자치단체와 기초자치단체간의 성격과 기능을 명확하게 제시하는 일정한 기준이 설정되어 있지 않기 때문에 행정사무의 성질과 양에 적합한 재원배분체계가 확립되어 있지 않다.[9] 이로 인하여 지방자치단체가 수행하는 사무 중 지방자치단체가 독자적으로 처리하는 것이 제한되는 위임사무와 관련한 예산의 지방의회 심의는 일정한 제약이 수반된다.

이상에서 살펴본 지방의회의 지위와 권한을 표로 정리하면 다음과 같다(<표 4-6>).

<표 4-6> 지방의회의 지위와 권한

지 위	권 한 의 내 용
1. 代表機關으로서의 지위 : 지방의회는 주민이 선출한 주민대표자로서의 의원에 의하여 구성되어 자치단체의 의사를 심의·결정하는 것이므로 주민의 대표기관으로서의 지위를 가진다. 2. 議決機關으로서의 지위 : 의결기관으로서의 의회는 지방자치단체의 정책과 입법, 주민의 부담, 기타 지방자치단체의 의사를 최종적으로 확인하는 권한을 가지고 있다. 3. 立法機關으로서의 지위 : 지방자치단체의 자치법규의 근간인 조례의 제정권이 지방의회의 전속적 권한에 속하기 때문에 입법기관으로서의 지위를 가진다.	1. 議決權 ·조례의 제정 및 개폐 ·예산의 심의 확정 ·결산의 승인 ·법령에 규정된 것을 제외한 사용료·수수료·분담금·지방세 또는 가입금의 부과와 징수 ·기금의 설치·운용 ·대통령령으로 정하는 중요재산의 취득·처분 ·대통령령으로 정하는 공공시설의 설치·관리 및 처분 ·법령과 조례에 규정된 것을 제외한 예산의 의무부담이나 권리의 포기 ·외국지방자치단체와의 교류협력에 관한 사항 <기타 사항으로 지방의회의 의결이 필요한 사항> ·추가경정예산의 확정 ·사무소 소재지의 결정 ·행정사무조사권의 발동 ·지방채 발행 ·지방자치단체의 폐치·분합과 구역변경·명칭변경

9) 한국지방행정연구원, 지방행정조직의 발전적 개편방안(1991.2), p. 62.

4. 執行監視機關으로서의 지위 : 지방의회는 대표기관, 의결기관 및 입법기관일 뿐만 아니라 의회의 의결사항이 집행기관에 의하여 그대로 실현되고 있는가를 감독·확인하는 집행감시기관으로서의 지위를 가진다.	·市설치에 관한 의견제출 ·계속비의 설정 ·예비비 지출승인 ·행정협의회의 설립규약 ·지방자치단체조합의 설립규약 ·지방세의 감면·운영에 관한 사항 2. 행정사무감사 및 조사권 ·당해 자치단체의 사무의 감사 및 특정사안에 관한 조사 ·감사 및 조사에 필요한 현지확인 및 서류의 제출과 지방자치단체장 또는 보조기관의 출석·증언이나 의견진술 및 서류제출 요구 3. 선거권 ·의장·부의장·임시의장의 선거 · 분과위원회 위원의 선거 · 검사위원의 선거 4. 청원수리·처리권 · 피해구제·비위공무원처벌·법령개폐·공공시설 운영 및 기타 지방자치단체의 기관의 권한에 속하는 모든 사항 5. 자율권 · 임시회의 소집권 · 개회.휴회.폐회와 회의일수의 결정 · 의장·부의장의 선출과 불신임의결 · 임시의장의 선출 · 위원회의 설치 · 의안발의권 · 의회규칙의 제정 · 의원의 사직허가 · 의원의 징계 · 징계세칙의 결정

3) 지방의회의 의무

(1) 윤리강령 및 윤리실천법제정

지방의회는 지방의원이 준수해야 할 지방의회의원의 윤리강령 및 윤리실천규범을 조례로 정하여야 한다(법 §34조의3①).

(2) 의원의 전문성 확보

지방의회는 소속의원들이 의정활동에 필요한 전문성을 확보하도록 노력하여야 한다(법 §34조의3②).

4. 地方議會의 運營

지방의회는 의회의 회의 등 내부운영에 관하여 지방자치법에 정한 것을 제외하고 필요한 사항을 會議規則 등 議會의 規則으로 정할 수 있다(법 §37의 2).

1) 地方議會의 內部組織

(1) 地方議會 議長과 副議長

① 議長, 副議長의 地位와 權限

지방의회는 의원 중에서 無記名秘密投票로 임기 2년의 의장과 부의장을 선출하여야 하는데, 시·도의회는 의장 1인과 부의장 2인, 시·군·자치구의회는 의장과 부의장 각 1인씩을 선출한다(법 §42).

각국의 예를 보면 지방의회의원선거시 의장단선거를 병행하는 경우(미국의 일부市)도 있으나, 지방의회에서 의원 중에서 호선하는 것이 일반적이다.

그리고 의장단의 임기를 의원의 임기와 동일하게 하는 경우(일본·대만)에는 의장단의 전문성을 확보한다는 장점이 있지만, 우리의 경우처럼 2년으로 하게 되면 適正週期로 의장단에 대한 의원의 신임을 묻게 되어 議會의 民主的 運營을 확보할 수 있는 장점이 있다.

영국과 프랑스에서는 의장단의 임기를 1년으로 함으로써 의장단에 대한 의원통제를 용이하게 하고 있다.

議長은 지방의회를 대표하고 의사를 정리하며, 회의장내의 질서를 유지하고 의회의 사무를 감독한다(법 §43). 위원회에 출석하여 발언할 수 있다(법 §44).

의장이 사고가 있거나 불신임결의 또는 제척의 대상이 된 때에는 副議長이 그 직무를 대리하며(법 §45), 의장과 부의장 모두가 불신임결의 또는 제척의 대상이 된 때에는 臨時議長을 선출하여 의장의 직무를 대행하게 된다(법 §46).

의장과 부의장이 궐위된 때에는 補闕選擧를 실시하여야 하며, 이 경우에 당선된 자의 임기는 전임자의 잔임기간으로 한다(법 §47). 의장 등 선거시의 의장직무대행은 출석의원 중 연장자가 행한다(법 §48).

② 議長·副議長 不信任議決

의장단 불신임제도는 대만 등의 국가에서 그 예를 볼 수 있는데, 이것은 의장단의 직무태만이나 위법행위를 견제하기 위한 것이다.

지방자치법은 불신임의결의 요건을, (i) 법령을 위반하거나, (ii) 정당한 이유 없이 직무를 태만히 한 경우로 제한하고 있으며, 그 의결정족수에 있어서도 제적의원 4분의 1 이상의 발의와 재적의원과반수 찬성으로 의결하도록 特別議決定足數를 요구하는 등 조건을 엄격히 규정하고 있다(법 §49).

의장 또는 부의장에 대한 불신임의결이 있는 때에는 지방의회는 지방자치단체장에게 그 내용을 지체 없이 통고하여야 하며, 그 통고를 받은 지방자치단체장은 시·도에 있어서는 행정안전부장관에게, 시·군·자치구에 있어서는 시·도지사에게 그 내용을 지체 없이 보고하여야 한다(영 §20).

(2) 地方議會의 委員會

지방의회는 條例가 정하는 바에 따라 委員會를 둘 수 있다(법 §50:1).

지방의회의 委員會制度는 대의회제도를 채택하고 있는 국가에서 지방의회운영의 효율성·전문성을 확보하기 위하여 보편적으로 인정하고 있다. 그러나 위원회를 둘 경우 의안심사절차가 중복되는 등의 단점이 제기되어 의원수가 적은 경우에는 그 필요성이 적다고 평가되기도 한다.

① 우리나라의 委員會制度

委員會는 소관의안과 청원을 심사·처리하는 常任委員會와 특정사안을 일시적으로 처리하기 위한 特別委員會의 2종으로 한다(법 §50:2).

의원의 윤리심사 및 징계에 관한 사항을 심사하기 위하여 윤리특별위원회를 둘 수 있다(법 §50의2).

위원회의 委員은 지방의회에서 선임한다(법 §50:3).

상임위원회는 그 소관에 속하는 의안과 청원 또는 지방의회가 위임한 특정안건에 대한 審査權만을 갖는다(법 §51).

따라서 우리나라 상임위원회의 권한은 일부 의결권을 가진 프랑스, 독일의 경우보다 적은 편이며, 의결권을 부여했을 때의 장점인 의회운영의 능률화나 의안의 신속한 처리는 기대할 수가 없게 되어 있다.

위원회에는 위원장과 위원의 자치입법활동을 지원하기 위하여 의원 아닌 전문지식을 가진 위원(전문위원)을 두어야 한다(법 §51조의2).

전문위원은 위원회에서 의안과 청원 등의 심사·행정사무감사 및 조사, 그밖에 소관사항과 관련하여 검토보고 및 관련자료의 수집·조사·연구를 행한다.

위원회에 두는 전문위원의 직급과 정수 등에 관하여 필요한 사항은 대통령령으로 정한다.

위원회의 開會는 원칙적으로는 會期 中에 하도록 하고, 폐회 중에 위원회를 개회하는 것을 예외적으로 인정함으로써 위원회의 상설화를 방지하고 있다.

會期 中인 때에도, (i) 위원장이 필요하다고 인정하거나, (ii) 재적위원 3분의 1이상의 요구가 있는 때로 한정하고, 閉會 中에는 (i) 본회의의 의결이 있는 때, (ii) 의장이 필요하다고 인정할 때, (iii) 재적위원 3분의 1 이상의 요구 또는 지방자치단체장의 요구가 있는 때에 개회하도록 제한하고 있다(법 §53).

위원회의 會議는 제한적으로 공개한다. 즉, 위원이 아닌 자는 위원장의 허가를 얻어 방청할 수 있으며, 위원장은 질서유지를 위하여 필요한 때에는 방청인의 퇴장을 명할 수 있다(법 §52).

위원회의 구성에 관하여 필요한 사항은 지방자치법에서 정하는 것 외에는 條例로 이를 정한다(법 §54).

② 일본의 위원회제와의 비교

常任委員會와 特別委員會를 두는 점은 같으나, 그 규정형식·권한 등에 있어서 차이가 있다.

(i) 組 織

일본지방자치법은 自治團體의 규모 등에 따라 常任委員會 數의 상한선을 규정(동법 §109:1)하고 있으나, 우리의 경우는 포괄적으로 條例에 위임하는 규정을 두는 한편 시·군·자치구의 경우 大統領令으로 정하도록 함으로써 二元的으로 규정하고 있다(법 §50:1, 2).

그러므로 市·道議會에서는 條例에 의하여 그 數의 증감이 가능하나 市·郡·區議會는 불가능하다.

상임위원회위원의 임기는 일본의 경우는 의원의 임기와 동일하게 4년으로 하고 있으나(동법 §109:2), 우리의 경우는 2년으로 하고 있다(표준조례준칙 §5). 상임위원의 선임방식에 있어서는 본회의의 의결로써 선임하는 점은 같으나, 일본의 경우는 의장의 추천권을 명문으로 인정하고 있는 점이 다르다. 또한 議長은 상임위원이 될 수 있도록 허용하고 있으나, 우리의 경우는 허용하지 않고 있다(표준조례준칙 §5:2).

일본의 경우 상임위원회에 위원장과 부위원장을 두도록 하고 있으나, 우리의 경우는 위원장과 간사를 두고, 위원회 운영의 효율성을 감안하여 소위원회를 둘 수 있다.

特別委員會를 限時的(심사한 안건이 본회의에서 의결될 때까지)으로 설치·운영하는 점은 같다.

(ii) 權 限

일본의 常任委員會는 의안·진정 등 審査權, 調査權을 가지며, 이에 부수되는 權限으로 집행기관의 出席說明要求權, 증인의 출두·증언 및 기록 등의 提出要求權, 위원 외의 議員의 說明 등의 要求權, 각 위원회의 聯合審査開催權, 공청회의 開催權, 秘密會議權限, 報告書作成要求權 등이 인정되나(동법 §109 참조), 우리의 경우는 의안 등의 審査權만이 인정되고 있으나(법 §51), 의안심사에 필요한 調査權은 인정되어야 할 것으로 해석된다. 이 경우의 調査權은 地方議會의 權限으로서의 調査權(법 §36)과는 조사행위의 절차상 차이가 있으므로, 제3자에 대하여 조사하거나 강제력을 가지고 관계인의 출두·증언·기록의 제출을 요구할 수 없다고 보아야 할 것이다.

(iii) 運營委員會의 不必要論

일본에서는 상임위원회의 설치와 관련하여 의회운영위원회의 설치불필요론이 제기되고 있다. 그 논거는 운영위원회는 의회운영에 관한 사항을 조정하는 것이 주기능인 데 비하여 상임위원회 수가 제한되고, 한 의원이 두 개 이상의 상임위원을 겸할 수 없는 점을 감안할 때 운영위원회를 별도로 설치할 필요가 없다는 것이다. 그리고 의회운영에 관한 조정기능은 다분히 각파교섭적인 면이 있으므로 이는 條例外의 議長의 자문에 응하는 의회운영교섭회와 같은 형태가 바람직하다는 견해이다.

그러나 우리의 경우는 常任委員이 運營委員會의 委員을 겸할 수 있으므로 일본의 경우와는 사정이 다르다고 해석된다(표준조례준칙 §4:1).

2) 地方議會의 會議

(1) 定例會·臨時會

지방의회의 회의의 종류는 定例會와 臨時會로 구분된다.

지방의회는 매년 2회 정례회를 개최하고, 정례회의 집회 및 기타 정례회의 운영에 관한 사항은 대통령령이 정하는 바에 의하여 당해 지방자치단체의 조례로 정한다(법 §38, 1.2).

우리의 경우 정례회의 횟수를 연 2회로 새로이 규정한 것은 행정의 능률화와 의회운영의 신축성을 확보하기 위한 것이다.

일본은 연 4회 이내, 프랑스, 대만은 연2회로 규정하고 있다.

臨時會는 지방자치단체의 장의 요구가 있거나, 재적의원 3분의 1이상의 요구가 있는 때에는 15일 이내에 소집하여야 한다. 다만, 의장·부의장이 사고로 임시회를 소집할 수 없을 때에는 의원 중 연장자의 순으로 소집할 수 있다(법 §39:2). 그러나 총선거 후 최초로 집회되는 임시회는 지방의회사무처장·사무국장·사무과장이 지방의회의원 任期開始日부터 25일 이내에 소집한다(법 §39:1).

임시회의 召集은 시·도에 있어서는 집회일 7일전에, 시·군·자치구에 있어서는 집회일 5일전에 이를 公告하여야 한다. 다만, 긴급을 요할 때에는 예외로 한다(법 §39:3).

지방자치단체長은 지방의회에 附議할 案件을 미리 公告하여야 한다. 다만 회의 중 긴급한 안건을 부의할 때는 예외로 한다(법 §40).

지방의회의 開會·休會·閉會와 會期는 지방의회가 의결로 정한다(법 §41:1). 이것은 의회의 자율권을 확인한 규정이다.

지방의회의 연간 회의 총일수와 정기회 및 임시회의 회기는 당해 지방자치단체의 조례로 정한다(법 §41:3).

會期制度는 많은 국가에서 제한규정을 두지 않고 있으며, 우리의 경우에도 당초의 법에서는 제한규정이 없었고, 12차 개정부터 제한하게 되었으나 다시 조례로 정하도록 하여 의회의 자율성을 확대하였다.

여기에서 회기제한기준의 설정여부에 따른 장·단점을 보면 다음과 같다(<표 4-7>).

그러나 과거의 경험에 비추어 볼 때 회기의 무제한이나 지나치게 장기간의 회기는 의회운영의 비능률을 초래하는 등 폐단이 많았으므로, 지방의회와 자율성과 민주성을 보장하되 그 운영의 生産性과 能率性을 고려하여 합리적으로 규정하여야 한다.

<표 4-7> 회기제한기준의 장·단점

구 분	장 점	단 점
·제한기준을 두지 않는 경우	·자치운영원리에 적합 ·지방의회의 자율성보장	·회기의 부당한 장기화 가능 ·행정집행의 침체·재정의 낭비초래
·제한기준을 두는 경우	·의회운영의 능률화 ·의회운영비의 절감	·자율성보장 미흡 ·여건변화에 대응곤란

(2) 議事 및 議決定足數

지방의회는 재적의원 3분의 1이상의 출석으로 개의하고, 회의 중 이에 미달한 때에는 의장은 회의의 중지 또는 산회를 선포한다(법 §55).

지방의회의 一般議決定足數는, 재적의원과반수의 출석과 출석의원과반수의 찬성으로 의결하고, 의장은 의결에 있어서 表決權을 가지며, 可不同數인 때에는 否決된 것으로 본다(법 §56).

特別議決定足數는 재적의원 3분의 2이상의 찬성이 있어야 하는데, 의원자격상실결의(법 §72), 의원제명의결(법 §80:2) 등에 이를 요구하고 있으며, 의장단불신임의결에 있어서는 재적과반수의 찬성을 얻을 것을 요구하고 있고(법 §49:2), 지방의회의 의결에 대한 재의요구에 대하여도 재적의원과반수출석과 출석의원 3분의 2이상의 찬성을 얻을 것을 요구하고 있으며(법 §98), 본회의 비공개결정에 있어서는 의원 3인 이상의 발의와 출석의원 3분의 2이상의 찬성이 있어야 한다(법 §57).

(3) 議事諸原則

지방의회의 회의에는 會議公開의 原則, 會期繼續의 原則, 一事不再議 原則, 議事除斥의 原則 등이 명문으로 규정되어 있다.

① 會議公開의 원칙(법 §57)

지방의회의 회의는 公開한다. 다만, 의원 3인 이상의 발의로 출석의원 3분의 2이상의 찬성이 있거나, 의장이 사회의 안녕질서유지를 위하여 필요하다고 인정하는 경우에는 공개하지 아니할 수 있다.

② 會期繼續의 원칙(법 §59)

지방의회에 제출된 의안은 회기 중에 의결되지 못한 이유로는 폐기되지 아니한다. 다만, 의원의 임기가 만료되는 경우에는 예외로 한다.

③ 一事不再議의 원칙(법 §60)

지방의회에서 부결된 의안은 같은 회기 중에 다시 발의 또는 제출할 수 없다.

이것은 의회의 원활한 운영과 소수파에 의한 의사방해를 배제하려는데 목적이 있다. 그러나 동일한 사안이라도 사정이 변경되어 그 목적·방법이 변경되면 동일사안으로 볼 수 없고 또 회기가 다르면 동일사안으로 볼 수 없으므로 재의가 가능하다고 보아야 한다.

④ 意思除斥의 원칙(법 § 62)

지방의회의 의장이나 의원은 본인 · 배우자 · 직계존비속 · 형제자매와 직접 이해관계가 있는 안건에 관하여는 그 의사에 참여할 수 없다. 다만, 의회의 동의가 있는 때에는 의회에 出席하여 發言할 수 있다.

지방의회의 의장과 의원은 지역주민의 이익을 대변할 것으로 기대되므로 자기이익에 대한 사안에 참여하지 못하는 것은 당연하다 할 것이다.

(4) 議案의 發議

지방의회에서 의결할 一般議案은 지방자치단체의 장이나 재적의원 5분의 1이상 또는 의원 10인 이상의 연서로 書面으로 의장에게 제출하여야 한다(법 § 58①). 지방의회의 위원회도 그 소관사항에 관하여 의안을 제출할 수 있다(법 § 58②). 따라서 일반의안의 발의권자는 장 · 일정수 이상의 의원 · 위원회 등이다. 위원회는 그 소관에 속하는 사항에 관하여 의안을 제출할 수 있다. 그러나 豫算의 發議權은 지방자치단체의 長이 가진다(법 § 58).

위원회에서 본회의에 부의할 필요가 없다고 결정된 의안은 본회의에 이를 부의할 수 없다. 다만, 위원회의 결정이 본회의에 보고된 날로부터 폐회 또는 휴회 중의 기간을 제외한 7일 이내에 의장 또는 재적의원 3분의 1 이상의 요구가 있는 경우에는 그 의안을 本會議에 附議하여야 한다(법 § 61).

위원회에 의한 의안의 여과를 pigeon hole이라 부르는데, 이는 본회의에서 잡다한 문제를 논의함에 따라 발생하게 될 번거로움과 낭비를 방지하고 의안을 소관위원회에서 일단 심사하게 하여 의회운영의 효율화를 기하는 데 목적이 있다.

그러나 위원회에서 폐기된 안건을 재의할 때에는 이를 委員會의 解任(discharge of committee)이라고 부르는데, 이 경우에는 의안이 심의되는 회의와 다르므로 일사부재의의 원칙에 위배되지 않는 것으로 보아야 한다.

(5) 議會規則 및 會議錄

지방의회는 회의 기타 내부운영에 관하여 이 법에 정한 것을 제외하고 필요한 사항을 議會規則을 정하여야 한다(법 § 37의 2). 의회규칙제정권은 지방의회의 自律權이다.

지방의회는 회의록을 속기 또는 녹음으로 작성하고 회의의 진행내용 및 결과와 출석의원의 성명을 기재하여야 하며, 의장과 의회에서 선정한 2인 이상이 署名하여야 한다(법 §64:1, 2).

의장은 회의가 끝난 날로부터 30일 이내에 회의록을 첨부하여 회의의 결과를 그 지방자치단체의 장에게 통고하고, 그 통고를 받은 지방자치단체의 장은 행정안전부장관 또는 시·도지사의 요구가 있는 때에는 5일 이내에 회의록사본을 첨부하여 각각 보고하여야 한다(법 §64, 영 §21).

지방의회에서 회의록을 작성하도록 규정하고 있는 것은 크게 두 가지의 目的을 지닌다고 볼 수 있다.

그 하나는, 주민에게 열람할 자료를 만들어서 지방의회에 주민이 참여할 기회를 확보함과 동시에 이럴 경우에 회의공개의 목적도 아울러 지닌다는 것이다.

또 하나는, 출석의원의 성명을 기재하고 의장과 의회에서 선정한 의원 2인 이상으로 하여금 서명하게 하는 것은 지방의회의원들이 성실하고 책임감 있게 맡은 직무를 수행하게 하려는 데 있다고 보여진다.

3) 地方議會의 事務

(1) 請 願

지방의회에 청원을 하고자 하는 자는 의원의 소개를 얻어 청원서를 제출하여야 하는데, 그 청원서에는 청원자의 성명(법인의 경우에는 그 명칭과 대표자의 성명) 및 주소를 기재하고 서명·날인하여야 한다(법 §65).

請願權(헌법 §26)은 국민의 청구권적 기본권으로서 보장되고 있으며, 그 일반법으로서 請願法이, 특별법으로서 國會法(법 §116~119)과 地方自治法(법 §65~68)의 규정이 있다.

청원은 국민의 권익을 구제함은 물론 법률의 제정·개폐를 요구할 수도 있어 국민이 政治過程에 參與하는 手段임과 동시에 權利救濟手段으로서의 중요성을 지닌다.

그러나 재판에 간섭하거나 법령 또는 조례에 위반되는 내용의 청원은 이를 접수하지 아니한다(법 §66). 여기의 請願不受理事項에는 국가원수를 모독하는 것(청원법 §4)도 포함된다고 보아야 한다.

의장이 청원서를 접수한 때에는 이를 소관위원회 또는 본회의에 회부하여 심사하게 하여야 하고, 청원을 소개한 의원은 소관위원회 또는 본회의의 요구가 있는 때에는 청원의 취지를 설명하여야 한다.

위원회가 청원을 심사하여 본회의에 부의할 필요가 없다고 결정한 때에는 그 처리결과를 의장에게 보고하고, 의장은 청원인에게 이를 통지하여야 한다(법 §67).

지방의회가 채택한 청원으로서 그 지방자치단체의 장이 처리함이 타당하다고 인정되는 청원은 의견서를 첨부하여 長에게 移送하고, 長은 그 처리결과를 다음 회의에 報告하여야 한다(법 §68).

(2) 의원의 辭職·退職과 資格審査

① 의원의 辭職

지방의회의 의원은 개회중인 때에는 地方議會의 許可를 얻어, 폐회중인 때에는 議長의 許可를 얻어 사직할 수 있다(법 §69). 국회의원은 의결로 사직을 허가할 수 있다고 한 데 비하여 의회의 許可를 얻어야 한다는 점에서 규정형식이 다르다.

② 의원의 退職

지방의회의원은, (i) 겸직할 수 없는 직에 취임한 때, (ii) 피선거권이 없게 된 때, (iii) 징계에 의하여 제명된 때에는 당연 퇴직하게 된다(법 §70).

③ 의원의 資格審査

지방의회의 의원이 다른 의원의 자격에 대하여 이의가 있는 때에는 의원 5인 이상의 연서로 의장에게 資格審査를 청구할 수 있으며, 자격심사의 청구를 받은 의장은 그 청구서의 사본을 피심의원에게 송달하고 기간을 정하여 답변서를 제출하게 하여야 하며, 피심의원의 정당한 사유 없이 그 기간 내에 답변서를 제출하지 아니한 때에는 청구서만으로 의원의 자격을 심사할 수 있다(법 §71, 영 §26:1). 지방의회는 필요한 경우 청구의원과 피심의원을 회의에 출석하게 하여 질문할 수 있다(법 §26:2). 피심의원은 자기의 자격심사에 관한 회의에 출석하여 辨明은 할 수 있으나 의결에는 참가할 수 없다(영 §26:3).

피심의원에 대한 資格喪失決議는 재적 3분의 2이상의 찬성이 있어야 하며, 피심의원은 자격상실이 확정될 때까지는 그 직을 상실하지 아니한다(법 §72).

의원이 궐원된 때에는 의장은 15일 이내에 그 지방자치단체의 장과 선거관리위원회에 통지하고, 시·도지사는 행정안전부장관에게, 시장·군수·자치구청장은 시·도지사에게 지체 없이 이를 각각 보고하여야 한다(법 §73, 영 §27).

지방의회의원선거법에서는 궐원이 생겼을 때 보궐선거를 실시하여야 하나, 시·군·구의회 의원선거의 경우 당해 선거구에서 선출된 의원의 3분의 2이상이 궐원되지 아니한 경우에는 보궐선거를 실시하지 아니할 수 있다고 규정하고 있다(동법 §139:1).

(3) 會議의 秩序維持

① 內部警察權

지방의회의원이 본회의 또는 위원회의 회의장에서 지방자치법 또는 회의규칙에 위배되는 발언 또는 행위를 하여 회의장의 질서를 문란케 한 때에는 의장 또는 위원장은 이를 警告·制止·發言의 取消를 명할 수 있고, 이와 같은 명령에 응하지 아니한 의원이 있는 때에는 의장 또는 위원장은 그 의원에 대하여 당일 회의에서 發言을 禁止시키거나 退場시킬 수 있다(법 § 74:1, 2).

의장 또는 위원장은 회의장이 소란하여 질서를 유지하기 곤란한 경우에는 회의를 中止시키거나 散會를 선포할 수 있다(법 § 74:3).

② 自由討論 保障

의원은 본회의 또는 위원회에서 타인을 모욕하거나 타인의 사생활에 대한 발언을 하여서는 아니되며, 회의에서 모욕당한 의원은 모욕을 가한 의원에 대하여 지방의회에 그 懲戒를 요구할 수 있다(법 § 75).

또한 의원은 회의 중에 폭력을 행사하거나 소란한 행위를 하여 타인의 발언을 방해할 수 없으며, 의장 또는 위원장의 허가 없이 연단이나 단상에 등단하여서는 아니된다(법 § 76).

③ 對傍聽人秩序維持權

傍聽人은 의안에 대하여 가부를 표명하거나 소란한 행위를 하여서는 아니되므로 의장은 회의장안의 질서를 방해하는 방청인의 퇴장을 명할 수 있으며 필요한 때에는 경찰관서에 인도할 수 있고, 방청석이 소란할 때에는 모든 방청인을 퇴장시킬 수 있다(법 § 77).

(4) 懲 戒

지방의회는 의원이 이 법 또는 자치법규에 위배되는 행위를 한 때에는 議決로서 懲戒할 수 있다(법 § 78). 징계사유를 포괄적으로 규정하면서 위법행위로 한정하고 있다.

의장은 징계사유에 해당하는 의원이 있어 징계요구가 있는 때에는 이를 윤리특별위원회 또는 본회의에 회부하여야 한다(법 § 79:1).

본회의 또는 위원회에서 다른 의원을 모욕하는 발언을 함으로써 징계사유에 해당된 경우에는 모욕을 당한 의원의 징계사유를 기재한 要求書를 의장에게 제출하여야 하고 의장은 이를 윤리특별위원회 또는 본회의에 회부해야 한다(법 § 79:2)고 규정하여 懲戒要求를 二元化시키고 있으며, 징계의결기관도 委員會와 本會議의 양자로 양립시키고 있다.

의원징계의 種類는, (i) 공개회의에서의 경고, (ii) 사과, (iii) 30일 이내의 출석정지, (iv) 제명 등 4가지이나, 除名에는 재적의원 3분의 2 이상의 찬성이 있어야 하고, 전 3자의 의결은 會議規則으로 정하도록 규정하고 있다(법 § 80).

의원징계에 관하여 필요한 사항은 회의규칙으로 정하도록 위임하고 있다(법 § 81).

(5) 事務機構와 職員

시 · 도의회에는 條例가 정하는 바에 의하여 事務處를 둘 수 있으며, 사무처장과 직원을 地方公務員으로 보하고(법 § 82:1), 시 · 군 · 자치구의회에는 條例가 정하는 바에 의하여 事務局 또는 事務課를 둘 수 있으며, 사무국 · 과에는 사무국장 또는 사무과장과 직원을 地方公務員으로 보한다(법 § 82:2).

지방의회에 두는 사무직원의 정수는 조례로 정한다(법 § 83:1).

사무직원은 지방의회의 의장의 추천에 의하여 당해 지방자치단체의 장이 임명한다. 다만, 지방자치단체의 장은 사무직원 중 별정직 · 기능직 · 계약직 공무원에 대한 임용권을 지방의회의 사무처장 · 사무국장 · 사무과장에게 위임해야 한다(법 § 83:2).

제 3 절 執行機關

1. 執行機關의 地位

1) 執行機關의 意義

지방자치단체의 執行機關(법 제6장)이란 그 담임하는 사무에 관하여 스스로 결정권을 가지고 유효하게 행정행위를 수행할 수 있는 기관을 지칭한다.

즉, 지방의회에서 결정한 정책 · 사업 · 계획 등의 집행을 담당하고 있는 장과 그의 행정기구, 공무원 등을 말한다.

長의 지위와 역할, 선출방법 등에 관하여는 각국마다 커다란 차이를 보이고 있다.

영국은 공식적인 집행기관의 장이 없고 의회의장이 형식상으로 당해 자치단체를 대표하며, 의회의 다수당지도자가 우리의 시장 · 군수와 같은 역할을 하고 있다.

이에 비해서 미국(강시장형), 프랑스, 일본의 시장 등은 정치적 지도자, 행정적 책임자 그리고 의전적 대표자로서의 역할을 수행하고 있다.

행정수요가 양적 · 질적으로 팽창함에 따라 장의 권한도 날로 막강해지는 경향에 있으며, 일본 · 미국 등 일부 지방자치단체는 행정집행권한을 지사 · 시장 등 1인에게 집중시키지 아니하고 행정위원회와 주민직선공직자에게 분담시켜 행정의 민주화 · 전문화를 기하고 있다.

2) 執行機關의 範圍

집행기관의 行政機構는 자치단체별로 행정수요에 따라 적정하게 조직되고 있으며, 행정부국 또는 필요에 따라 하급보조기관을 설치하고 있다.

지방자치법은 地方自治團體의 長(법 § 85~100), 補助機關(법 § 101~103), 所屬行政機關(법 §104~107), 下部行政機關(법 § 108~111), 敎育 · 科學 및 體育에 관한 機關(법 § 112) 등에 관하여 규정하고 있다.

2. 地方自治團體의 長

1) 長의 地位와 機能

보통지방자치단체의 장으로서 특별시에 特別市長, 광역시에 廣域市長, 도와 특별자치도에 道知事를 두고 시에 市長, 군에 郡守, 자치구에 區廳長을 둔다(법 §85).

장의 지위는 국가에 따라 또는 지방정부형태에 따라 다르다.

우리나라는 미국의 강시장형과 비슷한 機關對立型을 택하고 있으므로 장의 지위는 매우 강력하다.

① 地方自治團體의 首長으로서의 지위를 갖는다. 이 지위에서 장은 타집행기관의 기능을 종합조정할 수 있다.

② 당해 자치단체의 구역 내에서 國家機關 또는 國家의 代表者로서의 지위를 갖는다.

국가는 특별지방행정기관을 설치하여 처리하는 행정사무를 제외하고는 일반적인 국가사무는 자치단체의 장에게 위임하여 처리(위임사무)하고 있는데, 이 경우 장은 국가기관의 지위에 서게 된다. 프랑스, 스페인, 스웨덴, 덴마크, 벨기에 등 유럽의 大陸法系 國家에서도 자치단체의 장이 국가기관으로서의 지위를 겸하고 있다.

③ 장은 미국, 프랑스, 독일의 의회–시장형에서와 같이 行政執行의 首長인 동시에 儀典的 代表者로서의 지위에 서게 된다.

④ 장은 地域의 政治的 中心人物(political leader)이다. 장은 주민의 여론을 적극적으로 수렴하고 지역 내의 주민조직 · 이익집단의 이해관계를 조정하여 이들이 지방행정에 협조 또는 참여하도록 설득하여야 한다.

⑤ 장은 行政管理者로서 지방행정에 대한 전반적인 관리를 하고 책임을 지는 지위에 있다. 장은 지역단위의 각종 국가 및 지방행정시책 · 사업의 추진을 지도 · 감독하며, 지방예산의 편성 · 집행 등 財政管理와 법령에 의한 각종 인 · 허가사무 등 民願事務를 처리한다.

⑥ 장은 지역의 중요정책 · 시책 · 계획과 자치법규를 立案하는 기능을 수행한다. 장은 사회적 · 행정적 여건변화에 대처하고 지역발전을 도모하기 위하여 도시계획 등 개발계획을 수립하여야 하며, 지역 내 산업유치, 자원개발 등 地域經濟活性化計劃을 입안하고 날로 중요성을 더해 가고 있는 公害 · 勞使 · 福祉擴充에 대한 대책을 수립하여야 한다. 또한 조례 · 규칙 등 자치법규를 입안한다.

2) 長의 選擧와 任期

(1) 長의 直選制

지방자치단체의 장은 주민의 보통 · 평등 · 직접 · 비밀선거에 의하여 선출한다(법 §86:1). 지방자치단체의 장 선거는 그 임기만료일전 30일 이후 첫 번째 목요일에 실시한다(공선법 §34:1③). 그 선거일이 국민생활과 밀접한 관련 있는 민속절 또는 공휴일인 때와 선거일 전일이나 그 다음날이 공휴일인 때에는 그 다음 주의 목요일로 한다(공선법 §34:2).

지방자치단체장의 선출방법은, 住民直選에 의하는 방법(미국의 대도시, 일본, 독일, 뉴질랜드), 의회에서 間選하는 방법(프랑스, 이태리, 스페인, 덴마크, 미국의 일부 지역), 중앙정부에서 任命하는 방법(네덜란드, 핀란드, 대만의 광역단체, 태국, 인도네시아 등)의 3가지 방법이 있으나, 우리 지방자치법에서는 "주민이 직접선거한다"고 규정하여 直選制를 명백히 하고 있다.

直選制의 長點으로는,

① 의결기관과 집행기관을 주민이 직접 선출하므로 지방행정에 대한 책임성확보와 주민통제의 실효성을 거둘 수 있다.
② 장은 임기동안 신분이 안정되므로 주민의 신임을 배경으로 하여 행정시책을 강력히 추진할 수 있다.
③ 의결기관과 집행기관을 상호 분리시킴으로써 견제와 균형의 원리에 의하여 권력의 전횡과 부패를 방지하고 비판 · 감시에 충실을 기할 수 있다.
④ 장이 주민대표로서의 정치적 리더쉽을 발휘할 수 있으며, 장과 주민의 접근으로 민의를 지방행정에 반영하기 쉽다.

한편 이에 대한 短點으로 지적할 수 있는 것은,

① 의회의 다수당과 정당기반이 다른 시장이 선출될 때에는 의회와 시장간에 마찰이 야기되어 지방행정의 혼란과 마비를 초래할 우려가 있다. 특히 주민들의 정치의식이 낮은 후진국일수록 이러한 문제점이 예견된다.
② 장을 직선제로 선출할 경우 반드시 행정능력이 탁월한 인재가 선출되는 것이 아니다.
③ 장은 선거후 정치적 부채를 갚기 위해서 특혜제공이나 인사의 불공정 등 불합리한 행정을 수행할 소지가 크다.

직선제에 있어서 이러한 단점들이 현실화될 경우 지방자치는 파멸의 운명에 처하게 될 수도 있음을 유의하여야 한다.

지방자치단체장의 피선거권은 공직선거 및 선거부정방지법에 규정되어 있다.

(i) 연령요건에 있어서는 선거일 현재 25세 이상이어야 하고, (ii) 거주요건에 있어서는 선거일 현재 90일 이상 당해 자치단체 내에 주민등록이 되어 있어야 한다(공선법 § 16).

지방자치단체의 장의 피선거권의 요건으로 관내 일정기간 거주를 요건으로 하는 것은 다른 나라(워싱턴 DC, 로스엔젤레스 카운티 등)에서도 볼 수 있으나, 경영능력을 갖춘 외부인사를 영입하는 데에는 장애가 될 것으로 보인다.

일본에서는 피선거권에 이러한 거주요건을 규정하지 않아, 그 선거에서 외부인사를 자유롭게 영입하고 있다(일본 공직선거법 § 10 참조).

(2) 長의 任期

지방자치단체장의 임기는 4년이며, 장의 계속 재임은 3기에 한한다. 이 임기는 전임자의 임기만료일의 다음 날로부터 개시된다(법 § 87).

그러나 지방자치법에 의하여 최초로 선출(1995.6.30 이내 실시 : 부칙 § 2)되는 시 · 도지사 및 시장 · 군수 · 자치구청장의 임기는 1995.7.1부터 개시되고, 1998. 6.30일로 만료된다(법 부칙 § 3).

임기의 起算에 대하여는, 선거일로부터 기산하는 방식과 임기만료로 인하여 선거가 그 장의 임기만료 전에 실시되는 경우에는 전임자의 임기만료일 다음 날부터, 선거기일 후에 전임자가 궐석이 되는 때에는 그 궐석일 다음 날부터 그것을 기산하는 방식이 있다.

이러한 期間計算에 관하여는 民法이 적용되며, 임기만료일은 4년 후 위 기산일에 해당하는 날의 전일이 된다.

그러므로 임기의 기산일과 장의 취임일은 반드시 일치하는 것이 아니다.

長의 임기는 국가에 따라 다르다.

임기를 4년으로 하는 예(미국의 대부분의 시, 일본)가 가장 많으며, 2년(미국의 달라스시 등), 3년(미국의 텍사스주 등), 5년(독일의 일부시), 6년(프랑스의 꼼뮨 등) 등이 있다.

(3) 兼職 및 營利行爲禁止

지방자치단체의 장은 다음 각호의 1에 해당하는 직을 겸직할 수 없다(법 § 88:1).

① 대통령, 국회의원, 헌법재판소재판관, 각급 선거관리위원회위원, 지방의회의원
② 국가공무원법 제2조에 규정된 국가공무원과 지방공무원법 제2조에 규정된 지방공무원
③ 다른 법령의 규정에 의하여 공무원의 신분을 가지는 직
④ 정부투자기관관리기본법 제2조에 규정된 정부투자기관(한국방송공사와 한국은행을 포함한다)의 임 · 직원
⑤ 농업협동조합, 수산업협동조합, 축산업협동조합, 농지개량조합, 임업협동조합, 의료보험조합, 엽연초생산협동조합, 인삼협동조합의 조합장과 그 임 · 직원
⑥ 교원
⑦ 지방공기업법 제2조에 규정된 지방공사와 지방공단의 임 · 직원은 법률상 겸직할 수 없도록 제12차 개정에서 신설하였다.
⑧ 기타 다른 법률이 겸임할 수 없도록 정하는 직

재임 중 당해 지방자치단체와 영리를 목적으로 하는 거래를 하거나 당해 지방자치단체와 관계있는 영리사업에 종사할 수 없다(법 § 88:2). 이것은 장이 주민의 대표자로서 공정한 직무를 수행하도록 하기 위한 것이다.

(4) 地方自治團體의 廢置·分合과 長의 任期

지방자치단체가 다른 지방자치단체에 編入됨으로 인하여 폐치된 때에는 그 장은 그 직을 상실한다(법 § 89:1, 공선법 § 30:1, ④).

둘 이상의 동격의 지방자치단체가 합하여 새로운 지방자치단체가 설치된 때에는 종전의 지방자치단체장은 모두 그 직을 상실하고 새로이 장을 선거한다(공선법 §30:1 ③). 이 경우 새로운 장이 선거될 때까지 상급지방자치단체의 장 또는 행정안전부장관이 그 직무를 대행할 자를 종전의 長중에서 지정한다(법 §89:2, 3).

하나의 지방자치단체가 분할되어 둘 이상의 지방자치단체가 설치된 때에는 종전의 지방자치단체의 사무소가 위치한 지역을 관할하는 지방자치단체의 장이 그 구역의 장으로 잔임기간 중 재임하고, 다른 지방자치단체의 장은 선거한다(공선법 § 30:1, ②). 이 경우 장을 새로 선거할 때까지 상급지방자치단체의 장 또는 행정안전부장관이 각각 그 직무를 대행할 자를 지정한다(법 § 89:4).

시 · 자치구 또는 광역시가 새로 설치된 때에는 그 장을 새로 선거한다(공선법 §30:1, ①). 이 경우 장을 새로 선거할 때까지 상급자치단체의 장 또는 행정안전부장관이 각각 그 직무를 대행할 자를 지정한다(법 §89:5).

지방자치단체가 명칭만 변경된 경우에는 종전의 지방자치단체장은 변경된 지방자치단체의 장이 되며, 변경당시의 잔임기간 재임한다(공선법 §30:2).

지방자치단체의 설치 · 폐지 · 분할 또는 합병에 의한 지방자치단체의 장 선거는 그 선거의 실시사유가 확정된 때부터 60일 이내에 실시하되, 선거일은 관할선거구 선거관리위원회 위원장이 당해 지방자치단체의 장(직무대행자 포함)과 협의하여 늦어도 선거일전 23일에 공고하여야 한다(공선법 §35:1③).

(5) 長의 辭任

지방자치단체의 장이 그 직을 사임하고자 할 때에는 당해 지방의회의 의장에게 사임일을 기재한 서면(사임통지서)으로 통지하여야 한다(법 §90①).

지방자치단체의 장은 사임통지서에 기재된 사임일에 사임한다. 다만 사임통지서가 기재된 사임일까지 지방의회의 의장에게 사임통지가 되지 아니한 경우에는 지방의회의 의장에게 사임의 통지가 된 날에 사임한다(법 §90②).

일본의 지방자치법은 都 · 道 · 府 · 縣知事는 30일, 市 · 町 · 村長은 20일전에 당해 지방자치단체의 의회의장에게 신청하도록 하고 있는 데 비하여, 우리의 경우는 미리 서면으로 통지하여야 한다고만 규정되어 있으므로 법시행령에서 「미리」의 시간적 범위를 규정하여야 할 것으로 생각되는데 이에 관한 규정을 두지 않고 있다.

지방자치단체의 장이 의장에게 사임통지를 한 때에는 시 · 도에 있어서는 행정안전부장관에게, 시 · 군 · 자치구에 있어서는 시 · 도지사에게 지체 없이 이를 보고하여야 한다(영 §29).

(6) 長의 退職

지방자치단체의 장이 다음의 사유에 해당하는 때에는 그 직에서 퇴직된다(법 §90의 2). 제12차 개정에서 신설된 조항이다.

① 지방자치단체의 장이 겸임할 수 없는 직에 취임한 때

② 피선거권이 없게 된 때(지방자치단체의 구역변경이나 폐치 · 분합을 제외한 다른 사유로 당해 지방자치단체의 구역 밖으로 주민등록을 이전한 때를 포함한다)

③ 지방자치단체의 폐치 · 분합에 의하여 지방자치단체의 장의 직을 상실한 때에는 당연 퇴직된다.

사임은 자기의 의사에 의하여 그 직을 상실하는 것이지만, 퇴직은 자기의 의사와 관계없이 위의 사유에 해당되게 되면 당연히 그 직을 상실하는 점에서 다르다.

(7) 長의 체포 및 確定判決의 通知

① 수사기관의 장의 통지

체포 또는 구금된 지방자치단체의 장이 있을 때에는 관계수사기관의 장은 지체 없이 영장의 사본을 첨부하여 당해 지방자치단체에 이를 통지하여야 한다. 이 경우 통지받은 지방자치단체는 이를 즉시 행정안전부장관에게 보고하여야 한다. 시 · 군 · 자치구가 행정안전부장관에게 보고하는 경우에는 시 · 도지사를 거쳐야 한다(법 §91①).

② 법원장의 통지

지방자치단체의 장이 형사사건으로 공소가 제기되어 그 판결이 확정된 때에는 각급 법원장은 지체 없이 당해 지방자치단체에 이를 통지하여야 한다. 이 경우에 통지받은 지방자치단체는 이를 즉시 행정안전부장관에게 보고하여야 한다. 시 · 군 · 자치구가 행정안전부장관에게 보고하는 경우에는 시 · 도지사를 거쳐야 한다(법 §91②).

(8) 長의 補闕選擧

지방자치단체의 장이 사망 · 퇴직 · 사임 등의 사유로 궐위된 때에는 그 사유가 확정된 때부터 60일 이내에 보궐선거를 실시하고(공선법 §35:2, §200:1), 새로 당선된 자

의 임기는 전임자의 잔임기간으로 한다. 그 보궐선거의 선거일부터 임기만료일까지의 기간이 1년 미만인 경우에는 보궐선거를 실시할 실익이 없으므로 이를 실시하지 아니할 수 있다(공선법 § 201:1).

선거소청 또는 당선소송에 의하여 당선의 효력에 관한 쟁송이 계속 중인 때에도 보궐선거를 실시하지 아니한다(공선법 §201:2). 지방자치단체의 장의 보궐선거 · 재선거는 전년도 10월1일부터 3월 31일까지의 사이에 그 선거의 실시사유가 확정된 때에는 4월중 마지막 목요일에 실시하고, 4월 1일부터 9월 30일까지의 사이에 그 선거의 실시사유가 확정된 때에는 10월 중 마지막 목요일에 실시한다(공선법 §35:1①).

3) 長의 權限

(1) 統轄代表權

지방자치단체의 장은 당해 지방자치단체를 代表하고 그 事務를 統轄한다(법 § 92). 여기에서 代表란 당해 지방자치단체의 의사를 대외적으로 표시할 수 있는 지위를 말하고, 統轄이란 소속집행기관 뿐만 아니라 다른 집행기관 · 의회 · 주민까지를 포함하여 당해 단체의 사무를 총괄하고 일체성을 유지하는 것을 의미한다.

(2) 事務의 管理 · 執行權

지방자치단체의 장은 당해 지방자치단체의 사무(固有事務와 團體委任事務)와 법령에 의하여 그 장에게 위임된 사무(機關委任事務)를 관리하고 집행한다(법 § 94). 여기에서 管理하고 執行한다는 의미는 사무를 처리하는 것과 같은 의미로서, 기획 · 입안 · 조정 · 집행 · 확인 · 평가 등의 과정을 포함한다.

(3) 職員에 대한 任免權

지방자치단체의 장은 소속직원을 지휘 · 감독하고 법령과 조례 · 규칙이 정하는 바에 의하여 그 임면 · 교육훈련 · 복무 · 징계 등에 관한 사항을 처리한다(법 § 96). 이는 집행기관의 장으로서 가져야 할 당연한 권한이다.

(4) 規則制定權

지방자치단체의 장은 법령 또는 조례가 위임한 범위 내에서 그 권한에 속하는 固有(自治)事務와 國家事務에 관하여 규칙을 제정할 수 있다(법 § 16).

그러나 시장 · 군수 · 자치구청장이 제정하는 조례나 규칙은 상급지방자치단체의 조례나 규칙에 위반하여서는 안된다.

(5) 再議要求權

① 再議要求를 할 수 있는 경우

지방의회의 의결에 대한 장의 再議要求權은 다음 2가지 경우를 그 내용으로 한다.

(i) 장은 의회의 의결이 越權 또는 法令에 違反되거나 公益을 현저히 해한다고 인정되는 때에는 의결을 送付받은 날로부터 20일 이내에 이유를 붙여 재의를 요구할 수 있다. 이 재의요구에 대하여 재적의원과반수 출석과 출석의원 3분의 2이상의 찬성을 얻은 경우에는 그 의결은 確定된다(법 §98:1, 2).

지방자치단체의 장은 재의결된 사항이 법령에 위반된다고 인정되는 때에는 재의결된 날로부터 20일 이내에 대법원에 訴를 제기할 수 있다(법 §98:3). 이 경우 필요하다고 인정되는 때에는 그 의결의 집행정지결정을 신청할 수 있다(법 §159:3).

여기에서 再議의 원인이 되는 의결에는, (i) 의결사항으로 법정된 것 외에 의회의 동의를 요하는 것, (ii) 기타 법률상 형식의 여하를 불문하고 의회가 의결에 의하는 것 일체를 포함하며, 월권 또는 법령에 위반되었는지 여부와 공익침해의 현저성의 인정권은 당해 지방자치단체의 장에게 속한다.

재의에 붙이는 이유는 구체적으로 明示하여야 하며, 당해 의회가 이 재의요구에 응하지 않는 때에는 당해 의결은 성립하지 않는다.

재의의 회부기간은 除斥期間이므로 지방의회가 폐회중인 때에도 재의요구를 할 수 있다(영 §37:1). 그러나 재의에 붙이는 회기는 재의대상이 된 의결이 있었던 회기에 한하지 않고 다음 회기에도 가능하다고 보아야 한다(회기계속의 원칙).

재의는 의결이 일부분에 대해서만 요구할 수 없으며(의결일체성의 원칙) 재의에 회부되면 당해 위법·부당한 議決시에 遡及하여 그 효과가 발생한다.

(ii) 장은 의회의 의결이 예산상 집행할 수 없는 경비를 포함하거나, 법령에 의한 의무적 경비삭감, 비상재해로 인한 시설의 응급복구를 위하여 필요한 경비삭감 등의 경우에도 그 의결사항을 이송 받은 날부터 20일 이내에 이유를 붙여 재의를 요구할 수 있다. 이 재의요구에 대하여도 재적의원과반수 출석과 출석의원 3분의 2이상의 찬성을 얻은 경우에는 그 의결은 확정된다(법 §99).

여기에서 재의의 대상이 되는 의결은, 직접으로 수입지출에 관한 사항을 내용으로 하는 의결, 즉 예산·지방세의 세출에 관한 것에 한하고, 예산상 집행불능의 경우는 사실상 불능을 말한다고 해석하여야 한다.

법령에 의하여 부담하는 경비란 법령이나 조례에 의하여 설치된 기관 또는 시설의 유지·운영 및 조례상 지출의무의 이행을 위한 경비(법 § 122)를 지칭하고, 비상재해시의 소요경비란 비상재해로 인한 응급 또는 복구시설을 위하여 필요한 경비뿐만 아니라 전염병예방을 위하여 필요한 경비도 포함하여야 한다고 보아야 한다.

② 再議決上程期限

재의를 요구받은 지방의회는 부득이한 사유가 없는 한 재의요구서가 도착한 날로부터 10일 이내에 이를 재의에 붙여야 한다. 이 경우 폐회 또는 휴회 중인 기간은 이를 산입하지 아니한다(영 § 37:1).

지방자치단체의 장은 재의를 요구한 경우에는 그 사실 및 재의결과를 시·도에 있어서는 행정안전부장관에게, 시·군·자치구에 있어서는 시·도지사에게 지체 없이 이를 보고하여야 한다(영 § 37:3).

(6) 先決處分權

지방자치단체의 장은 지방의회가 성립하지 아니한 때(의원의 구속 등의 사유로 법 제56조의 규정에 의한 의결정족수에 미달하게 된 때를 말한다)와 지방의회에서 의결 또는 결정하여야 할 사항중 주민의 생명과 재산보호에 긴급하게 필요한 사항으로서 지방의회를 소집할 시간적 여유가 없거나 지방의회에서 의결이 지체되어 의결이 되지 않은 때에 보충적 수단으로서 장에게 *先決處分權*(법 §100)을 인정하고 있다. 이것은 집행기관과 의결기관과의 조정을 도모하려는 데 그 취지가 있다.

① 先決處分의 要件

첫째, 지방의회가 성립되지 아니한 때이다. 의원의 사망·사직·퇴직 또는 구속의 사유로 의결정족수(법 §56)에 미달하게 된 때이다.

둘째, 주민의 생명과 재산보호를 위하여 긴급하게 필요한 사항으로서 지방의회를 소집할 시간적 여유가 없거나 의결이 지체된 때이다.

여기에서 "주민의 생명과 재산보호를 위하여 긴급하게 필요한 사항"이라 함은, (i) 천재·지변이나 대형화재로 인한 피해의 복구 및 보호 (ii) 중요한 군사안보상의 지원 (iii) 급성전염병에 대한 예방조치 (iv) 기타 긴급하게 조치하지 아니하면 주민의 생명과 재산에 대하여 중대한 피해가 발생할 우려가 있는 사항 등을 말한다(영 §38:1).

이에 대한 선결처분권은 다음 2가지 경우에 한하여 인정된다.

(ⅰ) 지방의회를 소집할 시간적 여유가 없는 때이다. 이는 지방의회의 의결을 거치는 것이 절대 불가능한 경우가 아니고, 당해 사항이 급속한 시행을 요하기 때문에 의회를 소집하여 그 의결을 거쳐 집행하는 것이 그 시기를 잃게 되는 경우이다. 의회를 소집할 시간적 여유의 여부에 관한 판단은 장의 법규재량에 해당한다고 보아야 한다.

(ⅱ) 지방의회에서 의결이 지체되어 의결되지 아니한 때이다. 의결되지 아니한 때란 의결을 얻지 못한 모든 경우를 뜻하며, 그 원인이 지방의회의 고의에 의한 경우이든, 외부사정에 의한 경우이든지를 불문한다. 따라서 의회가 고의로 의사를 지연시키거나, 개회 후 천재·지변 등으로 인하여 법정기간 내 또는 상당한 기간 내에 의결을 할 수 없는 경우 등을 생각할 수 있다.

② 先決處分의 效果

(ⅰ) 장은 선결처분에 대하여 지체 없이 지방의회에 보고하여 승인을 얻어야 한다(법 §100:2).

(ⅱ) 지방의회에서 승인을 얻지 못한 때에는 그 선결처분은 그때부터 효력을 상실한다(법 §100:3). 종전에는 승인을 받아야 할 회기가 "다음회기"로 제한되어 있었고 불승인의 효과규정이 없었는데 이를 12차 개정에서 회기지정을 삭제하고 불승인 효과규정을 신설하였다.

그런데 불승인의결이 지체된 때에 이미 선결처분에 의하여 집행된 예산이나 사업의 원상회복여부가 불문명하다.

기집행된 예산이나 사업 등은 원상회복이 사실상 불가능하므로, 立法論으로는, 불승인시에 장에 대하여 정치적 또는 법률적 책임을 묻는 방향으로 관계법규를 재정비할 필요가 있다.

(ⅲ) 지방자치단체의 장은 선결처분에 대한 지방의회의 승인여부와 그 처분의 효력에 관한 사항을 지체 없이 공고하여야 하고(법 §100:3), 그 결과를 시·도에 있어서는 행정안전부장관에게, 시·군·자치구에 있어서는 시·도지사에게 이를 보고하여야 한다(영 §38:2).

③ 先決處分權의 代行

선결처분권은 장의 지위에서 유래되는 고유한 권한이 아니므로 장의 직무를 대리하는 보조기관 또는 직무집행자도 행사할 수 있다고 해석하여야 한다.

(7) 事務委任權

지방자치단체의 장은 大統領令·條例·規則이 정하는 바에 의하여 그 권한에 속하는 사무의 일부를 보조기관 또는 소속행정기관에 위임하거나, 관할지방자치단체나 공공단체 또는 그 기관(사업소·출장소 포함)에 委任 또는 委託할 수 있다(법 §95:1, 2). 또한 大統領令 또는 條例가 정하는 바에 의하여 그 권한에 속하는 사무 중 조사·검사·검정·관리업무 등 주민의 권리·의무와 직접 관계되지 아니하는 사무를 法人·團體 또는 그 기관이나 個人에게 委託할 수 있다(법 §95:3).

사무를 위임받은 지방자치단체의 장은 수임사무의 일부를 그 위임기관의 장의 승인을 얻어 규칙이 정하는 바에 따라 관할 지방자치단체나 보조기관, 소속행정기관 또는 하부행정기관에 다시 위임할 수 있다(법 §95:4).

(8) 指揮·監督權

지방자치단체의 장은 國家機關의 지위 또는 上級機關의 지위에서 그 관할 구역 내에 있는 下級行政廳을 지휘·감독한다.

시·도지사는 국가기관의 지위에서 시장·군수·자치구청장이 처리하는 국가의 기관위임사무와 상급기관의 지위에서 시장·군수·자치구청장이 처리하는 시·도 기관위임사무에 대해서 포괄적인 지휘·감독권을 가진다.

또한 시·도지사는 산하 지방자치단체의 자치사무에 대하여도 법령에 위반되거나 현저히 부당하여 공익을 해한다고 인정할 때에는 이를 취소·정지 또는 시정명령을 발할 수 있다(법 §157~158).

이상에서 본 지방자치단체장의 지위와 권한을 표로 정리하면 다음과 같다(<표 4-8>).

4) 長의 事務引繼

지방자치단체의 장이 退職하는 때에는 그 소관사무의 일체를 후임자에게 인계하여야 한다(법 §97).

장이 그 임기만료, 면직, 사임 등의 사유로 퇴직하는 경우에 후임자에게 사무인계를 하도록 명문으로 의무화함으로써 장의 이·취임에 따르는 지방행정의 공백상태나 혼란 또는 누수현상을 방지하고 있다. 그러나 死亡에 의한 경우에는 이 의무가 면제된다.

<표 4-8> 지방자치단체장의 지위와 권한

지위	1. 지방자치단체의 首長으로서의 지위: 자치단체의 수장으로서의 지위는 代表로서의 지위와 行政首班으로서의 지위로 구분된다. 2. 국가의 下級行政機關으로서의 지위: 자치단체장의 또 다른 지위는 국가의 하급지방행정기관으로서의 지위이다. 결국 우리나라 지방자치법의 기본정신과 지방자치관계법령의 제규정의 근본취지에 비추어 볼 때에 지방자치단체의 장은 어디까지나 지방자치단체의 수장으로서의 지위를 고유한 것으로 하면서 국가(또는 상급자치단체)의 사무를 수임·처리하는 한도 안에서의 하급기관으로서의 지위를 부가하고 있다고 볼 수 있다.
· 권한의 내용	1. 자치단체의 대표 및 사무통할권(법 §92) ·지방자치단체사무의 전반을 종합·조정 ·교육·학예·체육사무는 통할권이 제한 2. 사무의 관리·집행권(법 §94) ·자치단체의 자치사무(고유사무)와 법령에 의하여 그 단체에 위임된 사무(단체위임사무)를 처리 ·법령에 의해 국가 또는 다른 자치단체로부터 위임받은 사무(기관위임사무)를 처리 3. 소속행정청·관할자치단체에 대한 지도·감독권(법 §115~117) ·그 소속의 각급 행정청을 지도·감독 ·그 관할구역안의 자치단체를 지도·감독 4. 소속직원에 대한 임면 및 지휘·감독권(법 §96) ·지방자치단체의 장은 소속직원을 지휘·감독하고, 법령이 정하는 바에 의하여 그 임면·교육훈련·복무 등에 관한 권한을 가짐 5. 지방의회에의 발안권(법 §58, §118) ·지방자치단체의 장은 지방의회에 조례안·예산안을 제출하며, 기타 지방의회의 의결사항에 관하여 제안권을 가짐 6. 규칙제정권(법 §16~17) ·지방자치단체의 장은 법령 또는 조례가 위임한 범위 안에서 그 권한에 속하는 사무(자치사무·국가사무)에 관하여 규칙을 제정 7. 재의요구권(법 §98~99) ·지방의회와 자치단체장의 대립시 장이 의회의결에 대한 거부권을 가짐 8. 선결처분권(법 §100) ·의회의 권한에 속하는 사항을 지방자치단체장이 선결처분하는 권한을 가짐 9. 사무위임·위탁권(법 §95) ·그 권한에 사무의 일부를 대통령령·조례·규칙의거 위임·위탁

① 사무인계는 전임자가 퇴직한 날로부터 7일 이내에 그 소관사무의 전부를 후임자에게 인계하여야 하고, 후임자가 사무를 인수할 수 없는 사정이 생긴 때에는 그 직무를 대리하는 자에게 인계하여야 한다(영 § 30).

② 사무인계시에는 사무인계서를 작성(영 § 31)하고 인계자·인수자·입회인이 각각 이에 기명·날인하여야 한다(영 § 32:1). 사무인계의 입회는 부시장·부지사·부군수·부구청장이 하여야 한다(영 § 32:2). 다만, 결원 등의 사유로 부지사·부시장·부군수 또는 부구청장이 입회할 수 없는 경우와 직무대행자에게

사무를 인계하는 경우(영 § 30:2, 3)에는 당해 지방자치단체의 규칙이 정하는 자가 입회한다(영 § 32 단서).

③ 지방자치단체장이 사무를 인수한 때에는 7일 이내에, 그리고 전임자가 퇴직한 날부터 7일 이내에 사무인계를 마칠 수 없는 사유가 있는 때에는 시 · 도에 있어서는 행정안전부장관에게, 시 · 군 · 자치구에 있어서는 시 · 도지사에게 이를 보고하여야 한다.

5) 地方自治團體의 長 등 協議體

각급 지방자치단체의 장 또는 의회의 장은 상호간의 교류와 협력을 증진하고, 공동의 문제를 해결하기 위하여 다음과 같은 전국적 협의체를 설립할 수 있으며, 동 협의체를 설립하였을 때에는 행정안전부장관에게 신고하여야 한다(법 § 154조의 2).

㉠ 시 · 도지사 협의체　　㉡ 시 · 도의회의장 협의체

㉢ 시장 · 군수 · 자치구청장 협의체　　㉣ 시 · 군 · 구의회의장 협의체

㉤ 위의 협의체가 모두 참가하는 연합체

위의 4단체를 편의상 지방 4협의체라고 할 수 있다. 지방 4협의체는 지방자치에 직접적인 영향을 미치는 법령 등에 관하여 행정안전부장관을 거쳐 중앙정부에 의견을 제출할 수 있다.

이러한 신설규정은 사실상 이미 4협의체들이 활동하고 있는 것을 신고를 받아 그 존재를 확인하고, 그 활동을 공식적으로 승인한 것이다.

일본에서는 1906년에 전국 市長會, 1921년에 전국 町村長會, 1923년에 전국 道都府縣議會議長會, 1932년에 전국 市議會 議長會, 1947년에 전국 知事會, 1949년에 전국 市町村議會議長會가 설립되어, 현재 지방 6단체가 설립되어 활동하고 있다. 1963년에 지방자치법에서 그 설립신고의무를 규정하여 그 존재를 확인하도록 하고, 1993년에 지방자치법에서 그 설립신고의무를 규정하여 그 존재를 확인하도록 하고, 1993년에 동 6단체가 지방자치에 영향을 미치는 법령 등에 관하여 자치대신을 경유해 내각에 신청하거나 국회에 의견서를 제출할 수 있도록 하였다(일본지방자치법 § 263의 3).

3. 補助機關과 行政機關

1) 副團體長

(1) 서울특별시와 광역시에 부시장, 도와 특별자치도에 부지사, 시에 부시장, 군에 부군수, 자치구에 부구청장을 둔다(법 § 101:1).

특별시와 광역시의 부시장, 도의 부지사는 정무직 또는 일반직 국가공무원으로 보하며, 그 직급을 대통령령으로 정한다. 다만, 특별시와 광역시의 부시장과 도의 부지사는 대통령령으로 정하는 바에 의하여 2인을 둘 수 있다. 이 경우 1인은 정무직 또는 별정직 지방공무원으로 보하되, 그 자격기준은 당해 지방자치단체의 조례로 정한다(법 § 101:2). 이 경우 장의 직무대리는 정무직 또는 일반직 국가공무원, 정무직 또는 별정직 지방공무원의 순으로 그 직무를 대리한다(영 § 39의 2).

정무직 또는 일반직 국가공무원으로 보하는 부시장, 부지사는 시 · 도지사의 제청으로 행정안전부장관을 거쳐 대통령이 임명한다. 이 경우 제청된 자에게 법적 결격사유가 없는 한 30일 이내에 그 임명절차를 종료하여야 한다(법 § 101:3).

시의 부시장, 군의 부군수, 자치구의 부구청장은 일반직 지방공무원으로 보하되 그 직급은 대통령령으로 정하며 당해 시장 · 군수 · 구청장이 임명한다(법 § 101:4)는 규정에도 불구하고, 이 법 시행 후 최초로 선출된 시장 · 군수 · 구청장의 임기만료일까지는 부시장 · 부군수 · 부구청장은 일반직 국가공무원으로 보하고(법부칙 § 5:1), 그 임명절차는 당해 시장 · 군수 · 구청장의 제청으로 행정안전부장관을 거쳐 대통령이 임명한다. 이 경우 제청된 자에게 법적 결격사유가 없는 한 30일 이내에 그 임명절차를 종료하여야 한다(법부칙 § 5:2).

여기에서 보조기관, 특히 부단체장의 지위 및 임명과 관련하여 이론적으로 검토를 요하는 것은 다음 두 가지 점이다.

첫째, 보조기관의 직급을 대통령령으로 정하게 한 것은 自治組織에 관한 지방의회의 의결권을 침해하는 것이 아닌가, 보조기관의 職位 이외에 職級을 별도로 정할 필요가 있는가 하는 것이다.

일반적으로 미국(deputy mayor), 프랑스(adjoing au maire), 일본(부지사 · 조역) 등 선진제국에서는 부단체장의 직급을 따로 정하고 있지 않으나, 우리의 경우는 이를 정하고 있는데 이는 이론상 타당하지 않다. 굳이 직급을 정해야만 한다면 당해 지방의회에서 정해야 할 것이다.

둘째, 시 · 도의 부시장과 부지사중의 1인을 중앙정부가 임명토록 한 이론적 근거는, 시 · 도가 자치단체이기도 하지만 그 집행기관이 국가사무를 위임받아 처리하는 국가기관으로서의 지위도 아울러 가지고 있으므로 위임사무의 처리를 원활히 하고 중앙정부와의 긴밀한 협조를 유지하려는 데에 있다.

그러나 우리나라는 이러한 제도가 잘 운영되지 않은 경험을 가지고 있으며, 이론상으로도 중앙정부가 부단체장을 임명하면 장의 유고시에 중앙정부가 임명한 부단체장이 시 · 도지사의 직무를 선순위로 代理하게 되므로 불합리하다.

立法論으로는, 시 · 도지사가 당해 지방의회의 동의를 얻어 부시장 · 부지사를 선임(일본)하거나, 시 · 도지사와 동반(running mate)으로 민선하는 것이 가장 이상적이라고 생각한다.

부시장 · 부군수 · 부구청장의 선임방법도 같게 해야 할 것이다.

(2) 부단체장의 일반적인 職務權限은 다음 세 가지이다(법 §101:5).

첫째, 지방자치단체장을 補佐한다.
둘째, 보조기관인 직원이 담임하는 사무를 監督한다.
셋째, 소속직원을 지휘 · 감독한다.

(3) 부단체장의 職務代行權이 신설되었다(법 § 101조).

제16차 개정에서 종전 지방자치법 제101조 제6항을 삭제하고 제101조의 2를 신설하여 사고의 유형에 따라 권한대행과 직무대리로 구분하였다. 궐위 · 구속 등의 중대한 사고가 있는 때에는 권한대행토록 하고, 출장 · 휴가 등 일시적이고 경미한 사고가 있는 때에는 직무대리토록 하였다.

① 요건 및 기간

권한대행은 지방자치단체의 장이 ⓘ 궐위(사망, 당연퇴직, 사임)시부터 후임 지방자치단체의 장의 임기개시까지, ⓘⓘ 구금된 후 공소제기된 경우는 공소제기시부터, 공소제기 후 구금된 경우는 구금시부터 보석 · 집행유예 등으로 신체자유 회복시까지, ⓘⓘⓘ 금고 이상의 형의 선고를 받고 그 형이 확정되지 아니한 경우(2002. 3. 25 신설), 이 경우에 금고 이상의 형이 확정되면 장은 당연퇴직해야 하므로 금고 이상의 형의 선고로부터 확정판결이 있을 때까지, ⓘⓥ 의료법에 의한 의료기관에 60일 이상 계속하여 입원한 경우에는 60일을 경과한 때부터 퇴원시까지, ⓥ 그 직을 가지고 당해 지방자치단체의 장의 선거에 입후보하는 경우에는 후보자 등록시부터 선거일까지 부단체장이 당해 지방자치단체의 장의 권한을 대행한다.

직무대리는 지방자치단체의 장이 출장·휴가·일시적 요양 등 일시적 사유로 직무를 수행할 수 없는 경우에 부단체장이 그 기간동안 직무를 대리한다.

② 권한대행과 직무대리의 범위

권한대행은 법령과 당해 자치단체의 조례·규칙에서 당해 자치단체장의 권한으로 정한 모든 권한을 포괄적으로 행사할 수 있다. 예를 들면 종전 직무대리체제하에는 수행할 수 없었던 조례·규칙의 공포, 인사권 행사, 중요 정책결정 등이 가능하다.

직무대리는 지방자치단체의 장이 위임한 사무나 지시사항의 범위 내에서 업무처리를 할 수 있다. 즉 부분적인 권한행사만 가능하다.

③ 권한대행과 직무대리의 순서

권한대행이나 직무대리의 순서는 같다. 서울시의 경우에는 행정1부시장·행정2부시장·정무부시장의 순으로, 시·도는 행정부시장·행정부지사·정무부시장·정무부지사의 순으로 권한을 대행하거나 직무를 대리한다.

부단체장이 부득이한 사유로 직무를 수행할 수 없는 경우에는 당해 자치단체 규칙에 정하여진 직제순에 의한 공무원이 권한을 대행하거나 직무를 대리(複代理)한다.

④ 용어상의 의문점

개정법률이 '권한대행'과 '직무대리'를 의도적으로 구분하고 있음은 앞에서 본 바와 같은데, 적어도 개념적으로는 종래 同意異語로 사용되어 온 점을 무시할 수 없다.

<표 4-9> 권한대행과 직무대리 비교

사고유형		권한대행	직무대리
중대한 사고	• 궐위(사망, 사임, 퇴직) • 공소제기된 후 구금상태에 있는 경우 • 금고 이상의 형의 선고를 받고 그 형이 확정되지 아니한 경우 • 의료법에 의한 의료기관에 60일 이상 계속 입원 • 당해 단체장 선거입후보시 후보자 등록시부터 선거일까지	• 단체장 권한 전반을 대행처리	
경미한 사고	• 단체장의 출장·휴가 • 단기간 요양 등 일시부재		• 단체장이 위임한 사무와 지시사항 범위 내 처리

따라서 입법자는 앞으로 '정의' 등의 규정을 두어, 그 양자의 구별을 좀 더 명확히 해 둘 필요가 있다고 생각된다.

다른 한편, 개정법률은, "지방자치단체장의 일시적 사고"의 경우에는 부단체장이 직무대리를 하도록 하고, "장기적 사고 등"의 경우에는 권한대행을 하도록 규정하고 있는 바, 굳이 양자를 구분한다면, 그 반대가 되어야 할 것으로 생각된다. 그 이유는 직무가 권한보다 넓은 뜻을 가진다고 보기 때문이다. 그리고 그러한 점은 '권한의 위임'과 관련하여 논의되는 점이다. 즉, 상급기관이 하급기관에 권한을 위임하는 경우, "권한만 위임되지, 직무까지 위임되는 것은 아니다"라고 말해지는 것과 같이, 직무가 권한보다 넓은 뜻으로 사용되는 경우가 있는 점을 유의할 필요가 있다.

2) 行政機構 및 地方公務員

(1) 지방자치단체의 행정사무를 분장하기 위하여 필요한 行政機構를 두되, 시·도에 있어서는 大統領令으로 정하는 범위 안에서 당해 지방자치단체의 조례로 정하고, 시·군·자치구에 있어서는 시·도지사의 승인을 얻어 당해 지방자치단체의 條例로 정하도록 하고(법 § 102:1), 행정안전부장관은 행정기구의 설치·운영에 있어서 그 합리화를 도모하고 다른 지방자치단체와의 균형을 유지하도록 필요한 사항을 권고할 수 있다(법 § 102:2)고 규정하고 있다.

이 조항은 지방자치단체의 내부조직에 관한 규정으로 종래 시·도의 경우 대통령령으로 「지방자치단체의 기구와 정원에 관한 規程」이 제정되어 있으며, 동 規程에서 시·도의 실국단위는 직접 규정하고, 과단위조직과 사무분장은 행정안전부장관의 승인을 얻어 시·도 규칙으로 정하도록 하고 있다.

그러나 이 규정에 대하여 다음과 같은 두 가지 문제점이 지적되고 있다.

첫째, 시·도의 행정기구를 대통령령으로 정하는 범위 안에서 조례로 정하도록 한 것은 自治組織權을 제한한다는 것이고, 둘째 시·군·자치구의 조직을 편성함에 있어서 시·도지사의 승인을 얻어 조례로 정하도록 한 것은 지방의회의 의결권을 제약하고 있다는 점이다.

(2) 지방자치단체에는 당해 지방자치단체의 경비로서 부담하는 地方公務員을 두되, 그 정원은 대통령령이 정하는 기준에 따라 당해 지방자치단체의 條例로 정하도록 하고(법 § 103:1), 그 임용 등에 관하여는 따로 法律(지방공무원법)로 정하며, 지방자치단체에는 法律이 정하는 바에 의하여 國家公務員을 둘 수 있도록 규정(법 § 103:4)하고 있다. 이 경우 국가공무원은 국가공무원법 제32조(임용권자) 1항 내지 3항의 규정에

불구하고 5급 이상의 국가공무원 또는 고위공무원단에 속하는 공무원은 당해 지방자치단체장의 제청으로 소속장관을 거쳐 대통령이 임명하고, 6급 이하 공무원은 당해 지방자치단체장의 제청으로 소속장관이 임명한다(법 § 103:5).

이 규정에 대하여도 다음과 같이 문제점이 지적되고 있다.

첫째, 지방공무원의 정원을 大統領令의 기준에 의하여 條例로 정하도록 한 것은 자치조직권을 침해하므로 입법론상 부당하다는 것이며, 둘째 규정형식이 法律로 정하는 바에 의하여 지방자치단체에 國家公務員을 둘 수 있도록 함으로써 지방자치단체에 국가공무원을 두는 것을 국회심의를 거쳐야 하도록 하였다 하더라도 이러한 규정은 구미제국에서는 그 유례를 찾아볼 수 없는 것이며, 지방자치의 본질에도 반하므로 입법론상 이 규정은 삭제하여야 한다는 주장이 있다.[10]

3) 所屬行政機關

(1) 지방자치단체는 그 所管事務의 범위 안에서 필요한 때에는 大統領令 또는 당해 지방자치단체의 條例가 정하는 바에 의하여 消防機關·教育訓練機關·保健診療機關·試驗研究機關 및 中小企業指導機關 등을 직속기관으로 설치할 수 있는데(법 § 104:1), 條例로 이를 설치하고자 할 때에는 行政安全部長官의 승인을 얻어야 한다(법 § 104:2).

直屬機關을 설치하는 것은 원칙적으로 지방자치단체의 자치조직권에 속하는데 대주민관계에 있어서 이해관계를 가지고 있으므로 반드시 조례의 근거를 요하도록 하였고, 이 경우에 행정안전부장관의 승인을 얻도록 한 이유는 행정조직의 체계화를 도모하려는 데 있다.

(2) 지방자치단체는 특정업무를 효율적으로 수행하기 위하여 필요한 때에는 대통령령이 정하는 바에 의하여 條例로 事業所를 설치할 수 있으며(법 § 105), 다만 지방자치단체의 자치사무만을 수행하는 경우에는 제103조 1항의 정원범위 내에서 당해 지방자치단체의 조례로써 사업소를 설치할 수 있다(법 § 105 단서). 원격지주민의 편의와 특정지역의 개발촉진을 위하여 출장소를 설치할 수 있다(법 § 106).

사업소의 설치요건은, (i) 업무의 성격이나 업무량 등으로 보아 별도의 기관에서 업무를 수행하는 것이 효율적이거나, (ii) 사업장의 위치상 현장에서 업무를 추진하는 것이 효율적일 경우에 한한다(영 § 40:1).

출장소의 설치요건은, (i) 원격지주민의 편의를 위해 소관사무를 분장 수행할 필

10) 崔昌浩, 韓國地方行政의 再認識(서울:三英社, 1983), p. 265.

요가 있거나 또는 특정지역의 개발을 위해 필요하고, (ii) 업무의 종합성과 계속성이 있어야 하며, (iii) 관할구역의 범위가 분명하여야 한다(영 §40:2).

사업소 또는 출장소 설치요건에 관한 판단은 승인권자인 내무부장관에게 있다고 해석된다.

(3) 사업소 또는 출장소 설치승인권은 법 제103조 1항의 정원의 범위 안에서 설치하는 경우에는 제한된다. 즉, 다음 각조의 경우에는 행정안전부장관의 승인을 요하지 아니한다. 다만, 자치구의 경우에는 서울특별시장의 승인을 얻어야 한다(영 §40:4).

① 특별시 및 그 관할구역내의 자치구가 4급 또는 4급상당 이하의 지방공무원을 장으로 하는 사업소 또는 출장소를 설치하는 경우

② 광역시 · 도 및 그 관할구역내의 시 · 군 · 자치구가 5급 또는 5급상당 이하의 지방공무원을 장으로 하는 사업소 또는 출장소를 설치하는 경우

4) 合議制行政機關

(1) 行政委員會의 설치

지방자치단체는 사무 또는 업무의 성질상 의회나 장으로부터 獨立하여 사무를 처리할 필요가 있는 때에는 法令 또는 條例가 정하는 바에 따라 합의제행정기관, 즉 行政委員會를 설치할 수 있다(법 §107).

행정위원회제도는 미국의 지방행정조직에서 널리 채택되고 있으며, 일본에서도 이러한 경향을 나타내고 있다.

미국의 지방자치단체 중에는 자치헌장제(home rule charter system)를 채택하는 곳이 많아 자치단체별로 설치되는 위원회가 다양한데, 일본은 지방자치법에 집행기관으로서 모든 자치단체에 共通으로 설치하여야 하는 위원회(교육위원회, 선거관리위원회, 인사위원회 또는 공평위원회, 감사위원회), 집행기관으로서 都 · 道 · 府 · 縣에 설치하여야 하는 위원회(공안위원회, 지방노동위원회 등), 市 · 町 · 村에 설치하여야 하는 위원회(농업위원회)를 규정하고 있으므로 자치단체종류별로 설치되는 위원회가 유사하다.

우리의 경우에는 선거관리위원회, 인사위원회, 소청심사위원회 등이 설치되어 있다.

지방자치단체의 장이 합의제행정기관을 설치하고자 할 때에는 따로 법령으로 정한 경우를 제외하고는 내무부장관의 承認을 얻어야 한다. 이 경우 시장 · 군수 · 자치구청장은 시 · 도지사를 거쳐 행정안전부장관에게 승인을 신청하여야 한다(영 §41).

(2) 諮問機關의 설치

지방자치단체는 그 소관사무의 범위 안에서 필요한 경우에는 조언·권고·건의·심의 또는 조사를 목적으로 하는 審議會·委員會 등의 자문기관을 條例로 설치할 수 있다. 이 경우 경비의 전부 또는 일부를 國庫에서 補助받아야 하는 때에는 미리 행정안전부장관의 승인을 얻어야 한다(영 §41).

5) 下部行政機關

지방자치단체가 아닌 區에 구청장을 두어 이를 一般職公務員으로 보하되 시장이 임명하고, 읍에 邑長, 면에 面長, 동에 洞長을 一般職 地方公務員으로 보하되 당해 시장·군수·구청장이 임명한다(법 §§108~109).

하부행정기관의 장은 소속장관의 지휘·감독을 받아 소관 국가사무 및 지방자치단체의 사무를 맡아 처리하고 소속직원을 지휘·감독한다(법 §110).

지방자치단체가 아닌 구와 읍·면·동에 소관하는 사무를 분장하기 위하여 필요한 행정기구를 둘 수 있다. 이 경우의 동은 행정동을 말한다(법 §111). 이 규정은 지방의회의 관여를 배제하고 있는 점에서 자치이론상 불합리하므로, 이 규정을 삭제하고 지방자치단체의 조례로 하부행정기구를 설치하도록 개정하여야 할 것이다.

4. 特別地方行政機關

특별지방행정기관은 업무의 특수성으로 인하여 지방자치단체에서 담당하여 처리할 수 없는 한정적인 사업을 부득이 국가가 직접 처리하기 위하여 정부조직법 제3조에 근거를 두고 설치·운영되고 있는 국가기관이다. 그간 중앙의 각 부처가 특별지방행정기관을 경쟁적으로 설치하여 약 7천여 개의 기관에 달하고 있는데, 이들 중에서 상당수의 기관은 현장집행적이거나 일선행정적인 업무를 지방자치단체와 중복처리하고 있는 실정이며 이로 인하여 지역종합행정추진체계상의 비능률초래, 민원인의 불편, 예산낭비, 자치권의 제약 등의 문제를 야기시키고 있다.

이런 관점에서 볼 때 특별지방행정기관의 신·증설은 신중히 검토되어야 한다. 더욱이 지방자치제가 전면적으로 실시하게 되면 국가의 사무는 특정한 사무를 제외하고는 자율화·지방화시켜야 한다는 점과 단순 집행적인 사무는 전산화가 완료된 상황을 고려하여 보면 오히려 축소·폐합시켜야 한다는 논리가 타당성을 갖는 것으로 공감대가 형성되고 있다.

1) 設置根據 및 動向

(1) 實定法的 根據

정부조직법 제3조에 의하면, 중앙행정기관은 소관사무를 수행하기 위하여 필요한 때에는 특히 법률로 정하는 경우를 제외하고는 대통령령이 정하는 바에 의하여 특별지방행정기관을 둘 수 있다고 규정하고 있다.

(2) 理論的 根據

행정수요의 양적 증대와 전문화·기술화 등 질적 변동으로 급속히 변화하는 시대적 요청에 대응하여 광역행정의 필요성과 행정업무의 전문성을 보다 효율적으로 수행하기 위하여 특별지방행정기관을 별도로 설치하고 있다.

또한 각 중앙행정기관이 그 소관사무를 자기 직속의 기관을 통하여 수행하려는 경향이 있다.

(3) 外國의 動向

① 일 본

일본의 특별지방행정기관은 국가행정조직법 제9조에 의거하여, 행정관리청 등 2개청과 법무성 등 7개성 산하에 부현단위의 기관·지국·출장소 등을 갖고 있는 기관과 블럭 및 府·縣단위의 이중구성을 취하는 기관으로 설치되어 있는데, 이들 특별지방행정기관 중에서 지방자치와 관련이 있는 경우 일반행정사무의 담당기관을 중심으로 일정한 기준을 설정하여 축소·폐지하려는 경향을 보이고 있다.

블럭단위의 특별지방행정기관에 대하여는 소관사무·사업 중에서 都·道·府·縣에 관련된 업무는 원칙적으로 지방자치단체에 이양하고, 특별지방행정기관이 판단하고 결정하는 권한이 없는 사무는 중앙에서 직접 관장하도록 본청으로 끌어 올림으로써 그 정리·축소와 간소·합리화를 도모함과 동시에 도·도·부·현이하의 특별지방행정기관의 현업·현장사무 이외의 관장사무는 원칙적으로 폐지하려고 한다.

② 미 국

연방정부산하의 우체국만이 특별행정기관으로 설치되어 있다. 도로·사회복지·공영기업·교육 등의 사무는 주로 광역적인 州의 파견기관을 통하여 처리하고 있다.

미국에서 특별지방행정기관의 설치를 억제하는 이유는 재정문제와 자치권의 보장이라는 과제를 동시에 해결하고자 하는 데 있다.

③ 독 일

독일에서는 특별지방행정기관을 州와 郡에 설치하고 있는데, 주의 특별지방행정기관은 지도 · 감독의 기능만을 수행하고 있다. 그러나 일부의 주(Nordhein-Westfalen, Hessen, Schleswing-Holstein 등)에서는 지방행정기관의 효율적 편성을 위하여 주파견기관의 규모를 축소하려는 의도를 주법에 담고 있다. 또한 대부분의 州에서는 가능하면 특별지방행정기관을 줄이고 많은 분야의 행정을 군과 군소속 게마인데(Gemeinde)에 맡기는 것이 일반적인 추세이다.

④ 영 국

영국의 특별지방행정기관(Adboc authority)은 성문법(지방법)에 의하여 각 지역에 별개로 설치되는 특별목적지방행정기관(Statutory authorities for special purpose)을 지칭하는데, 이들이 담당하는 사무로는 소방, 경찰, 민방위사무, 상수도사업 등이 주를 이루고 있다.

영국의 특별행정기관은 1834년 개정구빈법(Poor Law Amendment Act)에 의해 설치된 구빈위원회(Board of guaridan)가 효시인데, 그 후 도로 · 도시개량 · 치안 · 공공보건 · 교육 등의 분야에 활용함으로써 대부분의 중앙부처가 특별지방행정기관을 설치하고 있다.

그러나 1972년 지방자치법에 의하여 행정구역확대를 통한 특별행정기관을 통합하고 있으며, 사무의 개별적 지정주의에 의하여 해당 단위에만 적용하는 개별적 성문법의 제정으로 계층간의 사무분담이 명확하다. 예컨데, 배수로 · 급수 · 하수도 등은 중앙부처 직속의 특별목적행정기관인 광역수리기관에 이관하고, 보건사무의 대부분은 광역지방정부에서 처리하고 있으며, 대규모 도로 등 광역적 업무는 상급지방자치단체(County 또는 Borough)에서 관장하고 있다.

⑤ 프랑스

프랑스는 1983. 7. 1 개정된 지방자치법에 의해 국가사무의 대부분이 도(Région)로 이양되었고, 도의 사무 중 군(Département)이 수행할 사무라고 판단되는 것은 모두 군에 이양하였다.

이와 같이 국가사무의 대부분이 지방자치단체로 이양되었으므로 특별지방행정기관은 체신 · 위생 · 철도 · 국토건설 등 극히 소수인 것이 특징이다.

이와 같이 이미 개정된 법에서 많은 특별지방행정관을 통·폐합시켜 소수만이 남아 있음에도 불구하고 그것조차 축소·조정하려는 경향을 보이고 있다.

(4) 우리나라의 特別地方行政機關

우리나라의 특별지방행정기관은 그 사무의 전문성이나 관할구역의 특수성으로 인하여 특히 필요한 경우에 한하여 설치하는 예외적 기관으로서의 특성을 가지는데, 그간 중앙의 각 부처가 그 특성과 관계없이 경쟁적으로 설치하여 왔었다.

이러한 특별지방행정기관은 1961년 대대적인 통합작업이 있었고, 그 후에도 증가추세가 멈추지 않아 1981.10.15의 행정개혁에 의하여 재정비하였으나, 정부조직개편이 있을 때마다 증가하는 경향을 보이고 있다.

1994. 1. 1 현재 우리나라의 특별지방행정기관은 24개 부처청소관 7, 675개 기관이 설치되어 있다.

이를 행정기능별로 보면, 행정사무기관(5,171)과 현업적 기관(2,504)으로 나누어진다.

현업이 아닌 행정사무를 처리하는 기관으로는 노동·세무·공안·통계·보훈·병무 등이며, 현업적 기관으로는 체신·철도 등이 있다.

지방자치단체와 관련이 있는 특별지방행정기관은 건설교통부·농림부·노동부 등 10개 부처청소속 542개 기관이 설치되어 있다. 이중 지방보훈청·환경지청·영림서·통계사무소·지방국토관리청·지방노동청은 광역체제로 설치되어 있으며, 지방병무청·농수산통계사무소·농촌진흥원은 각 지방자치단체(시·도)에 설치되어 있다.

우리나라 특별지방행정기관 중 지방자치단체의 업무와 밀접한 관계에 있는 기관들을 그 본질·기능·효율성 등의 측면에서 문제점을 도출하면 다음과 같이 요약해 볼 수 있다.

첫째, 업무의 중복추진으로 비능률과 불편을 야기시키고 있다. 예컨대, 현재 사회경제면에서 가장 적절하게 대처해 나가야 할 노동쟁의에 관한 업무의 경우 노동부 지방사무소는 근로감독과 쟁의조정을, 시·도는 노조지도감독을 담당하는 등 각각 분화 추진함으로써 책임 있는 업무처리에 혼선이 우려되고 있으며, 환경업무도 시·도와 지방환경지청간에 업무분장의 이중성과 혼선으로 민원의 소지와 중복행정의 우려가 적지 않다.

둘째, 동일대상에 대한 이원적 업무분담으로 효율성을 저해하고 있다. 예컨대, 하천관리의 경우 동일수계를 상하류에 따라 각각 달리 분장케 하거나 토지점용이나 유수점용 등의 내용에 따라 소관청을 달리하는 경우도 있다.

셋째, 특별지방행정기관의 광역체제로 인하여 민원인에게 불편을 초래하고 있다.

예컨대, 시 · 군과 지방건설사무소가 원거리에 위치하고 있어 업무협조가 곤란하고, 포장국도와 비포장국도의 연결점용허가시 민원인은 지방자치단체와 지방국토관리청에 각각 출원해야 하는 불편이 초래되고 있다.

또한 지방보훈청의 경우 31개 지청이 전국을 분장하게 되어 있어 1개 지청당 7~8개 시군을 담당함에 따른 관내 대상 주민의 불편 · 부담을 주고 있다.

넷째, 특별지방행정기관의 하부집행기관은 결국 시군 · 읍면동과 연결되어 지방행정의 부담과중과 이원적 감독을 야기하는 경우도 있다. 지방병무청의 경우가 그 예이다.

2) 國家事務의 實效性保障과 自治權의 伸張

(1) 바람직한 調整方向

지방자치행정은 지역실정에 맞게 주민의 참여와 통제 하에 추진되는 것이 가장 바람직하다고 볼 때, 현행의 복잡다기한 특별지방행정기관은 전면적 지방자치제의 시행과 더불어 재검토 · 조정되어야 하고, 그의 증설이나 신설은 가급적 억제하여야 한다.

현행 특별지방행정기관을 존속시킬 것인가, 지방자치단체의 기능으로 흡수할 것인가의 검토기준은 다음 몇 가지 준거에 의하여 설정되어야 한다.

첫째, 국가의 입장에서는 행정수행의 책임성, 업무처리의 능률성, 예산부담의 절감효과 등을 고려하여야 한다.

둘째, 주민의 입장에서는 소관청에의 접근편리성, 업무처리의 용이성과 종합성, 주민참여에 의한 통제의 가능성 등을 고려하여야 한다.

셋째, 지방자치단체의 입장에서는 소요전문인력의 확보가능성, 재정적 부담능력 등을 고려하여야 한다.

이상의 기준에서 볼 때 현행 특별지방행정기관 중 지방자치단체에서 처리하기가 곤란하거나 행정수행책임 또는 능률상 별도 기관의 존치가 불가피한 경우를 제외하고는 원칙적으로 지방자치행정기능으로 통합되어야 한다고 생각된다.

(2) 國家事務의 實效性 保障

특별지방행정기관의 지방자치단체로의 기능이관은 지방자치단체에 위임될 수도 있으나, 대부분 지방자치단체장에게 위임될 것이다. 국가사무의 지방자치단체 처리제한원칙에 따라 지방자치법 제11조의 사무는 지방자치단체의 사무가 될 수 없기 때문이다. 또한 기관위임사무에 대하여는 주무부장관의 지도 · 감독이 보장되고, 시정 · 취소 · 정지시킬 수 있는 권한이 유보되어 있어 국사사무의 지방적 처리에 실효성을 거둘 수 있다.

(3) 地方自治權의 伸張

지방행정에 있어서 중앙집권화 경향은 오랜 전통을 가지면서 우리나라의 역사적 상황에서 그 역할을 다해왔다. 그러나 이제 지방자치의 본격적 실시를 앞두고 지방의 진흥과 활성화에 보다 우선적인 배려가 있어야 할 것이다.

더 이상의 중앙직할적 행정주도의 지역관여는 지양되어야 하고, 지방적 업무는 가능한 한 지역주민과 가장 가까운 지방자치단체의 기관에서 주민의사를 반영하여 지역실정에 맞게 추진되어야 한다. 위에서 여러 외국의 사례와 동향에서 본 바와 같이 특별지방행정기관을 축소 · 통합하고 그 기능을 일정한 기준 하에 지방자치단체로 이관하고 있는 동향은 우리의 경우에 좋은 지표가 될 수 있다고 보여진다.

특별지방행정기관의 기능 중 일부를 지방자치단체로 이관하기 위해서는 우선 관련 기구의 개편 및 관계요원의 정예화 등 지방적 수용태세가 갖추어져야 할 것은 물론이며, 이와 아울러 근본적으로는 지방자치운영의 건전화로 지방자치행정의 민주성 · 능률성의 제고가 당연히 전제되어야 한다.

제 4 절 敎育·學藝·體育에 관한 機關

1. 地方敎育自治制의 原理

1) 敎育 · 學藝機關의 分離 · 獨立

지방자치단체의 敎育 · 科學 및 體育에 관한 사무를 분장하기 위하여 별도의 기관을 두되, 이의 조직과 운영에 관하여 필요한 사항은 따로 法律로 정한다(법 §112).

선 · 후진국을 막론하고 여러 국가에서는 교육의 自主性 · 專門性 및 지방교육의 特殊性을 제고하기 위하여 교육 · 학예에 관한 사무를 일반집행기관으로부터 분리 · 집

행하고 있다.11)

일본은 都·道·府·縣과 市·町·村에 공히 教育委員會(합의제집행기관)를 두고 있으며, 미국은 州의 교육사무를 전담하는 學校區에 의결기관인 교육위원회와 집행기관으로서 교육장을 두고 있다.

프랑스는 지역별 대학교구장이 지역 내의 초·중등교육에 관한 지도·감독권을 가지고 있다.

우리나라에서는 교육·학예에 관한 사무는 지방자치단체의 사무임을 명백히 하고 이를 광역자치단체(특별시·광역시·도)의 사무로 분장하고 있다(지교육 § 2, 95. 7. 26 개정). 종전 교육법은 교육·학예에 관한 집행기관으로서 시·도에 합의제집행기관인 교육위원회를 두고, 시·군에 단독제집행기관인 교육장을 두었었다.

地方教育自治에 관한 法律(법률 제4347호, 1991.3.8)은 교육위원회의 성격을 종전의 합의제집행기관에서 지방의회의 사무 중 교육·학예에 관한 주요사항을 의결할 수 있는 制限的 議決機關으로 하여 광역자치단체에 두고, 이에 대응하여 집행기관인 教育監을 두고 있다.

2) 地方教育自治의 原理

教育自治制度의 개념은 국가에 따라서 서로 다르며 논자에 따라서도 서로 다르다. 심하게는 교육자치제도의 개념을 地方教育行政에 국한하지 않고 中央教育行政까지 적용할 수 있는 것이라고 주장하는 논자도 적지 않다. 여기서는 일반행정의 地方自治概念과 대비하여 地方教育行政에 국한하는 뜻으로 사용한다.

교육자치제도는 다음과 같은 기본원리 위에서 생각할 수 있다.

(1) 地方分權의 原理

민주화의 요청에 따라 중앙교육에 의한 획일적 통제와 처리를 지양하고 지방의 실정에 맞는 교육정책수립과 업무처리를 하려는 것이다. 地方의 특수성을 살려 다양성을 지향할 뿐 아니라 주민의 교육활동을 통한 自治精神을 함양하려는 것이다.

(2) 住民統制의 原理

地方分權의 原理와 더불어 民主性의 原理라고 부를 수 있는 것인데 곧 주민이 그

---

11) 정정규, "교육자치제의 문제점과 개선방안", 조창현(편), 地方自治에 관한 公聽會(서울:한양대지방자치연구소, 1988), pp. 91～103.

들의 대표를 통해 교육정책을 수립하고 업무를 수행하는 것이다. 또 관료적 통제를 배제하는 것이다.

(3) 一般行政으로부터의 分離·獨立의 原理

교육은 정치적 중립을 견지하고 계급·인종·지방적 이해관계를 떠나 국가·사회의 이상을 실현하려는 노력이며 전체국민이 참여하는 公企業이다. 이와 같은 중요사업을 위하여 敎育委員을 주민이 선출하여 專門敎育行政機關인 교육위원회를 설치하는 것은 그야말로 지역주민의 의사를 반영하는 동시에 교육행정을 일반행정으로부터 분리·독립하는 제도를 마련하려는 것이다.

(4) 專門的 管理의 原理

이것은 분리·독립의 원리와 함께 포괄적으로 專門性의 原理라고도 부를 수 있다. 교육활동의 本質과 특수성에 대한 지식, 이해, 기술을 가지고 교육에 필요한 제반 조건정비를 제대로 하는 것은 높은 수준의 교육행정의 전문성이 아니고서는 불가능하다. 敎育行政의 임무와 한계는 무엇인가라는 질문에 「그것은 교육의 본질, 교육자의 전문성을 이해하고, 교육의 자유, 자주성을 보호하며 교육의 구체적인 내용에 관해서는 일체 命令 또는 監督하지 않는 것이다」12)라고 제시하고 있다.

이와 같이 敎育自治制度는 교육의 자주성을 높이기 위하여 한편에선 地方分權과 住民統制의 原理에 입각하고, 다른 한편에선 一般行政으로부터의 분리·독립과 專門性에 의한 管理의 原理를 고수하는 것이다.

2. 敎育委員會

1) 審議·議決機關으로서의 敎育委員會

교육의 자주성·전문성과 지방교육의 특수성을 살리고 지방자치단체의 교육·과학·기술·체육 기타 학예에 관한 중요사항을 심의·의결하기 위하여 特別市·廣域市·道의회에 상임위원회(교육위원회)를 둔다(지교육 §4). 교육위원회는 시도의원과 교육의원(지교육 §8, §10:2)으로 구성하되, 교육의원이 과반수가 되도록 구성한다(지교육 §5).

12) 田中耕太郎著, 教育基本法の理論(東京:有非閣, 1961), p. 870.

(1) 審査·議決事項

교육위원회는 당해 지방자치단체의 교육·학예에 관한 다음 각 호의 사항을 심사·의결한다(지교육 §11:1).

① 조례안
② 예산안 및 결산
③ 특별부과금·사용료·수수료·부담금 및 가입금의 부과와 징수에 관한 사항
④ 기채안(起債案)
⑤ 기금의 설치·운영에 관한 사항
⑥ 대통령령으로 정하는 중요재산의 취득·처분에 관한 사항
⑦ 대통령령으로 정하는 공공시설의 설치·관리 및 처분에 관한 사항
⑧ 법령과 조례에 규정된 것을 제외한 예산의 의무부담이나 권리포기에 관한 사항
⑨ 청원의 수리와 처리
⑩ 외국지방자치단체와의 교류·협력에 관한 사항
⑪ 기타 법령과 시·도 조례에 의하여 그 권한에 속하는 사항

그런데 이상의 안건 중 ⑤ 내지 ⑪에 관한 교육위원회의 의결은 시·도 의회가 의결한 것으로 본다(지교육 §11:2).

교육위원회위원장은 교육위원회가 다음 각호의 어느 하나에 해당하는 사항을 의결할 때에는, 의결하기 전에 미리 특별시장·광역시장·도지사의 의견을 들어야 한다(지교육 §11:3).

① 주민의 재정적 부담이나 의무부과에 관한 조례안
② 지방자치단체의 일반회계와 관련되는 사항

(2) 事務組織

교육위원회 및 시도의회의 교육학예에 관한 사무를 처리하기 위하여 조례가 정하는 바에 따라 시도의회의 사무처에 지원조직과 사무직원을 둔다(지교육 §17:1).

사무직원은 지방공무원으로 보하며, 교육위원회 위원장의 추천에 따라 교육감이 임명한다(지교육 §17:2, 3).

(3) 청원의 이송·처리

교육위원회가 채택한 청원으로서 교육감이 처리함이 타당하다고 인정되는 청원은

의견서를 첨부하여 교육감에게 이송한다.

교육감은 위의 청원을 처리하고, 그 처리결과를 지체 없이 교육위원회에 보고하여야 한다(지교육 §15).

2) 教育委員會의 會議

교육위원회의 會議는 교육감 또는 재적교육위원 3분의 1 이상의 요구에 의하여 집회한다(지교육 §12).

한편, 교육위원회 의장은 교육감이나 교육위원의 집회요구가 있을 때에는 집회일 7일 전에 이를 公告하여야 한다. 다만, 의장이 긴급을 요하는 의안이라고 인정할 경우에는 그러하지 아니하다.

교육위원회의 會議日數는 당해 교육위원회의 會議規則으로 정한다. 교육위원회의 개회·휴회·폐회·회기 기타 의사에 관하여 필요한 사항은 당해 교육위원회의 회의규칙으로 정한다.

(1) 議案의 審査·議決

교육위원회에서 심사·의결할 의안은 교육감이 제출하거나 재적교육위원 5분의 1 이상 또는 의원 10인 이상의 연서로 발의한다(지교육 §13:1). 다만, 豫算案과 決算은 교육감이 이를 제출한다(지교육 §20의 2). 의안은 文書로서 의장에게 제출하여야 한다(지교육 §13:2).

교육감이 교육·학예에 관한 의안 중 다음을 교육위원회에 제출하고자 할 때에는 미리 특별시장·광역시장·도지사(이를 시·도지사라 부르기로 한다)와 協議하여야 한다(지교육 §13:3).

① 주민의 재정적 부담이나 의무부과에 관한 조례안

② 지방자치단체의 일반회계와 관련되는 사항

(2) 定足數

교육위원회는 재적교육위원 과반수의 출석으로 개의한다(지교육 §12). 회의 중에 이 정족수에 달하지 못하게 되면, 의장은 회의중지 또는 산회를 선포한다(지교육 §12).

지방교육자치에 관한 법률에 특별한 규정이 있는 경우를 제외하고는 議事는 출석위원 과반수의 찬성으로 議決한다(지교육 §12).

(3) 議案의 處理

의결된 의안은 다음의 절차를 거친다.

① 교육감에게 이송

교육위원회에서 의결된 의안 중 본회의 의결로 보는 의안은 이를 5일 이내에 교육감에게 이송하고, 동시에 시도의회의장에게 보고하여야 한다(지교육 §14:1).

② 시도의회에 제출

교육감은 이송 받은 의안으로서 지방의회의 의결을 필요로 하는 의안은, 시·도의회에 제출한다.

③ 수정의결시 의견청취

시도의회가 교육감에 의하여 지방의회에 제출된 의안 가운데 예산안을 수정하고자 할 때에는 미리 교육감의 의견을 들어야 한다.

④ 교육감에게 이송

시도의회의장은 법 제11조 제1항 제1호 내지 제4호에 규정된 본회의 의결을 필요로 하는 사항에 관한 의안이 교육위원회의 심사를 거쳐 본회의에서 의결한 때에는 이를 5일 이내에 교육감에게 이송하여야 한다(지교육 §14:2).

⑤ 공 포

시도의회의장으로부터 이송된 의안 중 條例案은 대통령령이 정하는 절차와 방식에 따라 教育監이 20일 이내에 이를 공포하여야 한다(지교육 §14:3).

조례안의 재의요구 및 공포에 관하여는 지방자치법 제19조제3항 내지 제7항의 규정을 준용한다. 이 경우 동조 제3항, 제5항 및 제6항 중 지방자치단체의 장은 교육감으로 본다(지교육 §14:4).

(4) 회의록

교육위원회는 회의의 진행내용 및 그 결과, 출석위원의 수와 성명 등을 기재한 회의록을 작성해야 한다(지교육 §16:1).

그밖에 회의록의 작성·배부, 회의록의 공개, 회의결과의 교육감에 대한 통보 등 교육위원회의 회의록에 관하여 필요한 사항은 시·도의 조례로 정한다(지교육 §16:2).

3) 敎育委員會의 委員 및 敎育議員

(1) 委員 및 敎育議員의 定數

교육위원회의 위원정수는 7인 내지 15인으로 구성하는데, 인구·지역별 특성을 고려하여, 서울 15, 부산 11, 대구 9, 인천 9, 광주 7, 대전 7, 울산 7, 경기 13, 강원 9, 충북 7, 충남 9, 전북 9, 전남 9, 경북 9, 경남 9인 등 139명으로 그 정수를 책정하고 있다(지교육 §5, 별표 1).

그중 과반수를 이루는 교육위원(敎育議員)은 4인 내지 8인으로 구성되는데, 서울 8, 부산 6, 대구 5, 인천 5, 광주 4, 대전 4, 울산 4, 경기 7, 강원 5, 충북 4, 충남 5, 전북 5, 전남 5, 경북 5, 경남 5인 등 77명을 그 정수로 책정하고 있다.

(2) 교육위원의 資格, 選出과 任期

① 교육위원의 자격

교육위원은 시도의회의원의 피선거권이 있는 자로서 후보등록개시일부터 과거 2년 동안 정당의 당원이 아닌 자이어야 한다(지교육 §10:1).

교육의원은 후보자등록개시일 기준으로 다음 각호에 따른 교육경력 또는 교육행정경력이 10년 이상 있거나 양 경력을 합하여 10년 이상 있는 자이어야 한다(지교육 §10:2).

- 교육경력 : 유치원, 초·중·고교에서 근무한 경력(유사경력 포함)
- 교육행정경력 : 국가 또는 지방자치단체의 교육기관에서 국가공무원 또는 지방자치단체의 교육기관에서 국가공무원 또는 지방공무원으로 교육·학예에 관한 사무에 종사한 경력과 교육공무원으로 근무한 경력

② 교육의원의 선출

교육의원은 주민의 보통·평등·직접·비밀선거에 의하여 선출한다.

교육의원선거에 관하여 지방교육자치에 관한 법률에 규정된 것을 제외하고 필요한 사항은 따로 법률로 정한다(지교육 §8).

③ 교육의원의 임기

교육의원의 임기는 4년이다(지교육 §7).

(3) 겸직 등의 금지

① 교육의원은 다음 각호의 직을 겸할 수 없다(지교육 § 9).

- 지방자치법 제35조 제1항 1~6에 규정된 직
- 사립학교교원(고등교육법 제2조에 규정된 학교의 조교수 이상의 교원 제외)
- 사립학교경영자 또는 사립학교를 설치 경영하는 법인의 임직원

② 영리행위금지

교육의원은 당해 지방자치단체의 교육기관과 영리를 목적으로 하는 거래를 할 수 없으며, 이와 관련된 재산의 양수인 또는 관리인이 될 수 없다(지교육 § 9:2).

③ 교육의원의 휴직

고등교육법 제2조에 의한 학교의 조교수 이상의 교원이 교육위원으로 당선된 때에는 임기 중 그 교원의 직은 휴직된다(지교육 § 9:3).

④ 교육위원회위원에 대하여도 겸직금지 · 영리행위제한규정은 적용된다(지교육 § 9:4).

4) 準用規定

지방자치법단체의 교육학예에 관한 사무를 관장하는 기관의 설치와 그 조직 · 운영 등에 관하여 이 법에서 규정한 사항을 제외하고는 그 성질에 반하지 않는 한 「지방자치법」의 규정을 준용한다. 이 경우 '지방자치단체장' 또는 '시도지사'는 '교육감'으로 '지방자치단체의 사무'를 '지방자치단체의 교육학예에 관한 사무'로, '행정안전부장관', '주무부장관' 및 '중앙행정기관의 장'은 '교육과학기술부장관'으로 본다(지교육 § 3).

3. 地方議會와 教育委員會

교육행정의 일반행정으로부터 독립이라는 원리가 있다고 하여 교육자치와 지방자치가 서로 대립적인 관계만은 아니다. 지방자치가 어떻게 제도화되느냐에 따라 교육자치의 모양새도 달라질 수밖에 없다.

우선, 일반행정분야에서 중앙정부가 지방자치단체에 어느 정도 權限을 委任하고

執行에 自律性을 부여하는냐에 따라 교육행정에 있어서의 중앙과 지방간의 관계도 그 테두리가 정해지게 된다.

다음으로 지방자치에 따른 주민들의 參與方式도 교육자치형태에 영향을 미치게 된다. 즉, 일반행정에 대한 주민의 참여 및 통제방식에 따라 교육행정에 주민의 의사가 반영될 수 있는 정도가 달라지게 된다.

또, 지방자치제에서 주민대의기구와 지방자치단체장과의 관계가 어떻게 설정되느냐에 따라 교유자치 역시 직접 간접으로 영향을 받게 될 것이다. 그 밖에 지방자치단체 공무원의 신분과 인사관리방식도 지방교육행정기관에 대부분 그대로 적용될 것이므로 밀접한 관련이 있을 것이며, 지방자치에 있어서 재원조달 및 재정운영의 자주성이 어느 정도 확보되어 있는지도 교육자치에 직접적인 영향을 미치게 될 것이다.

이하에서는 논란이 되고 있는 敎育委員會와 地方議會의 葛藤의 原因을 分析하고, 이들간을 連繫시킬 수 있는 방안을 모색해 보기로 한다.

1) 지방의회와 교육위원회의 相關性

(1) 地方議會와 敎育委員會의 關係類型

지방의회와 교육위원회의 관계유형에 대해서는 일정한 해답이 있는 것이 아니라 국가에 따라 지방정부의 형태에 따라 각각 相異함을 특징으로 하는데, 보통 다음과 같은 유형이 제시된다.

첫째, 機關統合型으로서 地方議會가 의결기관인 동시에 집행기관이므로 지방교육자치도 地方議會의 권한과 책임으로 한다. 미국의 위원회형이 그 예이다.

둘째, 機關對立型으로서 여기에는 두 가지 형태가 있다. 하나는 교육위원회 위원을 주민이 직접 선출하는 자치단체로서 敎育委員會가 지방정부로부터 완전히 독립되어 있으며, 교육에 관한 집행기능을 자주적으로 수행하고 있는 경우로서 미국의 워싱턴 D.C가 대표적 예이며, 하나는 당해 지방자치단체장이 地方議會의 동의를 얻어 교육위원을 임명하는 경우로서 敎育委員會는 지방자치단체에 설치되어 있는 집행기관의 일종으로서 자치단체장으로부터의 직무수행상의 자주성이 보장되어 있는데 일본의 都·道·府·縣 및 市·町·村의 교육위원회가 여기에 해당된다.

셋째, 議會—管理官型으로서 교육위원회위원이 주민으로부터 직접 선출되므로 敎育委員會의 자치권이 강력하다. 그럼에도 불구하고 교육예산안을 敎育委員會가 최종적으로 편성하지 않으며, 市政管理官을 통하여 통합예산안으로 편성하여 의회에 제출하게 되어 있다. 미국의 코네티컷주 하트포트시가 그 예이다.

넷째, 議會—執行委員會型으로서 敎育委員會가 집행기관인 집행위원회로부터는 독립되어 있으나 합의제 집행기관인 점에는 본질적으로 차이가 없다.

(2) 現行 法律規程에 따른 敎育委員會의 位相

교육자치제의 근거에 대해서는 헌법 제31조제4항, 교육법 제14조제1항, 지방자치법 제112조, 지방교육자치에 관한 법률 제1조를 들고 있다.

<憲法 제31조 제4항>

교육의 자주성, 전문성, 정치적 중립성 및 대학의 자율성은 법률로 정한다.

<敎育法 제14조 제1항>

국가와 지방자치단체는 교육의 자주성을 확보하고 민의에 의한 기구와 시책을 강구한다.

<地方自治法 제112조>

① 지방자치단체의 교육, 과학, 체육에 관한 사무를 분장하기 위하여 별도의 기관을 둔다.
② 제1항의 규정에 의한 기관의 조직과 운영에 관하여 필요한 사항을 따로 법률로 정한다.

<地方敎育自治에 관한 法律>

① 제1조 : 교육의 자주성, 전문성과 지방교육의 특수성을 살리기 위하여 교육, 과학, 기술, 체육 및 학예에 관한 업무를 관장하는 기관을 설치한다.

한편, 구체적인 권한배정의 측면에서 地方議會와 敎育委員會의 관계에 대해서는 지방교육자치에 관한 법률 제11조 제1항 및 제2항에서 규정하고 있다.

② 제11조 제1항 : 敎育委員會의 의결사항은 당해 지방자치단체의 교육, 학예에 관한 다음 각호의 사항을 심사·의결한다.
(i) 조례안
(ii) 예산안 및 결산
(iii) 특별부과금·사용료·수수료·부담금 및 가입금의 부과와 징수에 관한 사항
(iv) 기채안(起債案)
(v) 기금의 설치·운영에 관한 사항

(vi) 중요 재산의 취득·처분에 관한 사항
(vii) 대통령령으로 정하는 공공시설의 설치관리 및 처분에 관한 사항
(viii) 법령과 조례에 규정된 것을 제외한 예산의 의무부담이나 권리의 포기에 관한 사항
(xi) 청원의 수리와 처리
(x) 외국지방자치단체와의 교류협력에 관한 사항
(xi) 기타 법령과 시·도조례에 의하여 그 권한에 속하는 사항

③ 제11조 제2항 : 제13조 제1항의 5호 내지 11호에 관해서는 敎育委員會의 의결을 시·도의회의 의결로 본다.

④ 제11조 제3항 : 교육위원회위원장은 교육위원회가 다음 각호의 어느 하나에 해당하는 의안을 의결할 때에는 의결하기 전에 미리 시도지사의 의견을 들어야 한다.
(i) 주민의 재정적 부담이나 의무부과에 관한 조례안
(ii) 지방자치단체의 일반회계와 관련되는 사항

위와 같은 법률규정에 의한다면 우리나라의 교육위원회 성격은 委任型 議決機構로서, 의안의 의결에 있어서 지방의회로부터 상당한 간섭과 제약을 받도록 법적으로 제도화되고 있음을 볼 수 있다. 여기에 地方議會와 敎育委員會의 갈등의 소지가 있다.

(3) 地方議會와 敎育委員會의 운영상의 갈등

地方議會와 敎育委員會의 운영상의 갈등의 주요 원인은 앞에서 살펴 본 지교법 제11조에서 비롯된다고 할 수 있는데, 이의 해석을 둘러 싼 구체적인 논란은 다음과 같다.

첫째, 교육·학예 관한 중요한 조례의 결정이나 예산·결산 등의 심의에 있어서, 교육·학예에 관한 의결기관으로서의 敎育委員會는 그 실질적 최종 결정권을 가지나, 시도지사의 미리 의견을 들어야 사항(동법 §11)에 관해서는 地方議會의 교육에 관한 분과위원회의 事後追認機關에 불과한 역할을 수행하는 데 그칠 수도 있다.

둘째, 豫算과 決算 등에 관해서는 그 대종을 이루는 부분이 지방재정교부금법에 의한 의무교육경비, 지방교육양여금법에 의한 국고보조 등 중앙정부의 지원에 의한 것이라 할 수 있다. 그러한 경비의 사용에 관해서 지방주민을 대표하면서도 교육, 교육행정에 대한 어느 정도의 전문성을 보장받은 敎育委員會가 심사·의결하는 것은

극히 합리적이다.

셋째, 敎育委員會가 문자 그대로 지방자치단체의 교육 및 교육행정의 운영에 있어서 지방주민의 민의를 대표하여 지방자치단체 수준에서의 政策決定을 하여야 한다면 그 권한과 책임의 일치를 위하여 교육과정의 운영, 교직원의 인사, 교육재정 등 여러 측면에서 충분한 권한과 책임을 행사할 수 있어야 할 것이다. 그러나 현행 지교법은 敎育委員會에 그러한 권한을 부여하고 있지 않다.

넷째, 교육행정사무에 관한 監査 및 調査의 權限도 시·도의회에 귀속되어 있는 것으로 풀이되고 있다. 敎育委員會의 권한 중에 그 점에 대한 명문규정이 없는 반면에, 地方議會의 권한으로서 행정사무감사 및 조사권 등을 명문화하고 그 시행에 관해서는 구체적으로 규정하고 있기 때문이다.

(4) 外國의 敎育自治에서의 일반행정과 교육행정간의 관계

일반행정과 교육행정간의 관계는 그 나라의 사정에 따라 특색 있게 설정되어 있다. 우리의 경우를 비교해 보기 위하여 미국, 영국, 일본, 프랑스의 제도를 살펴보겠다.

① 美國의 경우, 우리나라 교육부에 해당하는 연방교육성은 교육행정의 총본산은 아니고 교육에 관한 재정지원과 연구 및 정책권고 등을 담당하고 있는 서비스 기관에 불과하며 연방헌법은 직접적으로 교육에 관해 언급하고 있지 않기 때문에 교육에 대한 최고책임은 州政府에 있다고 본다. 주정부는 정책결정기관으로서 주교육위원회와 집행기관으로서 주교육감과 주교육부를 두고 있는 것이 보통이다. 미국에서도 敎育委員會와 일반행정기구와는 이른바 재정독립의 직무를 둘러싸고 논쟁이 있었으나 대체로 기구요원, 재정면에서 독립의 전통이 지켜지고 있다.

② 英國은 군(County), 구(Borough) 단위의 地方議會에 지방교육행정의 책임을 주고, 地方議會는 주민의 대표기구로서 자치기능을 수행하는데, 각 地方議會마다 敎育委員會가 조직되어 적어도 교육위원의 과반수는 지방의회의원 중 교육에 정통한 자가 차지하도록 되어 있다. 즉, 地方議會의 한 분과위원회 형태인 敎育委員會가 실제 지방교육에 관한 全權을 地方議會로부터 위임받고 있으며, 그에 대한 모든 사무를 관장하고 있어 지방교육발전을 위해 지방자치와 교육자치를 잘 조화시키고 있음을 알 수 있다.

③ 日本은 교육자치제를 전형적인 議會制 執行機關으로 운영하고 있다. 이는 지방자치의 틀 속에서 敎育委員會를 운영하고 있으며, 지방자치구역에 敎育委員會의 관할구역을 일치시키고 있고 地方議會와 자치단체장의 교육에 관한 지원협

조기능을 중시하고 있다. 교육감은 敎育委員會의 사무처리 책임자로서 文部大臣의 승인을 얻어 敎育委員會가 임명하며, 교육위원은 지방의회의 동의를 얻어 자치단체장이 임명한다.

④ 프랑스의 교육행정은 자치적 측면에서 보면 전통적으로 중앙집권적 방식으로 수행되어 각 지방자치단체의 자율적 발전을 제약하는 반면, 지방자치단체의 일반행정기구로부터 독립된 별도의 교육행정기구를 확립하여 전문교육행정가로 하여금 중앙과 지방의 교육행정업무를 관장하도록 하고 있으며, 각종 협의 및 심의자문기구에서의 광범위한 의견수렴을 거쳐 정책에 반영하도록 하고 있다는 점이 특징이다.

2) 地方議會와 敎育委員會간 운영상의 課題

지교법 제11조의 규정에 관한 해석에서 보았듯이 地方議會와 敎育委員會간에는 갈등이 생길 수밖에 없는 소지를 안고 있다.

(1) 適正한 機能分配와 相互權限의 존중

地方議會와 敎育委員會에는 각각 일정한 기능이 배분되어야 하며, 그 주어진 권한의 범위를 넘어 다른 기관의 권한을 침해하지 않도록 하여야 한다.

먼저 地方議會의 議決權은 의회의 고유권한으로서 지방자치단체의 중요한 사항을 결정하기 위한 것인데, 현행 지방자치법에 의하면 의결사항은 법에 한정하여 열거하고 있으므로 의결권의 범위는 좁은 편이라고 할 수 있다. 그러나 지방의회는 법에 정한 사항 외에 지방의회에서 의결되어야 할 사항을 따로 條例로 정할 수 있으므로(법 §35:3) 地方議會는 지방자치단체의 중요한 사항에 대하여 단체의 의사를 결정하는 기관으로서 의결권의 범위는 교육 · 학예에 관한 사항을 포함하는 일체의 지방의 공동관심사항에 걸치는 것이 원칙이다.

그러나 지방교육자치에 관한 법률은 敎育委員會의 권한을 지교법 제11조 제1항의 5호 내지 11호를 의결함에 있어서 敎育委員會가 地方議會의 地位에 선다는 것만을 밝혀 놓고 있다.

이와 같이 地方議會와 敎育委員會간의 기능이 실정법상 명백히 구분되어 있는 경우에도 논란의 소지가 있으므로, 일단은 이에 관한 서로의 권한을 침범하지 말아야 할 것이며, 나아가서 敎育委員會에 주어진 제한적 의결권의 입법취지를 최대한 살려 敎育委員會의 權限을 존중해 주는 방향으로 관행이 성립되어야 할 것이다.

(2) 地方自治의 정치성과 教育의 政治化 排除의 요구

지방자치를 영국형 주민자치로 이해하든 대륙형 단체자치로 이해하든 정도의 차이는 있을지 모르지만, 지방자치는 필연적으로 정치적 성격을 띠게 된다. 이와 같은 지방자치의 정치화 현상은 지방자치에 정치의 참여를 허용하는 나라(영국, 프랑스, 이탈리아, 스웨덴, 덴마크 등)에서는 더욱 현저하지만, 정치참여를 배제하는 나라에 있어서도 지방자치는 직접·간접으로 정치의 영향을 받게 되어 있다.

이 점에 있어서는 우리나라도 마찬가지이다. 지방의회의원선거에서 정당추천제를 채택하고 있으며, 게다가 우리나라 정당들은 당내 민주화가 미흡하여 정당들이 지방자치제를 정권장악의 수단으로 이용하려 하기 때문에 선진제국과는 달리 지방자치단체가 중앙정당간의 각축전의 장으로 전락할 우려마저 있다.

이와 같이 地方議會는 정치성을 내포하는데 비하여 教育委員會는 정치성이 배제되어야 한다. 그 이유는 교육은 백년대계인 만큼 특정한 정권이나 통치권자를 위한 정치적 이념을 그 어떤 목적으로도 주입하거나 당리당략에 이용되어서는 안되기 때문이다. 교육의 정치적 중립성이 요구되는 근거는 바로 여기에 있다. 이러한 의미에서 교육위원회는 정치화로부터 보호될 수 있도록 자주적으로 교육에 대한 전문적 소양과 경험을 가진 사람들로 구성되어야 한다. 그러므로 教育委員會를 의결기관으로 하는 경우에는 실정법상 教育委員會와 地方議會간의 기능분담에 관한 규정여하에도 불구하고 교육·학예에 관한 의결사항 중에서 재정적 분담을 요하는 사항, 다른 분야와의 조정을 요하거나 종합적 전체적으로 다루어져야 할 사항은 地方議會의 의결을 거쳐야 하지만 그 외의 사항, 특히 정치화를 배제하여야 할 純粹 教育的 事項은 教育委員會의 의결로 당해 지방자치단체의 의사가 결정되도록 하여야 한다는 논리는 적실성을 갖는다.

(3) 教育의 自主性, 專門性 보장

지방교육행정을 보통 지방행정기관의 소관으로 하지 않고 분리시켜 독립된 교육행정체제를 유지하려는 이유는 교육의 정치적 중립성을 보장하려는 데 있다고 하지만, 교육행정의 전문성과 특수성을 살리려는 데도 있다. 교육위원과 교육감의 자격요건에 교육경력을 포함시킨 것도 이러한 이유에서이다.

그러므로 地方議會와 教育委員會와의 관계도 이러한 맥락에서 설정되어야 한다. 즉, 教育委員會는 지방교육의 전문성을 살려 그 임무를 수행하여야 하며, 地方議會는 이러한 전문성을 존중하여 전문지식을 침해하지 않는 범위 내에서 그 의결권을 행사해야 할 것이다.

다만, 지나치게 教育委員會의 의결기능을 강조할 때에는 地方行政機能의 綜合性과 調和를 저해하여 교육기능과 다른 지방행정기능간의 상충 또는 비합리성을 표출시킬 우려가 있다. 지방행정에는 교육행정만이 있는 것이 아니기 때문에 다른 분야의 행정과 적절히 조화되어야 하기 때문이다.

4. 教育監

1) 執行機關으로서의 教育監

시·도의 교육·학예에 관한 사무의 집행기관으로서 시·도에 교육감을 둔다(지교육 § 18). 교육감은 교육·학예에 관한 소관사무로 인한 소송이나 재산의 등기에 대하여 당해 시·도를 대표한다(지교육 § 18:2).

(1) 職務上 地位

① 교육·학예사무의 代表者

교육감은 교육·학예에 관하여 지방자치단체를 대표한다. 이러한 지위에서 교육감은 교육·학예에 관한 공·사법상의 대외적인 법률관계에서 당해 지방자치단체를 위하여 구속적인 意思表示를 할 수 있는 권능을 가진다.

② 最高獨任制 行政廳

교육감은 교육·학예에 관한 한 당해 지방자치단체의 사무를 통할하는 최고독임제 행정청의 지위를 갖는다. 최고독임제행정청의 의미는 지방자치단체의 장의 경우와 같다.

③ 自治權의 行使機關

이 의미는 지방자치단체의 장의 경우와 같다.

④ 國家行政機關

국가행정사무 중 시·도에 위임하여 시행하는 사무로서 교육·학예에 관한 사무는 교육감에 위임하여 행한다. 다만, 법령에 다른 규정이 있는 경우에는 그러하지 아니하다(지교육 § 19). 위임사무를 수행하는 한에 있어서는 교육감은 국가기관의 지위에 선다.

(2) 身分上의 地位

① 교육감은 학식과 덕망이 높고 시·도지사의 피선거권이 있는 자로서 후보자 등록신청개시일부터 과거 2년 동안 정당의 당원이 아닌 자이어야 한다(지교육 §24:1). 그리고 교육감은 교육경력 또는 교육공무원으로서의 교육행정경력이 5년 이상 있거나, 양 경력을 합하여 5년 이상 있는 자이어야 한다(지교육 §24:2).

② 교육감은 주민의 보통·평등·직접·비밀선거에 따라 선출한다(지교육 §22:1). 정당은 교육감선거에 후보자를 추천할 수 없으며, 교육감후보자는 공직선거법에 따른 선거권자의 추천을 받아 선거일 전 15일부터 2일간 시도선거관리위원회에 서면으로 등록신청을 하되 그 추천 및 등록은 공직선거법 제48조 및 제49조의 규정에 따른 무소속후보자의 추천 및 등록에 관한 규정을 준용한다(지교육 §22:2).

③ 교육감의 임기는 4년이다. 교육감의 계속재임은 3기에 한다. 그 임기는 전임자의 임기가 만료된 다음날부터 개시되나, 부득이한 사정으로 전임자의 임기가 만료된 후 선출된 경우에는 그 선출된 날부터 개시한다(지교육 §29).

교육감이 그 직을 辭任하고자 할 때에는 당해 교육위원회의 同意를 얻어야 하나, 폐회 중에는 교육위원회의장의 동의를 얻어야 한다(지교육 §30).

교육감이 겸임할 수 없는 직에 취임한 때(지교육 §23), 자격(지교육 §24)이 없게 된 때, 시·도의 폐치·분합에 의하여 그 직을 상실한 때에는 當然退職된다(지교육 §31). 교육감은 국회의원·지방의원 또는 교육위원, 국가공무원(동법 §2), 지방공무원(동법 §2), 사립학교의 교원(사립학교법 §2), 사립학교경영자 또는 사립학교를 설치·경영하는 법인의 임원, 영리를 목적으로 하는 단체의 임·직원을 겸임할 수 없다(지교육 §23).

교육감이 당선 전부터 겸직금지된 직을 가진 경우에는 임기개시일전일에 그 직에서 당연퇴직된다(지교육 §23:2).

④ 시·도가 다른 시·도에 편입되어 폐지된 때에는 그 편입된 시·도의 교육감은 그 직을 상실한다.

2개 이상의 시·도가 합하여져 새로운 시·도가 설치된 때에는 종전의 교육감은 모두 그 직을 상실하고 당해 시·도의 교육감은 새로이 선출한다. 이 경우 교육과학기술부장관은 새로운 교육감이 선출될 때까지 당해 시·도교육감의 직무를 대행할 자를 종전의 교육감 중에서 지정한다.

1개의 시·도가 분할되어 2개 이상의 시·도가 설치된 때에는 종전의 교육감은 선출당시의 시·도의 사무소가 위치한 지역을 관할하는 시·도의 교육감으로서 잔임기간 동안 재임하고 다른 시·도의 교육감은 새로 선출한다.

市가 廣域市로 승격된 때에는 교육감이 새로 선출될 때까지 교육과학기술부장관이 그 직무를 대행할 자를 지정한다.

2) 教育監의 權限

(1) 代表權

명문의 규정은 없으나 교육감은 교육·학예에 관하여 당해 지방자치단체를 대표할 권한을 갖는다. 여기서 대표의 의미는 지방자치단체의 장의 경우와 같다.

(2) 行政에 관한 權限

① 事務統轄權

교육감은 법령에 다른 규정이 없는 한 당해 지방자치단체의 교육·학예에 관한 사무를 통할한다. 이러한 통할권은 교육감이 당해 지방자치단체의 교육·학예에 관한 사무의 최고행정청인 까닭에 교육행정의 단일성·동일성을 위하여 갖는 권한이라 할 수 있다.

② 一般行政事務執行權

교육감은 조례안의 작성, 예산안의 편성 등 행정사무를 관장한다(지교육 §27).

③ 所屬職員에 관한 權限

교육감은 소속 공무원을 지휘·감독하고 법령과 條例·教育規則이 정하는 바에 의하여 그 임용·교육훈련·복무·징계 등에 관한 사항을 처리한다(지교육 §37).

④ 財政에 관한 權限

교육감은 재정과 관련하여 예산안편성권과 결산서작성 등의 권한을 가진다(지교육 §27:2, 3호 등). 이러한 권한은 반드시 행사되어야 한다는 의미에서 義務의 성질도 갖는다.

(3) 地方議會 및 教育委員會에 관한 權限

① 地方議會出席·發言權

교육감은 지방의회나 그 위원회에 출석하여 행정사무의 처리상황을 보고하거나 의견을 진술하고 질문에 응답할 수 있다(지자법 §37:1).

② 再議要求 및 提訴

교육감은 시·도의회 또는 교육위원회의 의결이 법령에 위반되거나 공익을 현저히 저해한다고 판단될 때에는 그 의결사항을 송부 받은 날로부터 20일 이내에 이유를 붙여 재의를 요구할 수 있다. 교육감이 교육과학기술부장관으로부터 재의요구를 하도록 요청받은 경우에는 그 시·도의회 또는 교육위원회에 재의를 요구하여야 한다(지교육 §28:1).

상기의 재의요구가 있을 때에는 그 시·도의회 또는 교육위원회는 재의에 붙이고 재적의원 또는 재적교육위원 과반수의 출석과 출석의원 또는 출석교육위원 3분의 2 이상의 찬성으로 전과 같은 의결을 하면 그 의결사항은 확정된다(지교육 §28:2).

이렇게 재의결된 사항이 법령에 위반된다고 판단될 때에는 교육감은 이를 교육부장관에게 보고하고 재의결된 날로부터 20일 이내에 대법원에 提訴할 수 있다(지교육 §28:3). 교육과학기술부장관은 재의결된 사항이 법령에 위반된다고 판단됨에도 해당 교육감이 소를 제기하지 않은 때에는 해당 교육감에게 제소를 지시하거나 직접 제소할 수 있다(지교육 §28:4). 장관의 제소지시는 재의결된 날부터 20일 경과 후 7일 이내에 하고, 해당 교육감은 제소지시를 받은 날부터 7일 이내에 제소해야 한다(지교육 §28:5). 장관은 위의 기간이 경과한 날부터 7일 이내에 직접 제소할 수 있다(지교육 §28:6). 이와 같이 재의결 된 사항이 대법원에 제소된 때에는 그 의결의 집행을 정지하는 집행정지결정을 신청할 수 있다(지교육 §28:7).

③ 先決處分權

교육감은 교육위원회 또는 시·도의회 의결사항 중 교육위원회 또는 시·도의회가 성립하지 아니한 때와 학생의 안전과 교육기관 등의 재산보호를 위하여 긴급하게 필요한 사항으로서 교육위원회 또는 시도의회가 성립되지 아니한 때, 소집할 시간적 여유가 없는 때, 또는 의결이 지체되어 의결되지 아니한 때에는 선결처분할 수 있다(지교육 §29:1).

이러한 선결처분은 다음에 소집되는 교육위원회 또는 시도의회에 보고하여 承認을 얻어야 한다(지교육 §29:2). 이 승인을 얻지 못한 때에는 그 선결처분은 효력을 상실한다(지교육 §29:3).

(4) 立法에 관한 權限

① 條例에 관한 權限

교육감은 교육·학예에 관한 조례안작성권(지교육 §27, 1호), 교육·학예에 관한 조례의 재의요구권과 공포권을 갖는다.

② 規則制定權

교육감은 법령 또는 조례의 범위 안에서 그 권한에 속하는 사무에 관하여 敎育規則을 제정할 수 있다(지교육 §25:1).

교육감은 대통령령이 정하는 일정한 방식에 의하여 교육규칙을 공포하여야 하며, 교육규칙은 특별한 규정이 없는 한 공포한 날로부터 20일이 경과함으로써 효력을 발생한다(지교육 §25:2).

교육감은 교육규칙을 제정 또는 개폐하는 경우 공포예정 15일전에 교육과학기술부장관에게 그 全文을 첨부하여 보고하여야 한다.

③ 법제심의위원회

시도교육감이 교육학예에 관한 조례안을 교육위원회에 제출하거나, 교육규칙을 제정·개정 또는 폐지하려는 경우에 이를 심의하기 위하여 교육감소속으로 법제심의위원회를 둔다. 이 위원회는 위원장(부교육감)을 포함하여 15명 이내의 위원으로 구성한다(지교육 令 §2).

(5) 權限의 委任과 委託

교육감은 조례가 정하는 바에 의하여 그 권한에 속하는 사무의 일부를 보조기관·소속교육기관에 委任하거나 법인에 委託할 수 있다(지교육 §26:1).

교육감은 그 권한에 속하는 사무의 일부를 당해지방자치단체의 장과 협의하여 구·출장소 또는 읍·면·동(특별시·광역시 및 시의 동을 말한다)의 장에게 위임할 수 있다. 이 경우 교육감은 당해 사무의 집행에 관하여 구·출장소 또는 읍·면·동의 장을 지휘·감독할 수 있다(지교육 §26:2).

3) 補助機關 및 所屬 敎育機關

(1) 副敎育監

교육감의 보조기관 중 부교육감에 관해서는 지방교육자치에 관한 법률이 직접 규정하고 있다.

교육감 밑에 국가공무원으로 보하는 부교육감 1인(인구 800만 이상이고, 학생 170만명 이상 시 · 도는 2인)을 두되, 그 직급은 대통령령이 정하는 바에 따라 일반직 공무원 또는 장학관으로 보한다(지교육 § 30:1).

부교육감은 당해 시 · 도교육감이 추천한 자를 교육과학기술부장관의 제청으로 국무총리를 거쳐 대통령이 임명한다(지교육 § 30:2).

부교육감은 교육감을 보좌하여 사무를 처리하며, 교육감이 사고가 있을 때에는 그 직무를 대행하거나 또는 대리한다(지교육 § 31).

(2) 기타 補助機關

교육감 밑에 필요한 보조기관을 두되, 그 설치 · 운영 등에 관하여 필요한 사항은 대통령령이 정하는 범위 안에서 조례로 정한다(지교육 §30:5). 교육감은 보조기관의 설치 · 운영에 있어서 합리화를 도모하고 다른 시 · 도와의 균형을 유지하여야 한다(지교육 §30:6).

(3) 所屬 敎育機關

교육감은 그 소관사무의 범위 안에서 필요한 때에는 대통령령 또는 당해 시 · 도의 조례가 정하는 바에 의하여 교육기관을 설치할 수 있다(지교육 §32).

교육감의 보조기관과 상기의 교육기관 및 다음에 보는 하급교육행정기관에는 당해 시 · 도의 敎育費 特別會計가 부담하는 경비로서 地方公務員을 두되, 그 정원은 법령이 정하는 바에 따라 조례로 정한다(지교육 §33:1). 그러나 경우에 따라서는 이러한 기관에 대통령령이 정하는 바에 의하여 國家公務員을 둘 수도 있다(지교육 §33:2).

4) 下級敎育行政機關

시 · 도의 교육 · 학예에 관한 사무를 분장하게 하기 위하여 1개 또는 2개 이상의 시 · 군 및 자치구를 관할구역으로 하는 하급교육행정기관(이를 지역교육청이라 부른다)을 둔다(지교육 §34:1). 지역교육청의 관할구역과 명칭은 대통령령으로 정한다(지교육 §34:2).

지역교육청에 敎育長을 두되 장학관으로 보하며(지교육 §34 :3), 교육청의 조직과 운영 등에 관하여 필요한 사항은 대통령령으로 정한다(지교육 §34:4).

교육장은 시 · 도의 교육 · 학예에 관한 사무 중 다음 각호의 사무를 위임받아 분장한다(지교육 §35).

① 공·사립의 초등학교·중학교·기술학교·공민학교·고등공민학교 및 유치원과 이에 준하는 각종 학교의 운영·관리에 관한 지도·감독

② 기타 시·도의 조례로 정하는 사무

5. 敎育財政

1) 敎育·學藝에 관한 經費

교육·학예에 관한 경비는 교육에 관한 특별부과금·수수료·사용료 기타 교육·학예에 관한 재산수입·지방교육재정교부금 당해 지방자치단체의 일반회계로부터의 전입금 기타 교육·학예에 속하는 수입으로 충당한다(지교육 §36). 특별부과금은 특별한 재정수요가 있는 때에 조례가 정하는 바에 의하여 부과징수한다(지교육 §40:1). 그러나 특별부과를 필요로 하는 경비의 총액을 초과하여 징수할 수 없다.

2) 義務敎育經費

의무교육에 종사하는 교원의 보수와 기타 의무교육에 관련되는 경비는 지방교육재정교부금법이 정하는 바에 의하여 國家 및 지방자치단체가 부담한다(지교육 §37:1). 의무교육외에 교육에 관련되는 경비는 지방교육재정교부금법이 정하는 바에 의하여 국가와 지방자치단체 및 학부모가 부담한다(지교육 §37:2).

3) 敎育費特別會計

시·도의 교육·학예에 관한 경비를 따로 경리하기 위하여 당해 지방자치단체에 교육비특별회계를 둔다(지교육 §38).

4) 國家의 補助

국가는 예산의 범위 안에서 시·도의 교육비를 보조한다(지교육 §39:1). 국가의 교육비보조에 관한 사무는 교육과학기술부장관이 관장한다(지교육 §39:2).

6. 地方教育行政協議機構

1) 지방교육행정협의회

지방자치단체의 교육학예에 관한 사무를 효율적으로 처리하기 위하여 지방교육행정협의회를 둔다(지교육 §41:1).

교육행정협의회의 구성, 운영에 관하여 필요한 사항은 교육감과 시도지사가 협의하여 조례로 정한다(지교육 §41:2).

2) 교육감 협의체

교육감은 상호간의 교류와 협력을 증진하고, 공동의 문제를 협의하기 위하여 전국적인 협의체를 설립할 수 있다(지교육 §42:1).

① 교육감협의체를 설립한 때에는 당해 협의체의 대표자는 지체 없이 교육과학기술부장관에게 신고하여야 한다.

② 교육감협의체는 지방교육자치에 직접적 영향을 미치는 법령 등에 관하여 교육과학기술부장관을 거쳐 정부에 의견을 제출할 수 있다.

제 5 절 地方議會와 自治團體長과의 관계

지방의회와 지방자치단체장과의 관계는 지방자치법 제정당시부터 법적으로 對等主義를 취하여 상호견제와 균형을 유지하도록 하고 있다.

당초의 지방자치법(1949.7.4)은, 지방의회에 장에 대한 不信任權을 부여하고, 장에게는 議會解散權을 부여하였었다.

그러나 이와 같은 권한의 대립은 실제로 양자간에 대립과 항쟁을 조장하여 지방행정의 안전성을 유지할 수 없게 되어, 제2차 개정(1956.2.13)에서 위 양자의 권한을 폐지하고, 장에게 의회의결에 대한 거부권을 부여하였다.

제4차 개정(1956.12.26)에서는 시 · 읍 · 면장을 임명제로 하는 대신에 시 · 읍 · 면의회에 시 · 읍 · 면장에 대한 不信任權을 부여하였다.

현행지방자치법은 지방자치단체장과 지방의회와의 관계에 있어서, 장은 지방의회의 의결사항에 대한 再議要求權 및 先決處分權을 가지고 있으며, 의회는 行政事務監査權 및 調査權, 出席答辯 · 書類提出要求權을 갖도록 하여 상호 견제토록 하고 있으며, 의회와 장간의 대립과 마찰을 격화시킬 소지를 가지고 있는 불신임제도 · 의회해산제도는 인정하지 않고 있다.

이론적으로 보면, 의회와 장간의 관계는 議員內閣制와 首長制(대통령 책임제)에 따라 각각 상이한 형태를 취한다. 전자는 권력분립의 원칙에 입각하여 입법부와 행정부를 분립시키되 입법부의 우위 아래 원활한 행정수행을 기하는 것이고, 후자는 입법부와 행정부의 상호견제와 균형의 원리에 입각하여 공정한 행정의 집행을 꾀하고자 하는 것이다.

우리나라의 지방자치제도는 首長制를 채택하고 있는데, 기관대립형 아래에서의 지방의회와 수장은 각각 分立하여 서로 對等한 관계에서 그 기능을 수행한다. 따라서 이들 두 관계는 언제나 원활할 수만은 없으며 대립과 갈등이 야기될 소지가 많다. 그렇기 때문에 지방의회와 장과의 관계는 다양하게 유형화할 수 있다. 논자에 따라서는 평상적 관계와 비상적 관계, 협조관계와 대립관계, 일반적 견제관계와 특수적 견제관계로 二分하기도 하고, 합의형 관계, 대립형 관계, 협력형관계로 三分하기도 한다. 여기서 2분 또는 3분되는 양자간 관계유형은 실제 현실로 나타날 때는 이들 유형의 中間型 또는 混合型으로 나타나는 것이 특징이다.

1. 相互關係類型

우선 二分되는 양자간의 기본관계 유형의 경우, 평상적 관계 · 협조관계 · 일반적 견제관계는 대부분 의회와 집행기관의 정상시의 협조적인 관계를 말하는 것이고, 비상적 관계 · 대립관계 · 특수적 관계는 대부분 의회와 집행기관의 마찰시의 투쟁적인 관계를 말한다. 따라서 협조관계는 양자를 결합하는 이상적인 관계로서 양자가 협조와 견제를 효과적으로 유지하는 것을 의미한다. 반면에 이러한 협조관계는 실제에 있어서는 서로 반목하여 알력과 마찰과 갈등을 가져오고 지방자치단체의 운영에 심각한 파국을 초래하는 경우가 있다. 이때 중앙정부의 감독권 발동이 없이 지방자치단체 내부에서 자율적으로 문제해결을 하기 위한 비상적 수단이 요구되는 관계가 대립관계 · 특수적 관계 · 비상적 관계를 의미한다.[13)]

13) 崔昌浩, 地方自治制度論(서울:三英社, 1990), pp. 530～531.

한편 三分되는 양자간의 기본관계유형의 경우인 協力型, 合意型, 對立型을 일본의 경우를 예로 살펴보면 다음과 같다.[14]

1) 協力型

協力型이란 의회의 각파와 정당이 모든 이념을 극복하고 수장의 선거에서 지지를 한 곳에 모아 당선시킴으로써 의회와 수장의 관계가 상호의존적이 되는 형태이다. 이러한 양자간의 협력형은 保·革을 대립시킨 쟁점이 희박해질 때, 지방재정이 악화됨으로써 특정의 정책 추진보다는 실무적 능력을 가진 수장이 등장되기를 희망할 때, 대도시 지역에서의 多黨化, 또는 수장 자신이 정치적 기반의 확대·안정을 도모해서 상호협력을 용이하게 하기 위한 脫政黨化를 하는 일이 전제될 때 보다 쉽게 형성될 수 있다.

협력형하에서의 首長은 중간적인 정책을 취함으로써 정책의 폭이 한정되며, 議會는 집행부에 대해서 전면 지지를 하지 않는 특징이 있다. 그러나 이 유형은 다음과 같은 문제점이 지적된다.

① 의회가 담당해야 할 비판기능과 감시기능의 약화를 초래함으로써 행정에서 긴장감이 상실되는 것이고, ② 주민의 지역정치에 대한 관심의 저조 때문에 무투표로 당선되거나 저투표율로 당선되기도 하는 일이 벌어진다고 하는 것이다.

2) 合意型

合意型이란 의회와 장이 地域經濟의 發展이라는 목표를 공동으로 의식함으로써 합의가 존재하여 상호호의적이 되는 형태이다. 이러한 양자간의 합의형은 의회가 수장의 기본정책에 이의를 주장할 필요가 없고 또한 수장이 제출한 의안에 대해 부결의사를 갖지 않는 것을 특징으로 한다. 따라서 의회의 政策變換機能은 뚜렷한 역할을 하지 못한다.

중앙정부와 관련 하에서 보면 합의형 자치단체는 중앙과 직접 연관된 자기지방의 이익유도를 도모하는데 노력을 경주하고, 의원은 행정에의 측면지원과 주민의 편의를 도모하는 것이 임무가 된다. 결국 합의형 관계에서 議會의 존재는 공동체를 유지한다는 점에서도, 중앙에 정치적 영향력을 미치게 한다는 점에서도 중요한 역할을 담당하고 있는 것이다.

---

14) 伊藤光利, “地方自治と二元的 代表制”, 地方自治職員研修(東京:公務職員研修協會,1988.11) pp. 29～31.

3) 對立型

對立型이란 중요한 정책에 대해서 양자간의 기본적인 의견대립이 있는 형태이다. 양자간 대립의 배경이 되고 있는 경우를 經濟的 측면에서 보면 일본의 경우 고도의 경제성장 후반기에 나타나는 성장의 왜곡과 그 시정을 둘러싸고 의회와 장이 대립을 하게 되는 경우가 있고, 政治的 측면에서 보면 환경개선과 복지 충실을 내걸고 「革新首長 대 保守議會」가 대항관계를 표출시키는 경우가 있고, 機能的 측면에서 보면 집행부의 정책과 집행에 대한 의회의 비판과 견제로서의 감시기능을 행함으로써 야기되는 경우, 즉 의회가 수장의 제안을 때때로 수정하고, 부결하며 한편으로는 집행과정에서의 직원의 근무상황을 감시함으로써 야기되는 경우가 있다.

결국 위에서 설명한 三分法에 의한 지방의회와 지방자치단체장의 관계를 종합해 보면, 合意型은 농촌지역의 자치단체나 소규모의 자치단체에서 많이 나타나는 반면에 對立型과 協力型은 도시지역, 특히 대도시 지역의 자치단체에서 많이 나타난다고 할 수 있다.

이상에서 설명한 내용을 중심으로 도식화해 보면 다음과 같은 유형체제 [그림 4-4]가 될 것이다.

[그림 4-4] 지방의회와 장의 관계유형

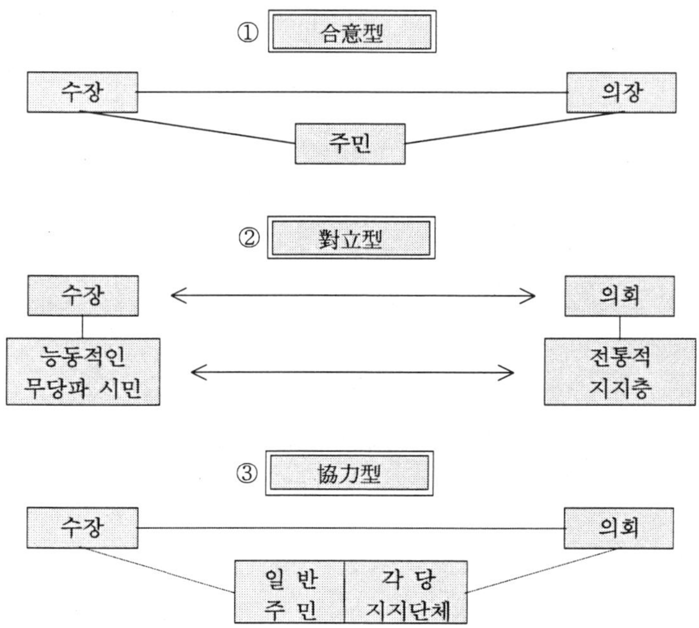

2. 協力·對立關係

위에서 논의된 二分되는 상호관계유형과 三分되는 상호관계유형 중 2분되는 상호관계유형을 가지고 우리나라 지방자치법에서 규정하고 있는 권한과 수단은 다음과 같이 분석할 수 있다.

1) 協力關係

첫째, 自治團體長의 議會에 대한 관계이다.

지방자치단체장이 지방의회에 대해 가지는 협력관계로는 臨時會議召集(법 §39:1), 地方議會附議案件의 公告(법 §40) 등을 통한 지방의회의 소집에 관여하는 것과 議案의 發議 및 豫算案의 編成 및 提出(법 §58, §118), 條例의 公布(법 §19), 地方議會議員의 選擧日公告(공선법 §35:2) 등이 있다.

둘째, 地方議會의 自治團體長에 대한 관계이다.

지방의회는 조례제정권, 예산심의·의결권, 결산승인권 외에도 자치단체의 재산·공공시설·의무부담·권리포기 등에 대한 議決權 行使, 행정사무의 감사 및 조사를 위한 現地確認 또는 書類提出의 要求, 행정사무의 처리상황에 대한 質問, 결산을 위한 會計檢查委員의 選定, 채택된 請願중 일정 청원을 집행기관에 이송하여 사무처리를 추진하는 것 등을 들 수 있다.

2) 對立關係

지방의회와 집행기관이 평상적으로 협조와 견제관계를 유지하는 것이 바람직하나 실제로는 서로 반목하여 마찰과 갈등을 초래하게 하고 지방자치단체의 운영을 어렵게 하는 경우가 있다. 이러한 경우 자치단체가 자율적으로 문제를 해결하도록 非常的 手段이 강구되어야 하는데 그러한 수단으로 집행기관의 再議要求權·先決處分權·지방의회의 長 不信任議決權, 그리고 집행기관의 議會解散權이 있다. 그러나 불신임의결권과 의회해산권은 현행법에서 인정되고 있지 않으므로 여기서는 재의요구권과 선결처분권을 중심으로 양자의 대립관계를 살펴보고자 한다.

(1) 再議要求權

재의요구권이라 함은 지방자치단체의 집행기관이 지방의회의 의결에 대하여 이의가 있어 이의 수리를 거부하고 의회에 반송하여 이를 다르게 의결해 줄 것을 요구하는 拒否權을 말한다. 일반적으로 지방자치단체장이 의회의결에 대하여 의회에 재의를 요구할 수 있는 것은 다음과 같다.

첫째, 一般議決에 대한 再議要求權을 들 수 있다. 지방의회의 의결이 월권 또는 법령에 위반되거나 공익을 현저히 해한다고 인정되는 때는 지방자치단체의 장은 의결을 송부 받은 날로부터 20일 이내 이유를 붙어 재의를 요구할 수 있으며, 또한 지방의회에서 재의결 결과 재적의원 과반수출석과 출석의원 2/3 이상의 찬성을 얻은 경우에는 그 의결이 확정되며 이를 얻지 못하면 그 의안은 폐기된다.

둘째, 經費議決에 대한 再議要求를 들 수 있다. 지방의회의 의결이 예산상 집행할 수 없는 경비가 포함되어 있다고 인정되는 때와 지방자치단체의 의무적 경비 및 비상재해로 인한 시설의 응급복구를 위하여 필요한 경비를 삭감한 때는 그 의결사항을 이송 받은 날부터 20일 이내에 이유를 붙여 재의요구를 할 수 있다.

셋째, 條例의 제정에 대한 再議要求權을 들 수 있다. 조례안이 의회에서 의결된 후 지방자치단체의 장은 20일 이내 공포해야 하는데, 이 경우 이의가 있을 때 그 기간 안에 이유를 붙여 지방의회에 재의를 요구할 수 있다. 그러나 條例案의 修正再議는 할 수 없다.

넷째, 監督官廳의 요청에 의한 再議要求權을 들 수 있다. 지방의회의 의결이 법령에 위반되거나 공익을 현저히 害 한다고 판단될 때 감독관청이 해당자치단체의 장에게 의회에 대한 재의요구를 하도록 요청할 수 있는데, 이 요청을 받은 자치단체의 장은 지방의회에 이유를 붙여 재의요구를 해야 한다.

다섯째, 지방자치단체의 장은 재의결된 사항이 법령에 위반된다고 인정되는 때에는 대법원에 제소할 수 있다(법 §98:3). 이 경우 그 의결의 집행정지결정을 신청할 수 있다(법 §159:3).

(2) 先決處分權

선결처분권이라 함은 지방의회가 의결을 할 수 없거나 의결을 하지 아니한 경우에 지방자치단체의 존립 또는 효율적 운영을 위해 장이 의회의 의결을 거치지 아니하고 일정한 사항을 獨自的 判斷에 의하여 우선 處分하는 것을 말한다.

우리나라에서 인정되고 있는 선결처분권은 다음과 같다.

첫째, 一般的 事項에 대한 先決處分權을 들 수 있다. 지방자치단체의장은 지방의회가 성립되지 아니한 때와 지방의회의 의결사항중 주민의 생명과 재산보호를 위하여 긴급하게 필요한 사항으로서 지방의회를 소집할 시간적 여유가 없을 때, 그리고 지방의회에서 의결할 안건이 지체되어 의결되지 아니한 때 선결처분을 할 수 있다.

둘째, 豫算에 대한 先決處分權을 들 수 있다.

① 지방의회에서 새로운 회계연도가 개시될 때까지 예산안이 의결되지 아니한 때에는 그 의결이 있을 때까지 법령이나 조례에 의하여 설치된 기관과 시설물의 최소한의 유지비, 법령 또는 조례상 지출의무가 있는 경비, 이미 예산으로 승인된 계속사업비를 전년도예산에 준하여 이를 지출할 수 있으며,

② 폐치·분합으로 지방자치단체가 새로 설치된 때에는 지방자치단체의 장은 예산이 성립될 때까지 필요한 경상적 수입과 지출을 행할 수 있다.

3. 法制度上 相互關係

1) 地方議會의 權限과 相互關係

지방의회가 지방자치단체장을 상대로 하여 갖는 권한은 協力關係次元의 경우 의결권과 행정사무감사 및 조사권이 있고, 對立葛藤次元의 경우 아무런 권한을 갖고 있지 못하다. 이러한 배경 하에서 발생하는 상호관계는 <표 4-9>와 같이 정리될 수 있다.

<표 4-9> 지방의회의 권한과 상호관계

의 회 권 한	대 립 요 소	장의 견제 조치
○ 의결권		
· 조례제정 및 개폐	· 조례안의 의결지연 및 미의결 · 의결된 조례안에 대한 장의 이의	· 선결처분권 행사 · 재의요구
· 예산확정	· 예산안 확정의결 지연 · 의결된 예산안에 집행불가능한 경비 계상 또는 반드시 포함될 경비의 삭제	· 선결처분권 행사 · 재의 요구
· 결산승인	· 결산의 미승인	없음
· 중요정책의 결정 및 기타 법령에 의해 의결을 요하는 사항	· 의결지연 · 의결된 내용이 월권·법령위반 또는 현저한 공익침해	· 선결처분 · 재의요구
· 행정사무 감사 및 조사권	· 빈번한 감사 및 조사	· 조사의결시 장에게 통지하고, 서류제출·출석증언·의견진술요구시 3일전까지 요구하도록 되어 있으나 실제 견제할 수 있는 제도적 조치가 없음

2) 地方自治團體長의 權限과 相互關係

지방자치단체장이 지방의회를 상대로 해서 갖는 권한은 協力關係次元의 경우 의안 발의, 예산안 편성·제출, 조례의 공포 등이 있고, 對立葛藤次元의 경우 재의요구권, 선결처분권이 있다. 양자간에 상호대립갈등이 발생했을 경우 장의의회해산권과 의회의 장불신임권이 없는 상황 하에서 보면 의회보다 장의 권한이 강한 것으로 평가될 수 있다. 이러한 배경 하에서 발생하는 상호관계는 <표 4-10>과 같이 정리할 수 있다.

<표 4-10> 지방자치단체장의 권한과 상호관계

장의 권한	대 립 요 소	의회의 견제조치
· 임시의회의 소집요구	· 소집요구불이행	· 의장 또는 의회재적의원 1/3이상 요구로 소집
· 의안발의	· 중요의안 발의 불이행	· 의회 재적의원 1/5이상 또는 의원 10인 이상 발의(예산안발의 제외)
· 예산의 편성 및 제출	· 예산안 편성의 불합리	· 의결지연
· 조례의 공포	· 조례안 공포 불이행	· 지방의회 의장이 공포
· 예비비 지출	· 지출에 의혹이 있을 때	· 미승인 및 행정감사·조사
· 재의요구권	· 장이 의회의결에 이의가 있을 경우 일반적 의결 : 월권·법령위반 ·현저한 공익침해 경비의결 : 집행불가 경비포함 ·법적의무 경비삭제 조례의결 : 이의조건 없음 · 장의 대법원제소·집행정지 결정 신청 · 감독관청의 요청이 있을 경우	· 재의결확정 ″ ″ · 공포시기 경과 또는 재의요구 없으면 자동공포 · 재의결 확정 · — · 재의결 확정 * 재의결 확정에 또다시 이의가 있을 때 장이 감독관청의 승인을 얻어 제소
· 선결처분권	· 장의 선결처분에 이의가 있을 때 일반적 지방의회 불성립사항 ┌ 주민의 생명과 재산의 └ 보호를 위해 긴급한 사항 - 지방의회를 소집할 여유가 없을 때 - 의결이 지체되어 의결을 안할 때 ┌ 예산성립의 지체시 └ 폐치·분합으로 인하여 예산공백이 있을 때	· 미승인(미승인시 효력상실) 및 행정감사 및 조사

3) 義務事項規定과 相互關係

지방자치법에는 지방의회는 물론 지방자치단체장이 준수해야 할 의무 이외에 양자의 권한과 관련한 의무조항이 다수 있다. 이와 관련한 상호관계는 어느 일방의 義務不履行 또는 義務怠慢에 의해서 발생하는 특징을 가지며 그 주요한 내용은 다음과 같이 요약될 수 있다.

① 주민청원의 집행기관 이송 후 처리결과의 의회보고지연 또는 태만
② 행정사무조사시 진술요구 거부, 서류제출 거부, 출석증언 기피
③ 지방의회 회의결과를 장에게 7일 이내 미통고
④ 재정부담을 요하는 의회발안의 조례안이나 조례의결시 장의 의견수렴 무시
⑤ 특정사안에 대한 행정사무조사 실시의결시 장에게 미통지
⑥ 행정사무조사와 관련한 서류제출, 의견진술, 출석증언 요구시 3일전까지 미요구
⑦ 의장 및 부의장의 불신임 의결시 장에게 미통고

4) 政黨參與와 相互關係

공직선거 및 선거부정방지법 제47조는 지방선거에서 정당공천제를 인정하고 있다. 따라서 양자간에 정당을 달리할 경우 상호대립 등의 관계에 놓이게 된다. 주로 여당출신의 장과 야당다수의 의회 또는 야당출신의 장과 여당다수의 의회가 형성되면 상호대립이 될 것이 분명하다. 이 경우 야기될 수 있는 상호대립의 양상을 制度的 次元에서 모색하면 다음과 같이 요약할 수 있다.

① 의결권행사의 지연으로 장의 선결처분권 남발 가능
② 의회가 월권 또는 법령위반 등의 의결을 다수 행함으로써 잦은 장의 재의요구 가능
③ 잦은 행정사무감사 및 조사권의 의결
④ 감독관청의 재의요구를 무시한 재의결
⑤ 자파성향의 회계감사위원 선임으로 결산승인지연
⑥ 야당의원 소개의 청원을 처리지연 또는 그 결과의 의회보고 태만
⑦ 재정부담을 요하는 의회발안의 조례의결시 장의 의견수렴 무시
⑧ 예비비 지출의 미승인 또는 승인지연
⑨ 선결처분권의 미승인 또는 승인지연

5) 법제도상의 問題點

상술한 양자의 권한과 관련한 제도상의 상호관계는 의회의 장 불신임권 또는 장의 의회해산권이 존재하지 않은 상태 하에서 발생가능한 상호견제 내지 대립의 양상이 제시되었다. 이를 좀 더 부각시키기 위하여 그 특성을 요약하면 <표 4-12>와 같이 제시할 수 있다.

<표 4-11>과 관련하여 제도상 양자간 상호관계의 문제점을 제시하면 다음과 같다.

<표 4-11> 법제도상 상호관계의 특성

구 분	특 성
지방의회의 권한을 중심으로 본 특성	· 일반적으로 장의 제도적 견제가 가능하다(예:선결처분권, 재의요구권) · 단, 집행기관의 행정행위 종료 후에 의회가 권한을 행사하게 되어 있는 결산의 승인을 의회가 승인을 하지 않거나 지연했을 경우 장이 견제할 제도적 장치가 지방자치법에 없다. · 또한 행정사무 감사 및 조사권의 행사가 빈번할 경우 지방의회가 지켜야 할 의무사항인 감사·조사시 통지나 3일전 요구 등의 조치만으로는 집행기관의 행정의 계속성을 확보할 수 없는데 이에 대한 장의 견제장치가 지방자치법에 없다.
장의 권한을 중심으로 본 특성	· 일반적으로 의회의 제도적 견제가 가능(예:의결·재의결·행정감사 및 조사권)하다. · 단, 장의 예비비 지출이나 선결처분이 여러 가지 이유로 의회가 승인을 지연하거나 승인하지 않을 수밖에 없을 경우 미승인 이외에 의회가 행정감사 및 조사를 행한다. 그러나 만일 이때 의회가 끝까지 승인을 하지 않을 경우 장이 또 다른 견제를 하기 위한 제도적 장치가 지방자치법에 없다.
의회와 장의 의무를 중심으로 본 특성	· 의무태만시 이를 견제할 제도적 장치가 지방자치법에 규정되어 있지 않다.
정당추천을 중심으로 본 특성	· 양자가 보유한 권한을 각기 부정적으로 행사할 가능성이 크다.

첫째, 현재 규정된 양자간의 권한 중 의결권과 재의요구권의 행사범위가 비교적 제한적인 반면에 행정사무감사·조사권과 선결처분권의 행사범위는 비교적 넓다.

둘째, 지방자치법상 의회승인권(결산의 승인, 예비비 지출승인, 선결처분의 승인)의 행사 불이행 또는 지연시 이를 장이 견제할 수 없다.

셋째, 양자간에 갈등이 생겼을 때 행사할 수 있는 권한 중 장의 의회해산권과 의회의 장불신임권이 없는 상황 하에서 장은 재의요구권이나 선결처분권을 가진 대신 의회는 아무런 권한을 갖지 못함으로써 행정사무감사 및 조사권이 남발될 우려가 있다.

넷째, 광역지방자치단체의 의원과 장의 선거시 정당추천을 허용함으로써 갈등관계의 발생이 많아질 것으로 예상된다.

다섯째, 양자에게 지방자치법에서 규정한 행정과정상의 의무들을 태만히 수행했을 때 이를 견제할 수 있는 장치가 지방자치법에 없다.

4. 法制度上 協力方案

제도상 양자간의 상호관계에서 제기된 이상의 5가지 문제점을 적극적으로 개선하기 위하여는 현재 양자에게 주어진 권한을 우선적으로 검토하고 그리고 과거에 존재하였던 地方議會解散權과 長不信任權을 보완적으로 검토[15)]해보는 것이 바람직하다.

1) 議會議決事項의 漸進的 擴大

지방자치법 제35조제1항에 10개항의 의결사항을 규정하고 있는데, 이러한 10개항의 사항은 필수적이고도 공통적인 것만을 규정한 것이다.

그것은 과거 지방자치법 제7차 개정시 12개항을 10개항으로 축소시키는 과정에서 2개항(손해배상과 손실보상액의 결정, 자치단체가 당사자로 되는 행정쟁송 및 소송과 화해)을 삭제시킨 것에 기인한다. 한편, 외국의 경우 비록 우리와 행정환경이 다르다고 하지만 중요시책사항의 심의·승인, 중요계약의 체결승인, 공공시설의 장기적 및 독점적 이용, 기구·정원의 승인 또는 의결 등의 사항들이 광범위하게 의회의결사항으로 인정되고 있는 것을 볼 수 있다. 따라서 지방의회의 의결사항을 주민과의 관계, 즉 주민부담이 요구되거나 주민이 반드시 알아야 할 것을 고려하여 선택적으로 확대하여야 할 필요성이 있다.

---

15) 의회해산권과 장불신임권을 부인하는 논거는 다음과 같다.
- 과거 지방자치제의 경험에서 본 지방행정체제의 혼란을 지방자치제 부활의 초기단계에서 또다시 야기할 필요가 없다.
- 과거 의회해산권과 장불신임권은 장의 임명제 또는 간선제시대에서만 활용되었던 것이므로 장의 주민직선제하에서 그 논의를 다시 재개하는 것은 의미가 없다.
- 양자의 대립갈등시 양 권한의 사용에 의한 해결보다는 주민의 직접통제에 의해 해결하는 것이 현재의 지방행정여건이나 장차의 여건에 비추어 볼 때 바람직하다.

<표 4-12> 법제도 개선방향

구 분	권 한	현행유지	요건약화	범위확대	불채택
의회 → 장	의결권			○	
	행정사무감사 및 조사권		○		
장 → 의회	재의요구권	○			
	선결처분권	○			
장 ↔ 의회	의회해산권				○
	장불신임권				○

의결사항을 확대한 경우에 고려할 수 있는 사항으로는, 機構와 定員에 관한 承認議決(일본, 프랑스), 重要契約의 締結(일본, 미국) 등을 검토할 수 있으며, 이는 지방자치법 제35조 제1항에 추가하면 된다.

<표 4-13> 의결사항 확대시의 장 · 단점

장 점	단 점
· 민주성 원칙에 충실 · 행정의 신중한 처리 · 민의반영기회의 확대 · 집행기관의 재량폭 축소	· 행정의 능률화나 강력한 추진곤란 · 집행기관의 의회예속화 가능

2) 行政事務監査 및 調査要件의 强化

행정사무감사 및 조사요건을 강화할 필요가 있다.

첫째, 광역자치단체의 경우 장과 의회의 당적이 다를 경우 또는 지방의원들이 득표전략의 하나로 악용할 경우 동권한을 남용할 우려가 있기 때문이다.

둘째, 주민직선에 의한 의회구성으로 말미암아 행정경험이 없고 전문적 지식이 부족한 의원들이 많이 당선된다고 볼 때 이들로 구성될 특정사안에 대한 조사특별위원회가 소기의 목적을 이루지 못할 것이기 때문이다.

셋째, 지방자치가 발달된 국가에서도 행정감사권을 인정하지 않고 일본의 경우처럼 간접적인 방법으로 이를 활용하는 것이 비교적 광범한 사례이기 때문이다.

그 행사요건을 강화할 경우의 立法 기타 行政措置는 다음과 같이 하여야 한다.

첫째, 행정사무 중 특정사안에 대하여 의회의결로 조사할 경우 그 발의가 재적의원 1/3이상의 연서로 이루어지는 것은 의회의 집행기관에 대한 견제를 활성화시킨다는 의미에서 바람직하지만, 이를 위한 의회의결정족수는 현재 재적의원 과반수의 출석과 출석의원 과반수의 찬성으로 되어 있어(법 §36) 동 조사권을 남용하여 지방행정이 마비되는 상황이 장과 의회의 당적이 다를 경우 다발할 가능성이 충분히 예상되므로 행정사무조사권의 의결정족수를 "재적의원 과반수 출석과 출석의원 2/3 이상 찬성"으로 개정한다. 따라서 이를 지방자치법 제36조의 제3항으로 신설하고, 현재의 제3항을 제4항으로 한다.

둘째, 지방의회는 원칙적으로 국가사무인 機關委任事務에 대하여 감사·조사할 수 없으나 代行監査는 가능하다(법 §36:3). 국가는 지방자치법 제155조에서부터 제158조에 의해 국가사무는 물론 자치사무도 감사할 수 있고 그리고 지도·감독할 수 있으나, 지방의회는 지방자치단체의 사무 중에서 자치사무와 단체위임사무의 경우에만 감사 또는 조사할 수 있는 것이다.

그럼에도 불구하고 지방의회는 기관위임사무 중에서 지방자치단체가 그 사무에 필요한 경비를 일부 또는 전부 부담하는 경우 이를 감사 또는 조사할 수 있어야 한다. 또한 이를 국고보조금과의 관계 하에서 살펴보면 다음 <표 4-14>와 같다.

<표 4-14> 국고보조금과 지방의회의 감사여부

구 분	부담금 (생활보호비보조금, 재해복구비보조금 등)		교부금 (병무행정보조금, 방위세징수교부금 등)	장려적 보조금 (시·도립병원신축비보조금 분뇨종말처리장설치보조금 등)
	일부	전부		
기관위임 사무	가능	원칙적으로 불가	원칙적으로 불가	원칙적으로 불가

셋째, 행정사무조사시에 이를 수행하는 방법은, ① 소관위원회의 조사, ② 조사특별위원회(지방의원 2명 이상)의 조사가 있고 필요한 경우 지방의회사무직원의 보조를 받아 수행할 수 있다. 문제는 각각의 위원회를 구성하는 지방의원들의 전문성의 확보와 관련되는 것으로서 그들이 특정사안에 대한 조사에 임할 때 얼마나 많은 지식과 경험을 가지고 이를 수행할 수 있을까 하는 점이다.

따라서 지방자치법 제125조에 규정된 결산을 위한 검사위원의 지방의회 선임과 같은 행정사무조사를 위한 조사위원(비상근)을 지방의회선임의 형태로 하여 활용하는 것도 바람직할 것으로 보인다. 이처럼 조사위원을 활용할 경우 지방행정업무의 마비보다는 전문가의 정확한 문제제기 및 개선 등의 확보를 통해 행정사무의 조사목적을 확실히 수행할 수 있을 것으로 판단된다. 그리고 이 조사위원의 선임 및 운영에 관한 사항은 대통령령으로 정하되 실비보상 등에 관한 구체적인 사항은 당해 지방자치단체의 조례로 정하도록 한다.

行政事務調査補强方案은 현행의 2가지 방법(소관위원회, 조사특별위원회)에 조사위원에 의한 조사방법을 병행하는 것을 의미한다. 이와 유사한 예로는 일본의 경우 행정감시권의 일환으로 감사위원회를 구성하여 감사위원으로 하여금 전문성이 요구되는 특정사안을 감사토록 하고 있는 것에서 찾아볼 수 있다.

3) 義務不履行에 관한 制裁條項 新設

지방의회와 지방자치단체장의 법제도상의 행정의무가 지방자치법에 여러 조문에 걸쳐 규정되어 있다. 이러한 행정과정상의 의무가 불이행 또는 지연됨으로써 양자간의 갈등·대립은 지속화되고 그 원인도 또한 해결될 때까지 존속하게 된다. 따라서 양자는 불편한 상태로 각자의 업무를 수행하게 될 수밖에 없고 더욱이 정상적으로 처리되어야 할 업무도 이로 인해 영향을 받게 될 것이다.

이렇듯 양자간에 규정된 행정과정상 의무들의 불이행 또는 지연은 議會의 未承認(결산, 예비비, 선결처분)과 義務怠慢 등으로 표현되는 바, 실제로 이러한 상황이 발생하였을 때 양자간에 制裁를 할 수 있는 방법 및 절차가 지방자치법에 규정되어 있지 않다.

일반적으로 지방자치법에 규정된 의무를 태만했거나 승인을 유보했을 때 행정소송법에서 항고소송으로 인정하는 不作爲違法確認訴訟을 행할 수 있다고 해석되지만, 의무태만이나 미승인에 관련된 제재조항을 지방자치법에 규정함으로써 양자에게 보다 많은 책임을 부여하여 상호협력할 수 있는 여지를 갖게 하는 것이 법제도적으로 바람직하다.

따라서 지방의회의 재의결이 越權 또는 法令違反일 경우 감독관청은 大法院에 訴를 제기할 수 있도록 규정(법 §159:3)하고 있고, 또한 使用料의 부과·징수에 이의가 있을 경우 長을 상대로 高等法院에 訴를 제기할 수 있도록 규정(법 §131:5)하고 있는 예에 준하여 지방의회와 지방자치단체장이 지방자치법에 규정된 義務사항을 태만이 했거나 承認을 유보했을 때 高等法院에 訴를 제기할 수 있는 규정을 신설하는 것이 바람직하다고 보여진다.

제 5 장

地方自治團體의 力學關係

지방자치단체의 역학관계는 국가와 지방자치단체간과 지방자치단체상호간의 관계 정립으로 유형화하여 논의할 수 있다. 이들간의 최적관계의 유지는 지방자치에 있어서 지방자치단체의 최대의 명제이며, 지방의 발전과 국가의 번영을 동시에 달성할 수 있는 관건이라고 보아도 지나치지 않을 것이다.

여기에서는 지방자치법상의 관계규정을 중심으로 종래의 이론을 검토하고 問題點을 도출한 후 最適模型을 정립하고자 한다.

제 1 절 國家와 地方自治團體間의 관계

현행 지방자치법은 국가와 지방자치단체간의 관계를 권력적 감독관계에서 非權力的인 調整・協同關係로 변경시켰다(법 §1, §155)고 해석되어 진다.

地方自治團體의 權限과 權能은 국가 또는 중앙정부로부터 유래되고 있으므로 지방자치단체의 시책・사업・사무 등은 國家行政體制의 維持라는 차원에서 정도의 차이는 있지만 중앙정부의 영향을 받지 않을 수 없다.

특히 現代行政에 있어서 국민경제의 신장, 교통・통신의 발달, 국민들의 복지향상에 대한 욕구증대, 행정능률화 등의 요청에 수반하여 지방자치단체에 대한 중앙의 간섭과 관여가 강화되는 新中央集權化現象이 대두하고 있다.

현대행정에 있어서는 비권력적인 지도・협조가 강화되고 있으므로 중앙통제라는 용어 대신 中央과 地方과의 關係 또는 政治力學[1])이라는 용어를 쓰기도 한다.

---

1) 김기옥, "지방자치의 정치역학", 지방자치총서 I (서울:한국지방자치연구원, 1990) pp. 191~223. 우리나라에서 중앙과 지방과의 관계를 정치역학이라는 입장에서 분석한 것은 위 논문이 최초인 것으로 파악된다.

1. 概念과 模型

국가와 지방간의 관계는 국가와 지방자치단체간에 발생하는 법률적 · 정치적 · 행정적 · 재정적 관계 등을 의미한다.

국가와 지방간의 성격은 국가 내에 있어서 정부간의 관계로 파악된다.

政府間關係(intergovernmental relations)란 중앙정부 및 각 차원의 지방정부를 포함한 수많은 정부단위간에 있어서 法律的 · 事實的 관계로서 그 일반적인 유형은 「중앙정부-지방자치단체」와 「지방자치단체간의 관계」로 나타난다.[2)]

한 국가 안에서는 계층과 규모를 달리하는 수많은 지방자치단체가 존재하기 때문에 국가와 지방자치단체간의 관계는 지방정부의 수만큼 설정될 수 있고, 중앙정부의 측면에서도 하나의 중앙정부 내에 다양한 정부기관이 독자적인 기능을 담당하고 있으므로 지방자치단체에 대한 관여의 방법은 복잡한 형태로 나타난다.

현실적으로는 이들의 관계는 법적 · 제도적인 靜態的 關係외에도 상호역동적인 動態的 · 多元的 關係로 존재하므로 역사적 · 문화적 · 사회적 모든 요인을 감안하여 종합적으로 결정되어야 한다.

따라서 중앙과 지방과의 관계는 상대적 위치에 따라 수평적 관계, 수직적 관계, 상호권한의존관계로 모형화할 수 있다.

1) 水平的 關係模型(the partnership model)

중앙정부와 지방정부가 상호대등한 위치에 있으며 동반자적 관계를 유지하고 있다고 보는 견해이다. 이 관계에서는 양자는 상호의존관계이며, 지방정부는 교육 · 주택 · 교통 · 사회 · 복지 등 각종 행정서비스를 제공하는 데 있어서 중앙과 병렬관계를 유지한다.

따라서 중앙정부의 지방정부에 대한 통제방법도 비권력적 방법이 우세하며, 영국과 같은 주민자치가 발달한 나라에서의 일반적인 형태이다.[3)]

그러나 이 모형은 중앙과 지방과의 관계를 너무 이상적으로 보고 있기 때문에 오늘날 각국에서 중앙정부가 지방정부의 주요시책과 사업에 관한 방향을 제시하고 처리기준을 설정하는 등 간섭과 통제활동을 강화하고 있는 현상을 충분히 설명해 주지 못한다.

---

2) 李啓卓, 지방행정이론(서울:고려원, 1984), p. 95.

3) 孫在植, 현대지방행정론(서울:박영사, 1987), p. 74.

2) 垂直的 關係模型(the agency model)

지방정부는 중앙정부의 감독 아래 있으며 양자의 관계는 상하기관관계 내지 수직적인 관계에 있다고 보는 견해이다.

이 모형은 지방자치단체를 중앙정부의 일선기관으로 보고 지방은 중앙정책을 집행하는데 거의 재량의 여지가 없다고 보기 때문에 이 관계에서는 지방을 통제하는데 권력적인 방법이 더 효과적인 수단으로 간주된다.

종래 대륙법계통의 자치제도하에서는 중앙정부가 항상 우월한 지위를 배경으로 지방자치단체에 대하여 강력한 권력적 통제력을 행사하여 왔다.

이 모형의 문제점은 중앙과 지방의 관계를 단순히 법적·행정적 측면에 중점을 두어 고찰·분석하고 있다는 것이다.

그러나 지방정부가 중앙정부에 법적·제도적으로 예속적인 위치에 있다 하더라도, 지방정부는 정치적 영향력을 행사하여 중앙정부에 저항할 수 있는 충분한 지구력을 가지고 있으므로 양자의 관계를 상하관계만으로 파악하는 것은 무리라고 비판된다.

3) 相互權限依存關係模型(the power-dependence model)

중앙정부와 지방정부는 모두 자기에게 유리하도록 법적·제도적·재정적·정치적 수단과 자원을 가지고 있다고 가정한다.

중앙정부는 지방정부의 활동에 영향력을 미칠 수 있는 행정적·재정적 권한을 가지고 있는데 반하여 지방정부는 시책과 사업에 대한 시행권을 가지고 있어, 지방정부는 자기의 선호에 맞지 않는 중앙정부의 시책사업 등에 관하여는 이를 연기하거나 보류함으로써 중앙정부의 일방적 지시와 요구에 저항할 수 있다고 본다.

이 모형은 중앙과 지방 어느 쪽도 일방적 지시나 요구를 할 수 없고, 이들 양자의 관계는 각 기관의 기능과 성격, 인적구성자원과 정책목표방침 등에 따라 좌우된다고 하는 점을 잘 설명해 주고 있으나 현대행정에 있어서 신중앙집권화경향을 설명해 주지 못하는 약점을 지니고 있다.

국가와 지방간의 관계는 위의 3개 모형중 어느 하나만으로 단순화해서 논의할 수는 없다. 현실적으로양자의 관계는 위의 모형들이 혼합하여 존재하기 때문이다.

즉, 지방정부가 국가의 지방행정기관이라는 측면에서는수직적 관계로 보는 견해가 우세하지만, 자치권을 가진 독립적 지위의 측면에서는 국가와 어느 정도 대등한 관계를 가지고 상호협력적 관계에 선다고 보아야 한다.

2. 決定要因과 傾向

1) 力學關係의 體制論的 屬性

국가와 지방자치단체는 행정단계의 일부로서 행정체제를 둘러싸고 있는 환경의 영향을 받게 된다. 즉, 행정수요가 발생하여 行政體制(administrative system)에 투입이 되고, 이에 대응하여 행정체제 자체 내에서 轉換(conversion)過程을 거쳐 국가와 지방자치단체의 조직, 내부관계, 대외적 형태 등 제반사항이 결정되며 국가와 지방자치단체간 관계의 구체적 형태, 빈도, 양태 등을 결정하게 된다.

또 이러한 형태와 양태 등은 轉換過程을 거쳐 생성된 산출로서 환경에 공급되어 영향을 미치게 되는 還流(feed back)過程을 거치게 된다. 이러한 투입→전환→산출(공급)→환류과정을 거쳐 계속적이고 동태적인 상호작용관계가 형성된다.[4)]

이러한 관점에서 국가와 지방자치단체간 관계에 영향을 미치는 決定要因은 크게 정치적 요인, 경제적 요인, 사회·문화적 요인, 행정내부적 요인 등으로 구분된다.

[그림 5-1] 환경과 행정의 상관성

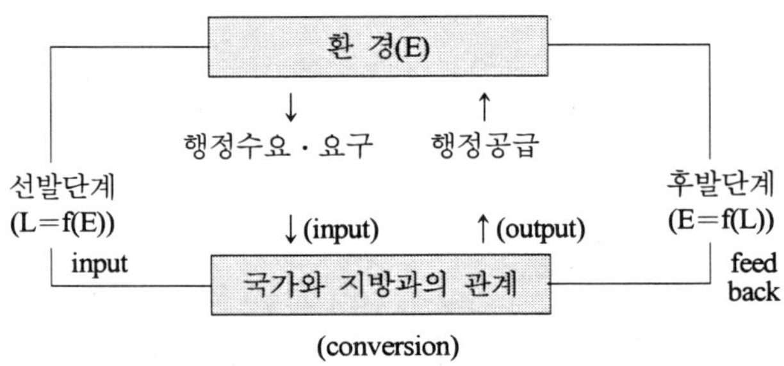

2) 力學關係의 決定要因

(1) 政治的 要因

① 정당정치 활성화

경쟁적인 다당제도의 존재, 전국적 정당의 활동, 정당이 정치에서 차지하는 비중, 정당 내 민주화정도는 국가와 지방간의 관계에 영향을 미친다.

전국적 정당이 존재하고, 정당의 영향력이 크며, 민주화정도도 큰 경우 영국이나

---

4) 김안제, "2000년대 환경변화와 지방행정", 한국지방행정연구소(1985.9), pp. 3~5.

일본에서와 같이 지방의 對 中央 對應力을 높이고 지방의 의사반영에 큰 역할이 가능하다. 그러나 역으로 중앙이 정당조직을 통해 압력을 가함으로써 지방의 통제를 강화할 수도 있다.

② 압력 · 이익단체

이익집단이 기능에 따라 다양하게 분화하고 수와 규모가 클수록 중앙의 획일적인 통제를 약화시키고 지방주민의 다양하고 특수한 사정을 중앙정책에 반영시키기 위한 압력활동을 강화하게 된다.

③ 주민의 참여

주민의 참여활동 정도는 정치역학관계의 정도를 결정짓는다. 주민이 지역행정에 관심과 책임을 가지고 활발히 참여하는 것은 지방자치단체의 자치성과 자율성을 높이는 순기능의 역할을 한다.

④ 지역주민의 수준, 가치관

지역주민의 민주적이고 자율, 자기판단, 책임의 자치의식, 합리주의적 사고방식, 정치 · 경제에 대한 관심도 등이 강할수록 지방자치의 실질은 확보가 가능하며, 중앙과 지방의 관계는 보다 대등하고 수평적인 협력관계를 강화시킬 것이다.

(2) 行政的 要因

① 지방자치실시 여부

지방자치의 실시여부는 중요한 결정요인이 된다. 지방자치의 실시는 지방자치단체장의 公選, 지방의회의 구성, 자주조직권, 자주재정권, 자주행정권을 지방자치단체에 부여하는 것이므로 불필요한 중앙의 과도한 관여와 통제를 축소하고 지방의 자율성을 높일 수 있다.

구체적으로 보면 다음과 같다.

(i) 지방자치의 모형

주민자치냐 단체자치냐라는 모형에 따라 주민자치가 중심이 되는 자치제도는 보다 지방의 자율성을 강화하고 있다.

(ii) 지방자치의 전통 및 경험

지방자치의 전통과 경험은 지방자치의 제도와 생활로서 제기능을 하는데 중요한 역할을 한다.

(iii) 지방의회의 구성 및 활성화

지방의회가 구성되어 있지 않거나 그 기능이 유명무실한 경우보다 구성되어 운영되는 것이 자치단체의 위치를 강화시킨다.

(iv) 지방자치단체장의 임명·공선

이것은 지방자치의 실질을 결정하는 중요요인으로서 지방자치단체장이 중앙에서 임명된 경우 국가에 종속되어 일선기관화하는 경향이 있다.

② 지방공무원에 대한 인사권

누가 보유하느냐 하는 문제로서 중앙이 중요 보직배치에 있어 인사권을 장악할 경우 중앙에의 종속이 심화된다.

③ 재정자립도가 낮을 경우

중앙의 간섭과 감독이 강화되어 중앙의존성이 높아진다.

④ 위임사무가 과다한 경우

지방자치단체의 감독과 관리가 강화되므로 일선기관화되어 중앙의 의존성이 높아지게 된다.

⑤ 특별행정관서의 설치

특별행정관서는 전문성과 능률성을 확보하기 위한 것이지만 과다할 경우 지방행정의 종합성을 저해함으로써 자치단체의 기능을 약화시키며 주민의 행정통제를 취약하게 한다.

⑥ 행정이념

행정을 지배하는 이념이 능률성을 강조할 경우 중앙의 통제가 강화되는 경향으로, 형평성·민주성을 강조할 경우 지방의 자율성이 강화되는 경향으로 작용한다.

⑦ 공무원단체의 결성여부

중앙으로부터의 불필요한 간섭과 통제를 약화시킬 수 있고 行政的 中立化를 확보할 수 있다.

⑧ 행정수요의 변동

주민복지, 지역개발, 환경행정에 대한 수요의 증가는 지방자치단체의 기능을 강화시키는 요인으로 작용하나 한편으로는 전국적 통일, 전국적 수준의 유지 등을 위해 중앙의 통제가 강화될 수도 있다.

전국적 관련 행정수요의 증가는 중앙의 통제를 강화하며, 지역관련 행정수요의 증대는 지방의 자율성 제고에 기여한다.

(3) 經濟的 要因

① 지역경제의 규모확대 및 활성화

지역경제의 규모확대 및 활성화는 지방의 재정자립도를 향상시키고, 지방의 행정활동(특히 이익집단)을 활성화시키며, 지역안정에 기여함으로써 지방자치단체의 자율성 제고의 중요요인이 된다.

② 과학, 기술, 정보, 통신망의 발달

과학, 기술, 통신망의 발달은 중앙의 지방통제를 효율적이고 용이하게 한다. 특히 정보, 통신망의 발달은 지방의 자율성이 제약될 수 있는 중요한 요인이 된다.

(4) 社會, 文化的 要因

① 도시화의 정도

도시화현상은 교통, 주택, 상・하수도 기타 기반시설의 부족 등 여러 문제를 발생시키며, 이러한 문제의 효율적인 해결과 통일적 수준유지를 위해 중앙의 통제가 강화되는 경향이 있다.

② 지역문화의 창달욕구

주민이 지역에 대한 애향심을 갖고 지역의 고유문화에 대한 창달의욕이 높을수록 지방자치단체의 자율기능확보에 능동적 작용을 한다.

③ 지역적 단결성・배타성

지방자치실시를 위한 사회・문화적 요인이 된다.

④ 지역의 교육・문화수준

그 지역의 교육・문화수준은 바로 지방행정과 지방정치에 대한 의식과 관심제고로 연결되어 합리적인 지방자치운영에 기여할 것이다.

3) 力學關係의 傾向

(1) 신중앙집권화와 비권력적 지원・지도 기능강화

주민자치의 전통과 철저한 분권주의로 중앙의 지방지배력이 약한 영・미에서는 80년대 이후 "작은 정부"를 지향하는 新權限配分(new right)思潮의 영향을 받아 점차 행정관여방식이 확대되고 있다. 그래서 오늘날 지방자치단체는 中央行政의 代理人으로 격하되었다는 비판까지 나오고 있다.[5)]

그러나 중앙관여의 목적은 지방에 대한 일방적 지배나 억압에 있는 것이 아니라 자치를 실질적으로 보장키 위한 것이므로 그 방식은 권력적, 지배적 관여가 아닌 비권력적 지도와 협조, 기술, 재정적 지원, 권고, 조언의 방식으로 확대되고 있다.

(2) 신지방분권화와 지방자치의 자율성 강화

영 · 미의 중앙집권화와는 반대로 중앙집권의 전통이 강한 프랑스 등 대륙계 국가에서는 영 · 미의 민주화물결 유입과 경제의 고도성장, 국민생활 수준향상으로 증대되는 행정수요의 지방적 대응요구에 따라 지방자치단체의 자율성을 강화시키는 地方分權現象이 대두되고 있다.[6)]

(3) 종속·수직적 관계에서 대등·상호협력 관계로 전환

대륙계의 新地方分權化와 특히 영 · 미계에의 新中央集權化 現象에서 보여주듯이 종속 · 수직적 관계에서 對等 · 相互協力關係로 전환되고 있는 실정이다. 그럼으로써 중앙의 관여와 지방의 자율성간에 적절한 조화를 추구하고 있다. 이러한 경향은 밀(J. S. Mill)의 知識的 集權論과 라스키(H. J. Laski)의 權力的 集權論으로 표현된다.[7)]

이러한 새로운 관계의 특징은,

① 지방자치단체는 국가의 일선기관, 하급기관이 아닌 自治權을 가진 대등한 하나의 政府水準으로,

② 중앙과의 관계도 지시, 감독에 의하는 것이 아닌 전체와 부분이익의 조화를 위한 機能分散, 相互協力 · 協助關係로,

③ 監督方式도 적극적, 권력적, 후견적, 사전적 감독에서 소극적, 비권력적, 사후적, 기술적, 재정적 지도 · 지원으로,

④ 行政理念도 기존의 행정능률 제일주의에 의한 획일주의에서 탈피, 민주성과 능률성, 다양성의 조화를 추구한다.

⑤ 投入(input)의 흐름도 상의하달(top-down system)에서하의상달(bottom-up system)로 전환하는 경향이 있다.

⑥ 적절한 分擔體系確立[8)]을 위해 국가는 일반적 지침과 기준제시, 집행의 효율성

---

5) R. W. Rhodes, *Control and Power in Central-Local Goven't Relations*(Alder shot :Gower, 1983), p. 14.

6) 프랑스의 경우 1982년 "시 · 읍 · 면 · 도 · Region의 권리와 자유에 관련법률"의 제정으로 현저히 나타나고 있다.

7) 김기옥, "지방자치의 권력적 집권과 지식적 집권", 지방행정(1988), pp. 71~86.

여부 확인, 집행촉진을 위한 지원을 담당하는 역할을 수행하는 경향이 현저해지고 있다.

3. 國家關與의 類型

중앙정부와 지방정부는 相互關與와 牽制方法을 가지고 있다.

1) 국가관여의 目的

國家關與란 중앙정부가 지방정부에 대해서 행하는統制·指導·監督·支援을 의미한다. 이 같은 국가관여의 근거는 실정법의 규정과 국가와 지방자치단체간의 자치관계에서 찾아볼 수 있다.

地方自治團體는 국가아래에서 국가영토의 일부를 그 구역으로 하고 있으며 自治權은 국가의 헌법과 법률에 의해 인정되었다는 점에서 국가보다 하위에 있으나, 住民에 대하여 支配權을 가진 公共團體라는 점에서 국가와 대등한 지위에 있다.

그러나 지방자치단체가 국가의 구성요소라는 측면에서 국가관여의 법적·조리상의 근거가 나온다. 따라서 지방자치를 활발하게 실시하는 국가에서도 적극적으로 국가관여를 인정하는 것이 일반적인 경향이다.

관여의 목적은 國家機能의 保護라는 측면과 지방자치단체를 보호하고 全國的인 統一性을 유지하는 데 있다.

국가는 국민전체의 이익을 대표하는 입장에 있으므로 지방자치단체가 수행해야 할 공공서비스 등 최소한의 행정적 표준성의 요구를 충족시킬 필요성이 있기 때문이다.

2) 국가관여의 類型

국가의 지방자치단체에 대한 관여유형은 다양한 기준에 의하여 여러 가지로 구분할 수 있으나, 여기에서는 관여의 성격·관여방식·관여수단에 의하는 경우만을 검토한다.

(1) 권력적 관여와 비권력적 관여

이는 관여의 性格에 따른 구분이다.

8) 한국지방행정연구원, 2000년대 지방행정의 좌표(1985), p. 25.

權力的 關與는 강제적 또는 명령적 방법에 의존하는 방법으로 승인 · 명령 · 지시 · 훈령 · 인가 · 허가 등을 통한 사후감독이나 合法性監督 및 사전감독을 통한 合目的性監督까지를 포괄하는 국가관여의 방법이다.

非權力的 關與는 다음 예시와 같이 지식과 기술의 제공 등 비권력적 수단에 의한 국가관여의 방법이다.9)

① 조언과 정보(advice & information)의 제공
② 정기보고(periodic reports)
③ 검사와 권고(inspection & advice)
④ 중앙심사(central review)
⑤ 보조금제도(grants-in-aid)
⑥ 기준의 설정(fixing standards)
⑦ 사전승인의 요구(requirement for prior permission)
⑧ 공무원의 임면(appointment & removal of officers)
⑨ 명령의 발포(issue of orders)
⑩ 행정기능의 부분적 또는 전체적 인수(partial or total assumption ofactivity)

(2) 분립형 · 계층형 · 통합형

이것은 국가관여의 方式, 즉 국가관여의 統治體制模型에 따른 구분이다.

分立型(detached system)은 지방단위에 국가의 관여를 위한 중앙정부의 대리인을 두지 않고 중앙정부가 지방자치단체에 직접 관여하는 형태로 영국 · 캐나다 · 오스트레일리아 등에서 채택하고 있다.

階層型(hierachical system)은 지방단위에 중앙정부의 代理人(知事)을 두어 지방자치단체에 관여하는 형태로 프랑스 등에서 채택하고 있다.

[그림 5-2] 분립형의 모형도

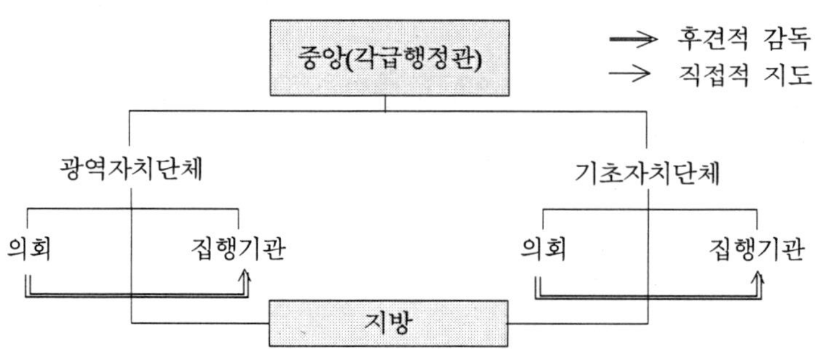

9) 鄭世煜, 지방행정학(서울:법문사, 1985), pp. 188～190.

[그림 5-3] 계층형의 모형도

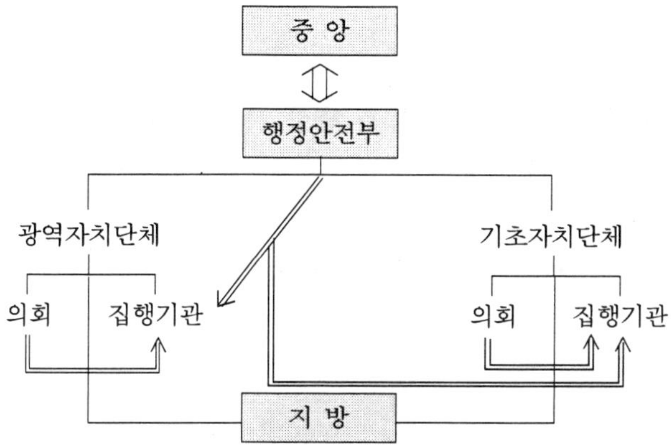

統合型(integrated system)은 당(party)이 중앙뿐만 아니라 지방자치단체까지 직접 관장하는 국가관여의 형태이다. 구소련 등 일당독재정치체제하에서 취해지는 유형이다.

[그림 5-4] 통합형의 모형도

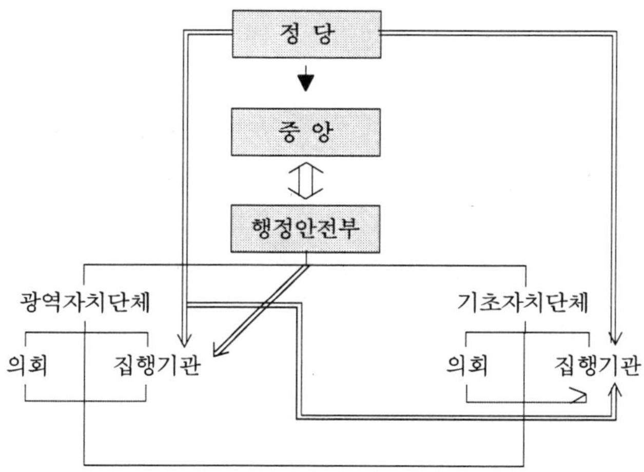

(3) 입법적·사법적·행정적 관여

이것은 국가관여의 手段에 따른 구분이다.

立法的 關與는 법률의 형식으로 행사되는 관여방식으로 법치주의의 원칙을 구체화하고자 하는 요구이다. 이 방식은 일반적 개괄적인 관여형태이다.

지방자치단체의 조직과 운영에 관한 사항은 법률로 정한다(헌법 §118: 2)는 규정은 입법적 관여의 근거이다.

司法的 關與는 법의 해석을 통하여 행사되는 국가관여의 방식이다. 사법적 관여는 지방정부의 違法行爲에 대한 교정수단으로 사용된다.

行政的 關與는 명령 · 지도 · 지원 등을 통한 관여방식이다. 이는 행정상의 수단에 의한 국가관여로 그 관여의 성질이 권력적 · 비권력적일 수 있으며, 구체적 · 개별적 조건하에서 보다 탄력성과 유연성을 발휘하며 능률적 효과적인 특징이 있다.

중앙정부의 교부금 · 보조금의 지원, 공채발행 · 채무부담행위의 사전승인 등을 수단으로 하는 넓은 의미의 행정적 관여의 일종이라고 보아야 한다.

3) 先進外國의 실태

國家와 地方自治團體와의 관계는 國家와 時代에 따라 한결같지 않고 다르다. 英國에서 유래하는 住民自治의 경우는 지방자치단체의 自治權을 본래적인 固有權으로 보고 이에 대한 관계로서의 국가적 감독은 지방자치행정을 조장하기 위하여 권력적 감독관계보다는 조언 · 권고 · 기술제공 등을 통한 국가와의 조정 · 협동의 비권력적 관계를 맺고 있다. 大陸法系의 團體自治의 경우는 自治權이 國家에서 전래된 것으로 보며, 국가는 地方自治團體의 활동을 일반적으로 지도 · 감독하는 後見的 地位에 서 있으므로 권력적 감독관계를 주로 하였다.

그러나 최근에 와서 대륙법계 국가에 있어서도 일반적으로 행해지던 후견적 감독권이 축소 내지 폐지되고 개별적 사항에 대하여 법률이 정하는 바에 따라 행하는 법규감독을 인정하여 地方自治團體의 自主性이 강화되었다. 최근 대부분의 국가에 있어서 교통 · 통신의 발달, 사회경제의 동질화에 따른 지역적 특성의 감소, 행정의 능률화, 국제경쟁력의 강화 및 지방재정의 약화 등으로 국가적 감독이 다시 대두되는 경향을 보이고 있다.

(1) 영 국

영국의 地方自治制度는 오랫동안 전통이 확립되어 있으므로 제도의 수립이 地方本位, 地方分權的이어서 지방자치단체에 대한 국가의 간섭이 가능한 한 적게 취해지고 있다. 영국에서는 地方自治團體가 國家와 대립하는 것이 아니라 양자는 공동목적을 위하여 서로 협력하는 것으로 생각하므로 고유사무인가, 위임사무인가의 논의는 발생하지 않고 있다.

영국의 地方自治團體는 國會에 의해서 그들에게 권한을 부여하는 법률의 종류에 따라 통제를 받게 된다.

즉, 지방자치단체의 전부 또는 특정한 계층의 지방자치단체 전부에 일률적으로 권한을 부여하는 一般法(General Acts, 예:도로의 유지관리에 관한 법률)과 국회가 地方自治團體에 일정한 권한을 부여하기 위한 法律을 제정하고 난 다음 그 채택여부는 각 地方自治團體의 임의에 맡기는 任意法(Adaptive Acts)에 따라 地方自治團體는 권한을 취득하게 된다.

본래 다른 국가와 비교할 때 중앙통제가 약한 영국에서는 지방자치행정에 대한 통제의 중점을 권력적 통제보다는 비권력적인 재정적 · 기술적 지원에 치중하였으며, 감독도 권고적인 것에 그쳤던 것이었으나, 오늘날에 와서는 中央集權的 색채가 점차 강해지고 있다. 地方自治行政 전반에 걸쳐 일정한 행정수준을 유지하고 국가의 보조금지급 등 재정지원조치를 통하여 국가가 지방자치단체에 관여하게 된다.

지방자치단체가 새로운 사무를 집행하려 할 때에는 국회의 법률제정에 의하여야 하는 것이 바로 영국의 지방자치단체는 국회의 입법적 통제를 받는다는 점이다. 議會主權하의 지방자치단체의 條例制定權은 2차적 立法權이며, 議會主權과의 관계에서 볼 때 條例의 특수성은 다음과 같다.

① 모든 지방자치단체는 법률, 즉 국회의 제정법에 따라야 하고 그 제정법을 변경할 수 없다.
② 지방자치단체를 구성하는 법률과 그 법률에 의한 권한 안에서 조례를 제정한다.
③ 법원은 이들 조례의 효력여부에 대하여 판단 · 선언할 義務가 있다.

지방자치단체에 대한 國家의 行政的 統制手段으로서는, ① 지도 · 권고 · 시달, ② 검사, ③ 승인, ④ 대집행 · 작위명령 및 직무집행명령, ⑤ 재정적 통제 등의 방법이 쓰여지고 있다.

(2) 미 국

미국은 50개 주와 주에 속하지 않는 콜롬비아구, 푸에토리코 및 괌도 등이 있으며, 州가 연방의 구성멤버이므로 보통 지방정부라 하면, 주이하의 지방자치단체를 말한다. 각 地方自治團體의 조직과 운영은 각 州에 의하여 정해지므로 주에 따라 다르다.

미국에서의 地方自治團體의 條例는 州法에 위반되어서는 안되며, 州法보다 아래에 있으나 지방적 사항에 대하여는 市憲章 · 條例가 우월할 수도 있는 원칙도 확립되어 있다. 조례제정사항은 '합리적 · 합법적일 것', '제압적이어서는 안될 것', '공평 · 공명 · 일반적일 것', '거래를 제한하지 않고', '기본권을 침해하지 않을 것' 등은 딜런이 말하고 있으므로 엄격한 해석에 의하여 확정해서는 안된다고 하더라도[10] 딜런의 원칙(Dilon's Rule)의 기본은 자치단체가 지극히 크고 중요한 역할을 한다고 해도 그것은 '법의 창조물'이며 법에 정한 것 이외의 것을 할 수 없다는 것이다.

미국에서 헌법상으로 보면, 聯邦政府와 地方自治團體 사이에는 아무런 관계가 없으므로 州立法府가 지방자치단체에 대한 권한의 부여, 부여된 권한의 확대와 폐지, 지방행정기관의 신설 등에 관하여 법률로 명문화하고 있다. 최근에 와서는 지방자치단체는 많은 행정분야에서 상당히 넓은 범위의 자유재량을 가지고 있으나 법적으로는 '州의 創造物'로서 州政府의 통제를 받으며 궁극적으로 그 존재는 州의 의사에 달려 있다. 州와 地方自治團體와의 관계는 거대한 자본주의 사회의 발전과 더불어 행정적 관여에 중점이 옮겨지고 있는 결과로서 州의 地方自治團體에 대한 지도·감독의 강화현상을 볼 수 있다.

미국의 주가 지방자치단체의 활동에 구체적으로 관여하는 방법으로는, ① 지도, ② 보고청취, ③ 심사와 승인, ④ 행정의 대행, ⑤ 재정원조 등이다.

그러나 美國의 地方自治政府는 대부분의 영역에서 그들이 원하는 대로 그들의 행정사무를 비교적 자유롭게 수행하고 있다고 할 수 있다.

(3) 프랑스

지방제도의 종류와 계층성이 복잡한 프랑스에서의 道와 市·邑·面의 규모가 작기 때문에 그의 행정조직은 획일적이며 중앙집권적 색채가 강한 데 특징이 있다. 國家나 道의 後見이 있음으로써 비로소 道 또는 市·邑·面이 충분히 그 기능을 발휘할 수 있다는 면에서 行政的 後見(La tutelle administrative)이라 부르고 있다.

국가의 道에 대한 통제는, ① 대통령령에 의한 도의회의 해산, ② 승인, ③ 예산승인, ④ 동의권, ⑤ 회계검사권, ⑥ 보고수령권 등이 있다. 道知事는 법령의 범위 내에서 道內의 지방자치단체 및 공공기관에 대하여 行政的 後見과 監督을 행한다. 즉, 道知事는 市·邑·面의 예산을 승인하고, 시·읍·면의 예산에 계산해야 할 의무적 경비를 계산하지 않았을 경우에 이를 계상시킬 수 있으며, 市長이 발의한 경찰관계의 명령을 승인 내지 폐기시킬 수 있다.

(4) 독 일

州(Land)로 구성된 독일에 있어서의 행정단위의 기본조직은 聯邦—州—州政府管轄

---

10) John F. Dilon, Commentaries on the Law of Municipal Corporation, 5th vol. I, pp. 921~926.

—郡 · 特別市—郡소속 市 · 邑 · 面의 5단계로 되어 있으나, 최근에는 이 단계의 상하에서 여러 연합체가 결성되고 있다.

國家法 · 州法의 우월적 지위를 인정하는 것이 통례인 독일에서 법률과 조례와의 관계는 상하관계를 유지하되 조례의 실질적인 적용범위를 넓혀 법률의 공백을 보충하는 내용으로 제정되어야 한다. 즉, 聯邦法이 州法을 파기하는 원칙과 같이 법률은 조례를 파기할 수 있다는 원칙이 일관되고 있다.

각 州에서는 내무부가 지방자치를 관장하고, 본의 聯邦內務部가 지방제도에 관한 일반적 · 총괄적 사항을 관장하고 있다.

감독에는 一般監督으로서 법적 감독과 特別監督으로서 사항감독이 있으며, 일반행정감독청은 시 · 읍 · 면에 대하여 보고 또는 문서제출을 요구하고 직원을 파견할 수 있다. 나아가 일반행정감독청은 시 · 읍 · 면의회나 그 위원회의 위법적 결의에 대하여 또한 시 · 읍 · 면의 집행기관의 違法的 命令에 대하여 항의권과 취소권이 있다. 그 밖에 시 · 읍 · 면에 대하여 州는, ① 명령권, ② 대집행권, ③ 의회해산권, ④ 행정소송제기권 등을 갖고 있다.

郡에 대하여는 管區長官이 일반행정감독청으로, 행정안전부장관이 상급행정감독청으로서 감독권을 행사하고 있으며, 郡參事官은 郡 소속의 시 · 읍 · 면 및 시 · 읍 · 면 연합체(Amt)에 대하여 일반감독권 및 특별감독권을 행사한다.

(5) 일 본

普通地方公共團體(郡 · 道 · 府 · 縣 및 市 · 町 · 村)와 特別地方公共團體로 구별되는 일본에서의 국가감독은 자치사무에 대하여 거의 행해지고 있지 않으며, 국가위임사무의 경우는 都 · 道 · 府 · 縣지사를 통하여 행한다.

주민의 직접선거에 의하여 선출되는 지사는 의회에 의한 불신임결의와 총리대신의 파면결정 또는 주민들의 해직청구가 있을 경우에는 그 직에서 물러나야 한다.

내각총리대신은 위법 · 부당한 자치단체의 행정에 대하여 그 시정 또는 개선을 위한 필요조치의 강구를 요구할 수 있다.

도 · 도 · 부 · 현지사는 시 · 정 · 촌의 재무관계를 보고토록 하고 서류와 장부를 검열할 수 있을 뿐만 아니라 시 · 정 · 촌이 지방채를 발행할 경우에는 사전에 도 · 도 · 부 · 현지사의 허가를 받아야 한다.

4. 地方政府의 對應力

1) 垂直的 從屬關係理論의 批判

기존의 중앙과 지방의 관계에 관한 고찰은 대부분 수직적 종속관계이론에 근거하여 중앙의 지방에 대한 일방적, 하향적, 권력적 관계를 핵으로 하여 분석하였다.

이러한 수식적 종속관계이론은,

첫째, 주요결정은 중앙이 담당하여 정당, 의회, 단체는 거의 영향을 미치지 못한다는 官僚優位論에 근거하고 있다.

둘째, 중앙은 모든 사업을 기초지방자치단체 말단까지 하달하여 실시하게 하고 이를 통제·감독하며, 지방은 상위정부에 순종하고 있다.

셋째, 중앙의 기술적·절차적·재정적 지원 없이는 지방행정의 수행이 불가능하다.

넷째, 지방—중앙의 관계는 관료 혹은 행정적 결합관계의 일부로 간주하는 것을 그 내용으로 하고 있다.

이러한 경향은 중앙집권의 전통이 강한 대륙법계 국가에서 현저하며, 지방분권이 강한 영·미법계 국가에서도 행정국가화 현상에 따라 국가와 지방간의 관계를 분석키 위한 유용한 도구로 이용되어 국가의 지방에 대한 통제·관여가 이들 관계의 전부인양 인식되기도 하였다.

그러나 이러한 관점은 현실적으로나 당위적으로 많은 비판을 받고 있다. 그것은 수직종속이론은 현실적으로,

첫째, 지방은 자율적인 의사가 있고, 그러한 의도와 요구를 중앙에 반영시키기 위한 제도적 혹은 비공식적 경로의 영향력이 있음에도 불구하고 이는 분석의 고려대상에서 제외시키고 있다.

둘째, 정치·행정과정에 중요한 영향요소가 되는 政治資源(political resources)의 요소 즉, 지방의회, 지역구의원, 정당, 압력단체, 시민의 행동·의견을 거의 고려치 않음으로써 관계분석이 적용·타당성이 없다.

셋째, 비판과 함께, 당위적으로는 민주주의의 기초라 할 수 있는 지방자치의 실질을 보장하기 위해서는 지방이 중앙의 과도한 관여를 탈피, 자율성과 독자성을 증대시켜야 함이 요구되고 있는데, 이러한 당위성에 수직·종속이론이 부합되지 못한다는 등의 문제점을 안고 있다.

이러한 批判으로 인해서 수직·종속이론에서 탈피, 중앙과 지방의 관계를 새롭게

조명하여, ① 중앙과 지방의 상호필요에 따라 협력하고 연대하는 相互依存關係論과, ② 지방은 중앙과 대등하고 평등한 위치에서 중앙에 대하여 영향력을 행사하기 위해 가능한 정치·사회적 자원을 동원하는 水平·競爭關係論이 대두되고 있다.

2) 對應力의 구체적 形態

지방자치단체가 중앙에 대해 影響力을 행사하는 방법에는,

첫째, 行政系統 즉 중앙정부와 직접적 관계를 통한 對內的 방법과,

둘째, 지방정부가 정치적인 자원을 활용하여 중앙에 영향력을 행사하는 간접적인 對外的 方法으로 구분할 수 있다.

[그림 5-5] 지방의 대응력의 흐름

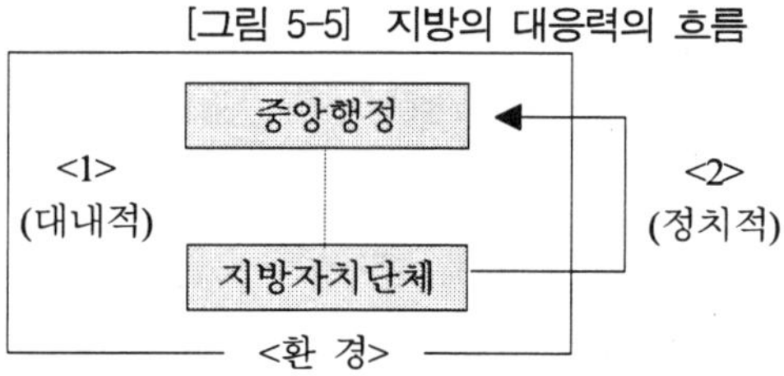

(1) 對內的 方法

① 건의, 요청

지방자치단체의 의사를 중앙에 반영시키기 위해 흔히 사용되는 제도적 방법으로는 각종 건의와 요청이 있다.

이는 지방차원에서 해결될 수 없는 문제가 존재함으로 인하여 문제해결의 결정권을 장악하고 있는 중앙에 대해 일정한 措置, 즉 제도 혹은 운영의 개선, 각종 지원 등을 호소하는 것이다.

이러한 건의, 요청이 얼마나 반영되느냐 여부는 중앙정부의 판단에 달려 있다고 할 수 있다. 따라서 지방정부는 건의나 요청이 채택될 수 있도록 각종 로비(lobby) 활동을 전개하게 된다.

② 보고

지방행정에 대한 情報를 중앙에 제공한다는 측면에서 보고는 중앙이 지방을 통제하기 위한 수단인 동시에 지방이 영향력을 행사하는 수단이 된다.

특히 중앙의 정책결정을 위한 기초조사로서 보고된 자료를 이용할 경우 자료의 내용은 지방자치단체가 결정한다는 점에서 영향력이 클 수도 있다.

③ 중앙정책에의 제도적 참여

중앙정책의 결정과정에서 특히 지방의 이해와 관련되는 사항에 대하여 지방자치단체의 참여를 제도적으로 보장하는 경우가 있다.

(i) 의견을 표시하거나, (ii) 일정한 자료제출을 의무화하거나, (iii) 협의당사자로서 협의케 하거나, (iv) 지방자치단체의 동의를 받도록 제도화하는 경우이다.

英國에서는 지방정부와 관련된 어떤 권한을 행사하거나 법령을 국회에 제출하기 전에 지방정부 관계자를 구성원으로 하는 위원회 등을 거치도록 하거나, 지방자치단체와 협의토록 하는 것이 법적으로 의무화되어 있는 예가 많고 그 외에도 어떠한 형태로든지 지방정부와 事前協議를 행하는 것이 일반화되어 있다.

예를 들면, 영국의 地方財政協議會는 중앙의 재정문제의 결정과정에 참여 · 협의 · 절충하는 기능을 담당하고 있다.

미국의 政府間諮問委員會(ACIR)는 연방제도의 운용을 감시하고 개선책을 권고하여 그에 따라 정책이 수립되거나 법령이 제정되는 제도적 기구로서 작용하며, 일본에서도 중앙과 지방정부간 역학관계의 기본적인 구조를 설정하는 지방제도에 관한 중요한 개혁을 단행하려 할 경우 미리 지방자치단체의 대표자를 구성원에 포함시킨 地方制度調査會의 의견을 구하는 것이 상례로 되어 있다.

④ 중앙결정에의 비제도적 참여

이는 중앙정부의 지방관련 의사결정에 지방자치단체가 영향력을 행사하기 위해 제도적으로 보장된 경로(channel)를 이용하는 것이 아니라, 비공식적인 로비(lobby) 활동으로 이루어지는 과정이라고 할 수 있다.

(i) 地方自治團體 혹은 團體長의 會議 혹은 聯合의 형태로서, 미국의 경우 미합중국시장회—전국도시연맹(USCM-NLC) 같은 市長團體는 도시이익의 대변자로서 연방정부에 다양하고 활발한 로비활동을 전개하고 있으며, 그 외에도 전국지사회(NGC), 주정부협의회(COSGO) 등도 연방정부에 강력한 영향력을 행사한다. 영국의 County 의회연합회, 도시권자치단체연합회, District 의회연합회, 전국지방의회연합회 등도 전국적인 조직으로 중앙정부에 의견제시, 교섭 등 다양한 활동을 전개한다.

일본에서도 전국지사회, 전국시장회 등이 설립되어 지방의 이익옹호를 위해 활발히 압력활동을 전개한다.

(ii) 地方公務員團體는 전국공무원단체의 하위단체로서 존재하거나, 그 지역에 국한된 단일 단체로서 존재하든간에 강력한 조직력을 바탕으로 공무원제도를 포함하여 지방의 이해관계와 관련된 제안을 하고 전문지식을 조언하는 유효한 수단이 된다. 공무원이 자기가 속한 단체에 제시하는 표준 혹은 기준 등은 전국 공무원에게 커다란 영향을 미친다.

⑤ 정보의 제공

중앙이 일정 지역에 관련된 결정을 할 때 합리적 결정의 기초자료로서 지역에 관한 정보를 획득하게 되며, 이때 그 지역의 지방자치단체는 지역의 특수정보를 소유하고 제공하는 데 있어 주도적인 입장에서 제공하게 된다.

예를 들어, 예산편성과정에서 위임사무의 경우 관계공무원으로부터 聽取라고 불리우는 상담, 교섭과정을 통해 중앙의 예산담당자는 필요하고 정확한 정보를 습득하게 된다.

⑥ 기타의 방법

(i) 지방정부의 대등성과 독립성이 인정되는 영 · 미계 국가에서는 중앙에서 결정된 정책의 집행시 지방정부에 事前協助와 說明을 거치지 않으면 집행이 거부되는 경우가 많다.

이러한 경우 지방정부는 정책집행의 재량권을 갖고 있으므로 중앙에 대한 강력한 대응력으로 작용하게 된다.

(ii) 프랑스의 경우, 중앙의 공무원이 지방자치단체의 일정한 직위를 겸직(Cunul desmandats)하는 경우가 많은데 이러한 결과로 공무원이 그 지역과 연계되어 중앙수준에서 정책을 결정할 때에 지역이익을 반영하게 된다.[11]

국가공무원이 지방자치단체에 광범하게 배치되어 있는 일본이나 우리의 경우 중앙과 지방 사이를 빈번하게 왕래하면서 승진계층을 밟아 올라가는 형태는 중앙과 지방의 연결(linkage)의 중요요인으로 지적되는데, 이는 영향력을 행사하는 통로가 된다.

왜냐하면 그러한 과정을 거쳐 지연, 학연 등 緣故主義가 성립되기 때문이다.

---

11) 지스카르 대통령은 "쉐말리에"市의 지방의원이었으며, 모든 하원의원은 Region의 유급직원이다.

(2) 對外的 方法

지방자치단체는 中央에 대한 影響力을 행사하기 위해 다음 수단을 활용하게 된다.

① 政黨을 통한 방법[12)]

전국적이고 강력한 조직을 가진 정당제도에 있어서 정당은 중앙에 대한 억제기능과 동시에 지방의 영향력을 행사하는 통로가 된다. 지역구의원은 지방의 이익반영을 위해 중앙당이 중앙정부에 압력을 가하도록 의견개진, 촉구를 하고 조직원의 중앙진출을 도와 그 영향력을 확대해 간다.

② 지방의회

지방의회가 중앙에 대하여 영향력을 행사하는 경우는 많지 않으나 지방의원이 중앙무대로 진출하거나, 전국적인 地方議員聯合(예, 영국의 County 의회연합회)을 조직하여 중앙정부결정에 영향을 미치기도 한다.

③ 주민운동

住民運動은 지역주민이 집단으로 정치적 의사결정에 대해 영향을 주는 것을 의도하는 행위로서 제도적, 공식적, 비공식적 영향경로의 효력이 미약한 경우 발생하게 되며, 주로 관심을 갖는 문제는 지역개발문제나 공해문제가 된다.

주민운동은 대중매체(masscom)의 지원을 받게 되면 광범한 輿論造成으로 영향력을 강화시킬 수 있는데, 이것은 다양한 주민조직, 참여확대, 적극적 관심 등을 전제로 해야 활성화될 수 있다.

그 방법으로는 Demonstration, 진정, 소원, 청원, 민중쟁송, 언론에의 호소, 지역구의원의 압력, 각종 이익집단 등의 활용이 있고 이들은 동시에 이루어지는 경우가 많다.[13)]

④ 압력 · 이익단체(pressure, interest group)

地域의 利益團體는 지역의 이익옹호를 위해 중앙에 대해 직접 혹은 전국적 조직의 일부인 경우 그 단체의 중앙본부를 통해 활발한 로비활동을 펼치면서 영향력을 행사하게 된다.

---

12) 정당이 지방정당 → 중앙당 → 중앙정부로 이어지는 영향력의 Mechanism은 내각책임제 하에서 매우 유용하다.

13) 최순식, 현대지방자치론(수원:상문사), p.287.

⑤ 지역구출신의원의 압력

地域區出身議員은 지역구관리를 위해 지역의 이익옹호에 관심을 쏟지 않을 수 없다. 의회의 중앙정부와의 관계의 정책이나 예산편성과정에서 지방자치단체의 요구를 반영시키기 위한 여러 활동을 전개하게 된다.

3) 對應力의 資源

지방자치단체는 여러 형태의 영향력을 가함으로써 중앙에 대한 對應力을 확보하게 된다. 그러나 지방자치단체가 중앙에 대한 영향력을 얼마나 가지게 되느냐 하는 정도와 어떤 방법이 유용하느냐 하는 것은 이러한 영향력을 밑받침하는 資源(resources), 즉 행정적 · 정치적 · 경제적 자원의 크기에 달려 있을 뿐만 아니라 그러한 자원들이 얼마나 활용되느냐에 달려 있다.

(1) 行政的 資源

① 지방자치단체의 행정적(법적) 권한으로 地方公務員任用權 등의 自治組織權, 지방세수결정권 등 自治財政權, 조례 · 규칙제정권 등 自治立法權, 固有事務에 대한 自治行政權 등이 있으며,
② 지방자치단체장의 리더쉽과 영향력,
③ 지역정보의 소유 및 활용,
④ 위임사무집행에 있어서 인정되는 재량권 등이 있다.14)

(2) 政治的 資源

① 대중매체의 활성화
② 이익 및 압력단체의 규모, 정치적 영향 정도
③ 주민의 참여정도—주민조직, 주민의식
④ 지역구의원의 중앙무대에서의 영향력의 정도
⑤ 중앙무대에서의 인연, 지연, 학연 등 地方勢
⑥ 소원, 청원, 소송 등 제도적인 구제제도가 있다.

---

14) P. inieavy & R. A. W Rhodes, "Beyond White Hall", *Development in British Politics, Henry Druclcerced*(London : Mcmillan, 1984), pp. 113~115.

(3) 經濟的 資源

지역경제의 규모, 특성, 구조적 성격, 활성화 정도, 전국경제에서 차지하는 비율 등이 경제적 자원의 효율성을 결정짓는다.

5. 우리나라의 中央과 地方

우리나라는 역사적으로 강력한 中央集權體制를 유지하여 왔으며, 이러한 체제는 오늘날까지 계속되고 있다.

우리나라가 오늘날에도 강력한 국가관여를 인정하고 있는 이유는 여러 가지가 있지만 이를 지방자치의 시각에서 보면, 1950년대에 실시된 지방자치에 대한 부정적 인식이 아직도 남아 있기 때문이라고 보여진다. 당시 비능률적인 지방행정의 경험이 지방자치단체의 자주성과 독립성에 대한 소극적인 태도로 투영된 탓으로 중앙정부의 지도·감독은 강화일변도로 강화되어 왔었다.

그러나 현행 지방자치법은 우리의 행정체제 속에 내재된 中央集權化現象을 극복하기 위하여 지방의회, 집행기관, 자치단체사무의 범위, 중앙행정기관의 지도·감독 등에 있어서 自治性과 民主性을 크게 향상시켰다.

1) 國家關與의 實態

(1) 行政的 關與

국가에 의한 행정적 관여방식은 그 관여권한을 단일 중앙부처에 집중적으로 부여하느냐 아니면 여러 관련부처에 분산하여 부여하느냐에 따라 集權的 關與와 分權的 關與로 구분할 수 있다.

일반적으로 대륙법계 국가에서는 행정안전부를 설치하여 집권적 관여를 하는 반면에 영·미법계 국가에서는 분권적 관여방식을 채택하고 있다(<표 5-1>).

우리나라에 있어서 행정적 관여는 주무부서로서의 행정안전부와 관련 행정 각부에 의해서 이루어지고 있다.

① 행정안전부의 地方行政指導·監督機能

행정안전부의 지방관련소관사무는 地方行政, 地方財政, 地域經濟, 地方稅, 選擧 및

國民投票, 地方自治團體事務의 監督, 消防 및 民防衛에 관한 事務 등으로 대별되며(행정안전부와 그 소속기관직제 §3) 지방자치단체에 대한 지도·감독·지원기능은 다음과 같다.

(i) 지방자치단체에 대한 감사(행정안전부와 그 소속기관직제 §7:2)

(ii) 지방자치단체소속공무원의 임용·복무 및 인사운영지도(동직제 §12:3)

<표 5-1> 각국의 행정안전부(내무부)설치현황과 기능비교[15)]

국가별	기 구 명	소 관 기 능
미 국	내무부 (Department of the Interior)	천연가스, 고체연료, 전력, 어업상품, 어산물, 금속 및 광산물에 관한 사무
영 국	내무부 (Home office)	법률과 질서의 유지, 경찰사무, 범죄자의 처리, 보호관찰, 형사재판에 관한 법조작성, 형사피고 보상계획, 소방, 청소년보호, 선거, 공안, 귀화, 영국인의 국적과 시민권에 관한 사무
프랑스	내무부 (Ministere de l'Interieur et de la Decentralisation	정치, 선거, 인사, 송무, 경찰, 소방 및 지방행정에 관한 사무
독 일	연방 내무부 (Bundesministeriundes Innern)	헌법, 공공안전, 민방위 및 국경수비사무, 공무원의 인사관리, 난민망명자에 관한 사항, 문화·스포츠사무, 지방자치 지원사무, 환경보호에 관한 사무
일 본	자치성	지방자치와 공직선거 등에 관한 사무, 국가와 지방공공단체와의 연결, 지방공공단체 상호간의 연결협조, 소방에 관한 사무, 수·화재에 의한 화재방지
대 만	내정부	경찰행정사무, 지방행정, 종교, 명승고적, 인구정책, 병역자원관리, 사회복지, 노동정책, 토지업무에 관한 지도·감독

(iii) 지방의회의 운영지도(동직제 §12:3)

(iv) 지방자치단체간의 분쟁조정 및 국가와 지방자치단체간의 협의조정(동직제 §12:3)

(v) 지방자치단체의 대외협력업무추진지도(동직제 §12:3)

(vi) 지방자치단체의 조직 및 정원관리(동직제 §12:4)

15) 權興澤, 지방자치실시에 따른 내무행정조직의 개편방안연구(연세대 행정대학원석사 학위청구논문, 1987), p. 45.

(vii) 국가와 지방자치단체간의 사무배분 및 지방자치단체간의 사무재배분지도(동직제 §12:4)
(viii) 지방자치단체의 행정전산화계획수립에 관한 지도(동직제 §12:6)
(ix) 지방자치단체의 재정운영 및 재무회계지도(동직제 §13:3)
(x) 지방자치단체의 예산편성지침수립 및 결산운영지도(동직제 §13:3)
(xi) 지방채 등 지방자치단체 채무관리지도(동직제 §13:3)
(xii) 지방자치단체의 자금수급조정(동직제 §13:3)
(xiii) 자치구의 재원조정제도운영감독(동직제 §13:4)
(xiv) 지방자치단체의 공영개발지도(동직제 §12:5)
(xv) 도세・시군세조례・규칙의 제・개정 및 관리지도(동직제 §15:2, 3)

행정안전부는 지방행정에 대한 후견적 지위에서 다른 외국에서 유례를 찾아 볼 수 없는 강한 권한을 행사하고 있어서 다음과 같은 문제점을 노정시키고 있다.

(i) 지방자치단체에 대한 後見的 指導・監督機能으로 지방행정의 자율성을 저해하고 있다.
(ii) 선거 등 정치현안에 지나치게 치중함으로 인하여 본래의 기능인 주민복지사무와 지역개발사무가 밀려나고 있다.
(iii) 지방행정에 대한 행정안전부의 존재의의는 국가와 지방자치단체의 국고보조 등 자원획득경쟁에서 지방의 이익을 대변해주는데 있으나 이를 효과적으로 대처해 주지 못하고 있다.

② 中央行政各部의 指導・監督機能

중앙행정각부장관은 정부조직법상의 규정(§24:4, §29:3)과 행정권한의 위임 및 위탁에 관한 규정(§6)을 근거로 소관업무에 관하여 지방자치단체장을 지휘・감독할 수 있다.

지방행정과 관련된 주요부처는 농림부, 건설교통부, 보건복지부, 산업자원부, 문화관광부, 해양수산부, 국정홍보처, 산림청, 병무청인데, 특히 농림부, 건설교통부, 보건복지부가 지방행정과 관련이 많고 과학기술부, 정보통신부, 국세청, 철도청, 통일부는 지방행정과 관련이 많지 않다.[16)]

중앙행정각부장관은 지방자치법, 정부조직법 기타 법령에 의하여 지방자치단체의

---

16) 국무총리행정조정실, 지방자치제실시연구자료집(1987), p. 382.

사무에 관여할 수 있다(<표 5-2>).

행정각부의 지도·감독은 다음과 같은 문제점을 내포하고 있다.

(i) 행정각부의 지방행정에 대한 지휘·감독은 실효성이 적기 때문에 많은 特別地方行政機關이 설치되어 있다.

(ii) 지방행정의 장에 대한 지휘·감독이 국·과와 같은 보조기관을 통한 間接的·迂廻的 성격이 강하다.

<표 5-2> 행정각부의 지도·감독 내용

요 목	근 거
ㅇ지방자치단체의 사무에 대한 지도·지원 • 조언·권고·지도 • 자료요구 • 재정지원·기술지원 ㅇ국가사무에 대한 지도·감독	지방자치법 §155
ㅇ위법·부당한 명령·처분에 대한 취소·정지권	지방자치법 §156
ㅇ주무장관의 지방자치단체장에 대한 지휘·감독권	지방자치법 §157 정부조직법 §29:3

(iii) 지방자치단체의 관련 국·과는 자치단체 내에서 행정안전부의 직접적인 지휘·감독을 받는 행정자치국에 의해 강한 영향을 받아 중앙각부처의 지방자치단체 委任事務의 효과적인 처리가 지장을 받고 있다.

(iv) 행정각부의 인사권행사가 불가능하므로 지방공무원의 신분상의 충성이 행정안전부로 지향되어, 행정각부의 지방자치단체에 대한 지휘·감독의 실 효성확보가 어렵다.

(v) 지도·감독권의 주요 행사수단인 補助金도 그 보조율의 미약 등으로 실효성이 의문시되고 있다.

③ **指導·監督의 類型別實態**

현행지방자치법의 규정을 중심으로 지도·감독의 실태를 보면 다음과 같다.

(i) 보고·자료제출·조사

지방행정과 중앙행정의 균형 있는 운영을 도모하기 위하여 인정되는 非權力的 作用이다.

실정법의 규정에 따라서는 상대 지방자치단체에 대하여 報告·提出·調査·協力

義務를 부여하는 경우가 있다.

條例·規則의 제정·개폐(법 §21), 事務委託(법 §141:1), 豫算의 議決(법 §124:2), 決算承認(법 §125:2), 市·道行政協議會의 구성(법 §142:1) 등에 관한 보고규정이 있고, 지방자치단체장에 대한 資料提出要求(법 §155:1) 등에 관한 규정이 있다.

(ii) 조언·권고·정보제공·재정지원·기술지원

현행지방자치법 §155에서 신설된 지도방식이다.

국가는 자치단체에 비하여 고도의 조사·연구시설과 전문화된 공무원을 더 많이 확보할 수 있기 때문에 자치단체에 대하여 권고·조언 등을 통하여 지방행정수준이 향상되도록 하고 있다.

(iii) 승인·인가·허가·협의

중앙정부는 법령으로 지방자치단체가 주요한 사무를 처리함에 있어 중앙정부의 承認·認可·許可·協議를 받도록 하는 경우가 많다.

시·도의 행정기구설치(§102:1), 직속행정기관의 설치(법 §104:2), 지방자치단체조합의 설립(법 §149:1), 읍·면·동명칭과 구역의 변경·폐치·분합(법 §4:3)에 관하여 행정안전부장관의 승인을 얻도록 하고 있으며, 이 밖에도 地方河川基本計劃(하천법 §73), 宅地開發計劃(택지개발촉진법 §8) 등 개별법령에 의하여 주무부장관의 승인·허가·인가 등을 받도록 하고 있다.

(iv) 위법·부당한 처분에 관한 지도

지방자치단체장의 命令·處分이 법령에 위반하거나 현저히 부당하여 공익을 해한다고 인정될 때에는 주무부장관 또는 상급자치단체장은 먼저 書面是正을 명하고 이에 불응한 경우 取消·停止를 명할 수 있다(법 §157:1). 그러나 자치사무에 있어서는 법령에 위반한 것에 한하며, 장은 이에 대한 상급기관의 처분에 불복하여 그 처분통지를 받은 날로부터 15일 이내에 대법원에 제소할 수 있다(법 §157:2).

지방자치단체의 장이 법령의 규정에 의하여 그 의무에 속하는 국가위반사무 또는 시·도위임사무의 관리 및 집행을 명백히 해태하고 있다고 인정되는 때에는 주무부장관 또는 상급자치단체의 장이 기간을 정하여 서면으로 그 이행할 사항을 명령할 수 있다(법 §157의 2, ①). 주무부장관 또는 시·도지사는 당해 지방자치단체장이 지방자치단체의 부담으로 대집행하거나 행정·재정상 필요한 조치를 할 수 있다(법 §157의 2, ②).

(v) 인사에 관한 지도·감독

중앙정부가 지방자치단체의 공무원임명·승진·정원·직제·상벌·소청 등의 人

事行政에 관여하는 작용으로서 주로 權力的 行政監督이므로, 중앙정부의 이에 대한 관여가 심할수록 지방행정의 자주성을 저해하게 된다.

지방자치단체장의 주민직접선거시까지 중앙정부의 임명(법 부칙 §5), 부단체장의 중앙정부 임명(법 §101:3), 시 · 도의 폐치 · 분합시 직무대행자의 지정(법 §89:3), 지방자치단체의 지방공무원 정원기준의 설정(법 §103:1) 등 人事監督權을 규정하였다.

(vi) 재정에 관한 지도 · 감독

중앙정부는 지방교부세, 지방양여금, 보조금, 지방채관리 등을 통하여 지방재정운영이 국가의 경제정책에 부응하도록 지도 · 감독을 하고 있는데, 그 작용중 주요한 것은 地方交府稅를 통한 지방재정운용방향지시, 國庫補助金을 통한 자치단체의 감독, 地方債發行에 있어서 내무부장관의 승인(법 §115:1), 지방자치단체에 대한 會計監査(법 §158, 감사원법 §122) 등을 들 수 있다.

(vii) 감사에 의한 지도 · 감독

중앙정부의 자치단체에 대한 감사는 어느 나라에서도 예를 찾아볼 수 없을 정도로 강력하다.

행정안전부와 감사원의 감사(법 §158, 감사원법 §22), 주무중앙부처 · 상급자치단체의 위임사무에 대한 조사 · 감독(법 §156), 국회의 국정조사 · 감사권(헌법 §61) 등이 있다. 다만 개정지방자치법에서는 지방자치단체장에게 위임된 국가사무와 상급지방자치단체사무(시 · 도사무)에 대하여 국회 및 시 · 도의회는 그 감사를 각각 시 · 도의회와 시 · 군 · 자치구의회로 하여금 하게 할 수 있도록 규정하고 있다(법 §36:3).

행정안전부장관 또는 시 · 도지사는 지방자치단체의 자치사무에 관하여 보고를 받거나 서류 · 장부 또는 회계를 감사할 수 있다. 이 경우의 감사는 법령위반사항에 한한다(법 §158)고 규정하여 자치사무에 대한 감사를 인정하고 있다.

(viii) 지방자치단체상호간의 분쟁조정

지방자치단체간의 분쟁은 협의 해결함이 원칙이나 그 해결이 불가능한 경우에 국가의 제3자적 지위에서 중재 · 조정이 요청된다. 따라서 분쟁당사자의 신청에 의하여 시 · 도지사와 행정안전부장관이 地方自治團體紛爭調整委員會의 審議와 中央行政機關의 長과의 協議를 거쳐 이를 조정할 수 있도록 규정하고 있다(법 §140).

(ix) 지방의회의 권한행사에 대한 지도

지방의회의 운영은 지방의회의 자율적 권한에 속하나, 시 · 도의회 의결이 위법하거나 현저히 부당하다고 판단될 때에는 행정안전부장관이 재의를 요구할 수 있고 지방의회는 재의결하여야 한다(법 §159).

④ 職務履行命令과 再議要求命令 · 提訴命令

지방자치법은 중앙정부의 지방자치단체장의 그릇된 직무수행을 바로잡기 위한 수단으로 위법 · 부당한 명령의 처분시정권(법 §157)과 직무이행명령권(법 §157의 2)을 규정하고, 지방의회의 그릇된 의결을 바로잡기 위한 수단으로 지방의회의결에 대한 재의요구명령권과 제소권(법 §159)을 규정하고 있다.

여기에서는 12차 개정에서 새로 도입된 직무이행명령제와 강화된 재의요구명령제만을 상세히 보고자 한다.

(ⅰ) 職務履行命令

㉠ 意義 및 立法例

지방자치단체의 장이 위임사무에 관한 자신의 의무를 게을리 하는 경우에 그 이행을 강제하여 지방행정의 適法性을 확보하기 위한 監督手段이다.

지방자치단체의 장의 위임사무의 수행과 관련하여 문제가 될 수 있는 경우로는, 적극적인 면에서 지방자치단체의 장이 자신의 사무를 위법 · 부당하게 처리하는 경우와 소극적인 면에서 지방자치단체의 장이 자신의 사무를 처리하지 않는 경우로 구분할 수 있다. 어느 경우이든지 법치국가의 행정에 있어서 이를 시정하는 수단이 필요하다.

종전에는 전자에 대한 시정권만을 규정하였으나, 12차 개정에서 후자에 대한 직무이행명령제를 도입하였다.

직무이행명령제를 도입하고 있는 입법례로는 독일과 영국의 경우가 있다.

첫째, 독일의 일부 주(Land), 특히 바텐주에서 채택하고 있는 이행명령제(Anordnung)는 게마인데(Gemeinde)가 자신에게 주어진 법상의 의무를 이행하지 아니하면 감독청은 게마인데가 일정한 기간 안에 필요한 처분을 할 것을 명령할 수 있고, 만약 이러한 명령이 발해졌음에도 불구하고 게마인데가 이를 이행하지 아니하면 감독청은 게마인데의 지위에서 그리고 게마인데의 비용으로 스스로 처리할 수도 있고 제3자로 하여금 처리하게 할 수도 있다. 이러한 감독청의 처분에 대하여 게마인데가 행정소송의 제기를 통하여 다툴 수 있다.

우리의 경우 지방자치단체의 장이 위임사무를 해태한 경우에만 적용되는 점이 독일의 경우에는 그러한 제약이 없는 점과 다르다.

둘째, 영국의 경우에도 직무명령제가 채택되고 있으나 그것은 사법기관(법원)에 의하여 발령되는 점(司法機關에 의한 명령제)이 우리의 경우 주무부장관 또는 시 · 도지사에 의하여 발령되는 점(行政機關에 의한 명령제)과 다르다.

㉡ 履行命令의 發令要件

첫째, 직무이행명령은 「지방자치단체의 장」이 사무의 관리 및 집행을 해태하는 경우에 발동되는 것이고, 지방의회의 사무와는 무관하다.

둘째, 지방자치단체의 장이 법령의 규정에 의하여 그 의무에 속하는 「국가위임사무 또는 시·도위임사무」의 관리 및 집행을 게을리 하여야 한다. 따라서 지방자치단체의 장이 자치사무의 관리와 집행을 게을리 한 경우에는 이행명령이 발동될 수 없다.

셋째, 「관리 및 집행을 명백히 해태」하여야 한다. 법령상 지방자치단체의 의무에 속하는 사항이 적정한 기간안에 이루어지지 않으면 관리 및 집행을 게을리 한 것으로 판단될 것이지만, 실제로 해태하고 있는지 아니면 관리 및 집행을 준비중인지의 구별은 반드시 명백한 것은 아닐 것이다.

넷째, 「이행명령권자」는 시·도의 경우는 주무부장관이고, 시·군·구의 경우는 시·도지사이다.

다섯째, 이행명령은 「기간을 정하여」, 「서면」으로 이루어져야 한다.

㉢ 履行命令에 대한 不服

지방자치단체의 장이 이행명령에 이의가 있는 때에는 이행명령서를 접수한 날부터 15일 이내에 대법원에 訴를 제기할 수 있다

이 경우 지방자치단체의 장은 이행명령의 집행을 정지하게 하는 집행정지결정을 신청할 수 있다(법 §157의 2, ③).

여기에서의 제소가능기일을 15일로 한 것은 시정명령이나 취소·정지에 대한 出訴(법 §157)의 경우와 균형을 맞춘 것으로 볼 수 있다.

㉣ 代執行

지방자치단체의 장이 이행명령을 이행하지 아니하면 그에 대한 행정강제수단으로 행정대집행법에 따른 대집행을 하거나, 행정·재정상 필요한 조치를 할 수 있다(법 §157의 2, ②).

여기에서 행정·재정상의 필요한 조치란 예산지원중단·기술지원중단·관계공무원의 징계 등을 말한다고 해석된다.

㉤ 通報 및 報告

주무부장관 또는 시·도지사는 그들이 이행명령을 발한 때, 대집행을 하거나 행·재정상 필요한 조치를 한 때, 대법원에 訴를 제기하거나 집행정지결정을 신청한 때와 그에 따른 대법원의 판결이나 결정이 있는 때, 지방자치단체의 장이 이행명령을 이행

한 때 등에는 행정안전부장관에게 즉시 이를 통보하거나 보고하여야 한다. 이 경우 시장 · 군수 · 자치구청장은 시 · 도지사를 거쳐 보고하여야 한다(영 §55의 2).

(ii) 再議要求命令과 提訴命令

㉠ 意義와 그 事由

지방의회의 의결이 법령에 위반되거나 공익을 현저히 해한다고 판단될 때에는 시 · 도에 대하여는 주무부장관이, 시 · 군 · 자치구에 대하여는 시 · 도지사가 재의를 요구하게 할 수 있고, 재의를 요구받은 지방자치단체의 장은 의결사항을 이송 받은 날부터 20일 이내에 지방의회에 이유를 붙여 재의를 요구하여야 한다(법 §159:1).

주무부장관 또는 시 · 도지사는 재의결된 사항이 법령에 위반된다고 판단됨에도 당해 지방자치단체장이 제소하지 아니한 때에는 제소지시하거나 직접제소 및 집행정지 결정을 신청할 수 있다(법 §159:4).

이 재의요구 및 제소제도는 감독청의 감독수단으로 발동된다. 여기에서 법령의 위반은 그 구성요건이 명백하겠지만, 공익을 현저히 해하는가의 판단은 용이하지 않아 감독청의 권한남용의 여지가 많다.

공익을 현저히 해한다는 것은 법령위반은 아니지만 지역공동체의 공동의 이익증진과는 거리가 먼 의결을 의미한다고 볼 수 있다.

㉡ 提訴要件

첫째, 제소요구명령권자는 주무부장관 또는 시 · 도지사이고, 제소권자는 당해 지방자치단체의 장이다. 제소여부는 제소권자의 독자적 판단에 의하는 것이고 감독청의 승인을 요하지 않는다.

둘째, 재의의 요구사유는 의결사항의 법령위반과 현저한 공익침해이나, 제소사유는 법령위반에 한한다(법 §159:3).

셋째, 제소기간은 재의결된 날로부터 20일이다.

㉢ 提訴指示 · 直接提訴

지방자치단체의 장이 스스로 제소하지 아니하는 경우에 보충적으로 감독청이 당해 지방자치단체의 장에게 제소토록 지시하거나 감독청이 직접 제소할 수 있다(법 §159:4).

제소의 지시는 당해 지방자치단체가 스스로 제소하지 아니한 경우(법 §159:5) 직접 제소는 당해 지방자치단체의 장이 제소지시를 받고도 제소하지 아니한 경우에 인정된다(법 §159:6).

제소의 지시는 재의결된 날로부터 20일이 경과한 날부터 7일 이내에 하고 지방자치단체장은 제소지시를 받은 날부터 7일 이내에 제소하여야 한다. 감독청은 이 기간이 경과한 날부터 7일 이내에 직접 제소할 수 있다.

㉣ 執行停止決定의 申請

재의결에 대한 출소에 의하여 그 의결의 효력이 자동적으로 정지되는 것이 아니고, 제소하는 지방자치단체의 장이 집행정지결정을 법원에 신청하여 법원의 정지결정이 있어야만 그 의결의 효력이 정지된다(법 §159:2 후단).

집행정지결정의 신청은 제소지시의 경우와 직접제소의 경우에도 적용된다(법 §159:4).

이와 같이 집행정지결정의 신청제를 도입한 것은 지방의회의 의결이 보다 존중되어야 한다는 논리에서 채택된 것으로 이해된다.

㉤ 報 告

시 · 도지사가 시장 · 군수 · 자치구청장에게 제소를 지시한 때와 직접 제소하거나 집행정지결정을 신청한 때 및 그에 따른 대법원의 판결 또는 결정이 있는 때에는 시 · 도지사를 거쳐 행정안전부장관에게 즉시 그 내용을 보고하여야 한다(영 §56:4).

(2) 立法的 關與

지방자치단체의 조직 · 운영권한을 법률로 규정하도록 하고 있음은 다른 대륙법계 국가와 같다.

地方自治團體의 種類는 法律로 정하며(헌법 §117:2), 地方議會의 설치근거와 自治團體의 조직과 운영에 관한 사항은 法律로서 정한다(헌법 §118:2)고 규정하여 地方自治法을 제정 · 시행하고 있다.

(3) 司法的 關與

지방자치단체의 違法處分과 公法上 權利關係에 관한 紛爭은 궁극적으로 法院의 管轄에 속한다.

지방자치사무에 관한 위법한 명령 · 처분에 관련된 異議訴訟(법 §157:2)과 지방의회 의결의 再議에 대한 不服訴訟(법 §159:3)을 大法院의 관할로 규정하고 있다.

2) 力學關係의 合理化 方案

지방자치법은 지방의회의원과 지방자치단체장의 公選을 규정하고 있으므로 앞으로 국가와 지방자치단체간의 역학관계는 어떻게 변화될 것이며, 변화되어야 하는가에 대한 방안을 제시할 필요가 있다.

(1) 地方行政組織體制改善

① 地方行政階層의 적정화

현재 세계 각국이 택하는 계층구조는 단층제에서 시작하여 무려 5계층제에 이르기까지 다양하나 두드러진 사실은 보다 많은 나라들이 2階層制를 채택하고 있다는 점이다.

행정계층을 적정화하는 방안은,

(i) 현행대로 도－시・군－읍・면－리・동으로 하는 방안

(ii) 현행대로 하되 읍・면・동장을 주민직선케 함으로써 자치기능을 향상시키는 방안

(iii) 읍・면은 폐지하되 시・군규모를 현재의 읍・면 규모로 하여 주민자치가 용이하도록 하는(도－시・군－동・리) 방안

(iv) 읍・면을 자치단체화하여 지방자치단체 계층을 도－시・군－읍・면의 3계층으로 하는 방안

(v) 현행대로 하되 "道"의 관할구역을 세분화하여 현재보다 수를 늘리는 방안

(vi) 중간자치단체인 道를 폐지하고 국가－시・군의 단층제로 하는(국가－시 ・군－읍・면－동・리) 방안이 있을 수 있다.

이 중 (iii) 방안은 中層制의 장점(광역기능담당, 방파제역할 등)을 살리면서 단점인 주민의 참여곤란이라는 문제를 동시에 해결할 수 있다는 점에서 바람직하다.

② 地域實情에 적응하는 地方行政組織의 편성

현행 大統領令으로 규정되어 있는 획일적인 지방행정조직은 중앙통제의 용이성에 주안점을 두고 있어 지방행정의 자율성을 저해하므로, 앞으로의 편성방향은 각 지방자치단체의 인구규모, 지리적・산업적 특성, 행정적・재정적 규모와 능력에 따른 적절한 내부조직개편의 방향으로 발전되어야 할 것이고 조직편제상의 신축성이 부여되어야 할 것이다. 따라서 앞으로의 지방자치단체의 조직 및 기구편성에 있어서는,

(i 안) : 法律로서 획일적으로 규정한다.

(ii 안) : 법률은 기본적인 방침 및 지침만 제시하고, 구체적인 조직편성은 地方自治團體의 自律에 의한다.

(iii 안) : 전적으로 地方自治團體의 決定에 의한다.

(iv 안) : 법률은 도시, 농촌, 대도시, 중소도시, 기타 지역적・산업적 특성을 고려하

여 수 개의 방안을 제시하고 이 중에서 지방자치단체가 선택하도록 한다는 案이 있을 수 있다.

4개안 중 지방자치단체의 자율성을 보장하고 지역특수성을 자율적인 판단과 책임하에 반영시킬 수 있다는 측면에서 (ii)안이 바람직하다.

③ 特別地方行政機關의 합리화

지방행정은 지역실정에 맞게 綜合行政의 수행이 가능하도록 국민의 참여와 통제하에 두는 것이 바람직하다고 볼 때 현행의 복잡다기한 특별지방행정기관은 새로운 자치시대의 전개와 더불어 재검토·조정되어야 할 것이다. 따라서 특별관서의 기능 중, 자치단체기관이 처리하기 곤란하거나 행정수행책임이나 능률상 별도기관의 설치가 불가피한 경우가 아니면 지방자치단체로 그 기능이 統合되어야 하며, 지방과 밀접하게 관련되거나 보다 능률성 증진을 위해 지방자치단체가 담당해야 할 기능(예: 병무청, 노동위원회)은 移管되어 종합행정화되어야 할 뿐만 아니라 특별행정기관의 난립을 막기 위해 그 설치는 불가피한 경우로 한하되 設置基準을 法令으로 구체적으로 명시해야 할 것이다.

④ 行政安全部의 機能合理化 검토

중앙정부의 한 개 부서가 지방정부활동의 전반적인 조정에 대하여 직접적인 책임을 지고 있는 것이 일반적인 경향이다. 예를 들면, 프랑스와 같은 집권국가에서는 내무성은 지방행정종합기관으로서 막강한 지방통제력을 확보하고 있으나, 영국 기타 제국에서는 이러한 조정역할을 맡은 省廳인 '주택성이나 지방자치성'은 그 정도로 중요한 역할을 갖지 않는다. 이 省은 각종 고유활동을 펴는 것 외에 報告, 統計 및 情報의 수집과 정리를 위한 '어음교환소'와 같은 역할을 하고 있다.

미국에서는 몇 개 주가 최근 영국의 주택성 비슷한 역할을 수행하는 지방국을 설치하고 있다.

우리의 경우 행정안전부는 중앙정부의 조직·직제·소청·민원 등 종래 총무처의 기능과 지방행정, 지방재정, 지역경제, 지방세, 선거 및 국민투표, 소방·민방위에 관한 사무를 관장하고, 지방자치단체의 사무를 총괄적으로 지휘·감독하고 있다.

따라서 모든 분야에 대하여 승인, 취소, 보고요구, 조정, 감사, 회의소집 등의 방안을 사용하여 지방자치단체에 대하여 통제를 가함으로써 지방자치의 자율성을 심히 저해하고 있어 그 시정이 요망되고 있다. 향후 행정안전부는 종래의 감독, 통제 일변도에서 벗어나 '自治省'적인 기능으로 전환하고, 여타 기능은 다른 부서로 이양하는 것이 바람직하다.

(2) 인사행정자율성 확보

① **지방자치단체장의 直選**

지방자치단체장의 公選은 지방자치의 自己機關選任原則에 부합되는 본질적 요소이다.

② **國家公務員의 배치정비를 위한 職級體系調整**

지방에 배치된 國家公務員補職體系를 개선하는 방법은,

(i) 지방자치단체장을 제외한 모든 공무원을 地方公務員化하는 방안

(ii) 국가공무원을 배치하되 그 범위를 職級別 구분에 의해 縮小하는 방안이 고려될 수 있다.

(i)은 지방자치이념에 부합되는 국가공무원 배치의 합리성을 간과하고 있으며, (ii)는 국가공무원 배치의 필요성은 인정하되 그 배치의 범위를 직급별구분에 의해 축소하는 방향으로 조정함으로써 지방자치사무의 수행과 국가목적의 달성간에 조화를 추구할 수 있다는 장점이 있으므로, 국가공무원을 배치하되 그 범위를 직급별 구분에 의해 축소하는 것이 바람직하다.

국가공무원을 배치하되 그 범위를 직급별로 구분하여 축소하는 보직체계개선의 방안은,

(i) 시·도의 직급체계 구성을 위해 현직급체계에서 4급 이상에 한해 1계급 인상 조정하며,

(ii) 국가공무원은 시·도의 경우 1급인 부시장(부지사)만을 배치하고 시·군·구는 부기관장의 지방공무원화를 규정한 지방자치법 제10조 규정을 준수하기 위해 국가공무원을 배치하지 않도록 하고,

(iii) 군의 경우, 인구가 과대한 군에 국장직위를 새롭게 설치하여 시·군·구의 기초자치단체의 직급체계를 통일시키는 것이다.

③ **人事委員會의 합리화 방안**

지방자치단체에 설치되어 있는 인사위원회는 인사상의 자율성을 확보할 수 있도록 실질적인 권한을 보유하여 효율적으로 운영되어야 한다.

(i) 위원의 數가 너무 적으므로 15~20명 선으로 확대하여야 한다.

(ii) 委員選任에 있어서도 계급별, 부서별로 고루 임명하여 조직구성원의 대표성을

갖도록 하여 다양한 의견이 반영되고 합의되도록 해야 한다.

(iii) 機能도 단순히 징계에만 한정하지 말고, 인사에 관한 다기능의 의사 결집체로서 역할을 수행할 수 있도록 하여야 한다.

(iv) 위원회의 開催도 매월 1회 정도로 정기화하여 하의상달의 통로가 되도록 한다.

④ 自治人事의 기반확대

현행 법령으로 규정하고 있는 인사관련사항을 가능한 한 條例와 規則으로의 위임을 확대하여 지방인사에 관한 조례와 규칙에 의해 지방의 특수성과 다양성을 확보하고 자율성을 확보할 수 있어야 한다.

⑤ 中央統制的 人事管理制度의 개선

첫째, 현재의 국가5급공채합격자의 지방5급임용은 지방자치단체의 행정요구에 부합되지 않는다. 따라서 地方5級公採試驗을 시행해야 한다. 지방(시, 도)별로 지방5급공채시험을 실시할 수도 있겠으나 모집인원의 과소로 매년 실시하기가 곤란하고 특히 모집인원이 많이 책정될 경우 일반승진의 비율이 적어질 수 있다. 고급 전문인력인 지방5급의 모집인원과소에 따른 단점을 극복하기 위한 통합관리방안으로서 행정안전부를 시행기관으로 하는 방안이 현실적으로 바람직하다.

둘째, 地方公務員의 教育訓練은 지방자치단체의 자체예산 및 자체훈련계획에 의거하여 실시할 수 있어야 한다.

국내훈련의 경우 지방자치단체장이 모든 사항을 관장하되, 해외훈련은 행정안전부와 합의하여 시행하는 방안이 바람직하다. 뿐만 아니라 행정안전부와 국가행정연수원은 최대한의 지원 및 최소한의 지도·감독에 그쳐야 한다. 지방별 특성에 맞는 교육훈련의 실시가 가능하고 그 내용과 방법의 자율성이 신장되며, 해외훈련의 경우 국가차원의 총괄관리가 요구되기 때문이다.

셋째, 지방공무원의 報酬制度의 독자적 운영을 위한 방안에는,

(i) 지방의회의 의결을 거쳐 각 지방자치단체별로 독자적으로 정하는 방안

(ii) 국가가 통일적인 기준을 마련하고 이를 근거로 지방자치단체가 정하는 방안

(iii) 지방자치단체가 전국적 협의회를 결성하여 여기서 결정된 기준에 따라 각 지방자치단체별로 정하는 방안 등이 있을 수 있다.

이 중에서 (ii)안이 전국적 통일성의 유지와 지역적 특수성이 잘 조화될 수 있다는 점에서 바람직하다고 본다.

(3) 財政調整制度의 개선

① 國庫補助金制의 改善

첫째, 국고보조금은 먼저 國庫補助率을 法定化하는 방향으로 발전시켜 나가는 것이 바람직하다. 자치단체의 희망여부와 관계없이 국가가 일부경비만을 부담하는 일방적인 국가지정의 사업에 대해 지나친 지방비부담을 강요하는 관례는 지양되어야 하며, 고유사무에 대한 장려적 성격을 띤 보조금을 제외한 국가의 委任事務에 대한 경비부담은 합리적으로 배분되어야 할 것이다.

즉, 국가적 이해관계가 깊은 위임사무의 경비는 국가부담률을 높이게 하고, 국가와 지방간의 이해관계를 공유하는 사무의 경우는 균형 있게 부담하는 비율을 규정토록 한다.

둘째, 補助對象事業의 選定에 있어서도 국가 단독의 결정만으로 이루어지는 현재의 방법으로부터 국가와 지방이 함께 결정하는 '합의의 방법' 으로 전환되어야 한다. 이는 국가적 사업이더라도 그 지역의 특성과 여건, 주민의 여망에 부합되기 위해서는 지방적 의사가 충분히 반영되어야 한다.

셋째, 국고보조금이 零細하여 사업효과가 미미하고 행정사무만 증대시키는 것에 대하여는 전액 지방비 부담, 융자 또는 자체부담으로 전환하고 유사사업에 대해서는 통·폐합하여 보조하는 것이 바람직하다.

넷째, 지방자치단체마다 특성과 사정이 있으므로 획일적으로 적용할 것이 아니라 재정능력에 따라 差等補助率制의 실시도 고려할 필요가 있다.

다섯째, 지방자치단체가 자기의 판단과 책임 하에 재원을 자유로이 집행하는 것이 바람직하므로 이러한 견지에서 국고보조금의 일반재원화를 위한 '地方交付稅' 로 전환이 요구된다.

② 地方交付稅制의 改善

첫째, 지방자치실시에 따라 행정수요가 크게 확대될 것이라는 전망에 따라 자주적인 일반재원의 확충을 위한 法定交付稅率의 인상은 필수적이다.

둘째, 交付方法에 있어서도 배정의 재량권과 주관성을 최대로 축소시키는 방향으로 발전시켜 제도화해야 한다. 특히 재정부족액을 정하는 방법과 교부액을 조정·결정하는 기준 내지 방법을 개발하여 표준화함으로써 객관성과 합리성을 확보토록 해야 한다.

셋째, 特別交付稅는 국가의 독자적인 결정에 의해 배정되므로 그 규모는 최소한으로 국한시켜야 한다.

③ 稅源不均衡의 是正

지방재정의 취약성을 보완하여 지방재정의 확충과 자율성을 확보키 위해서는 현재의 극심한 國稅偏重의 稅源을 地方稅로 移讓하고 새로운 稅源발굴에 노력해야 한다. 이를 위해, 첫째 소득세 중 양도소득세분, 부가가치세 중 유흥음식업, 소매업, 입장세, 통행세, 숙박업, 전기가스세분, 주세중 약·탁주세분과 전화세 등은 지역개발과 직접 관련이 있고 광역적이며 그 추세는 더욱 확대될 것이므로 지방세로 이양되어야 한다.

둘째, 新稅源의 발굴에 있어서도 주민의 조세반발과 경제활동의 위축가능 정도까지 고려해야 한다. 신세원으로는, 먼저 財産稅的 性格을 가진 것으로는 개발이익세, 토지증가세, 광구세, 고정자산세 등이 있고, 利用課稅인 것으로 광고세, 사리채취세, 전주세, 궤도세, 자원개발세, 금고세, 혼잡세, 환경세 등이 고려될 수 있다.

셋째, 地方讓與稅制의 導入이다. 이는 본래 지방세에 속하는 세원은 형식상 일단 국세로서 징수하여 객관적 기준에 의해 지방자치단체에 배분함으로써 목적 및 용도가 자치단체의 결정에 의하는 제도이다. 그 대상으로는 지방도로 양여세, 전기가스양여세, 항공기연료양여세 등을 고려할 수 있는데, 우리의 경우 1991.1.1부터 地方讓與金制度를 도입·실시하고 있다.

(4) 事務配分 및 關與方式의 合理化

① 基本方向

첫째, 전국적인 통일성을 유지하기 위하여 필요한 경우 국가는 최소한의 표준치만을 수립하고 그에 대한 실시, 집행은 지방자치단체에 맡긴다.

둘째, 집행적 사무는 모두 지방에 맡기는 것이 원칙이다. 따라서 현재 중앙부서에 유보되어 있는 「권한」과 「돈」을 원칙적으로 사업을 실시하는 지방자치단체에 귀속시켜야 한다. 이러한 경우에 법률상의 인가권 뿐만 아니라 보조금교부요강 등에 의하여 사실상으로 개입하고 관여하게 되는 통제형식은 과감히 탈피해야 한다.

셋째, 시·도의 광역행정기능, 보완대행기능, 연락조정기능 등 지도기능들은 현행 조직체계의 분류에 따라 소관실·국별로 기능이 축소 또는 확대되어야 한다.

(i) 시·도 자치행정국의 업무 중 시·군 인사조정승인권은 시·군에 파견되는 국가공무원에 대한 전보·조정권으로 국한되어야 한다.

(ii) 시·도 보사국의 업무는 사회복지의 지향이라는 국정목표와는 달리 그 업무가 空洞化되어 사회정책대상의 통계수집관리기능만을 수행하고 있으므로 이

분야에서는 전반적으로 시·군을 실질적으로 지원할 수 있는 시책개발과 지원기능이 강화되어야 한다. 특히 환경공해업무에 대한 기술지도·교육을 강화해야 할 것이다.

(iii) 시·도·농림·식산국의 업무중 대표적으로 배제되어야 할 것은 영농지도 확인 등 형식적이고 낭비적인 행정기능이다. 산업행정은 그 주체인 농민의 자발성과 노력에 비례하는 것이므로 형식적·강압적 지도, 확인행정분야는 과감히 삭제하여야 하고, 증산소득작목, 기술보급 등의 연구지원분야는 확충·강화되어야 한다.

(iv) 시·도 지역경제국의 상공운수지원업무는 고도로 중앙집권화되어 있으므로 중앙으로부터 금융지원, 공단입지지정권 등 실질적인 업무를 위양받아 그 업무를 강화해야 한다.

(v) 시·도 건설국의 업무중 도시계획의 기본계획, 국토계획의 하부계획 이외의 도시계획에 관련된 업무는 중앙으로부터 위양받아 시·군·자치구도시계획 및 조정의 효율성을 보장하는 방향으로 강화되어야 하며, 방화업무는 그 지원기능을 확대·강화하여야 한다.

(vi) 시·도 민방위국의 업무 중 소방공무원에 대한 인사권을 소방법상 인사권자인 시장·군수·자치구청장에게 이양하여야 한다. 다만, 소방령이상 간부전보에 대하여는 시·도지사와 시장·군수·구청장이 대등한 인사권자로서 상호협의 해결해야 한다.

(vii) 시·군·자치구의 감사기능은 강화되어야 한다. 우리의 행정현실은 감사기능이 다원화·중층화되어 감사만능시대가 되어있는 실정이므로 시·군·자치구의 자체감사기능으로 대체되어야 한다.

이에 따른 관련조치로는,

첫째, 經費負擔原則이 確立되어야 한다.

우리와 같이 중앙집권화된 여건 하에서는 경비지원이 없이 사무만을 쉽게 지방자치단체에 위임하는 일이 많으며, 사무배분과 재정배분이 부합되지 못하고 있는 것이 현실이다. 이에 따라 다음과 같은 경비부담원칙이 정립되어야 할 것이다.

(i) 사무배분의 원칙과 기준이 확립되고 이에 따라 사무배분이 이루어짐으로 사무담당주체를 명확히 해야 한다.

(ii) 경비부담구분이 명확해야 한다. 경비부담구분은 국가위임사무가 갖는 국가적 색채의 정도에 따라 다음과 같이 정리될 수 있을 것이다.

<표 5-3> 사무성질별 경비부담

고유사무	자치단체의 자치재원 내지 일반재원으로 처리한다.
위임사무	▸경비부담, 사무종목을 법령(지방자치법 또는 지방재정법)에 구체적으로 명시한다. ▸경비부담률 및 한계를 개별법령에 구체적으로 명시한다.

둘째, 關係法規가 整備되어야 한다.

지방자치단체사무의 종류를 지정하는 방법에는, (i) 개별지정방식, (ii) 포괄적 지정방식, (iii) 포괄적 지정방식과 개별지정방식의 절충방식, (iv) 지방의회의 의결이나 투표로 자기사무로 결정하는 방식이 있을 수 있으나, (iii)의 방안이 보다 현실적이며 지방자치행정에 적합한 방식이라 하겠다. 지방자치법은 지방자치단체가 처리할 사무로 6개 분야 57개 종목에 걸쳐 지정하는 例示的 包括主義方式을 채택함으로써 어느 정도 (iii)안에 부합하고 있다.

그러나 이 案은 채택한다 하더라도 세부적으로는 지방자치단체의 종류, 계층, 도시·농촌적 특성, 농업, 어업, 공업 등 산업적 특성에 따라 구분하여 목록화하여 예시하는 것이 바람직하다고 할 것이다.

② 行政權限 再分配

지방의 자율성을 높이기 위해서는 현재의 무질서하고 비대한 위임사무체계를 합리화해야 할 것이며 그 방향은,

첫째, 민본행정 구현을 위한 住民關聯事務의 下部機關 委任擴大

둘째, 권한과 책임의 일치행정 추진을 위해 內部委任事務의 權限委任化

셋째, 權限委任의 實效性 確保를 위하여 기위임사무의 운영실태를 전면 검토하여 운영개선하는 내용이 되어야 할 것이다.

(i) 행정권한의 하부기관위임확대

주민의 일상생활과 직접 관련되는 사무, 허가, 등록, 면허, 신고수리 등 민원성격의 사무, 반복·집행적 성격의 단순사무, 지역경제 활성화 대책사무, 기타 행정의 적시성, 경제성, 종합성 확보가 요청되는 사무를 대상으로 권한의 하부기관위임확대가 요구된다.

(ii) 내부위임사무의 권한위임화

지방자치단체가 산하기관으로 내부위임하여 처리하고 있는 사무(상급기관으로부터 권한위임된 사무중 산하기관에 내부위임한 사무포함)중 법령상 권한위임이 제한되지 아니

한 사무로서, 인 · 허가, 신고수리 등의 민원사무, 단순반복 · 집행적 성격의 사무, 기타 행정의 현지성이 요구되는 사무는 권한위임되어야 한다.

(iii) 受任事務의 운영개선

중앙, 도, 시, 군으로부터 권한을 기위임(재위임 포함)받아 처리 중에 있는 사무로서 사전승인, 사후보고 등 권한위임기관의 과다한 통제로 인하여 사실상 권한위임의 실효성이 없는 사무, 위임처리와 관련한 과다한 보고요구로 행정의 번잡을 초래하는 사무, 관련사무중 일부만 위임함으로써 권한위임의 실익이 없는 사무, 사무처리권한만 위임되고 관련수입금관리권한은 미위임되어 위임내용이 불합리한 사무, 주사무는 권한위임 되었으나 종(보조)사무는 미위임 또는 내부위임된 사무에 해당되는 사항은 전부위임되는 것이 바람직하다.

③ 事務委任에 따른 指導 · 監督改善

국가는 위임된 사무집행을 관리하고 감독하기 위해서 그 위임사무에 한해 관여가 인정되나,

첫째, 관여를 필요한 최소한도로 하여 권력적인 감독을 배제하고 非權力的인 指導를 활용해야 한다. 즉, 일정한 기준, 권고, 조언, 정보의 공개 등의 知識的 關與를 활용해야 한다.

둘째, 책임의 분담에 있어서는 행정은 될 수 있는 한 주민의 가까운 곳에서 주민의 의사를 반영하면서 주민의 비판과 감시 밑에서 집행되는 것이 바람직한 것이기 때문에 執行事務는 지방자치단체에 맡기고, 중앙정부는 종합, 기획, 지도, 감독 등의 管理的 機能에 집중하여 집행을 확실히 할 수 있도록 행정적 · 기술적 지원 및 조언하고, 집행이 제대로 되고 있는가를 事後監査할 수 있도록 하는 환류(feed back) 기능에 중점을 두어야 한다.

셋째, 위임사무에 있어 위법, 부당한 경우 취소, 정지할 수 있기 때문에 포괄적인 관여의 수단이 되고 있으므로 違法事項에 한하게 하여 지방의 자율성을 확보하여야 할 것이다.

(5) 監査制度確立

① 監査院法에 의한 감사

지방자체감사의 자율성을 확보하기 위해 감사원의 감사대상은 國家機關에 한정시켜야 하고, 지방자치단체가 처리하는 국가사무에 대한 감사는 당해 사무에 대한 所管中央部處監査에 의하여 그 목적을 달성하게 함으로써 지방자치단체의 自體監査體制

確立을 촉진시켜 나가야 할 것이다.

다만, 감사원은 국가의 최고감사기관으로서 기본적인 감사지침의 제공 및 감사계획의 조정을 비롯하여 국민들의 권리구제에 관련되는 청구 등의 처리, 그리고 감사요원들의 전문성 확보를 위한 연수 및 중앙과 지방간의 감사인력교류조정 등을 통하여 지방자치단체의 감사기능향상을 지원해 주는 역할을 담당해야 할 것이다.

② 中央部處에 의한 감사

중앙부처에 의한 감사에 있어서도 원칙적으로 직접 지방에 대해 실시할 것이 아니라 지방자치단체의 자체감사기구에 의하여 실시하도록 하고, 특별한 경우에 한해 주무부처가 직접 감사할 수 있도록 하여야 하며, 그것도 모든 단체를 대상으로 할 것이 아니고 시·도만은 자체감사기구에 의해 대행되도록 해야 한다.

③ 自體監査의 自律性

자체감사의 자율성을 보장하기 위해, 감사요원의 전문성 제고, 공정한 감사실시를 위한 제도적 장치 등이 강화되어야 한다.

(6) 行政管理方法改善

① 基本方向

첫째, 중앙정부는 대규모적인 각종 조정, 연구, 시험기능을 갖추고 있으며, 세분화된 분야별로 전문가를 확보하고 있으므로 상대적으로 열세인 지방자치단체에 지식, 기술의 원조를 함으로써 행정능력의 향상을 도모해야 한다.

둘째, 기술지원은 건설, 보건, 위생, 농업 등과 같은 기술외의 사무관리, 계획관리, 정보제공의 부분에서도 행해져야 한다.

셋째, 구체적인 방법에 있어서도 권력적 감사보다는 방향제시, 조언, 권고, 기술지원, 계획의 설정과 절차, 기술적 세칙의 제정시달 등을 활용해야 한다.

② 條例, 規則의 제정에 관한 관여방법개선

지방자치단체의 자주적 입법권의 확대를 위해, 현재처럼 포괄적이고 일반적으로 제한규정을 둘 것이 아니라 기술적 전문성이 요구되는 건설분야, 전국적인 형평유지가 요청되는 지방세분야, 정원 및 직제, 예산관계조례(특별회계설치 등) 등은 일정기준을 제시해서 그 기준범위 내에서 사전승인 없이 제정할 수 있도록 하고, 그 외는 일본의 경우처럼 사후보고에만 그치게 함으로써 자치입법권을 최대한 보장하여야 할 것이다.

③ 職務怠慢에 관한 監査

현행처럼 일반감사권에 의거하는 경우 그 판단에 있어 국가의 자의성을 배제할 수 없으므로, 감독이 가능한 분야와 사무, 직무태만의 기준을 법으로 규정(열기주의)하여 범위를 축소시키고 절차를 확정하는 동시에 履行命令과 代執行權까지 부여하는 방법이 고려되어야 한다.

④ 지방자치단체 상호간의 紛爭調整

상급기관에 의해서가 아니라 지방자치단체간의 상호협의에 의해 해결조정토록 하고, 미해결시 상급기관의 「자치단체분쟁조정위원회」에 의하여 조정함으로써 자율성과 공정성을 보장하여야 한다.

⑤ 報告 및 資料提出

빈번하고 과다한 보고제도를 합리화하기 위해 부처간 「자료공동이용체계」를 확립하고 이를 위해 「행정자료실」과 「행정전산망」을 구축해야 한다.

보고제도를 검토하여 유사보고를 통·폐합하고, 동시에 업무단위별로 체계적인 자료정리와 철저한 보존이 요구된다.

⑥ 確認調査

빈번하고 중복된 지도방문을 지양하기 위해 대상사무를 個別指定하고 가급적이면 정기적 적기를 정함으로서 중복을 방지하여야 한다.

⑦ 認可, 同意, 許可 등의 承認

承認은 가급적 사후승인의 방안을 채택함으로써 지방단체의 자율성을 존중해 주어야 하며, 승인사항은 최소화하는 방향으로 개별지정함으로써 자치단체의 재량을 강화시켜 주어야 한다.

3) 地方自治團體의 對應力强化

지방자치단체가 지방자치의 실질을 확보하면서 자율성도 증대시키기 위해서는 앞절에서 제시된 중앙의 지방관여에 대한 방식이 개선되어야 하며, 이러한 개선 필요성에 대한 공통인식 및 제도화가 동시에 추진되어야 한다. 뿐만 아니라 더욱 중요한 것은 중앙의 통제를 완화, 축소시키는 것뿐만 아니라 地方自治團體가 중앙에 影響力을 행사할 수 있도록 제도화하는 여건을 조성하는 일이다.

(1) 政策決定參與制度化

지방자치단체가 중앙에 영향력을 행사하는 방법이 제대로 실효성을 확보하지 못하는 가장 큰 원인은 지방자치단체가 주장하는 내용의 채택이 義務化되지 못하고 中央政府의 恣意的 決定에 좌우되기 때문이다.

더욱이 지방자치단체를 중앙의 일선기관시하는 중앙집권적 전통이 강한 우리의 경우는 지방의 영향력은 전무라고 할 만큼 극히 축소되어 있는 실정이다.

따라서 지방의 중앙결정에의 참여를 제도화하는 것이 지방의 대응력 확보를 위해 필요하다고 할 것이다.

지방과 관련된 중앙의 결정에 관련 지방자치단체의 의견을 표시하거나 일정 자료의 제출은 의무화하고, 지방관련 정책결정을 심의하기 위하여 지방자치단체를 구성원으로 하는 위원회를 구성하여 의무적으로 위원회의 심의를 거치도록 하거나, 특히 지방자치단체의 중요한 사항에 대한 정책결정과정에 혹은 실시하기 전에 관련 지방자치단체의 事前協議나 同意를 제도화하는 것이 요망된다.

지방의 참여를 의무화할 분야로서 지방의 이해와 직접 관련되는 중요사항으로는,

① 국가 및 지방자치단체의 基本組織 및 運營

② 지방자치단체에 커다란 부담을 주는 財政的 決定

③ 地域開發, 環境汚染防止問題

④ 수 개의 단체를 초월하는 廣域的 行政需要에 관한 분야 등이 될 것이다.

(2) 地方自治團體聯合會의 構成

영·미·일본의 경우 수많은 각종 지방간의 연합회를 통해 중앙에 대한 영향력을 행사하고 있다.

이러한 연합회의 형태로는,

① 시장(특별시, 광역시)과 도지사의 협의회

② 시장협의회(전국단위, 도단위)

③ 군수협의회(전국단위, 도단위)

④ 지방의회협의회(시·도연합회, 시연합회, 군연합회)

⑤ 위의 협의회의 전국적 연합회 등의 형태가 될 것이다.

이러한 연합회는 자발적인 조직으로 구성되어야 하며, 지방과 연합된 정책에서의 지방이익의 반영과 보호를 위해 상호지원하고 협력하여야 한다.

(3) 地方政治의 活性化

지방정치의 구성요소, 즉 政黨, 地方議會, 壓力團體, 言論媒體, 住民參與 등의 요소들은 그 활동영역의 확대, 활발정도, 지역적 단결에 따라 지방의 중앙에 대한 영향력 증가에 상당한 역할을 한다.

지방정치의 활성화는 주민의 지역적 이해에 관심을 갖게 되고, 이에 따라 참여가 확대될 것이므로 중앙에 대한 영향력 행사를 위한 각종 활동을 활발히 펼치게 된다.

따라서 지방의 중앙에 대한 영향력의 정도는 지방의 정치화 정도에 비례한다고 보아야 한다.

이러한 지방정치의 활성화를 위해 정치적・행정적・경제적 자원(resource)의 잠재요소를 발굴해서 현재화하고 활성화하는 것이 필요하다.

특히 주민의 정치적 무관심을 극복하고 자치단체의 정치와 행정에 적극 참여하는 주민참여의 활성화가 요구된다.

4) 새로운 力學關係의 實效性 確保

앞에서 논의된 국가와 지방간 정치역학관계의 문제점과 이의 해결을 위한 바람직한 관계의 代案들이 단지 연구와 제시로서 그친다면 아무런 의의가 없을 것이다.

실질적인 새로운 관계의 확보를 위해서는 공동의 인식, 즉 문제의 존재와 그 중요성을 인식하고 문제해결대안을 제도화하며 끊임없이 보완하려는 노력과 자세가 필요하다. 뿐만 아니라 새로운 관계로 정착화 시키기 위해서는 전제되어야 하는 조건들이 존재한다. 그러한 요소들이 충족되어야 지방자치시대의 새로운 역학관계의 실효성을 확보할 수 있게 된다. 이러한 조건들은 중앙의 통제에 대응하여 地方의 自律性을 强化하기 위한 것이라고 할 수 있다.

(1) 權限移讓과 行政能力의 提高

지방자치단체를 중앙정책에 종속시키고 통제를 강화하여 중앙의 일선기관화하는 것을 심화시키는 중요요인으로 작용하고 있는 것은 위임사무, 특히 機關委任事務의 過多와 그에 따른 과도한 監督과 統制이다.

중앙의 통제를 축소하고 지방의 자율성을 제고하기 위해 행정사무의 재배분이 이루어져야 하는데, 이는 위임사무의 축소 내지 고유사무화, 중앙권한의 이양, 위임사무에 따른 통제・감독의 축소 내지 완화가 이루어 질 것으로 예측된다.

따라서 지방자치단체는 확대된 지방의 권한과 사무를 국가의 통제와 조정에서 벗어나 이를 효과적으로 처리키 위하여 行政能力을 提高하여야 한다.

첫째, 지방의 결정권한이 확대되는 반면에, 집행과정에 대한 중앙의 감독, 간섭이 약화될 것이므로 스스로의 판단과 책임 하에 결정과 집행과정의 적절성을 확보키 위해 政策, 企劃能力과 管理能力의 향상이 요구된다.

둘째, 이와 관련하여 硏究 및 評價機能이 강화되어야 한다.

전문담당기관을 신설하거나 기존의 공무원교육원을 교육기능 외에 연구기능까지 담당토록 확대, 강화하고 기획담당부서의 형식적인 평가기능을 개선하여 전문화할 수 있도록 하여야 한다.

셋째, 文書管理의 科學化가 요구된다.

하부기관에 대한 지시문서의 종합시달, 대장·카드 등의 복사, 종합보고 등에 의한 상급기관보고제의 개선, 행정방송 및 전신·통신활용 등으로 민원사무의 종합처리 및 일괄통보제 등을 통한 보고문서간소화 및 문서양 감축을 하고, 서식관리기법의 과학화, 문서관계법의 개선, 공문서분류방법 및 보존제도의 개선을 통해서 文書事務管理의 科學化를 이룩해야 한다.

넷째, 科學的 行政裝備의 擴充 및 事務自動化가 요구된다.

현행 지방행정기관의 행정장비는 상당히 뒤떨어져 있는 형편이며 이는 과학적 사무관리를 어렵게 하고 있다. 앞으로의 정보화시대에의 대처 및 폭증하는 행정수요에 대처하기 위해서는 사무자동화(office automation) 및 행정장비의 확충이 시급하다.

다섯째, 行政情報網의 시스템이 확충되어야 한다.

행정전산망의 완비·software의 개발과 자료실의 기능을 확대 보강하고 연결체제를 구축하여 종합정보 center(AIS)화한다.

여섯째, 專門性이 강화되어야 한다.

전문성을 확보할 수 있도록 교육, 훈련의 강화, 합리적인 직위분류, 임용방법의 개선, 외부전문가 기용 등의 방법이 강구되어야 한다.

(2) 地方公務員 資質向上과 教育 및 硏究機能强化

지방자치실시에 부응하고 새로운 중앙과 지방의 관계발전을 위해 지방공무원의 전문성 강화와 일반직무능력 배양, 바람직한 태도변화훈련의 강화가 요구된다. 이는 행정안전부의 시·도에 대한 지도·감독기능이 상대적으로 축소됨에 따라 지방공무원의 교육·훈련·연구기능이 확대·발전되어야 하기 때문이다.

첫째, 職務訓練에 대한 수요는 전문화되고 다양화될 것이므로 그에 따라 훈련내용을 분화시키고 가능한 한「訓練의 個人化」를 추구해야 할 것이다. 공무원들의 성장과 성숙을 촉진할 수 있도록 일반능력향상훈련도 확장하여야 할 것이다.

둘째, 바람직한 行態의 변화훈련에 중점을 두어야 한다. 즉, ① 통찰력·판단력의 육성, ② 지방행정환경변화에 대한 대응능력과 강력한 추진력의 육성, ③ 대외적으로, (i) 주민의 의사를 경청·존중하여 행정에 반영, (ii) 행정을 주민편의 위주로 처리, (iii) 특정계층의 이익이 아닌 공익을 우선하여 증진시키는 자세를 갖도록 敎育機能을 강화해야 한다.

셋째, 교육의 효율화를 위해서 훈련사업의 절제 없는 양적 팽창이나 획일주의, 형식주의는 억제되어야 한다. 訓練의 質的 深化를 꾀하고 훈련의 시장성을 높여 수요에 따란 훈련공급이 이루어지게 하여야 한다. 훈련의 수요와 공급을 잘 복합시켜 훈련의 실질적 효용을 높이려면 당연히 훈련수요조정을 잘 해야 한다.

넷째, 公務員敎育體系가 개선되어야 한다.

지방공무원의 교육형태는, ① 지방공무원교육원, ② 보조교육기관, ③ 국방대학원 위탁교육, ④ 국가행정연수원으로 되어 있어 중복과 비효율을 보이고 있으므로, ①② 는 지역적 특성과 실정에 부합되는 전문성과 소양교육의 방향으로, ③④는 일반 공통 내용과 고도의 전문기술 내용의 교육과 바람직한 교육방법이나 program, 교재의 개발에 중점을 두어야 한다.

(3) 住民參與活性化

국가의 불필요한 간섭과 통제를 지양하고 지방자치단체의 실질적인 자율성을 제고키 위해서는 주민의 정치행정에의 활발한 참여가 중요한 조건이 된다.

住民參與는 행정과정에 주민의 의사와 이익을 반영시켜 행정을 민의에 부합되는 방향으로 유도함으로써, 중앙의 획일적인 통제를 거부하고, 지역의 특수성과 다양성을 확보하여 지방자치단체의 자율성을 강화하는 활력소가 되기 때문이다.

이러한 주민참여의 方法으로는, (i) 각종위원회, 반상회, 여론 moniter, 공청회, 대화행정, 진정, 소원, 청원 등 직접적인 방법과, (ii) 이익집단을 통한 압력활동, 정당참여, 집단민원, 언론매체 등에 의한 여론조사, 행정소송 등 정치적이고 사법적인 경로로 처리하는 간접적인 방법이 있다.

그러나 우리의 경우 각종 참여제도와 시책운영이 형식화되어 있어 실질적인 참여가 미흡한 실정이다. 주민의 의식수준 미흡, 주민조직의 미약, 공무원의 권위주의적·형식적 가치관, 관련자의 무관심, 제도상의 미비점등으로 인해서 참여가 하나의 제도적 장식물로 전락했다고 볼 수 있다.

따라서 지방자치시대에 있어 국가의 통제를 최소화하고 지방자치를 증대시키기 위해서는 주민참가의 활성화가 필요하며 이를 위해 다음과 같은 노력이 요구된다.

① 기존 주민참여제도의 운영합리화

반상회, 위원회, 대화행정, 공청회 등의 각종 기존 참여제도를 형식적 운영에서 탈피하여 실질적으로 주민의 의사를 반영할 수 있도록 개선하여야 한다.

② 새로운 참여제도의 도입

주민위원회, 주민보고회, 주민제안제도 등 각종 새로운 참여제도의 도입으로 다양한 행정수요에 적극적으로 대처한다.

③ 주민참여를 위한 사회적 분위기조성

주민들이 애향심과 동참의식을 가지고 행정과정에 참여할 수 있도록 협동적 사회분위기를 조성하여야 한다.

④ 지방공무원교육 내실화

지방공무원들의 부정적 가치관을 개선하기 위한 교육을 강화한다. 또한 합리적 의사결정을 할 수 있는 능력과 자질을 구비할 수 있도록 직무교육을 강화한다.

⑤ 情報公開法의 강화

정보개시청구권과 정보공개의무를 강화하여 행정정보공개제도를 확립할 수 있도록 제도적 미비점을 보완한다.

⑥ 行政節次法의 강화

일반행정절차법상의 사전청문, 공개청문회 등을 실질적으로 보장하여 주민참여를 확보해야 한다.

(4) 自體統制 및 調整機能 强化

국가와 지방간의 수평적인 기능분담관계로의 전환에 따라 종래의 후견적, 권력적 감독제도가 완화 내지 폐지될 것으로 예측된다.

이에 따라 기존의 감독 내지 감사에 갈음하여 지방자치단체의 행정운영의 공정성과 효율성을 평가하고 보장하기 위한 자체감독·감사제도와 분석 및 평가기능, 조정기능의 강화가 요구된다.

그것은 지방자치 하에서 직원임용에 있어 연고성으로 인한 지역적 경직성, 배타성으로 인해서 발생되는 혈연, 지연, 학연을 통한 지방공무원 상하간, 지방공무원과 지방의원간의 유착과 파벌의 조성, 공무원과 주민의 유착으로 인해 공무원범죄가 급증하는 경향이 있기 때문이다.17)

이러한 부정·부패를 방지하기 위해, 자체감사조직과 인력을 보강, 전문화하는 등 감사방법의 개선과 감사의 효율화를 추진하여야 한다.

더 나아가 ombusman제도의 도입을 검토하는 것도 필요하다.

(5) 地域經濟의 活性化

오늘날 地域經濟는 극히 낙후되어 있어 지방자치제 정착의 장애요인으로 작용하고 있다. 그것은 지방자치단체의 收入源을 축소시켜 재정자립도를 취약하게 만들기 때문이다. 이러한 지역경제의 침체는 대도시 중심의 개발과 공업단지의 일부지역에의 편중으로 인한 것이다.

따라서 지방자치의 중요요소인 財政自立度의 提高, 즉 재정확충을 위하여 지역경제를 활성화시켜야 한다.

이를 위해 중소기업의 육성이 요구되는데, 지방자치단체는 산업체제상 중소기업이 자치해야 할 위치와 역할을 중시하고 적극적인 개발과 체제개선을 강구해야 한다. 또한 중소기업을 중심으로 하여 地方特化産業을 육성하고 지방의 小工業團地를 조성하는 한편, 선진국형 중소기업이나 가내공업 등을 일으키도록 독려하여야 할 것이다.

생산성향상과 유리한 여건조성을 위해서 현대화된 기업 등에 종사할 수 있도록 주민들의 기술과 기능을 개발시키는 일에도 주력해야 할 것이다.

더 나아가 근대화된 생산시설과 관리방식이 도입되어야 한다.

17) 일본의 경우 1989년 1년간에 독직, 도로교통법위반, 횡령, 도박, 폭행, 상해 등 형사사건에 계류된 지방공무원수가 6,083인으로, 하루 평균 17인이며 그 중 3분의 1이 형사처벌을 받은 것으로 나타나고 있는 것은 자체 통제기능강화의 필요성에 대한 사례로 지적된다.

제 2 절 地方自治團體相互間의 관계

지방자치단체간의 관계는 자치권을 가진 法人사이의 人格 대 人格의 관계이므로 원칙적으로 상·하관계라든가 감독·피감독의 관계는 성립하지 않는다.

기초자치단체상호간, 광역자치단체상호간에서는 예외 없이 對等關係의 지위에 선다. 그러나 기초자치단체와 광역자치단체사이의 관계에 있어서는 원칙적으로 대등관계이지만, 법령의 규정에 의하여 상·하 또는 감독·피감독의 비대등한 관계가 성립하는 경우가 있다.[18)]

지방자치단체간의 비대등관계에 있어서는 지방자치법상 세 가지 측면에서 고찰할 수 있다.[19)]

첫째, 地方自治團體로서의 광역자치단체와 기초자치단체간의 관계

둘째, 國家機關으로서 광역자치단체와 기초자치단체간의 관계

셋째, 國家機關으로서 광역자치단체와 自治團體로서의 기초자치단체간의 관계이다.

1. 廣域自治團體와 基礎自治團體間의 관계

1) 地方自治團體의 地位에서의 양자의 관계

현행 지방자치법은 시와 군은 도의 관할구역 안에 두며, 자치구는 특별시와 광역시의 관할구역 안에 둔다(법 §3:2)라고 규정하고 있으므로 상·하관계가 있는 것처럼 보이나 그렇지 않다. 이것은 행정구역상 시·군·자치구의 관할구역이 도·특별시·광역시의 관할구역 안에 있다는 것을 의미할 뿐, 양자는 대등한 관계에 있는 것이다.

시·도는 광역자치단체로서 그 나름대로의 사무를 처리하고, 시·군·자치구는 기초자치단체로서 나름대로 자치사무를 처리하면 되는 것이고 그간에 서로 경합하지 아니함을 원칙으로 하고 있다(법 §10:3).

---

18) 崔昌浩, 지방자치제도론(서울:삼영사, 1988), p. 424.

19) 金亨培, 지방자치론(서울:계명사, 1988), pp. 104～108.

따라서 여기에서 중요한 것은 양자의 自治行政機能이 명확하게 분담·정립되어야 한다는 것이다.

문제는 우리나라의 경우 시장·도지사와 시장·군수·자치구청장이 다 같이 대등한 지방자치단체의 집행기관으로서의 지위와 상·하관계를 갖는 국가기관으로서의 지위를 아울러 지니고 있을 뿐만 아니라 그 처리하는 사무면에서도 지방자치단체의 고유사무와 단체위임사무, 기관위임사무의 성격의 한계가 분명하지 아니한 상태에서는 기초자치단체의 자주성과 자율성이 손상될 소지가 있는 등 여러 가지 부작용이 있을 수 있음을 간과해서는 안된다는 것이다.

그러므로 영국·일본에서와 같이 광역자치단체와 기초자치단체간에 그 기능이 명확하게 배분될 것이 요청된다.[20]

그런 의미에서 현행 지방자치법이 지방자치단체의 종류별 사무배분기준에 관한 규정(법 §10)을 신설하고, 구체적인 사항을 대통령령에 위임한 것은 지방자치제도의 先進化라고 볼 수 있을 것이다.

2) 國家機關으로서 市·道知事와 自治團體로서의 市·郡·自治區의 관계

국가기관으로서 시·도지사는 공익과 질서·전국적 통일성의 확보라는 차원에서 시·군·자치구에 대하여 일정한 범위 안에서 指導·監督權을 갖는다.

① 지도·감독권(법 §156, §153:1)
② 위법·부당한 명령·처분에 대한 취소·정지권(법 §157:1)
③ 자치사무에 대한 감사권(법 §158)
④ 승인권(법 §6:1, §149:1, §154:1, §159:3)
⑤ 조정·지정·지시권(법 §140:1, §146:1, §5:2, §89:3, 4, 5, §159:1)
⑥ 보고의 징수(법 §141:1, 4, §142:1)
⑦ 행정지도권(법 §155:1, §142:3)

3) 國家機關으로서의 市·道知事와 市長·郡守·自治區廳長

시·도지사와 시장·군수·자치구청장은 국가의 행정기관으로서 국가사무를 관리·집행한다(법 §93). 이 경우 시·도지사가 그 사무에 관하여 전폭적인 지휘·감독

---

20) 영미법계국가에서는 개별적 지정주의에 의하여 각 지방자치단체별로 사무에 따라 권한을 부여하고 있으므로 자치단체간의 기능분담이 명백하고, 일본에 있어서도 시·정·촌과 도·도·부·현간의 기능배분에 관하여 매우 상세하게 규정하고 있다.

권을 가지며, 양자 사이에는 上命下服關係가 성립된다.

지방행정현실에 있어서는 이 관계가 두드러지기 때문에 자치단체로서의 대등한 지위는 간과하는 경향이 있다.

2. 地方自治團體相互間의 協力關係

교통・통신의 발달, 생활・경제권의 확대, 도시화와 과밀화의 진전, 행정수요의 고도화・다양화 등의 地方行政의 環境變化는 지방자치단체의 행정구역을 넘어 처리하지 않으면 안될 행정분야를 확대하는 동시에 행정서비스의 제공에 있어서 합리성과 높은 효율성을 요구하고 있다. 따라서 지방자치단체의 능력을 보완하고, 사무처리의 효율성을 높이며, 광역행정의 요구에 대응하기 위하여 지방자치단체상호간의 협력체제[21]가 필요하게 되었다.

현행 지방자치법은 지방자치단체상호간의 관계(제8장)에 관한 章을 신설하고 지방자치단체간의 協力의 原則(법 §139)을 천명하면서, 事務委託, 行政協議會, 地方自治團體組合 등 세 가지 협력방식을 규정하고 있다.

1) 事務委託

(1) 事務委託의 개념

지방자치단체의 사무의 일부 또는 그 장의 권한에 속하는 사무의 일부를 다른 지방자치단체 또는 그 장에게 위탁하여 처리하게 할 수 있다(법 §141:1 전단).

21) 지방자치단체간의 협력방식은 公法상의 방식과 私法상의 방식으로 나누어 볼 수 있다.

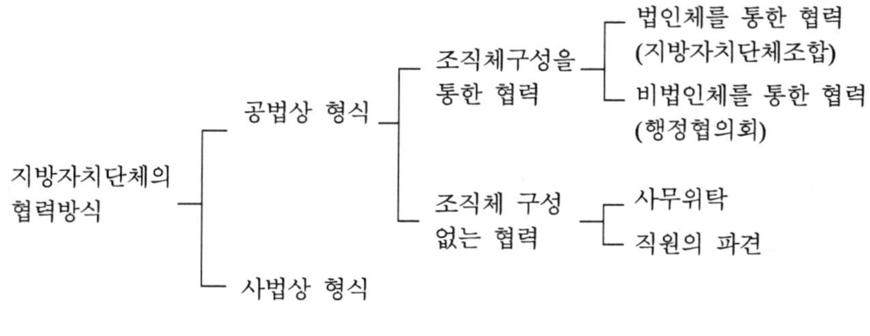

(2) 사무위탁의 法律關係

사무위탁을 받은 자치단체 또는 장은 그 본래의 자기사무와 더불어 자기책임아래 처리하는 권한을 가지며 위탁한 자치단체 또는 장은 당해 사무에 관한 관리집행권을 상실한다. 그러나 사무처리의 결과는 위탁한 자치단체 또는 그 장이 스스로 처리한 것과 같은 효과를 낳으므로 당해 사무에 관한 법령적용관계에 있어서 規約을 달리 정한 경우를 제외하고는 위탁한 자치단체의 관계 조례 또는 규칙이 사무를 위탁받은 자치단체에 대하여도 적용된다(법 §141:5).

(3) 사무위탁의 節次

사무위탁은 관계되는 지방자치단체간의 協議에 따라 規約을 告示함으로써 성립하는데(법 §141:2), 이 경우 사무위탁의 당사자가 시 · 도 또는 그 장인 경우에는 행정안전부장관 및 관계 중앙행정기관의 장에게, 시 · 군 · 자치구 또는 그 장인 경우에는 시 · 도지사에게 이를 報告하여야 한다(법 §141:1 후단).

이러한 보고는 그 내용을 變更하거나 解止하는 경우에도 적용된다(법 §141:4).

사무위탁에 관한 규약에는 다음의 내용이 포함되어야 한다(법 §141:2).

① 사무를 위탁하는 지방자치단체와 사무를 위탁받는 지방자치단체

② 위탁사무의 내용과 범위

③ 위탁사무의 관리와 처리방법

④ 위탁사무의 관리 및 처리에 소요되는 경비의 처리 및 지출방법

⑤ 기타 사무위탁에 관하여 필요한 사항

2) 行政協議會

(1) 行政協議會의 특성

둘 이상의 지방자치단체에 관련된 事務의 一部를 共同으로 처리하기 위하여 관계 지방자치단체간의 행정협의회를 구성할 수 있다(법 §142:1).

행정협의회는 지방자치단체조합과는 달라서 법인격 있는 특별지방자치단체는 아니다.

그러나 그 협의결정사항과 사무처리의 효력을 확보하고 협의회의 운영을 활성화하기 위하여 强行規定을 두고 있다(협의회의 결정의 구속력).

[그림 5-6] 사무위탁의 방식 및 절차

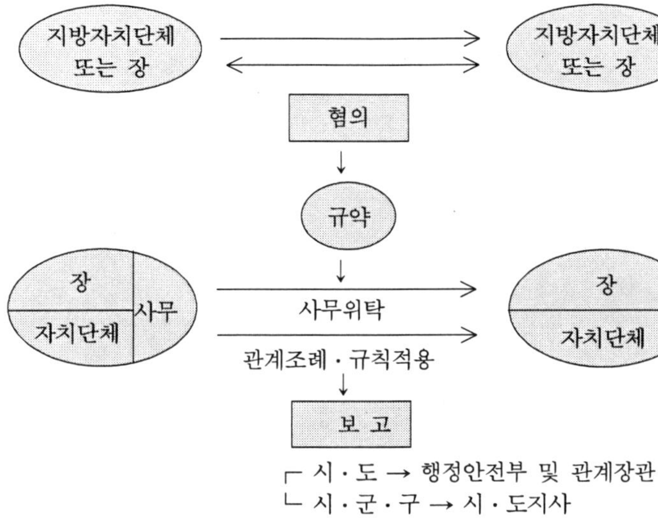

① 협의회를 구성하는 관계 지방자치단체는 협의회가 결정하는 바에 따라 당해 사무를 처리하여야 한다(법 §147:1).

② 협의회에서 합의가 이루어지지 아니한 사항으로서 행정안전부장관 또는 시 · 도지사가 조정위원회(법 §140의 2)의 심의를 거쳐 조정결정한 사항이 있을 때에는 관계지방자치단체의 장은 이를 이행하여야 한다(법 §147:2).
이를 이행하기 위하여 필요한 예산은 우선적으로 확보하여야 하고, 연차적으로 추진해야 할 사업은 연도별 추진계획서를 행정안전부장관 또는 시 · 도지사에게 보고하여야 한다(법 §140의 2:3, 4).

③ 협의회가 관계 지방자치단체 또는 그 장의 명의로 행한 사무의 처리는 관계 지방자치단체 또는 그 장이 행한 것으로 효력을 가진다(법 §147:3).

④ 협의회가 사무처리를 위하여 필요한 때에는 관계 지방자치단체의 장에 대하여 자료의 제출, 의견의 개진 기타 필요한 협조를 요구할 수 있다(법 §145).

(2) 行政協議會의 設置節次

行政協議會는 관계 지방자치단체간의 協議에 따라 規約을 정하여 관계 지방의회의 의결을 거친 다음, 이를 告示함으로써 구성한다(법 §142:2). 이 경우 시 · 도가 그 구성원인 경우에는 행정안전부장관과 관계 중앙행정기관의 장에게, 시 · 군 · 자치구가 그 구성원인 경우에는 시 · 도지사에게 이를 보고하여야 하며(법 §142:1 후단), 그 規約을

變更하거나 協議會를 廢止할 경우에도 또한 같다(법 §148).

〔그림 5-7〕 행정협의회의 방식 및 설치절차

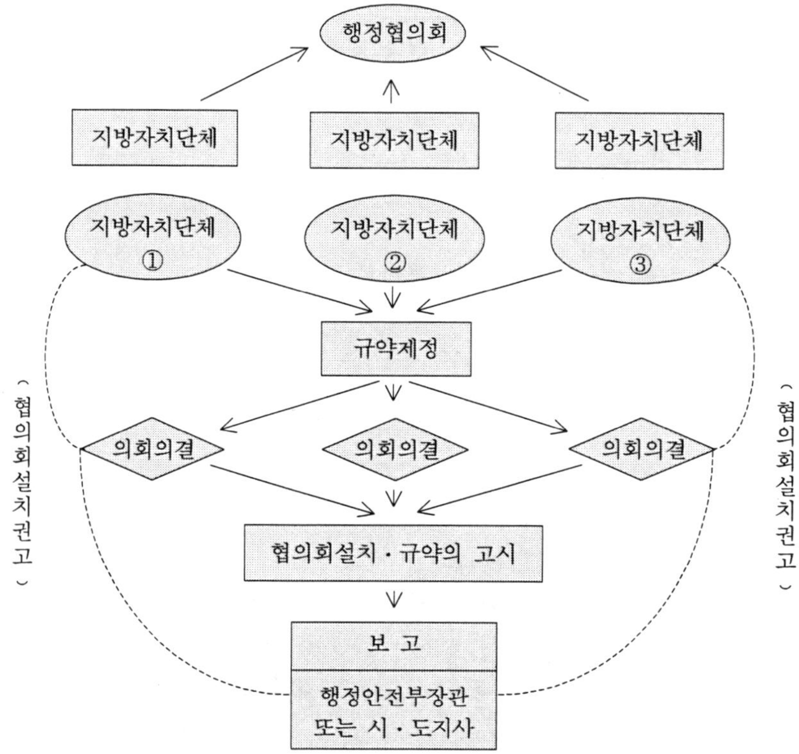

협의회는 會長과 委員으로 구성되는데, 규약이 정하는 바에 따라 지방자치단체의 직원 중에서 선임한다(법 §143).

한편 행정안전부장관 또는 시 · 도지사는 공익상 필요한 경우에는 관계 지방자치단체에 대하여 협의회의 구성을 勸告할 수 있으며(법 §142:3), 협의회에서 합의가 이루어지지 아니한 사항에 대하여 관계 지방자치단체의 장으로부터 조정요청이 있는 때에는, 시 · 도간의 협의사항에 대하여는 행정안전부장관이, 시 · 군 · 자치구간의 협의사항에 대하여는 시 · 도지사가 이를 조정할 수 있다(법 §146:1). 이 경우 調整權者는 조정위원회(법 §140의 2)의 심의와 관계 중앙행정기관장과의 협의를 거쳐야 한다(법 §146:2).

또한 협의회를 구성하는 관계 지방자치단체는 협의회가 결정한 사항이나 행정안전부장관 또는 시 · 도지사가 조정한 사항은 그 내용에 따라 사무를 처리하여야 하며,

협의회가 관계 지방자치단체 또는 그 장의 명의로 행한 사무의 처리는 관계 지방자치단체 또는 그 장이 행한 것으로서의 효력을 가진다(법 §147). 따라서 행정협의회는 단순한 합의기관에 그치는 것이 아니라 집행기관의 성격도 지닌다.

협의회의 規約에는 다음 각호의 사항이 포함되어야 한다(법 §144).

① 협의회의 명칭
② 협의회를 구성하는 지방자치단체
③ 협의회가 처리하는 사무
④ 협의회의 조직과 회장 및 위원의 선임방법
⑤ 협의회의 운영 및 사무처리에 필요한 경비의 부담 및 지출방법
⑥ 기타 협의회의 구성 및 운영에 관하여 필요한 사항

(3) 調整委員會

행정협의회에서 합의가 이루어 지지 않아 행정안전부장관 또는 시 · 도지사의 조정을 받아야 할 경우, 행정안전부장관 또는 시 · 도지사는 지방자치단체 분쟁조정위원회의 심의와 관계중앙행정기관의장과의 협의를 거쳐야 한다(법 §147:2, §140의 2).

조정위원회는 필요적 심의기관으로서 행정안전부장관 또는 시 · 도지사소속하에 두고 이의 구성 · 운영에 필요한 사항은 대통령령 또는 조례로 정한다(법 §140의 2:2).

① 조정위원회의 종류 · 구성

분쟁의 조정권자가 행정안전부장관과 시 · 도지사로 이원화되어 있는 것에 상응하여 조정위원회의 종류도 이원화되어 있다. 즉, 행정안전부장관소속하에 中央調整委員會(영 §47의 10:3), 시 · 도지사 소속하에 地方調整委員會(영 §47의 10)를 둔다.

중앙조정위원회는 위원장(행정안전부차관), 부위원장(행정안전부본부장)을 포함한 15인 이내의 위원으로 구성한다(영 §47의 3:1, 2). 위원은 관계부처의 1급 공무원과 그 분야에 학식과 경험이 풍부한 자 중에서 행정안전부장관이 임명 또는 위촉한다. 공무원이 아닌 위원의 임기는 1년으로 하되, 연임할 수 있다(영 §47의 3:3, 4).

지방조정위원회는 위원장(부시장 · 부지사), 부위원장(시 · 도의 기획관리실장)을 포함한 15인 이내의 위원으로 구성한다(영 §47의 10:1, 2). 위원은 관계행정청의 공무원과 그 분야에 학식과 경험이 풍부한 자 중에서 시 · 도지사가 임명 또는 위촉한다(영 §47의 10:3).

② 조정위원회의 심의사항

조정위원회가 심의하여야 하는 사항은, (ⅰ) 법 제140조에 따른 지방자치단체 상호간의 또는 지방자치단체장 상호간의 분쟁의 조정, (ⅱ), 법 제146조 1항에 따른 행정협의회의 협의사항의 조정에 필요한 사항이다.

③ 조정위원회의 심의절차

조정위원회의 위원장은 회의를 소집하고 그 의장이 된다(영 §47의 5:1, ①, 영 §47의 10:4).

조정위원회는 재적위원과반수의 출석으로 개의하고, 출석위원 3분의 2이상의 찬성으로 의결한다(영 §47의 5:1, 영 §47의 10:4).

위원장은 조정위원회의 심의사항과 관련하여 필요하다고 인정할 때에는 관계공무원 또는 관계전문가를 출석시켜 의견을 듣거나, 관계기관 또는 관계단체에 대하여 자료 및 의견제출 등을 요구할 수 있다(영 §47의 6, 영 §47의 10:4).

조정위원회의 심의를 거치지 아니하고 이루어진 조정결정은 절차상 하자가 있는 위법한 결정으로서 법이 예정하고 있는 소정의 효과를 발생시키지 못한다고 해석된다.

3) 地方自治團體組合

(1) 地方自治團體組合의 특성

하나 또는 둘 이상의 사무[22]를 共同으로 처리하기 위하여 필요한 때에는 規約을 정하여 당해 지방의회의 議決을 거쳐 시·도는 행정안전부장관의, 시·군·자치구는 시·도지사의 承認을 얻어 지방자치단체조합을 설립할 수 있다(법 §149).

지방자치단체조합은 特別地方自治團體로서 고유의 구역, 사무, 기구 및 재산을 보유하고 독자적인 기능을 가지지만 보통 지방자치단체에 비하여 2차적이고 편의적인 존재이다.

지방자치단체조합은,

① 그 구성원이 주민이 아니라 조합에 참여하는 地方自治團體이다.

② 그 권능이 포괄적이 아니라 制限的이다.

22) 1989.12.30 법개정에 의하여, 지방자치단체조합의 설치목적을 특정사무에서 複合事務處理로 개정하였다. 즉, 복합적 사무조합의 구성이 가능하게 되었다.

③ 해산에 있어서 任意性이 인정된다는 점 등이 그 특징이다.

(2) 地方自治團體組合의 設立節次

지방자치단체조합은 規約을 정하여 당해 지방의회의 의결을 거쳐 시·도는 행정안전부장관의, 시·군·자치구는 시·도지사의 承認을 얻어 설립하며(법 §149:1), 조합의 규약을 變更하거나 解散하는 때에도 같은 절차를 거친다(법 §154:1).

조합은 관계 지방자치단체의 신청에 기초하고, 상급기관의 승인에 의하여 설립되는 任意設立이 원칙이며, 예외적으로 행정안전부장관에 의한 强制設立이 인정된다(법 §153:2).

지방자치단체조합을 설립할 수 있는 主體는 시·도와 시·군·자치구뿐이다. 지방자치단체조합이 다른 조합의 설립주체가 될 수 있는가에 대하여는 의문이 있으나, 어떤 사무를 공동처리하기 위하여 설립된 지방자치단체조합이 당해 사무의 처리에 관해 별도의 조합을 설립하는 것은 원래 조합의 존재이유를 무시하므로 이를 부정하는 것이 타당하다. 그러나 일본의 경우에는 이를 인정하고 있다(일본지방자치법 §292 참조).

조합의 規約에는 다음 사항이 포함되어야 한다(법 §152).

① 조합의 명칭
② 조합을 구성하는 지방자치단체
③ 사무소의 위치
④ 조합의 사무
⑤ 조합회의의 조직 및 위원의 선임방법
⑥ 집행기관의 조직 및 선임방법
⑦ 조합경비의 지출방법
⑧ 기타 조합의 설립·운영에 관한 사항

조합의 設立時期는 감독기관의 승인을 받은 때이다. 원칙적으로 그 성립시기는 規約이 정하는 바에 의하지만, 규약에 아무런 정함이 없을 때에는 承認日이 설립일이 된다.

따라서 지방자치단체조합은 설립등기를 필요로 하지 않는다고 해석된다. 그러나 그 설립은 설립지방자치단체의 사무처리범위에 중대한 영향을 끼치므로 조합설립과 규약내용에 대해서는 告示 등에 의해 주민에게 알려야 한다.

조합이 설립되면 규약으로 정한 공동처리사무의 처리권한은 설립단체로부터 조합으로 이관된다. 지방자치단체의 폐치·분합이 있을 때에는 그 지역이 새로이 속하게

[그림 5-8] 지방자치단체조합의 방식 및 설립절차

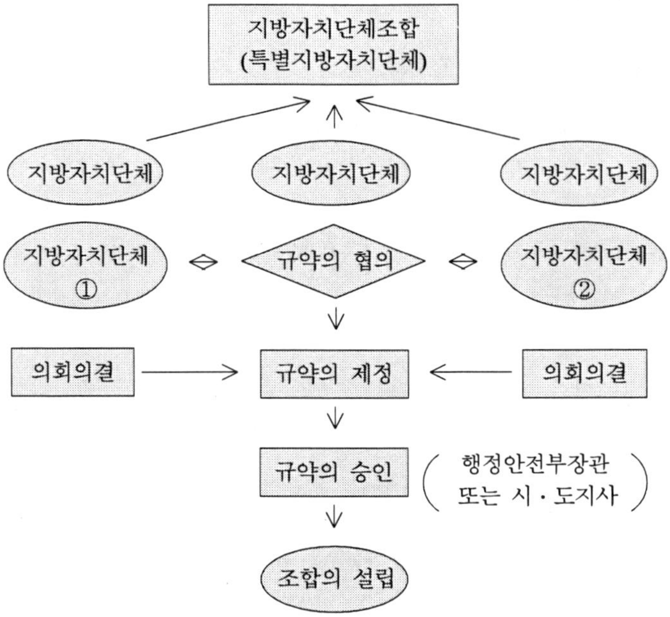

된 지방자치단체가 그 사무를 승계하게 되므로(법 §5:1), 조합의 경우에도 이러한 법리가 적용된다. 따라서 사무의 승계에 있어서 고시 등 외부에 대한 표시행위를 필요로 하지 않는다고 해석된다.

지방자치단체조합은 任意設立을 원칙으로 한다. 그러나 예외적으로 공익상 필요가 있는 경우에는 행정안전부장관은 조합의 설립을 명할 수 있다(법 §153:2).

(3) 地方自治團體組合의 組織

지방자치단체조합에는 組合會議와 組合長 및 事務職員을 두며(법 §150:1), 組合規約이 정하는 바에 따라 선임된다(법 §150:2).

관계 지방자치단체의 장과 지방의회의원은 조합회의의 위원 또는 조합장을 겸할 수 없다(법 §150:3).

組合會議는 조합의 규약이 정하는 바에 따라 조합의 주요업무를 심의의결하며, 조합이 제공하는 역무 등에 대한 사용료 · 수수료 · 분담금을 법 제130조제1항의 규정에 의한 條例의 범위 안에서 정할 수 있다(법 §151:1, 2). 組合長은 조합을 대표하고 조합의 사무를 통할한다(법 §151:3). 사무직원의 선임은 조합규약에서 정한다(법 §150:2).

(4) 地方自治團體組合의 指導·監督

지방자치단체조합은 지방자치단체상호간의 협력방식의 하나이지만 公法人이라는 의미에서 사무위탁이나 행정협의회의 경우보다 國家의 指導·監督이 더욱 강화된다.

① 시·도가 구성원인 조합은 행정안전부장관의, 시·군·자치구가 구성원인 조합은 1차로 시·도지사, 2차로 행정안전부장관의, 조합구성원이 시·군·자치구가 수 개의 시·도에 걸치는 조합은 행정안전부장관의 指導·監督을 받는다(법 §153:1).

② 행정안전부장관은 공익상 필요한 경우에 조합의 설립·해산 또는 규약의 변경을 명할 수 있다(법 §153:2).

(5) 地方自治團體組合의 規約變更

규약변경이란 법제152조에 규정되어 있는 규약기재사항의 변경을 말한다.

규약변경에는 자진규약변경(법 §154:1)과 규약변경명령(법 §153:2)이 있다. 규약을 변경하려면 관련지방자치단체의회의 의결을 거쳐 감독기관의 승인을 받아야 한다(법 §154:1). 이 경우 승인신청은 관련지방자치단체의장 또는 조합장중 누가 하여도 가능하다고 해석된다(日本行裁 54, 1981.8.15).

(6) 地方自治團體組合의 解散

조합의 해산이유에 대하여는 법령에 규정이 없으므로 관계지방자치단체의 합의에 의해 임의로 해산할 수 있다. 이 경우 청산제도는 인정되지 않으며 해산으로 법인격이 소멸되는 점이 민법상 조합과 다르다.

해산절차는 설립절차와 같다(법 §154:1).

조합을 해산한 경우에 그 재산의 처분은 관계지방자치단체의 협의에 의한다(법 §154:2).

4) 紛爭의 調整

지방자치단체 상호간 또는 지방자치단체의 장 상호간 사무를 처리함에 있어서 의견을 달리하여 다툼(紛爭)이 있는 때에는 다른 법률에 규정이 없는 한 행정안전부장관 또는 시·도지사가 당사자의 신청(신청주의)에 의하여 이를 조정할 수 있으며, 그 분쟁이 공익을 현저히 저해하여 조속한 조정이 필요하다고 인정되는 경우에는 당사자의 신청이 없는 때에도 직권(직권주의)으로 이를 조정할 수 있다(법 §140:1).

직권주의는 제16차 개정에서 신설된 것이다. 직권조정을 하는 경우에는 행정안전부장관 또는 시·도지사가 그 취지를 미리 당사자에게 통보하여야 하고(법 §140:2), 그 분쟁사항과 관계있는 중앙행정기관장과 협의를 거쳐 제140조 2의 규정에 의한 지방자치단체중앙분쟁위원회 또는 지방자치단체지방분쟁위원회의 의결을 따라 조정하여야 한다(법 §140:3).

행정안전부장관 또는 시·도지사가 조정의 결정을 한 때에는 이를 서면으로 지체없이 관계지방자치단체의 장에게 통보하여야 하며, 통보를 받은 지방자치단체의 장은 그 조정결정사항을 이행하여야 하는데(법 §140:4), 당해 장이 그 이행을 해태한 때에는 직무이행명령이 부여된다(법 §140:7, §157의 2).

(1) 主管爭議調整

① 의 의

지방자치단체 또 長사이에 그 主管權限에 관하여 紛爭이 있는 경우 이를 결정하는 節次를 主管爭議라고 하는데, 특정사항이 서로 자기의 主管에 속한다고 주장하는 「積極的 主管爭議」와 서로 자기의 主管에 속하지 않는다고 주장하는 「消極的 主管爭議」가 있을 수 있다.

이러한 爭議를 해결하는 방법에는 立法的 解決方式과 行政的 解決方式이 있으나 지방자치법상 분쟁조정은 상급관청에 의한 행정적 해결방식을 채택하고, 조정의 신중·공정을 보장하기 위하여 행정안전부에 지방자치단체중앙분쟁조정위원회(중앙분쟁조정위원회)와 시·도에 지방자치단체지방분쟁조정위원회(지방분쟁조정위원회)를 둔다(법 §140의 2①).

② 입법례

일본 지방자치법에서는 지방자치단체 상호간 또는 지방자치단체의 기관상호간에 분쟁이 있는 경우, 이를 조정하기 위한 제도로 自治紛爭調整委員제도를 두고 있다.

우리의 경우는 행정안전부장관 또는 시·도지사가 조정권자이지만, 일본의 경우는 自治省長官 또는 都·道·府·縣知事가 임명하는 3인의 자치분쟁조정위원이 조정권자이다.

감독청이 아닌 자치분쟁조정위원으로 하여금 조정하도록 한 것은 공정성·타당성을 확보하기 위한 것이라고 한다. 그러나 조정안의 작성에는 자치분쟁조정위원 전원의 일치가 요구된다. 그리고 지방자치단체가 당사자인 조정의 신청이나 조장안의 수

락에는 지방의회의 의결이 필요하다고 한다.

일본의 경우에는 직권으로도 그 안건이 자치분쟁조정위원의 조정에 회부될 수 있다. 그러나 일본의 지방자치법상에는 분쟁조정의 강제이행에 관한 규정이 없는 점이 또한 우리와 다른 사항이다.

(2) 中央紛爭調整委員會

① 심의 · 의결사항

중앙분쟁조정위원회는 다음 6가지 사항을 심의 · 의결한다.

㉠ 시 · 도 또는 그 장간의 분쟁

㉡ 시 · 도를 달리하는 시 · 군 · 자치구 또는 그 장간의 분쟁

㉢ 시 · 도와 시 · 군 · 자치구 또는 그 장간의 분쟁

㉣ 시 · 도와 지방자치단체조합 또는 그 장간의 분쟁

㉤ 시 · 도를 달리하는 시 · 군 · 자치구의 지방자치단체조합 또는 그 장간의 분쟁

㉥ 시 · 도를 달리하는 지방자치단체 조합 또는 그 장간의 분쟁

② 위원회의 구성 · 임기

위원장을 포함한 11인 이내의 위원으로 구성한다.

위원장 및 위원 중 5명은 다음 각호에 해당하는 자중 행정안전부장관의 제청으로 대통령이 임명 또는 위촉하고, 대통령령이 정하는 중앙행정기관 소속 공무원은 당연직위원이 된다.

㉠ 대학에서 부교수이상으로 3년 이상 재직 중이거나 재직한 자.

㉡ 판사 · 검사 또는 변호사의 직에 6년 이상 재직 중이거나 재직한 자.

㉢ 기타 지방자치사무에 관한 학식과 경험이 풍부한 자.

위원장 및 위원의 임기는 공무원이 아닌 자는 3년으로 하되 연임할 수 있다. 다만 보궐위원의 임기는 전임자의 잔임기간으로 한다.

(3) 地方紛爭調整委員會

① 심의 · 의결사항

지방분쟁조정위원회는 중앙분쟁조정위원회의 심의 · 의결사항에 해당하지 아니하는 지방자치단체 · 지방자치단체조합 또는 그 장간의 분쟁을 심의 · 의결한다.

② 위원회의 구성 · 임기

위원장 및 위원 중 5인은 중앙분쟁조정위원회의 위원이 될 수 있는 자격과 동등한 자 중에서 시 · 도지사가 위촉 또는 임명하고 조례로 정하는 당해 지방자치단체 소속 공무원은 당연직위원이 된다.

그 임기는 중앙분쟁조정위원의 경우와 같다.

(4) 紛爭調整委員會의 運營

분쟁조정위원회는 必要的 審議 · 議決機關이다.

행정안전부장관 또는 시 · 도지사가 분쟁을 조정하고자 할 때에는 관계 중앙행정기관의 장과 협의를 거쳐 분쟁조정위원회의 의결에 따라 조정하여야 한다(법 146:2).

① 의사 · 의결정족수

분쟁조정위원회는 위원장을 포함한 위원 7인 이상의 출석으로 개의하고, 출석위원 3분의 2이상의 찬성으로 의결한다.

② 자료 · 의견제출 요구

분쟁조정위원회의 위원장은 분쟁의 조정과 관련하여 필요하다고 인정되는 때에는 관계공무원, 지방자치단체조합직원 또는 관계전문가를 출석시켜 의견을 듣거나, 관계기관 또는 단체에 대하여 자료 및 의견제출 등을 요구할 수 있다. 이 경우 분쟁의 당사자에게는 의견을 진술할 기회를 주어야 한다.

(5) 紛爭調整節次

① 조정결정의 통보

행정안전부장관 또는 시 · 도지사는 조정의 결정을 한 때에는 이를 서면으로 지체없이 관계지방자치단체의 장에게 통보하여야 한다(법 §140:4).

② 조정결정사항의 이행

조정결정통보를 받은 지방자치단체의 장은 그 조정결정사항을 반드시 이행하여야 한다(법 §140:5).

행정안전부장관 또는 시 · 도지사로부터 조정결정을 통보받은 지방자치단체의 장은 통보를 받은 날부터 30일 이내에 그 이행을 위한 계획을 작성하여 행정안전부장관 또는 시 · 도지사에게 보고하여야 한다(영 §47의 2).

조정결정사항에 예산이 수반되는 경우에는 관계 지방자치단체는 이에 필요한 예산을 우선적으로 편성하여야 하며, 이 경우 연차적으로 추진해야 할 사항은 연도별 추진계획을 행정안전부장관 또는 시·도지사에게 보고하여야 한다(법 §140:5).

③ 비용의 부담

행정안전부장관 또는 시·도지사는 조정결정에 의한 시설의 설치 또는 역무의 제공으로 이익을 받거나 그 원인을 야기하였다고 인정되는 지방자치단체에 대하여는 그 시설비 또는 운영비 등의 전부 또는 일부를 행정안전부장관이 정하는 기준에 따라 부담하게 할 수 있다(법 §140:6).

④ 이행의 강제

행정안전부장관 또는 시·도지사는 조정결정사항 또는 부담의 부과 등이 성실히 이행되지 아니한 때에는 당해 지방자치단체에 대하여 직무이행명령(법 §157의 2)을 발하여 이를 이행하게 할 수 있다(법 §140:7).

5) 長 등의 協議體

지방자치단체의 장 또는 지방의회의 의장은 상호간의 교류와 협력을 증진하고, 공동의 문제를 협의하기 위하여 ㉠ 시·도지사, ㉡ 시·도의회의 의장, ㉢ 시장·군수·자치구의 구청장, ㉣ 시·군·자치구의회의 의장간 전국적 협의체를 설립할 수 있다(법 §154의 2①).

위 각호의 전국적 협의체가 모두 참가하는 연합체를 설립할 수 있다.

협의체 또는 연합체를 설립한 때에는 당해 협의체 또는 연합체의 대표자는 이를 지체 없이 행정안전부장관에게 신고하여야 한다(법 §154의 2②).

협의체 또는 연합체는 지방자치에 직접적인 영향을 미치는 법령 등에 관하여 행정안전부장관을 거쳐 정부에 의견을 제출할 수 있다(법 §154의 2③). 협의체 또는 연합체의 설립신고와 운영 기타 필요한 사항은 대통령령으로 정한다(법 §154의 2④).

6) 中央과 地方간 協議調整

중앙행정기관의 장과 지방자치단체의 장이 사무를 처리함에 있어서 의견을 달리하는 경우에 이를 협의·조정하기 위하여 협의조정기구를 둘 수 있도록 하고, 그 기구의 설치 및 구성 등에 관하여 필요한 사항은 대통령령으로 정하도록 하였다(법 §156의 2).

(1) 협의조정기구의 필요성

지방자치단체 상호간의 분쟁에 있어서는 중앙정부가 그 제3자적 입장에서 중재와 조정의 역할을 할 수 있는 것이지만, 중앙과 지방간의 분쟁에 있어서는 중앙정부 자신이 그 분쟁당사자이기 때문에 제3자적 중재·조정을 할 수 없으므로 그러한 제3자적 기관을 따로 필요로 한다. 그 동안의 국가기간산업의 추진에 있어서 중앙과 지방간의 갈등과 분쟁이 빈번하였기에 이 규정을 신설하였다.

(2) 문제점과 의문점

이 규정에는 문제점과 의문점이 있다.

첫째로, 분쟁조정기구는 제3기관이어야 하는데 이 기구를 중앙정부안에 두고 있어서 공정한 조정이 어려울 것이고,

둘째로 이 기구를 협의조정기구라고 하였는데 그 협의조정의 성격이 무엇인지, 만약 그것을 심의기능에 그치게 하는 경우에는 그 조정의 효력확보면에 의문이 있으며,

셋째로 그 협의조정기구가 무엇인지, 그 명칭이 무엇이며, 그 구성은 어떻게 하는 것인지를 명확히 하지 않고 추상적으로 협의조정기구를 둘 수 있다고 하고 그 구성·운영 등에 관하여 대통령령으로 미루고 있는데, 지방자치법에 다른 기구의 구성·운영 등에 관하여는 상세한 규정을 두면서, 중앙정부가 당사자인 분쟁조정기구에 관하여 불분명하게 규정하고 대통령령에 위임하는 것 등은 동 기구의 성격규정에 의문을 제기하게 한다.

제 3 절 地方政治와 地方政策

현대 민주주의 국가에서 지방정부의 역할과 기능이 확대되어 감에 따라 지방정치의 비중은 높아지고 있다.

지방정치가 중앙정치의 영향을 받고 있기는 하지만, 분권화된 정치행정체제 내에서 地域社會權力(community power)이 차지하는 비중은 매우 크므로 지방정치의 중요성은 제고되고 있다.[23]

23) 崔順植, 전게서, p. 235.

政治는 의사결정과정 또는 정책형성과정이기 때문에 개인·집단·조직은 정치과정에서 그들 자신의 목적과 이익을 관철하려고 타인·타집단 또는 조직과 대립·충돌·타협·협력을 하게 된다. 이런 의미에서 지방정치는 地方政策形成過程으로 이해된다.

1. 地方政治의 主役

지방정치의 주역은 地方議會議員, 政黨, 利益集團, 言論 등이다.

1) 地方議會議員

地方議會議員은 공식적으로 지역 내의 문제와 정책을 결정할 수 있는 권한과 책무를 갖는다.

지방의회의원은 각종 정책자료와 주민여론을 수집·분석하고 본회의, 분과위원회 등의 활동을 통하여 정책과 계획을 입안·결정하며 또한 이를 주민들에게 홍보하는 政治的 機能을 수행한다.

2) 政 黨

政黨은 국민의 이익을 위하여 책임 있는 정치적 주장이나 정책을 추진하고 공직선거에 후보자를 추천 또는 지지함으로써 정치·행정의 의사결정과정에 참여하는 것을 목적으로 하는 自發的인 組織이다.

현대 민주국가에서 정당이 제도로서 확립되고 선거과정을 통하여 국민의 지지가 확보되어 있음에도 불구하고, 정당의 공익성에 관하여는 정당구성원의 개인적 이익추구로 생겨난 폐해 등을 이유로 많은 문제점이 제기되고 있다.

지방정치에 있어서는 지방선거에 정당의 참여를 허용할 것인가의 여부에 대하여 국가마다 차이를 보이고 있다.

地方政治에 政黨參與를 허용할 것인가에 관하여는 두 가지 유형으로 구분된다.

첫째, 영국·프랑스·독일·이태리·스웨덴 등 유럽제국에서는 정당이 지방정치에 폭넓게 참여하고 있으며, 정당중심의 地方選擧를 하고 있다.

그리고 지방의회운영에 있어서도 중앙의 각 정당은 지방조직을 통하여 그들의 정책방향에 따라 자치행정이 운용되도록 영향력을 행사하고 있다.

둘째, 미국의 다수 지방자치단체는 정당의 지방선거, 지방정치참여를 배제하고 있다.

이는 미국의 지방행정역사와 깊은 관련을 갖고 있다. 미국은 19세기에 정당정치의 폐해로 지방행정의 무책임성·비효율성이 노정되었었다. 지방선거에서 당선된 시장·의회의원·고위공무원 등이 선거운동을 위하여 정실인사를 자행하고 이권에 개입하여 부정부패를 야기시켰기 때문이다.

정당이 지방정치에 참여하느냐의 여부는 각 국가의 역사적·정치적·사회적·문화적 여건 등을 고려하여 결정할 문제이다.

지방정치에 있어서 政黨參與를 적극적으로 옹호하는 논자들은,

① 민주정치의 근간인 정당정치의 육성·발전을 위해서는 지방선거에 정당이 참여해야 한다.
② 정당의 참여로 정강·정책이 자치행정에 반영됨으로써 각 정당의 지방조직이 활성화된다.
③ 정당중심의 지방의회운영으로 집행기관에 대한 효율적인 통제·감독이 가능하다.
④ 주민들이 투표시 후보자의 선택이 용이하다는 점 등을 들어 지방선거, 지방의회운영에 있어서 정당이 적극적으로 참여할 것을 주장한다.[24]

반면에, 지방정치에 있어서 정당참여를 排除할 것을 주장하는 논자들은,

① 주민에 대한 서비스제공과 지역개발을 주임무로 하고 있는 지방행정에 있어서 정당이 배제되어야만 지방의회가 합리적으로 운영될 수 있다.
② 정당이 참여하는 경우 주민의사의 충실한 반영보다는 중앙당의 정책실현에 치중하여 지방의회의 기능이 주민의사와 괴리될 우려가 있다.
③ 현실적으로 당파간의 대립과 당리당략에 의한 지방의회의 이용, 지방의회와 장과의 마찰·대립 등 여러 가지 폐단과 정치적 과열현상이 나타날 우려가 있다고 주장한다.

3) 利益集團

利益集團이란 개인들의 집합체(a collection of indivisuals)로서 공유된 목표 또는 가치를 달성하기 위하여 상호작용을 하는 집단[25]을 말한다. 그런데 이익집단이 그들의

24) 국무총리행정조정실, 전게서, p. 66.

이익을 달성하기 위하여 정부의 정책형성 및 정책결정과정에 있어 영향을 미치려고 하기 때문에 政治的 組織體(political organization)이며, 또한 정치과정에 있어 중요한 政治的 行爲者(political actor)라고 성격지워진다.[26)]

政黨이 국민전체의 이익을 대변하거나 공공정책을 다루는데 대하여, 利益集團은 국지적이고 소수의 이해관계에 관계되는 일을 주로 하고 있다는 점에서 양자는 구별된다.

지역단위에는 이익집단이 여러 가지 형태로 조직되어 있으며, 이들은 흔히 자기권익을 보호하기 위하여 직접 간접으로 지방정부에 압력을 가하고 있으며 지방정치의 일부분을 차지하고 있다.

4) 地方言論

言論은 현대사회를 규정하는 주요 특성중의 하나이다.

신문, 라디오, TV, 영화 등의 각종 언론매체는 현대인의 생활 속에 필수불가결의 요소이며 또한 현대인의 정보환경을 구성하는 핵심적 요소이기도 한다.[27)]

매스컴은 주민의 여론을 지방정부에 전달하고 또한 지방정부가 하는 일을 국민에게 알리는 역할을 하고 있다.

그러므로 지방정치에서 매스컴이 차지하고 있는 기능은 중앙정치에서와 마찬가지로 매우 크다.

지방 또는 지역단위의 신문, 라디오, TV 등은 與論形成者, 與論傳達者, 地方行政의 監視者, 地域利益의 守護者로서의 역할을 수행하고 있다.

2. 先進國의 地方政策形成

여기에서는 영국의 지방정책형성에 있어서 非地方的 要素를 검토함으로써 우리나라 지방정치의 참고자료로 제공하고자 한다.[28)]

지방자치는 일정한 지역사회시민의 특별한 욕구나 수요를 잘 만족시켜 줄 것으로

---

25) 김영래, 한국의 이익집단(서울:대왕사, 1987), p. 32.

26) Games Q. Wilson, *Political Organizetions*(New york:Basic Books, 1973), p. 270.

27) 金基道, 정치커뮤니케이션실제(서울:나남, 1987), p. 27.

28) 이 절은 최순식, 전게서 pp. 257～262를 요약 · 인용하였다.

가정하고 있는데, 사실상 지방자치의 실시에도 불구하고 지방의 정책과 시책의 변화는 그 규모나 질적 내용이 지방적 차원을 떠나서 全國的으로 이루어지고 있다.

지방자치가 선진적으로 행하여지는 英國의 경우에도 이러한 현상을 뒷받침 해주는 몇 가지 예가 있다.

즉, 1950년대와 1960년대의 住宅政策, 1970년대의 고속도로, 도시도로망확충 등 交通政策과 도시지역내의 大規模 商業地域開發事業 등이 전국적으로 각 지방자치단체에서 거의 예외 없이 추진되었다는 사실이다.

지방자치를 실시하고 있음에도 불구하고 이와 같이 비지방적정책결정을 가져오는 세 가지 요인이 있는데, 첫째 선진국에 있어서의 정책결정 과정의 특성, 둘째 정책결정에 있어서 專門家主義(professionalism)의 등장, 셋째 대규모 개인기업의 정책결정참여와 집행이 그것이다.

1) 先進國의 政策形成過程의 特徵

先進國(advanced industrialized countries)에서는 2차 대전 이후 정부의 정책형성기능과 책임을 中央部處의 外廓機關·團體에 分散시키는 경향을 보여주고 있다.

영국의 경우, 중앙부처는 정책형성과 집행기능을 전반적으로 담당하기보다는 소수의 중요정책을 입안하는데 그치거나 또는 산하 행정기관·조직에 재원을 배분하고, 이들의 업무집행상황을 지도·감독하는 非執行機能(non-executive)을 수행하여 왔다.

중앙부처의 외곽기관증가와 더불어 중앙부처와 국회 등이 정책형성에 관여하는 역할과 범위는 점차 줄어들고 있다고 학자들은 주장하고 있다.

이러한 현상은 행정관리에 있어 전문·기술적 행정분야가 증가되었을 뿐만 아니라 정책형성과정에서 공사·대규모 사기업 등의 입김이 크게 작용하는 법인주의적 양상(corperatism)이 짙어지고 있기 때문인 것으로 분석되고 있다.

이와 같이 현대국가에 있어서 각 정책분야에는 공무원·정치인·이익단체·전문가 등으로 구성되는 政策形成集團(a policy community)이 이루어지고 있다.

그리하여 지방자치정부가 그들의 정책을 스스로 결정한다 하더라도 그들의 정책형성활동은 이와 같은 국가와 지방의 정책형성집단 안에 놓여 있다. 따라서 지방자치행정은 국가와 지방의 정책형성집단 내에 위치하면서 그들의 정책·사업을 추진해 나가야 한다.

현대국가에 있어서는 이와 같이 복잡한 정책형성집단 아래서 새로운 정책구상과 아이디어는 단순히 중앙정부로부터 나오는 것만은 아니며, 사실상 中央部處 傘下機

關, 大規模 私企業, 專門家集團이 새로운 아이디어 제공과 정책쇄신에 중요한 역할을 하고 있다.

2) 政策形成과 專門家主義

專門家는 정책형성에 있어서 과학적·합리적 정책대안을 제공하고 있기 때문에 사회안정(stabiliging society)과 사회결속(society cohesion)을 이룩하며, 관료집단의 재량권남용을 방지하는데 중요한 구실을 하고 있다.

전문가들은 특정 정책분야별로 국가 전체적인 하나의 理念的인 政策形成集團(ideological corporatism)을 구축하고 있어 이들의 정책아이디어는 이와 같은 정책형성집단을 통하여 전국적으로 전파되고 있다. 이는 정책형성에 있어서 전국적인 통일성을 가져오는 중요한 요인이 되고 있다.

예를 들면, 공공주택건설에 있어서 건축가, 지방도건설에 있어서 토목전문가들은 공사부문에 두루 걸쳐 있으며, 이들은 학회 또는 협회 등의 모임을 통하여 새로운 아이디어를 개발하고 상호교환·보급하고 있다.

영국에 있어서 地方政策의 國家化現象은 지방행정제도 그 자체에서 비롯된다고 볼 수 있다.

영국의 지방자치단체는 기능별 사무별로 각 행정실·국이 설치되어 있는 종합행정기관의 성격을 가지고 있으나, 각 실·국간에는 독립성·자주성이 매우 강하다. 이와 같은 각 행정실·국의 상호독립성과 자주성은 지방과 중앙에 있는 전문 기술직 공무원간에 상호 밀접한 관계를 형성하여 정책아이디어의 상하 교류를 촉진시키고 있다.

3) 法人經濟(the corporate economy)

영국의 경우 일반적으로 국가적 규모의 대기업은 지방단위사업, 지방의 정책형성에 크게 관여를 하지 않는 것이 보통이다. 그러나 대기업도 지방자치정부가 발주하는 주요사업에 참여하는 사례가 발견되고 있다.

첫째, 1950년대와 1960년대 국민들의 높은 주택수요를 충족시키기 위하여 상위랭킹 건설회사들이 대규모 주택건설사업에 참여하였으며, 이들에 의하여 공공주택사업의 75%이상이 건립되었다.

둘째, 1960년대 후반부터 대규모 건설회사와 전문가집단은 지방도로·자동차도로 및 대규모 병원건립에 주요한 역할을 하였다. 이들은 적극적인 로비활동을 하여 중앙정부나 지방자치단체로 하여금 이와 같은 사업을 추진하도록 영향력을 행사하였을 뿐만 아니라 건설공사에 참여하여 技術革新(technical innovation)을 가져오도록 하였다.

셋째, 전후 도시중심재개발사업은 지방행정의 중요한 과제로 등장하여 1960년대 이후 사무실용 빌딩건립, 쇼핑센터 건립, 호텔개발 등 도시지역개발 붐이 조성되었으며, 이러한 사업은 주로 지방자치단체의 주도하에 대규모 건설회사에 의하여 이루어졌다.

이와 같이 대규모회사 즉, 法人(the corporation)에 의한 건설사업의 추진은 공사부문의 건설·도시전문가를 통하여 개발·건설사업의 전국적 획일성·통일성을 가져오는 결과를 낳았다.

3. 우리나라의 地方政治

1) 地方政治의 形成過程

우리나라의 경우, 지난 30년(1961~1991) 동안 지방자치가 중단되어 지방정치란 용어는 아주 생소하기는 하나 지방자치의 재실시와 더불어 정치의 중요성이 제고될 전망이므로, 지난 50년대의 지방정치 운영상활을 개관하고 전망에 관하여 언급해 보고자 한다.

일반적으로 地方政治라 함은 한 나라에 있어서 정치를 크게 국가적 차원에서의 정치, 즉 中央政治와 지방적 차원에서의 정치, 즉 地方政治로 나누는 경우에 후자를 지칭한다. 그러므로 지방정치는 중앙정치에 비하여 다음과 같은 특색을 갖는다.

첫째, 지방정치는 中央政治로부터 分離되는 것이기는 하나 완전히 독립될 수는 없다. 지방자치에 정당개입을 허용한 경우 지방정치에 참여하는 대부분의 사람들은 중앙당의 지방당원 또는 간부들일 것이므로 그들의 활동을 중앙정치로부터 차단하거나 완전히 독립적으로 운영할 수 없기 때문이다.

또한 지방자치단체가 하고자 하는 지역개발사업과 필요한 재정은 중앙정부의 승인 또는 지원을 요하는 것도 그 한 이유가 된다.

둘째, 지방정치는 지방정부의 권력구조면에서 權力分散型을 취하고 있다. 이것은 지방정부가 다루는 사무가 중앙정부에 비해서 이른바 행정의 정치로부터의 분리가 더 수월하다고 생각되기 때문이다.

셋째, 지방정치에서는 중앙정치에서 보다도 候補者의 個人的 人物됨이 훨씬 더 중요성을 띠게 된다. 여기에서 후보자의 인물됨이 그를 공천한 정당보다 더 중요한 역할을 한다는 사실은 지방정치의 쟁점들이 지방적 성격을 더 많이 띠고 있어서 어떤 경우에는 그를 공천한 정당의 공식적 입장과는 다를 수 있으며 때로는 후보자의 사조직이나 그의 개인적 인기가 공식적 정당조직을 무력하게 할 수도 있기 때문이다.

地方議會는 1952년 구성된 이래 1961년까지 존속하였으므로 이 기간 동안의 정당과 지방의회의 의원과의 관계가 우리나라에서 지방정치라고 이름할 수 있는 상황의 전부라고 하여도 과언이 아니다.

구지방자치법은 일본의 경우와 같이 지방의회 의원선거와 관련하여 정당의 정치참여에 대하여 아무런 제한규정을 두지 아니하여 정당이 의원후보자를 공천하는 등 지방정치에 적극적으로 참여하였었다.

그러나 지방의회가 5·16혁명으로 폐지된 이후 우리의 정치형태는 중앙집권과 중앙통제의 강화 방향으로 더욱 가속화되었다.

2) 地方政治의 潛在力

중앙정부는 近代化·産業化를 조속히 달성한다는 목표 아래 지방자치단체가 하는 거의 모든 일에 관여하였으며, 국가자원의 효율적 관리와 지방행정의 능률화를 위하여 中央統制를 강화하였다. 이러한 과정에서 非制度的 地方政治마저 성장할 기반을 상실하였었다.

그러나 그 동안 우리의 지방정치의 여건은 우리 사회의 여러 부문에 걸쳐 유리한 방향으로 변화되어 왔다.

주민들의 교육·소득·복지수준의 향상과 더불어 정치적 식견과 의식수준도 높아졌으며, 시행착오를 거듭하는 과정에서 민주생활에 점차 익숙해지고 민주역량도 괄목할 만하게 성숙되었다.

이러한 여건을 종합하여 볼 때 지방자치의 실시와 더불어 재개된 지방정치는 주민들이 성숙한 민주역량을 발휘하고 중앙정부가 지방정치의 건전한 발전을 위한 노력을 게을리 하지 않으면 안되게 되었으며, 점진적인 발전을 할 잠재력을 지니고 있다고 보여진다.

여기에서 우리의 地方政治發展을 위한 전제로서 귀감삼아야 할 것은 일본의 市民集團運動(citizen movement)이다.

일본에 있어서 1960년대의 산업화는 공해 등 환경문제를 심각하게 야기시켰는데 농촌과 도시지역주민들이 집단운동을 전개하여 개선시켜 가고 있다. 이러한 현상은 행정의 시정개선을 요구하는 住民의 政治的 行爲 내지 地方行政參與行爲일 뿐만 아니라 새로운 政治文化의 출현을 의미하고 있다.

지방자치가 되었건 지방정치가 되었건 간에 그 목적은 住民福祉에 있고 그것을 달성할 책임은 住民의 손과 능력에 달려 있다는 사실을 유의할 필요가 있다.

제 6 장

地 方 財 政

地方財政은 지방자치의 성패를 좌우하는 관건이 된다.

지방자치의 궁극적 목표는 住民福祉向上에 있다고 할 수 있으므로 이에 필요한 경비를 조달·관리하는 지방재정은 그 규모·역할 등에서 국가재정에 못지않은 위치를 점하게 된다.

그러나 최근 地方稅收 신장의 둔화에 따른 지방재정의 경직성이 가중되면서 지방재정의 효율성제고는 매우 중요한 과제로 제기되고 있다.

지방자치법은 지방재정에 관한 원칙, 예산과 결산, 수입과 지출 등에 관하여 규정하고, 이 법에 정한 것을 제외하고는 따로 법률로 정한다고 규정하여(법 §136) 地方財政法을 제정·시행하고 있다.

제 1 절　地方財政의 基本原則

1. 地方財政의 特性

1) 地方財政의 意義

地方財政(local finance, local government finance)이라 함은, 지방자치단체가 행정서비스를 수행하기 위하여 재원을 확보하고 이를 관리·이용하는 작용을 지칭한다.

오늘날의 지방행정은 지역주민의 생활의 질(quality of life)을 향상시키기 위하여 적극적으로 서비스를 제공하고 있는데, 이러한 積極的 行政을 전개하려면 어느 정도 충분한 재원을 필요로 한다.

2) 機能上의 特性

地方財政은 국가가 주체가 되는 國家財政에 대하여, 지방자치단체가 주체가 되는 재정을 말하므로 그 기능과 성질상 다음과 같은 몇 가지 특징을 갖는다.[1)]

첫째, 국가재정은 국가의 일반 統治權이라는 그 자체의 고유한 권한에 의거한 작용인 데 비하여, 지방재정은 국가로부터 부여된 전래적인 권한이라는 점에서 그 발동근거를 달리 하고 있다.

둘째, 국가재정은 그 主體가 오직 하나인 데 비해서, 지방재정은 시・도 및 시・구・자치구로서 복수이다. 지방재정은 다수의 독립된 지방자치단체의 재정을 총괄한 개념이다.

지방자치단체 상호간은 재정보전이 되지 않는 점도 특징으로 지적할 수 있다.

셋째, 지방재정은 지방자치단체가 갖는 각각의 자연조건・인구규모・경비의 종류 및 내용면에서 多樣性을 띄고 있다.

넷째, 지방재정은 自律性과 他律性을 동시에 지니고 있다. 지방재정은 재정주체가 재정운영을 자율적으로 할 수 있기는 하나, 그 수입과 지출에 관하여 중앙정부에 많이 의존하고 있다.

지방재정은 재원에 있어 중앙정부의 지방교부세, 국고보조금・지방양여금 등에 의존하고 있으며, 세출예산도 국가의 경제・재정정책에 부합하여야 하는 경우가 많다.

다섯째, 지방재정의 운영에 있어서는 應益主義의 원칙이 많이 적용되어, 지방세에 있어서의 住民稅均等割, 都市計劃稅, 消防共同施設稅, 使用料, 手數料 등 수익자부담적 공과금이 국가에 비해서 현저하게 많다.

2. 國家財政과 地方財政

1) 相互獨立과 連繫

국가재정과 지방재정은 정치・행정체제에 따라 달라지기도 하지만 어떠한 형태이든 상호 긴밀하게 연결되고 있다.

① 영국・미국・캐나다 등은 중앙정부와 지방정부가 재정적으로 상호 독립된 권한

---

1) 金基玉, 受驗 行政法(서울:박문각, 1987), pp. 391～394.

을 가지고 있으며, 양자는 상호 수평적 협력관계를 유지하고 있다. 즉, 중앙정부와 지방정부는 각각 독립된 과세권과 세출권을 가지고 있으므로 중앙정부는 교부금제도(aid-in-grants)를 통해 간접적으로 지방정부의 재정에 영향을 주는 것 이외에 재원확보, 세출예산 등에는 관여하지 않는다.

② 일본 · 프랑스 등의 국가에서는 중앙정부는 지방정부가 국가의 경제 · 재정정책 방향에 맞추어 재정을 운영하도록 교부세, 보조금, 기채승인 등의 권한행사를 통하여 비교적 적극적으로 지방재정에 관여하고 있다.

③ 중앙집권적 국가나 개발도상국가에서는 일반적으로 중앙정부가 지방재정운영에 적극적으로 관여하고 있다.

2) 連繫의 不可避性

이와 같이 중앙정부와 지방정부간의 재정관계는 각 국가의 정치체제, 지방분권정도, 경제발전단계 등에 따라 다소의 차이를 보이고 있으나, 중앙재정과 지방재정간의 연계가 불가피한 원인은 다음 두 가지로 집약할 수 있다.

① 지방자치단체별로 경제력과 재정력에 있어서 큰 차이가 나기 때문에 건전한 지방자치의 발전이 어렵게 되어 있다. 그러므로 중앙정부는 지방자치단체간의 재정적 불균형을 완화하고 건전한 자치행정의 운영을 위하여 재정에 관여하고 있다.

② 한 국가의 경제 및 재정정책은 중앙정부와 지방정부가 함께 보조를 맞추어야 한다. 이러한 측면에서 중앙정부는 교부세, 보조금, 기채승인 등을 통하여 어느 정도 지방재정에 관여하는 것은 불가피하다.

3. 地方財政의 基本原則

1) 健全財政의 原則

지방자치단체는 그 재정을 收支均衡의 原則에 따라 건전하게 운영하여야 한다(법 §113:1, 지방재정법 §2).

지방정부에 있어서 재정운용의 건전성이 강하게 요구되는 이유는, 지방재정세입의 상당부분을 중앙정부의 재정조정에 의존하고 있으며, 地方歲入基準(revenue base)이 취약하여 자체재원조달에 한계가 있으므로 예상세입을 초과하는 세출을 억제해야 할 필요성이 높은 반면, 재정정책적 측면에서는 지방정부는 중앙정부와 달리 財政安定化 機能에 소극적이기 때문에 公債發行을 통한 적자재정의 기조 하에서 경기대책을 수립할 필요성이 매우 낮기 때문이다.

건전재정의 원칙은 일반적인 지방재정활동을 뒷받침하는 一般會計部門에서 그 의의가 매우 크다.

기본적 지방행정운영과 활동은 조세 또는 지방교부세를 중심으로 한 經常的 收入에 의해 충당하는 것이 공공서비스의 안정적 공급측면이나 재원부담의 적정성측면에서 바람직한 것으로 간주되기 때문이다.

그러나 공기업활동이나 사업적 성격의 特別會計는 사업경영에 필요한 투자재원규모가 막대하거나 사업의 효과에 비추어 경상적 수입으로 충당하는 것이 부적당하기 때문에 건전재정의 원칙을 고수하기 어려운 경우가 많다.

2) 財政自主性의 原則

국가는 지방재정의 자주성과 건전한 운영을 조장하여야 하며, 국가의 부담을 지방자치단체에 전가하여서는 아니 된다(법 §113:2).

지방재정의 自主性은 지방자치단체의 재정운영에 있어 중앙정부로부터의 불필요한 간섭과 통제를 배제하여야 한다는 소극적 의미의 자주성뿐만 아니라 지방자치단체가 자체재원을 통하여 스스로의 활동을 수행할 수 있는 영역이 넓어야 된다는 실질적인 재정자립기반확충의 의미를 아울러 포함하고 있다고 해석된다.

그러나 지역경제활동과 지방재정의 세입기반의 취약성해소는 지방자치단체 스스로의 노력은 말할 것도 없고, 중앙정부 또한 국민경제적 수준에서의 지방재정확충을 위한 집중적인 정책노력이 결부되어야만 가능할 것으로 판단된다.

3) 國家施策具現의 原則

지방자치단체는 국가시책의 구현을 위하여 노력하여야 한다. 이에 소요되는 경비에 대한 국고보조율과 지방비부담률은 法令으로 정한다(법 §114).

지방자치단체는 중앙정부와 함께 정부부문을 형성하는 공권력주체의 하나로서 상호 유기적으로 연계된 상태에서 공공적 또는 국민경제적 목표의 달성에 이바지한다.

따라서 지방자치단체가 국가시책구현을 위하여 국가적 성격의 공공서비스에 대한 공급책임을 떠맡을 경우 중앙정부는 지방자치단체의 책임분담에 상응하는 財源을 공여해야 하는데, 이에 상응한 財源移轉이 바로 國庫補助金制度이다.

국고보조금제도는 국가적 성격의 사업을 지방자치단체로 하여금 지방단위에서 효율적으로 수행케 함으로써 공공부문의 총합적인 후생증진에 기여케 하는 것이다.

4) 地方債務·債權制限의 原則

지방자치단체의 장은 그 지방자치단체의 항구적 이익이 되거나 또는 비상재해복구 등의 필요가 있는 때에는 행정안전부장관의 承認을 받은 범위 내에서 지방의회의 議決을 얻어 地方債를 발행할 수 있는데, 이 경우 행정안전부장관은 대통령령이 정하는 바에 의하여 지방채발행계획을 수립하여 재정경제부장관과 協議하여야 한다(법 §115:1).

지방자치법은 기본적으로 건전재정의 원칙(법 §113)을 규정하고 있지만, 한편으로는 지방자치단체가 지역주민의 복리증진을 위해 사업을 운영하거나 예기치 않은 행정수요에 대처하는데 필요한 재원을 地方債務負擔 등 借入財源으로 조달할 수 있는 길을 열어 놓고 있는데, 그 절차상 행정안전부장관의 승인, 지방의회의결 등 엄격한 제한을 가하고 있다.

이러한 맥락에서 지방자치단체장이 세입·세출예산외의 부담이 될 채무부담의 원인이 되는 행위를 하고자 할 때에도 미리 지방의회의 의결을 얻도록 규정하고 있으며(법 §115:2), 지방자치단체가 다른 경제주체의 채무를 보증하는 간접적 2차적 保證債務負擔行爲까지도 지방의회의 의결을 거치도록 하고 있다(법 §115:3).

한편 조례 또는 계약에 의하지 아니하고는 對外債務의 이행을 지체할 수 없도록 명시하고(법 §115:4), 아울러 자치단체가 자신의 재산상의 권리를 변동시키고자 할 경우, 법적 효력이 있는 명시적 규정에 의하거나 지방의회의 의결을 거치게 함으로써 집행부의 재산권행사에 관하여 법률적 또는 정치적 통제장치를 규정하고 있다(법 §115:5).

제 2 절 地方豫算과 決算

1. 地方豫算의 機能

1) 地方豫算의 意義

地方豫算이란 지방자치단체의 1회계년도에 있어서 收入과 支出의 예정적 계획서를 말한다. 지방자치단체의 사업과 소요경비를 화폐의 계수로 표시하는 점이 특색이다.

따라서 지방예산은 地方行政活動計劃으로서 다음과 같은 기능을 수행한다.

2) 地方豫算의 機能

① 지방예산은 지방정치과정의 중심을 이룬다. 지방예산은 주민, 이익집단, 정당, 정치인, 행정인의 이해관계가 얽혀 있을 뿐만 아니라 지방의회의 의결을 거쳐야 하기 때문이다.

② 지방예산은 1회계년도간의 재정계획으로서 지방자치단체의 활동이 계획적으로 추진되도록 한다. 사업계획을 뒷받침하는 재정계획은 지방자치단체의 시책과 사업이 계획적으로 집행되도록 그 기능을 수행한다.

③ 지방예산은 지역경제의 중요한 요소로서 지역경제안정과 성장 또는 소득재분배 등의 기능을 수행하고 있다.

2. 會計年度

1) 意 義

지방자치단체의 회계년도는 매년 1월 1일에 시작하여 그 해 12월 31일에 종료한다(법 §116).

會計年度라 함은 歲入과 歲出을 구분 정리하여 그 관계를 명확히 하기 위한 예산의 유효기간을 말한다.

2) 立法例

회계년도는 국가마다 다르게 설정되어 있다. 예컨대, 미국은 10월~다음 해 9월까지이고, 영국 · 일본 · 독일 등은 4월~다음 해 3월까지이며, 우리나라와 같이 1월~12월까지로 시행하고 있는 국가는 프랑스 · 러시아 · 알제틴 · 벨기에 · 네덜란드 등이다.

3. 豫算의 種類

1) 一般會計와 特別會計

예산은 회계를 기준으로 일반회계예산과 특별회계예산으로 구분한다(법 §117:1).

一般會計란 지방자치단체의 경상적 재정활동에 관한 회계로서, 일반적으로 재정활동이 규칙적 · 항구적이다. 지방자치단체예산은 일반회계를 원칙으로 하고 특별회계를 예외적으로 설치 운영한다.

特別會計는 공기업 기타 특정사업을 경영할 때, 특정자금이나 특정한 세입 · 세출로서 일반세입 · 세출과 구분하여 정리할 필요가 있을 때에 한하여 法律 또는 條例로 설치한다(법 §117:2).

2) 本豫算 · 修正豫算 · 追加更正豫算

예산은 성립과정을 기준으로 본예산 · 수정예산 · 추가경정예산으로 분류된다.

本豫算은 1회계년도에 있어서 처음으로 지방의회의 의결을 거쳐 확정된 예산을 말한다(법 §118:2). 따라서 본예산은 당해년도의 기본이 되는 예산으로 당해년도의 전반적인 경비가 계상된다.

修正豫算은 예산안을 의회에 제출한 후 지방자치단체의 장이 부득이한 사유로 그 내용의 일부를 수정하고자 할 때에 이를 수정하여 의회에 다시 제출하는 예산을 말한다(법 §118:4). 수정예산은 예산이 의회를 통과하기 전에 수정한다는 점에서 의회통과 후 변경을 가하는 追加更正豫算과 구별된다.

追加更正豫算은 이미 성립된 예산을 추후 변경을 가할 필요가 있을 때 새로 更正豫算案을 편성하여 지방의회의 의결을 얻어 확정한 예산을 말한다(법 §121) 추가경정예산의 경우에도 본예산의 경우와 같이 지방의회는 長의 동의없이 세출예산 각항의 금액을 증가하거나 새비목을 설치할 수 없으며, 長은 추가경정예산제출 후 수정예산안을 지방의회에 제출할 수 있다(법 §121:2).

4. 豫算의 編成과 確定

1) 豫算의 構成

예산은 예산총칙 · 세입세출예산 · 계속비 · 채무부담행위 · 명시이월비 · 예비비로 구성된다.

(1) 豫算總則은 예산에 관한 총괄적 규정과 지방채 및 일시차입금의 한도액 기타 예산집행에 관한 사항을 규정한다(지방재정법 §31:2).

(2) 歲入歲出豫算은 1회계년도에 있어서 수입과 지출의 推計로서 지방자치단체의 활동계획을 재정적으로 표시하고 있다.

(3) 繼續費는 공사나 제조에 있어서 그 완성에 수년도를 요하는 것에 관하여 미리 그 총액과 년도별 금액을 정하여 지방의회의 의결을 거쳐 수년도에 걸쳐 지출하는 것이다(법 §119).

(4) 債務負擔行爲는 법령 또는 조례에 의한 것과 세출예산, 명시이월비 또는 계속비총액범위 이외의 것으로서 미리 예산으로 지방의회의 의결을 받은 채무를 말한다(지방재정법 §35:1).

(5) 明示移越費는 세출예산 중 연도 내에 그 지출을 필하지 못할 것이 예측될 때 미리 지방의회의 의결을 얻어 다음 연도에 이월하여 사용하는 經費이다(지방재정법 §40:1).

(6) 豫備費는 예측할 수 없는 예산외의 지출 또는 예산초과지출에 충당하기 위하여 세입 · 세출예산에 계상되는 것인데, 예비비의 지출은 다음 연도 지방의회의 승인을 얻어야 한다(법 §120).

미국의 예비비는 특수한 목적을 위해서만 사용할 수 있는데 비하여, 일본이나 우리의 그것은 용도의 제한이 거의 없는 것이 특색이다.

따라서 예비비는 그 목적 · 소관이 정해지지 않은 예산상의 금액을 계상상 것으로서 그 금액이 총액으로서 적당하냐 않느냐를 심의 · 의결한 데 지나지 않으므로 실질적 의미에 있어서 예산이 아니다. 그러므로 이것을 사용했을 경우에는 사후에 지방의회의 승인을 얻어야 만이 그 책임이 해제된다.

2) 豫算案의 編成과 確定

예산안은 지방자치단체장이 편성하여 시 · 도는 회계년도 개시 50일전까지, 시 · 군 · 자치구는 회계년도개시 40일전까지 지방의회에 제출하며, 지방의회의 의결을 겨쳐 확정된다. 예산은 다음 4단계를 거치게 된다.

(1) 豫算編成基本指針의 시달

행정안전부장관은 관계 중앙행정기관의 장의 의견을 들어 지방재정의 운영방향, 경비산정기준 등을 포함한 예산편성기본지침을 작성한 다음 전년도 8월 31일까지 지방자치단체에 시달한다.

(2) 豫算案의 編成과 提出

지방자치단체의 장은 법령, 조례, 예산편성기본지침에 의거, 합리적으로 예산안을 편성하여 시 · 도는 회계년도 개시 40일전까지, 시 · 군 · 자치구는 회계년도 개시 35일전까지 지방의회에 제출하여야 한다(법 §118:1).

(3) 地方議會의 審議 · 議決

지방의회는 지방자치단체의 장이 제출한 예산안을 심의하여, 시 · 도의회에서는 회계년도 개시 15일전까지, 시 · 군 · 자치구의회에서는 회계년도 개시 10일전까지 의결하여야 한다(법 §118:2). 지방의회는 예산안심의시 자치단체장의 동의 없이는 세출예산 각항의 금액을 증가하거나 새비목을 설치할 수 없다(법 §118:3).

지방자치단체의 長은 豫算案을 제출한 후 부득이한 사유로 인하여 그 내용을 일부 수정하고자 할 때에는 修正豫算案을 작성하여 地方議會에 제출할 수 있다(법 §118:4).

지방의회에서 새로운 회계년도가 개시될 때까지 예산안을 의결하지 못할 때에는 자치단체의 장은 법령 · 조례에 의하여 설치된 기관 또는 시설의 유지 · 운영, 법령 · 조례상 지출의무의 이행, 이미 예산으로 승인된 계속사업비에 대하여는 전년도 예산에 준하여 집행할 수 있다(법 §122). 이것을 準豫算이라고 한다.

예산안에 대한 지방의회의 의결은 절차상 住民統制의 의미가 있을 뿐이며, 예산계획과 편성 · 집행에 대한 책임은 자치단체의 장에게 있으므로 지방의회가 새로운 재정부담을 수반하는 조례나 안건을 의결하고자 할 때에는 미리 지방자치단체장의 의견을 들어야 한다(법 §123).

(4) 豫算案의 移送·告示

예산안이 지방의회에서 의결된 때에는 의장은 3일 이내에 이를 長에게 이송하여야 하며, 이를 이송 받은 장은 지체 없이 시·도에 있어서는 행정안전부장관에게, 시·군·자치구에 있어서는 시·도지사에게 보고하고 그 내용을 告示하여야 한다(법 §124). 그러나 예산상 불가능한 의결의 再議要求의 경우(법 §99)에는 그러하지 아니하다.

5. 確定된 豫算의 運營

1) 確定된 豫算의 性格

예산은 절차상 자치단체장이 편성하고 이를 지방의회에서 심의·의결하여 확정하게 되며, 형식상 세입과 세출예산으로 나누어 편성하게 되며 세입과 세출은 항상 일치된다.

① 歲入豫算

일회계연도의 자체수입(지방세+세외수입) 및 의존수입(국고보조금+지방교부세+지방양여금)과 지방채의 견적을 말한다. 세입예산에 의해서 지방세 및 세외수입 등의 징수권이 확보되는 것이 아니므로 예산액과 실제 징수액과는 차이가 발생하게 되며 따라서 세입예산이 직접적으로 세입활동을 규제하는 것은 아니다. 다만, 의존수입은 국가의 교부한도액을 교부받은 자치단체에는 세입조치하여야 하며, 地方債는 행정안전부장관의 승인을 받은 범위 내에서 의회의 의결을 얻어 세입조치를 하여야 하므로, 동 세입이 세출과 연계되어 있어 예산편성과 세입과는 보다 긴밀히 연계되어있다고 할 수 있다.

② 歲出豫算

세입예산에서 견적된 금액의 범위 내에서 경비지출의 목적대로 재원을 배분하는 것으로서, 회계연도 내에 지출할 경비를 예산과목체계에 따라 사업목적 및 용도와 내용, 금액 등을 확정하는 것이며 세출예산에 편성됨에 따라 지출할 수 있게 되는 이른바 세출예산에 의하여 지출권이 부여되는 것이다.

따라서 세출예산은 예산집행시 평성된 목적대로 집행하는 것이 원칙이나 편성의 목적대로만 고집하게 될 경우 재정여건의 변화에 적응하지 못하는 결과를 초래하게 되므로 예산집행과정에서 세출예산의 편성목적과 다르게 집행하는 제도가 지방재정법령 및 자치단체 재무회계규칙 등에 마련되고 있으며 그 내용은 다음과 같다.

ⓘ 실행예산을 통한 예산절감 집행

ⓘⓘ 추가경정예산편성을 통한 당초예산의 변경집행

ⓘⓘⓘ 예산내용을 변경하지 않고 예산의 목적 외 사용을 통한 변경집행

여기서 豫備費의 경우 예산편성시 용도를 정하지 않고 편성된 금액을 예산외 또는 초과지출하는 것으로 확정된 예산의 변경집행과는 구분된다.

2) 歲出豫算의 分類

지방경비는 세출예산이라는 형식에 의거 세출예산과목구분에 따라 지출되며 지출경비의 단계는 6단계로 분류·운영되고 있다.

경비의 분류방법은 기능별, 경비유형별, 성질별로 대별할 수 있으며, 기능별 분류는 자치단체가 투자하는 재원의 정책목적별로 분류하기 위한 것으로 국가의 정책목적과 연계하여 분류하고 있으며, 경비유형별 분류는 예산의 구조, 탄력성 등을 체계적으로 분석하기 위한 분류이며, 성질별 분류는 재원이 구체적으로 쓰여지는 목적과 용도에 따라 분류하는 것으로 이와 같은 분류는 돈의 흐름을 일정한 체계에 따라 통일적으로 관리하기 위한 것이다.

<표 6-1> '09 세출과목 분류체계

구분	장	관	항	세항	세 세 항	목
내용	기능별 분류		조직별 분류	사업목적별 분 류	경부유형별 분 류	성질별 분류
분류수	5	16	자율결정	자율결정	대분류 4 소분류 8	36 (세목 78)

① **기능별 분류** ; 자치단체의 정책목적별 대분류

(장)		(관)
• 일반행정비	⇒	입법 및 선거관리, 일반행정비
• 사회개발비	⇒	교육 및 문화비, 보건 및 생활환경개선비 사회보장비, 주택 및 지역사회개발비
• 경제개발비	⇒	농수산개발비, 지역경제개발비, 국토자원보존개발비, 교통관리비
• 민방위비	⇒	민방위관리비, 소방관리비
• 지원 및 기타경비	⇒	지방채상환, 제지출금, 교부금, 예비비

② **경비유형별 분류** : 예산을 체계적으로 분석·정리하기 위한 분류

- 대분류(4) : 경상예산, 사업예산, 채무상환, 예비비 등
- 소분류(8) :

소분류	대분류
인건비 경상적 경비	경상예산
보조사업비 자체사업	사업예산
지방채상환 채무부담행위 상환	채무상환
예비비 기타	예비비등

③ **성질별 분류** : 경비의 사용되는 용도에 따른 분류

구 분	목(36)	세목(78)
인건비	인건비	4
물건비	일반수용비, 여비, 업무추진비, 복리후생비, 의회비, 재료비, 연구개발비	20
이전경비	일반보상금, 이주 및 재해보상금, 포상금, 연금부담금, 배상금등, 출연금, 민간이전, 자치단체이전, 공기업경상 전출금, 해외이전, 차입금이자	29
자본지출	시설비 및 부대비, 민간자본이전, 자치단체자본이전, 공기업자본전출금, 자산취득비, 기타자본이전, 해외자본이전	8
융자 및 출자	융자금, 출자금	5
보전재원	차입금원금	5
내부거래	기타 회계전출금, 교육비특별회계전출금, 예탁금, 예수금원리금상환, 기타 내부거래	3
예비비 기타	예비비, 반환금 기타	4

3) 實行豫算의 運營

① 법적 근거

실행예산의 편성이 필요한 경우는 확정된 세입예산의 실수입이 현저히 감소되었거나 감소될 우려가 있을 때 감소된 만큼 세출의 감액을 통해 세입과 세출의 균형을 유지하기 위한 것으로 자치단체 재무회계규칙 제25조에 규정되어 있다.

② 행정적 예산

실행예산의 성격과 운영상 주의하여야 할 사항은, 실행예산은 확정된 예산을 변경시키지 않고 편성된 예산의 목적, 내용을 그대로 유지하되 금액만 절감하여 운영하는 것으로, 주로 세출예산의 감축을 목적으로 운영되는 예산운영계획의 성격이며, 따라서 지방의회의 승인은 필요치 않고 단체장의 결재를 통해 확정되는 行政的 豫算이라 할 수 있다. 이러한 의미에 있어 확정된 예산의 변경의 범위에는 포함시키지 않을 수도 있다.

그러나 예산감축의 진정한 목적은 편성된 예산의 집행을 유보하여 절약된 금액을 투자우선순위에서 앞선 분야에 재투자하기 위한 것이나, 실행예산으로 절감된 예산은 예산이 변경되는 것이 아니기 때문에 다른 분야에 투자할 수 없게 되는 한계점이 있어 추가경영예산과 병행 운영하여야 실질적인 효과를 거둘 수 있다.

4) 追加更正豫算의 運營

① 의 의

확정된 예산의 집행과정에서 예산액이 부족한 경우, 그 부족액이 경미한 경우에는 예비비를 통해 충당할 수 있으나 그 금액이 크고 중요한 경우에는 당초 예산을 변경하여 지방의회의 의결을 거쳐 집행하는 것이 타당하다.

② 종 류

추경예산은 당초 예산에 금액만을 증가하는 追加豫算과 내용만을 변경하는 更正豫算으로 구분할 수 있으나 전체적으로 볼 때 추가경정예산이 동시에 발생하는 경우가 대부분이며 추경편성을 위해서는 당해 부서의 요구에 의해 단체장의 결재를 얻어 추경안을 의회에 제출하고 의회의 의결을 얻어 확정한다(지방자치법 제121조, 지방재정법 제36조).

③ 운 영

추경예산의 운영은 당초 확정된 예산을 사후의 변경된 여건에 맞추어 조정함으로써 현실적이고 적시성 있는 예산을 운영할 수 있으나, 이를 남용하는 경우 예산의 안정성이 저해되고 재정이 팽창요인이 될 수 있다.

<표 6-2> 실행예산과 추경예산의 비교

구분	실 행 예 산	추 경 예 산
근거법령	자치단체 재무회계규칙 제25조	지방자치법 제121조, 지방재정법 제36조
내 용	당초 확정된 세출예산범위 내에서 재편성 운영	당초 확정된 예산을 사후에 발생한 사유로 수정·변경하여 운영
절 차	자치단체 장의 결재를 얻어 운영	추경예산안을 편성, 의회의 의결을 얻어 운영

5) 豫算의 目的外 運營

① 의 의

세출예산이 부족하거나 편성되지 않은 사업에 투자가 필요하게 된 경우 추경예산을 편성하거나 예비비로써 집행할 수 있으나 부족한 금액이 비교적 소액이거나 중요성이 적은 경비를 대상으로 추경 및 예비비를 활용하는 것은 바람직하지 않으므로 이 경우 다른 과목에서 여유 있는 예산을 목적외 집행하도록 제도화되어 있다.

② 유 형

목적외 운영의 유형은 예산집행상의 필요에 의하여 미리 예산으로 지방의회의 의결을 얻어 장·관·항 사이 예산을 「利用」하는 것과(지방재정법 제38조) 각 항 내의 예산 내 범위 내에서 세항과 목의 금액을 「轉用」하는 경우가 있다(지방재정법 제39조).

<예산전용의 제한사유>

- 다른 비목에 전용을 할 수 없는 경우
  - 인건비
  - 시설비(시설비에 부수되는 설계비와 보상비에 전용할 경우를 제외)
  - 상환금(원금과 이자는 전용할 수 있음)
- 다른 비목으로부터 전용을 받을 수 없는 경우
  - 업무추진비에 충당하기 위한 경우
- 기타 : 회계연도 경과 후에는 예산을 전용할 수 없음

③ 예산의 移替

이용과 전용의 목적외 운영과 유사한 제도로 지방자치단체의 기구·직제 또는 정원에 관한 법령이나 조례의 제정 또는 개폐로 관계기관 사이에 직무권한 기타의 변동이 있을 때에는 예산을 상호이체할 수 있도록 지방재정법 제38조에 규정되어 있으

나, 이는 예산의 목적외 집행이 아닌 예산과목과 금액을 다른 부서에 이전하는 것으로 예산의 목적외 운영인 이용 또는 전용과는 구별된다고 볼 수 있다.

<표 6-3> 예산의 이용·전용·이체의 비교

구 분	이 용	전 용	이 체
성 격	일방의 과목의 경비부족액을 타방의 과목으로 보전, 즉 과목간 과부족의 융통(예산의 목적외 집행)		직무권한의 변동에 따른 예산과목과 금액의 이전
범 위	장·관·항범위 내 의회 의결을 얻음	각항 내 세항 과목의 금액 범위 내 세입세출결산서에 명시	과목에 관계없이 예산의 총액을 넘지 않은 범위
근 거	지방재정법 제38조제1항	지방재정법 제39조 제1항	지방재정법 제38조 제2항

6. 地方豫算의 決算

1) 決算의 法的 特性

決算이란 1회계년도에 있어서 세입과 세출의 집행실적을 計數로서 표시하는 행위이다. 결산은 예산과 같이 지출한도 기타에 관하여 예산집행기관의 행위를 규제하는 효과는 없으나, 결산이 정당한 경우 집행기관의 책임을 해제하여 주는 효과가 있다.

지방자치단체의 장은 출납폐쇄 후 80일 이내에 결산서 및 증빙서류를 작성하고 지방의회가 선임한 檢查委員의 검사의견서를 첨부하여 다음 연도 지방의회의 承認을 얻어야 한다. 승인을 얻은 때에는 장은 이를 5일 이내에 시·도에 있어서는 행정안전부장관에게, 시·군·자치구에 있어서는 시·도지사에게 각각 보고하고 그 내용을 公告하여야 한다(법 §125:1, 2).

결산에 필요한 검사위원의 선임 및 운영에 관하여는 대통령령으로 정한다(법 §125:3).

2) 檢查委員

(1) 檢查委員의 選任

검사위원은 당해 지방의회의원이나 공인회계사 등 재무관리에 관한 전문지식과 경험을 가진 者 중에서 선임하여야 하므로 지방자치단체의 상근직원은 검사위원이 될 수 없으며, 그 數는 시 · 도의 경우는 5인 이내, 시 · 군 · 자치구의 경우는 3인 이내로 한다.

그 선임방법 · 운영 · 실비보상에 관하여 필요한 사항은 당해 지방자치단체의 조례로 정한다(영 §46).

(2) 檢査委員의 職務

검사위원의 결산검사사항은 다음과 같다(영 §47:1).

① 세입 · 세출의 결산

② 계속비 · 명시이월비 · 사고이월비의 결산

③ 채권 · 채무의 결산

④ 재산과 기금의 결산

⑤ 금고의 결산

검사위원은 지방자치단체의 장 및 금고에 대하여 검사에 필요한 자료를 요구할 수 있으며, 그 요구를 받은 자는 특별한 사유가 없는 한 이에 협조하여야 한다(영 §47:2).

검사위원은 결산검사종료 후 10일 이내에 檢査意見書를 당해 지방자치단체의 장에게 제출하여야 하며, 지방의회는 결산심의시 필요하다고 인정하는 때에는 검사위원을 출석시켜 설명을 들을 수 있다(영 §47:3).

제 3 절 地方收入과 支出

1. 收入·支出의 意義 및 根據

1) 收入 · 支出의 意義 및 特性

지방자치단체의 수입 · 지출은 예산, 결산, 계약 등 사무와 함께 통칭하여 지방자치단체의 회계의 일부분이다.

收入은 지방자치단체의 모든 수요를 충족하기 위하여 지불의 재원이 되는 일체의 현금수납 및 이에 준하는 행위를 가리킨다.

수입은 징수와 수납으로 구분된다. 徵收는 징수결정과 납액의 고지로 나누어지며,

收納은 현금을 수령하는 행위를 말한다. 따라서 징수는 수입의 명령계통에 속하는 행위이고, 수납은 출납계통에 속하는 행위로서 이 양자를 합하여 수입이라고 통칭하고 1회계년도에 있어서 일체의 수입을 歲入이라 한다.

반면에 支出은 지방자치단체의 모든 수요에 충당하기 위한 일체의 현금의 지출 및 이에 준하는 행위를 가리키는데, 지방자치단체의 채무를 조사결정하여 지불을 명령하는 사무와 그 현금을 지불하는 사무로 구분된다. 1회계년도에 있어서 일체의 지출을 歲出이라고 한다.

2) 收入·支出의 根據 및 拘束性

지방자치단체의 일체의 수입의 근거는, 法令·條例·議會의 議決 또는 契約에 의하여 행하여지는 것이며, 지출과는 달리 예산이 수입의 근거가 되는 것은 아니다. 지방자치단체는 지방세(법 §126), 공공시설의 사용료(법 §127), 수수료(법 §128), 분담금(법 §129) 등을 징수할 수 있다.

예산은 집행기관에 대하여 지출의 권한을 부여한 것이고 수입의 권한을 부여한 것이 아니다. 따라서 세입예산은 단지 수입의 견적에 불과할 뿐 집행기관을 구속하는 것이 아니므로, 수입할 것은 예산상 수입할 과목이 없어도 이를 수입하여야 하며, 또한 예산액 이상을 수입하여도 관계없다.

2. 地方稅

1) 地方稅의 特性과 機能

지방자치단체는 법률이 정하는 바에 의하여 地方稅를 부과·징수할 수 있다(법 §126).

지방자치법에서는 지방자치단체의 지방세부과·징수에 관한 기본적 사항만을 규정하고 그 稅目과 稅率 등은 地方稅法에 미루고 있다.

지방행정에서 지방세가 가지는 의의는 매우 크다. 지방행정의 궁극적 목적은 주민복지에 있기 때문에 당해 지역주민이 납부한 세금은 주민복지에 환원된다.

지방세는 지방자치단체가 재정수요에 충당하기 위하여 주민 또는 이와 동일한 지위에 있는 자와 단체로부터 對價的 補償없이 强制的으로 징수하는 재화이다.

지방세는 지방자치단체가 징수하기 때문에 국가에서 징수하는 國稅와 다르고, 지방세로 징수한 그 재원이 지방행정수행의 필요경비에 사용되기 때문에 국가사무수행을 위한 경비를 조달하는 국가재정과 다르다.

2) 地方稅의 原則

지방세는 지방주민과 직결되는 地方財政의 특수성에서 오는 다음의 원칙이 중요시된다.

(1) 安定性의 原則

공신력이 약하여 기채에 의존하기가 어려운 지방자치단체에서는 조세수입의 안전성이 가장 중요시된다. 그러므로 지방세의 수입은 경기변동에 따라 크게 좌우되지 않는 안정적인 稅目이어야 한다.

(2) 普遍性의 原則

지방세는 지역에 따라 조세수입에 크게 차이가 발생하지 않도록 조세객체의 지역적 편재가 적어야 한다.

(3) 定着性의 原則

지방세는 조세객체가 그 지역에 정착되어야 하고, 지방자치단체간의 세율 차이로 말미암아 조세객체가 다른 지역으로 쉽게 이동되지 않는 것이라야 한다.

(4) 應益性의 原則

지방자치단체가 주민들에게 공급하는 서비스는 그곳 주민들이 그의 편익에 쉽게 인식할 수 있는 것이어야 한다.

그러므로 공공시설의 대체적 이용이 가능할 경우에는 그것을 이용하는 주민들에 대하여 受益者負擔金을 부과하게 된다.

(5) 負擔分化의 原則

지방세는 가능한 한 많은 주민들에게 골고루 분담시켜야 한다. 이것은 지역주민들에게 지방자치단체의 구성원이라는 자각심을 높일 수 있다는 점에서 바람직하다.

(6) 分別性의 原則

하나의 稅源이 둘 이상의 지방자치단체에 관련이 있어 어느 단체에 귀속하여야 할 것인지가 분명하지 않으면 안되며, 어느 단체에서 징수할 것인지 명백히 구분되는 세원을 지방세로 하여야 한다.

3) 地方稅의 分類와 體系

지방세는 課稅主體에 따라 서울特別市稅, 廣域市稅, 道稅, 市・郡稅로 구분되고, 수입된 금액의 用途에 따라 普通稅와 目的稅로 구분된다.

- ㅇ지방세
  - 시・도세
    - 보통세
      - 취득세
      - 등록세
      - 면허세(區稅)
      - 레저세
    - 목적세
      - 지역개발세
      - 공동시설세
    - 지방교육세
  - 시・군세
    - 보 통 세
      - 주민세
      - 재산세(區稅)
      - 자동차세
      - 농업소득세
      - 도축세
      - 담배소비세
      - 종합토지세(區稅)
      - 주행세
    - 목 적 세
      - 도시계획세
      - 사업소세(區稅)

(주) 서울특별시・광역시의 경우에는 구세를 제외한 전세목이 시세(市稅)임.

3. 稅外收入

세외수입은 使用料・手數料・利子收入・財産收入・地方債 등 지방세 이외의 자체 수입이다.

세외수입은 지방재정이 점차 경영재정화되고 각종 공기업의 확대, 경영수입의 개발확충 등으로 그 영역과 규모가 점점 확대되어 가고 있다.

1) 使用料

지방자치단체는 공공시설의 이용 또는 재산의 사용에 대하여 사용료를 징수할 수 있다(법 §127).

(1) 意 義

사용료는 공공시설 또는 재산의 사용에 대하여 징수되는 公法上負擔이므로, 단순한 역무의 제공에 대한 반대급부인 수수료와는 다르다.

공공시설이나 재산으로서 그 본래의 목적에 따른 일반적 사용권(법 §13:1)에 의한 사용이거나 특별한 허가행위에 의하여 인정된 사용권에 의한 사용도 사용료를 징수할 수 있다. 도서관, 상수도, 병원, 화장장, 공원, 도로의 점용 등의 사용료가 그 예이며, 지방공기업법의 적용을 받는 수도사업, 가스사업, 지하도로사업, 하수도사업, 청소·위생사업, 주택사업, 의료사업 등 공기업이 징수하는 요금도 일종의 사용료이다.

사용료에 관한 사항은 條例로 정하여야 한다(법 §35, §130:1).

(2) 賦課·徵收·異議申請

사용료는 지방세징수의 예에 의하여 공평하게 부과·징수하여야 한다(법 §131:1,2).

사용료의 부과·징수에 대하여 이의가 있는 자는 그 처분의 통지를 받은 날로부터 60일 이내에 그 지방자치단체의 장에게 이의신청을 할 수 있고(법 §131:3), 장은 이의신청을 받은 날로부터 60일 이내에 이를 결정·통보하여야 한다(법 §131:4).

이의를 신청한 자는 지방자치단체의 장이 위 기간 내에 결정을 하지 아니한 때에는 그 기간이 종료된 날로부터 90일 이내에 또는 그 결정에 대하여 불복이 있는 때에는 그 결정통지를 받은 날로부터 90일 이내에 관할 高等法院에 訴를 제기할 수 있다(법 §131:5).

2) 手數料

지방자치단체는 당해 지방자치단체의 사무가 특정인을 위한 사무이거나, 국가 또는 다른 지방자치단체의 위임사무가 특정인을 위한 사무인 경우에는 그 역무를 제공받는 자로부터 수수료를 징수할 수 있다(법 §128: 1, 2). 수수료는 법령에 달리 정한 경우를 제외하고는 당해 지방자치단체의 수입으로 한다(법 §128:3).

(1) 수수료는 특정인에게 제공하는 역무에 대하여 그 비용을 충당하거나, 보상으로

징수하는 요금이다. 수수료는 신원증명, 인감증명, 공부열람 등 특정 일개인이 적극적 이익을 받은 경우뿐만 아니라 영업허가 · 제품검사 등의 경우에도 징수할 수 있다.

수수료징수에 관한 사항은 條例로 정한다. 다만, 국가가 지방자치단체 또는 그 기관에 위임한 사무 및 자치사무의 수수료 중 전국적 통일이 필요한 수수료에 관한 사항은 다른 법령의 규정에 불구하고 대통령령이 정하는 기준에 따라 조례로 정한다(법 §130:1).

(2) 부과 · 징수 · 이의신청절차는 使用料의 경우와 같다(법 §131 참조).

3) 分擔金 · 負擔金

지방자치단체는 그 재산 또는 공공시설의 설치로 인하여 주민의 일부가 특히 이익을 받는 경우에는 그 이익을 받는 자로부터 그 이익의 범위 안에서 분담금을 징수할 수 있다(법 §129).

(1) 분담금은 일반적으로 국가 또는 지방자치단체가 시행하는 특정한 사업에 소요되는 경비에 충당하기 위하여 그 사업과 특별한 관계가 있는 자에 대하여 과징하는 金錢給付義務이다. 분담금은 특히 이익을 받는 자로부터 징수하는 것이므로 도시계획사업이나, 도로 · 하천의 공사에 수반하여 징수하는 경우가 많다(도시계획사업법 §65:1, 도로법 §66, 하천법 §58). 분담금은 기부금 또는 수익자부담금이라는 명목으로 수납하거나 용지비나 노력부담으로 갈음하는 경우가 있다. 분담금이 징수되는 자 및 그 징수방법은 條例로 정한다(법 §130:1). 과태료 징수는 사용료의 경우와 같다(법 §130:2).

(2) 부과 · 징수 · 이의신청절차는 사용료의 경우와 같다(법 §131 참조).

4) 徵收交付金

국세 · 도세 · 하천사용료 또는 도로사용료 등을 시 · 군이 징수하는 경우, 징수위임기관인 국가나 도에서 그 사무처리비용 등을 보전해 주기 위하여 교부하는 것을 징수교부금이라고 하는데, 이는 각각 그 근거가 되는 法令에 의하여 교부된다.

5) 財産收入

지방자치단체의 재산매각계획에 따른 공유재산매각수입과 지방자치단체가 국공유재산의 관리 · 운영에 따른 임대수입 등이 이에 속한다.

4. 地方債

1) 地方債의 意義와 種類

地方債(local debt, public bond)란 지방자치단체가 자금조달을 목적으로 제3자로부터 2개년 이상의 장기에 걸쳐 자금을 차입함으로써 부담하는 債務를 말한다(법 §115 참조).

지방채는 도로·하천·재해복구 등 일반적인 공공사업재원으로 사용하기 위한 一般債와 상수도·병원 등의 공기업을 위한 公企業債로 구분된다.

지방자치단체는 자체재원의 절대부족과 의존재원의 한계를 한꺼번에 탈피하고 주민의 자치개발욕구를 충족시키는 방안으로 종래에 지방채발행에 의한 투자재원조달방안이 활용되어 왔다. 지방채는 지방자치단체가 시행하는 사업의 편익이 여러 세대에 걸쳐 발생하면서 일시에 많은 자금이 소요될 때에 적합한 방법으로 인정되어 왔다. 지방채를 통한 자금조달방식은 연차적으로 원리금을 상환하기 때문에 지방자치단체의 재정에 갑작스런 압박을 주지 않는 장점이 있기 때문이다. 그러나 지방채에 대한 지나친 의존은 건전재정을 위협하는 것도 사실이다.

2) 地方債의 發行 및 債務負擔행위

① 우리나라의 경우, 지방자치단체가 지방채를 세출의 재원으로 하기 위해서는 부득이 한 경우에만 가능하며(지방재정법 §7), 지방자치단체의 장 또는 지방자치단체조합은 따로 법률이 정하는 바에 따라 지방채를 발행할 수 있다(지방자치법 §115①).

② 지방자치단체의 장은 따로 법률이 정하는 바에 따라 지방자치단체의 채무부담원인이 될 계약의 체결 그 밖의 행위를 할 수 있다(법 §115:2). 지방자치단체의 장은 공익을 위하여 필요하다고 인정하는 경우에는 미리 지방의회의 의결을 얻어 보증채무부담행위를 할 수 있다(법 §115:3).

③ 지방자치단체는 조례 또는 계약에 의하지 아니하고는 채무이행을 지체할 수 없고, 법령 또는 조례의 규정에 의하거나 지방의회의결을 얻지 아니하고는 채권에 관하여 채무를 면제하거나 그 효력을 변경할 수 없다(법 §115:4, 5).

3) 地方債의 活性化

문제는 지방채발행의 절차적 규제보다도 더욱 시급한 것은 지방채의 引受先을 주로 첨가소화방식에 의하고 있다는 것이다.

添加消化方式이란 인·허가시나 등록접수시 그 대상자에게 지방채를 끼워 판매하는 것인데, 지하철공채, 도로공채 등을 예로 들 수 있다.

이 방식을 이용하는 것은 지방채가 일반채권에 비해 이율에 있어서 도저히 경쟁력이 없기 때문이다. 그러나 지방자치제 정착과 지역주민의 의식수준향상을 고려할 때 이 방식으로는 지방채의 활용이 크게 위축될 것이다. 그러므로 지방채의 경쟁력을 향상시키고 저렴한 자금을 안정적으로 지원하기 위하여 地域開發金融基金을 법제화할 필요가 있다.

5. 地方自治福券

1) 地方自治福券의 必要性

지방자치단체는 문화·예술·복지향상 기타 공익을 목적으로 하는 사업과 지역개발을 위한 기금의 재원에 충당하기 위하여 福券을 발행할 수 있다.

이 경우 당해 지방자치단체의 장은 그 종류, 발행금액, 발행조건을 정하여 지방의회의 議決을 거쳐 행정안전부장관의 承認을 받아야 한다(지방재정법 §11의 2).

2) 地方自治福券發行의 目的·節次

지방자치제의 시행에 따른 지방재정의 확충을 위하여 지방자치복권제를 새로이 도입한 취지·목적·절차는 다음과 같다.

첫째, 지방자치복권제는 지방자치단체가 수행하는 공익사업과 지역개발기금의 재원을 마련한다는 데 그 목적이 있다.

지방자치단체는 주민의 수요에 공하기 위하여 문화·예술·복지향상 기타 공익을 목적으로 하는 사업을 창의적으로 간단없이 수행하여야 하고 지역개발사업도 추진하여야 하는데 그에 소요되는 재원마련이 어려운 형편이므로 주민의 자발적인 참여에 의한 효율적인 재원마련의 방안으로 채택되었다.

둘째, 지방자치복권은 지방자치단체장이 임의로 발행할 수 있는 것이 아니고, 발행계획을 수립하여 당해 지방의회의 의결과 행정안전부장관의 승인을 얻어야 한다.

지방자치단체장이 지방자치복권을 발행할 필요성이 있는 경우

① 그 종류, 발행금액, 발행조건 등 발행계획을 수립하여야 한다.

② 당해 지방의회의 의결을 반드시 거쳐야 한다. 지방자치복권발행에 관한 사항은 지방의회의 필수적 의결사항으로 규정되어 있기 때문이다(지방자치법 §35:1 ⑩, 지방재정법 §11의 2 후단). 따라서 당해 지방의회에서 부결된 경우에는 지방자치복권을 발행할 수 없게 된다.

③ 행정안전부장관의 승인을 얻어야 한다. 이 경우의 승인은 지방자치복권발행의 효력발생요건이다. 행정안전부장관은 승인을 거부할 수 있다.

그런데 행정안전부장관이 그 발행계획을 축소 또는 확대하여 조정승인을 할 수 있는가에 대하여는 이론이 있을 수 있다. 그 발행계획을 축소승인하는 경우는 지방의회의 의결을 경시하게 된다는 비판이 있을 수 있고, 확대승인하는 경우는 주민의 재정적 부담증가와 이에 따른 지방의회의 의결권침해라는 문제가 제기될 수 있기 때문이다.

그러나 행정안전부장관은 당해 지방자치단체의 재정적 여건, 주민의 정서, 타지방 자치단체와의 균형 등을 감안하여 축소승인을 할 수 있으나 확대승인은 불가하다고 해석하여야 할 것이다. 따라서 확대승인이 필요하다고 판단한 경우에는 발행계획의 수정의결을 거치도록 하는 것이 지방의회의 의결권존중, 지방자치복권발행취지 등에 적합하다고 보아야 한다.

셋째, 지방자치복권의 당첨금의 소멸시효는 지급일로부터 3월로 하고, 소멸시효가 완성된 당첨금은 당해 지방자치단체에 귀속한다(법 §11의 2 ②).

넷째, 지방자치복권의 발행에 관하여는 사행행위 등 규제법을 적용하지 아니한다(법 §11의 2 ③).

6. 依存(調整)財源

지방재정의 의존 또는 조정재원은 地方交付稅와 國庫補助金, 地方讓與金 세 가지로 구분된다.

1) 地方交付稅

(1) 地方交付稅의 意義 및 財源

지방교부세는 국가가 지방자치단체의 재정수요와 부족재원을 보전할 목적으로 지방자치단체에게 교부하는 財源이다.

지방자치는 원리상 자주적인 지방재원으로 그 경비를 충당하는 것이 이상적이지만 현실적으로 지방자치단체간에 지역경제력의 차이, 행정수요의 차이로 인하여 자주적 세입의 불균형이 발생하고 있을 뿐만 아니라 지역주민의 지방세부담에도 한계가 있기 때문에 이를 보전할 목적으로 지원되는 재원이다.

지방교부세는 지방자치단체의 독립된 재원이라는 성격을 지니고 있어 그 交付率이 法定化(매년도 내국세 총액의 19.24%)이 되어 있고 그 용도에 대하여도 특별한 제한이 없다. 다만, 특별교부세는 그러하지 아니하다.

(2) 地方交付稅의 種類

지방교부세는 普通交付稅, 特別交付稅, 分權交付稅, 不動産交付稅의 4종류로 구분된다(지방교부세법 §3).

보통교부세의 총액은 교부세 총액의 11분의 10에 해당하는 액이고, 특별교부세 총액은 교부세 총액의 11분의 1에 해당하는 액이다.

① 보통교부세

보통교부세는 모든 자치단체가 일정한 행정수준을 유지할 수 있도록 표준수준의 기본적 행정수행경비를 산출하여, 그 충당부족분을 일반재원으로 보전하는 것이다.

보통교부세의 재원배분은 매년도 기준재정수입액이 기준재정수요액에 미달하는 자치단체에 대하여 교부하게 되는데, 여기서의 기준재정수요액은 각 자치단체의 재정수요를 「합리적 기준」에 따라 자치단체별로 산정한 이른바 「표준적인 재정소요액」이고, 기준 재정수입액은 기준재정수요액에 대응한 개념으로, 각 자치단체의 재정력을 합리적 기준에 따라 자치단체별로 산정한 표준적인 「재정수입액」이다.

② 특별교부세

특별교부세는 보통교부세의 산정상 부득이 피할 수 없는 획일성과 시기성으로 인하여 각 자치단체의 재정현실을 정확하게 반영하여 산정하는 데에는 한계가 있기 때문에, 그 제도적 미비를 보완하는 제도적인 장치로서 다음과 같은 경우에 교부된다.

첫째, 보통교부세의 산정에 사용된 기준재정수요액의 산정방법으로써 포착할 수 없는 특별한 재정수요가 있을 때

둘째, 보통교부세의 산정기일 후에 발생한 재해로 인하여 특별한 재정수요가 있거나 또는 재정수입의 감소가 있을 때

셋째, 지방행정 및 재정운영 실적이 우수한 지방자치단체에 대한 재정지원 등이다.

이처럼 특별교부세를 교부하는 이유는 무엇보다도 보통교부세의 획일적인 산정방법에서 생기는 수요·수입이 현실과 상당한 차이에서 생기는 오차의 시정이라 하는 목적과 연도 도중에 발생한 재해 등 예측할 수 없었던 사태에 대처한다고 하는 목적 등이 있으며, 이는 모두 보통교부세의 보완적 기능이라고 할 수 있다.

③ 분권교부세

분권교부세는 국고보조사업의 일부를 지방으로 이양하고 이에 소요되는 재원을 합리적으로 보전하기 위하여 2005년도에 도입된 제도이다. 분권교부세의 재원배분은 지방이양된 149개사업을 경상적 수요와 비경상적 수요로 구분하여 산정·교부하고 있다.

분권교부세제도의 신설은 국고보조금의 지방이양을 위한 효율적인 이전통로를 마련하였고, 분권과 책임원칙에 따라 지방재정의 자율성확대 및 성과에 대한 자기책임을 명확화 하였다는데 큰 의의가 있다.

분권교부세는 2005~2009년까지 한시적으로 운용하고, 2010년 이후에는 보통교부세로 통합된다.

④ 부동산교부세

부동산교부세는 국세인 종합부동산세의 교부금으로써, 2004년 말 보유세제를 지방세와 국세로 이원화하여 지방세이던 종합토지세 중 전국합산과세분을 국세인 종합부동산세로 이양하고, 세수는 전액 지방에 교부하도록 지방교부세법에 배분근거를 마련한 제도이다.

종합부동산세교부금의 교부는 우선 종합부동산세신설로 인한 시군구의 부동산보유세(재산세)감소분을 기초로 보전하는 것을 원칙으로 하고, 잔여재원은 재정여건, 지방세운영상황, 부동산보유세규모 등을 감안하여 배분한다.

2) 國庫補助金

(1) 국고보조금의 意義

국고보조금은 국가가 자기의 일을 지방자치단체로 하여금 하게 할 때나 국가적 입장에서 장려할 필요가 있을 때, 그에 필요한 비용의 일부나 전부를 교부하는 용도가 지정된 財源이다.

일반적으로 국고보조금은 補助金 이외에 負擔金, 交付金, 委託金의 명칭으로 사용되는 경우도 있다.

국고보조금은 중앙정부가 지방자치단체의 행정을 간섭·규제하는 수단으로 이용되기도 한다.

그러나 중앙정부는 특정한 행정에 대한 일정수준의 확보, 국가의 종합적 계획·시책의 실시, 신규사무의 보급장려, 특수행정수요에의 대응 등을 위하여 국고보조금을 지급한다.

(2) 국고보조금의 種類

국고보조금의 종류는 3가지로 나누어진다.

① 交付金

의무교육비·특정건설사업비 등과 같이 법령으로 국가부담이 의무화된 국가적 이해에 관계를 갖는 사무에 교부하는 보조금이다.

② 負擔金

지방자치단체가 수행하는 특정사무·사업이 국가와 지방자치단체간에 이해관계가 있고 그 원활한 운영을 위하여 국가에서 부담하지 않으면 아니될 경비의 전부 또는 일부를 국가가 부담하는 것이다.

③ 협의의 補助金

농업개발·사회사업과 같은 지방자치의 자주적 사무에 대하여 국가가 그러한 사업을 장려할 목적으로 교부하는 보조금이다.

(3) 국고보조금제의 改善方案

국고보조금제도의 改善方案에 대하여는 여러 가지 각도에서 논의되어지고 있으나 여기에서는 그 보완방안을 중심으로 그 개선안을 제기해보면 다음과 같다.

첫째, 우리나라가 경험하는 사회·경제·정치적 환경변화에 국고보조금제도가 능동적이고 효율적으로 대응하기 위해서는 기존의 국고보조금 운영체계를 구조적으로 변화시키는 것이 바람직하다.

① 특정보조금(specific grants) 성격을 갖는 현행 국고보조금제도내에 일반적 보조성격을 갖는 包括補助金制度(Block Grant System)를 도입시킨다. 포괄보조금제도를 도입하는 경우 제1단계 도입대상분야들로는 지역개발, 주택, 대중교통수단, 법집행 및 범죄예방, 그리고 고용 및 직업훈련 등을 우선 검토하여야 한다.

② 국고보조금의 배분방식에 있어서 기존의 기준보조율과 정액보조방식 이외에도 特定配分公式에 의하여 보조금이 지방자치단체에게 배분될 수 있는 제도적 장치를 마련하여야 한다.

③ 특정지역의 사회, 경제적 개발상태가 기타 지역에 비해 구조적으로 특별히 낙후되는 경우 당해 지역을 대상으로 特定地域補助金(Target Grant)제도를 도입하여야 한다.

둘째, 국고보조금제도의 합리적 운영을 위해 현행 국고보조금의 基準補助率을 조정하는 것이 바람직하다.

① 현행 기준보조율의 기본골격인 정액보조, 30%, 50%, 70%, 100% 체계를, 정액보조 50%, 62.5%, 75%, 그리고 100%의 기준보조율체계로 부분적인 구조변화를 시도한다. 새로 조정된 기준보조율과 각 기준보조율의 적용을 받게 될 국고보조 대상사업의 선정은 다음의 판단기준에 의한다(<표 6-4>).

② 기준보조율의 적용을 받는 정액보조사업 가운데서 공적부조의 성격을 갖는 보조사업을 중심으로 개방형 정율보조금제를 점진적으로 도입할 필요성이 있다.

③ 정액보조사업은 지방자치단체가 추진하고자 하는 사업 중에서 강한 공공수요적 특성을 갖는 사업을 중심으로 전개시키는 것이 바람직하다.

셋째, 差等補助率制의 합리적 운영에 고려해야 할 사항은 다음과 같다.

① 차등보조율의 적용대상사업을 보조금액의 규모면에서 상대적으로 대규모 국고보조사업에 한정시킬 필요성이 있다.

② 차등보조율의 적용기준이 되는 기존의 지표들에 문제점이 많으므로 이들 지표를 개선시키거나 또는 새로운 지표를 개발·도입할 필요성이 있다.

③ 차등보조율의 적용과정에서 지역주민의 요구(needs) 내지는 수요를 고려할 필요성이 있다.

<표 6-4> 새로운 기준보조율과 그 대상사업

기준보조율	보조사업의 성격
100%	전국적 표준서비스 내지는 전국적 최저수준을 요하는 사업, 순수공공재를 생산하는 사업, 누출효과가 전국적인 사업, 기관위임사업 등을 포함하여 전적으로 국가가 이해관계를 갖는 순국가사업을 지방자치단체가 위임받아 이행하는 경우
75%	누출효과가 전국적이며 순수공공재와 지방공공재의 중간성격을 지니는 공서비스를 생산하는 사업 행사적
62.5%	누출효과가 지역적이며 순수공공재와 지방공공재의 중간생격을 지니는 공공서비스를 생산하는 사업, 형평성와 소득분배의 성격을 갖는 사업.
50%	누출효과가 국지적이며 지방공공재를 생산하는 사업 중에서 국가가 이해관계를 표방하는 사업
법정보조율	다른 법률에서 국고보조율이 구체적으로 정하여져 있는 그 법률상의 국고보조율
포괄보조율	포괄보조금 대상사업으로 선정된 사업에 대하여 각 포괄보조사업별로 일정배분공식에 의해 배분

④ 차등보조율의 적용과 연관해서 기준보조율에 20%, 15%, 또는 10%를 가산 또는 차감하는 차등보조율제에서 기준보조율에 5%, 10%를 가산 또는 차감하는 제도로 변화시키는 것이 바람직하다.

넷째, 申請主義 原則은 지방자치단체가 추진하고자 하는 특정사업을 중심으로 적용하는 것이 바람직하다.

(4) 改善의 波及效果

국고보조금의 운용에 있어서 이상의 보완방안이 시행될 경우 그 파급효과는 다음과 같다.

첫째, 기준보조율의 조정, 차등보조율제의 개선, 포괄보조금제 및 기타 제도의 도입을 통한 국고보조금제도의 구조변화는 궁극적으로 국고보조금제의 운영과정에서 효율성과 형평성을 진작시킨다.

둘째, 국고보조금이 포괄보조금을 중심으로 특정배분공식에 의해 배분되게 되므로 중앙정부의 자의성이 감소되는 동시에 지방재정의 자율성과 주민선호의 사업이 구현될 가능성이 증가한다.

<표 6-5> 지방교부세와 국고보조금과의 비교

구분	지방교부세			국고보조금		
개념	지방자치단체의 재정수요와 세수를 비교하여 부족재원을 보전할 목적으로 국가가 지방자치단체에게 교부하는 재원		의존적이고 일반 재원의 성격	국가가 자기의 일을 지방자치단체로 하여금 하게 할 때나 국가적 입장에서 장려할 필요가 있을 때 그에 필요한 비용의 일부나 전부를 당해 지방자치단체에 지원		의존재원이고 특정재원의 성격
기능	지역간 경제적 격차로 나타나는 재정적 격차를 완화함으로써 재원의 균등화·행정수행에 필요한 경비의 부족을 보전함으로써 행정서비스수준을 향상			• 일정한 행정수준 향상 • 특정사업장려		• 지방자치를 제약하는 제될 수 있으나 국가가 지향하는 의도를 지방단위에 실현시키기 위한 행정지도를 필요성의 의미를 가짐
종류 및 재원	보통 교부세	• 용도제한 없는 일반재원 • 재원: 교부세총액의 10/11	• 교부세율 법정화 조치 (1982. 1. 1 시행) 교부세총액=내국세총액의 15%	교부금 교부금	• 의무교육비·특정건설사업비 등과 같이 법령으로 국가부담이 의무화된 국가적 이해에 관계를 갖는 사무에 교부하는 보조금	• 국가가 경비의 전액을 부담
	특별 교부세	• 특별한 사정으로 발생한 재정에 충당하거나 재정수입의 감소를 보충하여 주는 특정재원: 교부세총액의 1/11		부담금	• 지방자치단체가 행하는 특정의 사무나 사업이 당해 지방과 국가에 이해관계가 있을 때 교부하는 보조금	• 국가와 지방자치단체가 일정한 비율에 따라 경비의 재원을 나누어 분담
				협의의 보조금	• 농업개발, 사회사업과 같은 지방의 자주적 사무에 대하여 국가가 그러한 사업을 장려할 목적으로 교부하는 보조금	• 그 경비의 일부 또는 전부를 국가가 부담
산정 및 교부	보통 교부세	• 기준재정수요액-기준재정수입액=재정부족액=보통교부세 요구액 ※기준재정수요액=∑특정단위에 의한 수치×단위비용×보정계수 ※기준재정수입액=보통세목표액×$\frac{80}{100}$	• 지방교부세법시행령 : 당해 연도말 기준으로 물가지수 상승이 15% 초과할 때 단위비용보정을 함. • 기존 재정수요액의 보정기준은 측정단위수치, 단위비용, 물가지수 등을 기초 • 보통교부세는 재정부족액을 안분하여 교부하고 매년 1월 1일을 기준, 1년을 4분기로 나누어 교부함	교부금	• 별도의 규정이 없음	• 보조금관리법제5조 : 보조금교부결정기준 -법령과 예산의 목적에 관한 위배여부 -보조사업내용의 적정여부 -금액산정의 착오유무 -자기자본의 부담력 유무
				부담금	• 별도의 규정 없음	
				협의의 보조금	• 별도의 규정 없음	

	특별교부세	• 특별교부세가 부과되는 경우 -기준재정수요액의 산정방법으로 포착할 수 없는 특별한 재정수요가 있을 때 -보통교부세의 산정기일후에 발행한 재해로 인하여 특별한 재정수요가 있거나 재정수입이 감소된 때 -지방자치단체의 청사 또는 공공복지시설의 복구·신설·확정·보수 등의 사유가 발생				
근거법	• 지방자치법 · 지방재정법에 근거를 두고 지방교부세의 운영 · 관리는 地方交付稅法에 근거			• 지방자치법과 지방재정법에 근거를 두고, 보조금의 운영 · 관리는 補助金管理法에 근거		

셋째, 사회 · 경제 · 정치적 환경변화에 부수되는 공공수요변화에 국고보조금제도가 보다 능동적으로 운영될 수 있는 한편, 특정지역의 개발문제에 대하여 국고보조금제가 보다 다각적 접근체계를 가지고 공공서비스를 제공할 수 있게 한다.

7. 地方經費의 支出

1) 地方經費(歲出)

지방자치단체는 그 자치사무의 수행에 필요한 경비와 위임된 사무에 관하여 필요한 경비를 지출할 의무를 진다. 다만, 국가사무 또는 지방자치단체사무를 위임하는 때에는 이를 위임한 국가 또는 지방자치단체에서 그 경비를 부담하여야 한다(법 §132).

지방자치단체가 지역주민에게 행정서비스를 제공하고 자치행정을 수행하기 위하여 사용하는 지출을 地方經費 또는 地方歲出이라고 한다.

2) 地方經費의 種類

지방경비(세출)는 그 사용목적에 따라,

① 일반행정비(인사 · 재정 · 기획 · 민원사무비)

② 사회복지비(생활보호 · 복지시설 · 보건의료 · 노동)

③ 산업경제비(상공 · 농림수산 · 관광운수)

④ 지역개발비(도로 · 교량 · 하천 · 도시재개발 · 주택)

⑤ 문화체육비(문화예술 · 체육활동지원)

⑥ 민방위운영비(소방 · 민방위)

⑦ 지원제비(징수교부금 · 전출금 · 예비비) 등으로 구분된다.

그런데 여기에서 「경비를 지출한다」함은 사무처리를 위하여 필요한 경비를 지출하는 것이며, 사무처리를 위하여 소요된 경비의 종국적 부담을 의미하는 「경비를 부담한다」와는 다른 것이다(전염병예방법 §47~49 참조).

제 4 절 地方公企業

1. 地方公企業의 必要性

1) 地方公企業의 槪念

지방자치단체는 주민의 복리증진과 사업의 효율적 수행을 위하여 공기업을 설치 · 운영할 수 있고, 이에 필요한 사항은 法律로 정한다고 규정(법 §137)하고 있다.

지방공기업의 개념은 논자에 따라 다르나, 지방공기업법의 적용을 받는 사업으로서 지방자치단체의 직접 경영사업은 물론 간접경영사업(공사 · 공단)을 가리킨다.

지방자치단체가 수행하는 기업활동은 대부분 주민에게 서비스를 제공하는 행위로서 그 서비스를 제공받는 수익자로부터의 사용료 등의 징수에 의하여 경비를 충당하는 것을 기본원칙으로 하고 있다.

2) 地方公企業의 存在理由

지방공기업이 존재하는 이유는 다음과 같다.[2)]

① 수도, 교통, 병원 등 지역주민의 일상생활에 불가결한 사업을 지방자치단체가

---

2) 유 훈, 公企業論(서울:법문사, 1989), pp. 24~34 참조.

스스로 경영하여 주민의 복리향상을 도모하기 위한 경우
② 주민의 복리증진을 위하여 필요한 사업인데도 불구하고 사업경영의 채산성이 전망되지 않아 민간자본의 투입을 기대하기 곤란한 경우에는 이를 공영으로 하여 스스로 경영하는 것이 필요한 경우(지하철사업 등)
③ 자유경쟁이 가능한 사업은 민간기업에 맡겨도 소비자에게 큰 불편이 없으나 성질상 지역적으로 독점적일 수밖에 없는 사업은 이를 사기업에 맡기게 되면 오히려 폐해가 생길 우려가 있는 경우(상수도사업 등)
④ 사업의 성질상 종합행정의 주체인 지방자치단체가 종합적으로 경영할 필요성이 있는 사업은 지방공기업을 설립 · 경영하고 있다.

오늘날 지방행정에 있어서 地方公企業은 경제 · 사회의 발전에 따라 점차 확대되어 가는 경향을 보여주고 있다.

2. 地方公企業의 範圍와 料金

1) 地方公企業의 範圍

지방공기업법은 지방공기업의 범위를 당연사업과 임의사업으로 나누고 있다.

① 당연적용사업

상수도, 공업용수도, 궤도, 자동차운송, 가스, 지방도, 하수도, 청소 · 위생, 주택, 의료 등

② 임의적용사업

시장, 도축장, 택지조성, 중기관리, 관광공연장 등으로 구분하고 있다(동법 §2).

우리나라 지방공기업의 현황을 보면, 1991.12.31 현재 8개 분야 119사업이 설립 · 운영되고 있다.

이를 분야별로 보면, 상수도(71), 하수도(8), 주택(2) 등이 直接經營方式으로 운영되고 있으며, 병원(33), 도선(1), 지하철(5, 서울, 부산, 대구, 대전, 광주), 시설관리(1), 시장사업(1) 등이 間接經營方式으로 운영되고 있다.

2) 地方公企業의 料金

지방공기업의 요금은 獨立採算制를 추구하고(동법 §14), 공공성과 경제성의 양면성

을 달성하는 것을 기본원칙으로 하고 있으므로(동법 §3) 私企業과 같이 영리만을 목적으로 할 수 없으나 그 경비를 충족하는 이상의 수익을 올릴 수 있도록 使用料를 정하여야 할 것이다.

지방공기업법은 이에 대하여, 「요금은 적정하여야 하며, 이를 결정함에 있어서는 당해 지방공기업이 제공한 급부의 원가를 보상함과 아울러 기업으로서의 계속성을 유지할 수 있도록」 하는 것을 특히 규정하고 있다(동법 §22:2).

3. 地方公企業의 經營方式

지방공기업의 경영을 어떤 방식에 의하는 것이 경제적이고 효과적이며, 지역주민의 의사를 잘 반영시킬 수 있는가에 대하여는 신중한 검토가 필요하다.

1) 直接經營方式

지방자치단체가 직접 경영의 주체가 되어 공기업을 경영하는 방식이다.

이 방식은 지방자치단체의 관계국·과 또는 그 산하사업소의 형태로 운영되고 인사·재정관리 등이 일반행정기관에 적용되는 法令의 적용을 받는다.

직접경영방식의 장점으로는,

① 사업경영에 있어 주민의사가 반영된다.

② 낮은 요금정책 등 공공통제가 가능하다.

③ 투자비 등 재원조달이 용이하다.

이에 대한 단점으로는,

① 경영의 자주성·신축성을 확보할 수 없다.

② 책임의식·쇄신의지의 미흡으로 사업의 경제성·효율성이 저하될 우려가 있다.

2) 間接經營方式

간접경영방식은 公社, 法人 등을 설립하여 지방공기업을 운영하는 방식이다.

간접경영방식에는, ① 지방공기업법에 의한 地方公社·地方公團 등에 의한 방법, ② 民法상의 法人에 의한 방법, ③ 商法상의 法人에 의한 방법 등이 있다.

이 방식의 대표적인 예는, 병원사업·지하철사업 등이다.

이 방식의 장점으로는,

① 기업경영을 비교적 자주적으로 할 수 있다.
② 경영책임체제를 확립할 수 있다.
③ 기업으로서 합리적·효율적 운영을 할 수 있다.

이에 대한 단점으로는,

① 요금수준 등에 있어 공공성을 확보하기 어렵다.
② 민간부문과 공공부문이 병존함으로써 무책임성을 유발할 우려가 있다.

그러나 이 방식은 대도시지하철 등 대규모사업에 적합하고, 민간자본유치·기술 및 전문지식의 도입이 가능하고, 더 나아가 민·관간의 이해조정이 용이하다는 점에서 점차 확대되고 있는 실정이다.

3) 委託經營方式

기업의 시설은 지방자치단체가 所有하고 經營만 민간에게 위탁하는 방식이다.

이 방식은 일반적으로 경영에 전문적·기술적 지식을 요하거나 숙련을 요하는 사업에 적합하다.

그러나 주민의 일상생활에 밀접한 관련이 있어 공공성이 특히 강한 사업에는 이 방식은 부적합하고, 위탁의 결과 직접경영의 경우보다 오히려 양질의 서비스를 제공할 수 있을 것으로 기대되는 경우에 한해야 할 것이다.

4) 資本參與方式

지방자치단체가 民間企業에 대하여 出資하는 방식이다.

중소도시지역의 지방자치단체가 민간회사의 가스사업에 자본출자를 하는 것은 대표적인 예이다.

이 방식은 재정력이 빈약한 지방자치단체가 공공사업을 확대하는 데에는 좋은 장점이 있으나, 사업규모확장 후 공공성확보를 위해 사업인수문제가 제기되면 지방자치단체가 막대한 재정수요를 감당하기 어려운 문제점 등이 예상된다.

4. 地方公企業의 保護·監督

지방공기업의 목적을 달성하기 위하여 여러 가지 保護와 監督이 동시에 행하여진다.

1) 地方公企業의 保護

지방공기업에는 제도상 또는 사실상의 獨占權이 부여되는 경우가 많으며, 요금의 징수권이 부여되고(지방공기업법 §22), 獨立採算制가 적용되며(동법 §14:1), 국고 또는 지방재정상의 지원이 행하여진다(동법 §14:2, §76).

또한 재무회계상 각종의 자율성이 보장된다(동법 §28~43).

2) 地方公企業에 대한 監督

지방공기업에 대하여는 지방자치단체장이 일반적 감독을 행사할 수 있으며(동법 §10, §73), 예산 · 결산상의 통제(동법 §26, §35, §65, §66), 업무 · 회계 · 재산상의 보고요구(동법 §36, §46, §74) 등을 행할 수 있고, 또한 허가기관(주로 내무부장관)도 보고요구 및 起債承認을 행사할 수 있다(동법 §68, §74).

뿐만 아니라 지방공기업의 임원 등 책임자에게는 일정한 辨償責任 및 罰則이 가해진다(동법 §48, §81~83).

제 5 절 地域開發金融基金

1. 意義 및 特性

1) 槪念 · 目的

地域開發金融基金(regional development fund)은 지방자치단체가 지역개발사업을 위한 재원공급장치의 하나로서 각종 투자사업을 수행하는데 필요한 재원을 적시에 공급하여 지역균형발전을 도모하려는 취지하에 설치되는 公益性基金이다.[3)]

따라서 지역개발금융기금은 지방자치단체가 지역개발사업을 신속하고 일관성 있게 추진할 수 있도록 자금공급원으로 기능을 하게 하려는 것으로서 그 목적은 지역개발사업에 차질을 초래하지 않도록 함으로써 주민의 복지를 증진시키는 데 있다.

지방자치단체는 행정목적의 달성을 위하여 또는 공익상 필요한 경우에는 자금을

3) 정세욱, "지역개발기금의 조성방안", 지방재정(1984.4.), p. 10.

적립하거나 또는 기금을 적립할 수 있다(법 §133:1).

자금의 적립 및 기금의 설치·운영에 관하여 필요한 사항은 조례로 정한다(법 §133:2)

2) 特性·機能

지역개발금융기금은 이윤추구를 목적으로 하는 것이 아니고 지방자치단체로 하여금 지역개발과 지역산업의 육성을 일관성 있게 추진할 수 있도록 하려는 것이므로 그것은,

첫째, 지방의 사회간접자본(social overhead capital)과 기초적 하부구조(basic infrastructure)인 지방도로, 의료, 교육시설, 하수도, 도시토목에 대한 투자재원을 공급하고,

둘째, 도시 또는 지역산업의 개발을 위한 재원을 공여함으로써 대도시와 중소도시간의 나아가서는 시지역과 군지역간의 균형발전을 도모하여야 한다는 데 그 특성이 있다.

2. 設置形態

설치형태에 있어서는 基金形態, 特殊銀行形態, 公庫形態 등 다각적으로 검토할 수 있다.

1) 地域開發金融基金

基金의 형태의 경우는 국회의 재정의회주의를 침해할 우려가 있다는 비판이 제기되고 있고, 또한 기존 기금을 축소·통합하려는 정부의 정책방향을 전제로 한 것으로 보여진다.

特殊銀行形態의 경우는 여·수신기능을 수행하여야 하기 때문에 기존 금융기관 등의 반발이 예상되며 또한 많은 인력과 장비, 그리고 자본의 소요 등 현실적 어려움을 수반하게 된다.

그러므로 公庫형태가 일반 여·수신기능이 없이 국가정책적인 특정사업에 대하여 정책금리수준으로 地方債의 인수를 통하여 풍부한 자금을 안정적으로 지방자치단체에 공급하고자 하는 제도설립취지에 가장 적합한 것으로 판단된다.

그러나 용어상의 문제로 제도의 본질을 왜곡하는 것은 지양하여야 할 것이다. 기

금이라는 용어를 사용하더라도 그 운용에 있어서 제도의 본질과 취지를 발양할 수 있다면 그 특성을 명백히 하고 용어의 사용례는 해당부처간의 합의사항으로 처리하여야 할 것이다. 따라서 제7차 경제사회발전계획상 「지역개발금융기금」이라는 용어로 표기를 일원화하고 그 제도의 취지는 公庫로서 운용함을 명백히 하는 것이 타당할 것으로 생각된다.

2) 基本構想

여기에서 소개하는 기본구상은 내무부의 초안을 근거로 한 것이다.

첫째, 기금의 年間貸付規模는 1조원 내외로 하고, 지방채발행계획(연간 3조원)의 30%정도를 기금자금으로 소화한다는 것이다.

기금 1조원의 財源은, 정부 및 자치단체 출연금(자본금) 1천억 원, 지역개발금융기금채권수입금 7천5백억 원, 차입금 1천억 원, 토지관리 및 지역균형개발회계전입금 1천억 원으로 충당할 계획이다. 이 재원의 조성으로 地方債引受先을 정부자금은 28%→33%로, 공공자금은 7%→16%, 은행차입 21%는 기금차입 30%로 대체하고, 기타 자금선을 44%에서 21%로 낮추어 조정하려고 한다.

둘째, 設置根據로는 지역개발금융기금법(가칭)을 제정하여 금융통화운영위원회의 통제와 자본금 대 채무비율 등에 관한 한국은행법 및 기타 은행법의 적용을 배제할 계획이다.

지역개발금융기금은 지방자치단체를 위한 政策金融機關이므로 그 기능은 공모공채를 발행하고, 지방채인수를 통한 지방자치단체에 장기·저리융자를 하는 것에 국한한다.

셋째, 그 設置主體는 행정안전부가 주관하고 재정경제부 등의 협조를 받아 처리하며, 반드시 지방자치단체를 참여시킨다.

넷째, 그 組織에는 의결기관으로서 이사회를 두며, 집행기관으로서 총재, 감사기관으로서 감사 등의 임원을 두고, 보조기관으로서 사무국을 둔다.

다섯째, 그 업무에 대한 指導·監督은 행정안전부장관이 하며, 會計監査는 감사원이 한다.

3. 金融基金의 造成

지역개발금융기금의 규모를 얼마로 할 것인가는 어떤 공식에 의거 결정될 문제라기보다는 地方財政能力의 정도에 따라 결정될 문제이다.

지역개발투자재원 수요에 비하여 지방자치단체의 재정능력이 과소하면 할수록 그 부족액을 충당하기 위하여 기금의 규모는 커져야 할 것이며, 반대로 지역개발투자 수요에 대한 재정충당능력이 클수록 지역개발금융기금에의 의존도는 낮아지므로 기금의 규모는 다소 작아도 상관이 없을 것이다. 그러나 지역개발금융기금이 낙후지역, 저개발지역에 많이 투입되어야 한다는 점을 감안할 때 그 규모가 매우 커야만 제 기능을 발휘할 수 있을 것이다.

선진국의 지방재정과 개발도상국의 그것을 비교할 때 지방세입에서 나타나는 차이점은, 선진국의 지방재정이 다양한 재원조달방식을 가지고 있는데 비하여, 개도국의 그것은 다양성이 없다는 데에 있다.

지역개발금융기금도 동일한 관점에서 이해될 수 있다. 선진국에서는 지역개발투자재원조달방법을 다원화하는 한 방편으로서 지역개발금융기금 등을 조성하는 예가 있지만, 개도국에서는 지역개발재원을 조달하기 위하여 기금을 설치한 나라가 거의 없다.4)

지역개발금융기금의 재원조달은 주로 재정자금 등 政府出捐金, 기타 基金出捐金과 開發利益還收金에 의해야 할 것으로 본다. 내무부의 재원별 조정내역은 다음과 같다.

1) 資本金

지역개발금융기금의 法定資本金(설립초기자본금+대부원자)은 매년 정부출연금 5,000억 원과 자치단체출연금 5,000억 원 등 연간 1천억 원씩을 10년간 조달하여 1조 원을 조성한다는 것이다. 그리고 설립초기자본금은 50억 원 정도를 조성하여 금융기금설립에 필요한 고정자산취득 및 운영자금 등으로 활용할 계획이다.

2) 地域開發金融基金債券發行

기금채권발행규모는 그 발행금리와 인수금리와의 利差를 보전할 수 있는 재원규모에 따라 결정할 일이나, 계획은 연 7,500억 원 수준으로 추계하고 있다. 그 산출근거는, 기금채권을 시장실세금리수준(연 18%~19%)으로 발행하여 연 12%내외 수준으로 지방채를 인수할 경우, 현행 조세제도 하에서는 4.35%~7%의 2차보전이 필요하므로 연 323억~525억 원의 보전자원이 소요되는데, 이를 토지관리 및 지역균형개발특별

4) 정세욱, "도시행·재정제도의 정비", 건설부, '80年代都市綜合對策(서울:국토개발연구원, 1981), p. 301.

회계전입금으로 충당할 계획인 것 같다.

그러나 이 경우에도 조세감면규제법과 상속세법을 개정하여 이자소득세와 상속세, 증여세를 비과세할 경우에는 2차보전이 필요치 않을 것이다.

일부에서는 시행당년(1992)에 7,500억 원을 조성하는 것은 무리라고 보고 있으나, 지역개발기금채권보다 금리가 6%정도 낮은 산업금융채도 그 발행액이 3조원을 넘고 있는 것으로 미루어 볼 때 무리는 아닌 것으로 전망된다.

그리고 基金債券은 정부보증채로서 원칙적으로 公募公債로 하되, 가능한 범위 내에서 일부는 緣故債로 발행하되, 그 채권액의 단위는 최저 1만원권에서 1천만원권까지 4~5종류로 발행하는 것이 합리적일 것 같다. 그 구체적인 소화방법에 있어서는, 공모공채는 금융기관 및 증권회사로 구성되는 인수단에 의한 인수모집의 방법으로 하거나, 금융기관이 예수 또는 수취한 공공자금중 일정규모를 투입하여 그 채권을 매입토록 하고, 연고채는 지방자치단체금고지정은행, 지방보험회사, 지방행정공제회 등으로 하여금 인수토록 한다.

3) 土地管理 및 地域均衡開發特別會計轉入金

현재 건설부에서 관리하고 있는 위 특별회계의 기능과 지역개발금융기금의 설립목적이 상호 일치하므로 特別會計에서 직접 지방상수도사업 등에 융자하는 것 보다는 이를 기금으로 전출하여 지방자치단체에 대한 융자창구를 일원화하는 것이 보다 효율적일 것이다.

그리고 특별회계전입금('91:1,012억 원)중 300~500억 원은 利差補塡財源으로, 나머지 재원은 貸付資金으로 사용하되, 여타 자금과 구분경리를 하는 것이 관리에 엄정을 기할 수 있을 것이다.

4. 金融基金의 運營

1) 資金의 貸付

자금의 대부에 있어서 그 대상단체는 지역개발사업의 주체인 地方自治團體 및 地方自治團體組合으로 하고, 그 대상사업은 지방공기업법과 동시행령에서 규정하고 있는 地方公企業과 기타 지방채의 발행조건에 적합한 地域開發事業, 예컨대 상하수도, 주택, 지하철, 가스, 시장, 도축장, 택지조성, 관광사업, 도로개발사업 등으로 한다.

貸付利子率은 초기에는 연 12%수준으로 하고, 양질자금확보에 따라 정책금리를 적용하며, 償還期間은 초기에는 최장 10년으로 하되 점차 장기화한다.

2) 組織 및 運營

그 組織에 있어서는 인건비 등 기금운영경비를 최소화하기 위하여, 사업소는 1개소 설치하고 지점은 두지 않으며, 실무적인 사항은 가급적 은행 또는 지방자치단체에 위탁처리하는 등 간소화조직을 지향하는 것이 합리적일 것이다. 그리고 운영계획, 예산, 결산 등은 政府投資機關管理基本法을 준용하여야 한다.

이론적으로 지역개발금융기금을 설치함에 있어서 그 관리주체를 중앙정부로 할 것인가, 지방자치단체로 할 것인가 하는 문제가 제기된다. 전자를 集權型, 후자를 分權型이라 할 수 있다.

集權型은 중앙정부가 기금을 설치 · 관리하고 각 지방자치단체로부터의 융자 또는 사용청구가 있을 때에는 이를 심사하여 결정 · 운용하는 유형이며, 分權型은 지방자치단체가 그 기금을 직접 설치 · 관리하는 유형이다. 이 양자에는 각각 장단점이 있으나 우리나라 지방재정상황을 고려할 때 집권형이 타당하다고 생각된다.

그것은 재원공급능력이 한정된 지방자치단체가 분권형의 기금을 설치한다는 것은 이상형에 불과하며 현실적 제약이 크기 때문이다.

지역개발계획에서 계획단계별로 도시규모별 주요 생활환경시설기준을 제시하고 이 기준에 따라 종합적인 안목에서 전국의 도시와 농 · 어촌을 균형 있게 개발하고자 한다면 집권형이 더욱 바람직하다.

또한 지방자치단체에 대한 국가의 재정지원은 다른 재정적 지원과의 유기적 연계하에 종합적 · 체계적으로 이루어져야만 그 목적을 달성할 수 있으므로 지역개발금융기금을 분리하여 다른 부처가 관리하도록 하는 것은 타당하지 않다.

따라서 지방자치단체에 대한 종합적 재정지원기능을 관장하는 行政自治部가 지역개발금융기금도 관리하도록 하는 것은 타당성과 합리성을 갖는다고 생각한다.

제6절 地方財政計劃制度

1. 地方財政運營改善戰略

지방자치제의 실시라는 행정여건변화에 따른 자치행정수요의 급증과 재정수요의 격증에도 불구하고 우리나라의 지방재정은 세입면에서 구조적 문제점을 지니고 있을 뿐만 아니라 예산제도 등 운용면에 있어서도 많은 문제점을 지니고 있어 재정활동의 효율성을 저하시키고 건전한 재정운용을 어렵게 하고 있다.

따라서 여기에서는 지방재정의 효율적 운용을 위한 대안들을 검토해 본다.

1) 減縮管理

減縮管理(cut-back management)는 자원소비를 낮추고 조직활동을 줄이는 방향으로 조직의 변혁을 유도하는 것을 의미한다.

예산의 절감은 감축관리의 목표이며 결과인 것이 사실이나, 넓은 의미에서 감축관리는 예산의 절감뿐만 아니라 기능, 기구, 인력, 정책 등의 정비도 그 대상으로 한다. 따라서 감축관리의 저해요인으로는 공무원의 심리적 저항, 조직의 환경변화에 대한 적응력, 조직의 동태적 보수주의,[5] 감축반대를 위한 정치적 연합, 법적 제약, 과다한 비용 등이 지적되고 있다.

그러나 현행 여건 하에서 지방재정의 경직성을 타개하고 한정된 재원으로 지방행정환경변화에 따른 행·재정수요에 효과적으로 대응하려면 減縮管理는 지방재정건전화전략 중 제일의적 의의를 지닌다고 볼 수 있다.

2) 公共財의 調整

公共財(public goods)란 사회전체가 공동으로 그리고 비분할적으로 소비하는 재화로써 그 소비에 있어서 비경쟁성을 특성으로 한다.

---

5) 조직의 動態的 保守主義(dynamic conservation)란 조직의 목표가 달성되었거나 환경적인 요인으로 목표의 달성이 불가능할 경우 조직은 새로운 목표를 발견하거나 환경의 개조를 시도하게 되는 현상을 가리킨다.

공공재의 범위를 축소하는 효과적인 방법은 서비스를 지방재정에서 세금에 의해 공급하지 아니하고 민간부문에서 공급하거나 특정사업을 公社化하는 것이다.

民營化(privatization)를 통한 위탁공급이 능률적인 이유는 민간기업의 경우 利潤追求라는 강점을 가진 데 있다. 따라서 가격개념이 적용되는 일부 수익성 사업에 대하여 이를 민영화하거나 민간자본을 유치하도록 하는 것이 바람직하다.

특정사업의 공사화는 지방자치단체의 기업활동에 의한 서비스 공급을 독립된 법인체에 담당케 함으로써 企業性을 높이고 지방자치단체의 行政守備範圍를 그만큼 축소시키는 것이다.

여기에서의 행정수비이론은 행정의 책임분야를 재검토하여 행정이 담당해야 할 분야를 다시 수정하는 것과 본래 개인이나 가정 그리고 사회에서 해결하여야 할 것에 대해서는 주민자치의 영역에 위임하거나 민간부문의 시장구조에 맡기는 것을 말한다. 이를 行政限界論 또는 公·私分擔論이라고도 부른다.[6]

3) 受益者負擔

受益者負擔의 原則(user charge)은 서비스의 공급으로 인한 수익자가 그 공급비용의 일부 또는 전부를 부담하는 것으로서, 넓은 의미의 행정수비범위이론의 영역에 포함된다.

수익자부담의 개념에는 협의의 원인자부담, 개발자부담, 오염자부담 등 使用者負擔을 포함시켜 이해하고 있다.

지방재정의 합리화·효율화에 대해서는 「選擇과 負擔」이라는 과제를 전제로 하여 수익과 부담의 명확화란 관점에서 수익자부담금제가 논의되고 있다.

토지구획정리사업, 도시계획사업, 도시재개발사업 등 지방자치단체가 시행하는 사업 중에는 자치단체의 막대한 재원부담을 요하는 반면에 그 지역의 일부 주민에게만 지가상승의 이익 등 엄청난 이익을 주는 경우가 적지 않다. 이러한 사업을 일반재원으로 충당하는 경우에는 특정한 주민에게는 엄청난 불로소득을 주는 반면에 주민전체의 세부담은 과중해지는 모순을 낳게 된다. 따라서 주민상호간의 공평한 부담을 실현하고, 불로소득적 개발이익을 그 지역사회에 환원시키려는 데 이 제도의 근본취지가 있다.

---

6) 行政守備範圍에 관한 諸理論은, 1970년대 중반 이후 미국과 일본에서 국가와 지방자치단체의 심각했던 재정위기에 대응하기 위한 行·財政改革論으로 대두되었다.

4) 投資審査分析制度

投資審査分析制度는 어떤 사업에 얼마나 투자할 것인가를 결정하여 공익적 투자효과를 극대화시키기 위한 기법이다. 즉, 投資審査分析은 한정된 투자재원하에서 투자재원배분의 효율성을 극대화하기 위하여 사업의 적격성을 판정하고 필요한 사업 가운데 중요성이 큰 사업을 먼저 선정하여 실시하는 이른바 우선순위(priority)의 결정을 위한 기술적·재정적 타당성을 분석하는 기법이다.

이는 재정운용의 합리화를 확보하기 위한 제도 또는 기법 중 다음의 零基準豫算制度와 함께 대표적인 것으로 지칭된다.

5) 零基準豫算制度

零基準豫算(zero-base budgeting)제도는 예산편성에 있어 전년도 예산을 고려하지 않고 영기준에서 정부의 모든 사업·활동의 능률성·효과성과 사업의 계속·축소·확대여부를 새로 분석·평가하고 사업의 우선순의를 결정하여 예산을 편성·결정하는 예산제도를 말한다.

이 제도의 장점은, 전년도 답습주의를 벗어나 미래지향적으로 신규사업뿐만 아니라 기존사업까지도 그 타당성 검토의 대상으로 한다는 점과 정치적 협상이나 교섭에 의하여 의사결정항목(decision package)의 우선순위를 결정하는 것을 허용한다는 점이다.

영기준예산제도는 투자심사분석제도와 함께 지방재정운용의 補完的 手段으로서 재정의 효율성제고에 유용한 제도임은 명백하나, 이들 제도들이 재정운용에 있어 단기적 視界에서 운용되는 기법이라는 점에서 다음 몇 가지 비판을 받고 있다.

첫째, 이들 제도는 당해년도 개별사업선정의 합리성이나 투자효율의 제고에는 유용한 수단이나 단년도 예산이 지니고 있는 결함으로 지적되는 자원배분의 합리화를 근본적으로 해결하지 못한다는 것이다. 자원배분의 합리성확보는 적어도 수년도에 걸쳐 장래의 가용재원을 판단하고 연도별 가용재원이 뒷받침되는 중장기정책목표를 설정한 다음 연도별 자원배분이 이루어져야 하기 때문이다.

둘째, 투자심사나 영기준예산이 근본적으로 미시적 접근에 의하여 이루어지기 때문에 거시적 재정운영에 합리적인 판단의 준거를 제시해주기 어렵다.

셋째, 재정운용에 있어서는 재정지출의 효과를 종합적으로 분석하고 소요되는 재원의 연도별 분담조치가 있어야 하는데 투자심사나 영기준예산제도는 이러한 기능을 제대로 수행하는 데는 근본적인 한계를 지닌다.

따라서 이러한 단기적 시계(time horizen)의 재정운용제도의 효과를 중장기적 시계에 일치시키는 제도가 필요하게 되는데, 다음에서 검토하는 中期財政計劃制度가 바로 그 수요를 충족시키고 있다.

2. 地方財政計劃制度

지방자치단체장은 재정을 계획성 있게 운영하기 위하여 中・長期地方財政計劃을 수립하여 지방의회에 통고하고, 이를 행정안전부장관에게 보고하여야 한다(지방재정법 §16).

중・장기지방재정계획(mid term local financial planning)은 지방의회가 집행부를 통제하기 위하여 채택해 온 단년도 예산의 원칙을 벗어나 예산의 시계(time horizen)를 3년 이상으로 연장하여 중기재정정책을 수립하고, 이를 기초로 재원배분방향을 매년 연동화하여 계획(rolling plan)함으로써 예산편성의 합리화를 도모하려는 제도이다.7)

여기에서 連動化計劃이란 중장기계획의 집행과정에서 매년 계획내용을 수정・보완하되 계획기간을 계속하여 1년씩 늦추어 가면서 동일한 年限의 계획을 유지해 나가는 제도를 말한다.

1) 地方財政計劃의 必要性

지방자치단체의 예산은 1년을 단위로 편성・집행되므로 중장기적 개발사업을 추진하는 데는 많은 제약을 가하게 된다.

따라서 전통적인 통제목적 위주의 단년도 예산제도의 제약성을 보완하여 중장기에 걸치는 財政運用政策을 먼저 수립하고 이에 따른 재원동원 및 배분방향을 계획함으로써 현행 단년도 예산편성의 합리성을 제고시키려는데 중기지방재정계획의 필요성이 인정된다. 그러므로 중기지방재정획은 다음과 같은 特性을 갖는다.

첫째, 중기지방재정계획의 수립주체는 地方自治團體이며, 당해 지방자치단체의 지역개발계획을 재정적 측면에서 지원하는 資金配分計劃이다.

둘째, 중기지방재정계획은 可變的 計劃이다. 즉, 중기지방재정계획은 매년 변화해 가는 경제동향, 국가재정 등 환경에 따라 조정하고 또한 계속적으로 최신의 것으로

7) 李圭煥, 都市行政論(서울:록원출판사, 1990), p. 519.

개정해 나갈 성질의 것이다.

셋째, 중기지방재정계획의 주된 내용은 投資的 事業計劃이다. 중기지방재정계획은 수입과 지출의 양면에 걸쳐 그 양과 구성내용을 중・장기로 예측하여 재정활동의 계획화를 유도하는 것인데, 그 주된 촛점은 행정수준의 향상에 투입되는 투자재원을 계획하는 것이다.

2) 地方財政計劃의 機能

중기지방재정계획의 기능 및 기대효과는 다음과 같이 요약할 수 있다.

첫째, 可用財源의 정확한 예측과 그 확보를 가능하게 한다.

중기재정계획에서는 가용재원을 가능한 한 명확히 파악함으로써 투자의 가능성을 올바르게 판단토록 할 뿐만 아니라 재원확보를 위한 노력과 책임을 증대시키는 기능을 수행하게 된다. 또한 조달가능한 재원의 범위 내에서 시책의 합리적 선택과 우선순위결정의 합리성을 제고시킨다.

둘째, 지방자치단체의 歲入構造의 健全化를 도모하고, 국가의 행・재정시책에 대응하여 필요한 조치를 강구하게 한다.

중기지방재정계획은 계획기간중의 각 세입과목의 적정한 수준의 확보, 재원의 확충 등 세입구조의 건전성을 확보함으로써 국가의 중장기재정계획에 따른 재원배분과 그 시책의 실현을 보장하는 기능을 수행한다.

셋째, 지방자치단체의 行・財政指標와 財源措置의 기능을 한다.

지방자치단체의 행・재정은 국가예산 및 법령의 제정・개폐 등의 변수에 영향을 크게 받게 되는데, 이러한 제변수를 고려하여 지방재정의 수지상황을 분석・예측하고 이에 대처하기 위한 새로운 재원조치의 내용과 방법을 제시한 중기지방재정계획은 지방자치단체가 매년의 재정운용을 함에 있어서 중요한 지표가 된다.

넷째, 지방자치단체가 豫算을 編成하는데 보다 확실한 準據基準을 제공한다.

예산편성지침을 작성하기 이전에 중기재정계획의 연동계획에 대한 예산당국이 시안을 작성하고 이를 기초로 하여 재원배분에 관한 정책방향을 제시한 예산편성지침을 시달하면 주무부서가 좀 더 분명한 방향감각을 가질 수 있어 보다 합리적인 예산요구를 할 수 있게 될 것이다.

다섯째, 다년도 주요 정책입안을 위한 豫算編成의 基礎資料로 활용함으로써 정책부재현상을 사전에 방지할 수 있다.

즉, 각종 계획과의 연동성과 중장기적이고 종합적인 재원대책 수립으로 중・장기투자사업의 연계성을 강화함으로써 단년도 위주의 사업책정을 지양할 수 있다.

3) 地方財政計劃의 樹立節次

지방자치단체장은 지방재정계획을 수립할 때에는 행정안전부장관이 정하는 계획수립절차 등에 의하여 당해 지방재정계획이 관계법령에 의한 국가계획 및 지역계획과 연계되도록 하여야 하고, 행정안전부장관은 지방자치단체의 지방재정계획을 기초로 관계 중앙행정기관의 장과의 협의를 거쳐 종합적인 지방재정계획을 수립하고 이를 국무회의에 보고하여야 한다(지방재정법 §16:2, 3).

중기재정계획을 수립하는 일반적 절차는 다음과 같다.[8]

첫째, 먼저 地域開發計劃이 수립·확정되어야 한다. 이 계획에는 필요한 사업이 명시되고 사업규모와 실시시기 등이 상세히 제시되어 있어야 한다.

둘째, 지역개발계획에 포함되어 있는 개발사업에 소요되는 재정수요를 산정하고, 사업의 성격에 따라 예산부담주체를 구분하고 一般會計로 할 것인가, 特別會計로 할 것인가 등을 정하여 산정해야 한다.

셋째, 計劃期間동안 공공부문의 사업을 위하여 동원할 수 있는 재원을 추정한다. 自體財源 뿐만 아니라 依存財源까지 포함하여 추정하되, 투자의 시기를 고려하여 연도별로 추정하여야 한다.

넷째, 事業의 優先順位를 결정하여야 한다. 추정된 가용재원이 필요한 재정수요에 미달되는 경우가 일반적이므로 가용재원의 범위 내에서 할 수 있는 사업들을 선정하고 이들의 우선순위를 결정해야 한다.

다섯째, 개발계획·재정수요·가용재원·사업우선순위 등을 종합하여 하나의 중기재정계획을 수립한다. 財源確保方案은 재정계획의 실천성을 확보하는 절대적 요소이므로 이에 대한 구체적 내용이 명시되어야 한다.

여섯째, 중기재정계획의 계획기간은 5년, 장기재정계획은 10년으로 하는 것이 일반적이다. 가능하면 이 계획기간은 지역개발계획기간과 일치시키는 것이 바람직하다. 개발과 재정은 동전의 양면과 같기 때문이다.

여기에서 유의할 것은, 재정계획이 지나치게 현실중심으로 작성되면 실천성은 높아지나 발전을 기대하기 어렵고, 반대로 너무 이상에 치우치게 되면 성취의 가능성이 희박해지는 결함이 있으므로 이를 적절히 조정하여 건실한 내용의 재정계획이 되도록 해야 한다.

---

8) 김안제 외, 都市行政論(서울대출판부, 1982), pp. 244~245.

따라서 지방재정계획의 수립에 관한 지방자치단체장의 자문에 응하기 위하여 각 지방자치단체에 地方財政計劃委員會를 두는 것은(지방재정법 §16의 2) 종합검토·조정·보완기능을 수행하는데 기여할 것으로 전망된다.

4) 地方財政計劃의 限界

중기재정계획제도는 재원배분의 합리화와 의사결정과정의 개선에 기여할 것으로 기대되나, 이를 일찍부터 시행하고 있는 선진제국에서 그 부작용에 대한 논의가 제기되고 있는데, 이 제도의 일반적인 制約性과 問題點은 다음과 같다.9)

첫째, 중기재정계획제도는 실제적으로 합리화를 지향하는 운용자의 意識構造와 行動良識의 改革을 전제로 한다. 선진국에서는 이의 합리화에 대한 일반 국민이나 예산담당자의 깊은 인식이 과학적 분석방법과 제도의 운용을 촉진시킨 요인이 되었다.

둘째, 경기가 불안하고 경제여건이 여의치 않는 상황 하에서는 중기재정계획상의 목표와 실제 예산에 계상되는 실적간의 괴리가 발생하게 된다. 경제가 불안하고 인플레가 만연한 경우에는 명목상의 예산규모는 증대되지만 실질적인 예산규모는 기대했던 수준에 미치지 못할 것이다.

셋째, 중기재정계획은 지방자치단체의 財政規模의 膨脹을 초래할 우려가 있다.

즉, 중기재정계획에 포함된 사업은 당연히 집행될 것으로 기대하므로 財政의 硬直性을 높일 뿐만 아니라 신규재정수요가 누적적으로 추가되어 재정규모의 팽창을 유발할 가능성이 있다.

넷째, 중기재정계획제도를 성공적으로 운용하려면 지방자치단체의 국·과가 자기의 이익만을 옹호하는데 주력하지 말고 전체적인 地方利益 내지 國家利益을 우선적으로 생각하는 풍토가 조성되어야 한다.

다섯째, 지방자치단체의 각 사업부서는 중장기적인 사업이나 정책대안을 면밀히 분석·검토한 후 재정계획을 제시하여야 한다. 중장기적인 정책대안을 성실하게 제시하지 않고 연차예산에서 새로운 문제를 제기하고 이에 집착할 경우 재정계획의 의미가 약화될 것이기 때문이다.

9) 이규환, "도시재정의 계획적 운용에 관한 연구"(중앙대 대학원, 미간행 박사학위논문, 1987), pp. 23~25.

5) 外國의 財政計劃制度

외국의 중·장기재정계획중 대표적인 것으로 독일의 中期財政計劃(Der Finanz-plan des Bundes), 영국의 公共支出計劃(The Government's Expenditure Plans). 미국의 長期財政展望(The Long-Range Budget Outlook), 일본의 財政中期展望(시안) 등을 들 수 있는데, 이들 재정계획의 수립배경상의 공통점은 제2차 세계대전 후, 구미 제국에서는 복지국가를 추구하는 과정에서 사회보장정책 등 후년도에 걸친 다액의 재정부담을 수반하는 시책이 증대하는 반면에 경제성장률은 점차 저하됨에 따라 재정수입의 신장이 둔화되어 심각한 재정위기에 직면하게 되었다는 점이다.

이로 인하여 이들 국가가 재정규모의 과도한 팽창을 억제하고 한정된 자원을 보다 적정하게 배분하기 위한 노력의 일환으로 수립하게 된 재정계획은 공통적으로 財政再建計劃으로서의 성격을 띠고 있었으며, 재정의 건전성을 확보하기 위한 재정재건의 방법과 표준을 제시하는 목적을 가지고 있었다.[10)]

그러나 각국의 사정이나 재정제도의 상위로 인하여 재정계획의 특성, 작성방법, 예산과의 관계 등에 있어 서로 다른 형태로 운용되고 있다.

대다수 국가에서 실시하고 있는 재정계획은 계획의 대상기간이 대개 5년이며, 계획의 탄력성을 확보하기 위하여 매년도 새로운 예산이 편성될 때마다 수정이 가능토록 連動方式(rolling system)을 채용하고 있으며, 推計方法으로는 현행제도와 시책을 전제로 하여 현행 정책의 큰 변화가 없다는 가정 하에서 장래 재정부담을 연도별·항목별로 추계하여 전망하고 이미 확정된 신규시책은 계상하되 그 밖의 시책은 예비적 장치를 설정하는 방식을 택하고 있다. 그리고 이러한 계획내용이 장래의 예산편성을 구속하지 않는 점을 기본적인 성격으로 하고 있는데, 각국의 재정계획의 내용을 항목별로 요약하여 제시하면 <표 6-6>과 같다.

이 외에 네덜란드는 1967년부터 3년간의 財政計劃을, 스웨덴은 1959년부터 계획기간 5년간의 長期豫算을, 덴마크는 1966년부터 계획기간 5년간의 財政計劃을 수립하고 있으며, 프랑스는 경제계획 중에서 주로 공공지출부문내에서의 투자지출을 예상으로 하여 計劃承認制度가 설정되어 있지만 재정계획은 수립되고 있지 않다.

---

10) 土田榮作, "都市財政" 新時代の都市政策(東京:きょうせい, 1984), p. 48.

<표 6-6> 주요국의 재정계획제도 개요

구분	영 국	독 일	미 국	일 본
명칭	공공지출계획 (The Government's Expenditure plans)	중기재정계획 (Der Finanzplan des Bundes)	장기재정전망 (The Long-Range Budget Outlook)	재정중기전망
수립연도	1961	1967	1970	1981
법적근거	-	헌법(제109조)에 근거하고 *經濟安定成長法*에 의해 수립이 의무화되어 있음		
성 격	1963년부터 白書로 공표되며 의회에 제출된다. 차년도 이후 예산의 기초가 됨	의회에 제출되지만 그 승인을 요하지 않으며 후년도 예산을 구속하지 않는다.	대통령이 의회에 제출하는 豫算敎書의 일부로서 의회의 의결을 요하지 않으며 후년도 예산을 구속하지 않는다.	예산심의의 참고자료로서 의회의결을 요하지 않으며 후년도 예산을 구속하지 않는다.
대상범위	중앙정부 및 지방정부의 경상지출, 자본지출, 공기업 및 기타기관의 자본지출 및 공채이자를 포함한다.	연방정부의 세입·세출	연방정부(통합예산)의 세입·세출	일반회계의 세입·세출
계획기간	수립년도를 포함하여 5년간	전전년도, 전년도를 포함하여 5년간(실질적인 계획기간은 3년간)	차년도 예산안을 초년도로 하여 5년간	계획기간은 5년간인데, 최초의 2년간은 실제로 편성된 예산액을 사용하여 실질적인 기간은 3년이다.
운용방식	rolling system	rolling system	rolling system	rolling system
기 타	가격표시는 수립시의 실질가격을 사용하며 계획기간중 최초의 2년도는 정부의 구체적인 지출을 표시하며 그 후 2년도는 단순한 예측임.	중기적인 경제전망에 기초하여 수립되는데 경제전망은 rolling방식으로 매년 개정된다.	향후 5년간의 당연증경비 및 현행 세제를 전제로 하여 세입을 전망한다.	이 외에 지방재정지출시산, 지방재정의 장기전망, 지방재정계획 등이 수립되고 있다.

3. 地方財政計劃의 連動化

지방재정의 운영에 있어서 財政收支의 動態 및 財政構造의 方向을 예견하는 동시에, 이로 인해서 발생하게 되는 문제의 소재를 명확히 하여 필요한 財政對策을 강구하는, 즉 어느 정도 장래를 예측하는 계획적인 재정운영이 이루어져야 한다. 그러나 실제의 재정운영은 단년도위주로 예산편성이 이루어지고, 또한 회계연도 독립의 원칙에 의한 예산집행상의 제약 등으로 年度를 초월하는 사업계획의 효율적인 집행이 곤란하고, 각년도 예산의 연속성·종합성이란 측면에서도 문제들이 야기되어 장래에 걸쳐 행정책임의 수행과 효율적인 행정집행을 가능케 하기 위하여는 중·장기적 관점에서 재정의 계획적 운영이 필요하다.[11] 특히 복지사회의 구현에 따른 재정수요의 급속한 확대에 의한 재정수지의 불균형 심화와 재정경직화의 가속적 진행에 대응하여 재정의 건전성을 회복하기 위한 계획적인 재정운영이 지방시대의 도래에 즈음하여 더욱 절실히 요구되고 있는 실정이다.[12]

이에 따라 각 지방자치단체는 재원동원 및 배분의 우선순위를 가용재원의 한계를 전제로 하여 합리적으로 설정하여 나가고, 이에 수반되는 각종 재정정책에 대한 조정을 유도함으로써 투자효과의 극대화와 재원배분의 적정화를 기하며, 나아가 재정운영의 효율성을 제고하기 위하여 中·長期地方財政計劃을 수립하게 된다.[13]

이러한 중·장기재정계획에는 변화하고 있는 계획여건 속에서 당초계획과 현실간의 괴리를 가능한 한 축소조정하기 위한, 즉 계획집행상의 융통성을 유지하면서 계속 수정·보완하기 위한 제도적 장치로서 連動計劃體制가 요구되고 있다.[14]

1) 意義 및 特性

連動計劃(rolling plan)은 중장기계획의 집행과정에서 매년 계획내용을 수정·보완하되 계획기간을 계속하여 1년씩 늦추어 가면서 동일한 年限 계획을 유지해 나가는 계획의 조정제도이며, 이러한 조정방법은 중기재정계획운영에는 불가피한 요소가 되는 것이다.[15]

따라서 연동계획은 계획집행의 실적과 계획여건의 변동을 감안하여 매년 수정하는 동일한 절차가 반복됨으로써 시발년도가 없어지는 대신 최종년도에 한 해가 추가되어 항상 일정년도 계획이 유지되지만, 계획기간은 연속적으로 이동하게 된다.

일반적으로 지역의 특성이나 제약요건을 고려하면서 지역과제의 해결을 도모하고, 지향하고자 하는 지역의 장래상과 이를 달성하기 위한 주요전략수단(기본적 시책)을

---

11) 地方財政調査研究會, 財政分析:市町村財政效率化の指針(東京:きょうせい, 1985),p. 266.

12) 이상용, 이 효, “지방재정계획을 위한 재정예측모델의 응용”, 地方行政研究 제3권 제3호(한국지방행정연구원, 1988), p. 3.

13) 한국지방행정연구원, 中長期地方財政計劃의 樹立 및 運營에 관한 研究(1989.10.), p. 3.

14) Ryutaro Komiya,“Planning in Japan”, Morris ornstein ed., *Economic Planning: East and West*(Cambridge: Ballinger, 1975), p. 200.

15) 李圭煥, 전게논문, p. 137.

[그림 6-1] 연동계획의 운용기간

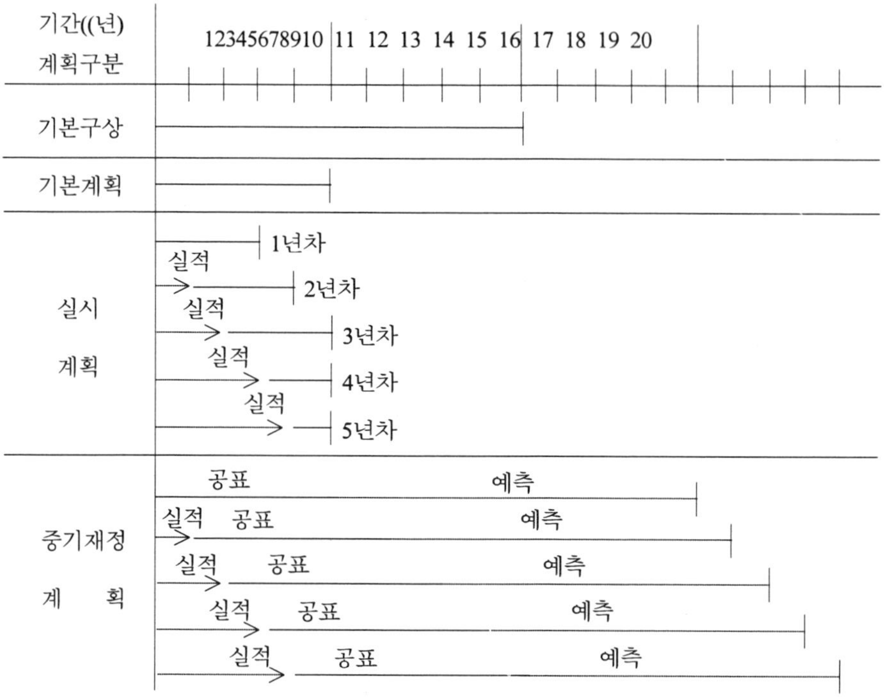

자료 : 이규환, "도시재정의 계획적 운용에 관한 연구"(중앙대 대학원 박사학위논문, 1984), p. 138.

강구하는 基本構想, 이러한 기본구상에 기초하여 지역의 장래상과 구체적으로 일치하는 목표를 설정하고, 이를 달성하기 위한 실현가능한 시책이나 활동을 체계화하는 基本計劃 및 이에 의거하여 계획된 시책·사업을 구체화하기 위한 상세한 事業計劃과 사업실시의 전제가 되는 필요재원에 관한 계획으로서의 성격을 가지는 財政計劃으로 구분되는 지방자치단체의 綜合計劃은 행정계획으로서의 Vision, Plan, Program이라는 일관성이 유지되는 동시에 개별계획 상호간의 연관성 및 예산조치를 수반하는 재정계획과의 연계성, 연속성이 확보되어야 하므로[16] 종합계획체계에서의 재정계획 및 이의 연동계획의 기간을 [그림 6-1]과 같이 제시할 수 있다.

2) 連動計劃의 必要性

전통적 통제목적을 위한 단년도 예산원칙을 탈피하고 예산의 시계를 3년 이상으로

16) 金田昌司外 2人, 地方自治體の經營計劃:市町村基本構想 と新 しいまちつくり(東京:中央經濟社, 1984), pp. 163~164.

연장하여 중장기적 시계에서 재정정책을 수립하고 이를 기초로 재원의 배분방향을 설정하는 巨視的 財政運用制度인 중장기재정계획의 연동계획은 미래상을 제시하는 장기계획의 이점과 실현가능성이 높은 단기계획의 이점을 살릴 수 있으나, 지역주민에 대한 계획의 호소력이 약하고, 계획목표를 뚜렷하게 부각시키기 곤란하며 기획능력의 한계, 제약도 수반된다는 제약요인이 있음에도[17] 불구하고 관련계획의 수정, 주요 정책방향의 변경 및 재정여건의 변화 등으로 인한 계획내용 및 전제조건의 변경에 적응할 수 있는 재정계획의 탄력성(flexibility)이 확립되어야 하는데,[18] 이러한 중기지방재정계획의 연동계획이 필요한 이유를 살펴보면 다음과 같다.

첫째, 중기재정계획과 밀접한 관련을 맺고 있는 각종 계획의 수정 및 주요 정책방향의 변동사항을 반영한다. 따라서 연동계획을 통하여 관련계획의 수정과 정책방향의 변동사항을 적극 수용하여야 할 것이다.

둘째, 중기지방재정계획과 豫算編成의 연동성을 강화할 수 있다. 단년도 위주의 예산편성은 중장기적 관점에서 장래의 가용재원규모나 재정수지전망에 의한 재정의 과부족액의 파악이 곤란하여 예산운용의 비효율과 재원배분의 왜곡을 초래한다. 따라서 중기지방재정계획의 연동화를 통하여 지방재정상황에 상응하여 중장기적 관점에서 재원동원 및 배분의 방향을 사전에 결정함으로써 매년의 예산편성의 합리화와 재정의 계획적 운용을 기해야 할 것이다.

셋째, 중기지방재정계획의 實效性을 확보할 수 있다. 계획으로서의 지방재정계획이 갖는 불확실성(uncertainty), 즉 현실과의 괴리를 해소하고 예산편성 및 당해단체 재정상황의 변화를 사전에 통보하기 위해서는 정치, 경제, 사회적 여건의 변화에 대비하여 재정계획을 수정·보완하는 연동계획을 수립하여 중기지방재정계획의 실효성을 확보·제고하여야 할 것이다.

3) 先進外國의 事例

거의 모든 국가에서 후년도 예산을 구속하지 않은 성격을 지니고 있는 중앙정부의 중기재정계획은, 독일의 경우 *憲法*과 *經濟安定成長促進法*에 근거를 두고 있으며 노르웨이, 덴마크, 스웨덴의 경우는 豫算會計法에 명문화되어 있으나 영국, 네덜란드, 미국 등은 법적 근거 없이 의회와 정부의 실행에 따라서 중기재정계획이 이루어지고 있다.

---

17) Albert Waterston, *Development Planning:Lessons of Experience*(Baltimore; The Johns Hopkins University Press, 1968), pp. 139~141.

18) 立田淸士, 計劃と財政:地方團體の場合(東京:良書普及會,1982), pp. 67~68.

그러나 지방정부의 중기재정계획의 경우에 선진제국이 모두 법적 효력을 인정치 않는 이유는 재원배분의 우선순위를 3~5년 후의 사업에 대해서까지 확정하기가 곤란할 뿐만 아니라 여건변화 때문에 그 집행과정에서 변동될 수밖에 없어 그 운용에 융통성을 부여하기 위한 것인데, 이러한 이유에서 매년 중기재정계획을 연동화하고 있다.

우리나라의 경우 중기지방재정계획의 수립은 지방재정법 제16조에 의한 法定計劃이나 계획의 내용에 대한 법률적 성격은 부여하지 아니하고 단순히 중기의 지방재정을 전망하는 형식으로 운용되며, 경제·사회여건의 변화와 정책방향의 변경시 매년 연동화하여 수정운용토록 하고 있다. 또한 계획의 활용을 위하여 豫算編成의 基本이 되도록 하고 계획수립 후에 계획사업을 수정코자 할 경우 예산승인 신청시에 그 사유를 소명토록 하여 계획의 실효성을 확보하도록 하고 있다.

4) 連動計劃의 效果

전술한 바와 같이 재정상황의 변화와 새로운 財政情報에 비추어 매년 재정계획을 수정·보완하는 제도인 중장기지방재정계획의 연동계획을 수립함으로써 다음과 같은 효과를 기대할 수 있다.

첫째, 지방자치단체가 매년도 豫算을 編成하고 事業計劃을 수립함에 있어서 보다 확실한 준거기준을 제공한다.

둘째, 중장기적 재정전망 하에서 합리적인 財政政策을 수립하고 健全財政을 확립하는 데 기여한다.

셋째, 각 부서별 可用財源의 限界를 사전에 예측케 하므로 예측된 총재정규모의 범위 내에서 행정서비스의 안정적 공급을 가능케 하고, 무계획적인 예산요구나 급격한 정책의 변경을 피할 수 있다.

넷째, 예산담당부서나 기관이 각 사업부서의 예산요구액을 계획에서 제시된 내용을 통하여 査定할 수 있으므로 豫算編成을 위한 業務量을 減少시킬 수 있다.

다섯째, 재정운영의 실무자나 정책결정자가 재원배분과 관련된 의사결정을 함에 있어서 중장기적이고 종합적인 視界를 갖게 하는 동시에 지방의회나 압력단체에 대해서도 합리적으로 설득케 하는 자료를 제시할 수 있고, 재정지출의 장기방향을 미리 제시함으로써 주민들에 의한 지나친 재정수요의 유발을 방지할 수 있다.

5) 連動計劃의 制約要因

연동계획의 운영에 있어서 제기되는 문제점 또한 적지 않다.

첫째, 경기가 불안정하고 경제여건이 여의치 않은 상황 하에서는 세입·세출에 대한 정확한 예측이 곤란하여 일정한 기준에 의해 추계된 연동계획의 세입·세출의 전망액과 현실의 재정운영의 결과인 결산간에는 상당히 괴리가 발생하게 되어 업무량의 과다를 초래한다.

둘째, 계획에 포함된 사업을 재정상황의 변화에도 불구하고 당연히 집행해야 하는 것으로 인식하기 쉽고, 이에 신규 재정수요가 누적화될 경우 지방재정규모의 팽창을 가져오게 되어 財政運營의 硬直性을 심화시키는 결과를 가져온다.

셋째, 각 부서간의 割據主義(sectionalism)가 심할 경우 소관부서의 부문적 이익에만 집착할 우려가 있어 투자재원의 합리적 배분이 곤란하다.

넷째, 계획에 대한 인식이 부족하고, 計劃技法의 개발정도가 낮고, 계획수립에 요구되는 기초통계가 정비되어 있지 않는 상황 하에서는 각 부서에서 제출하는 중장기적 사업이나 정책대안들이 면밀한 분석과 검토가 이루어지지 않고 제시될 가능성이 크므로 계획 자체의 타당성이 문제가 된다.

다섯째, 연동계획제도를 도입·정착시키려면 실제적으로 합리화를 지향하는 운용자의 의식과 행동이 절실히 요구되므로 政策決定者의 意識改革이 전제되어야 한다.

이러한 연동계획수립상의 제약요인으로 인하여 중기지방재정계획의 연동계획이 효율성이 높게 수립되어 효과적으로 활용되기란 용이한 것이 아니며, 특히 우리나라의 경우 제도의 도입·운영이 일천하여 더욱 어려운 실정에 있다.[19)]

따라서 中期地方財政計劃의 連動化는, ① 연동계획은 계획수립주체의 자주성 등 제도의 운용여건에 따라 크게 영향을 받게 된다. ② 연동계획은 지방재정의 구조와 운영에 영향을 미치는 변수, 특히 외생변수에 의하여 계획의 가변폭이 결정된다. ③ 연동계획의 수립 및 운영이 제대로 이루어지기 위해서는 각 계획의 상황여건에 적합한 계획기법과 운영체계가 수립되어야 한다는 기본전제하에서 그 평가가 이루어져야 한다.

---

19) 국가의 예산편성을 經濟·社會發展 5個年計劃과 연계시키기 위해 1982년부터 정부의 中期財政計劃이 連動化되고 있다. 지방자치단체도 시·도 종합개발 10개년계획('82~'91)의 일환으로 작성된 중기지방재정계획을 시도하였으나 개발계획과 재정의 연계를 위한 제도적 장치가 미흡하고 실제로 운영의 실효성이 낮아 서울특별시를 제외한 모든 시·도에서는 이 制度가 정착되지 못하였다. 그러나 지방자치단체는 지방자치제 실시에 대비하여 건전한 지방재정을 확보할 수 있는 장치를 마련하고, 국가시책 및 지방재정의 연계기능을 강화하며, 지방재정 운영상의 미비점을 보완하기 위하여 1988년도에 개정된 지방재정법 제16조에 기초하여 행정안전부는 1989년 4월 각 지방자치단체에 中期地方財政計劃樹立指針을 시달함에 따라 1990~1994년의 5개년을 계획기간으로 하는 중기지방재정계획을 재차 수립하게 되었으며, 1990년 2월 동계획의 連動化指針을 시달하였다<한국지방행정연구원, 전게보고서, p. 16>.

6) 連動計劃의 評價모델

중기지방재정계획의 연동화에 대한 평가는 상술한 평가의 전제하에서 ① 외적여건(지방재정의 자주성, 지방재정력, 의회 · 압력단체 · 주민 등의 합리적 사고와 행태)과 내적여건(정책결정자의 인식, 전문인력과 담당기구, 재정운영의 효율화를 위한 제도적 장치)으로 구분되는 連動計劃環境, ② 수립과정(실무자의 참여범위와 수준, 정보의 양과 질, 전문가와 주민참여), 계획활용(예산편성 및 사업계획수립에의 반영, 법적 효력, 대외공표) 및 운용방식(계획운용순기, 연동화의 범위, 계획평가 및 환류)로 구분되는 連動計劃體制, ③ 예측분석(여건 및 현황분석, 수입 · 지출의 추계), 목표설정(상위계획의 수용, 관련계획과의 연계, 계획지표치의 실현가능성) 및 재원배분(가용재원의 판단, 단위사업의 선정, 재원배분의 우선순위, 부족재원대책) 등으로 구분되는 連動計劃內容의 3가지 측면에서 이루어져야 하는데, 이를 체계적으로 제시하면 [그림 6-2]와 같다.

[그림 6-2] 중기지방재정계획 연동화의 평가모델

- <1> 연동계획環境
  - ① 외적여건
    - 지방재정의 자주성
    - 지방재정력
    - 의회 · 압력단체 · 주민 등의 합리적 의사와 형태
  - ② 내적요건
    - 정책결정자의 인식
    - 전문인력과 담당기구
    - 재정운영의 제도적 시스템
- <2> 연동계획體制
  - ① 수립과정
    - 실무자의 참여범위와 수준
    - 정보의 양과 질
    - 전문가활용도와 주민참여
  - ② 계획활용
    - 예산편성에의 반영
    - 사업계획수립에의 반영
    - 법적 효력
    - 대외공표와 주민의견수렴
  - ③ 운용방식
    - 계획운영주기
    - 연동화의 범위
    - 계획평가와 환류

<3> 연동계획內容
- ① 예측방식
  - 여건 및 현황분석
  - 세입 · 세출의 추계
- ② 목표설정
  - 상위계획의 수용
  - 개발계획과의 연계
  - 계획지표치의 실현가능성
- ③ 재원배분
  - 사용재원의 판단
  - 단위사업의 선정
  - 재원배분
  - 부족재원 대책

제 7 절 地方財政擴充方案

1. 自主財源擴充의 基本前提

1) 財政自主性의 制約

지방자치단체는 그 배분된 기능을 수행하는데 소요되는 경비를 충당하기 위하여 중앙정부의 간섭을 받지 않고 자주적으로 재원을 조달 · 관리할 것이 이론상 요구된다. 이와 같이 지방자치단체가 필요로 하는 재원을 스스로 확보하고 그 자유로운 판단과 결정에 의하여 그것을 사용할 수 있는 財政自主性이야 말로 지방자치를 보장하는 본질적 요건으로 간주되고 있다. 이러한 의미에서 지방자치단체에게는 獨立的 經濟主體로서의 지위와 기능이 부여되어야 한다.

그러나 오늘날 지방재정의 실정을 보면 선후진국을 막론하고 재정자주성이 제약되고 있는데 그 이유는, 첫째 국가의 조세수입총액 중에서 지방세수입이 점하는 비중이 낮고, 둘째 지방재정구조에서 국고보조금 등 의존(조정)재원이 높은 비중을 차지하고 있어 地方財政力이 취약하기 때문이다.

그러므로 지방자치의 실효를 제고하려면 지방자치단체가 자주적으로 받아들이는 재원, 즉 自主財源을 가능한 한 늘려주는 정책적 배려가 요망된다.

2) 自主財源의 種類・特性

자주재원은 地方稅收入, 稅外收入 및 基金收入의 세 가지로 나눌 수 있다. 이들 재원의 특성은 <표 6-7>과 같다.

첫째, 地方稅는 주민의 경제적 능력, 지불능력(ability to pay)에 상응하여 과세한다. 지방세를 부과・징수하는 데에는 반대급부가 없거나 있더라도 작으므로 주민의 사회적 희생이 균등화되도록 세액을 배분하여야 하며 따라서 均等犧牲[20]의 기준이 성립된다. 지방세수입은 후일에 상환할 필요가 없고, 매년 규칙적・안정적으로 확보할 수 있으므로(經常收入) 주된 지방재원이 되고 있다. 지방세수입은 어떠한 경비로서도 지급될 수 있으나(一般財源), 일정한 용도의 경비로 충당해야 하는 것(特定財源)[21]도 있다. 다만, 지방세는 반대급부 없이 공권력에 의하여 부과・징수하는 것이므로 담세액을 늘리면 租稅抵抗을 유발하는 문제점이 있다.

둘째, 稅外收入의 종류, 수입의 근거 등은 다양한 데 그것을 협의로 이해할 때에는 주민에게 주는 이익에 따라, 즉 應益原則(benefit principle)에 의하여 징수하는 것으로서 代價關係가 성립된다.

<표 6-7> 지방자치단체재원의 유형별 특성

특성 / 유형별	수입의 근거	반대급부	상환의무	費途의 지정여부	수입의 안정성	특 징
지 방 세	응능 원칙	없거나 작음	없음	일반재원 특정재원	경상수입	반대급부 없이 강제적으로 부과・징수-조세저항을 유발
세외수입	응익 원칙	대가관계	없음	일반재원 특정재원	경상수입	주민의 자유의사-저항이 미미하거나 없음
지 방 채	투자 사업	이자	없음	지정	임시수입	후일에 원리금상환을 요하므로 신중을 요함
기금	투자 사업	없음	있는 것과 없는 것이 있음.	지정	임시수입	재원이 지방채에 비하여 유리함

협의의 稅外收入은 광의의 稅外收入중에서, ① 會計의 조작에 의한 名目的 收入(전

20) 金東建, 現代經濟學:公共經濟의 理論과 政策(博英社,1984), pp. 225～228.

21) 地域開發稅, 都市計劃稅, 消防共同施設稅, 事業所稅는 目的稅로서 特定財源에 해당한다.

입금·이월금 등)과, ② 특별한 사유로 당해 연도에 한해서만 생기는 臨時的 收入(지방채수입·기부금·부동산매각수입 등)을 제외한 경상적 수입을 지칭하는데 일반재원인 것도 있고 특정재원인 것도 있다.

협의의 세외수입도 일정한 기간이 경과한 후에 상환해야 하는 의무가 없으므로 자주재원으로서 지방세 다음으로 중요하다. 특히 일정한 이익을 주고 그 대가로서 징수하므로 저항이 없거나 미미하다는 점에서 오히려 지방세보다 유리하다.

地方債發行收入은 대규모 건설사업 또는 임시돌발적인 재해복구사업과 같은 투자사업을 시행하려고 할 때 경상수입만으로는 그 재원소요를 충당할 수 없는 경우에 용도를 지정하여 차용하는 臨時收入이다. 지방채수입은 1회계년도를 넘는 長期借入金으로서 후에 원리금을 상환하여야 하므로 지나치게 지방채를 발행하는 때에는 지방재정의 건전성을 해치게 된다. 따라서 그 사업의 타당성(feasibility)을 정확히 분석하여 지방채발행여부를 결정하여야 한다.

셋째, 基金이란 일반적으로 지방자치단체가 특정의 목적을 위하여, ① 재산을 유지하고 자금을 적립하거나, ② 정액의 자금을 운용하기 위하여 설치하는 것인데, 전자의 예로는 일본에서 학교건설자금을 조달하기 위하여 유지하는 山林, 지방채상환을 위하여 적립하는 現金 등이 있고, 후자의 예로는 자금의 대부 또는 물품구매를 위하여 설치하는 기금이 있다.[22] 지역사회개발 또는 도시개발을 위하여 재산의 유지 또는 자금적립하는 것은 전자에 속한다. 基金에서 지원을 받으면 이를 상환하여야 하는 경우가 있고 상환의무가 없는 경우도 있다.

설치된 基金은 원칙적으로 당해 목적을 위한 경우가 아닌 한 처분할 수 없으며, 그 목적을 위해서만 운용하여야 한다. 그러므로 基金에서 재원을 조달하는 것은 어느 경우에도 지방채발행에 의하는 것보다 훨씬 유리하다.

3) 自主財源擴充의 基本前提

이상과 같은 자주재원의 유형별 특성을 감안하여 자주재원의 확충문제에 접근하는 基本前提를 다음과 같이 설정할 수 있다.

(1) 자주재원의 확충은 원칙적으로 地方稅收入과 稅外收入의 增大에 그 초점을 맞추어야 한다.

(2) 지방세수입의 증대를 도모함에 있어서는 不公平稅制를 시정하고 경제적 능력에 상응하는 공평한 과징을 실현하되, GDP에 대한 조세부담률의 상한, 조세저

22) 自治大學校(編), 自治用語辭典「三訂版」(東京:きようせい, 1988), p. 118.

항의 유발가능성 등을 고려하면서 접근하여야 한다.

(3) 세외수입은 지방세와는 달리 주민의 저항이 없는 만큼 그 증대방안을 모색하는데 주력하되, 특히 사용료·수수료수입에 중점을 두어야 하며 경영수익사업을 확충해 나가야 한다.

(4) 地方債發行이나 基金설치는 지방자치단체의 재정형편으로 보아 경상수입으로는 도저히 충당할 수 없거나 또는 충당하기에는 벅찬 대규모 건설사업, 재해복구사업 기타 투자사업을 시행하기 위한 경우에 한해서만 그 소요재원 조달방법으로 사용하되 충분한 검토를 거쳐서 결정한다.

(5) 투자 또는 개발사업의 사업성이 낮거나 불투명하지만 정책적으로 추진해야 할 필요가 있는 경우에는 지방채발행에 의하지 않고 基金을 설치하여 재원을 조달하고, 대도시에서의 사업성이 있는 투자사업은 地方債發行收入으로 조달한다.

(6) 지방재정력이 취약한 郡과 中·小都市의 투자사업은 기금으로, 그것이 튼튼한 大都市 등 지방자치단체의 투자사업은 지방채발행으로 각각 충당하여야 한다.

2. 地方稅收入의 增大

지방세수입을 확충하려면 새로운 稅源을 발굴하고 현행 지방세의 稅率을 조정하는 방안도 중요하지만, 일정한 國稅를 地方稅로 이양하여 국가와 지방자치단체간의 세원배분구조를 합리화함으로써 국민의 조세저항을 유발하지 않으면서 지방세수입을 늘이는 방안도 아울러 강구해야 할 것이다.

1) 새로운 地方稅源의 발굴

우리나라는 70년대 이후 지속적인 고도경제성장을 이룩해 왔고, 산업화·도시화가 급속도로 진전되었다. 이에 따라 지방세에 있어서도 새로운 稅源이 창출되어 왔다. 이러한 신세원을 발굴하여 부과·징수하지 않으면 위의 기본전제에서 제시한 바와 같은 경제적 능력에 상응하는 公平課稅의 요구에 배치되므로 부당하다.

신세원으로는 電氣供給稅, 廣告稅, 環境保全稅, 觀光稅, 大衆交通資金充當稅, 慰樂施設利用稅, 滯留稅, 特別評價利益稅, 資源稅, 步道稅, 鋪裝稅, 商品券發行稅 등을 그 예로 들 수 있다.

(1) 電氣稅

이는 시·읍·면 구역 내에서 난방, 조명 및 가정용으로 소비되는 전기에 대한 세금이다. 프랑스의 꼼뮌느 법(시·읍·면법 : code des communes)에 의하면 징세의 기초는 일정하며 꼼뮌느의 전기세율은 전기사용의 8%를 초과할 수 없다.[23] 전기세는 공공용의 조명을 위한 전기소비에는 부과되지 않는다. 이러한 점에서 가스세도 동일하다.

(2) 環境保全稅

우리나라는 60년대 이후 산업화와 도시화가 진전됨에 따라 토양오염, 수질오염, 대기오염 등의 공해문제가 심각해졌으며, 앞으로 더욱 심각해질 전망이다. 대부분의 공해는 영리를 추구하는 企業에 의하여 발생하고 있으나 그것을 처리하는 비용은 政府가 부담하고 있으므로 결국 저소득자가 고소득자의 비용을 부담하는 결과가 되고 있어 전술한 기본전제에 어긋날 뿐 아니라 사회정의에도 배치된다. 그러므로 지방세로서의 환경보전세를 신설하여 公害源泉에 과세함으로써 그 처리비용을 공해발생자에게 부담시킬 필요가 있다. 독일의 汚水稅가 그 한 예이다.

현재 일부 지방자치단체에서 下水道使用料를 징수하고는 있지만 공해의 예방과 공해처리비용을 충당하기에는 극히 미약하다. 따라서 환경보전세란 각종 공해를 모두 포함하는 종합적인 것이어야 한다.

환경보전세의 부과·징수에는 공해업소의 지정과 공해발생도의 측정 등 기술상의 어려움이 있으나, 지방자치단체가 환경처의 기술지도와 지원을 받으면 해결될 수 있다고 본다(법 §155). 다만, 비닐봉지·유리병과 같이 공해물질의 생산업체(예 : 비닐 또는 병유리 제조업체)와 그 물질의 사용업체(예 : 우유공장 또는 음료수공장)중 누가 얼마만큼 담세해야 하느냐는 문제가 있다.

우리나라는 세원의 지역적 편재현상이 심화되어 있어 지방자치단체간의 환경보전세 세수의 불균형을 초래할 것이나 서울, 부산, 대구, 인천과 같은 대도시와 일부 중·소도시의 재정에도 도움이 될 것이다.

(3) 廣告稅

오늘날 경제·사회·문화가 발달하고 고도산업사회·대중소비시대에 접어들면서 광고활동은 괄목할 만큼 촉진되었으며 앞으로 더욱 증대될 것으로 전망된다. 오늘날

23) Code des Communes, Art. L. 233-3.

TV를 위시한 라디오, 신문, 잡지, 영화광고 및 간판 등 각종 광고물이 범람하고 있는데 대부분 광고주가 영리를 목적으로 하는 것이다. 따라서 소득에 비례하여 세금을 부담해야 한다는 우리의 기본전제에 따라 지방세로서 광고세를 신설함이 타당하다. 그러나 프랑스에서는 철도공사, 파리지하철공사, 지역 또는 지방교통공사들이 그들의 필요한 서비스를 위하여 게첨하는 첨부물에 대하여는 조세를 부과하지 않는다.[24] 광고세의 세수는 클 것으로 예측되며, 광고매체에 특별징수의무를 부여할 수도 있어서 징수도 용이할 것으로 예견된다. 광고세의 과표는 광고요금을 기준으로 할 수 있으며, 포스터에 대하여는 면적에 따라 과세할 수도 있다.

(4) 滯留稅

프랑스에서는 꼼뮌느법에 의하여 시의회의 의결로서 「분류된 지역」에 소위 체류세를 설치할 수 있다. 분류된 지역이란 시나 시의 일부(예 : arrondissement)가 자연적인, 그림과 같은, 역사적 또는 예술적인 호기심 일체를 제공하든가 온천, 광천, 해양자원, 운동, 포도자원과 같은 시·읍·면의 지리적 또는 수소광물적 위치나 기후 또는 그 해발로부터 오는 혜택이 있을 때에는 「분류된 지역」을 설정하여 특수한 관리 하에서 보호를 받는 장소가 되게 한다.

체류세수입은 「분류된 지역」의 시설 및 유지에 따르는 공사, 특히 기념물과 풍치의 보존을 위한 공사, 정화, 미화 또는 왕래, 주거, 체류 또는 교통조건의 개선에 관한 개발공사비에 전액 충당된다.

체류세는 당해 꼼뮌느에 주거하지 않는 사람, 그리고 주택을 갖고 있지 않기 때문에 가옥세를 물지 않는 자에게 부과된다.[25] 체류세율은 인별로 체류일별로 부과된다. 세율은 1인당 1일에 0.08프랑이상 0.5프랑(약 10~60원)의 범위 내에서 각 시·읍·면의회(conseil municipal)의 의결로 정하게 되어 있다.

그러나 순수한 직업상의 필요에 의하여 체류하거나 여행자, 법률이 정하는 직업증명서를 가진 상업의 대표자, 전몰군경, 사회부조의 수혜자 및 그 가족 등 일정한 자는 체류세가 면제된다.

(5) 觀光稅

우리나라는 고도의 경제성장에 의한 국민소득수준과 국민생활 수준의 향상으로 건

24) Code des communes, Art. L. 233-19.

25) Code des communes, Art. L. 233-31.

강과 여가선용을 위한 활동이 크게 증대되고 있다. 이에 따라 요즈음 관광지를 비롯한 명승지가 4계절에 걸쳐 초만원을 이루고 관광산업이 급성장하고 있다. 이러한 관광수요에 대처하기 위한 관광지개발 및 보전비용은 막대하며, 지방정부의 부담은 과중하다. 더욱이 국민 또는 주민의 부담으로 개발한 관광시설 이용률은 저소득층보다는 고소득층에게 높다는 추세를 감안할 때 결국 고소득자가 저소득자의 비용으로 여가를 즐기는 결과가 된다. 그러므로 전술한 기본전제에 비추어, 또한 수익자부담의 원칙에서도 관광세를 지방세로 신설하여야 할 것이다.

課稅對象은 관광시설의 이용자이다. 즉, 관광시설 사용료에 일정률을 과하되 관광시설소유자 또는 관리인에게 특별징수의무를 부여하여 징수할 수 있다.

관광세가 도입된다면 관광비용의 상승으로 관광수요가 감소될 우려도 있으나, 일반적으로 관광을 하는 층은 소득과 여가가 있는 사람들이고 또한 관광세액 자체가 모든 관광비용에서 차지하는 비중이 극히 적으므로 조세저항이나 수요감퇴는 적을 것으로 추측된다.

(6) 特別評價利益稅

도시재개발사업이나 신도시개발 등으로 도로가 신설·확장되거나 상가지역으로 지정됨으로써 신설 또는 확장된 도로변 등의 토지가격이 상승하는 경우 이를 특별히 평가해서 그 차익을 전액 세금으로 환수하려는 것이다.

特別評價(special assessment)利益에 대한 과세가 필요한 이유는 다음과 같다.

첫째, 이러한 과세조치가 正義와 公平의 원칙의 당연한 요청이기 때문이다. 도로가 신설되어 토지수용을 당한 자는 하루아침에 땅을 잃게 되고, 도로연변이 된 토지소유자는 벼락부자가 되는 불공평을 그대로 방치하는 것은 수용상의 손실보상제도가 지향하는 취지에 배치된다.

그러므로 토지수용된 자에게는 정당한 보상을, 부동산가격의 상승으로 이익을 본 자로부터는 그 이익의 환수를 하는 것이 공평하다.

둘째, 도시재개발사업의 경우 일부 도시에서는 그 사업비의 70%~90%가 보상금으로 지급되고 있으므로, 그 사업으로부터 이득을 얻는 자에게는 評價益을 稅金으로 환수하여 그 보상비로 충당함이 당연하기 때문이다.

특별평가이익세를 신설할 경우 도시계획 등으로 노력 없이 벼락부자가 되는 불공평도 시정할 수 있고, 막대한 보상비를 지급하여야 하는 지방자치단체에게는 재원을 조달하는 방법이 될 것이다.

특별평가이익세의 수입을 국가와 지방자치단체간의 공동세원으로 하는 방안도 검토할 필요가 있다. 이에 관한 「개발이익환수에 관한 법률」을 개정하여야 할 것이다.

(7) 大衆交通資金充當稅

이 세는 대중교통을 위한 재원수요에 충당하기 위한 일종의 目的稅이다. 그 활동이 사회적 성격을 가진 비영리목적의 공익사업으로 인정된 재단과 협회를 제외한 모든 자연인과 법인은 일정한 수(예컨대, 10명이상)를 고용하고 있을 때에는 대중교통시설투자에 충당하기 위한 세를 납부토록 요구할 수 있다.[26]

예컨대, 인구 100만이상의 시나 20만이상의 시에서 또한 일정한 수준의 산업화된 도시에서 일정한 수의 직원을 고용하고 있는 자에게 부과할 수 있을 것이다.

(8) 資源稅

지방자치단체에 부존되어 있는 자연자원을 채취 또는 이용함으로써 발생하는 이익의 일부를 그 채취 또는 이용의 대가로서 또는 그로 인한 피해의 보상이란 근거에서 당해 지방자치단체로 하여금 자원세를 부과·징수하게 함이 이론상 타당하다. 예컨대, 강원도는 풍부한 지하자원과 수자원을 제공하면서도 어떠한 형태의 반대급부도 받지 못할 뿐만 아니라 자연환경의 훼손과 지하자원의 발굴에 따르는 공해, 수자원 공급을 위한 물 이용의 제약, 도로의 파손과 혼잡 등 많은 外部不經濟를 감수하고 있다. 따라서 이러한 자치단체로 하여금 地下資源稅와 水資源稅를 부과·징수할 수 있도록 입법조치를 함이 바람직하다.

이러한 이론을 원용하여 신설한 地域開發稅는 매우 긍정적으로 평가되고 있다.

2) 稅率의 調整

지방세의 요건으로는 稅源의 普遍性(지역간 세원의 분포도)과 아울러 收入의 確實性을 들 수 있다. 수입의 확실성이란 지방세가 경기변동에 대한 안정성을 가지며 경기에 비탄력적임을 의미한다. 따라서 收入伸張率이 낮으면 특히 부동산과표가 안정화되어 있어 물가가 상승되는 경우 외에는 세수증대가 곤란하다. 따라서 세수증대를 위하여는 세율의 재조정이 필요하다. 定額稅와 定率稅를 병행하되 정률세화할 수 있는 것은 가급적 정률세로 이전하고 불가피한 것을 제외하고는 標準稅率 또는 制限稅率制로 전환함으로써 세원의 신장을 확보하여야 할 것이다.

---

26) Code des communes, Art. L. 233-58～L. 233-69.

3) 國家와 地方自治團體간의 稅源配分體系의 合理化

지방세원의 확충을 위하여 국세 중 세원이 비교적 전국적으로 골고루 산재해 있는 세목을 지방세로 이양하여야 한다. 일반적으로 중요한 세원은 국세로 되어 있고, 지방세의 과세대상은 조세법의 운용에서 별로 보잘것없는 것에 한정되어 있기 때문이다. 國稅중 약주·탁주세, 전화세 등이 비교적 세원의 지역적 보편성이 있는 것으로 이해되고 있다.

지방재정이 당면하여 왔고 또 앞으로도 당면할 과제는 재원의 지역적 편재를 해소해야 하는 점이다. 그런 의미에서, 첫째 국세의 일부를 지방에 이양함으로써 국세가 감소되어 국가재원을 편식화할 우려가 있을 뿐만 아니라, 둘째 세원의 대부분이 대도시에 편중되어 있어 어느 稅를 이양하더라도 군과 소도시재정에는 별로 도움이 안되며, 따라서 지방재정의 규모별격차가 더욱 커지게 한다는 의미에서 지방으로의 이양을 반대하는 견해도 타당성이 있음을 유의할 필요가 있다. 따라서 국세를 지방으로 이양하려고만 하기 보다는 오히려 국세로 징수한 다음 이를 지방재정조정을 위한 재원(補完的 財源)하는 것이 보다 합리적일 수 있다.

그러므로 국세중 비교적 세원의 보편성이 있는 세목을 지방으로 이양함을 원칙으로 하고, 세원이 과도하게 편중되어 있는 것은 국세로 징수하여 지방자치단체의 재정조정재원으로 활용함이 바람직하다.

4) 法定外稅制의 도입

우리나라는 지방자치단체의 과세권이 극히 제약되어 있는데, 그것은 중앙집권적 재정제도의 유물이다. 프랑스에서는 地方議會의 議決로 조세를 설정할 수 있으며,[27] 일본에서도 지방자치단체에 課稅自主權을 부여하여 法定外稅를 채택하고 있다. 다만 일본에서는 법정외세제도에 대한 違憲是非가 일고 있다.

우리나라에서도 지방자치의 발전을 위하여 법정외세의 도입이 필요하다고 본다. 특히 법정외세는 각 지역의 특수성에 따라 세원을 창의적으로 개발할 수 있는 이점이 있다.

법정외세의 課稅對象으로는 앞에서 본 새로운 세목 이외에 낚시터, 온천, 골프장, 스키장, 해수욕장 등을 고려해 볼 수 있을 것이다.

---

27) 전술한 새로운 세원중 일부는 法定外稅로 되어 있다.

3. 稅外收入의 擴大

1) 使用料收入

사용료수입은 수수료수입과 함께 지방자치단체가 제공하는 공공재와 서비스에 대한 반대급부로서 受益者負擔의 원칙에 따라 징수하는 수입이다.

사용료수입의 증대방안으로는, 새로운 사용료수입원을 개발하는 방안과 현행 사용료의 요율을 조정하는 방안이 있다.

(1) 새로운 使用料收入源의 발굴

사용료수입원을 새로 발굴함에 있어서는 다음 사항에 기초를 하여야 한다.

첫째, 수익자부담의 원칙에 따라 논리상으로 당연히 징수하여야 할 것을 지방자치단체가 징수하지 않는 것이 있는가?

둘째, 수익자에게 사용료의 부담능력이 있는가?

이러한 요건에 따라 道路空間占用料, 接道建物의 接道使用料 등을 고려할 수 있다.

① 도로공간점용료

지방자치단체의 사용료수입원으로서 아직도 개발의 여지가 많은 분야가 바로 도로공간점용료이다. 예컨대, 전선, 전화선, 간판, 플랭카드 기타 도로상이나 도로공간을 점용하는 일체의 시설물에 대한 사용료의 징수를 들 수 있다.

프랑스에서는 에너지배관에 관한 법률(1960년 제정)에 따라 도로사용허가를 받은 기업이 공사시공에 의하여 도로점용을 함으로써 시·읍·면에 납부해야 할 사용요금을 행정규칙으로 정하도록 꼼뮌느법이 규정하고 있다. 또한 1953년에 제정된 법률에 관한 공사, 전기 및 가스배관공사에 의하여 또한 전선과 가스관에 의하여 시의 도로를 점용함으로써 납부해야 할 사용료의 表를 행정규칙으로 정하고 있다.

서울특별시에서는 道路占用料徵收條例에 의거 韓電의 송전지하케이블에 대하여는 이미 점용료를 징수하고 있다.

지방자치단체는 지상에 부설된 전선에 대하여 점용료를 징수하여야 한다. 또한 도로상공에 부착된 간판, 플랭카드 등에 대하여도 도로점용료징수조례를 개정하여 점용료징수를 제도화할 필요가 있다. 간판에 대한 공간점용료징수는 이미 몇 개 市에서 시행되고 있으므로 그 경험을 토대로 하여 공간점용료징수의 기준 및 요율 등을 정함이 바람직하다.

프랑스에서는 고압으로 액화된 탄화수소의 전송을 위한 유조차와 가스차 등 특수 차량에 의한 도로사용방법 및 납입해야 할 점용료액을 국무원령으로 정하고 있다.

우리나라에서도 다른 차량보다 도로점용면적이 넓고 폭발의 위험성 등이 크며 운행이 어려운 대형차량을 비롯한 特殊車輛의 운행에 대하여는 일정한 기준에 따라 도로사용료를 징수함이 타당할 것이다.

② 接道建物의 接道使用料

接道建物은 도로에 인접하지 않은 대지위에 건축하는 경우보다 대지이용률이 높으므로 그만큼 도로의 혜택을 많이 받고 있으며, 도로의 사용도가 도로에 인접하지 않은 건물의 사용도보다 훨씬 높다. 대로변이나 번잡한 도로의 접도건물들은 대부분 상점이나 사무실로 활용되고 있고 따라서 사람의 통행이 특히 많은데 건물의 도로인접 여부, 도로의 이용도와는 관계없이 재산세 납세의무자에게 과세시가표준액의 일정비율을 부과징수하는 것은 형평의 원리에 맞지 않는다.

따라서 수익자부담의 원칙에 입각하여 도로에 인접한 토지와 건축물의 소유자에게 接道使用料를 징수하는 것이 바람직하다고 본다. 이를 소로나 뒷골목, 주택가의 도로 등에는 적용할 수 없을 것이다.

(2) 使用料率의 調整

이는 현행의 사용요율이 과연 적정한가를 분석하여 그것을 토대로 합리적으로 조정하자는 것이다. 使用料率이 과연 적정한가를 검토하기 위한 기준은 다음과 같다.

첫째, 사용자가 받는 便益과 費用(납부해야 할 사용요률) 간의 균형이 이루어지고 있는가, 정액사용료가 책정된 경우 그 후에 물가상승률이 충분히 반영되고 있는가이다.

지방자치단체의 서비스가 주는 이익은 통상 사회적 이익과 개인적 이익으로 구성되고 있는데 그 배분된 이익의 크기에 상응한 일반재원과 사용료수입의 적정한 배분이 필요하다. 이러한 시각에서 각종 사용료의 요율을 전반적으로 검토할 필요가 있다. 각종 사용료의 수준은 물가안정화시책에 밀려 낮은 수준에서 억제되고 있는데, 해당 서비스가 베푸는 개인적 이익의 크기에 상응한 수준까지 인상하여야 한다. 만일 개인적 이익과 사회적 이익의 구분이 명확하지 않고 개인적 이익이 지배적인 경우 행정적인 집행의 편의를 고려하여 평균비용의 수준까지 인상하는 방안도 타당할 것이다.[28]

둘째, 지방자치단체가 징수하는 사용료의 총수입액이 그 시설의 관리유지비에다

일정한 公正報酬(fair return)를 합계한 만큼에 달하는가이다. 기준은 다음의 공식에 의하여 판단된다.

R=E+(V-D)ɣ

여기서 R : 시가 모든 사용자로부터 징수하는 사용료 총수입(total revenue)

E : 시설의 관리유지비(간접비 등 일체의 비용 포함)

V : 시설의 건설당초의 공정가치(fair value)

D : 시설의 감가상각액

ɣ : 공정보수률(fair rate of return)(%)

R은 지방자치단체가 일정한 시설의 모든 사용자로부터 징수하는 使用料 總收入이므로 이것이 결정된 다음에 사용에 공한 회수로 나누면 사용료의 단가가 나온다. 이 단가와 현행사용료율과 비교·검토함으로써 그 적정성여부를 판단할 수 있다.

(V-D)는 사용료율기저로서 시설을 사용자에게 공급하는데 있어 이용되는「진실한 재산가치」또는「시설의 공정가치」를 의미한다. 이 사용료율기저에 일정률의 보수율을 곱하면 공정보수(fair return)가 되는데 이것은 사용료원가의 중요한 구성요소가 된다. 보수율은 국가에 따라 다르고, 사업분야에 따라서도 각각 다르지만 미국에서는 대체로 6∼7%, 프랑스에서는 3∼4%, 일본에서는 8%가 적정한 것으로 보는 것 같다. 그러나 이 보수율은 근년에 약간 높아지는 경향을 보이고 있다.

셋째, 지역에 따라 사용료율을 신축성 있게 적용하고 있는가이다. 예컨대, 오물수거를 보면 도시의 주거과밀지역 또는 아파트지역은 수거비용이 적게 들고, 교외지역 또는 주거과소지역은 많이 드는데, 만일 동일한 요율로 부과한다면 불공평할 뿐 아니라 도시의 교외화현상에 대하여 오히려 보조금을 주는 결과가 된다. 이러한 경우에는 실제로 생기는 비용을 그대로 부과하는 방향으로 조정하여야 할 것이다. 상수도의 요율, 화재방지(fire protection) 등에도 또한 같다.[29]

넷째, 계절별 또는 시간별로 수요가 변동하는 경우에는 差等料率을 적용하는가이다. 그 이유는 비성수기(off-peak period)에는 낮은 요금을 부과하고 성수기(peak period)에는 한계운영비용에 한계시설비용을 합한 수준까지 요금을 올려 받는 차등요금제도가 합리적이기 때문이다.

28) 지방공공재의 가격결정방안으로는 限界費用價格決定(한계비용=평균수입)이 바람직하다.

29) Richard W. Lindholm et al, *Financing and Managing State and Local Governmen* (Lexington, Massachusettes: Lexington Books, 1979), pp. 195∼196.

예컨대, 상수도의 수요는 여름철에 집중되고 있으나 공급능력이 이에 미치지 못하는 경우가 많다. 이와 같이 수요가 집중되는 계절에 차등요금제도(peak-load pricing)를 도입함으로써 성수기의 수요를 억제하는 동시에 성수기를 위한 시설확충비용의 일부를 확보할 수 있게 된다. 주중과 주말에 차별가격제도를 채택하는 방안도 고려할 필요가 있다.

2) 手數料收入

수수료수입의 증대방안으로는, 첫째 새로운 手數料收入源의 발굴, 둘째 현행 수수료의 料率調整, 셋째 수수료수입의 自治團體收入化 등을 생각할 수 있다.

(1) 새로운 手數料收入源의 발굴

수수료수입원을 새로 발굴하기 위한 요건은 일정한 行政行爲를 유발(예: ○○변경신청, ○○허가신청, ○○재발급신청 등)시켜 지방자치단체가 그 사무처리로 특정인에게 행정상의 이익(예: ○○변경, ○○허가, ○○재발급 등)을 줌으로써 이로 인하여 발생한 비용의 전부 또는 일부를 징수할 상당한 근거가 있어야 한다.

그런데 지방자치단체의 민원에 관한 행정행위 중에는 이러한 요건에 해당됨에도 불구하고 手數料徵收의 法的 根據가 마련되어 있지 않아 그 징수가 불가능한 경우가 있다.

수수료징수가 정당하다고 인정되면 수수료징수조례나 관계되는 개별法令을 개정하여 수수료과징의 법적 근거를 마련하고 그 수입증대를 도모하여야 할 것이다.

(2) 手數料의 料率調整

지방자치단체가 징수하는 각종 수수료의 요율이 과연 적정한가? 이에 관한 판단기준은 다음과 같다.

① 일정한 행정행위를 유발시켜 지방자치단체가 특정인을 위하여 사무처리를 함으로써 발생한 비용과 당해 특정인이 납부하는 수수료가 형평을 유지하고 있는가, 그 요율이 현실적인가의 여부

② 서로 같거나 또는 유사한 종목의 수수료간에, 또한 다른 행정기관의 수수료와 상호 평준화되어 있는가의 여부

③ 수수료가 물가상승률에 따라 連動化(escalation)되고 있는가의 여부

첫째, 현재의 料率水準이 적당한가를 평가하기 위하여 요율을 분석하여야 한다. 즉,

(i) 요율분석의 객관적 기초로서 原價分析을 한다. 1건당 처리시의 소요되는 총비용을 산출한다. 이것은 시장가격 및 현재가를 기준으로 하므로 물가상승에 대한 고려가 포함되어 있다.

(ii) 산출된 1건당 원가를 현재의 요율과 비교한다. 그리하여 현재의 요율이 그 원가(총비용)에 대해서 어느 정도 보상하고 있는지를 규명한다.

(iii) 수수료에 대한 需要增加率, 즉 최근 3년간의 평균증가율과 정책적 고려, 서비스의 성격에 대한 고려를 하면서 종합적인 요율조정을 하여야 한다. 평균수요증가율이 높을수록 그 수수료의 성격은 더욱 탄력적이므로 그때그때 요율조정이 이루어져야 한다. 요율조정의 방향은 그 서비스의 성격에 의해 결정되어야 한다. 또한, 물가에 미치는 영향이나 정부의 정책적 고려에 따라 그 요율을 결정하여야 할 것이다. 이렇게 제시된 요율조정안은 유사수수료와 균형을 유지하여야 한다.

둘째, 상호 유사한 수수료율간에 均衡을 유지하여야 한다. 현행수수료는 각 개별법규, 대통령령, 부령, 지방자치단체조례 등에 그 징수근거가 다양하게 산재해 있고 주관부처가 다르기 때문에 요율간의 불균형, 비현실적인 요율과 같은 문제점이 제기되고 있다. 따라서 수수료율의 기준을 개별법에 정하고 이 기준에 의거 지방자치단체의 조례로 수수료율을 정하도록 위임하는 방안이 바람직하다.

셋째, 수수료율을 물가상승율에 따라 連動化하거나 정기적으로 現實化시켜야 한다. 현행 수수료 중에는 5년 이상 조정되지 않은 것이 수십 건에 이르고 있다. 5년 동안의 물가상승률을 감안할 때 일정기간을 주기로 하여 물가상승률만큼은 반영하도록 요율조정이 되어야 할 것이다. 이러한 물가상승률을 반영하기 위하여 전술한 수수료 서비스의 원가분석을 정기적으로 실시할 필요가 있다.

넷째, 동일한 종목이더라도 지역간에 또는 소득수준에 따라 수수료율에 차등을 두는 신축적 운영방식이 필요한 점은 사용료율의 경우와 유사하다. 또한 예컨대, 인감증명의 용도를 몇 가지 유형으로 분류하여 상이한 요율을 적용하는 것도 이론상 가능하다고 본다.

이상과 같은 판단기준에 따라 처리건수가 비교적 많아 대중성이 있는 종목인 호적등·초본수수료, 토지대장등본수수료, 자동차신규등록수수료, 출판사등록수수료, 인쇄소등록수수료, 신원증명수수료, 주민등록증분실재발급수수료, 호적열람수수료, 지방공무원임용시험수수료 등의 요율부터 합리적으로 조정함이 바람직하다.

(3) 일정한 手數料收入의 地方自治團體收入으로의 歸屬

지방자치단체는 당해 지방자치단체의 사무, 또는 국가나 다른 지방자치단체의 위임사무가 특정인을 위한 것일 때에는 그 사무에 대하여 수수료를 징수할 수 있고, 징수된 수수료는 당해 지방자치단체의 수입으로 귀속된다(법 §128). 그러나 법령이 달리 정한 경우에는 그 지방자치단체에 귀속되지 않는데, 현행 수수료는 그 근거법규가 다양하여 수입의 귀속이 일정하지 않다.

현재 시·도는 많은 國家委任事務를 수행하고 있고, 또한 시·군·자치구는 市·道委任事務를 수행하고 있다. 이와 같이 국가행정사무와 지방단체사무를 위임할 때에는 자치사무와는 달리 이를 위임한 국가 또는 시·도가 그 경비를 부담하여야 하는데 현재에는 국가위임사무의 처리비용에 해당하는 수수료의 대부분이 국고로 귀속되고 있다. 그러므로 국가행정사무를 위임하고 있으면서도 그 경비를 부담하지 않는 모순을 지양하고 수수료수입을 지방수입으로 귀속시켜야 할 것이다.

3) 經營收益事業의 擴充

(1) 積極行政으로서의 經營收益事業

經營收益事業은 지방재정분야에서 최근 활발히 거론되고 있는데, 그것은 지방자치단체가 공공목적을 위하여 공유부존자원을 효율적으로 활용하는 과정에서 확보할 수 있는 稅外收入의 한 형태를 의미한다.

오늘날 지방재정 형편으로 보아 계속 증가하고 있는 지방재정수요에 충당할 수 있는 추가적 세입원의 확보가 용이하지 않은데, 이러한 경영수익사업은 자주재원을 늘리기 위한 자구적인 노력이란 점에서 그 의의가 크다. 전통적인 地方公企業은 지방자치단체라는 별도의 인적·물적 결합체로서 외부효과가 큰 공익서비스를 제공하며, 이러한 서비스가 準公共財의 영역에 포함되는데 비하여, 經營收益事業은 지역개발과 재원확보라는 목표를 달성하기 위해 지방자치단체가 비권력적 주체로서 사기업과 동일한 지위에서 사업을 경영하는 것을 의미한다.

현재 지방자치단체가 추진하고 있는 經營收益事業으로는 토지개발·이용, 관광유원지개발, 건설자재공급, 수산소득증대, 재원관리 등의 분야인데 각 분야에 따라 차이가 있기는 하지만 전체적으로 투자액의 2배에 가까운 높은 수입을 올린 것으로 나타나고 있다. 따라서 앞으로 경영수익사업에 좀 더 관심을 쏟고 새로운 사업영역을 개척하여 그 투자규모를 확대해 나간다면 자주재원의 확충에 상당한 기여를 하게 될 것으로 본다.

다만, 경영수익사업은 생활행정과 급부행정을 그 특징으로 하는 지방행정이 행정서비스를 사경제적인 거래의 하나로 파악하여 기업경영적기법에 의존함으로써 현대행정의 새로운 조류에 부응하려는 積極行政임을 유의할 필요가 있다. 따라서 단순히 수익사업을 한다는 데에만 집착할 때에는 그 본래의 의미와 목표를 달성하지 못하게 된다. 그러므로 경영수익사업을 할 때에는 체계적으로 그 의미와 위치를 명확히 할 필요가 있다.

(2) 經營收益事業의 判斷基準

民間部門의 경영원리가 추구하는 목표는 이윤의 창출을 통하여 사회적 생산활동을 유지하는데 있지만, 公共部門의 경영원리가 추구하는 목표는 주민의 복지와 지역개발이라는 공익을 실현하는데 있으므로 양자는 다르지만, 이러한 목적을 제외하면 2인 이상의 協同的인 組織이란 점에서는 양자는 유사하다. 따라서 경영수익사업을 行政의 經營化의 한 수단으로 추진함으로써 경영수익사업이 단선적인 수입지향적 차원을 벗어나 지방행정 전반에 걸치는 차원에서 종합적인 經營行政의 일부로 발전될 수 있을 것이다. 경영수익사업의 판단기준은 다음과 같다.

첫째, 지방자치단체가 경영수익사업을 추진함에 있어서 사업선정과 사업을 통한 수익의 확보는 公益의 범위 내에서 모색되어야 한다. 즉, 지역경제와의 조화와 사경제와의 경쟁조정도 등을 고려하여 결정하여야 한다. 단순 이윤추구사업은 민간영역의 침해로 볼 수 있으므로 경영사업으로는 적합하지 않은 것이다.

둘째, 단기적인 수익을 보장하는 일과성 사업보다는 장기적으로 地方稅收源이 될 수 있는 事業을 개발하여야 한다.

셋째, 자치단체장에게 사업의 선정과 수행에 필요한 自由裁量의 폭을 확대시켜 줄 수 있는 제도적인 장치가 필요하다. 따라서 공익과 수익성의 조화라는 기본원리를 준수하면서 자주적인 의사결정을 할 수 있도록 재량권을 확대하여야 할 것이다.

(3) 經營收益事業의 發掘方向

다음 지방자치단체는 그 부존자원이나 개발여건 등을 고려하여 경영수익사업을 발굴하여야 한다.

첫째, 지방자치단체의 구역 내에 있는 快適資源(amenities resources)의 개발에 주력하여야 할 것이다. 해안과 해수욕장, 온천지, 명승지, 계곡과 산악 등의 경관지대, 동굴 등이 있다.

쾌적자원은 자연으로부터 유래하는 본연적인 자원으로서 한번 훼손, 마멸 또는 파괴될 경우 그 원상회복이 불가능하다는 특성을 가지고 있다. 따라서 민간인에 의한 상업적인 개발에 맡겨 훼손시키고 탐익의 대상이 되지 않게 하기 위하여 公益次元에서 保存·開發이 모색되는 것이 바람직하다.

이러한 의미에서 골프장도 경영수익사업의 대상이 될 수 있다고 보여진다. 그 이유는 민간인이 골프장을 설치·운영함으로써 지나치게 이윤추구에만 집착한 나머지 농약을 과다하게 살포하여 쾌적자원이 훼손되고 있을 뿐만 아니라 인근주민들에게도 막대한 피해를 주고 있다는 것과, 골프장 사업허가가 지나치게 利權化되어 있으므로 이 사업을 민간인에게 허가하여 줌으로써 특정인에게 엄청난 이득을 안겨주기 보다는 이를 지방자치단체가 경영수익사업으로 직접 운영함으로써 그 이익을 地方財源으로 흡수하여 모든 주민의 복지증진을 위하여 쓰는 것이 보다 합리적이기 때문이다.

둘째, 天然資源의 開發과 利用도 지방경영수익사업의 주요한 대상이 될 수 있다. 모래, 자갈, 돌 등 건축골재원이나 천연수, 지역의 특산물(약초, 화훼, 종묘 등)이 상품화가 되어 지방세입의 조달기능을 담당하고 있는 사례가 적지 않다. 다만 이러한 자원의 일부는 잠재적인 고갈자원이거나 쾌적자원의 일부를 이루고 있고, 매각수익이 비교적 미미하다는 점에서 경영수익사업의 대상으로 타당하지 않다는 이론도 성립될 수 있다.

셋째, 製造加工業도 경영수익사업의 대상이 될 수 있다. 지방자치단체가 할 수 있는 지방특유의 제조가공업은 노동집약적이고 기술집약적인 부문 중에서 연구·개발하여 추진될 수 있다. 그 지역사회의 지방특산물을 원재료로 하거나 제조방법이 그 지역에서만 가능한 업종으로서 노동·기술집약적인 업종을 선택하여야 할 것이다.

그리고 앞으로 경영수익사업을 추진하려면, 다음과 같은 점에 유의해야 할 것이다.

① 지방자치단체가 중앙정부의 지도하에 경영수익사업을 추진하는 지시적 방식을 탈피하고, 자치단체가 裁量權을 가지고 獨自的으로 事業을 선정·운영할 수 있도록 해야 한다.

② 당해 연도에 수익을 기대하는 단기적인 자세를 버리고, 면밀한 사전조사, 신중한 사업선정 그리고 충분한 자금의 뒷받침으로 장기적·안정적인 사업으로 정착할 수 있는 기업가적인 안목과 자세를 가져야 한다. 경영기법이 부족한 자치단체는 專門的인 經營諮問이나 技術指導를 받아 사업의 경영방식을 검토하여야 한다.

③ 경영수익사업을 성공적으로 운영하려면 체계적인 단계를 밟아야 한다. 그것은 지역 내 부존자원의 재고조사를 실시하여 潛在的인 經營收益事業對象을 종합

적으로 파악하는 것으로부터 시작된다.

④ 경영수익사업계획과 豫算을 유기적으로 연계시키는 제도적 장치가 마련되어야 한다. 현재는 계획이 수립되어도 예산의 뒷받침이 없어 애로를 겪는 사례가 적지 않은데, 그 이유는 사업부처와 예산부처간의 원활한 협조가 이루어지지 않기 때문이다. 단기적으로는 경영수익사업을 위한 재원의 안정적인 확보를 위하여 特別會計化함이 바람직하다.

4) 地方公企業의 活性化

우리나라 지방공기업은 대부분이 사업소형태로 운영되고 있어 일반행정관리방식을 탈피하지 못하고 있다. 따라서 지방자치단체가 수행하는 대부분의 하수처리사업, 상수도사업, 주택사업, 토지구획사업 등은 기업적 성격을 띠고 있으면서도 現金會計위주의 特別會計로 운영되는 등 기업적 운영이 제도적으로 보장되어 있지 않다. 따라서 이를 제도적으로 개선하기 위해서는,

첫째, 지방자치단체가 지방행정수요의 양적 팽창과 질적 변화에 효과적으로 대응하도록 地方公企業의 體制整備 및 活性化가 필요하다. 지방공기업이 지니는 조직·인사·예산·회계 등 경영관리상의 문제점을 시정하기 위하여 일반행정관리방식에 의해 운영되고 있는 기업적 성격의 사업을 受益者負擔原則에 의한 獨立採算制運營이 유지될 수 있도록 지방공기업으로 전환하여, 자주성을 보장해주고 효율적 운영을 할 수 있도록 제도적인 장치를 갖추어야 할 것이다.

둘째, 도시로의 인구집중 및 주변도시에로의 확산에 대비하기 위하여 都市圈을 중심으로 하는 地方公企業의 廣域行政體制를 모색할 필요가 있다.

셋째, 地方公企業의 料率體系는 합리적인 기준과 원칙에 의거하여 형성되지 못하였고, 생산원가에 현저하게 미달하는 서비스가 있는 등의 문제점이 있으므로, 지방공기업 서비스의 생산원가, 사회적 편익과 개인적 편익의 정도, 이용자의 부담능력, 유사한 서비스에 대한 지역간·종류간 형평 등을 종합적으로 고려하여 수익자부담을 반영하는 原價補償的 料率體系로 개선해 나가야 할 것이다.

4. 地方議會의 自主財源擴充權能

지방세수입의 증대방안으로서 지방세목의 신설 등에 관한 논의와 더불어 국세의

지방세로의 이양 등이 논의되고 있지만 그 어느 것이나 지방의회의 권능외의 것임을 명백히 알고 거론하여야 한다.

우리나라에서 신세목의 설정 또는 세목의 조정은 租稅法律主義의 대원칙(헌법 §59)에 지배되기 때문이다.

1) 租稅法律主義原則과 例外

租稅法律主義란 일반 국민에게 조세를 부과·징수하려면 의회(국회)의 의결을 거친 법률에 의거하여야 한다는 원칙을 말한다. 따라서 「법률이 없으면 조세도 없다」는 말이나 「의회가 없으면 조세도 없다」는 말들은 모두 조세법률주의의 사상적 내지 이념적 배경을 이루고 있다.

조세의 種目과 稅率은 법률로 정한다는 것이 조세법률주의 내용이다. 이것은 조세의 종목과 세율뿐만 아니라 납세의무자, 과세물건, 과세표준 기타 조세의 부과·징수 절차에 이르기까지 법률로 정하여야 하는 것을 뜻한다.

조세법률주의는 반드시 국민의 대표기관인 국회가 제정하는 법률에 근거하게 하여 근대행정의 기본원리인 法治主義의 實現에 그 목적이 있음은 물론 국민의 재산권을 보호하는 동시에 法律生活의 安定을 기하려는 데 그 의의가 있다.

여기에서의 租稅의 범위는 조세라는 형식적 명칭이 붙은 것 이외에도 널리 공권력의 행사에 의하여 일방적으로 국민으로부터 무상·강제적으로 징수되는 실질적으로 조세와 같은 성질을 가지는 모든 재화에 적용된다. 또한 국가 또는 공공단체가 제공한 역무에 대한 보상으로서 징수되는 요금인 手數料의 경우에도 조세법률주의가 적용된다고 보아야 한다. 이는 그 제공된 역무가 국민의 권리행사에 필수적인데도 그 보상으로서 수수료를 징수하는 권리제약이 따르기 때문이다.

조세법률주의원칙에는 地方稅에 관한 條例에의 위임과 條約 및 緊急財政·經濟處分·命令에 의한 예외가 인정된다.

지방세에 관해서는 지방자치법이 그 부과·징수는 법률이 정하는 바에 의하여 할 수 있다(법 §126)고 규정하고, 지방세법은 「지방세의 세목, 과세객체, 과세표준, 세율 기타 부과·징수에 관하여 필요한 사항을 정함에 있어서는 조례로서 하여야 한다」라고 규정하고 있다(동법 §3).

이 지방세법의 규정이 지방세의 부과와 징수에 관하여 필요한 사항을 지방자치단체가 조례로서 정하도록 하고 있는 것은 조세법률주의에 대한 예외라고 할 수 있다. 이렇게 볼 때 지방세의 신세목의 설정이나 국세와 지방세의 조정은 조세법률주의의 대원칙에 지배되므로 법률제정권을 갖지 못한 지방의회의 권한사항이 아님은 명백하다.

2) 地方議會와 稅外收入擴充

입법론적으로 보면, 프랑스에서는 지방의회의 의결로 세목을 설정할 수 있으며, 일본에서는 지방자치단체에 조세자치권을 부여하여 法定外稅를 채택하고 있다.

우리나라에서도 지방자치제의 건전한 발전을 위하여 法定外稅의 도입이 필요하다고 본다. 법정외세는 각 지역의 특수성에 따라 세원을 창의적으로 개발할 수 있기 때문이다.

자주재원의 대종을 이루는 지방세수입의 증대에 지방의회의 기능이 미치지 못한다면, 지방의회의 자주재원확충에 관한 노력은 稅外收入增大, 經營收入事業擴充과 基金收入增大에 경도될 수밖에 없을 것이다. 그러나 그것도 의결기능 또는 권고의 정도내의 한계를 지닐 수밖에 없다.

제 7 장

地方公務員

지방자치단체에는 당해 지방자치단체의 경비로서 부담하는 지방공무원을 두되, 그 정원은 大統領令이 정한 기준에 따라 당해 지방자치단체의 條例로 정한다(법 § 103:1).

지방자치제도가 아무리 훌륭하게 마련되었다고 하더라도 그것을 실제로 운영해 나갈 사람의 관리가 잘못된다면 그 제도는 용두사미가 될 것은 명약관화한 일이다.

지방자치도 결국 사람에 의하여 운영되는 것이기 때문에 명실상부한 지방자치가 실현되기 위하여서는 물론 自治權이나 地方議會, 地方財政도 확립되어야 하겠지만, 궁극적으로는 지방자치의 실제 운영인력인 地方公務員에 관한 채용 · 근무 · 사기 · 능력발전 등의 제도가 확립되어야 한다.1)

제 1 절 地方公務員制度의 基本理念

자치권의 본질적 기능의 하나는 자치행정을 담당하고 있는 地方公務員을 自律的 · 自主的으로 採用하고 管理하는 일이다.

지방행정기능이 양적 · 질적으로 팽창하고 복잡해짐에 따라 지방행정의 전문화 · 능률화가 요청되는데, 이에 부응하기 위한 유능한 지방공무원의 확보와 자질향상의 문제는 지방자치의 과제로 제기된다.

우리나라 헌법 하에서 지방공무원의 기본이념은 民主性의 이념과 能率性의 이념으로 집약된다. 따라서 지방자치제도하에서 지방공무원제도는 민주적이고도 능률적인 제도가 되어야 하며, 이를 발전의 목표가치로 보아야 한다.

1) 崔昌浩, 韓國地方行政의 再認識(서울:삼영사, 1983), p. 276.

1. 地方公務員制度의 特質

지방자치단체에는 당해 地方自治團體의 經費로서 부담하는 地方公務員을 두되, 그 정원은 행정안전부장관이 정한 기준에 따라 당해 지방자치단체의 規則으로 정한다(법 §103:1).

지방공무원제도는 지역 또는 지역사회의 구체적 실정에 맞는 행정을 실현하여야 한다는 필요성에서 그 존립의의가 제기된다.

지역 특수성에 맞는 행정을 실현해 나가려면 그 지역 또는 지역사회에 대한 뿌리깊은 귀속의식과 그 주민들과 공통적인 가치 및 규범 속에서 행동하는 人的 集團이 필요하기 때문이다.

이러한 지방공무원제도는 지방자치제하에서 그 필요성과 존립의의가 더욱 확고해진다.

1) 地方公務員制의 特性

지방공무원제는 國家公務員制에 비하여 다음과 같은 특수성을 갖는다.

첫째, 지방공무원제는 地方的 事務를 처리하기 위한 공무원제도이다.

여기에서 지방적 사무란 해당 지역 또는 지역사회내의 공공적 사무를 말하며, 그것은 모든 지역 또는 지역사회에 획일적일 수 없는 그 지역 또는 지역사회 특유의 사무를 가리킨다.

둘째, 지방공무원제는 住民生活과 직접 관련이 있는 事務를 처리하기 위한 공무원제도이다.

이런 의미에서 지방공무원제는 一線行政을 담당하는 공무원제도이다.

셋째, 지방공무원제는 지역 또는 지역사회에 의하여 自主的으로 選任되고, 그의 부담에 의하여 報酬 기타 經費가 지급되는 공무원제도이다.

넷째, 지방공무원제는 반드시 有給職公務員制度일 것을 요하지는 않는다.

지방공무원에는 시간제(비상근)의 名譽職公務員이 다수 포함되어 있는 것이 특징이다. 지방자치제가 고도로 발달되어 있는 선진국의 경우에 그러한 예가 많다.[2)]

이상과 같이 국가공무원제에 비하여 지방공무원제는 여러 가지 특수성이 있는 반

---

2) 韓國地方行政研究院, 地方自治時代에 부응한 地方公務員制度 發展에 관한 연구(서울 : 한국지방행정연구원, 1989), pp. 268～273.

면에, 민주적 공무원제와 직업공무원제의 동시추구, 공무원의 복지와 공무의 능률성의 확보, 노동력 관리·능력개발·사기관리 등의 면에서는 국가공무원제와 공통성을 갖는다.

지방자치법은, 지방자치단체에는 법률이 정하는 바에 의하여 國家公務員을 둘 수 있다(법 §103:4)고 규정하여 혼합 배치를 인정하고 있다.

2) 地方公務員制의 趨勢

선진제국에 있어서 국가공무원제와 지방공무원제의 구별은 중요한 역사적 의의를 가진 것이었다.

정치적으로는 지방공공의 사무는 지방주민이 선출한 명예직공무원에게 맡긴다는 생각과, 행정적으로는 지방적 사무의 처리는 지방적 특수성을 고려하여 일정한 지역내의 거주자들이 담당하도록 한다는 생각과 그 실천 등이 매우 설득력 있는 이론으로 제기되었었다.

그러나 오늘날 국가공무원과 지방공무원의 성격이나 그에 대한 인사절차상의 차이는 어느 나라에서나 줄어들고 있다.

특히 지방자치제를 실시하지 않고 중앙정부의 인사정책이 지방정부에까지 큰 영향력을 미치는 나라에서는 이들의 구별은 큰 의의를 상실하였다고 보아도 과언이 아니다.[3)]

반면에 지방자치를 실시하고 있는 선진국에서는 주민과의 직접적 접촉과 대화를 기본내용으로 하는 지방행정의 중요성이 더욱 인식되어 감에 따라 지방공무원의 수가 급증하는 추세에 있다.

지방자치단체에 대한 공무원배치에 있어서도 지방공무원만을 배치하는 유형과 국가공무원을 혼합 배치하는 유형으로 나누어지는데 미국·영국·캐나다·독일은 전자의 예이고, 프랑스·이태리·스페인·대만은 후자의 예이다.

일본은 지방공무원만을 배치하는 것을 원칙으로 하되 派遣制度를 활용하여 국가공무원과 지방공무원을 상호교류배치하고 있는 점이 특징이다.

---

3) 吳錫泓,"우리나라 지방공무원제도의 발전방향", 地方行政(서울:대한지방행정공제회, 1980. 6), pp. 56~57.

2. 地方公務員制의 理念

지방공무원제의 기본이념은 민주성에 입각한 民主的 公務員制와 능률성·전문성에 입각한 職業公務員制이다.[4)]

1) 民主的 公務員制度

우리나라 헌법은 國民主權主義의 原則을 선언하고 모든 권력, 즉 공무원임명권이나 공무원이 행사하는 권력도 모두 국민에게 있음을 명백히 하고 있다(헌법 §2, §7). 이는 우리 헌법이 자유민주주의의 원리를 채택한 당연한 결과이다. 따라서 지방공무원도 주권을 가진 국민전체에 대한 봉사자이고 국민에 대하여 책임을 지는 지위에 있다.

지방공무원은 하나의 자유로운 직업인으로서 법규에 의한 그 권한에 의하여 그 권한에 속하는 정량의 업무를 처리한다. 다만 국가 또는 지방자치단체와의 관계에서 特別權力關係에 있기 때문에 기본권의 향유가 제한될 뿐이다.

또한 지방공무원도 국민의 受任者의 지위에 있기 때문에 그 신임관계를 배반하였을 때에는 국민에 대하여 책임을 진다.

지방공무원의 복무, 징계 등 신분에 관한 사항은 원칙적으로 法律로서 정하며(법 §103:3), 인사사무를 처리하는 기관은 민주적으로 구성될 것이 요청된다. 그러므로 각종 징계기관, 인사위원회, 시험위원회 등은 合議體로 구성하고 있다.

2) 職業公務員制度

우리나라 헌법은 직업공무원제도를 채택하여 공무원의 政治的 中立性, 成績主義, 身分保障 등을 명시하고 있다.

지방공무원은 그 임용에 있어서 성적주의를 토대로 하여 그 채용·시험·임용에는 시험성적·근무성적 기타 능력의 실증에 의하고 있다. 특히 지방공무원의 채용은 公開競爭試驗을 원칙으로 하며, 특별채용은 아주 엄격히 제한하고 있다.

지방공무원의 身分保障은 행정의 능률성·안전성·전문성을 확보하기 위한 절대필요조건이 된다.

---

4) 金基玉, 行政法(서울:博文閣, 1987), pp. 299~301.

지방공무원법은 헌법의 정신(동법 §7)에 따라 「공무원은 형의 선고·징계 또는 이 법에 정하는 사유에 의하지 아니하고는 그 의사에 반하여 휴직·강임 또는 면직을 당하지 아니한다(동법 §60)」라고 규정하여 신분보장을 명시하고 있다.

지방공무원의 政治活動은 禁止된다(동법 §57, §58). 지방공무원은 정당적 영향으로부터 독립하여 복잡한 행정을 능률적·전문적으로 처리하여야 하기 때문이다.

3. 地方公務員과 地方議會議員

1) 地方公務員의 政策決定參與

지방자치단체의 정책 또는 의사결정은 地方議會議員과 地方公務員의 상호작용과 영향력에 의하여 결정된다.

이들 양자의 기능과 역할에 대하여 전통적인 견해는 지방의 정책이나 주요의사결정은 지방의회의원이 하고, 그의 집행은 지방공무원이 한다고 보는 機能의 二元化理論으로 일관하여 왔으나, 최근에는 지방공무원의 전문적 지식과 실무경험이 지방의 정책과 의사결정에 주도적 역할을 한다는 견해 쪽으로 이론이 선회하고 있는 것 같다.[5)]

2) 政策決定參與의 程度

지방공무원과 지방의회의원의 관계는 획일적으로 설명될 수 있는 성질의 것이 아니고 특정정책, 지방의원과 지방공무원의 지위, 품성에 따라 사안별로 논구되어야 할 성질의 것으로 생각된다.

첫째, 지방공무원은 그들의 專門知識과 情報를 가지고 지방의원들의 정책형성, 결정을 도와주고 있다. 어떤 때에는 정책형성에 전반적으로 참여하는 경우도 있을 수 있다. 그러나 지방의원의 경우에도 그 자신의 경험과 압력단체·매스컴·당조직이 제공하는 정보를 통해서 지방공무원을 능가하는 자료를 활용하는 때가 있을 수 있기 때문에 양자의 관계를 획일적인 의존관계로 보는 것은 무리이다.

둘째, 지방정책의 事案에 따라 양자의 관계는 달라질 수 있다. 특정의 사안이 지방의회의원의 소속 정당의 정강·정책에 따라 의사결정을 하여야 하는 경우에는 지방

---

5) 최순식, 현대지방자치론(수원:상문사, 1988), p. 310.

공무원의 정책결정에의 참가는 전적으로 배제될 것이기 때문이다.

셋째, 양자의 관계는 地方議會議員의 性品(personality)에 의해서도 달라질 수 있다. 사명감이 투철하고 직무에 대한 집착력이 강한 지방의회의원은 정책형성과정에 영향력을 크게 미칠 수 있고, 의원의 의회나 당내의 지위에 따라서도 영향력에 차이가 있을 수 있다.

넷째, 지방공무원은 지방자치단체의 각종 시책을 집행하는 데 있어서 상당한 裁量權을 보유하고 있는데, 이 재량권에 의하여서도 양자의 관계가 달라질 수 있다. 즉, 지방공무원은 의회에서 결정한 시책·사업 등이 부적합하다고 생각할 때에는 이를 의도적으로 지연시키거나 추진을 소홀히 함으로써 영향력을 미칠 수 있다.

제2절 地方公務員의 法的 地位

1. 地方公務員制度의 形式과 內容

1) 地方公務員制의 法形式

우리나라 공무원제도의 법체계는 외형상 독자성을 확보하고 있는 것처럼 보인다.[6] 지방공무원법, 지방공무원임용령, 지방공무원징계 및 소청규정, 지방공무원보수규정, 지방공무원수당규정, 지방전문직공무원규정 등의 法令을 국가공무원과 별개로 제정·운용하고 있는 것이 그 예이다.

또한 지방공무원에 관한 경미한 사항은 條例와 規則으로 정할 수 있게 하고 있다. 이에 따라 지방공무원수당지급에 관한 조례, 여비조례, 복무조례, 특수업무수당지급조례, 지방별정직공무원과 고용직공무원의 임용 등에 관한 조례 등이 제정·운용되고 있고, 규칙으로서는 지방공무원의 근무규칙, 징계양정에 관한 규칙, 명예퇴직수당지급에 관한 규칙 등이 제정·운용되고 있다.

---

6) 孫在植, "지방공무원제도개선의 방향", 地方自治(서울:현대사회문제연구소, 1989. 3), pp. 30~33.

2) 地方公務員制의 實質內容

지방공무원의 法令體系는 국가공무원과 별개로 제정·운용되고 있으나, 그 실질내용에 있어서는 국가공무원제와 통일되어 있거나 지방자치단체의 자율성이 미흡한 상태에 있다.

즉, 중앙과 지방의 일원화된 직급구조와 보수체계, 그리고 지방공무원의 직급 및 정원에 대한 강력한 중앙통제와 지방공무원제도에 관한 결정권한의 중앙집중 또는 지방자치단체의 협소한 자치입법권 등을 들 수 있다.

이 밖에도 지방자치단체 내에서의 국가공무원의 혼재와 각시·도 과장급이상 직에의 국가공무원배치, 지방공무원연금의 국가공무원연금과의 통합관리와 중앙 및 지방의 공무원임용 및 승진시험제도의 획일화 등도 중요한 사례가 된다.

특히 지방공무원의 보수·직급·정원 등을 대통령령으로 정하고 있거나 당해 자치단체의 규칙으로 정하되 국가기관의 승인을 받게 하거나 내무부령이 정하는 기준에 따르도록 하고 있어, 당해 자치단체가 자주적으로 결정할 수 있는 범위는 매우 협소한 상태에 있다.

2. 地方公務員의 槪念과 範圍

1) 地方公務員의 槪念

지방공무원의 개념과 범위는 이론과 실제가 다양하여 단순하게 정의하기는 어려운 문제이다.

우리나라에서 통상적인 인식은 國家公務員은 국가에 의해서 임명되고 국가의 사무를 집행하는데 비하여, 地方公務員은 지방자치단체에 의하여 임명되고 지방자치단체의 사무를 집행한다고 하는 임명주체와 사무의 귀속을 구별근거로 삼는 이론에 입각하고 있는 것 같다.

그러나 지방공무원 중에는 선거에 의하여 보임되는 경우도 있고, 국가공무원이 지방자치단체의 사무를, 지방공무원이 국가의 사무를 집행하는 경우도 있기 때문에 이러한 구별은 적합치 않다고 보여진다.

지방공무원과 국가공무원의 구별은 근무의무를 지닌 행정주체와 보수부담주체의 여하에 따라 종합적으로 판단하는 것이 합리적이다.

國家公務員은 국가에 대하여 근무의무를 지고 국가로부터 보수를 받으며 국가공무원법의 적용을 받는 공무원인데 비하여, 地方公務員은 지방자치단체에 대하여 근무의무를 지고 지방자치단체로부터 보수를 받으며 지방공무원법의 적용을 받는 공무원을 말한다.7)

2) 地方公務員의 範圍

지방공무원은 經歷職公務員과 特殊經歷職公務員으로 나누인다(지방공무원법 §2).

(1) 經歷職 地方公務員

실적과 자격에 의하여 임명되고 그 신분이 보장되는 공무원으로서, 一般職公務員, 特定職公務員, 技術職公務員 등이 여기의 범주에 속한다.

① **일반직지방공무원** : 기술 · 연구 또는 행정일반에 관한 업무를 담당하는 공무원을 말하는데, 이들은 다시 직군 · 직열별로 세분된다.

② **특정직지방공무원** : 지방소방공무원과 기타 특수분야의 업무를 담당하는 공무원으로서 법률에 의하여 특정직공무원으로 지정된 공무원이다.

③ **기술직지방공무원** : 기능적인 업무를 담당하는 공무원으로서, 이들은 다시 그 담당하는 기능에 따라 여러 가지로 구분된다.

(2) 特殊經歷職 地方公務員

경력직지방공무원 이외의 지방공무원으로서, 여기에는 다음과 같은 공무원이 포함된다.

① **정무직지방공무원** : 선거에 의하여 취임하거나, 그 임명에 있어서 지방의회의 동의를 요하는 공무원 또는 법률에 의하여 정무직으로 지정된 공무원이다.

② **별정직지방공무원** : 비서관, 비서, 기타 법령에 의하여 별정직으로 지정된 공무원 등이다.

③ **계약직 공무원** : 지방자치단체와의 채용계약에 의하여 일정기간 동안 전문지식 · 기술이 요구되거나 임용에 있어서 신축성 등이 요구되는 업무에 종사하는 공무원

④ **전문직지방공무원** : 지방자치단체와의 채용계약에 의하여 일정한 기간 연구 또는 기술업무에 종사하는 과학자 · 기술자 및 특수분야의 전문가 등이다.

---

7) 金基玉, 전게서, p. 435.

⑤ **고용직지방공무원** : 단순한 노무에 종사하는 공무원을 일컫는다.

3. 地方公務員의 權利와 義務

1) 地方公務員의 權利

지방공무원은 그의 법적 지위에서 유래되는 權利·義務·責任이 부여된다.

지방공무원은 그 身分上의 權利로서 신분 및 직위보유권(지방공무원법 §60), 직무집행권, 제복·제모착용권, 행정쟁송권 등이 보장되고, 財産上의 權利로서 봉급·수당·보상·연금·실비변상 등을 수령할 권리가 보장된다.

2) 地方公務員의 義務

지방공무원은 공익과 주민복지를 위하여 定量無限定의 勤務義務를 지며, 이에 의하여 직무전념의무(동법 §48, §50, §56), 복종의무(동법 §69), 친절공정의무(동법 §51), 법령준수의무(동법 §48) 등을 지며, 신분상의 의무로서 비밀보장의무(동법 §51), 품위유지의무(동법 §53), 영예 등의 제한(동법 §54), 정치운동 및 집단행동금지(동법 §57, §58) 등의 의무를 진다.

3) 地方公務員의 責任

지방공무원은 그 의무에 위반하였기 때문에 법률상 제재를 받거나 또는 법률상 불리한 결과를 받을 지위에 서게 되는데, 이에 의하여 懲戒責任, 國家에 대한 辨償責任, 刑事責任, 民事上의 損害賠償責任을 진다.

제 3 절 地方公務員制度의 發展方向

1. 發展模型의 設定

1) 自律性과 專門性 確保

지방자치시대의 지방공무원제도는 독자적인 인사관리체제를 갖추는 것이 가장 기본이 된다고 할 수 있으므로 지방자치단체내의 국가공무원의 배치를 정비하는 등의 自律性 確保가 먼저 이루어져야 하며, 다양한 지방행정수요에 적응해야 할 專門性 確保의 필요성에서 직위분류제도의 개편, 채용 및 승진인사관리의 합리화, 그리고 전보 및 연수제도의 개선 등이 이루어져야 한다.

2) 發展模型의 定立

이러한 당위성과 필요성을 충족시키기 위한 지방공무원제도의 발전모형은 다음과 같이 [그림 7-1] 설정할 수 있을 것이다.8)

[그림 7-1] 지방공무원제도의 발전모형

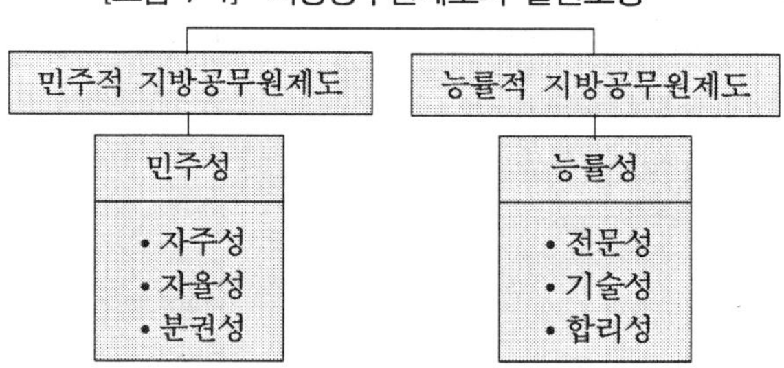

지방공무원제도의 발전방향을 기본원리의 설정이라는 측면에서 보면,

첫째, 지방공무원제도는 民主性의 기초위에 정립되어야 한다. 여기서 민주성이라 함은 行政過程의 民主化를 의미한다.

8) 한국지방행정연구원, 전게서, p. 33.

지방공무원은 대외적으로 주민전체에 대한 봉사자이므로 주민의 의사를 행정에 반영하여 주민전체의 이익을 실현하는 管理의 人間化를 추구하여야 한다.

따라서 지방공무원제도는 그 동안 국가공무원제도의 부수적인 제도에서 탈피한 자주적인 제도이어야 하고, 분권화에 따라 과대해진 결정권의 행사와 집행권을 자주적으로 수행하는 자율적인 제도이어야 하며, 지역주민의 수요를 최대한 충족시킬 수 있는 분권성 있는 제도로 발전하여야 한다.

둘째, 지방공무원제도는 能率性을 확보하여야 한다.

능률성을 확보하여야 한다는 것은 민주적인 지방공무원제도 아래에서 지방공무원이 그 직무에 필요한 지식·기술·경험을 터득케 하고, 士氣와 能率로서 그 직무를 수행할 수 있도록 지방인사행정제도가 생산적·합리적인 것이어야 한다는 것이다.

따라서 지방공무원제도는 자율성이 확보되도록 인사행정관리체계가 확립되어야 하고, 지방인사행정의 경제적 운영을 도모할 수 있도록 운영상의 합리화가 이룩되어야 한다.

2. 發展方案의 具體化

지방공무원제도의 발전방안을 현실적용에 가능하도록 구체화하려면 법령의 개정 또는 운영방안의 개선 등의 절차를 필요로 하므로 여기에서는 發展方案의 代案을 제시하고자 한다.

1) 國家公務員의 限定的 配置

현행 지방자치법에서도 지방자치단체에 지방공무원과 국가공무원의 혼합배치를 인정하고(법 §103:4) 있는데, 이는 지방자치단체의 人事의 二元化에서 오는 인사운영의 공정성과 자율성을 침해해온 종래의 인사방식의 답습으로 보여진다. 따라서 지방자치단체에 근무하는 공무원은 원칙적으로 지방공무원으로 하도록 법개정을 추진하고, 국가공무원의 배치는 기술직 등 국가적 경험교류가 필요한 분야에 한하여 파견하도록 제도개선을 하여야 할 것이다.

2) 人事委員會의 合理化

지방자치단체장을 주민이 직접 선출하게 되면 인사면에서 정실인사 등 선거와 관련된 선심행정이 보편화되어 직업공무원제가 기저부터 흔들릴 우려가 있다. 따라서 앞으로 지방자치단체의 인사위원회의 구성, 권한확대 등 기능을 보강하여 명실공히 지방공무원의 권익을 보호하는 合議制機關으로 제도화하여야 할 것이다.

3) 實質的 行政權限의 配分

지방자치단체의 부단체장 등 補助機關의 권한 및 역할을 강화하여 지방행정의 실질적 책임자로서의 지위를 보장하여야 할 것이다. 선거에 의하여 당선되는 장은 대부분이 행정에 경험이 없는 素人群일 가능성이 많으므로 이들에게는 儀典的인 代表權만을 인정하고, 지방행정의 인사·예산·감사 등 실질적 권한은 부단체장 또는 보조기관의 전결사항으로 권한을 배분하는 것이 바람직하다고 본다.

4) 人事交流方式의 合理化

지방자치단체상호간 또는 지방자치단체와 국가간의 合理的인 人事交流方式을 강구하여야 한다.

지방자치권이 확대되면 지방자치단체의 인사권이 강화되어 상호간의 인사교류가 어렵게 될 것이고, 이로 인하여 업무의 정체와 비능률이 노정될 우려가 있기 때문이다.

5) 人間的인 人事管理

Y이론적 인간관에 입각한 인사관리가 행하여져야 한다.

지방공무원의 인사관리에 있어서는 인간을 창조적·자기규제적·성장지향적·자아실현적 존재로 보는 Y이론[9]에 입각하여 지방공무원의 人間性을 존중하고 自律性을 최대화하여 사기를 진작시켜 나가야 할 것이다.

---

9) Douglas McGregor, *The Human Side of Enterprise*(New york:McGraw Hill 1966), p. 33.

제 4 절 地方職業公務員制의 確立

지방자치시대에서의 지방행정의 최대 취약점은 전문화의 미흡에 있다. 산업화의 진행, 도시화의 진전, 행정수요의 변화, 사회의 다원화, 교육수준과 주민의식수준의 향상 등은 지방행정에 대한 기대를 상승시키게 되므로 지방행정의 專門化는 불가피하다.10)

지방행정의 전문화는 지방행정체제에 영향을 미친다.

지방행정에서의 전문화가 미흡한 경우에는 사무능률이 저하되고, 행정의 생산성이 낮아지며, 비과학적인 결정과 집행으로 행정의 시행착오를 가져올 뿐 아니라, 지방공무원의 불신에 따른 중앙통제가 강화되어 지방자치사무를 국가가 대행하게 되는 가능성을 배제할 수 없고, 지방공무원 개개인이 전문인으로서 능력발전을 기대하기 어렵게 되는 결과를 자아내게 될 것이다.

반대로 지방행정에 있어서 지방공무원이 전문적 지식이나 기술을 갖추었을 경우에는 지방행정의 능률이 향상되고, 시행착오가 방지되고, 사무이양이 용이하며, 중앙통제의 완화 및 특별지방행정관서증설억제, 지방공무원의 능력발전 추진 및 신분보장의 강화 등으로 표출된다.

따라서 지방자치제하에서 직업공무원제도의 확립은 地方行政의 專門性 提高라는 차원에서 그 방안이 모색되어야 한다. 즉, 지방행정의 전문성을 추구하면서 지방공무원의 사기를 높여 지방공무원이 직무에 긍지를 가지고 평생 공직에서 근무할 수 있도록 하는 것이다. 그러므로 여기에서는 직업공무원제 확립을 위해 지방공직분류의 재편성과 그러한 구조 하에서 공무원이 자기분야에서만 전보되고 승진될 수 있는 새로운 체제를 모색하고자 한다.

---

10) 한국지방행정연구원, 앞의 책(서울:1989), pp. 66~71.

1. 公職分類構造의 改編

1) 公職分類의 評價와 改編方案

(1) 公職分類制의 문제점

지방공직의 분류구조는 일반직의 경우 현재 10직군, 28직열, 47직류로 되어 있다. 이 중 行政職群은 5개의 직열로 되어 있으나 가장 많은 공무원을 보유하고 있다. 1992년 1월 기준 일반직 지방공무원 109,188명 가운데 행정직은 49,969명으로 전체의 45.4%를 차지하고 있고, 그리고 농업직 3,728명, 임업직 2,816명, 행정·농업직 20,362명, 보건직 5,745명, 보건·간호직 1,183명, 토목직 7,491명, 건축직 2,060명, 지적직 1,821명 기타 14,013명으로 구성되어 있다.

이와 관련한 지방공직분류제도의 문제점을 기술하면 다음과 같다.

첫째, 현행 직위분류가 정확한 직무조사와 분석·평가를 거쳐 이루어진 것이 아니기 때문에 직무의 실제적 요청에 맞는 단계설정도 되어 있지 않다. 그 결과 직위분류제를 전통적으로 채택하고 있는 국가에 비하여 우리나라의 공직의 전문성 정도는 매우 낮다.

둘째, 행정직군은 5개의 직열로 되어 있어 분화가 단순하다. 더욱이 5개 직열중 세무·운수직열은 실제로 인력의 배분이 되어 있지 않고, 사서·전산직열도 소수이다. 세분화되어 있는 기술 및 연구분야의 직열에 비하면 행정직군의 분화는 매우 단순하다.

셋째, 행정직열의 포괄범위가 너무 크다. 행정직열은 이에 속한 공무원 수가 전지방공무원(일반직)의 45.4%를 차지하고 있을 뿐만 아니라 포괄영역도 광대하다. 행정직열이 포괄하는 영역은 인사, 일반행정관리, 환경보존, 회계, 법무, 통계, 경제행정, 자원행정, 도시행정 등을 예시할 수 있는데, 이들 영역들은 사실상 전문영역이기 때문에 직열의 분화가 요구된다.[11)]

넷째, 직열별 계급배치가 불균형하다. 직열별 직급설정이 직무의 전문성이나 인력운용상의 필요에 의해서 정해진 것이 아니기 때문에 세무·운수직열의 경우 6급 이하에만 배치되고, 공업직군의 5개 직열, 통신직군의 3개 직열, 시설직군의 3개 직열의 경우 4급 이상에서 각각 하나의 직열로 통합된다.

---

11) 吳錫泓,"韓國政府의 職位分類", 金雲泰外, 韓國政治行政의 體系(서울:博英社, 984), p. 213.

다섯째, 직열형성에서 독자적인 전문성을 가진 지역경제부문이나 도시관리부문들은 새로운 지방행정환경의 변화에 적응하기 위해 직열의 신설이 요구되는데도 아직 설정하지 못하고 있다.

여섯째, 현행 道의 기능을 기구중심으로 지방공직분류구조와 연계시키면 감사, 통계, 문화공보, 회계, 가정복지, 지역경제, 관광, 민방위, 비상대책 등의 기능을 담당할 전문영역이 없어 지방공무원의 직위분류가 지방행정 기구의 변화에 적절히 대응하지 못하고 있다.

(2) 公職分類制의 改善方向

위의 문제점에 의하면, 階級制를 근간으로 하고 있는 공직분류의 전통으로 인하여 직군 및 직열이 세분화되어 있지 않아 지방행정의 전문화에 부응하지 못하고 있다. 더욱이 직위분류제의 기반이 약함으로써 전문인력의 확보가 어려움은 물론 인사의 경직성 또한 야기되고 있다. 따라서 전문화의 요청에 부응하고, 지방행정환경변화에 적절히 대응할 수 있도록 專門性 위주의 인사관리를 전제로 한 직위분류제도의 개선이 있어야 한다.

專門性 提高에 부응한 職位分類制의 개편을 검토함에 있어서 중요한 것은 현행 직열구조의 개편 폭을 어떻게 할 것인가 하는 점이다.

① 우선 현재의 직열구조를 세분화하여 그 수를 늘리는 안, ② 현재 직열 수를 유지하면서 일부 문제가 되는 직열을 조정하는 안, ③ 현 직열을 통합하여 축소하는 안이 있을 수 있다. 두 번째 안이 오랜 계급제적 전통에 익숙해 온 우리에게 비교적 안정적인 대안이지만 지방자치시대에 대비하는 차원에서 보면 첫 번째 안도 좋은 안이다. 따라서 첫째 안과 둘째 안을 혼합한 형태가 바람직하다. 이하에서는 혼합된 안에 입각하여 일반직만을 중심으로 그 구체적인 방안을 모색하고자 한다.

한편 직위분류를 세분화함에 있어서는 다음과 같은 점에 유념하여야 한다.

첫째, 지방자치행정에 적합한 분류제도를 시행하려면 중앙정부의 분류제도를 참고로 하되 급변하는 환경변화에 대응할 수 있어야 한다.

둘째, 지역실정과 지방행정조직에 부응할 수 있는 조직분류가 되어야 하기 때문에 행정직 중심의 분류제도에서 벗어나 이를 좀더 분화시켜야 하고, 기술직도 도시화·산업화 추세에 대처하도록 연관직위를 증설하여야 한다.

셋째, 지방행정기능의 전문적 수행을 위한 직위분류가 되기 위해서는 지방행정기구와 연계되어야 한다.

2) 職種의 新設

현행의 지방공무원법 제2조는 지방공무원을 經歷職과 特殊經歷職으로만 구분하고 있다. 그러나 지방행정수요의 변화추세에 비추어 볼 때 각종 후생복지시설에서의 자원봉사나 주민선도·상담 등 주민의 행정참여가 증대할 것으로 예상되므로 名譽職公務員을 신설하여 지방공무원을 경력직과 특수경력직 그리고 명예직으로 3대분하는 것이 바람직하다. 이것은 非常勤公務員의 임명근거를 마련함으로써, 다양한 행정수요에 능동적으로 대처함은 물론 주민들이 보람과 긍지를 갖고 행정에 참여할 수 있도록 한다는 면에서도 반드시 추진되어야 할 사항이다.

명예직공무원은 다시 행정지원직·자원봉사직·상담직공무원으로 구분한다. 먼저 行政支援職公務員은 특정분야자문·주민선도·행정홍보를, 自願奉仕職公務員은 사회복지시설 봉사·공공시설 관리를, 相談職公務員은 청소년상담·부녀상담·노인상담·건강상담을 주요 업무로 하게 하는 것이 바람직하다.[12)]

3) 職位分類의 再調整

(1) 行政職群의 細分化

첫째, 지방행정의 전문성 향상 측면에서는 地方行政機構와 地方公職分類構造가 대등하게 되어 모든 부문이 전문직열이 되는 것이 바람직하지만 지나치게 많은 직열의 설치가 행정의 비능률을 초래한다고 볼 때, ① 행정직군내에서 수용할 수 있는 문화공보직열, 감사직열, 통계직열을 신설하고, ② 사회직열을 신설하되 그 직류는 사회·노정직류로 두는 것이 바람직하다.

둘째, 행정직열 내의 4개직류(일반행정·법무·재경·교육) 중 법무직류, 재경직류, 그리고 교육직류를 직열로 전환시키는 것이다. 여기서 재경직열의 신설은 현행 세무직열을 세무직류로 흡수하여 세무직류, 재무직류, 회계직류, 지역경제직류로 4분하는 것이다. 여기서 세무직열의 세무직류화는 현재 실제적으로 운영이 되고 있지 않기 때문이기도 하다.

셋째, 행정직군내 사서직열과 전산직열은 그대로 두고 운수직열은 실제로 운영되고 있지 않으므로 이를 삭제하는 것이 바람직하다.

이렇게 보면, 행정직군은 ① 일반행정직열, ② 법무행정직열, ③ 재무직열, ④ 교육

---

12) 非常勤制度에 관한 자세한 內譯은 韓國地方行政硏究院, 前揭書, pp. 268~306 참조.

직열, ⑤ 사서직열, ⑥ 전산직열, ⑦ 사회직열, ⑧ 문화공보직열, ⑨ 통계행정직열, ⑩ 감사행정직열로 세분화될 것이다.

(2) 技術系 職群의 細分化

새로운 행정수요의 증대나 전문화의 수준이 높아지고 있는 기술계의 직열을 세분화하는 경우 보건직군 내 환경직열을 분리시켜 환경직군으로 하되 환경직열을 분리시켜 환경직열(환경관리직류, 환경계획직류)과 도시 및 지역계획직열을 신설하는 것이다.

(3) 行政·技術複數職의 整備

현재 행정직과 기술직의 복수직을 인정함으로써 행정직이 기술분야를 담당하고 있다. 각급 지방자치단체중 비교적 전문지식이 강조되는 道 본청의 경우 농업, 축산, 보건, 환경, 전산, 임업, 토목, 건축 등의 분야에서 복수직제도가 이루어지고 있다.

4) 職列別 職級構造의 合理化

직열제 직급배분은 위에서 지적한 바와 같이 불균형한 데 그것은 각 직열 속에 포함되어 있는 직위들의 직책이 신중히 평가되어 이에 알맞는 직급을 부여하지 않았기 때문이며, 특히 과거에 경시되었던 직책중 산업화·도시화에 따라 평가를 재조정해야 할 직위들이 많아졌기 때문이다. 예를 들면 사서직, 전산직 및 많은 기술계 직위들이 그러하다. 따라서 이들을 재평가하는 데 있어서 이들 직위에 대한 인습적인 편견을 지양하고 이들이 포함하고 있는 직책의 비중 및 이들이 행정성과의 향상 및 국가발전에 공헌하는 정도나 가능성이 고려되어야 한다.

현재 職位分類構造상 1급까지 定級된 직열은 행정직열이고, 2급까지 정급된 것은 기계직열 외 8개 직열, 5급까지 정급된 것은 사서직열 외 12개 직열, 6급까지 정급된 것은 세무·운수직열 등이다. 이상의 현황 속에서 행정직열 외에 나머지 직열들이 1급까지 정급되는 것은 어려운 일이지만 중간관리층이나 고급관리층의 직무를 수행할 수 있을 정도로 독립된 직열을 유지하는데 충분하다면 상위직급까지 정급하는 것이 바람직하다.

이렇게 상급까지 정급되는 것이 바람직한 것으로 보이는 직열은 현재 5급과 6급까지 정급된 직열과 새롭게 신설될 직열들로서 3급까지 상향시키는 것이 바람직하다.

5) 公職分類의 實效性 提高

공직분류의 개편안들이 실효성을 거두려면 우선 직열상호간의 승진속도의 차이, 그리고 행정직과 기술직간의 차이 또는 직군내의 직열간의 차이는 보완해야만 한다. 그 방법은 轉職試驗을 완화하거나 報酬면에서의 격차를 축소시키는 것 등이다. 그러나 후자는 실효성이 전자보다 못하기 때문에 전자에 대하여 연구가 있어야 한다.

현재 轉職試驗은 지방공무원임용령 제28조제1항3호에 규정되어 있고 동령 제29조제5항(3급 이상의 공무원을 동일직군의 다른 직열공무원으로 전직시키는 경우)에 의거 전직시험을 면제시켜 줄 수 있다. 그런데 전산직열의 5급 공무원은 상위직급이 없는 바, 이 공무원이 승진임용됨에 있어서는 전산직 4급이 아닌 행정직열 4급으로 승진되어야 하며 동시에 시험을 거쳐야만 한다. 따라서 이 공무원은 승진이 잘되고 높은 직급까지 오를 수 있는 타직열의 공무원보다 士氣가 저하되므로 조직관리상의 어려움을 초래할 수 있다.

결국 공무원임용령 제29조제5항의 규정 이외에 더 이상의 상위직급이 없어 승진이 안되는 직열에 한해서 동일직군내의 타직열로 전직할 때 승진임용에 한하여 전직시험을 면제해 주는 조항을 추가시키는 것이 바람직하다. 다만, 이 경우 승진예정상위직이 담당하고 있는 직무에 관해서 일정한 기간 특별연수를 받아야 할 필요가 있을 것이다.

2. 轉補·昇進人事의 管理改善

1) 轉補・昇進人事管理의 評價 및 改善方向

(1) 轉補·昇進人事管理의 評價

① 단기간의 轉補[13)]

轉補는 지방공무원의 시야를 넓히고 능력폭을 확대하는 동시에 동일부서에서의 장기근무로 인한 침체와 사기저하를 막는데 큰 도움이 된다. 뿐만 아니라 전보는 폭넓은 직무수행경험을 필요로 하는 고위직에 임용되는데 필수적인 중요한 과정이 되기도 한다. 그러나 이와 같은 좋은 기능을 가진 轉補도 지나치게 빈번하게 행하여진다

13) 한국지방행정연구원, 앞의 책 pp. 101~102.

든가 개개직무의 특성을 고려함이 없이 획일적으로 행하여지면 행정의 전문화를 저해하고 행정능률을 저하시킬 뿐만 아니라 행정의 불안정을 초래하기 쉽다. 따라서 전보는 그 順機能을 최대화하고 예상되는 逆機能을 최소화하도록 행해져야 한다. 그러나 지금까지의 지방인사운영상황을 개관하면 대체로 전보는 적정선 이상으로 과도하게 빈번히 이루어져 왔던 것으로 지적된다.

지방공무원임용령은 轉補制限期間을 1년으로 한정하고, 다만 예외적으로 통계·호적·주민등록업무종사공무원과 민원업무담당공무원은 1년 6개월, 감사 또는 병사업무담당공무원은 2년으로 정하고 있으므로 전문화에 필요한 동일직무근속기간이 제도적 측면에서 보아도 매우 미흡하다고 하지 않을 수 없다.

선진국의 지방공무원들은 동일 직무분야에 4~5년 이상 근속하는 경우가 많고 심지어는 동일 국장 또는 과장직에 10~20년 이상 근속하는 사례도 적지 않은 것을 볼 때 우리나라의 전보제한기간은 전문화와 능률화를 기한다는 견지에서 적정기간이라고 말할 수는 없을 것이다.

轉補가 빈번하게 행해지는 요인은 여러 가지가 있을 것이나 전문화에 대한 경시, 몇 단계의 수평적 이동을 거쳐야 승진시키는 오랜 인사관행과 이로 인한 보다 나은 직위에로의 전보를 갈구하는 공무원들의 성향, 일부인사권자의 인사이동선호경향 등이 그 주요한 요인으로서 작용해 왔다고 생각한다.

官界의 통념상 閑職에서 준한직, 준한직에서 準要職, 준요직에서 要職, 요직에서 上級要職으로의 승진 등 일련의 전보 및 승진의 일반화된 코스의 답습은 동일직위에서의 근무기간을 짧게 하지 않을 수 없는 것이다. 그 결과 한 직위에 보임된 초기에는 당해 직무에 미숙한 상태로 근무하다가 숙달될 만한 상태에 도달하면 다시 다음 직위로 이동되는 현상이 발생하는 경우가 많아 전체적 능률을 크게 저하시킬 가능성이 많다.

② 行政職으로의 轉職性向

직종별 계급구조의 불균형이야말로 우수한 인재의 고른 확보를 곤란케 하며, 인사면에서 상대적으로 유리한 행정직이나 타직종으로의 전직을 희망케 함으로써 지방공무원의 전문성 제고를 약화시키고 있다. 이로 인하여 지방행정의 전문성 향상이 곤란하게 되고 사기 또한 낮을 수밖에 없는 실정이다.

③ 多段階 水平移動

승진임용에 있어서 지방자치단체내의 여러 직위를, 다시 말하면 초임직위→중견직위→승진예정직위를 거쳐야만 승진이 되는 것이 관례이다. 이는 지방자치시대가 추구하는 專門行政人의 育成이라는 측면에서 보면 우선적으로 해결하여야 할 과제이다.

지방공무원은 모두 綜合行政家(generalist)가 될 수 없고 모두 專門行政家(specialist)가 될 수도 없는 바, 특히 기술계 specialist의 육성이 요구되는 직위로의 승진에 있어서는 초임→중견→승진예정직위로의 전보와 같은 수평적 이동을 거치게 하는 것보다는 그러한 직위와 관련된 일정분야에서의 근무만을 하게 하는 전보가 보다 바람직하다. 이러한 차원에서 보면 수평적 이동에 의해 승진이 되는 관행은 전문행정인 육성을 통한 지방행정의 전문화 요청에 부응하지 못하는 것으로 생각된다.

결국 다단계 수평이동 후 승진이 되는 인사관행은 동일직급내의 직위들에 대해서도 여러 단계로 비중차를 두어 평가하는 의식과 동일직위에 장기간 근무하는 것보다 승진에 다소간 더 유리한 타직위로 이동하는 것을 바라는 경향 등에 기초하는 것으로 볼 수 있다. 이러한 의식과 경향이 존재하는 한 전문화를 통한 직업공무원제 확립은 어렵다고 할 수 있다.

(2) **轉補·昇進人事**의 개선방향

이상에서 논의된 전보·승진인사상의 문제점들은 지방행정의 전문화라는 시각에서 볼 때 그 저해요인이 되는 것들임이 분명하다. 이러한 문제점을 지적하지 않을 수 없는 것은 현대 고도산업사회에 있어서 지방행정을 보다 전문화·고도화하여 주민들의 기대에 충실히 부응해야 하기 때문이며, 특히 이것은 무엇보다도 전보·승진인사를 합리적으로 관리하지 않으면 안되기 때문이다.

결국 지방행정의 전문화를 이룩하여 직업공무원제를 확립하기 위해서는 專門化를 촉진하는 轉補·昇進人事가 되어야 하고 計劃的·體系的인 轉補·昇進人事가 되어야 한다는 것이다. 다시 말하면 지적·기술적 능력에 있어서는 동종의 민간부문업무종사자들에게 크게 뒤지지 않고, 전문적 능력에 있어서는 중앙정부의 신뢰를 받는 지방공무원상을 형성하여야 하고, 고도화된 행정수요에의 대응능력에 있어서 주민들의 존경을 받는 지방공무원이 되도록 하는 전보·승진인사가 되어야 한다는 것이다. 이러한 규범적 결론을 해결하기 위해서는 전문가의 양성을 위한 노력과 전보·승진이 일정분야, 특히 공직분류제도와 연관되어 이루어지도록 하는 노력이 중요하다.

2) 分野別 轉補·昇進體制의 構築

젊고 유능한 인재가 공직에 들어와서 높은 직위까지 올라가 그의 꿈을 실현함으로써 공직을 천직으로 생각하도록 하는 職業公務員制를 확립하기 위하여는 앞에서 시론적으로 제시한 공직분류구조와 연계되어서 수직적으로 전보·승진되는 것이 가장 바람직하다. 즉, 지방공무원이 자기분야에서 전보 및 승진이 되어 상직위까지 상승할 수 있는 수직적인 체제관리가 필요하다.

그런데 문제는 모든 지방공무원이 종합행정가라고 할 수 있는 지방자치단체의 장이나 부단체장까지 올라갈 수 없다는 것이다. 지금도 대부분의 지방공무원이 이와 같은 직위까지 올라가지 못하고 퇴직하고 있으며, 더욱이 장의 공선이 실현되면 직업공무원으로서 승진할 수 있는 폭이 더 좁아질 것이기 때문에 종합행정가의 직은 더욱 한정될 것이라는 점이다.

따라서 이러한 문제점을 극복하여 상위직위까지 분야별로 전보·승진하기 위한 基本視角을 다음과 같이 규정하고자 한다.

첫째, 전보·승진의 영역을 구분하기 위하여 지방공무원을 분야별 전문가와 종합행정가로 구분하는 것이다.

둘째, 전보에 있어서 제한기간을 늘리고 직위마다 달리 전보기간을 부여하는 것이다.

셋째, 다단계로 전보된 후 승진이 되는 구도를 제거하는 것이다.

이하에서는 이들 3가지 기본시각을 구체화하여 분야별 전보·승진체제를 구축하는 안을 제시해 본다.

(1) 綜合行政人과 分野別 專門行政人의 區分管理

종합행정인과 전문행정인을 구분하여 관리하기 위해 우선적으로 해결해야 할 것으로는 지금까지의 인사관행을 탈피하면서 예비종합행정인을 필요이상으로 양산하는 것과 같은 전보인사를 지양하고 오히려 직능별로 절실하게 요구되는 專門職業行政人을 고루 양성할 수 있게 전보 및 승진인사를 해야 한다.

다음으로 당해 공무원의 교육적 배경과 소질 및 적성 등을 예의 관찰하여 종합행정가, 즉 generalist로 육성해야 할 사람과 일정분야의 기능적 전문행정가, 즉 specialist로 육성해야 할 사람을 명확히 구분하는 것이 중요하다. 그리고 綜合行政家로 양성할 자에 대해서는 종합기획·예산총괄, 인사관리, 감사, 시·군·구행정감독, 재무, 개발행정총괄 등 업무를 고루 경험할 수 있게 전보 및 승진인사를 하고, 專門行政家에 대해서는 동종 또는 유사업무를 담당하는 본청과 현업기관의 수개부서를 일정한 순기로 순환근무케 하는 전보인사가 좋을 것이다.

(2) 轉補制限期間의 延長과 細分化

지방자치의 실시로 인한 지방행정의 전문성, 능률성, 경제성의 요청이라든지 개인의 경력발전 및 종합행정가 양성의 필요성과 연계시키려면 현행의 전보기간은 더 연장되어야 한다.

첫째, 지방공무원의 係內移動은 제한기간을 적용하지 말고, 계장급의 관련타과의 계간이동은 전보제한기간을 준수해야 하되 동일과내의 계간이동을 전자보다 단축하는 것이다.

둘째, 전보제한기간을 연장함에 있어서 개개직종에 따라서 또한 이동직위상호간의 유사성에 따라서 그 장단을 달리할 수 있게 개별적으로 세분획정하는 것이 바람직하다. 다만, 이 轉補制限期間을 너무 일률적으로 적용하면 현실적으로 어려움이 있을 것이므로 부득이한 경우, 예컨대 승진 · 전출 · 퇴직 등으로 공석이 발생하였을 때 그 대상자가 한정이 될 경우 전보제한기간 내라도 전보할 수 있다는 例外規定을 두어 어느 정도 융통성 있게 적용할 필요가 있을 것이다. 그러나 이와 같은 경우라도 당해 공석이 하위직에 適材가 있으면 수직적으로 승진임용하여 이를 메울 수 있다는 점을 유의하여 어디까지나 특별예외의 경우에만 이 규정을 적용하도록 하여야 할 것이다.

이상과 같이 전보제한기간을 연장하고 그 직종에 따라서 세분하여 획정하게 되면 장차 한 직위에서 수행한 근무실적을 양과 질에서 평가하는 것이 가능하고, 수행했던 업무의 전문적 지식 등을 고려할 수 있어 실적에 의한 전보를 위한 평가자료를 객관적으로 확보할 수 있는 장점이 있다.

(3) 垂直的 昇進人事의 確行

빈번한 인사이동을 줄이고 동일부서근무기간을 늘려서 지방행정의 전문화를 통한 직업공무원제를 확립하기 위하여는 동일직급이라도 요직이라고 평가되는 부서를 반드시 거쳐야 하는 승진관행을 없애야 한다. 즉, 동일 국단위 내에서 또는 동일 과내에서 수직적으로 승진하는 제도가 바람직하다. 한편 이상의 수직적 승진제도를 정착시키기 위해서는 일본의 경우처럼 "補"제도 도입이 고려되어야 한다. 즉, 동일 부서 내에서 국장←국장보←과장←과장보←계장←계장보←계원의 구조 하에서 승진이 이루어지도록 하는 것이다.

3. 處遇改善方案

1) 적정한 報酬體系의 確立

종합행정인 및 전문행정인을 구분하여 垂直的인 昇進과 分野別 轉補體制를 확립하려면 직무와 관련한 처우개선이 뒤따라야 한다. 그 이유는,

첫째, 직위분류구조하에서 직급배분이 불균등하게 이루어져 있어 행정직 이외의 타직의 승진에 한계가 있다는 점,

둘째, 전문행정인제도의 도입에 있어서 綜合行政人은 최상의 직위까지 오르고 행정의 전반을 경험할 수 있는 장점을 가진 반면에 專門行政人은 그러하지 못하므로 인해 야기되는 사기의 저하가 있을 수 있다는 점,

셋째, 수직적 승진체제를 구축하기 위해 "補"제도를 고려함으로써 "보"와 동일직급의 장간의 차이가 필요하다는 점으로 설명할 수 있다.

결국 이 세 가지 요인은 지방공무원의 직무의 질과 양을 설명해 줄 수 있는 것으로서 이와 관련하여 專門行政人을 육성하기 위해서는 이들 요인 중 差等化되는 요인에 대한 보완이 절대적으로 요구된다는 점이 중요하다. 이것이 해결되면 지방행정의 전문화를 통한 職業公務員制를 안정적으로 확립할 수 있을 것이다.

2) 手當의 調整

직종·직위·담당업무의 질과 양을 고려한 수당조정방안으로 제시할 수 있는 것은 다음과 같다.

첫째, 지방공무원수당규정 제14조에 규정된 특수업무수당(특수행정분야, 기술분야, 교육 및 연구분야, 특수정비취급분야)중 특수행정분야에서 현재 지급되고 있는 민원업무·전산업무·사서·읍면동근무수당과 기술직수당이외에 民防衛業務手當, 會計業務手當 등을 신설한다.

둘째, 지방자치단체내에 행정효과, 즉 경제효과·사회효과·관리효과의 평가제를 도입하여 전문분야의 기술수준을 높여 지방행정의 전문화를 기하여야 한다. 이를 적극 활용하기 위하여 특수전문업무에 대한 업적평가를 통해 지급하는 生産業績手當을 신설한다. 이것은 수직적 승진체제하에서 승진에 대한 욕구를 억제할 수 있게 하며 자기 분야에서의 전문가가 되고자 하는 의지를 북돋우는데 도움이 될 것이다.

3) 俸給體系상 長期號俸의 昇級幅 擴大

현행 동일직급내의 호봉간 승급폭은 초기호봉의 경우는 적고 중간호봉으로 갈수록 점차 커지면서 장기호봉에서 다시 적어지는 양상을 띠고 있다. 즉, 소→대→소라고 하는 호봉간 승급폭의 양상을 띠고 있다. 그러나 이것은 소→중→대의 호봉간 승급폭으로 조정되어야 한다. 업무의 책임성이나 직무수행능력 그리고 기초적 생활비 등의 면에서 볼 때 한 직급에서 전보·승진되어 온 장기호봉자가 단기나 중기호봉자보다 높거나 크다고 보기 때문에 제안된 소→중→대의 호봉간 승급폭 양상은 바람직하다. 더욱이 이것은 한 업무분야에서 평생을 공직에 근무할 수 있게 할 수 있는 장점이 되기도 한다.

제 5 절 地方公務員能力發展制의 改善

지방공무원의 업무수행능력향상과 전문성확보문제는 공무원제도, 특히 직위분류를 세분화하여 근본적으로 행정수요에 맞게 인력을 채용하고 보수를 현실화하는 등 제도적 보완이 선행되어야 하는데, 여기에서는 교육훈련의 효과적 실시가 곧 公務員能力向上이라는 전제하에 지방공무원교육제도 운영상 실행가능한 구체적 발정방안을 검토한다.

1. 敎育訓練의 理論模型

지방의 시대라는 조류에 따라 주민을 지도하고 주민이 원하는 매력 있는 지역사회를 건설하여 지방자치의 이념을 구현하기 위하여는 누군가에게 그 唱導者(advocate)인 동시에 變動役軍(change agent)의 역할을 기대할 수밖에 없는데, 이러한 역할을 수행하는 자가 바로 地方公務員이다.

그러므로 지방공무원의 敎育訓練이란 직무수행상 필요한 지식과 기술을 습득시키고 그들의 가치관과 태도를 발전적으로 지향하고자 하는 人事機能을 의미한다.

지방공무원에게 교육훈련이 필요한 이유를 구체적으로 보면 다음과 같다.

① 新規採用者에게는 구체적인 업무를 담당하기 전에 직무의 내용과 기능, 근무규칙 등에 관하여 체계적으로 교육을 시킬 필요가 있다.

② 實務者와 專門分野에 종사하는 지방공무원에게는 과학문명의 발달에 따른 행정의 전문지식 및 기술을 습득케 하고 그것을 십분 활용케 하기 위한 교육훈련이 필요하다.

③ 警察·消防官 등 정부에만 고유한 업무를 담당하는 공무원에게는 그 직무수행에 따른 특별한 교육훈련이 필요하다.

④ 行政倫理 또는 민주국가에 있어서 지방공무원의 精神的 姿勢를 확립하기 위해 교육훈련이 필요하다.

1) 教育訓練의 成立要件과 領域

교육훈련의 성립요건은, 교육을 맡아 행하는 주체(教授), 교육을 받는 객체(教育生), 이 주체와 객체가 상호 교섭할 수 있도록 연결시켜 주는 매개체(教育課程·內容·教科物) 등이다. 이 중에 어느 한 가지라도 갖추어 지지 않으면 교육은 성립되지 않는다.

따라서 교육활동은 主體·客體·媒介體 등 3요소가 실천적으로 작용할 때 성립되며 그 가치가 나타난다. 이러한 가치는 피교육자의 성장과 발달을 의미한다.

이 교육적 가치의 실현과정이 教育課程이며, 그것은 물리적이라기보다는 교육 3요소가 작용하는 역동적, 심리적인 장면을 지칭한다.

그런데, 현행 지방공무원교육체계는 이들 3요소가 서로 분리되거나 교관중심의 종속관계에 있는 등 관료체제의 형식적 운영의 틀을 벗어나지 못하고 있어 이 같은 기존의 틀을 개선·보완하는 방향정립이 절실히 요청되고 있다([그림 7-2]).

[그림 7-2] 지방공무원 교육훈련체계의 개선방향

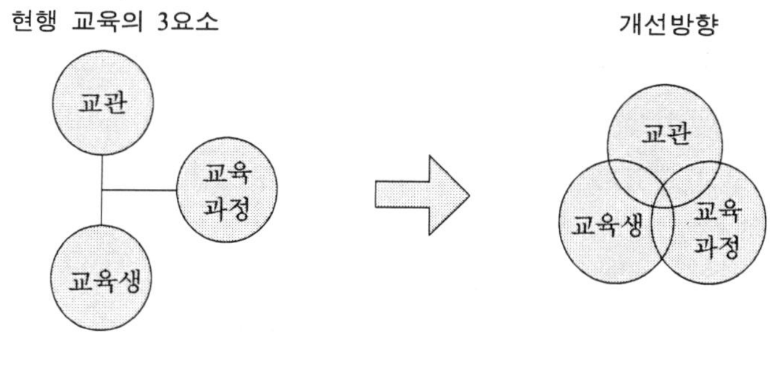

한편 현대에 있어서 行政人의 역할은 매우 중요시되고 있다. 특히 우리나라와 같이 개발—선진화과정에 있는 나라는 그 정도가 한층 더 높아 사회적, 행정내부적으로 행정인에게 요구하는 바가 많다.

현재 우리나라에 있어서 행정이 요구하는 行政人의 資質은 크게 나누어, ① 가치관과 태도, ② 지식과 기술로 구분되는데 지방공무원교육에 있어서 전자는 素養教育, 후자는 職務教育과 관련되어 있다. 현재의 지방공무원교육은 이 두 가지를 결합하여 하나의 과정에서 운영하고 있는데, 앞으로는 교육과정을 행정기능에 맞게 세분하고 전문교육을 더욱 확대하는 방향으로 운영하어야 할 것이다.

이러한 방향에 따른 地方公務員의 教育訓練指標는 다음과 같이 설정할 수 있을 것이다.

첫째, 교육훈련의 수요를 정확하게 측정하여 職務遂行과 聯關性을 갖도록 하여야 한다.

둘째, 주입식교육 방식을 탈피하여 교육방법을 다원화하고 問題解決能力을 향상시키는데 주력하여야 한다.

셋째, 교육프로그램을 계속해서 평가하여 개선과정을 밟아 나가야 한다.

넷째, 교육훈련의 결과는 人事行政에 반영시켜야 한다.

2) 理論模型

지방공무원의 교육훈련에 영향을 미치는 요인, 즉 變數(variables)는 무엇이며, 그 변수가 어떤 教育訓練需要(training needs)를 창출하는가? 발생된 교육훈련수요를 충족시키기 위한 국가와 지방자치단체간의 합리적인 機能 및 役割分擔體系는 어떠해야 하는가?

이에 관한 이론모형은 [그림 7-3]과 같다.

(1) 地方行政環境의 變化

環境은 지방행정을 둘러싸고 지방행정과 영향을 주고받는 일체의 요소를 의미한다. 地方行政需要는 그 환경으로부터 발생하고, 이를 충족시키기 위한 지방행정의 결과는 다시 환경으로 투입되는 관계에 있다. 그러므로 지방공무원 교육훈련의 가장 중요한 변수의 하나로서 지방행정환경의 변화를 들 수 있다.

오늘날 한국사회는 産業化(industrialization)와 都市化(urbanization)가 급속도로 진전되고 있다. 그것은 농림・어업부문의 비중이 낮아지고 광공업부문의 성장률이 가장 높아지고 있으며, 사회간접자본 기타 서비스부문이 지속적인 성장세를 유지해 왔음을 의미한다.

앞으로도 이러한 추세는 계속될 것이다. 따라서 지방자치단체는 농·어민의 보호지원, 지방특성화산업의 진흥, 산업화에 따른 공해방지 등 다양한 기능을 수행해야 한다. 또한 대도시권에로의 인구집중이 지속됨에 따라 도시의 과밀과 농촌의 과소현상이 심화되고 있으므로 지방공무원들은 도시의 주택문제, 상하수도, 교통, 환경오염방지 등의 문제 등을 해결해야 한다.

우리의 사회는 이미 情報化時代에 접어들고 있다. 情報化社會란 어떤 의사결정 또는 정책대안을 선택하는데 필요한 정보를 원하는 사람이 원하는 때에 어느 장소에서라도 얻을 수 있는 사회를 뜻한다. 오늘날 한국에는 정보통신수요가 엄청나게 늘어나

[그림 7-3]　지방공무원 교육훈련의 수요와 기능분담모형

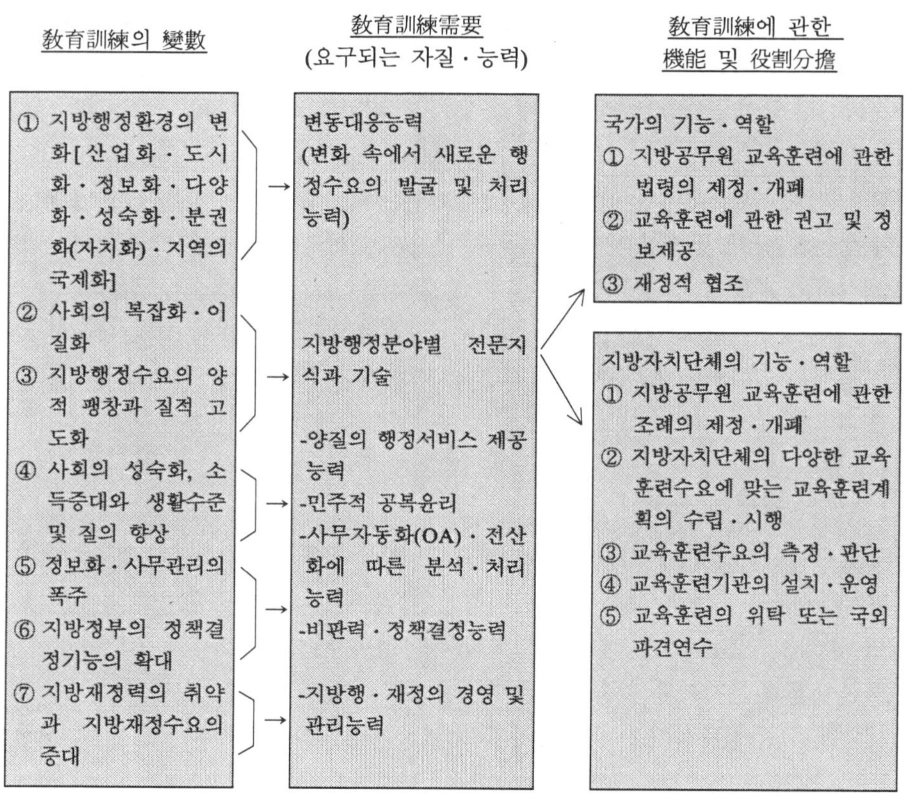

* 주 : 정세욱, "지방공무원교육훈련에 대한 지방자치단체의 기능과 역할", 지방자치와 지방 공무원 능력발전(서울: 한국지방행정연구원, 1990), p. 9.

고 있으며 앞으로도 계속 늘어날 추세이다. 따라서 팽창일로에 있는 정보통신수요를 충족하기 위하여 미국 · 프랑스 · 일본 등 선진제국에서는 정보통신시스템에 대한 투자가 활발히 이루어지고 있으며, 우리나라에서도 또한 그러하다. 그러므로 지방공무원은 이러한 환경변화에 적응하여 컴퓨터를 조작하여 제공되는 정보를 활용함으로써 시의에 적절하고 합리적인 의사결정 또는 정책대안선택을 할 수 있는 능력을 구비하여야 하며, 有線TV(CATV) 등을 이용하여 지방자치단체가 주민에게 제공하는 서비스의 내용, 주민들이 알아야 할 각종 행정 및 지역정보, 나아가서는 지방의 전통문화 · 역사까지도 소개할 수 있는 능력을 갖추어야 한다.

지방자치단체는 어느 읍 · 면 · 동에서든지 주민등록 등 · 초본, 인감증명 등 민원서류가 발급되고, 집에서도 이들 증명서를 교부받을 수 있는 행정체제를 마련해야 한다. 따라서 지방자치단체는 이러한 지방행정환경의 변화에 능동적으로 대응할 수 있는 능력을 지방공무원이 갖추도록 교육훈련을 실시해야 한다.

뉴 · 미디어(new media)의 보급으로 대도시와 농촌지역간의 정보격차가 축소된다면 企業의 地方立地도 촉진될 것이므로 지방공무원은 地方産業의 진흥에 진력해야 하며, 각 지방별 특산품산업, 농장 · 원예업 등이 생산성을 제고하도록 조성하는 능력도 갖추어야 한다.

지방공무원은 지방자치단체의 차원에서 國際交流를 촉진하고 상호 이해와 협조를 돈독히 하는 가운데 지방적 사항을 풀어나가도록 노력해야 할 것이다. "세계적 차원에서 생각하고 지방적 차원에서 행동하자(Thinking globally & acting locally)"는 슬로건[14]은 비단 환경보호에만 국한된 것이 아니라 지방행정인들이 지방적 수준의 계획을 수립하고 정책을 입안함에 있어 범세계적인 넓은 안목을 가져야 한다는 주장으로 간주되고 있다.

(2) 社會의 複雜化 · 異質化

오늘날 한국사회는 매우 복잡화 · 이질화되고 있으며 지방행정의 수요도 과거의 자유방임(laissez-faire) 시대의 그것과는 판이하게 양적으로 팽창되고 질적으로 고도화되고 있다. 따라서 지방행정도 건전한 상식과 판단력만 가지고는 처리할 수 없으며, 지방행정 분야별 전문지식과 기술을 요한다. 이러한 지방공무원의 전문지식 또는 기술의 요구정도는 행정관리기술이 발달하고 지방행정수요의 양적 증가와 질적 변화가

14) H. D. Kopardekar, "Thinking Globally & Action Locally for Environmental Protection", Presentation at IULA 30th World Congress on Environment, Health and Lifestyles on 23-27 June 1991(Oslo, Norway;1991)

촉진될수록 더욱 높아질 것이며, 지방공무원의 교육훈련수요를 그만큼 증대시킬 것이다.

(3) 社會의 成熟化와 生活의 質의 向上요구

成長化된 社會란 기본적으로 의식주문제가 거의 해결되고, 각종 문명의 이기들이 널리 이용되며, 고학력자가 많고, 사회보장제도가 채택되며, 보건·복지시설이 잘 갖추어져 있고, 쾌적한 생활, 레저를 즐기는 사회를 의미한다. 그러므로 지방공무원은 자치행정을 통하여 주민이 여유 있고 쾌적한 생활을 할 수 있도록 개발하고 그 지역사회가 매력을 갖도록 만들어야 하며, 교통수단을 정비·체계화하고 교육기회를 확대하며, 보건·의료시설을 확충하여야 한다. 지방공무원이 이러한 양질의 행정서비스를 제공할 능력을 키우고, 주민에 대한 민주적 공복윤리를 함양하도록 교육훈련을 실시해야 한다.

(4) 行政管理業務의 폭주 및 政策決定機能의 확대

오늘날 대민봉사업무량은 물론 지방정부의 내부관리기능(공무원인사관리, 공유재산관리 등)도 폭주하고 있어서 지방행정사무의 전산화, 사무자동화(OA)가 급속도로 진행되고 있다. 한편, 지방자치제의 실시와 신지방분권화의 경향으로 지방정부의 정책결정기능 확대되고 있으며, 지방공무원에게 고도의 판단력과 정책결정능력이 요구되고 있다. 이러한 추세에 효과적으로 대응하기 위하여 지방공무원을 교육훈련시켜 컴퓨터 및 사무자동화기기의 객관적인 판단력, 장래예측능력 등을 갖도록 할 필요가 있다.

(5) 地方財政의 需給不均衡

지방자치제하에서는 지방자치단체의 재정수요는 과대한 반면 재정수입은 수요에 미치지 못하는 것이 보통이다. 우리나라도 예외는 아니다.

특히 한국의 지방재정은 근본적인 두 가지 문제점을 안고 있다.

하나는 국가재정에 비하여 地方財政이 규모면에서 작다는 점이고, 다른 하나는 지방재정력의 지역별 격차(특히 대도시 자치단체와 농촌자치단체간의 재정력의 격차)가 심하다는 점이다.

다음으로 지방재정규모가 작은 상황에서 지방자치단체간의 재정력의 격차가 심하여, 서울을 논외로 하더라도 지방세수입으로 인건비도 충당하지 못하는 自治區와 郡이 많다.15)

이러한 지방재정력의 구조적 취약성 속에서 지방재정수요의 팽창에 대응해 나가려면 지방공무원들은 企業家的 精神姿勢(entrepreneurship)를 가지고 지방행·재정의 경영합리화를 도모하고 효율적인 행정관리를 해나가지 않으면 안된다. 한 편으로는 지방재정수입의 증대를 도모하면서 다른 한편으로는 계획적이고 짜임새 있는 재정운용, 절약하는 세출운영을 하지 않으면 안된다.

3) 國家의 역할과 地方自治團體의 역할

이상과 같은 교육훈련의 수요에 대응하기 위한 국가의 역할·기능과 지방자치단체의 역할·기능은 무엇인가?

지방공무원의 교육훈련기능은 다음과 같은 특성을 가진다.

첫째, 지방공무원의 교육훈련기능은 순수한 地方的 關心事項(matters of local concern)으로서 자치단체의 自治事務이다. 순수한 지방적 관심사항이란 소로의 포장, 청소와 같이 그 지방주민 이외의 다른 주민에게는 전혀 관심의 대상이 되지 않는 사항이므로 이에 대하여는 당해 지방자치단체가 자주적으로 처리해야 하며 원칙적으로 중앙통제를 필요로 하지 않는다. 다만, 지방공무원의 교육훈련사무가 隨意的 自治事務인가, 必要的 自治事務인가에 대하여는 이론상 의견의 대립이 있을 수 있으나 그 중요성에 비추어 점차로 필요적 자치사무로 전환되는 경향이 있다.

둘째, 지방공무원의 교육훈련은 각 지방자치단체가 다양한 교육훈련수요에 대응하도록 계획하고 시행하여야 한다. 따라서 교육훈련수요의 조사·판단, 계획수립, 사후평가(post-evaluation) 등이 당해 지방자치단체에 의하여 수행되어야 한다.

셋째, 지방자치단체는 자주적으로 教育訓練機關을 設置·運營하되, 이를 설치·운영하기 곤란할 때에는 다른 지방자치단체, 광역자치단체 또는 국가의 연수기관에 소속공무원의 교육훈련을 위탁하고 그 경비를 부담하여야 한다. 또한 교육훈련의 내용으로 보아 국내연수로는 그 목적을 달성하기 어렵다고 판단될 때에는 지방공무원을 당해 자치단체의 경비부담으로 일정기간 國外研修를 시킬 수도 있다.

넷째, 이에 관한 국가의 역할은 지방공무원 교육훈련에 관한 法令을 제정·개폐함으로써 지방자치단체가 그 다양한 교육훈련수요를 판단하여 계획을 수립·시행할 수 있는 최소한의 기본적 사항만을 규정하고, 교육훈련에 관하여 지방자치단체에 필요한 勸告와 情報提供(advice and information)을 하는데 그쳐야 한다. 지방공무원의 교육

15) 2003년도 당초 예산에 의하면 기초지방자치단체 232개 단체 중 지방세수입으로 인건비도 충당하지 못하는 곳이 146개 단체에 이른다.

훈련은 각 지방자치단체의 자치사무이지만, 그렇다고 지방자치단체에만 맡길 수는 없을 것이다. 공무원 교육훈련의 최저수준(minimun level)을 유지할 수 있도록 하는 법적 장치를 마련해야 하기 때문이다.

2. 教育訓練體系의 改善

지방공무원 교육훈련의 실태를 분석하기 위해 교육의 3요소를 중심으로, 즉 교육과정(교과목 및 내용 등), 교관, 교육생관리, 기구 등에 관하여 그 개선방안을 단기적, 장기적으로 분석 · 전망해 보고자 한다.

현행 지방공무원 교육훈련체계를 직급별로 나누어 보면 5급 이상은 중앙에서, 6급 이하는 지방에서 실시하며 과정별 체계는 다음 [그림 7-4]와 같다.

[그림 7-4] 공무원 교육훈련체계(직급 · 과정별)

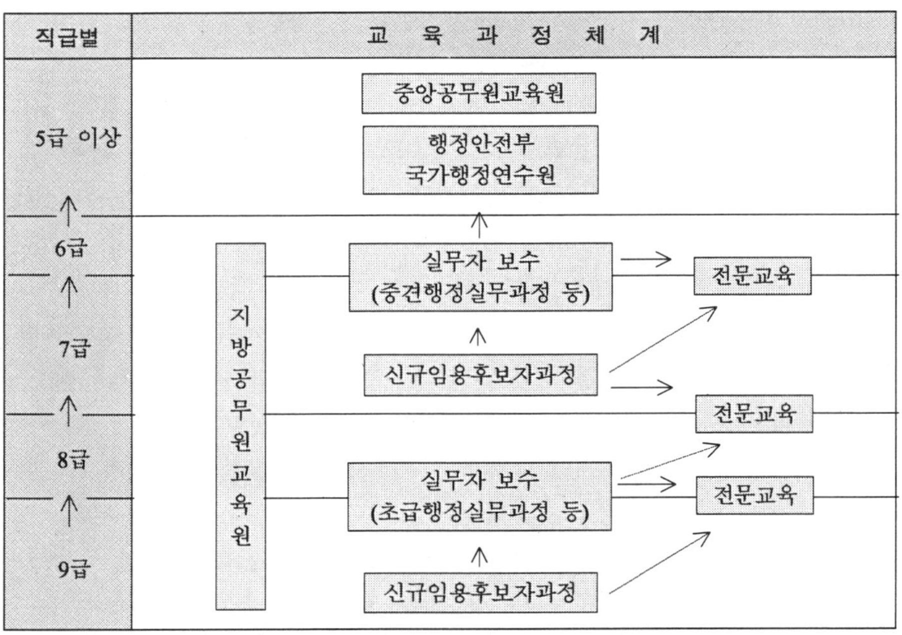

1) 短期的 改善方案

(1) 教育運營의 體系性確保

지방공무원교육의 궁극적 목표는 「공무수행능력배양」에 있음에도 불구하고 그 수요에 적응하고 있지 못하므로, 지방화시대에 걸맞는 專門性確保를 위하여 그 教育運營體系를 전환하여야 한다. 따라서 교육계획수립단계에서부터 사후관리까지 합리적 · 체계적 운영방안을 모색하여야 한다.

① 教育計劃의 體系化

첫째, 教育需要調査를 합리적으로 실시하여야 한다.

교육받을 사람이 몇 명인가 하는 인원수 파악만 할 것이 아니라 어떠한 내용의 교육을 원하는가 하는 內容的 需要調査가 이루어져야 한다. 즉, 지방공무원 스스로 이수희망과정과 시기 등을 선택하게 하고 공통적으로 요구되는 교과목을 중심으로 하여 직급별, 연령별, 학력별로 교육계획을 확정하는 上向式 教育課程과 教科目編成方法을 도입해야 할 것이다. 지방공무원교육은 개개인의 직무수행능력향상에 그 목적이 있으므로 교육생이 원하는 교육중심으로 교과목을 선정하는 것이 당연하며 그렇게 하면 교육효과가 더욱 높아질 것이기 때문이다.

둘째, 教育訓練計劃과 教育對象豫告制를 실시하여야 한다.

교육훈련의 희망을 상사가 통제하거나 업무과다를 이유로 입교를 포기시키는 사례가 많고 수요에 비해 수용능력이 절대 부족하여 균등한 기회제공문제 등이 있으므로 다음과 같이 개선하는 것이 바람직하다.

(i) 보직변경자는 필수적으로 전문교육을 이수토록 교육계획 수립시 감안한다.

(ii) 전문교육은 타 道교육기관에서도 이수가능하도록 개방하여 전국市 · 道를 「개방대학식」으로 운영한다.

(iii) 매년 전市 · 道교육계획, 중앙단위계획, 기타 교육정보 등을 교육기관끼리 상호교환 가능토록 전산망을 갖춘다.

(iv) 교육계획 및 입교대상을 사전예고하여 담당자공백 및 교육과제연구 등에 대비하도록 한다.

② 教育課程의 細分

현재의 중앙통제방식의 교육계획수립에 대하여 地方의 自律權을 확대하는 방향으로 개선한다. 즉, 교육과정은 교육대상의 특성을 고려하고 지방공무원 능력배양에 기여할 수 있도록 細分化하고 體系化하여야 한다.

첫째, 교육과정을 설정할 때 敎育生의 水準이 동질적으로 되도록 한다.

따라서 직급·학력·연령이 유사하도록 편성되어야 한다.

둘째, 교육과정을 교육자 특성에 따라 세분화하고 專門敎育中心으로 개편하려면 각 과정별 유사·중복과목을 조정하고, 專門科目과 實務科目을 보강하여야 한다.

③ 專門敎育中心으로 轉換

첫째, 현재 기본과정에서 취급하고 있는 행정이론, 기본소양과목 등은 전문과정에서는 축소 또는 폐지하는 대신 실습, 사례, 실무과목을 추가하고 그 기간도 연장하며, 행정기능과 공무원직열에 맞추어 과정을 세분화하는 등 교육과정체계를 專門敎育中心으로 전환한다.

둘째, 전문교육의 참여율을 높이기 위하여 전문교육도 人事評定에 반영토록 하여야 한다.

④ 敎育과 人事연계제도 개선

첫째, 교육희망자는 전부 이수할 수 있도록 과학적 수요조사를 실시하고, 교육과정을 세분화·다양화하여 교육기회를 많이 제공하여야 하며 昇進人事와 연결시켜야 한다.

둘째, 기본교육이외에 전문교육이수 1회이상자를 昇進要件화하고, 전문교육이수자에 대한 성적미반영분에 대해서는 근무성적평정, 경력평정 등에 흡수하는 방안을 도입하여 專門敎育希望者를 誘引하여야 한다.

(2) 優秀敎官確保方案

① 敎官要員養成制

지방공무원교육원에 교육전문가가 없는 현시점에서는 우선 공무원교육을 담당할 수 있는 적격자를 선발하여 상당기간에 걸쳐 양성하고, 장기적으로는 專任敎授制를 도입하는 것을 검토하여야 한다.

첫째, 현재 5·6급 지방공무원 중 교관자격을 갖추고 승진소요년수에 근접한 대상자를 선발하여 일정기간 교관으로 근무하게 하고 우선 승진할 수 있도록 市·道人事規則과 規定을 개정하여야 한다.

둘째, 행정안전부 국가행정연수원의 교관과정의 교육횟수를 늘리고, 교관과정내용에 「담당과목연수제」를 추가하여야 한다.

② 優秀敎官要員 誘引

개정된 人事規則(1991.12.30)에 의하면, 교육원 근무가점제의 축소 또는 폐지에 대한 부작용으로 교육원근무 기피현상이 나타날 것으로 예상되므로 公務員任用令(대통령령 제3,877호, 1969.4.11)을 개정하여 다음 두 가지 방안을 수용하여야 할 것이다.

첫째, 공무원교육원 교관요원에 대해서는 근무성적평정 직급별 분포비율을 초과조정할 수 있도록 근무성적평정조정심의회(동령 §37의 3)의 기능을 확대한다.

둘째, 5급, 7급 이하 및 기능직공무원을 승진임용하고자 할 경우(동령 §33:1)에도 이에 해당하는 공무원교육원 교관은 임용하고자 하는 당해 결원수의 다음 순번까지 적용하는 방법을 도입한다.

③ 實務長期間經驗者의 敎官委囑

行政法계통의 이론은 행정기본체계를 정립하는 데는 도움이 되겠지만 실제 행정업무현장의 문제해결능력배양에는 미흡하므로, 행정경험이 많고 교관자격이 있는 공무원 중에서 교관을 위촉하여 實務·學習·事例중심의 강의를 담당토록 하면 산 교육이 될 수 있을 것이다.

(3) 敎育院機構 運營改善

① 機構의 통폐합운영

시·도지방공무원교육과정과 운영체제는 서로 유사하나 시설규모, 교원확보, 교육과정은 차이가 많으며, 우수교관확보에 있어서 수도권과 기타 지방간에는 차이가 많다. 따라서 이러한 현실적 애로를 타개하기 위한 대책을 고려하여야 한다.

첫째, 현행 15개시·도 지방공무원교육원을 통폐합하여 중앙공무원교육원 또는 행정안전부지방행정연수원 수준의 기구로 개편하여 5~6개 정도로 조정하면 전임교수제, 교재편찬전문기구 등 신설, 시·도간 정보교환제도 등이 가능할 것이므로 교육의 양적 질적 수준을 향상시킬 수 있을 것이다.

둘째, 공통으로 실시할 수 있는 실무자보수교육과정 일부를 통합하여 시·도별로 공통운영토록 하면 교육시설 등에 여유가 생기는 시·도에서 전문교육과정을 실시할 수 있어 專門課程中心敎育體制로 전환하는 것이 쉬워질 것이다.

② 機構體系확립

오늘날 늘어나는 각종 행정수요에 적절히 대응하고 지방공무원의 능력향상에 부응하려면 지방공무원의 교육체계를 확대·개편하여야 할 것이다.

첫째, 지방공무원교육원직제를 현행 1부2과4계에서 2부(교수부 · 기획부) 5과 10계 정도로 확대 · 개편하여야 한다.

둘째, 敎官資格基準을 대졸이상 · 일반직 5급 이상으로서 실무 · 연구 · 강의경력이 3년 이상인 자로 상향조정하여야 한다.

셋째, 일반행정업무를 담당하지 않고 순수한 강의와 교안연구 등에만 전념할 수 있는 專任敎官團을 신설 · 운영하여야 한다.

2) 長期的 改善方案

(1) 學校敎育의 개편

우리나라의 학교교육은 암기식 · 점수따기식 등 타율적 교육으로 일관해오고 있어 이러한 풍토에서 성장한 공무원은 학교교육의 틀에서 벗어나기 힘들게 되어 있다. 따라서 학교교육을 全人敎育, 參與式, 實習中心敎育 등으로 개편하지 않고서는 다른 사회교육의 변화를 기대할 수 없을 것이다.

(2) 공무원교육의 探究式 敎育化

교육훈련의 성공조건의 하나는 動機誘發이므로 피교육생인 공무원이 교육이수의 필요성을 느끼고 적극 참여하여야 교육효과를 높일 수 있다. 그러므로 앞으로는 암기식 타율적 교육이 아닌 實務中心 · 論理展開型, 探究型, 創意性 개발을 유발하는 교육을 실시하여 공무원들이 행정현장문제의 해결능력을 배양토록 하여야 할 것이다.

3. 敎育訓練을 위한 地方自治團體의 役割

지금까지의 논의를 기초로 지방공무원 교육훈련에 대한 지방자치단체의 바람직한 기능과 역할을 제시해 보면 다음과 같이 추론할 수 있을 것이다.

1) 교육훈련에 관한 立法者로서의 기능

지방자치단체는 자치입법권의 당연한 요청으로 법령에 위반되지 않는 한 당해 지방자치단체의 교육훈련에 관한 사항을 條例나 規則으로 정할 수 있으며,[16] 條例에

16) 일본 동경도는 지방공무원법 제39조의 규정에 근거하여 공무원교육훈련에 관하여 필요한 사

의하여 教育訓練機關을 설치할 수 있어야 한다. 또한 시·군간의 협의에 의하여 광역시·군권, 또는 시·군 공동의 廣域教育訓練機關을 설치할 수 있어야 하며, 시·도단위에 시·군이 공동으로 연수기관을 설치하여 시·도교육원과 일체화하여 운영하는 체제를 마련할 수 있도록 해야 한다. 일정한 규모(예: 인구 50만이상, 30만이상)의 市는 조례로 8급 이하 및 고용직공무원의 연수를 담당할 교육훈련기관을 설치할 수 있도록 자율성을 부여해야 한다.

2) 교육훈련政策과 方針의 決定者로서의 기능

지방자치단체는 당해 지방공무원의 교육훈련에 관한 기본정책과 일반적 지침을 자주적으로 수립하여 시행하는 역할을 담당하여야 한다.

따라서 公務員教育訓練法을 개정하여 지방공무원에 관한 모든 규정을 삭제하여야 한다. 행정안전부는 지방공무원교육훈련에 관한 근거규정인 법령의 제정·개폐에만 주관부처로서의 역할을 담당하여야 하고, 그 외에는 지방자치단체의 요청이 있거나 필요하다고 인정될 때에만 비권력적인 권고와 정보제공을 하며, 지방자치단체가 공무원교육훈련을 위하여 재정적 부담을 감당하기 어려울 때 재정적 지원을 해 주는데 그 역할이 한정되어야 한다.

지방자치단체는 그 특성에 맞는 교육훈련정책과 방침을 독자적으로 연구하고 결정해야 할 것이다.

3) 교육훈련計劃樹立者로서의 기능

지방자치단체의 장은 소속 공무원의 교육훈련수요를 측정판단하여 당해 자치단체의 교육훈련계획을 立案·決定하는 기능을 담당하여야 한다. 교육훈련계획의 立案·決定은 自治事務에 대한 자치단체장의 당연한 권한이므로 내무부의 승인을 받을 사항이 아니다. 따라서 교육계획의 결정권은 임명권자인 自治團體長의 專屬權이라 할 수 있다.

자치단체장은 교육훈련에 관한 계획의 입안, 기타 교육훈련방법에 관하여 인사위원회의 권고를 받아 결정하는 것이 일반적인 경향이므로[17] 인사위원회의 권고를 토대로 교육훈련계획을 마련해야 할 것이다.

항을 규칙으로 정하고 있다. 동경도직원연수규칙(1968.3.30, 1984.2.28 개정) 참조.

17) 예컨대, 일본 지방공무원법 제39조 ③항을 들 수 있다.

4) 교육훈련施行者로서의 기능

지방자치단체는 소속공무원의 교육훈련을 실시할 책무가 있다. 이러한 교육훈련은 임명권자인 자치단체장이 시행하여야 한다. 시・도는 당해 지방공무원교육원의 교육훈련은 물론 필요에 따라 지방행정연수원에서의 연수, 중앙의 특수훈련기관에서의 연수, 국내외 위탁교육 등을 아울러 실시하여야 한다. 한편, 자치구・시・군은 자체 교육훈련기관이 없으므로 당장에는 위탁교육형태로 교육을 실시할 수밖에 없다.

교육훈련기관별 교육대상을 다음과 같이 정함이 바람직하다.

① 國家行政硏修院

지방직 5급 이상 공무원의 관리자교육, 모든 지방자치단체에 공통적인 내용의 교육과 예외적으로 중견간부양성과정은 지방직 6급 공무원을 교육하도록 한다.

다만, 지방자치단체는 소속지방공무원의 교육훈련에 소요되는 경비 중 교재비, 실험실습비, 숙식비, 해외연수비 등 부대경비를 부담하여야 한다.

② 市・道 地方公務員敎育院

지방직 6급 이하 시・도 및 자치구・시・군공무원의 기본적인 직무교육, 가능한 전문교육과 지방직 6급 이하의 지역의 특성을 반영해야 할 교육을 시행토록 한다.

③ 광역시・군권 또는 시・군 공동의 廣域訓練機關, 자치구・시・군이 시・도단위에 공동으로 설치하는 訓練機關

이를 설치할 경우에는 지방직 8급이하 공무원의 기본직무교육을 하도록 한다.

④ 인구 50만 이상(1차), 30만 이상(2차) 市의 敎育機關

이를 설치할 경우는 8급 이하 및 고용직 공무원의 기본교육을 하도록 한다.

⑤ 中央行政機關 소속의 特殊訓練機關

지방직 5급 이상 공무원의 전문교육과 부득이한 경우 지방직 6급 이하 공무원의 전문교육을 시행하도록 한다.

5) 교육훈련評價者로서의 기능

지방행정연수원과 시・도공무원교육원에서의 교육훈련을 비롯하여 위탁교육에 이르기까지 모든 지방공무원에 대한 교육훈련에 대하여 지방자치단체는 반드시 事後評價를 실시하여 그 결과를 다음 교육훈련계획의 수립에 반영하여야 한다.

제 8 장

大都市行政과 都市政策

제 1 절　地方自治法상 大都市行政의 特例

서울특별시와 부산 등 5개 광역시 및 인구 50만이상의 대도시에 대하여는 일반 도·시·군의 행정조직·운영, 재원조정에 관한 규정을 그대로 적용할 수 없는 현실적·사실적 한계로 인하여 지방자치법 또는 행정운용상 다음과 같은 특례를 인정하고 있다.

1. 서울특별시行政의 特例

서울특별시의 地位·組織 및 運營에 있어서는 도시로서의 특수성을 고려하여 法律이 정하는 바에 의하여 特例를 둘 수 있다(법 §161).

법 제161조의 규정에 의한 서울특별시의 지위·조직 및 운영에 관한 특례는 서울특별시의회가 구성될 때까지 이를 정한다(법부칙 §6:3)는 지방자치법의 규정에 의하여 「서울특별시 행정특례에 관한 법률」(1991.5.31, 법률 제4,371호)이 제정·시행되고 있다.

1) 서울특별시의 特性

서울은 지방자치단체로서의 一般性과 대도시라는 特異性과 수도라는 唯一性을 띄고 있다. 따라서 서울은 조선왕조이래 지방자치단체로서 보다는 국가의 통치질서 속에서 규율받아야 한다는 예외적 존재로 취급되어 왔다.

(1) 朝鮮時代의 서울

조선조는 수도인 漢城府를 4都(개성, 광주, 강화, 수원)와 더불어 中央直轄로 관할하였다.

왕실의 안전을 도모하기 위한 이 제도는 漢城判尹을 京官으로 보하고, 지방제도상 道와 府에는 外官인 종2품 觀察使와 府尹을 두는 것과는 달리 정2품 京官을 判尹으로 보하였다.

한성판윤의 서열은 六曹다음이었고, 부시장에 해당하는 左尹과 右尹의 직급을 다른 지방의 觀察使나 府尹과 동격인 종2품으로 보하였다.

특이한 것은 한성판윤은 戶籍事務와 訴訟事務와 같은 중앙이 관장하는 관할내의 국가사무를 담당하게 하였다는 점이다.

이와 같은 군왕제하의 수도에 대한 특례는 근대적 의미의 지방자치제도가 도입된 후에도 인정되었다.

(2) 美軍政時期의 서울

해방 후 미군정시기에는 서울특별시憲章制度의 채택 움직임이 있었다.

이것은 京城府를 경기도로부터 독립시켜 미국식 개별헌장제도를 통한 홈룰제도(Home Rule system)로 운용하려는 것이었다.

이 서울특별시헌장제도는 지방자치제 전반을 규정한 군정법령 제126호와 아울러 지방선거에 관한 법령을 마련하지 않아 시행되지 않았지만, 경성부를 경기도의 관할에서 떼어내어 동격인 특별시로 승격(1946. 9)시키는 이른바 분리방식(city county seperation)의 최초의 채택이라는 점에 의의가 있다.

이 분리방식의 채택은 대도시문제의 해결이라는 측면에서보다는 首都로서의 서울의 지위를 인정한다는 측면이 주된 이유였다.

(3) 서울특별시 행정에 관한 特別措置法

1962년부터 서울특별시에 대하여는 그 규모와 수도로서의 특수성을 감안하여 서울특별시 행정에 관한 특별조치법에 의하여 특례를 두어 왔었다.

즉, 서울특별시를 국무총리소속하에 두고, 행정기구 및 조직에 있어서도 직할시와 다르게 확대·조정 시행하였으며, 그 운영에 있어서도 중앙행정기관의 감독을 한정적으로 받게 하였었다.

이 특별조치법은 서울특별시의회 구성과 동시에 폐지(법부칙 §6:3)되었지만, 5·16

이후 모든 지방의회가 해산되어 지방자치가 중단되고 군사정부를 중심으로 한 능률제일주의적 행정풍토 속에서 유독 서울특별시만을 중앙통제의 질곡에서 벗어날 수 있도록 특례를 인정했다는 점에서 대도시권행정의 해결책으로서보다는 首都로서의 서울의 지위를 부각시키려는데 그 취지가 있었다.

(4) 서울특별시 行政特例에 관한 法律

1991.5.31. 제정된 이 특례법에 따라 서울특별시는 과거 서울특별시 행정에 관한 특별조치법에 의하여 누려왔던 중앙통제상의 특례가 대폭 감축되었고, 지방자치단체에 대한 일반적 감독권을 지닌 行政自治部의 직무가 서울특별시에도 미치게 되었으며, 서울특별시의회기능을 담당해 온 국무총리실의 서울특별시에 대한 관계는 지역행정에 대응하는 행정조치에 한정되게 되었다.

2) 法規上 서울특별시行政特例

서울특별시행정특례에 관한 법률에 규정된 서울특별시의 지위, 조직상・일반행정운영상・수도권광역행정운영상의 特例는 다음과 같다.

(1) 法的 地位

서울특별시는 政府의 직할 하에 두며, 서울특별시행정특례에 관한 법령이 정하는 범위 안에서 수도로서의 특수한 지위를 인정한다(동법 §2).

(2) 一般行政運營上의 特例

서울특별시의 일반행정운영상 인정되는 특례는 다음과 같다.

① 국무총리에게 보고・조정을 받아야 할 사항

첫째, 행정안전부장관이 서울특별시의 地方債承認(법 §115:1) 여부를 결정하고자 할 때에는 국무총리에게 보고하여야 한다(동법 §4:1).

둘째, 행정안전부장관이 서울특별시의 自治事務에 관한 監査(법 §158)를 하고자 할 때에는 국무총리의 조정을 거쳐야 한다(동법 §4:2).

② 서울특별시장이 專權으로 처리할 수 있는 사항

첫째, 서울특별시소속 국가공무원의 임용 등에 관한 국가공무원법 제32조제1항 내지 3항(임용권자), 제78조제1항・제4항(징계사유), 제82조(징계절차) 규정에 의한 소속장관 또는 중앙행정기관의 장의 권한 중, 4급 이하 일반직 및 기능직 국가공무원(서울특별시장이 최초로 선출될 때까지는 1급이 하 : 영부칙 §2)의 임면·징계 기타 임용에 관한 사항과 연구직 및 지도직공무원의 임용에 관한 규정 제4조의 규정(임용권의 범위 등)에 의한 연구직 국가공무원에 대한 임면·징계 기타 임용에 관한 권한은 서울특별시장이 행하고, 이에 관련된 행정소송의 피고는 국가공무원법 제16조(행정소송의 피고)의 규정에도 불구하고 서울특별시장이 된다(동법 §4:5).

둘째, 서울특별시소속공무원 등에 대한 賞勳의 추천을 상훈법 제5조제1항(상훈의 추천)의 규정에도 불구하고 서울특별시장이 이를 행한다(동법 §4:7).

③ 서울특별시장이 행정안전부장관과 협의·처리할 사항

서울특별시장이 4급 이하 일반직 및 기능직 국가공무원(서울특별시장이 최초로 선출될 때까지는 1급 이하: 영부칙 §2)과 연구직 및 지도직 국가공무원의 임면제청권을 행하고자 할 때에는 행정안전부장관과 협의하여야 한다(동법 §4:5, 영 §3).

(3) 首都圈廣域行政運營上 特例

① 국무총리의 조정

수도권지역에서 서울특별시와 관련된 도로·교통·환경 등에 관한 계획수립과 그 집행에 있어서 관계 중앙행정기관의 장과 서울특별시장이 의견을 달리하는 경우에는 다른 법률에 특별한 규정이 없는 한 國務總理가 首都圈廣域行政調整委員會의 심의를 거쳐 이를 조정한다(동법 §5:1).

여기에서 首都圈地域이라 함은, 서울특별시와 인천광역시 및 경기도 일원의 지역을 말한다(영 §4:1).

국무총리가 수도권광역행정조정위원회의 심의를 거쳐 조정해야 할 사항은, 도로·교통·운수관련사항, 환경오염방지 및 환경보전에 관한 사항, 수자원 등의 이용에 관한 사항, 기타 수도권의 광역행정상 필요한 사항 등 4가지이다(영 §4:2).

② 수도권광역행정조정위원회

수도권광역행정조정위원회는 國務總理소속하에 둔다(영 §5:1).

위원회는 위원장 및 부위원장을 포함한 11인 이내의 위원으로 구성하되, 위원장은 국무총리, 부위원장은 재정기획부장관이 되고, 위원은 행정안전부장관·국토해양부장관·보건복지가족부장관·환경부장관 및 시장과 관계행정기관장이 된다(영 §5:2).

위원회 또는 실무위원회에 출석한 관계공무원 기타 관계전문가에 대하여는 예산의 범위 안에서 수당과 여비를 지급할 수 있다. 다만, 공무원이 그 소관업무와 직접적으로 관련되어 출석하는 경우에는 그러하지 아니하다(영 §5:5).

3) 中央政府와 서울특별시와의 관계[1)]

서울특별시는 地方自治團體로서의 일반적 지위로 인하여 다른 시·도와 같이 중앙정부로부터 직접 내지 간접의 관여를 폭넓게 받고 있으며, 거의 모든 부처와 업무상 관련을 갖고 있다. 특히 行政安全部長官은 지방자치단체의 사무를 감독하는 일반적이고 포괄적인 권한을 갖고 있으므로(정부조직법 §31), 모든 지방자치행정에 관여하는 권한의 범위가 승인, 인사제청, 조정·지정·시정, 보고접수, 사무감사 기타 지도·감독 등에 결쳐 대단히 넓고 강력하게 되어 있다.

그러나 서울특별시의회가 구성된 1991.7.8부터 시행되기 시작한 서울특별시行政特例에 관한 法律과 同施行令은 조직, 인사, 운영, 재정, 감사 등에서 서울특별시만이 갖는 自律的 特例를 규정하고 있다.

그럼에도 불구하고 서울특별시의 입장에서 현행제도상 중앙정부와의 관계상 갖는 문제점으로 적시되는 것은 다음과 같다.

첫째, 지방자치단체에 공통되는 一般的 問題點으로서, 自治權의 脆弱性을 들수 있는데, 이는 자치조직권, 자치인사권, 자치운영권이 제약을 받고 있어 자주적이고 독창적인 행정수행이 어렵다는 것이다.

둘째, 거대도시로서의 限定的 問題點인데, 이것은 巨大都市로서의 특수성이 제대로 인정되지 않고 있다는 점이다.

대도시의 특수여건을 일반화하고, 대도시의 행정운영을 경직화시키며, 대도시의 경영체제를 지나치게 관료화하고 있다는 것이다.

셋째, 국가수도로서의 特殊한 問題點인데, 이것은 首都로서의 主導性을 억제하고 있다는데 있으며 이는 현행제도가 수도의 지도력을 약화시키고 자율성을 제한하며 창조력을 위축시키고 있다는 사실에 근거하고 있다.

위와 같은 문제점을 해소하기 위한 양자의 關係模型은 어떻게 정립하여야 할 것인가?

중앙정부와 서울특별시와의 발전적 관계정립 방향은, 우선 서울특별시를 지방자치단체로서의 기능만을 유지시키려는 중앙정부의 입장과 수도로서의 특성과 대도시로서의 성격을 부각시켜 특별한 지위를 유지하려는 서울특별시의 입장의 조정이라는

---

1) 김안제, “국가와 서울특별시와의 관계”, 자치행정(서울:지방행정연구소, 1991.11), pp. 6～12.

취지에서, 중앙정부의 입장을 준수하면서 서울특별시의 입장을 최대한 보장되도록 하는 것이다.

① 地方自治團體로서의 서울특별시는, 자율적 자치구조와 자발적 참여기반 및 자립적 재정능력을 갖추어야 한다.

② 巨大都市로서의 서울특별시는, 효율적 운영체제와 생산적 경영기술 및 광역적 대응자세를 구비하여야 한다.

③ 國家首都로서의 서울특별시는, 창조적 개발능력과 중추적 지도역량 및 선도적 국제감각을 갖도록 하여야 한다.

한편, 중앙정부는 서울특별시가 수도이자 대도시로서의 자치행정을 더욱 효과적으로 수행할 수 있도록 자율적 여건을 최대로 보장해 주어야 하며, 그 관여는 필요최소한에 그치도록 하여야 할 것이다.

그 관여기준으로는 일반적으로, (i) 국가의 존립과 안정을 유지하기 위해 필요한 사항, (ii) 다른 지방자치단체와의 균형화를 도모할 필요성이 큰 사항, (iii) 광역행정수요를 효율적으로 처리해야 할 사항, (iv) 서울특별시의 능력만으로는 감당하기 어려운 사항, (v) 지방자치제의 정착과 서울특별시 발전 및 시민복리증진에 기여할 수 있는 사항 등으로 하여야 할 것이다.

이 외에 국가와 서울특별시간의 財源配分을 적절히 결정하여 막중한 수도행정의 재정수요에 적절히 부응할 수 있도록 하여야 하며, 국가의 會計監査는 원칙상 위법여부의 판정에 국한함으로써 서울특별시의 재량권을 보장해 주도록 하여야 할 것이다.

4) 서울특별시와 自治區와의 관계

(1) 自治區의 財源調整

자치구는 특별시와 광역시의 관할구역 안에 둔다(법 §3:2 후단).

서울특별시장 및 광역시장은 市稅收入중의 일정액을 확보하여 당해 지방자치단체의 관할구역안의 자치구 상호간의 재원을 조정하여야 한다. 그 재원조정방법에 대하여는 행정안전부장관의 승인을 얻어 특별시 또는 광역시의 條例로 정한다(법 §160).

서울특별시와 광역시는 지리적 특성이 동일한 하나의 단일체로서 비록 區를 모두 독립된 지방자치단체의 하나로 한다고 할지라도 전체적인 면에서 통일적인 행정의 수행과 균형적인 발전이 요구된다. 따라서 자치구의 自治權의 범위는 법령이 정하는 바에 의하여 시·군과 다르게 정할 수 있음을 규정(법 §2:2), 지방교부세·지방양여금 등과는 별도로 서울특별시장과 광역시장은 시세수입중의 일정액을 확보하여 자치구

상호간의 재원을 조정토록 하였다. 즉, 종전의 서울특별시세 또는 광역시세였던 면허세, 재산세, 종합토지세, 사업소세를 自治區稅로 이전하되, 區稅에는 차이가 있을 것이므로 그 균형을 유지시키기 위하여 재원을 조정하도록 한 것이다. 자치구상호간의 조정재원은 서울특별시세 중 取得稅와 登錄稅로 한다(영 §57:1).

(2) 시와 자치구의 **役割分擔**[2)]

시와 자치구의 역할분담은 그들이 수행하는 「사무」 또는 「사무배분」을 기준으로 판별할 수 있는데, 서울특별시와 자치구간의 분담은 다음과 같다.

① 지방자치법시행령 제8조에서 위 양자의 사무를 예시적으로 열거하고 있으나 같은 사무가 중복규정되어 있는 경우가 76건이나 되고, 그 사무배분기준이 상급자치단체의 자의적 판단에 따라 적용할 수 있는 내용으로 되어 있다.

② 서울특별시가 자치구에 업무를 위임하거나 이양할 때, 자치구의 의견이나 개별적인 여건을 고려함이 없이 일방적이고 일률적으로 이양함으로써 자치구의 능력을 외면하고 있을 뿐만 아니라 위임 후에도 변함없는 통제를 가함으로써 업무와 책임만을 부과하고 있다.

③ 서울특별시가 그 사무배분이나 이양을 한 경우에도 그에 따른 인적·물적 조치를 이행하지 않아 자치구의 부담을 가중시키고 있다.

따라서 양자간의 기능단계별, 규모별, 재정능력별, 기술수준별 사무배분기준을 조례에 구체적으로 설정하여야 하며, 자치구의 능력을 감안한 사무이양이 될 수 있도록 본청과 자치구가 공동으로 참여하는 행정조정실무위원회와 같은 조정기구의 설치를 검토하야여 할 것이다.

(3) 시와 구, 구상호간의 **支援協力體制**

자치단체간 지원·협력체제는 본청과 자치구간, 자치구상호간, 자치구와 인접시·군간에 다음과 같은 미비점을 보완하는 방향으로 검토되어야 한다.

① 시와 자치구간에는 상하종속관계가 형성되어 있는 것이 문제점으로 지적되고 있다. 대도시의 성질상 사무가 본청에 집중되어 있고, 재정권이 상당량 본청에 유보되어 있기 때문에 양자간에 대등관계란 본원적으로 성립될 수 없으며 결과적으로 시본청이 일방적으로 지시·감독권을 행사하여 자치구를 통제하고 있다.

---

2) 이주희, "서울특별시와 자치구와의 관계재정립", 自治行政(서울:지방행정연소,1991. 11), pp. 13～20.

② 자치구간 자율적 협렵체제가 미비되어 있기 때문에 자치구 상호간에 문제가 생기더라도 이를 신속하게 대처하지 못하여 결과적으로 행정시책의 효율적 운용이 어렵고 행정서비스를 적시에 공급할 수 없는 한계가 있다.

③ 서울특별시의 외곽에 입지하고 있는 지치구와 인접하고 있는 시·군은 상호간 밀접한 관계가 있음에도 불구하고 開發制限區域으로 묶여 있어서 공공시설의 설치에 장애가 많으므로 이들을 상호협렵방식에 의하여 설치·관리·운영함이 효율적임에도 불구하고 현실은 그렇지 못하고 있다. 그 결과 개발제한구역의 지정으로 발생하는 녹지환경의 수혜자와 그 구역 안에 토지를 가지고 있으나 계획제한 때문에 발생하는 재산권행사에 제한을 받는 피해자간의 부담의 형평을 기하지 못하고 있는 실정이다.

이러한 문제점을 해소하기 위하여, 25개 자치구와 각 자치구의 행정동을 권역별로 유형화하여 행정시책을 차별적으로 시행하고, 본청과 구간의 行政協議會와 自治區組合을 구성하여 정기적으로 업무를 협의·조정하는 체제를 갖추어야 할 것이다.

특히 인사행정에 있어서는 본청과 구간의 공동관리체제로 운영하여 상호교류근무제를 채택하는 것이 바람직하다.

(4) 시의 자치구에 대한 **監督體制**

① 자치구는 시본청, 시의회, 구의회, 자체감사, 주무부서, 행정안전부, 감사원 등 7개 기관으로부터 직·간접의 감사와 감독을 받는다. 이와 같은 다수기관에 의한 감독방식은 중복·비능률·행정서비스공급지연 등 역기능을 초래한다.

② 더욱이 상급기관의 감사는 위임사무에 한정하지 않고 자치사무까지 대상으로 하고 있어 그 한계가 모호하다는 지적을 받고 있다.

③ 지방의회의 감사의 경우에는 그 인적 능력, 기간의 단기 등으로 인하여 지방행정에 대한 감사제도로는 그 실효성에 의문이 제기되고 있다.

따라서 이러한 감독체제상의 문제점을 해소하기 위하여는, 각 감사기관간 격년제 감사를 실시하되 일사부재리원칙을 적용하여 선행감사부분은 재감사를 실시하지 않도록 하고, 지방의회의 감사에 있어서는 시장의 先監査 後議會報告로 갈음하는 방안 등을 고려할 필요가 있다.

5) 서울특별시組織·人事의 改善方向

서울특별시는 중앙행정각부에 버금가는 공무원으로 조직되어 있다.

이와 같이 방대한 행정조직과 행정인력은 기능별 · 과정별 편제방식을 적절히 혼합하여 대도시행정수요에 대처할 수 있도록 합리적으로 편성되어 있으나, 지방자치제 실시라는 상황변화에 의하여 다음과 같은 문제점이 제기되고 있다.3)

지방자치제의 실시는 중앙집권적 행정체제에서 地方分權的 行政體制로의 전환을 의미하기 때문에 그 어느 때보다 획기적인 조직개편의 필요성이 제기되기 때문이다.

첫째, 집행적 기능과 권한이 본청에 집중되어 있으며, 행정기구가 도시행정수요에 부응하지 못하고 있다.

그 동안 도시행정수요는 급증한 데 비하여, 기구 및 인력은 이에 부응하지 못하여 행정의 정체현상을 초래하고 있다.

둘째, 도시개발행정을 종합적 · 체계적으로 통제 · 조정할 수 있는 기구와 기능이 미흡할 뿐만 아니라 조직의 편제가 사무의 대상별로 되어 있어 기구의 중복 또는 혼란을 가져오고 있다.

셋째, 자치구의 행정기구가 획일화되어 있어 지역적합성을 기할 수 없으며, 3본부 · 사업소 · 시험소 · 사무소 등 84개의 각종 행정기관이 난립되어 있다.

넷째, 서울특별시 공무원 중에는 다수의 국가공무원이 배치되어 있어 독자적인 지방공무원제도확립에 저해요인이 될 뿐 아니라 국가공무원의 상위직 편중보직은 지방공무원의 사기저하에 큰 요인이 되고 있다.

다섯째, 행정의 다양화와 전문화로 인하여 전문지식이나 기술을 갖춘 전문인력의 필요성이 증대하고 있으나 전문인력의 확보가 미흡한 수준이다.

여섯째, 행정이 계속 전문화, 기술화됨에 따라 행정인은 전문직업인이 되는 반면, 할거주의의식(sectionalism)이 강해져 종합행정을 수행해야 하는 도시행정에서 업무수행의 비효율성을 초래하고 있다.

이러한 문제점을 해소하려면 앞으로 서울특별시의 행정조직과 인사제도는 어떻게 개편되어야 할 것인가?

지방자치제의 실시라는 정치 · 행정환경의 변화는 행정조직 · 인력에 직접적이고도 단기적인 영향을 크게 미치는 요인으로 작용한다.

지방자치는 국가권한과 기능의 이양에 따른 지방분권화의 촉진을 가져오며 이런 자치권의 신장은 서울특별시라는 도시자치단체에게 이를 수용 · 처리할 능력확보를 요망하게 되므로 이에 대응한 적극적 대응이 행정조직과 인력의 정비에서 표출되어야 하는 것은 당연한 논리이다.

---

3) 이규환, 앞의 책, pp. 31~41.

따라서 보다 폭넓고 다양한 행정수요에 대한 적극적이고 효율적인 행정공급을 위해서 서울특별시의 행정기구와 인사제도는 다음과 같은 기본방향으로 개편되어야 한다.

① 行政組織의 개편방향

첫째, 분권화·분업화에 따른 조정기능, 자치입법권의 확대에 따른 법무행정기능, 지방의회의 예산심의에 대비한 행정기능을 강화하여야 한다.

둘째, 시민복지적 수요에 대응하기 위한 행정공급능력을 강화하고, 도시행정의 기업운영적 운용체제, 즉 지방공기업의 확대, 제3섹타, 민영화 등을 확대 강화하여야 한다.

셋째, 행정기구는 지역적합성을 유지하는 동시에 종합행정을 유지할 수 있도록 개편되어야 한다.

② 人事制度의 개편방향

인사제도발전의 기본방향에 있어서는 지방공무원제도의 독자적인 기반이 확립되어야 하고, 능률적인 인사행정의 운영방향이 모색되어야 한다.

첫째, 서울특별시 공무원 중 국가공무원을 점진적으로 地方公務員化함으로써 중앙통제범위를 축소해야 한다.

둘째, 지방직 5급 공개경쟁채용시험의 시행을 독자적으로 시행하도록 하고 그 시험과목도 도시행정의 특수성에 부합한 인재를 선발할 수 있도록 조정하여야 한다.

셋째, 행정의 전문화를 위해 轉補의 最低在職任期制를 도입하여야 하며, 교육훈련도 서울특별시 특성에 맞게 都市行政課程 중심으로 특화시킬 필요가 있다.

2. 廣域市行政의 特例

부산, 대구, 인천, 광주, 대전, 울산광역시 등은 서울특별시와 마찬가지로 자치구의 財源調整特例가 인정되고, 광역시에서 직접 처리하는 事務가 大統領令으로 예시되어 있다.

1) 自治區의 財源調整

직할시장은 市稅收入중의 일정액을 확보하여 당해 관할구역안의 자치구의 재원을 조정하여야 하고, 그 조정방법은 行政安全部長官의 承認을 얻어 광역시條例로 정하여야 한다(법 §160). 그리고 그 조정재원은 당해 시세 중 取得稅와 登錄稅수입으로 하여야 하며, 자치구의 재원조정방법을 정하는 조례에는 조정교부금의 교부율 · 산정방법 · 교부시기 등을 필히 규정하여야 한다(영 §57).

2) 自治區事務의 特例

자치구의 자치권의 범위는 시 · 군과 다르게 정할 수 있다(법 §2:2 후단)는 규정에 의하여 자치구에서 처리하지 아니하고 서울특별시 및 광역시에서 직접 처리하는 사무는 다음과 같다(영 §3).

① 지방자치단체의 인사 및 교육 등에 관한 사무

가. 시와 자치구, 자치구 상호간의 인사교류(6급 이상)
나. 지방공무원임용시험 및 각종 자격시험의 실시
다. 지방공무원의 교육 · 훈련 실시(직장교육을 제외한다)

② 행정전산화에 관한 사무

가. 행정전산화 추진계획 수립
나. 행정전산화를 위한 전산교육계획 수립 및 운영지도
다. 행정전산화를 위한 법령 · 제도연구 및 자료의 관리
라. 전자계산조직의 설치 및 운영 · 관리

③ 지방재정에 관한 사무

가. 토지등급 설정 및 수정의 승인
나. 재산세 과세표준액의 결정 · 승인

④ 매장 및 묘지 등에 관한 사무

가. 공설묘지 · 공설화장장 또는 공설납골당의 설치 · 운영

⑤ 청소 · 오물에 관한 사무

가. 일반폐기물(분뇨 · 쓰레기 등) 처리시설의 설치 · 운영

나. 일반폐기물의 처리 수수료 요율 결정

⑥ 지방토목 · 주택건설 등에 관한 사무

가. 국민주택 건설사업의 시행

나. 국민주택사업특별회계의 설치 · 운영

다. 아파트지구개발에 관한 기본계획 수립

라. 민영주택 투기과열지구 지정

⑦ 건축허가 등에 관한 사무

가. 특별시 · 광역시 조례로 정한 일정규모이상의 대형건축물에 대한 건축허가 및 준공검사

나. 도시설계지구 설정과 지구내의 건축물 제한

다. 특정가구정비지구안의 건축행위 등의 제한

⑧ 도시계획에 관한 사무

가. 도시기본계획의 사무

나. 도시계획지역의 입안

다. 도시계획시설의 입안

라. 도시계획용도지구의 입안

마. 도시계획에 관한 기초조사

바. 도시계획사업의 시행

사. 도시계획사업 수익자부담금 부과 · 징수

아. 도시재개발사업의 기본계획 수립 및 시행(주택개량재개발사업은 제외)

⑨ 도로의 개설과 유지 · 관리에 관한 사무

가. 중로(12미터 이상) 이상의 도로로서 노폭과 노선의 중요도를 감안하여 특별시 · 직할시 조례로 정한 도로의 유지 · 관리

⑩ 상수도사업에 관한 사무

가. 상수도의 신설 · 개축 및 수선과 이의 유지 · 관리

나. 상수도공채발행

다. 상수도사업특별회계 설치 · 운영

라. 수도사업소 설치 · 운영

⑪ 공공하수도에 관한 사무

가. 공공하수도정비기본계획의 수립 · 시행

나. 공공하수도의 설치 · 개축 및 수선

다. 하수종말처리장의 설치와 유지 · 관리

⑫ 공원 등 관광휴양시설의 설치 · 관리에 관한 사무

가. 도시공원 및 유원지조성계획의 입안

나. 도시공원 · 유원지의 설치 및 관리

다. 도시공원 · 유원지의 입장료 · 사용료 · 점용료의 징수

라. 공원 · 유원지 · 야외공연장 등 시민휴양시설의 설치 · 유지에 관한 사무

마. 공설운동장 · 체육관 · 박물관 · 도서관 · 미술관 · 시민회관 등의설치 · 운 영에 관한 사무(특별시 · 광역시 조례로 결정)

⑬ 지방궤도사업에 관한 사무

가. 지방궤도사업운영계획의 수립

나. 지방궤도사업의 설치 · 운영

다. 지방궤도사업특별회계의 설치

⑭ 대중교통행정에 관한 사무

가. 지하철의 설치 · 운영과 시민이용에 관한 행정사무

나. 시내버스 · 시외직행버스의 운행 등 대중교통행정에 관한 사무

다. 대중교통수단의 조정 · 통제에 관한 사무

⑮ 지역경제육성에 관한 업무

가. 지방공업단지의 조성 · 관리

나. 공설시장 · 도축장 · 농수산물공판장 등에 관한 사무

다. 유통단지의 지정신청 · 조성 및 운영 · 관리

라. 농수산물 도매시장 개설 · 운영

3. 수원 등 準廣域市行政의 特例

마산 · 수원 · 성남 · 부천 · 전주 · 청주 · 안양 · 고양 · 포항 · 고양 등 현재 區制가 실시되고 있는 10개 도시에는 인구 50만 명 이상의 대도시에 적용하는 특례제도로서 「인구 50만 명 이상의 시가 직접 처리할 수 있는 도의 사무」를 법 제10조의 대도시 특례제도를 준용하여 시행령 제10조에 규정함으로써 실질적인 광역시의 행정체제로 운영하고 있다.

1) 行政組織 · 機能 · 事務의 特例

「인구 50만 명 이상의 시」는 자치구가 아닌 區를 설치하고 있는 시를 말하는데(법 §3:3, 영 §10:1), 이를 여기에서는 광역시 운영에 준하는 시를 의미하는 것으로 간주하여 準廣域市로 부르기로 한다.

정부가 구상하고 있는 준광역시의 육성방침은, 이들 도시인구가 50만 명을 넘어 행정수요가 복잡해짐에 따라 환경, 도시계획, 조직, 운영 등이 직할시 수준에서 독자적으로 기능을 발휘해야 함에도 불구하고 인구 5만~30만정도의 중소도시와 같은 수준에서 道가 관장하는 것은 불합리하다는 판단에 근거하고 있다. 즉, 이들 도시는 행정 및 재정규모면에서 일반 중소도시와 현저하게 차이가 나는 등 준직할시 요건을 충분히 갖추고 있는 상태이다.

특례인정에 따라 이들 10개 도시가 직접 처리할 수 있는 道의 사무는 다음과 같다(영 §10:2, 별표 3). 다만, 다른 법령에 이와 다른 규정이 있는 경우에는 그러하지 아니하다.

① 보건의료에 관한 사무

가. 병원급 이상 의료기관 설치 및 지도 · 감독

나. 공중보건의의 지도 · 감독

② 지방공기업에 관한 사무

가. 지방공사의 설립 · 운영

나. 지방공단의 설립 · 운영

③ 주택건설에 관한 사무

가. 시 · 도 조례로 정하는 일정규모 이상의 주택건설사업계획의 승인(지방자치

단체가 사업시행자가 되는 경우를 제외한다)

나. 대지조성사업계획의 승인 및 준공검사(지방자치단체가 사업시행자가 되는 경우를 제외한다)

④ 토지구획정리사업에 관한 사무

가. 토지구획정리사업에 따른 환지계획인가

나. 부담금 및 보조금의 집행잔액 허가

⑤ 도시계획에 관한 사무

가. 행정청이 시행하는 도시계획사업 실시계획인가 및 변경인가와행정청이 아닌 자에 대한 도시계획사업 시행허가 승인 및 변경승인

나. 도시계획사업 실시계획 인가 · 고시

다. 경미한 도시계획의 변경결정

라. 도시계획의 지적승인사무

마. 도시계획사업에 대한 준공검사

⑥ 도시재개발사업에 관한 사무

가. 재개발사업 시행자 지정신청

나. 재개발사업 시행의 지도 · 감독

⑦ 환경보전에 관한 사무

가. 배출시설의 설치허가 및 변경허가

나. 환경오염물질의 제거명령

다. 산업폐기물 재생이용업자의 신고수리 및 관리

라. 축산물폐수정화시설의 설계시공업의 등록 및 지도 · 감독

마. 비산먼지시설의 개선명령

바. 비산먼지시설사업의 중지 및 시설 등의 사용중지 · 사용제한 명령

⑧ 토지거래에 관한 사무

가. 규제구역 내에 있는 토지 등의 거래계약허가

⑨ 중기관리에 관한 사무

가. 중기등록 및 등록말소

나. 중기등록사항의 변경신고 등

⑩ 자동차 운송사업에 관한 사무

가. 자동차 운송사업(전세버스 · 일반구역화물자동차 및 특수여객자동차운송사업에 한한다)면허와 이에 관련되는 사무

나. 자동차 운송사업(택시에 한한다) 계획변경인가

⑪ 기구 · 직제의 설치 및 폐지에 관한 사무

가. 계의 설치

나. 계 직제의 폐지 · 조정

⑫ 지방공무원 인사 및 정원관리에 관한 사무

가. 행정권한의 위임 및 위탁에 관한 규정 제24조제10항 제4호의 규정에 의한 지방전문직공무원 채용승인

나. 행정안전부령이 정하는 기준정원범위 안에서의 6급 이하 정원책정사무

⑬ 지적에 관한 사무

가. 토지의 지번경정승인

나. 지적공부의 반출승인

다. 축척변경승인

라. 지적측량검사

마. 지적측량대행법인의 지도 · 감독

⑭ 열사용 기자재에 관한 사무

가. 열사용 기자재 제조업의 허가

⑮ 식품제조업(유가공품제조업 및 식육제품업에 한한다)에 관한 사무

가. 허가 · 변경허가 및 시정명령

나. 시설의 개수명령

다. 폐기처분

라. 허가취소

⑯ 묘지 · 화장장 및 납골당의 운영 · 관리에 관한 사무

가. 묘지 · 화장장 및 납골당의 허가

나. 묘지 · 화장장 · 납골당의 구역 및 시설변경과 폐지의 허가

다. 시체운반업의 허가

⑰ 사회복지시설에 관한 사무

가. 사회복지시설 수혜자로부터의 비용수납의 승인

⑱ 고압가스에 관한 사무

가. 고압가스제조업허가

⑲ 도시가스에 관한 사무

가. 도시가스공급시설의 설치공사계획승인 및 변경승인

2) 準廣域市의 財源補塡

준광역시의 재정확충을 위하여 취득세, 등록세, 면허세 등 租稅徵收交付金을 종래의 30%에서 50%로 인상 시행하고 있다.

그러나 준광역시의 경우 그 재정자립도가 매년 상승하고 있어 재원보전에는 특단의 고려가 없다 하더라도 재정운영에는 어려움이 없을 것으로 예견된다.

3) 준광역시의 名稱 등 문제점

성남 등 6개 도시가 광역시에 준하는 대도시로 특별대우를 받는다고 하더라도 광역시 또는 준광역시라는 명칭을 공식적으로 부여받기는 어려울 것 같다.

광역시가 되기 위해서는 우선 인구 100만 명 이상이라는 형식적 요건이 충족되어야 하며, 정부도 광역시 신설을 가급적 억제하고 있기 때문이다.

또한 準廣域市라는 명칭은 현행 지방자치법이 규정한 지방자치단체의 종류에 들어있지 않기 때문에 준광역시를 신설하기 위해서는 관계법을 개정해야 한다는 문제점이 대두된다.

그러므로 준광역시의 명칭은 여하간에 조직 · 기능 · 운영상의 行政準則으로 그 특례를 해결하여야 할 것으로 보여진다.

한편, 이들 6개 도시가 광역시에 준하는 대도시로 승격될 경우 종래 道를 거쳐야했던 각종 행정민원의 처리속도가 신속 · 간편해지기 때문에 주민편익이 증가되는 반면, 주민세 · 면허세 등에 대한 주민의 담세율은 커질 것으로 전망된다.

4) 일본의 指定市制度4)

우리나라 준광역시제도 도입에 있어서 참고 입법례로 거론되는 일본의 대도시특례로서의 指定市制度를 살펴보면 다음과 같다(일본지방자치법 제12장).

(1) 指定市의 설치경위

대도시의 인구 산업의 집중화에 의해 그 처리해야 할 사무의 질과 양이 일반시와는 다르고, 사무처리능력에 있어서도 일반시와 같은 제도로 취급하기가 부적당한 면이 있기 때문에 대도시에 특별제도를 설정할 필요가 있다는 논의는 市制제정 당초부터 있었다. 이것은 오늘날에도 계승되고 있는데 그 밖의 대도시에서는 눈에 띄는 제도는 없고 단지 「6대도시 행정감독에 관한 법률」(1877, 법률 제1호)에 의해 당시 6대도시에 대한 감독권을 완화하는데 그쳤다.

전후 지방자치법 제정에 즈음하여 都·道·府·縣 구역 외에 시의 권능과 사무에 더하여 도·도·부·현의 권능과 사무를 더불어 갖는 특수한 지방공공단체로서 특별시제도를 설정하였다. 특별시제도가 실시된 경우 대도시구역은 부·현의 구역외가 되고, 독립된 특별시로서 부·현간의 이중행정, 이중감독을 배제해서 독자적인 행정을 집행할 수 있게 되었지만, 반면 잔존하는 도시의 취급을 중심으로 하는 많은 문제가 있어 쉽게 실시하지 못한 채 대도시와 부·현과의 대립이 여러 해 격화되기에 이르렀다.

이 때문에 1956년의 지방자치법개정에 의해 특별시제도를 폐지하고 대도시와 관계부·현간의 사무 및 재원을 재배분하고, 종래의 행정감독특례를 정비해서 대도시문제에 대처하도록 한 것이 바로 현행 지정도시제도이다.

일반적으로 지방자치법에 규정된 대도시제도로서는 이 지정도시제도 외에 都制가 있다.

都는 특별지방공공단체로서의 특별구와 一般市·町·村을 포괄하는 보통지방공공단체이고, 대도시행정의 일원성을 확보하기 위해 특별구와의 관계에 있어서 사무분배상의 특례 등, 일반 도·부·현과는 다른 특별한 관계가 인정된다.

指定都市는 政令에 지정하는 인구 50만 이상의 市이지만 행정능력 등의 면에서 문제도 있어서, 현재 대체로 인구 100만 이상인 시를 지정하고 있다.

현재 大阪, 京都, 橫濱, 名古屋, 神戶, 北九州의 6개시에 이어서 札幌, 川崎, 福岡의

---

4) 김기옥(편), 일본지방자치법(서울:한국지방행정연구원, 연구자료 90-6), pp. 254～261.

3개시도 1972년 4월 1일부터, 廣島市도 1979년 4월 1일부터 지정도시가 되었다(법 제252조의 19 제1항 지방자치법 제252조의 19 제1항의 지정도시지정에 관한 정령).

(2) 指定市의 事務

지정시 또는 지정시의 시장, 지정시의 위원회 기타 기관은 일반적으로 都·道·府·縣 또는 도·도·부·현 지사, 도·도·부·현위원회 기타 기관이 처리하거나 관리하고 집행하가로 되어 있는 사무의 전부 또는 일부를 政令의 규정에 의해서 처리 또는 관리하고 집행할 수 있다(법 제252조의 18 제1항). 이러한 사무로서 지방자치법은 17개 항목의 사무를 들고 있지만, 구체적으로 지정도시에 이양될 사무의 내용은 동법 시행령에 각각 규정되어 있다. 그 외 각각의 법률에 따라 사무가 이양된다.

이들 사무는 지정시 또는 그 기관의 사무로서 처리되고 사무처리에 필요한 경비도 지정시가 이를 지불한다.

(3) 行政監督特例

지정시에 있어서는 일반시·정·촌이 도·도·부·현기관의 감독을 받도록 되어 있는 사무 중 일정한 것에 대해 그 감독을 받을 필요가 없고, 직접 主務大臣의 감독을 받게 된다. 즉, 지정시 또는 지정시의 시장, 위원회 기타 기관이 그 사무를 처리하거나 관리·집행함에 있어서 법률 또는 이에 의거하는 정령의 규정에 따라, 도·도·부·현 또는 도·도·부·현위원회의 처분(허가, 인가, 승인 기타 이에 준하는 것)을 필요로 하거나 명령(개선, 정지, 제한, 금지 기타 이에 준하는 지시, 명령)을 받게 되어 있는 사항으로서 정령의 규정에 따라 이들의 처분을 필요로 하지 않고, 도·도·부·현지사, 위원회의 처분 또는 명령을 대신하고 주무대신의 처분, 명령을 받게 된다(법 제252조의 19 제2항).

(4) 指定市의 區

지정시는 시장의 권한에 속하는 사무를 분담시키기 위해 조례로 그 구역을 나누어 區를 설치하고, 區의 사무소 또는 필요하다고 인정될 때는 그 출장소를 두게 된다(법 제252조의 20 제1항). 말할 필요도 없이 지정시의 區는 단순히 사무처리의 원활화를 위해 설정된 행정상의 구획이고, 都의 특별구와 같이 법인격을 갖지는 않는다. 都의 특별구와 구별해서 「행정구」라 불릴 때가 많다. 구의 사무소 또는 그 출장소의 위치, 명칭 및 소관구역은 조례로 규정해야 한다(법 제252조의 20 제2항).

區의 기관에 대해서 지방자치법에서는 구의 사무소 또는 그 출장소의 장과 선거관리위원회에 관해 규정하는데 그치고 나머지는 정령에 일임한다(법 제252조의 20 제3항 · 4항 · 6항).

① 區에는 그 사무소의 장으로 區長을 둔다. 구장 또는 출장소의 장은 지정시의 공무원 중에서 시장이 이를 임면한다(법 제252조의 20 제3항, 영 제174조의 43 제1항 · 3항).

② 구에 區助役 한 사람을 둘 수 있다(임의설치)(영 제174조의 43 제2항). 구조역은 구장의 사무를 보좌하고, 구장에게 사고가 있을 때 또는 결석했을 때 그 직무를 대리한다(영 제174조의 43 제4항).

③ 구에 區收入役 1인을 두는데 구장, 구조역의 경우와 같이 지정시의 공무원 중에서 지정시의 시장이 임면한다(영 제174조의 44 제1항 · 2항). 구수입역은 원칙적으로 指定市 收入役의 명령을 받고, 그 보좌기관으로서 회계사무를 관장한다(영 제174조의 45 제1항).

④ 구수입역의 사무를 보좌하게 하기 위해 區出納員 기타 區會計職員을 둘 수 있다(영 제174조의 46 제1항).

⑤ 구의 選擧管理委員會는 필요기관이고(법 제252조의 20 제4항) 원칙적으로 시의 선거관리위원회에 관한 규정이 준용된다(동조 5항). 위원 및 보조원은 그 구내의 선거권을 갖는 자중에서 선거한다(영 제174조의 47).

⑥ 구에는 區農業委員會를 두고, 시의 농업위원회에 관한 규정을 적용한다(농업위원회 등에 관한 법률 제35조).

제 2 절 首都圈聯合政府에 관한 構想

1. 構想의 前提

1) 聯合政府 構想의 必要性

서울을 포함한 首都圈은 인구뿐만 아니라 교육, 금융, 제조업 등 국가의 중추적 경제 · 사회기능이 집중되어 있다. 또한 수도권은 그 자체가 하나의 거대한 都市群을 형성하여 도시간 상호 밀접한 유기성을 갖고 기능하고 있기 때문에 개별도시의 행정구역이라는 것이 별 의미를 가지지 못하며, 특히 구역을 초월하여 처리되어야 할 廣域行政需要가 급속히 증가함에 따라 더욱 그러해지고 있다.

이러한 측면에서 수도권 연합정부의 개편필요성을 상술하면 다음과 같다.

첫째, 수도권은 권역전체에 걸쳐 기능적·공간적인 통합성 내지 연속성을 확보하여야 한다. 따라서 이에 대응한 連繫開發計劃을 일관성 있게 추진할 수 있는 행정체제가 필요하다.

둘째, 국민화합시대에 있어 수도권전체의 福祉均等化를 이루어야 한다. 따라서 지역간 균형 있는 발전과 서울에로의 과도한 인구 및 산업집중의 억제를 도모할 수 있는 체제가 요청된다.

셋째, 지방자치시대에 부응하여 지방자치단체가 廣域問題解決의 주체가 되어야 한다. 따라서 지금까지와 같이 수도권의 광역적인 문제에 관한 중앙행정의 관여를 최소화하고 지방자치단체의 책임범위를 넓힐 수 있는 광역행정체제가 마련되어야 한다.

넷째, 계획행정이나 개발행정과 같은 超廣域行政需要에 보다 능동적으로 대처하여야 한다. 따라서 지금까지의 소극적 접근방법을 과감히 지양하고 보다 적극적이며 새로운 광역행정체제를 모색하여야 한다.

다섯째, 수도권의 광역문제를 합리적으로 해결하기 위해서는 권역전체에 관한 情報分析體制가 요구된다. 따라서 수도권을 하나의 통계단위로 간주하여 정적 통계뿐만 아니라 동적 통계도 분석할 수 있는 행정체제가 구비되어야 한다.

여섯째, 지방분권화추세에 걸맞는 행정이념을 추구할 수 있는 체제이어야 한다. 따라서 능률성이라는 중앙집권체제의 행정이념에서 탈피하여 민주성이라는 地方分權制의 行政理念이 강조될 수 있는 행정체제를 필요로 한다.

2) 理論的 接近方法

광역행정의 접근방법은 그 나라가 추구하는 행정이념과 광역행정사무의 특성, 즉 광역성의 정도, 시장성의 여부 및 혐오성에 있어 차이가 있다.

첫째, 중앙집권적 행정체제에서는 행정의 능률성이 강조되었으나 앞으로 지방자치제가 본격적으로 실시됨에 따라 민주성이 보다 강조될 것이므로 이를 고려한 접근방법이 채택되어야 할 것이다.

둘째, 광역행정이 요청되는 행정수요 중에서도 광역성의 정도는 상이하므로 이를 감안한 광역행정체제가 구상되어야 할 것이다.

셋째, 비록 광역적인 처리가 요청되는 행정수요라 할지라도 당해 자치단체 단독으로 처리할 때 그 자치단체의 재정에 어느 정도 기여할 수 있는 것이 있으므로 이를 고려한 접근방법이 모색되어야 할 것이다.

넷째, 혐오시설의 경우 당해 지방정부는 물론이고 지역주민의 반발을 야기할 뿐만 아니라, 당해 지역의 환경에 악영향을 미치게 되므로 이를 최소화할 수 있는 접근방법이 모색되어야 한다.

그런데 광역행정문제는 자치단체의 행정구역을 초월하여 처리되어야 할 행정기능이므로 수도권에서 나타날 수 있는 廣域處理의 空間的 類型은,

① 동일한 광역자치단체내의 기초자치단체간의 문제

② 광역자치단체를 달리하는 기초자치단체간의 문제

③ 기초자치단체와 그가 속하지 않은 광역자치단체간의 문제

④ 광역자치단체간의 문제 등이다.

우리나라 지방자치단체는 그 계층에 따라 기능이나 역할, 조직과 재정 그리고 역사적 전통이 서로 다르기 때문에 광역행정이 나타나는 공간적 유형에 따라 접근방법도 달라져야 할 것이다.

이상과 같은 광역행정기능의 특성 및 공간적 유형별 광역행정접근방법을 정리하면 다음과 같다.

첫째, 광역성이 비교적 작으면서 지방자치단체의 재정에 어느 정도 기여할 수 있고, 혐오성이 없는 광역기능이면서 그것이 동일한 광역자치단체내의 기초자치단체간에 문제가 될 경우 協議會나 組合을 통하여 처리하는 것이 바람직하다.

둘째, 광역성이 크고 시장성은 없는 반면 혐오성이 있는 광역수요이면서 그것이 광역자치단체를 달리하는 기초자치단체간이나 기초자치단체와 광역자치단체간에 문제가 될 경우 廣域區를 설치하여 처리하는 것이 바람직하다.

셋째, 광역성이 가장 크며 자치단체간에 이해가 대립되는 광역사무의 경우 廣域自治團體의 聯合體를 새로이 구성하여 그 단체로 하여금 모든 광역사무를 통합적으로 처리케 하는 것이 바람직하다고 판단된다.

2. 首都圈 廣域行政體制의 改編論議

수도권 행정체제의 개편에 대한 구상으로서 지금까지 논의되고 있는 여러 안을 검토·정리해 보면 다음과 같다.

1) 首都廳設置案

서울을 비롯하여 수도권의 광역행정기능을 수행하기 위하여 首都廳이라는 광역행정청을 설치하여 그 산하에 서울특별시 · 인천광역시 · 경기도를 흡수한다. 즉, 서울은 종로구를 포함한 4대문 안을 서울시로 하고 나머지 지역은 현재의 구단위를 시로 분할한다. 인천시도 수 개의 중규모로 분할하여 시로 만들며 경기도는 기존의 시 · 군을 그대로 자치단체로 인정하고, 서울특별시 · 인천광역시 · 경기도는 각각 폐지한다는 것이다. 이렇게 하여 수도청은 광역적인 성격을 띤 교통, 상하수도, 주택, 경찰, 도시계획 및 재개발, 대학교, 쓰레기처리, 대공원 등을 관장하며, 시 · 군 · 구 등 기초자치단체는 그 외의 각종 인 · 허가사무, 민원사무, 기초교육을 분담하는 이중적 구조의 정부조직을 구성한다. 또한 首都廳도 기초자치단체와 마찬가지로 의결권, 집행권 및 과세권을 갖도록 하는 것이다.5)

이상과 같은 首都廳이 설치되면 광역행정기능을 효율적으로 일관성 있게 처리할 수 있어 지역간 균형발전과 복지수준의 균등화 등과 같은 긍정적인 효과를 기대할 수 있다.

그러나 이러한 지방행정의 대폭적인 개편이 초래할 수 있는 문제점으로는, ① 서울특별시 등의 폐지에 따른 엄청난 저항과 혼란을 유발할 수 있으며, ② 수도권과 기초자치단체간의 기능배분을 신중하게 하지 않으면 행정의 낭비를 가져오며, ③ 현재 광역자치단체(주로 道)가 수행하는 기능 중에서 광역행정기능을 제외한 지도 · 감독기능, 연결 · 조정기능, 보완 · 대행기능의 수행에 있어 문제가 발생한다는 것 등을 들 수 있다.

따라서 지방행정의 제측면에서의 개혁이 선행되지 않는 한 수도권광역청으로서의 수도청 설치는 그 실현가능성이 거의 없다고 할 수 있다.

2) 廣域議會設置案

서울특별시, 인천광역시, 경기도, 강원도 · 충청북도 등을 포괄하여 2개 이상의 자치단체에 관련된 사무의 일부를 공동으로 협의 · 결정하기 위하여 관계 지방자치단체간에 規約을 정하여 廣域議會를 구성하는 안이다.6)

---

5) 김 원, 都市行政論, p. 208 및 都市政策論, p. 89.

6) 任仕彬, "都市圈廣域議會設置建議", 地方自治硏究(1989.8), pp. 122~124.

이 안은 현행 수도권행정협의회의 가장 큰 맹점으로 지적되고 있는 법적 구속력의 결여라는 측면을 보완하여 의결사항에 대해 법적 집행의무를 부여하려 한다는 점에서 큰 의의를 찾을 수 있으나, 의결과 집행을 분리하고 있다는 점에서 약간의 문제점을 찾을 수 있을 것이다.

3) 地方自治團體組合의 構成案

2개 이상의 지방자치단체가 하나 또는 둘 이상의 사무를 공동으로 처리하기 위하여 필요한 때에는 규약을 정하여 당해 지방의회의 의결을 거쳐 시·도는 행정안전부장관의, 시·군 및 자치구는 시·도지사의 승인을 얻어 지방자치단체조합을 설립할 수 있다.

조합의 성격은 特別地方自治團體이며 조합에는 조합의회, 조합장 및 사무직원을 두며, 조합의회는 조합의 중요사무를 심의·결의하고, 조합장은 조합을 대표하며 조합의 사무를 통할한다.

그런데 조합구성이 활성화되어 있는 일본의 예를 볼 때, 광역성이 비교적 작고 행정수요는 많은 주민의 복지관계사무를 중심으로 조합이 구성되어 있으며, 또한 구성단체를 볼 때, 동일한 광역자치단체내의 기초자치단체간에 조합이 설치되어 있으므로 광역성이 시·도에 걸치는 행정기능에 대한 조합구성은 재고의 여지가 많을 것으로 판단된다.

4) 廣域公社設置案

지방자치법 제2조 ③에는 특별한 목적을 수행하기 위하여 필요한 경우 별도의 특별지방자치단체를 설치할 수 있도록 규정되어 있으므로 이를 제도화할 수 있는 방안이 제시되고 있다.[7)]

우선 광역시설별 이용권역 또는 영향권역 등을 토대로 하여 합리적인 기능지역을 설정하여 기능별로 광역공사를 설치한다.

광역공사의 조직은 현행 지방공기업법상의 地方公企業에 관한 규정을 준용하되 다수의 지방자치단체가 참여한다는 점에서 인구기준 또는 면적기준 등에 따라 조직구성원의 비례할당이 합리적으로 이루어지도록 하는 규정의 보완이 필요하다.

이상과 같은 내용을 볼 때 이 안이 현행제도를 크게 바꾸지 않고도 쉽게 시행할 수

7) 국토개발연구원, 광역도시시설의 입지 및 관리에 관한 연구(1988), pp. 198~202.

있으며 광역서비스의 양과 질, 그리고 공급자와 수요자간에 대응성을 높힐 수 있는 장점을 가지고 있다.

그러나 機能地域을 합리적으로 설정하는데 어려움을 갖고 있을 뿐 아니라 광역기능별로 모두 광역공사를 설치할 경우 행정의 복잡화와 행정기능상호간의 분파주의(sectionalism)를 격화시킬 수 있어 특수전문가의 특수이익에 따라 좌우될 수 있는 문제점[8])을 포함하고 있다.

3. 外國의 自治團體聯合體

1) 토론토聯合政府(The Municipality of Metropolitan Toronto)

1940년대까지 토론토지역에는 13개의 자치단체가 구성되어 각각 독립적인 행정을 수행하고 있었다. 그러나 2차 대전 후 급격한 인구증가와 도시화의 추세는 중심도시인 토론토시(City of Toronto)로부터의 외연적인 확산(sprawl)을 가져와 이로 인해 주변자치단체는 많은 도시문제를 안게 되었다. 급증하는 도시기반시설의 정비필요성에 대하여 재정적으로 대처할 능력이 없는 주변자치단체 등은 이를 해결하기 위하여 온타리오 자치위원회(the Ontario Municipal Board)에 호소하게 되었다. 지방자치문제에 관한 준사법적 · 행정적 권한을 가진 주정부 임명기관인 동위원회는[9]) 1950년부터 수많은 공청회와 토의를 거친 뒤 1953.1, 13개 자치단체에 공통된 사무를 처리하기 위한 토론토권 연합정부의 설치를 제안하였다.[10]) 이 제안에 따라 온타리오주정부는 1953.4. 토론토연합정부법(the Municipality of Metroplitan Toronto Act)을 제정하여 이른바 토론토방식이라고 불리워지는 광역행정체제가 성립되었다.

이러한 방식에 의해 당시의 현안이었던 상수공급, 하수처리, 도로 및 교통규제, 지역계획, 교육 등이 순조롭게 해결되었다. 그러나 그 후 토론토지역의 중심 도시인 토론토시는 정체상태를 계속한데 반해, 주변자치단체들이 급속히 성장해 감에 따라 그들은 연합정부 운영에 있어 평등화를 요구하기에 이르렀다. 이 문제를 해결하기 위하여 1963년 토론토 대도시권에 관한왕립위원회(the Royal Commission on Metropolitan

---

8) 손재식, <u>현대지방행정론</u>, 전정판(서울:박영사, 1983), p. 77.

9) J.C.Bollens & H.J.Schmandt, *The Metropolis:Its People, Politics, and Economic Life* (4th Ed.) (New York:Harper & Row, Publishers, 1982), p. 333.

10) Ontario Municipal Board, *Decisions and Recommendations of the Board*(Toronto: Jan. 20. 1953), 이를 Cumming Report라 한다.

Toronto)를 설치하여 자치단체의 통합(13개에서 6개로), 토론토시 이외의 자치단체대표의 증원 등을 주요내용으로 하는 제안을 채택하여 1967년부터 시행하게 되었다.[11] 그 후에도 연합정부의회의 구성방법과 의장의 선출, 의원수 등에 관한 논의가 계속되어 왔으나 그 根幹은 아직까지 유지되어 오고 있다.[12]

토론토연합정부는 각 자치단체를 대표하는 의원으로 구성된 의회(Council)를 중심으로 조직되어 있다. 즉, 위원회형의 기관구성형태를 취하고 있는데 의회에는 일반행정의 집행을 관장하는 집행위원회(Executive Committee)와 6개의 상임위원회(Standing Committee)가 설치되어 있다. 그리고 각 위원회 내에는 관장사무를 처리하기 위하여 여러 가지 위원회(Commission and Board)와 국(Department)이 각각 조직되어 있다.

연합정부와 각 자치단체간의 사무분배는, 원칙적으로 광역적인 사무처리가 요구되는 것은 연합정부가, 지방적인 사무는 각 자치단체가 처리한다는 것이다. 그러나 실제 사무분배는 이러한 기본원칙을 근간으로 하되 전통과 관습, 사회적 현황 등의 영향을 받아 이루어졌다. 예를 들어 각 자치단체의 사무로 간주된 것으로는 소방, 위락, 전기공급, 선거사무 등이며, 경찰, 대중교통수단, 구급, 기채 등은 연합정부의 사무로 간주되었다. 또한 상하수도, 교육 등은 양자의 협력이 필요한 사무로 정해졌다. 그러나 소방, 전력공급과 같이 분명히 광역적인 사무가 자치단체의 사무로 된 것은 역사적인 배경이나 자치의 전통이란 관점에서 이해하여야 될 것이다.

그런데 계속적으로 시행되어온 개혁조치로 인해 연합정부의 사무가 증가되어 갔으며 그 결과 자치단체는 점차 그 고유영역을 상실하여 연합정부의 출장소화 되는 경향을 보이고 있다.

토론토연합정부는 다른 자치단체와 마찬가지로 온타리오주법 하에서 財政운영을 하고 있는데 재정관련 주법으로는 지방자치법(Municipal Act), 과세평가법(Assessment Act), 무조건보조금법(Unconditional grants Act)과 토론토연합정부법 등이 있다. 토론토연합정부의 재원은 주로 각 자치단체의 분담금, 州의 보조금, 각종 사용료·수수료 및 기타 수입 등이다.

---

11) Report of the Royal Commission on Metropolitan Toronto(Jun. 10, 1955).
이를 Goldenberg라 한다.

12) 이러한 논의는 다음의 보고서에 집대성되어 있다.
Report of the Royal Commission on Metropolitan Toronto, 2 Vol, 15, 1977. 이를 Robarts Report 라 한다.
Task Force on Representation and Accountability in Metropolitan Toroto:Analysis and Options for the Government of Metropolitan Toronto, (Nov. 1986).

토론토연합정부에는 직접적인 과세권이 없으며 그 재정운영에 있어서 주정부의 규제를 받는 분야가 많다. 예를 들어 온타리오자치위원회가 자본지출 및 특수사업계획의 사업승인, 기채 및 기채고의 관리를 하고 있으며 또한 지방세의 과제기준을 결정하는 과세평가사무와 임대주택에 관한 사무를 관장하고 있다. 그리고 주정부는 조건부보조금으로 자치단체의 재정을 통제하고 있으며 각 자치단체간의 재정조정은 교육을 제외하고 주정부가 관장하고 있다.

2) 몬트리올 都市共同體(Communaute urbaine de Montreal)

몬트리올도시공동체는 몬트리올시(Montreal)를 비롯하여 총 29개시를 포괄하는 대도시권정부로서 연합정부의 한 유형이다. 2차 대전 후 중심도시인 몬트리올시의 인구증가율보다 주변도시들의 인구증가율이 높아 몬트리올시가 주변도시들의 성장으로 야기되는 정치적·경제적 환경변화에 어떻게 대응할 것인가 하는 문제가 제기되었다.

1962년부터 몬트리올시 기획국은 몬트리올 대도시권에서의 도시개발문제를 검토하기 시작하였다. 이 조사연구로 인하여 흥미있는 자료와 예측이 제시되자 대도시권계획은 어떤 새로운 대도시권 정부형태 없이는 수립할 수 없음이 명백해졌다. 따라서 Quebec주정부는 이 문제를 연구할 위원회를 설치하여 여러 가지 제안을 하게 이른다.[13]

1969년 주정부의 계획에 대한 몬트리올시로부터의 반대의견이 개진되어 Quebed주의 도시부장관은 이 문제에 관한 어떠한 조치도 1년간 연기될 것이라고 발표하였으나 그 해말 새로운 대도시권정부인 몬트리올대도시공동체가 창설되게 되었다.[14]

이리하여 몬트리올 도시공동체는 1970.1.1.부터 효력이 발생된 Quebec주의 특별법으로 설치된 公法人으로[15] 1959년부터 설치되어 있던 몬트리올대도시권위원회를 대체하게 되었다. 이는 법인으로서 갖는 일반적 권한과 몬트리올 도시공동체에 관한 법률에 규정된 특별한 권한을 가지고 있다.[16]

---

13) Province of Quebec, *Report of the Study Commission on Intermunicipal Problems in the Island of Montreal*(1964).

14) W.Magnusson & A Sanction(eds.), *City Politics in Canada*(Toronto:University of Toronto Press, 1983), pp. 78~90.

15) 몬트리올도시공동체에 관한 특별법의 명칭은 다음과 같다.
Coodification Administative de la loi sur Communaute urbaine de Montreal. (mise a jouraout 1989).

1990년 현재 인구 1,752천인과 면적 490km2를 갖고 있는 몬트리올도시공동체는 의회와 의회 내에 설치된 집행위원회(Executive Committee) 및 5개의 상임위원회에 의해 관리되는 委員會型 行政組織을 갖고 있다.

몬트리올도시공동체는 광역적 성격을 가진 일정한 도시기능을 담당하고 있는데 그 주요내용을 살펴보면 다음과 같다.17)

① 권역 내 각 도시에 있는 부동산의 평가
② 개발계획의 수립
③ 광역적인 공원의 지정 및 개발
④ 대기오염의 제거
⑤ 식품감시
⑥ 폐수처리
⑦ 권역 내 대중교통수단의 건설・관리
⑧ 公安
⑨ 경제개발
⑩ 택시사업의 규제
⑪ 긴축조치의 조정
⑫ 자원재활용
⑬ 수질환경의 보호

이상과 같은 업무를 분담하기 위하여 도시공동체에는 (i) 총괄국(General Manangement) (ii) 비서실(Secretariat) (iii) 재무국(Treasury Department) (iv) 평가국(Valuation Department) (v) 환경국(Environment Department) (vi) 권역계획국(Planning Department of the Territory) (vii) 대도시권교통국(Metro-politan Transit Bureau) (viii) 경제개발국(Economic Development Office) (ix) 경찰국(Police Department) 및 (x) 비상대책국(Emergency Measures Bureau) 등이 설치되어 있다.18)

도시공동체의 세출과 대중교통공사의 세출의 일부를 충당하기 위하여 도시공동체가 매년 필요로 하는 재원의 일시적인 수입과 보조금을 제외하고는 권역 내 자치단체가 각각의 재정력에 비례하여 분담한다. 즉, 몬트리올도시공동체는 주민에 대한 직

---

16) 동법 제3조.

17) Annual Report(1988). p. 10.
보다 상세한 내용은 Codification administrative de la loi sur lar Commumaure urbaine de Montreal, 제121조에서 제203조를 참조.

18) Annual Report 1988, p. 11.

접 과세권이 없으며 각 자치단체의 과세대상부동산의 평가액에 의거하여 각 자치단체에게 분담시키고 있다.

한편 도시공동체는 50년을 초과하지 않는 기간의 借入을 계약할 수 있는 권한을 가지고 있다. 또한 공동체가 차용할 수 있는 금액에 대해서는 법률상 한도가 없다. 그러나 모든 장기차입은 Quebec주 도시위원회와 도시부장관의 승인을 받도록 되어 있다. 외화로 상환하여야 할 차관도 또한 Quebec주정부의 승인을 필요로 한다.

지하철건설이나 폐수처리시설 등과 같이 막대한 재원이 소요되는 사업의 공사비도 공채발행을 통하여 조달할 수 있으며, 이에 대한 연도별 상환계획은 공동체의 예산에 계상되어 있다.

3) 우리나라에의 示唆點

지방자치단체연합방식은 기존 지방정부의 관할권, 즉 법인격을 인정하면서 전체 광역지역 및 서비스를 운영・관리하는 것이다.

연합체정부는 일반적으로 담당기능에 대한 議決權, 執行權, 起債權 등을 가지고 있으나, 관련 지방자치단체를 구성원으로 하기 때문에 주민에 대한 직접 과세권은 가지고 있지 않다.

연합체가 우리에게 주는 시사점을 세분해 보면,

첫째, 계획수립측면에서 볼 때 관련 시설간의 계획이 다양화될 가능성이 있으나, 이는 연합체내 계획조정위원회의 설치로 통합적 조정이 가능하며 또한 계획의 전문성 확보가 가능하다는 점이며,

둘째, 집행측면에서는 관련 시설간의 통합적 집행이 가능하며,

셋째, 유지・관리측면에서 광역정부로서 광역적 제자원에 대한 관할권을 가지므로 전문성이 제고될 수 있으며, 관련 시설간의 유지・관리 및 조정이 가능하고 나아가 전문공사의 설립도 가능하다는 점이다.

넷째, 비록 과세권은 갖지 못하나 독자적인 재정권을 가지고 있으므로 관계 지방자치단체의 분담금 결정에 있어 자체기구를 활용할 수 있어 분담금산정의 합리성을 제고시킬 수 있으며 나아가 중앙정부나 관계 지방자치단체의 관여가능성을 극소화시킬 수 있다는 점이다.

그런데 우리나라 지방행정의 계층구조가 중층제(two-tier system)이므로 어떤 의미에서는 이미 외국의 연합체에 해당하는 기관(즉, 시・도)이 설치되어 있다고 할 수 있다. 그러나 광역자치단체인 시・도는 광역행정기능 뿐만 아니라 기타 일반행정기능(보

완・대행기능, 연락・조정기능, 지도・감독기능)도 동시에 수행하고 있어 외국의 연합체와는 그 성격에 차이가 있다. 따라서 수도권의 경우 超廣域機能만을 종합적으로 담당・처리하기 위한 새로운 代案으로서 聯合體의 설치가 필요하며, 또한 바람직할 것으로 판단된다.

4. 首都圈聯合政府의 制度化方案

1) 意義 및 性格

수도권광역행정의 통합성과 유기성을 확보하기 위하여 광역적인 지역계획이나 개발, 도로망의 확충, 상하수도 등과 같이 수 개의 광역자치단체에 걸치는 超廣域行政機能을 공동으로 처리하기 위하여 설치하는 새로운 特別目的 地方自治團體이다.

수도권연합정부(가칭 : 이하에서는 연합체로 함)는 시・도를 구성단체로 하는 특별지방자치단체로서 法人格을 가진다. 다시 말해, 특정한 행정사무에 관해서는 의결권과 집행권을 가지며, 의결된 사무를 집행하는데 소요되는 예산은 구성자치단체의 분담금, 국가로부터의 보조금 그리고 자체수입으로 충당하며, 또한 사업을 시행하는데 필요한 경비의 일부를 조달하기 위한 起債도 할 수 있다. 다만 주민에 대한 직접적인 과세권은 인정하지 아니한다.

연합체는 특별지방자치단체로서 자치단체의 일종이므로 정부조직법이나 지방자치법의 관계규정에 따라 행정안전부장관의 지휘・감독 하에 두는 것이 원칙일 것이다. 그런데 지금까지의 서울특별시 행정특례를 고려할 때 국무총리직소하에 두는 것도 생각할 수는 있다.

그리고 연합체의 구성단체로서 현행 수도권행정협의회의 구성단체인 서울, 인천, 경기도, 강원도, 충청북도로 할 수 있으나, 우리나라에서는 최초로 구성된다는 견지에서 볼 때 현재 首都圈整備計劃法에 규정된 首都權, 즉 서울, 인천, 경기도 등 3개 시・도만을 포괄하는 것이 바람직할 것이다.

2) 機能配分模型

(1) 模型定立의 基本方向

현재 우리나라 광역자치단체가 담당하고 있는 기능은, ① 광역행정기능, ② 보완・

대행기능, ③ 연락 · 조정기능, ④ 지도 · 감독기능 등 네 가지이다.[19)]

그런데 연합체의 창설목적이 현행 시 · 도와 같은 광역자치단체만으로는 해결하기 어려운 초광역행정기능과 보완 · 대행기능을 수행할 별도의 지방정부를 구상하는데 있다. 따라서 연합체에 부여될 담당기능의 모형정립에는 일반광역자치단체의 기능모형에 적용되는 원칙과는 다른 다음과 같은 원칙이 지켜져야 할 것이다.

첫째, 지방자치제의 실시에 따라 새로이 정립된 시 · 도 및 시 · 군 · 자치구간의 기능배분모형을 최대한 존중하도록 한다. 이를 위해 연합체에 부여될 기능은 현행 지방자치법시행령에서 볼 수 있듯이 지방자치단체의 종류별 사무 중에서 광역적 기능에 해당하는 시 · 도사무를 중심으로 부여하도록 한다.

둘째, 국가행정체제의 효율성 증진을 위한 행정개혁위원회의 건의내용을 충실히 반영하도록 한다. 작은 정부이면서 효율적인 정부를 구현하고 자 정부조직개편과 관련하여 지방자치단체로 이양하도록 된 사무 중에서 시 · 도에 이양되는 사무를 최대한 수용하도록 한다. 다만 이때에 대부분은 시 · 도로 이양하되 연합체에서 담당할 것을 시 · 도로 이양된 업무 중 초광역적 차원에서 조정 · 통제가 필요한 사무와 2개 이상의 시 · 도에 걸치는 경우(시 · 도와 경계를 접하는 2개 이상의 기초자치단체간에 걸치는 경우 포함)와 같이 초광역적 기능과 사무에 국한하도록 한다.

셋째, 특별지방행정기관의 정비를 전제로 하여 이들 사무의 일부를 연합체의 사무로 한다. 업무의 특수성으로 인하여 지방자치단체에서 담당처리할 수 없는 한정적 사업을 직접 담당하기 위해 설치된 특별지방행정기관이 경쟁적으로 난립하여 이 중 상당수가 일반행정적인 사무를 중복하여 처리하고 있다. 이는 종합성을 띤 지방행정의 비능률과 민원인의 불편, 예산낭비 등을 초래하는 바 지방자치실시로 인하여 지방자치단체와의 업무재분담이 요구된다.[20)] 이러한 시점에서 연합체라는 전문적 광역행정기구를 구상할 때 특별지방행정기관의 업무 중 상당 부분이 연합체의 기능으로 이양되어야 할 것이다.

(2) 機能模型의 定立

① 정립에 있어 고려하여야 할 變數

연합체는 광역자치단체인 시 · 도를 존치한 채, 시 · 도를 초월하는 초광역적 기능

---

19) 김기옥, 韓國地方自治論(서울:정경사, 1990), pp. 77～81.

20) 한국지방행정연구원, 지방행정기관과 특별지방행정기관간의 역할재분담에 관한 연구(1989), pp. 1～2.

만을 담당하는 특별목적 지방자치단체이기 때문에 그가 처리하여야 할 기능과 업무를[21] 어느 정도 부여할 것인가에 따라 연합체의 위상과 성격이 달라지게 되므로 다음과 같은 변수를 고려하여야 한다.

첫째, 초광역기능 중에서도 주로 광역도시시설의 일부만을 줄 것인가 아니면 광역시설을 포함, 관련 개발사업을 종합적으로 수행하도록 할 것이냐 하는 것의 결정이다.

둘째, 특정광역시설이라 할지라도 그 서비스의 공급범위, 공급과정(계획, 건설,유지, 관리)에 관련된 각 사무는 기초자치단체와는 물론 광역자치단체와의 분담정도에 따라 서로 달라지게 된다.

셋째, 특별지방행정기관을 어떤 형태(폐지, 존치, 통합)로 상정할 것인가에 따라 연합체의 적정기능범위가 크게 달라질 것이다.

② 廣域地方行政機能의 定義

광역지방행정기능이 무엇인가 하는 점이다. 이는 각국의 중앙정부와 지방자치단체간의 기능배분상태, 즉 分權化 또는 自治性의 정도에 따라 상이한바 일반적으로 最廣義의 廣域地方行政機能은 중층제의 지방행정계층구조를 택하고 있는 국가에서의 광역자치단체가 담당하는 기능을 말한다. 우리나라의 경우 광역자치단체인 시·도가 담당하는 기능 중 광역행정기능과 보완·대행기능을 넓은 의미의 본래적 광역행정기능이라고 볼 수 있다.

다음으로 中範圍의 廣域地方行政機能은 주로 공익사업이 주를 이루는 광역행정기능만을 의미한다고 볼 수 있다.

마지막으로 狹義의 廣域地方行政機能은 다분히 임의적으로 결정되는 것으로서 일반적으로 대도시권에서의 광역도시시설, 즉 도로, 하수도, 폐수종말처리장, 쓰레기처리장, 공동묘지 등에 관한 행정기능으로 이해된다.[22]

③ 擔當機能

수도권연합체는 수도권 내 각 광역자치단체의 기능 중 광역기능의 일부만을 분

---

21) 이하에서는 논의의 편의상 교통, 상수도, 공원… 등과 같이 대기능분류를 "기능"이라고 하고, 각 기능을 수행하기 위한 제반절차와 중소기능분류를 "사업"이라고 쓰기로 한다.

22) 廣域都市施設이란 단위시설에 의한 서비스의 공급범위와 그로 인한 영향이 광역적으로 파급되거나 혹은 특정한 서비스의 공급을 위하여 인접지역의 자원이 투입되어야 하는 것으로서 이의 설치, 운영, 관리를 위하여 다수의 행정주체가 관련되어 있는 시설을 의미한다. 국토개발연구원, 광역도시시설의 지위 및 관리에 관한 연구, p. 30.

리 · 통합하여 당해 광역기능만을 담당처리하는 특별목적 지방자치단체의 성격을 가지고 있으므로, 이 성격에 비추어 적절한 담당기능이 부여되어야 할 것이다.

첫째, 시 · 도라는 광역자치단체의 존치를 감안할 때 공공사업적 성격의 中範圍廣域行政機能을 넘어서지 않는 것이 바람직하다. 만약 최광의의 광역행정기능을 택하게 되면 기존 시 · 도는 광역자치단체로서의 존재의의를 상실하게 되며 연락 · 조정기능과 지도 · 감독기능만을 수행하는 국가행정기관의 지방출장소의 위치로 전락하게 될 것이기 때문이다.

둘째, 공공사업기능을 都市計劃行政(도시계획, 도시정비, 구획정리), 建設事業行政(건설행정, 도로건설 및 관리, 하수도건설 및 관리, 하천정비 및 관리, 주택건설 및 관리, 건축지도 및 감독), 水道事業行政(상수도건설, 급수관리, 상수도행정) 등의 3가지 형태로 분류할 수 있는데, 이들 모두를 연합체의 기능으로 하기보다는 이 중에서 수도권전체의 차원에서 정비 · 조정되어야 할 계획개발사무나 광역도시시설을 중심으로 한 공공사업기능을 담당기능으로 함이 바람직하다. 왜냐하면 공공사업기능 중에서 도시정비, 구획정리, 하천정비 및 관리, 민간주택건설 및 관리, 건축담당 · 감독, 상수도행정 등은 굳이 연합체에서 담당하지 않더라도 시 · 도에서 충분히 해결할 수 있기 때문이다. 따라서 이러한 기능은 기존의 광역자치단체의 공공사업행정기구를 일부 개편하여 처리하도록 한다.

셋째, 몇몇 공공사업기능이 제외되는 대신 주민복지증진에 관한 사회복지기능의 일부와 화장장, 묘지 · 납골당, 쓰레기 및 오물처리 등 혐오성이 있는 기능을 포함시킨다.

④ 擔當事務

앞에서 설명한 연합체의 담당기능은 지방행정의 기능별 분류를 중심으로 시 · 도와 연합체간의 기능분담방법을 살펴본 것이다.

여기서는 이렇게 결정된 각 기능을 그 공급범위별(예 : 광역상수도와 지방상수도 등), 공급과정별(사업계획, 인가, 시행, 유지, 관리)로 관련된 사무를 연합체와 자치단체간에 어떻게 배분할 것인가를 살펴보기로 한다.

연합체는 2개 이상의 광역자치단체에 걸치는 광역적 시설 및 이와 관련된 기능의 계획(입지결정) · 설치 · 운영 등에 관한 사무를 담당하도록 하고, 그 외의 사항은 자치단체에서 처리하도록 한다. 예를 들어 광역상수도의 경우 취수장 및 원수관로시설에 관한 장기기본계획은 건설교통부 또는 수자원공사에서 담당한다 하더라도 연차별 실시계획, 건설, 유지, 관리와 상수도료의 징수는 자치단체에서 담당하도록 한다. 또한 지방상수도의 경우 대부분 지방자치단체의 사무이나 2개 이상의 행정구역에 걸친 경우 그 사업인가 · 준공 · 수질검사 등에 관한 사무는 연합체의 사무로 한다.[23)]

⑤ 特別地方行政機關의 機能 및 事務의 調整

연합체의 담당기능 및 사무에 관련된 주요 특별행정기관으로는 건설교통부의 지방국토관리청과 환경부의 지방환경청이 있다. 특별지방행정기관과 지방자치단체 특히 광역자치단체간의 업무의 유사성과 중복으로 인해 나타나는 문제점을 해결하기 위하여 양자의 기능조정이 요청된다.

3) 機關構成方法

(1) 代案의 구상

연합체도 타 지방자치단체와 마찬가지로 담당기능을 수행하기 위하여 일정한 기관을 구성하여야 한다. 기관을 구성하는 형태나 방법은 해당 국가의 역사적 특수성이나 사회 문화적 여건에 따라 상이하나 일반적으로 두 가지로 대별할 수 있다. 즉, 의결기능과 집행기능을 단일기관으로 하여금 담당하도록 하는 機關統合型과 분리된 별도의 기관으로 하여금 분담하도록 하는 機關分立型이 그것이다.

機關統合型의 장점으로는, (i) 모든 권한과 책임이 의회에 집중되어 있으므로 집행기관과의 불필요한 대립이나 마찰의 소지가 없어 행정의 안정성과 능률성을 기할 수 있으며, (ii) 집행기관의 단독제와 같이 1인의 능력에 의존하는 것이 아니라 여러 위원의 중지에 의하여 행정을 처리하므로 보다 신중해질 수 있으며, (iii) 의결 내지 정책결정과 그 집행간의 관계가 긴밀하여 의결된 사항의 집행효과를 제고시킬 수 있으며, (iv) 소수의 의원으로도 구성할 수 있어 일반경비를 절감할 수 있다는 것 등을 들 수 있다.

반면, 이러한 기관통합형을 채택할 경우 예상되는 단점으로는, (i) 정책집행을 총괄조정할 단일집행책임자가 없어 각국 · 과의 행정이 割據主義화될 우려가 있으며, (ii) 모든 책임과 권한이 단일기관에 집중되어 있으므로 견제와 균형의 원리가 적용될 수 없어 권한의 남용을 초래할 수 있으며, (iii) 행정에 대한 전문적 지식과 경험이 없거나 적은 의원이 행정의 책임자가 됨으로써 행정 전문성이 무시되고 素人行政의 폐해를 낳을 수 있으며, (iv) 의원수가 비교적 적기 때문에 의결기관으로서 대표성이

---

23) 이들 사무는 현재 국가사무로서 시 · 도로 이양되어야 할 것인 바 이를 연합체의 사무로 흡수하도록 한다.

불충분할 수 있다는 것 등이다.

한편 機關分立型의 경우 기관통합형의 장점이 단점이 되며 단점이 장점이 된다. 그런데 새로이 설치될 연합체는 특정한 초광역기능을 효과적으로 처리하는데 그 1차적인 목적이 있는 바 의결과 집행을 결합한 기관통합형 기관구성형태를 고려해 볼 수 있겠으나, 기관분립형도 일응 적실성(relevancy)을 가지고 있으므로 두 가지 모두를 상정하여 그 기관구성방법을 제시하기로 한다.

(2) **議決機關**의 구성방법

일반적으로 의결기관, 즉 의회의 구성은 두 가지 의미로 사용되는데, 그 하나는 의회를 구성하는 요소라는 입장이며, 다른 하나는 의회가 활동하기 위한 조직이라는 측면이다. 전자는 항상 존재하는 의회의 구성요소로서의 의원과 사무국이며, 이것은 의회조직의 靜的 要素이다. 후자는 의회가 활동하고 있는 시기에 존재하는 본회의 · 위원회 등의 조직과 내부조직으로서의 의장 · 부의장 · 위원장 등이며, 이것은 의회조직의 動的 要素이다.

① **議員선출방법**

연합체의 최고의사결정기관으로서 聯合體議會의 의원선출방법은, (i) 주민에 의한 直選制와 (ii) 구성단체의회의원 중에서 선출하는 間選制를 생각할 수 있다.

그런데 聯合體는 특정한 기능만을 수행하는 특별지방자치단체로서 일정한 구역의 주민을 직접 대표한다기보다는 주민의 대의기관인 구성자치단체를 대표하는 성격이 매우 강할 뿐만 아니라 연합체의회의원을 주민이 직접 선거할 경우 의원선출절차가 복잡하거나 지방선거가 너무 빈번해지므로 시 · 도 의회의원 중에서 간선하는 방법이 타당할 것이다.

그리고 기관통합형을 채택할 경우 구성자치단체의 장인 시 · 도지사를 연합체의회의 당연직 의원으로 하는 것도 의결과 집행의 효율화를 위해 필요한 것으로 판단한다.

한편, 연합체의회의 의원정수를 결정하는 방법은, (i) 인구비례로 하는 방법 (ii) 시 · 도의원 선거구수에 의한 방법 (iii) 동수로 하는 방법 등을 생각할 수 있다.

그런데 연합체를 설치하는 근본이유 중의 하나가 자치단체간에 이해가 상충되는 행정기능의 합리적 효율적인 처리에 있으므로 의원정수결정방법은 각 구성단체가 차지할 수 있는 의원수의 상한과 하한을 규정하고 그 범위 내에서 인구비례의 원리를 가미하는 것이 바람직할 것이다. 다시 말해, 특정 구성단체가 의원수의 과반수를 차지하여 의회를 독점하는 것은 연합체설치의 이유(raison d'etre)를 반감시켜 버릴 수 있다는 것이다.

이렇게 볼 때 연합체의회의 의원정수는 구성자치단체마다 10인으로 하되 인구 200만 이상의 시 · 도에 있어서는 200만을 초과하는 매 200만까지 마다 1인을 더하는 방법이 좋을 것 같다. 이와 같이 할 때 연합체의회의 의원정수는 서울 15인,

인천 10인, 경기 13인으로 모두 38인이 되며 여기에 자치단체의 장을 포함시킬 경우 41인이 된다.

그 밖에 연합체의회의원으로 선출된 자의 경우 당해 지방의회의원직을 사임하여 연합체업무에 전념할 수 있도록 하는 방안도 고려할 수 있으나 이럴 경우 시 · 도의원을 다시 선거해야 하는 번잡함이 있으므로 당해 시 · 도의회의원의 지위는 유지하도록 하는 것이 바람직하며 또한 그 임기도 시 · 도의회의원의 임기와 같이 4년으로 할 수 있으나 모든 의원들에게 공평한 기회를 부여한다는 견지에서 그 반인 2년으로 하는 것이 좋겠다.

② 議長團선임방법

기관구성형태에 따라 그 권능이나 지위를 달리하지만 연합체의회의장단은 의원 중에서 선출하도록 한다. 의장은 의회에서 무기명투표로 선출하여 재적의원과반수의 찬성을 얻도록 규정하여 특정자치단체의 독식을 예방하여야 할 것이다. 부의장을 둘 경우에도 그 선임방법은 의장과 동일하게 한다.

의장단은 의장 · 부의장 각 1인씩 두며 그 임기는 의원임기와 같이 2년이 적당할 것 같다.

③ 委員會의 설치

기관구성방법에 관계없이 의회에 있어서 심의의 능률을 꾀하는 동시에 충분한 심의를 확보하기 위하여 의원전원으로 구성되는 본회의와 예비심사를 위한 내부조직으로서 위원회제도를 마련해야 할 것이다.

(i) 설치기준

연합체내에 설치될 위원회의 수, 종류, 방법 등에 관한 보편적 기준이 정립되어 있는 것은 아니나, 일정한 기준이 없이 많은 위원회가 설치되어 위원 상호간에 겸무가 많게 되면 위원회제도의 본지인 상세하고도 효율적인 운영이 저해될 뿐만 아니라 의원들이 세분화된 위원회에 소속하게 되어 의원 자신의 시야가 좁아질 가능성이 있으므로 일정한 기준에 따라 설치하여야 할 것이다.

첫째, 위원회를 설치하는 방법은 두 가지로 대별할 수 있는데, 실체적 행정의 분야별로 설치하는 縱割式(vertical)과 행정사항에 따라 설치하는 橫割式(horizontal)이 그것이다.

종할식의 경우 위원들이 부분별 사무에 정통하여 전문화되기 때문에 심의의 능률을 향상시키고 따라서 적절한 정책을 수립할 수 있게 하는 장점이 있는 반면, 의원들의 시야가 해당기능에 한정되어 전체적인 사무조정능력이 저하되는 단점이 있다.

한편 횡할식의 경우 종할제방식의 단점은 없어지지만 각 위원회간의 소관사항이 불분명해 지고 또한 균형적인 위원회의 구성이 어렵게 되는 단점이 있다.

특별목적을 수행하기 위한 연합체의 성격에 비추어 볼 때 연합체에 설치될 위원회는 연합체 사무의 종류와 성질, 즉 사무의 기능별로 종할식 상임위원회의 설치를 원칙으로 하고 특별한 개별사항에 대해서는 횡할식 특별위원회를 설치하도록 한다.

둘째, 1인의 의원이 속할 수 있는 위원회의 수의 경우 한 사람이 하나의 위원회에만 속하게 되면 자기가 소속한 위원회의 업무에 대해서는 정통할 수 있으나 연합체 전반에 대해서는 잘 알 수 없게 된다. 한편, 한 의원이 여러 개의 위원회에 속할 수 있게 되면 의원으로서 연합체 전반에 대하여 폭넓은 시야를 가질 수 있지만 위원회 본래의 취지인 전문적인 심의를 할 수 없게 된다.

따라서 위원회 설치 본래의 목적인 효율성과 전문성을 감안할 때 의원 1인이 하나의 의원회에만 속하도록 하는 것이 바람직하다.

셋째, 위원회의 위원정수는 위원회의 중요성에 따라 차이를 둘 수도 있고, 각 위원회별로 균등하게 정할 수도 있다. 각 위원회별로 차이를 둘 경우 위원회의 중요성을 평가하는데 어려움이 있으며, 균등하게 정할 경우 의원정수가 소수일 때 설치될 수 있는 위원회의 수가 제한되는 결점이 있다. 연합체의 경우 위원회별 위원정수를 균등하게 하는 것이 바람직할 것이다.

그리고 위원회의 미래 목적에 충실하기 위해서는 그 정수의 적정화를 기할 필요가 있는데 일반적으로 하나의 위원회에는 6~7인의 위원이 적당하다고 생각된다.

그 밖에 의원이 아닌 특별한 지식이나 경험을 가진 인사를 위원회의 위원으로 임명할 수도 있으나 연합체에 있어서는 이를 인정하지 않도록 하는 것이 타당할 것 같다.

그리고 의장·부의장은 위원회의 위원이 될 수 없도록 한다.

(ii) 설치될 위원회의 종류와 소관사무

이상과 같은 기준에 의해 연합체의회에 설치할 상임위원회와 그 관장사무를 제시하면 다음과 같다.

ⓐ 지역계획 · 개발위원회(위원수 6인) : 수도권정비 및 도시계획 · 개발관련사 무
ⓑ 교통위원회(위원수 6인) : 도로 및 대중교통 관련사무
ⓒ 상수위원회(위원수 6인) : 상수도 관련사무
ⓓ 하수도위원회(위원수 6인) : 하수도 및 하수처리장 관련사무
ⓔ 공원 · 녹지위원회(위원수 6인) : 공원 · 녹지 관련사무
ⓕ 환경 · 위생위원회(위원수 6인) : 쓰레기처리 및 묘지 관련사무

그 밖에 연합체의 효율적인 의사결정을 위하여 의장직속으로 政策評價 · 調整委員會를 구성하여 특별위원회의 형태로 운영하도록 한다.

동위원회는 행정안전부 · 건설교통부 · 환경부 등 중앙관계부처의 국장급, 실무자와 학계의 전문가 등 15인 이내의 위원으로 구성하여 연합체의 주요정책에 대한 자문 · 평가 · 조정업무를 담당하도록 한다.

④ **事務局의 설치**

의회의 사무를 처리하기 위하여 일정한 조직과 직원이 필요할 경우 條例에 정하는 바에 따라 사무국을 설치할 수 있도록 하여, (i) 문서의 수발 · 통제 · 보존 및 관리 등 庶務, (ii) 의회의 회의에 관한 사항 등 議事, (iii) 의회활동에 필요한 자료의 수집 · 정리 등 조사 · 연구 등과 같은 임무를 수행하도록 한다.

(3) 執行機關의 구성방법

① **機關統合型의 경우**

연합체의 기관구성방법을 기관통합형을 채택할 경우 의회는 의결기관인 동시에 집행기관이므로 의회와 대립되는 의미에서의 집행기관은 없다. 또한 의장은 연합체의 의례적 대표로서의 지위를 갖게 하고 행정상의 실권은 의회의 분업기관인 각 상임위원회에서 행사하도록 한다.

이와 같이 할 때 연합체의 소관사무를 총괄 · 집행하기 위하여 執行委員會를 구성하는 것이 필요할 것이다.

연합체 정부의 중추로서의 집행위원회는 의장 및 부의장 그리고 각 상임위원회의 장으로 구성하며 의장이 위원장을 겸임하도록 한다.

그리고 집행부국의 간부는 어느 직위나 당해 분야의 전문가를 임명하여 각각 관계위원회의 지휘 · 감독을 받아 그 사무를 처리하도록 한다.

이러한 執行委員會의 조직구성을 제시하면 다음과 같다.

ⓐ 최고관리관 : 집행위원회의 사무를 총괄하며 차관급으로 보한다.

ⓑ 기획관리실 : 연합체의 기획, 예산, 인사, 감사 등의 업무를 관장하며 이를 위하여 기획조정과 · 예산회계과 · 인사과 · 감사과 등을 설치한다.

ⓒ 개발계획국 : 지역계획개발위원회의 지휘 · 감독 하에 그 소관에 속하는 사무를 처리하며 이를 위하여 지역계획과 · 도시계획과 · 개발관리과 등을 설치한다.

ⓓ 교통국 : 교통위원회의 지휘 · 감독 하에 그 소관사무를 처리하며 교통기획과 · 운수과 · 도로과 · 대중교통과 등을 설치한다.

ⓔ 수도국 : 상수도위원회의 관장사무를 처리하며 그 밑에 광역상수도과 · 지방상수도과 · 상수행정과 등을 설치한다.

ⓕ 하수국 : 하수도위원회의 관장사무를 처리하며 그 밑에 하수도건설과 · 하수처리과 · 하수행정과 등을 설치한다.

ⓖ 공원 · 녹지국 : 공원 · 녹지위원회의 관장사무를 처리하며 그 밑에 공원개발과 · 공원관리과 · 녹지행정과 등을 둔다.

ⓗ 환경 · 위생국 : 환경 · 위생위원회의 관장사무를 처리하며 폐기물처리계획과 · 폐기물처리시설과 · 환경위생과 등을 둔다.

② 機關分立型의 경우

연합체의 의결기관과 대립되는 집행기관을 분립하여 설치할 경우 가장 중요한 사항이 長의 선출방법일 것이다.

장을 선출하는 방법은, (i) 연합체의회의원 중에서 선거하는 방법, (ii) 주민이 직접 선거하는 방법, (iii) 구성단체의장 중에서 선출하는 방법, (iv) 직속상관인 내무부장관(또는 국무총리)의 추천으로 연합체의회의 동의를 얻어 대통령이 임명하는 방법 등을 생각할 수 있다.

그런데 연합체는 그 성격상 초광역기능을 능률적으로 처리하는데 그 설치목적이 있으므로 유능한 전문행정가가 필요하다는 견지에서 볼 때 (iv)의 방법이 가장 적절한 것으로 판단된다.

그리고 그 지위는 현재의 서울특별시장과 같이 準國務委員급으로 하며 그 임기는 연합체의 의장과 마찬가지로 2년으로 하며 연임이 가능하도록 하여 전문성을 제고하도록 한다. 기타 부국은 기관통합형과 동일하다.

4) 財 源

(1) 財政의 槪要

연합체는 수도권지역의 초광역행정기능을 수행하기 위해 각 광역자치단체들의 연합에 의한 특별지방자치단체로서 주민들에 대한 직접 과세권은 인정되지 않으므로, 그 재원을 구성자치단체의 분담금, 국가의 보조금, 각종 세외수입, 차입금 등으로 확보하며 다만 기채를 위한 공채발행권을 가질 수 있도록 한다.

연합체의 계획과 예산이 연계될 수 있도록 중장기재정계획이 수립 · 운용되어야 한다.

또한 연합체의 담당기능 대부분이 공공사업적 성격을 띠므로, 예산편성은 經常計定과 資本計定으로 분리할 수 있도록 하며 주로 투자적 경비가 많고 公債가 적극적으로 활용되어야 함을 감안하여, 장기적으로는 資本豫算制度(capital improvement program, capital or divided budget)로의 발전을 꾀하도록 한다.

재정운영의 원칙은 균형예산의 유지이며, 연도별 예산안을 작성해서 세입 · 세출을 균형화시키도록 한다.

(2) 財政(예산)의 構造

① 歲 入

연합체의 세입은 자치단체의 분담금, 국고보조금, 사업수입, 기채 등의 수입, 전년도 이월금 등 총6개 항목으로 구성된다. 이 중에서 큰 비중을 차지하는 것이 分擔金, 事業收入 및 借入, 起債 등이다.

첫째, 분담금은 공공사업 중에서는 사용자부담원칙을 적극 도입하기 어려운 사업(예: 도로, 하수도, 공원 · 녹지 등)을 광역적으로 처리하기 위하여 각 자치단체가 일정비율로 분담하는 지방행정비이다. 이때 분담비율은 각 자치단체가 각각의 광역서비스로부터 받는 편익을 비교형량하여 결정되어야 한다.

둘째, 사업수입은 연합체의 담당기능중 시장성이 있어 사용료, 수수료 등의 요금수입이 보장되는 사업을 경영하여 얻어지는 수입이다. 상수도, 대중교통(유료도로 포함), 환경 · 위생업무 등이 이에 해당되는데 수익자부담의 원칙에 의해 자동적으로 편익과 부담의 형평성이 확보될 수 있는 것에서 얻어지는 세입이다.

셋째, 차입과 기채인데, 우선 차입은 연합체내의 지역개발관련 차관사업 등에 충당하기 위해 정부보증 하에 외국기관으로부터의 차용수입이다. 또한 기채는 세대간에 비용부담의 형평성을 추구하기 위해 지하철, 전철 등의 대중교통사업이나 도시개발 등의 사업비를 충당하기 위해 지방채 또는 공사채를 발행함으로써 얻어지는 세입이다.

넷째, 국고로부터 보조를 받는 경우인데, 이는 地方交付稅, 地方讓與金, 國庫補助金 등으로 구성된다. 지방교부세는 국가(주로 건설교통부)로부터 위임되는 사무처리의 비용으로 충당하기 위한 것이고, 국고보조금은 연합체에서 대행하는 국가관련사업비에 충당하기 위한 것이다. 지방양여금은 수도권 내 도로사업 등과 관련하여 연합체의 세입으로 충당될 수 있다.

다섯째, 기타의 재산수입, 잡수입 및 전년도 이월금 등이 그 비중은 적지만 연합체의 재원으로 충당되어 진다.

② 歲 出

세출분류항목을 살펴보면 연합체의 주요기능별로 크게 6가지로 분류할 수 있고, 여기에 물건비, 인건비, 관리비 등의 세항을 포함한 일반행정비와 차입과 기채에 의한 원금상환과 이자지출도 하나의 항목으로 추가해 총 8개 항목으로 분류할 수 있다.

5) 代案의 提示

이상에서 살펴본 수도권연합정부구상안은 그 필요성을 전제로 하여,

첫째, 機能配分에 있어서는, 2개 이상의 광역자치단체에 걸치는 超廣域機能, 즉 광역계획과 개발, 교통 및 도로, 상수도, 하수도와 하수처리, 공원 및 녹지, 그리고 환경·위생 등의 6가지 기능을 중심으로 국가와 연합체간 연합체와 광역 내지 기초자치단체간의 기능배분대안을 제시하였다.

둘째, 機關構成에 있어서는, 기관통합형과 기관분립형을 모형으로 하여 의회 구성방안과 의원정수, 상임위원회의 종류와 기능 기타 조직구성방안을 제시하였다.

셋째, 財源確保에 있어서는, 구성자치단체의 분담금을 중심으로 하면서 국가의 보조금, 연합체의 기채 및 수입세입 등을 보조수단으로 하는 방안을 제시하였다.

이상과 같이 기존의 수도권 광역행정 대응방안에서 한 걸음 나아가 보다 획기적인 개편방안을 제시하려고 노력하였으나, 지금까지 우리나라에서 한 번도 실행해 보지 않았던 광역행정의 접근방법인 聯合政府(自治團體聯合體)가 과연 어느 정도 타당성을 갖고 있으며 정책결정자에게 어느 정도 설득력을 가질 것인가는 아직까지 미지수임에 틀림없다.

그러나 무릇 모든 행정은 인간활동에 관여하기 때문에 그것은 본질적으로 조장 또

는 규제행위에 의하여 전체사회의 변화과정을 통제해야 하는 변화 대응능력을 가져야 한다. 따라서 광역계획 및 개발을 비롯한 초광역행정수요에 대해서 이를 효율적 · 체계적으로 처리할 수 있는 제도적 장치를 구상하는 것이 현실적으로 시급을 요하는 과제라고 보여진다.

제 9 장

地方自治와 地域開發

지방자치행정의 두 가지 큰 기능은 住民福祉向上과 地域開發이다.

지역개발은 넓은 의미에서 주민복지향상에 포함시켜 분석하기도 하지만 유형적 사업이라는 측면에서 이를 분류하여 논하는 것이 다수의 견해이다.

지역개발은 지역경제, 지방문화 등과 포괄적으로 연계하여 이해하여야 하고 그 주체가 住民이라는 점에 유의하여야 한다.

제 1 절 地域開發의 戰略變化

1. 地域開發의 目標와 原理

1) 地域開發의 目的

지방자치제를 실시하는 데 있어서는 무엇보다도 먼저 주민의 地位를 명확히 정립할 필요가 있다.

주민은 지방자치의 主體인 동시에 客體이다.

主體로서의 住民은 공급자의 위치에서 지역개발을 이끌어가는 선도적 주역이다.

客體로서의 住民은 수요자의 위치에서 지역개발의 피동적 수혜자이다.

따라서 주민의 역할은 參與 · 規制 · 支援이라는 방식을 통해 이루어진다.

참여방식은 지방의회의원과 지방자치단체장에 피선되어 자치행정을 직접 담당하는 일이고, 규제방식은 투표 · 감시 · 소환 · 청원 등을 통해 지방의회와 집행부를 견제하고 통제하는 일이며, 지원의 방식은 각종 조세를 비롯한 공과금의 부담, 자문활동과 의견제시, 공공사업에의 협조 등이다.

이와 같은 주민의 위치정립과 역할수행은 自治意識의 정도에 따라 결정된다. 따라서 지방자치제의 성공적인 정착여부 또한 주민의식에 좌우된다. 주민들의 자치의식은 지방자치제의 성패를 가름하는 주요인자로 작용하지만 그 반대일 수도 있다.

지방자치제를 실시함으로써 빨리 각성·성숙하게 되는 측면이 있다. 자치를 수행하는 과정에서 많은 시행착오도 해보고 혼란도 겪어 보면서 자치의식은 함양되고 제고되는 것이기 때문이다. 이런 의미에서 지방자치는 지역개발을 촉진하는 기능을 수행하는 플러스요인으로 기능한다.

地域開發이란, 일정한 규모의 지역 내에서 그 지역의 모든 자원을 최대한으로 이용·개발하여 생활환경을 개선하고 주민의 소득과 복지를 향상시키려는 종합적이며 계획된 노력이다.

여기에서 地域이라 함은 적어도 읍·면규모 이상의 지역을 의미하므로 리·동 또는 지역공동체와는 구별되며, 그 지역의 인적·물적 자연자원 및 제도·조직 등을 최대한으로 이용·개발하고, 개발대상지역의 잠재적 자원을 활용하여 지역발전을 유도함으로써 지역주민의 소득증대와 복지향상을 도모하는데 지역개발의 궁극적인 목적이 있다.

2) 地域開發의 原則

지방자치가 지방의 안정적 질서와 발전적 성장을 위해 지방적인 사업을 지역주민의 의사에 따라 주민이 주체가 되어 다스려 나가는 것을 주요내용으로 하는 것이므로, 지역단위의 모든 여건을 보다 높은 수준으로 향상시키는데 그 목적을 두고 있는 지역개발이야말로 지방자치의 추구하는 목표인 동시에 과제라고 할 수 있다.

지역개발이 지방자치를 전제로 하여 이루어 질 때에는 다음과 같은 원칙이 수립되어야 한다.

첫째, 모든 개발사업은 지역주민의 공통욕구에 입각하여야 한다.

둘째, 지역주민의 자조노력과 적극적인 참가가 있어야 한다.

셋째, 개발사업의 우선순위결정은 종합적으로 관련성 있게 결정되고 상호 협조·조정되어야 한다.

넷째, 지속적이고 다목적인 소득증대사업을 주축으로 추진되어야 한다.

다섯째, 지역개발정책의 일관성과 지역자원의 활용이 가능한 개발사업의 연구평가를 위한 지방정부의 기능이 강화되어야 한다.

여섯째, 지역지도자나 자발적인 민간조직의 자원이 개발과정에 충분하게 활용되어야 한다.

2. 地域開發行政의 戰略變化

1) 住民主導型 地域開發

地域開發行政은 지역주민의 생활의 질을 향상시키기 위하여 지역의 사회·경제적인 발전토대형성의 추구를 그 목적으로 한다.

지역의 경제적인 발전은 소득수준의 향상·고용의 증대, 지역총생산의 증대 등을 가져오고, 지역의 사회적인 발전은 도로·상하수도 등의 생활환경정비, 교육수준의 향상, 문화적 환경정비 등을 가져온다.[1)]

지역개발에 있어서 종래의 하향적·거시적 접근방법이 지닌 가장 큰 약점중의 하나가 바로 개발과정에서 주민참여의 결여와 주민들의 요구 또는 주민들의 기초적 수요에 민감하지 못하였다는 점이다.

이러한 거시적·총량적 지역개발에 대한 반성으로서 소위 基礎需要 接近方法이 논의되기 시작하여 새로운 개발철학으로서의 주민참여를 유도하고 민간의 활력을 기대하는 상향적·미시적 지역개발 또는 소단위지역개발이 80년대 이후 등장하게 되었다.

따라서 지역개발에의 주민의 적극적 참여와 지역특성을 고려한 개발사업에 우선순위를 두는 개발방식은 개발로 인한 혜택이 특정소수인이나 특정지역에 국한되지 않고 지역주민전체에게 귀속되는 것이므로 하향적·총량적 개발체제에서 불가능하였던 주민참여를 가능케 하여 국가적 차원의 우선순위에 앞서 個人的·地域的 優先順位에 초점을 둔다는 점에서 주민주도형 지역개발이라고 할 수 있다.

2) 地域生活圈開發戰略

지역개발에 있어서 지역사회와 주민참여의 역할에 대한 인식의 제고로 나타난 상향적 접근방법(bottom-up approach)에 입각한 소단위 지역개발사업에서는 무엇보다도 주민들의 참여가 강조되어짐에 따라 새로운 지역개발전략으로서 地域生活圈 및 地域

---

1) 蓼沼朗壽, 地方政策論(東京:學陽書房, 1985), p. 194.

定住生活圈 開發戰略이 도입되었다.

여기서 地域生活圈은 중심도시와 그 영향권 내의 주변 郡들을 포함하는 광범위한 지역을, 地方定住生活圈은 기본적으로 군단위지역을 각각 공간단위로 하여 권역의 규모는 상이하나 그 개념이나 이론적 근거는 유사하다.

이러한 생활권개발계획은 계획의 수립 및 집행의 모든 단계에서 지방정부의 보다 능률적인 역할을 강조하고 지방의 요구를 보다 많이 고려하여 지역사회와 지역주민의 자발적인 참여를 도모하는 계획이다.

따라서 국가발전을 위하여는 지역개발·사회개발·경제개발이 대등한 위치에서 입체적으로 개발되어야 하고, 국가종합개발의 구상에 있어서 지역개발의 전략은 地域社會開發(community development)을 포함시켜야 하며, 개발전략에 있어서는 국토종합개발계획을 도·시·군종합개발계획 및 생활권계획과 연관시켜 발전시켜 나가야 한다.

또한 이러한 계획을 성취시키는데 무엇보다도 중요한 것은 개발과정에서 나타난 지역주민의 열의와 참여이다.

중앙정부가 아무리 지역실정을 파악하여 지역개발의 새로운 개발계획을 제시한다 하여도 그 지역주민의 적극적인 참여와 열의 없이는 알찬 지역개발이 이루어질 수 없기 때문이다.

제 2 절 地域開發行政의 問題點과 開發政策의 方向

1. 地域開發行政體制의 問題點

지방정부의 자율적인 地域開發力量提高의 과제는 지방자치행정의 능률성·효율성의 이념과 맥을 같이 한다.

지방정부의 자율적인 개발역량과 생산적인 활동을 통하여 이루어지는 지역개발의 성공적인 수행은 지방의 개발을 촉진하고 지방자치능력을 제고시킬 뿐만 아니라 궁극적으로는 국민전체의 복지로운 삶을 보장하고 국력의 지속적인 신장을 가능케 하는데 직접적으로 기여하기 때문이다.

지방정부의 효율적이고 민주적인 지역개발의 추진을 통하여 선진되고 성숙된 한국상을 구현하는 것은 國家統合性 維持의 차원에서 볼 때 보다 바람직한 실천과제로서 인식된다.

그러나 지금까지의 지역개발은 國家主導로 추진되어 왔기 때문에 지방정부는 지역개발과 관련되는 국가예산을 확보하는 데만 주력하였을 뿐이고 그나마도 추진되었던 지역개발사업은 지방정부단위로 추진되었기 때문에 주민의 경제권이나 생활권으로 통합되지 못한 결과, 부분적이기는 하지만 자원의 낭비와 지방정부간의 분쟁과 갈등만을 확대·심화시켜 왔던 것으로 분석된다.

이러한 여건 하에서 지방자치제가 실시되어 지역감정을 더욱 유발함으로써 지역개발을 국가발전으로 통합시키는 것이 불가능할 것으로 예견되므로, 지방정부단위 또는 지방정부상호간의 협력방식에 의한 지역개발을 지방정부가 주도할 수 있도록 제도적 장치 내지 기반구축을 하는 것이 선결과제로서 제기된다.

따라서 여기에서는 지방정부의 자율적 지역개발역량의 제고와 국가통합성 유지라는 차원에서 기능의 재배분, 지방행정체제개선, 지방재정확충, 광역행정체제구축, 지역개발계획제도의 도입 등에 관하여 현황과 문제점을 분석하고, 그 정책방향과 중점시책을 제시하려고 한다.

1) 機能(事務) 再配分

행정기능의 재배분은 지방자치의식의 증대에 따른 지역주민의 욕구를 수용하고 지역의 균형개발이라는 과제를 실현하기 위한 실천수단으로서 제기된다.

즉, 중앙정부의 기능이 地方의 自律性을 신장시킬 수 있는 방향으로 전환할 것을 전제로 한다.

현재 중앙정부에 의한 국가기능수행체계를 그 기능을 수행하는 기관을 중심으로 분석하여 보면, 총 10,640개 업무 중 중앙행정기관에서 전담수행하는 업무가 7,027개(66.3%)이고, 특별지방행정기관을 활용하여 수행하는 업무가 2,041개(19.0%), 지방자치단체를 활용하여 수행하는 업무가 1,503(14.0%), 특별지방행정기관 및 지방자치단체를 동시에 활용하여 수행하는 업무가 69개(10.7%)인 것으로 나타나고 있다.[2)]

한편 지방자치단체가 수행하는 기능을 성질별로 분석하면, 廣域自治團體(시·도)의 경우는 고유사무가 40.6%, 단체위임사무가 6.8%, 기관위임사무가 52.6%로서 위임사무가 무려 59.4%의 비율을 점하고 있으며, 基礎自治團體(시·군)의 경우는 고유사무

2) 행정안전부 자치행정국에서 사용하는 실무통계상의 수치이다.

43.4%, 단체위임사무 5.2%, 기관위임사무 29.2%, 시 · 도 위임사무 22.2%의 비율로 배분되어 있어,[3] 지방정부는 주민복지에 관한 고유사무의 처리기능보다는 국가 또는 상급자치단체의 위임사무처리에 급급하고 있는 실정이다.

현행 정부기능관리체계는 지방정부에서 처리하여야 할 주민생활직결사무 등도 중앙에 집중되어 있어 지역의 일을 중앙에서 처리하지 않으면 안되는 불편을 야기시키고 있다.

예컨대, 지역단위의 공단조성 · 택지개발 등 지역 내의 개발사업을 추진하는 경우에도 개발사업의 승인 · 인가권이 중앙정부에 있기 때문에 지역개발의 저해요인으로 지적되고 있으며, 각종 정보 · 기술 · 자금 · 인력 등 기업의 경제활동 지원체제도 중앙에 집중되어 있으므로 인해서 지방산업 및 지역경제활성화를 저해하고 있다.

(1) 機能의 中央集中과 委任事務의 過多

이러한 지역적 행정사무의 중앙집중화 현상은 위임사무를 증대시키거나 많은 비율을 점하는 요인을 형성하여 지방정부의 자율성제고라는 차원에서 다음과 같은 문제점과 부작용을 유발시키고 있다.

첫째, 지방자치단체를 國家事務의 下請機關으로 전락시키고 중앙의 광범위한 감독 · 통제의 대상이 되게 함으로써 결과적으로 지방자치의 발전을 억제한다.

둘째, 광역적 사무의 처리, 균등한 서비스를 필요로 하는 행정사무에 대해 중앙과 지방간 협력관계의 수립을 저해하고 오히려 중앙과 지방의 반목 및 대립을 조장한다.

셋째, 委任事務에 대해서는 그 사무의 처리에 필요한 경비의 전부 또는 일부를 국가가 부담하여야 함에도 불구하고 사무를 위임할 때 사무처리 의무만을 과하고 소요경비를 부담하지 않으면 결과적으로 지방자치단체의 재정적 궁핍을 가중시키는 요인이 된다.

넷째, 행정기관 · 행정사무의 割據主義를 조장함으로써 지방행정의 종합적 처리를 저해할 뿐만 아니라 지방적 창의성 · 적극성 · 자주성 · 자율성을 저해한다.

다섯째, 이중행정 · 이중감독 · 재정적 낭비 · 행정적 비능률을 초래한다.

여섯째, 행정의 중앙전제화 · 신중앙집권화의 명분을 제시하고 있다.

행정기능의 중앙집권성은 최근 신중앙집권화 추세와 경제발전 및 안보 등 우리의 특수한 현실에 비추어 보다 불가피한 현상이라 하겠으나, 우리의 경우 지방분권원칙이 구현되기 전에 고도의 집권화가 계속해서 강화되는 데에 문제점이 있다.

---

3) 한국지방행정연구원의 비공개분석자료에 의한 것이다.

행정권한의 위임도 1980년 이후 계속 추진되어 왔으나, 위임기관중심의 형식적 위임, 위임 후에도 수임기관에 대한 지도 · 감독권의 남용, 위임에 따른 인력 · 예산 등의 조치가 뒤따르지 않는 위임 등 불합리한 형태가 그대로 남아 있다.

중앙정부에서는 '08년도에도 위임 · 위탁 대상사무로서 831종을 발굴하여 이중 480종을 행정기관 위임(중앙→시 · 도 : 370, 중앙→소속기관 : 74, 민간위탁 : 36)을 추진 중에 있으나, 실질적인 권한위임이 되도록 질적 변환을 도모하여야 할 것으로 본다.

행정기능의 중앙집권성은 지방행정의 업무적체현상과 행정의 형식화라는 역기능을 수반하여 지방정부의 자율성을 크게 저하시키고 있다.

(2) 特別地方行政官署와 業務重複

중앙각부처의 특별지방행정관서는 6,895개관서[4]가 설치되어 있는 바, 이들 중에서 상당수는 현장집행적이거나 일반행정적인 업무를 각 지방자치단체와 중복처리하고 있는 실정이며, 이로 인하여 지역종합행정추진체계상의 비능률 초래, 민원인의 불편, 예산낭비 등이 지적되고 있다. 따라서 특별행정기관의 업무의 성질, 업무집행의 능률성과 통솔범위, 재정능력, 주민의 입장 등을 종합적으로 고려하여 지방자치단체의 기능으로 조정 · 통합할 수 있는 것은 통합 · 일원화하는 것이 지방자치행정의 국가통합성 유지라는 차원에서 볼 때 바람직스럽다.

(3) 都市的 土地利用規制

지방자치단체의 자율적 지역개발과 관련하여 가장 현실성을 갖는 문제는 土地利用規制의 緩和이다.

현행의 각종 토지이용규제 관련법령은 그 성질별 또는 대상별로 볼 때, 개발 및 건설에 관한 법률 30개, 이용 및 관리에 관한 법률 25개, 계획에 관한 법률 5개, 보전과 보호에 관한 법률 13개 등, 총 73개의 법체제로 구성되어 있으나, 대부분 대도시적 시각에서 전국에 걸쳐 획일적으로 적용됨으로써 지역실정에 맞지 않은 경우가 많다. 또한 각 볍령의 개별 행정목적상의 필요에 따라 토지이용을 규제하므로 그 규제의 범위나 수단 및 절차가 중복적, 비효율적일 뿐만 아니라 그 운용에 있어서도 산업구조의 변화 등 제반여건에 대한 탄력적인 고려가 미흡하다.

뿐만 아니라 土地利用 · 決定權限의 대부분이 중앙에 집중되어 있어 지역특성에 맞는 지역개발 계획의 추진이 사실상 어려운 실정이다.

---

4) 행정안전부, 미발표통계

그러므로 현행 토지규제 제도를 전반적으로 재검토하여 토지이용규제의 범위와 규제수단을 합리화하고 절차를 간소화하여 지역개발을 촉진할 수 있는 여건조성이 필요하다.

2) 地方行政體制의 不備

지방행정체제정비의 과제로서 검토대상이 되고 있는 것은 지방행정조직, 전문인력, 행정구역 등의 정비 · 확충 등의 문제인데, 이는 지역개발촉진을 위한 지방행정체제의 구축이라는 차원에서 제기된다.

지방자치제의 실시는 지역주민이 자기이익을 주장할 수 있는 능력과 지위의 향상 및 지방의 일은 지역주민 스스로의 의사와 참여로 이루어져야 한다는 인식의 증대를 수용한 것이므로, 이로 인하여 지역의 균형발전을 위한 地域單位의 經濟活性化가 강조되고 행정풍토가 통제와 규제중심이 아닌 指導 · 支援行政으로 전환을 불가피하게 한다.

(1) 地域開發行政組織의 脆弱性

지속적인 경제성장과 국민생활수준향상에 따라 지역개발행정수요는 질적 · 양적으로 급속히 변화하고 있으나, 이에 능동적으로 대처하고 지역발전을 유도해 나갈 수 있는 지역개발행정체계가 갖추어져 있지 못하다.

이러한 지역개발행정조직의 취약성을 분석하여 보면,

첫째, 지방행정조직의 脆弱性이다.

도시 · 농촌 등의 행정수요가 판이함에도 불구하고 중앙정부의 지방정부에 대한 통제상의 편의를 위해 현행 지방행정조직은 거의 획일적으로 편제되어 있다. 따라서 지방행정조직은 개발수요에 적응하는 專擔組織을 갖추지 못하고 있다.

둘째, 지방행정조직의 硬直性이다.

행정수요가 변화하면 행정조직 또한 이에 신축성 있게 대응하고 새로운 행정수요를 충족시킬 수 있도록 개편되어야 함에도 불구하고 지방행정조직은 정태적 · 고정적인 형태에 머무르고 있다. 최근 새로운 행정수요로 대두하고 있는 환경 · 노동분야와 2~3차 산업에 대한 선도기능을 수행하여야 할 일선 행정조직이 미미한 실정이다.

셋째, 개발행정조직의 非能率性이다.

행정조직은 최대의 능률화를 도모할 수 있도록 편성되어야 함에도 불구하고 일선 개발행정은 기능의 중복 및 상호연계성 등이 결여되어 있는데, 이들 기능을 조정할 수 있는 조직체계가 확립되지 못하여 개발업무 추진상 비능률을 초래하고 있다.

넷째, 開發行政支援 機能이 중앙에 집중되어 있다.

국가차원의 각종 개발지원기능의 대부분이 중앙정부에 집중되어 있기 때문에 수도권에 인구와 산업의 집중이 가속화되고 이로 인하여 지역의 균형개발이 저해받고 있다.

다섯째, 綜合的 地域行政體制가 결여되어 있다.

지방자치의 실시에 따른 실질적인 지역행정의 중추적 역할을 수행할 지방자치단체의 종합적인 지역행정체제가 결여되어 있다.

(2) 地方人力의 非專門性

지역개발기능을 활성화하기 위한 정책의 집행자이며 관리자인 地方公務員의 자질향상과 사기진작은 지역개발의 지원전략 중 가장 중요한 요소이다.

그러나 지방자치단체에 있어서 지역개발 및 집행분야에 종사하는 지방공무원은 그 수적인 면에서 절대부족인 상태이고, 지역경제, 도시계획 등 전문분야의 전문인을 양성하는 행정체제도 전무한 실정이다.

또한 지역개발추진시 지방대학 · 지방소재 전문연구 · 시험기관과의 협조체제 마저도 갖추어져 있지 않다.

현행 지역개발의 실정에서 보면, 지역개발사업에 직접 관여하고 있는 공무원들은 종종 의사결정을 할 수 있는 충분한 권한을 갖지 못하고 있는 반면에 그러한 권한을 가진 공무원들은 중앙정부에 근무하고 있다. 즉, 지역의 실정을 잘 알고 있는 공무원들은 정보와 현장감독의 자원으로만 봉사할 뿐 어떤 결정도 현지에서는 이루어지지 못하고 있다. 그러므로 중앙정부에서 내려진 결정들은 비현실적이거나 연관성이 결여되어 있는 경우가 많다.

또한 지방우수인력 모집충원제도가 결핍되어 있다.

지방특성에 따른 인력확보제도로서 限地公務員募集制度가 있으나, 이는 지방 9급 공무원에 한정되어 있고 낙도 · 오지 등 한정적 지역근무를 모집 요건으로 하므로 극히 제한된 제도로 활용되고 있을 뿐이다.

문제는 상위직, 즉 지방 5급 공무원의 모집 충원을 당해 지방대학 출신중에서 특채하여 일정한 의무복무기간동안 당해 지방자치단체에서 근무하도록 하는 제도, 즉, 지방고시제가 극히 한정적으로 운용되고 있다는데 있다.

전체 대학졸업자의 66.5%가 지방대학출신[5])이지만 행정고시합격률은 매년 합격자

---

5) 2008년도의 대학졸업자는 161,983명이고, 이중 지방대학출신은 107,722명이었다.

의 20%정도이고, 이들이 지방에 배치되는 율은 0%를 기록하고 있다는 현실에서도 지방우수전문인력의 충원배치의 당위성이 인정된다.

지방자치단체에 연고를 가진 우수전문인력이 애향심을 가지고 헌신할 수 있게 될 때 지방의 자율성과 독자성이 확보될 뿐만 아니라 대도시에의 인구집중현상을 둔화시킬 수 있을 것이다.

(3) 市·郡行政區域 分離의 非現實性

현행 시·군행정구역은 원천적으로 도시지역과 농촌지역의 상대적 차이를 전제로 하는 分離的 行政區域制度에 의하여 관할구역이 경계지워져 있다.

이러한 시·군 행정분리구역제도는 행정현실에 있어서 여러 가지 문제점을 야기시키고 있다.

첫째, 지역생활권의 행정수요에 대응하지 못하고 있다.

교통·통신의 발달과 산업화·도시화에 따른 사회·경제적 변화로 인하여 지역생활권이 크게 확대되고, 이에 따른 인접지역간의 행정서비스가 증대되고 있는데 시·군분리구역제도로는 이에 효율적으로 대처하지 못하여 지역간의 갈등을 빚고 있다.

국토공간개념의 변화로 일부 행정구역과 주민생활권과의 불일치로 인하여 주민의 불편과 불만을 야기시키고 있는 점도 간과할 수 없는 행정구역상의 문제점이다.

둘째, 지역간의 균형발전을 저해한다.

시승격시 잔여군(rump county)지역에 미치는 재정적 영향 등을 고려하지 않아 시지역과 배후농촌간의 유기적 연관성이 결여되어 지역적 불균형을 심화시키고 있다.

또한 신설 시지역 市民과 잔여군의 郡民간의 위화감이 조성되어 주민통합상의 문제가 발생하고 있다.

셋째, 지방자치단체의 재정수요를 증대시킨다.

시와 광역시의 승격·분리로 郡 및 道의 재정자립도가 감소되어 재정상의 어려움이 가중되고 시승격으로 인건비 등 새로운 재정수요를 유발한다.

또한 군청·도청 청사의 이전문제 등 지역개발행정수행의 애로를 수반하게 된다.

3) 地域開發投資財源의 脆弱

지역개발투자재원의 취약성의 보완은 지역개발소요재정의 확충과 지역개발에 민간자본을 유치하는 방안의 두 가지 측면에서 검토할 수 있다.

(1) 地方財政의 累積的 惡循環

지방재정은 지역개발의 원천이다. 따라서 주민복지의 일차적 기반인 지역개발을 촉진하기 위해서는 무엇보다도 지방재정의 규모를 증대하고 구조를 개선해 나가야 한다.

지방의 균형적 개발과 이용을 위해서는 지역주민이 정주한 지역 내에서 적정수준으로 일상생활이 보장되어야 하며, 지역생활권형성을 위해서는 대도시에 버금가는 기본적인 각종 서비스제공이 뒤따라야 한다.

더욱이 소득이 향상되고 생활수준이 나아지면 필요로 하는 서비스의 기본수요수준도 증대할 것이다. 이러한 여건변동은 지방정부의 행정과 개발수요를 증대시키고 이는 다시 재원확보문제로 귀결된다.

그러나 지방재정의 현실은 지역경제기반의 취약→地方稅收의 미흡→개발투자재원의 부족→개발투자사업의 빈약→지역경제성장의 긴축이라는 누적적 악순환을 겪고 있기 때문에 신규재정수요가 계속 발생하고, 투자수요변화가 있음에도 불구하고 이에 능동적으로 대처할 수 있는 재정적 기초를 갖추지 못하고 있다.

그럼에도 불구하고 지역개발의 실질적 구현은 지방단위에서 이루어지므로, 지방정부는 스스로 주어진 자원의 효율적 활용과 재원확보방안을 능동적으로 강구함으로써 지방재정을 활성화하는 것이 지역개발향상을 위한 하나의 代案이 될 수 있을 것이다.

지역개발투자재원의 조달에 있어서 공통적인 問題點은 다음 세 가지로 요약할 수 있다.

첫째, 지방자치의 실시, 지역개발의 확대 추진 등 늘어나는 재정수요를 뒷받침할 수 있는 지방재정기반이 취약하다.

기초자치단체의 경우 2008년 당초 豫算基準, 地方稅로 인건비도 충당하지 못하는 단체가 전체의 67.9%이고, 자체收入으로도 인건비를 충당하지 못하는 단체가 42.4%에 달하여 지역개발 등은 희망사항에 그치고 있다.

둘째, 대도시 지역과 그 외 지역간의 재정력 격차가 심하여 지역개발의 불균형을 초래하고 있다.

서울·부산 등 대도시 이외의 지역은 재정자립도가 42.4%에 불과하여 대도시지역보다 지역개발수요가 큰 기타지역이 독자적인 개발투자능력을 갖추지 못하고 있다.

셋째, 지방자치단체는 投資計劃樹立能力을 갖추지 못하고 있다.

일반적으로 투자사업을 실시하기 위해서는 중장기계획수립이 필요하다. 그러나 현재의 업무수행만으로도 벅찬 지방자치단체의 공무원들에게 투자사업의 계획수립을 요구하는 것은 상황을 더욱 어렵게 만드는 것이다.

더구나, 투자계획을 수립하는 데는 전문적 지식이 요구되는데 우리나라의 지방공무원들은 일반행정업무에만 익숙해 있으므로 투자계획의 수립에는 그 능력에 한계가 있다.

(2) 民間資本誘致의 消極性

종래 지역개발사업은 정부 또는 공공단체가 전담하여 추진하는 것으로 인식되어 왔고, 또한 지역개발사업은 자본회임기간이 장기적 성격을 갖기 때문에 지역개발수요충족수단으로서 민간자본유치는 극히 소극적이었다.

지하상가, 공유수면의 매립사업 등 수익성이 있는 사업에 민간이 직접 투자한 사례가 있기는 하였으나, 이것은 특수상황 하에서 제한적으로 추진된 것이므로 정부 또는 공공단체의 계획된 지원 하에 추진한 民資事業으로는 볼 수 없는 것이었다.

경제성장에 따라 민간기업의 자본과 기술이 상당수준 축적이 가능해졌으며, 이를 바탕으로 지역개발사업에 대한 투자분위기가 성숙되어 가고 있으므로 지방재정의 한계성을 보완하고 민간경제의 활성화를 도모하는 차원에서 민자유치를 적극 검토할 필요가 있다.

그러나 지역개발사업에 대한 민간자본유치는 다음과 같은 問題點이 제기된다.

첫째, 지역개발사업에 대한 민자유치가 不動産投機 등 반사회적 기능과 연계될 우려가 있다.

민간기업은 수익성이 확실한 사업에만 투자하려는 속성 때문에 지하상가 버스터미널, 유원지 등의 도시계획시설과 공유수면매립, 택지조성, 도시재개발사업과 같이 수익성이 보장되고 단기간 내에 자본회수가 가능한 특정사업만을 선호하고 있으나, 이러한 사업들은 대부분 부동산투기와 연계되어 반사회적 역작용을 수반함으로써 특정기업에 대한 특혜의 결과를 초래할 우려가 있다.

둘째, 非收益性事業에 대한 민자유치조장시책이 전무한 실정이다.

현행법상 도로・철도 등의 비수익사업에 민간기업이 단독 투자할 수 있는 법적 근거는 있으나, 이 경우 민간에게 적정의 수익을 보장해 주고 사업시행의 원활 등을 보장해 주는 지원시책이 전혀 마련되지 않아 민자유치가 부진한 실정이다.

따라서 비수익성 사업은 도시개발 등의 수익성사업과 연계 시행토록 하는 제도의 도입이 요망되나, 민간기업측에서는 앞으로 토지공개념이 확대 실시되면 지역개발사업의 시행을 위하여 취득 또는 조성한 토지로 인하여 과세 및 여신상 불이익을 받을 것을 염려하여 투자의욕이 긴축될 소지가 있다.

셋째, 민자유치사업추진체계 · 절차 등이 정리되어 있지 않다.

민자유치에 따른 인 · 허가조건 등 주요사항이 대부분 행정기관의 의도에 따라 일방적으로 결정되고 있으며, 이를 제3자적 입장에서 공정하게 심의 · 조정할 수 있는 제도적 장치가 정립되어 있지 않다.

4) 廣域行政體制의 未洽

광역행정체제의 필요성은 광역행정수요에 대한 행정의 효율성제고라는 측면과 지역균형개발의 촉진이라는 측면에서 제기된다.

주민생활 및 경제활동영역의 공간적 확대와 타지역과의 기능적 연계성 강화로 인해 행정수요가 기존 행정구역을 초월하여 발생하게 됨에 따라 인접 자치단체와의 조정과 협력을 통한 協同的 解決方案이 필요하게 되었는 바, 이 경우 수 개의 지방자치단체가 협력을 통하여 공동으로 대처하는 것이 경제성과 효율성을 제고할 수 있다.

또한 지방자치의 실시로 인하여 지역간의 할거주의는 첨예화되고 있으며, 특히 수도권지역의 광역행정수요에 있어서는 많은 어려움을 겪고 있다.

따라서 광역행정수요에 효율적으로 대응하고 지역균형발전을 촉진하기 위하여 지방자치단체간 광역행정체제는 강화되어야 한다.

그러나 현재 우리나라에서 광역행정체제로서 지방자치단체조합이나 광역공사는 설치되어 있지 않고, 도시권행정협의회와 수도권정비심의위원회가 운영되고 있을 뿐이다.

都市圈行政協議會는 52권역에 156개 지방자치단체로 구성되어 있으나, 그 운영실적은 극히 부실하고 형식적이다. 특히 대도시권행정협의회는 개최실적이 전무한 실태이다.

首都圈整備審議委員會는 국무총리를 위원장으로 하고 건설교통부장관 등 15인의 위원회로 구성되어 있고, 2008년말 현재 52회의 회의를 개최하여 인구집중유발시설에 대한 입지심의 등 118개 안건을 심의하였으나, 주로 물리적 규제사항에 치중하고 있을 뿐이다.

현행 광역행정체제의 問題點으로 지적되는 것은 다음과 같다.

첫째, 대도시권행정협의회 등 권역별 행정협의회의 운영이 부실하고 협의안건에 대한 실효를 거두지 못하고 있다.

도시권행정협의회는 협의사항의 이행강제를 위한 협의회규정의 기속력이 없고, 협의사업에 대한 관련 자치단체의 예산지원이 소홀할 뿐만 아니라 중앙행정기관 관련

안건에 대하여는 해결할 방법이 없기 때문에 제도자체가 실효성을 기하기 어렵게 되어 있다.

또한 그 운영에 있어서도 중심자치단체장이 회의개최에 대하여 극히 소극적이고, 이에 대하여 상급행정기관의 지도·조정역할마저도 미흡한 상태이다.

둘째, 수도권광역사업에 대한 협의가 형식적이었고, 그 해결도 미온적이다.

수도권행정협의회는 그 구성자치단체간의 이해관계대립으로 광역사업에 대한 협의가 어렵기 때문에 협의회운영마저도 극히 형식적·의례적이었다.

수도권정비심의위원회는 그 구성에 있어서 관계장관급이 위원으로 되어 있기 때문에 전문성이 결여되어 있으며, 그 정책수단이 관계기관간의 이해보다는 물리적 시설규제에 치중하고 있다.

셋째, 현행 행정구역이 道·農分離的, 都市中心的으로 확정되어 있기 때문에 시·군간의 균형발전을 저해하여 광역행정의 필요성을 증대시키고 있으나, 행정현실에서는 지역할거주의의 팽배로 인하여 광역행정수행을 어렵게 하고 있다.

5) 地域開發計劃制度의 檢討

지역개발계획은 정부계획과 연계하여 수립·추진되어야 하는데, 현행 지역개발계획은 지방자치단체가 임의로 수립하기 때문에 중앙계획과 연계성이 결여되어 있을 뿐만 아니라 그 계획마저도 전문인력의 부족으로 대부분 外部用役에 의존하고 있어 현실성이 고려되지 않은 청사진의 제시에 불과한 경우가 허다하다.

따라서 현행 지역개발방식은 다음과 같은 問題點을 내포하고 있기 때문에 지역개발계획제도의 도입이 검토되고 있다.

첫째, 현행 지역개발사업방식은 주로 중앙정부예산에 의한 도로·산업기지 등 투자사업을 지역 내에 유치하는데 중점을 두고 있다.

이러한 지역사업은 지방자치단체와 주민의 부담이 없기 때문에 지역별·권역별로 사업요구가 경쟁적으로 제기되고 있는 실정이다.

둘째, 지역개발에 관련된 대형 투자사업이 재원조달 및 경제성 등의 이유로 연기되거나 축소되는 경우에는 당해 지역에 대한 정부의 개발의지 부족으로 인식되어 정치적 불만을 가중시키고 있다.

셋째, 지방자치단체는 지역개발전략을 계획화하기 위한 전문인력과 지역개발사업을 독자적으로 추진할 수 있는 재정능력이 부족할 뿐만 아니라 중앙부처의 각종 규제시책으로 인하여 자치단체의 독자적인 개발계획의 추진이 제약받고 있다.

2. 地域開發力量 提高

지역개발의 궁극적 목표는 살기 좋고 균형된 지역을 건설하는 데 있다.

물질과 정신면에서 주민이 만족할 수 있는 조건을 갖추고 주민간·집단간·부문간·지역간 발전수준이 평준화되어 있는 지역의 건설은 지역개발의 목표인 동시에 결과이다.

따라서 국가전체의 통합성 유지의 차원에서 볼 때 지역개발에서 추구해야 할 방향은 전체의 平均値는 계속 상승되고 分散度는 점차 감소되도록 하는 데 있다.

1) 地域開發의 基本目標

지역개발에 있어서 가장 핵심적인 사업은, 地域産業의 진흥과 施設의 확보이다.

지역산업의 진흥은 주민의 취업기회와 소득창출을 가능하게 하는 원천이고, 시설 확보는 주거생활, 생산활동, 문화 및 복지환경, 위락공간 등을 편의롭고 풍요롭게 하는 매체이기 때문이다.

地域産業開發은 지역적 자연조건에 따라 지역간의 이질화가 이루어지도록 特化하고, 施設開發은 주민의 기본수요에 부응하여 지역간의 동질화가 이루어지도록 유도하여야 한다.

따라서 지역개발의 기본목표 및 전략은 다음과 같이 제기할 수 있을 것이다.

첫째, 중·단기지역개발사업은 지방자치단체가 주관하여야 한다.

국가적 정책 및 기본계획의 수립, 광역적 수요에의 대처, 대규모사업의 개발 등은 중앙정부가 담당하고, 지방적·국지적·주민복지적인 중·단기지역개발사업은 지방자치단체가 담당하여야 한다.

둘째, 지역개발전략은 상향과 하향식 개발방식을 병행하여야 한다.

투자재원이 풍부하다면 상향식 개발방식에 의한 短期的 均衡化戰略이 가능하나, 부족한 재원으로는 하향식 거점개발방식에 의한 長期的 均衡化戰略을 택하지 않을 수 없게 될 것이므로, 양자의 개발방식을 절충 또는 병행 시행하여야 할 것이다.

셋째, 지역개발은 광역행정수요에 부응하여야 한다.

대도시와 주변지역에 걸친 교통, 통신, 청소, 묘지, 환경, 상·하수도, 위락공간, 휴식시설, 의료 및 교육, 문화 및 체육 등의 광역행정수요는 증대일로에 있는 바 지역개발은 이러한 광역행정수요를 충족시키는 방향으로 전개되어야 한다.

넷째, 지역개발사업은 土地利用配分의 우선순위에 따라 추진되어야 한다.

지역개발에 소요되는 토지는 그에 대한 수요의 급증에도 불구하고 절대량이 한정되어 있으므로 수요자체를 억제하거나 지상 및 지하로의 입체화를 통한 상대적 면적의 확장방법을 사용하여야 하는데, 이러한 토지이용의 고도화에도 한계가 있으므로 토지이용배분의 우선순위결정에 따를 수밖에 없다.

다섯째, 지역개발사업에는 투자재원의 확보가 선결되어야 한다.

지역개발수요를 충족시킬 수 있는 투자재원은 담세율의 제고, 신세목의 발굴, 개발기금의 신설, 지방채의 발행 등의 방법에 의하여 확보되어야 하나 지방재정의 한계를 보완하기 위한 방법으로 민자유치를 적극 유도하여야 할 것이다.

여섯째, 지역개발, 특히 공공개발에 의해 수행되는 지역개발의 결과로 나타나는 果實 내지 便益은 전주민 또는 불특정다수에게 고루 귀속되도록 하여야 한다.

직접적 효과의 반영이 아니면 간접적으로라도 이득의 환원이 있어야 한다. 이와 같은 개발과실의 지역화와 균점화는 그 다음의 지역개발을 추진함에 있어서 주민의 지지와 협조를 얻는데 절대적 역할을 하게 된다.

일곱째, 지역개발에 참여하는 공무원의 자질은 전문지식의 수준과 사업처리의 능력이 우수하여야 하므로, 유능한 인력의 확보와 기존인력의 자질함양을 위한 시책이 수반되어야 한다.

2) 地域開發政策의 方向

(1) 行政權限의 地方移讓 및 國家事務地方處理支援

① 중앙행정권한 중 지방적·주민복지적 생활과 직결된 인·허가 사무는 지방자치단체에 이양하고, 지방에 이양하기 어려운 국가사무에 관하여는 국가공무원을 파견하여 현지에서 처리하는 방안을 강구하여야 한다.

② 지역개발에 있어서 국가는 도시계획 등 지역단위 개발계획의 기본방향과 원칙적인 사항만 관장하고, 도시계획의 수립 및 사업의 추진과 산업기지의 개발과 실시계획에 관한 권한 등은 지방자치단체가 담당하도록 하여야 한다.

③ 지방자치단체의 위임사무 중 단체위임사무는 폐지하여 고유사무로 이관하고, 기관위임사무 중 전국적 통일성을 기할 필요가 있는 사무를 제외하고는 점차로 고유사무로 이관하여 지방자치단체의 창의성·적극성·자주성·자율성을 도모하여야 한다.

④ 특별지방행정기관의 사무 중 지방자치단체와 중복처리하고 있는 사무는 지방

자치단체로 이관하거나 특별지방행정기관의 업무의 성질, 재정능력, 통솔범위 등을 고려하여 현장집행적이거나 일반행정적인 사무는 지방자치단체로 조정·통합하여야 한다.

⑤ 토지이용규제에 있어서는, 差等規制가 필요하고 가능한 사항은 지역별로 규제내용을 달리하는 한편 差等規制가 필요 없는 사항은 행위제한을 완화하여야 한다. 즉, 수도권 및 대도시 등 과밀지역은 현행 규제를 계속 적용하고 그 외 지역은 토지이용범위를 확대하거나 규제를 완화한다. 토지이용결정권한도 지역개발을 위하여 지방위임이 필요한 경우에는 이를 위임하고, 공업입지 및 공장설립이 용이하도록 절차를 간소화하여야 한다.

(2) 地域開發促進을 위한 地方行政體制의 構築

① 지역의 특성과 여건을 바탕으로 한 다양한 지역개발계획을 수립·추진할 수 있도록 지방행정기구를 개편하고, 시·도지사의 지역개발행정조직개편 및 보강권을 단계적으로 확대위임하여야 한다. 현행 1차산업 위주의 기능을 축소하여 2~3차산업 위주의 지방행정조직으로 개편하고, 시·도에 지역개발계획업무를 전담할 기구를 설치·보강한다.

② 지방의 우수인력을 확보하기 위하여 地方5級公開採用制度는 1995부터 실시하고 있으나 이를 더욱 확대하여야 한다. 이 경우 모집조건은 당해 지역의 대학출신이어야 하고 일정한 의무복무기간을 설정하여야 할 것이다. 지방공무원의 자질을 향상시키기 위하여 중앙부처 및 연구기관 파견제도와 특별교육과정 등을 설치하여야 한다.

③ 행정구역의 조정에 있어서는 1차적으로 주민생활의 편익증진을 도모하여야 하고, 근본적으로는 도시지역과 배후농촌지역을 기능적으로 연계한 道·農統合的行政區域制度로 전환하여 도시와 배후농촌지역간의 균형발전을 도모하여야 한다.

④ 인구 50만이상의 도시(수원·성남·부천·전주·마산·안양·고양·청주·포항시)는 특정시(준광역시)제도를 도입·실시하여야 한다.

⑤ 지방행정계층구조를 개편하는 방안을 검토하여야 한다. 현행 3~4계층의 지방행정계층은 지방자치제를 실시하면서 합리적으로 단계를 축소하는 방안을 강구하여야 할 것이다.

(3) 地域開發投資財源의 擴充

① 지역개발투자재원을 확충하기 위하여 國稅의 일부를 地方讓與稅로 전환하여야 한다. 국세를 지방세로 전환하는 것은 세원이 대도시에 편제되어 있어 개발투자수요가 큰 시·군지역에 불리하게 되므로, 국가가 징수한 세금의 일부를 지역개발의 필요성에 따라 지방자치단체에 적정하게 배분하는 지방양여세방식을 도입하여야 한다. 따라서 현행 地方讓與金制度를 발전적으로 稅制로 전환하여야 한다.

② 특정지방자치단체의 지역개발수요를 충당하기 위한 特定地域 地方稅制度를 도입하여야 한다. 공업지역의 환경세, 댐지역의 수자원세, 원자력발전지역의 핵발전세, 관광지의 관광세 등을 신설하여 댐, 발전소 건설과 환경보전 등에 대한 주민의 불이익을 보상하도록 한다. 이와 같은 특정지역 지방세는 지방자치단체의 요청에 의해 행정안전부장관이 승인하는 제도로 추진한다. 따라서 현행 地域開發稅를 단계적으로 확대하여야 한다.

③ 지역개발투자를 정부재정만으로 추진하는 데에는 재원상 한계가 있으므로 민간의 자본과 기술을 적극 유치하도록 하여야 한다. 이 경우 자금조달과 부동산 취득 등에 수반하는 제약요인을 제거하기 위한 법적 근거를 마련하고 민자유치 심의위원회를 설치·운영한다. 아울러 지역개발재원으로 충당할 地方債의 민간인수를 촉진하기 위하여 비실명·비과세 등 우대조치를 검토한다.

④ 지역개발금융기금을 확대·조성하여야 한다. 시·도의 지역개발기금을 2010년 말까지 10조원으로 확대·조성한다. 토지공개념을 재실시하여 거기에서 조성되는 재원의 50%를 地域開發投資財源化한다.

(4) 廣域行政管理體制의 강화

① 수도권을 포함한 지방정부간의 광역사업을 국가적 차원에서 조정·처리할 廣域行政委員會를 설치·운영하여야 한다. 광역행정위원회는 국무총리를 위원장으로 하는 10인 이내의 관련중앙행정기관의 장으로 구성하고, 심의의결권 등 실질적인 조정권을 부여한다. 서울특별시, 인천광역시, 경기도를 포괄하는 首都圈聯合政府를 구성하여, 교통·상하수도·진개처리 등 광역업무만을 전담케 하는 방안도 아울러 검토하여야 한다.

② 1차 광역행정기구인 권역별 행정협의회의 기능을 강화하고 운영을 활성화하여야 한다. 행정협의회를 지역생활권과 일치하도록 합리적으로 재조정하고, 그 합

의사항에 법적 구속력을 부여하여 예산조치 등을 의무화하며, 또한 계획기능을 부여하여 자치단체간 권역별 개발계획을 공동으로 수립·시행하도록 한다.

(5) 地域開發 5個年計劃制度의 도입

① 다양한 지역개발요구를 능력에 맞게 우선순위에 따라 단계적으로 추진하기 위하여 지역개발5개년계획을 도입하고 이를 경제개발 5개년계획이나 국토종합개발계획 등 국가계획과 통합하여야 한다. 이러한 지역개발계획은 광역시와 도를 통합하는 계획으로 작성함으로써 지방자치단체간의 마찰을 근본적으로 해소하고 지역계획에 계상된 사업 중 국가시책에 필요한 사업에 대해서는 국가재정 특히 地域均衡開發特別會計에서 우선 지원함으로써 국가시책의 차질없는 집행을 확보한다.

② 지역개발계획수립에 필요한 전문인력지원과 계획추진상황을 점검하는 특별기구를 설치하여야 한다. 현재 지방자치단체에는 계획을 수립할 전문인력이 없으므로 중앙부처공무원과 정부연구기관의 전문가를 지방에 파견하여 지방자치단체 및 지역의 전문가와 공동으로 계획을 수립하는 地域開發計劃團을 설치하고, 이 지역개발계획단은 지역계획수립과 추진상황을 점검하면서 지방에 이양하기 어려운 국가기능을 현지에서 처리하는 분석기능도 수행토록 하여야 한다.

제 3 절　地域開發과 地域經濟

1. 地域開發과 地域經濟의 論理

1) 地域經濟와 地域經濟諸力

지방자치제를 경제적 측면에서 보면 地域經濟의 육성을 위한 정치·행정적 대안이라고 파악할 수 있다. 즉, 한 지역의 번영은 그 지역의 경제적 성장에 달려 있으며, 그 경제성장을 위해서는 그 지역의 경제가 활성화되어야 한다. 따라서 지방자치제하에서 바람직한 지역은 지역경제가 활성화되어 지역경제성장이 높은 지역을 만들어

가는 것이라고 할 수 있다.[6]

地域經濟란 국민경제를 형성하는 지리적 분할단위로서 경제의 공간적 개념이며,[7] 地域經濟成長이란 한 국가의 한 공간적 부분의 경제적 변수가 그 크기에 있어 지속적으로 증가하는 것을 의미한다.

일반적으로 지역경제는 地域經濟諸力으로 표시되는 내적 요인과 천재지변, 전쟁, 중앙정부의 개입, 정치적 변화와 같은 외적 요인의 변화에 따라 성장 또는 쇠퇴한다.

여기에서 지역경제제력이란 인간이 만들어 내는 경제적인 힘과 이에 대응하는 자연의 잠재력을 합한 것을 뜻한다. 따라서 지역경제제력은 일정한 지역 내의 경제활동 수준을 결정하는 원동력으로서 지역발전의 중심인자로서의 역할을 수행한다.

이와 같은 지역경제의 성장은, ① 그 지역의 복지증가, ② 그 지역의 산출의 증가, ③ 그 지역에서 쓰여지는 최종상품의 증가 등의 지표로 표시될 수 있다.[8]

지역경제의 성장이 지방자치에서 가지는 중요성은 행정의 입장에서도 확인될 수 있다.

지방재정은 지역주민들의 서비스 비용부담형식으로 이루어지기 때문에 지역경제가 건전해야 지방재정이 튼튼하다고 볼 수 있다. 즉, 地方稅源이 지역경제에 근거를 두고 있는 바, 지역경제가 곧 地方稅의 기반이 되고 있는 것이다. 따라서 지방재정이 튼튼하지 못하다는 것은 그 기반인 지역경제가 침체되어 있음을 의미한다.

이와 같은 지역경제는 무엇보다도 지방자치와 밀접한 관계를 가지므로 지역경제의 활성화는 지방자치의 중요한 과제인 것이다.

2) 地域經濟의 問題點

우리나라의 지역경제가 地域開發이라는 측면과 관련하여 가지는 문제점으로는 크게 두 가지가 지적되고 있다.

첫째, 지역경제기반의 취약성이다. 지역경제기반이란 지역사회의 경제활동을 기본활동과 보조활동으로 나누어 볼 때 기본활동을 가리키는 것이다. 여기서 기본활동이란 일정한 지역사회의 경제권을 벗어난 외부의 개인이나 기업들에게 판매하기 위하여 재화·용역·자본을 생산하고 분배하는 활동을 말한다. 따라서 한 지역사회의 외

---

6) 姜哲圭, "지방자치제하의 商工會議所役割提高方案", 지역경제활성화방안 토론회(1991.3.8 전주상공회의소), pp. 77～92.

7) 金基玉, 中小都市開發論(서울:대왕사, 1986), p. 173.

8) G.W.Nutter, "On Masuring Economic Growth" *Journal of Political Economy, Vol,66*(1957), pp. 51～53.

부로부터의 화폐의 흐름으로 표시되는 재화・용역・고용을 지역사회의 경제기반이라고 할 수 있다.

둘째, 지역경제의 지역간 불균형이 심화이다. 지역경제의 성장은 지역간의 자연자원 및 인간자원의 불균형과 자원의 지리적 집중이 상이한 데에서 오는 集積經濟性의 차이 및 規模經濟性의 상이로 필연적으로 지역간에 격차를 보이게 된다.

우리나라의 경우에는 이러한 지역조건의 상이와 함께 그 동안 정부에서 취해 온 불균형 성장정책의 결과로 지역간의 경제력이 매우 불균등하게 나타나고 있다.

특히, 서울 등의 대도시에는 이미 지나친 집적의 결과로 규모의 不經濟現象을 보이고 있으며, 지역간 격차의 심화로 인한 일부지역의 落後와 過疎問題가 발생하고 있는 실정임은 주지하는 바와 같다.

이러한 지역경제의 권역별 성장격차는 地域感情을 일으키는 원인으로 작용하기도 한다.

그러면 왜 이러한 지역별 격차가 발생하고 시간이 지남에 따라 점차 심화되고 있는 것일까? 그것은 무엇보다도 그 동안의 중앙집권적 정책결정에 의한 경제개발계획과 밀접한 관련이 있다.

수도권 및 영남권 도시지역에 공업단지건설 등이 집중됨으로써 개발지역에서의 취업기회와 기대소득이 증가하였고 이 결과 농수산업지역으로부터 이 지역으로 생산요소가 이전되어 갔다. 이 결과 收入生産要素에 대한 비도시권의 총수확이 떨어졌다. 그렇다면 지역경제의 과제는 보다 구체화될 수 있다. 노동력 등 생산요소의 유출방지, 지역의 자본축적속도제고, 기술진보속도의 제고 등이 지역경제발전을 위한 경제적 과제가 된다.

2. 地域經濟活性化條件의 確立

지역경제의 활성화는 정치발전적 측면에서 볼 때 지방자치의 기반강화에서 그 필요성이 점증되고 있음은 위에서 본 바와 같다. 따라서 여기에서의 活性化란 지역의 경제를 정체되고 잠자고 있는 상태로부터 활력을 넣어 활기찬 경제를 발전시키자는 것이며, 활성화를 부르짖게 되는 배경에는 지역경제가 활발하지 못하다는 사실이 내재하고 있다.[9]

9) 山崎充, "지역경제의 활성화란 무엇을 뜻하는가?", 比較行政(1985.9), p. 32.

지역경제 활성화의 기본이념으로는 效率性과 公平性의 관계를 생각할 수 있다.

지금까지의 경제정책은 공평·분배에 대한 강조보다는 효율·생산을 중요시하여 온 감이 없지 않다.

효율성과 공평성의 상반관계를 생각할 때 어느 정도의 효율성은 유지하되 지금보다 공평성을 조금 더 강조하는 것이 바람직하지 않나 생각된다.

이러한 전제하에서 활성화의 조건을 셋으로 구분할 수 있다. 무릇 지역경제의 활성화는 주체적 조건, 객체적 조건 그리고 제도적 조건이 서로 병행하여 충족될 때 가능하며, 이 세 가지 조건의 동시적 요구와 그 성숙에 역점을 두어야 할 것이다.

主體的 條件이란 활성화를 위한 지역의 주체적 자발적인 활동·발전을 위한 엘리트의 양성·창조력의 양성 그리고 의식구조와 가치관의 근대화를 말하고, 客體的 條件이란 지역자원의 충분한 활용과 지역경제구조의 질적인 변화를 의미하며, 制度的 條件이란 주체적 조건과 객체적 조건을 합리적으로 조화시키고 지역개발을 효율적으로 추진할 수 있는 경제제도·행정구조 그리고 정치구조 등의 여러 제도를 말한다.

1) 客體的 條件의 確立

우리의 실정에서는 지역격차를 해소하는 것이 지역경제를 활성화하는 길이다. 지역간의 소득격차를 줄이기 위해서는 추진지역의 지역총생산 수준을 한층 더 제고시켜야 할 것이다. 즉, 지역총생산의 제고를 위한 지역경제활성화는 결국 地域輸出, 地域投資 그리고 地域消費를 늘리는 일에 귀결된다.10)

첫째, 지역수출의 증대를 위해서는 지역산업, 즉 기반산업과 지연사업을 육성해야 한다. 이러한 산업들은 경쟁력이 있고 지역자원을 충분히 이용할 수 있는 비교우위성이 강한 산업이어야 함은 물론 노동집약적이며 부가가치가 큰 중소기업이어야 한다. 해외수출산업이면 더욱 바람직하다. 특히 地緣産業은 경제적 파급효과가 크고 지역적 고용과 취업기회를 창출하며 자금과 부가가치가 지역 내에 순화하는 등 지역경제에 미치는 효과가 크므로 그것의 육성은 대단히 중요하다.

둘째, 지역투자를 확대하여야 한다. 지역 내의 유효수요를 창출하기 위해서 지방공공사업을 발주할 때에는 가능한 한 지역의 업체를 선정하는 것이 바람직하며, 이를 위해서 선정기준의 지역화가 필요하다. 또한 지역경제의 누출을 방지하기 위하여 地方資金은 지방에서 이용할 수 있도록 하여야 한다.

---

10) G.M.Tiebout는 경제기반모형으로서 다음 공식을 제시하고 있다.
Ri=E+Ir+Cr(Ri=GRP, E=지역수출, Ir=지역투자, Cr=지역소비)

지역투자증대의 한 방안으로 사회간접자본에 대한 공공투자가 필요하다. 충분한 사회간접자본의 투자는 곧 낙후지역에 있어서 민간투자를 충족시켜 줄 것이다.

셋째, 지역소비활동이 강화되어야 한다. 지역소비는 지역의 상업기능을 활성화하는데 직접적인 관련이 있다.

오늘날 일본의 중소기업이 건전한 것은 바로 지방의 상업기능에 크게 의존하고 있음이 지적되고 있다.[11] 사실상 지역의 상업자본이 전국의 지점망을 통하여 모두 서울로 흘러 들어가는데 문제가 있다. 따라서 지역 내의 소비강화를 통하여 지역의 상업기능을 활성화 시켜야 할 것이며, 상업자본의 지역축적에 의하여 중소규모의 지역산업 내지 지연산업을 육성할 수 있도록 지혜를 모아야 한다.

지역소비활동의 강화를 위하여 경제활동의 지방분산이 이루어져야 하며, 이는 중앙의 현장기능이 분산되는 것이 아니라 핵심기능이 지방에 분산되어 소비활동의 실질적인 지역화가 이루어질 수 있도록 하여야 한다. 또한 민간부문에 있어서나 공공부문에 있어서의 소비지출이 지역내의 경제순환에 큰 몫을 차지할 수 있도록 하는 消費意識의 地域化가 대단히 중요하다.

2) 主體的 條件의 確立

이는 좁은 의미의 사회개발 또는 인간적 요소로서 지역경제의 활성화를 위한 自助的 能力에 관한 조건이다. 주체적 조건의 내용으로는,

첫째, 주민이 적극적인 사고방식을 통해 건전한 생활태도를 확립하여 개발의욕을 고취하고, 기술혁신과 창조적 정신을 기르며, 유능한 지도자를 확보하는 일이다. 그렇게 함으로써 지역 내의 분위기 조성에 새로운 활력을 불어넣을 수 있다.

둘째, 개개의 주민이나 개별 기업체의 힘보다는 이들의 조직화·협업화 그리고 집단화를 통하여 지역경제의 제문제를 공동으로 해결하여야 한다. 이를 위하여 지방금융기관, 지방상공회의소, 지역사회단체 등의 적극적인 협조체제가 필요하다. 이러한 주체적 조건의 확립과 가치관의 정립에 있어서는 물론 지방대학이 교육적 측면에서 큰 몫을 담당하여야 한다는 견지에서 지방대학의 육성이 매우 중요하다고 보여진다.

3) 制度的 條件의 確立

주체적 조건, 객체적 조건에 못지않게 지역경제를 효율적·합리적으로 추진시킬

---

11) 박인호, "지역균형발전과 지역경제활성화", 地方行政(1984.7), pp. 26～27.

수 있는 것으로서 제도적 조건의 확립이 필요하다. 이는 지역경제의 활성화를 위하여 소외시할 수 없는 문제로서 자율성·자치성이 기반이 되어야 한다. 각종 制度의 地域化가 이루어지지 않았기 때문에 비록 다른 조건이 성숙되었음에도 불구하고 경제활동의 脫地域化現象이 일어나고 있음을 유의하여야 한다.

오늘의 지역격차는 어느 의미에서 제도의 미성숙에 있다고 볼 수 있다. 이 제도적 조건의 내용으로서 金融制度의 地域化, 課稅制度의 地域化와 함께 지방행정기관의 자율적인 역할과 책임이 무엇보다도 강조되어진다.

특히, 지방행정기관이 지역경제활성화를 위하여 자료를 수집하고 계획을 수립하며, 사업체계를 조직화하는데 주도적인 역할을 수행해야 할 것이다.

3. 地方財政運用과 地域經濟

1) 地方財政과 地域經濟의 連繫

지역경제의 활성화를 위하여 지방재정은 財源의 自主性과 支出의 投資性이 높은 수준에 이르도록 운용되어야 할 것이다. 지방재정의 자주성과 투자성이 동시에 일어날 때 지방재정과 지역경제의 相互連繫性은 강화되는 것이다. 영세한 규모와 취약한 구조를 가지고 지방에 뿌리를 내리지 못하고 있는 지역경제와 지방행정기관의 경상적 활동의 현상유지에 급급한 지방행정은 상호보완적 相乘效果를 발휘할 수 없다.

지역경제 활성화를 위한 지방재정 운용제도의 기본방향은 地方自主財源의 확충과 지역의 自律的 成長能力을 배양시켜 가는데서 찾아야 할 것이다. 지방재정제도의 이와 같은 개선방향에 대하여 구체적으로 논의하여 보자.

지방자주재원의 확충을 위하여서는 다음과 같은 方案이 강구되어야 할 것이다.

첫째, 중앙재정의 일부재원을 지방재정으로 이양하는 것이다. 國稅와 地方稅의 稅源比率은 1961년에 90.6% 對 9.4%로 편성되었으나 반세기가 지난 현시점에서도 地方稅는 總租稅收入의 15%내외에 머무르고 있다. 총조세에서 차지하는 地方稅의 비중이 독일과 미국이 40~50% 수준을 보이고 있으며 일본의 경우도 34.1%로 나타나고 있음을 볼 때 우리나라의 稅源配分은 지극히 국세중심으로 되어 있다. 地方稅는 國稅에 비교하여 수입의 안정성, 세원분포의 보편성, 지역별 국지성, 수입의 신장성, 편익의 일부를 조세로 부담하는 응익성, 능력에 비례하는 조세부담의 응능성, 분담성, 합의성, 징세가 편리한 경제성 등의 요건을 구비하여야 됨을 볼 때 현재 國稅로 편입되어 있는 소득세 중 讓渡所得稅, 附加價値稅 가운데서 유흥음식업, 소매업, 입장세, 숙박업분, 電話稅, 酒稅 가운데서 藥·濁·燒酒稅分 등은 지방세로 이양함이 바람직하다.

둘째, 지방재정의 調整制度로서 운용하고 있는 地方交付稅와 國庫補助金은 그 규모의 영세성에 문제점이 많으며 중앙부처의 配分上 專橫이 심하다. 특히 정치성이 개입될 경우 중앙부처가 지정하는 용도에만 사용되고 자치단체의 일반적 財源으로서 自主性이 결여된다. 국세의 지방세 이전이 어려운 상황에 있기 때문에 法定交付率을 높임과 동시에 교부방법에 있어서 객관성과 합리성을 높이는 제도를 개발하여야 한다. 한편, 國庫補助金制度 역시 國庫補助額을 법정화할 필요가 있다. 특히 자치단체의 희망여부에 상관없이 국가가 일부 경비만을 부담하는 국가지정의 사업에 대한 지나친 지방비부담을 강요하는 관례는 지양되어야 할 것이다. 국가보조금에 의한 지방사업의 선정에는 국가단독의 결정보다는 국가와 지방정부가 함께 결정하는 합의의 방법으로 전환되어야 할 것이다.

지방교부세와 국고보조금 등의 지방재정의 조정제도는 국가와 지방이 함께 운영하는 것이므로 권리와 의무의 명확한 한계를 설정하고 부여된 역할을 충실히 수행하는 차원에서 운용되어야 할 것이다.

셋째, 地方財政의 自立能力을 높이기 위한 租稅方案으로서는 새로운 지방세를 발굴하는 방법을 들 수 있다. 부족한 지방재원의 보전책으로, 부담분임의 원칙과 지방개발효과의 공공적 흡수를 위하여 새로운 稅源으로서 土地公槪念의 확대도입과 함께 책정될 土地增加稅, 固定資産稅 등이 새로운 稅源으로 구상될 수 있다.

2) 投資效率性强化

지방재정과 지역경제 사이의 투자효율성 및 상호연계강화를 위하여 지방재정의 운용은 개선할 점이 많다. 지역경제의 성장과 발전이 지방재정신장의 원천이 되고, 다시 地方財政支出의 증가는 지역경제발전의 요인이 됨으로 지방재정과 지역경제는 상호 선순환관계 속에서 연계강화가 일어나야 한다. 이를 위하여 다음의 원칙이 준수되어야 할 것이다.

첫째, 재정수요가 재정공급보다 크기 때문에 지방재정사업의 우선순위결정의 合理性을 높여야 한다. 투자효과가 단기성 내지 전시용으로 끝나지 않고 모든 주민에게 혜택이 미치는 廣域的 公益效果를 극대화하여야 된다.

둘째, 지방재정사업으로 발생하는 효과는 지방으로 귀속되어야 한다. 그러한 차원에서 지방에서 조성된 금융재원이 서울로 移出되는 현상은 배제되어야 한다.

셋째, 地方財政이 지니고 있는 公益的 性格은 민간기업형의 收益性과 조화를 이루어야 한다. 公益이라는 목표와 기업경영이라는 수단은 적절히 조화되어야 한다.

우리나라는 지금 政治的 民主化의 추진과 함께 경제의 국제경쟁력 향상과 衡平의 목표를 반드시 이룩해야 하는 전환기에 놓여 있다. 이를 위하여 地方財政에서 쇄신적 발전이 있어야 한다. 지역경제 활성화를 위한 지방재정의 합리적이며 생산적 운용은 地方時代의 도래를 위하여 기필코 정착되어야 한다.

3) 地方自治團體와 地域經濟

지방자치단체는 經濟的인 기반을 토대로 하여 존립할 때 더욱 바람직하다. 지방자치단체가 바로 지역경제의 일차적인 管理者이어야 하기 때문이다.

日本의 경우 地域振興을 촉진하기 위하여 지방자치단체는 어떠한 機能을 하는가에 관하여 몇 가지 측면에서 살펴보기로 한다.12)

첫째, 일본에서는 자치단체의 存在기능을 최저선에서 수행하게끔 하기 위한 방안의 일환으로서 市·町·村의 合併을 추진하였다.

「市·町·村의 合併의 특례에 관한 법률」(1955.3.29. 制定·公布)에 따르면 「이 법률은 市·町·村 행정의 광역화 요청에 대응하여 市·町·村合併의 원활화를 도모하며 아울러 合併市·町·村의 발전에 이바지함을 목적으로 한다」라고 규정하고 있다.

여기에서 말하는 市·町·村의 合併은 여러 가지의 경우가 있는데, 즉 둘 이상의 市·町·村의 구역의 전부 또는 일부를 가지고 새로운 市·町·村을 두는 경우와 그리고 市·町·村의 전부 또는 일부를 他市·町·村에 編入시키는 경우가 있다.

그 어느 경우이든 합병의 결과는 數의 減少를 수반한다는 공통성을 지니는데 이는 市·町·村으로서의 제구실을 다할 수 있게끔 하기 위한 최소한의 조치인 것이다.

둘째, 地方公營企業의 설치·운영이다.

지방공영기업은 지방자치단체로 하여금 그 조직, 재무, 종사자의 신분취급 및 경영의 기본원칙과 기업의 財政再建에 관한 조치방법을 마련하여 지방자치의 발달에 기여하여야 할 것을 목적으로 하고 있다.

그리고 지방공공단체가 經營할 수 있는 기업에서는 다음의 事業과 그에 부대되는 사업을 포함하는데, ① 수도사업 ② 공업용수도사업 ③ 궤도사업 ④ 자동차운수사업 ⑤ 철도사업 ⑥ 전기사업 ⑦ 기와사업 등이다.

---

12) 김유혁, "지역경제활성화를 위한 지방자치단체의 역할", 地方行政(서울:지방행정공제회, 1989.9), pp. 27~36.

지방공공단체는 企業을 경영하기 위하여 管理者를 둘 수 있는데 관리자는 지방자치단체의 長에 의하여 任命되며 관리자는 상근하여야 한다.

따라서 관리자는 地方公企業을 대표하고 그 업무를 집행한다.

셋째, 中小企業近代化資金 등 助成法에 의하여 지방자치단체가 중소기업육성에 노력하고 있다.

이 법은 중소기업자의 설비근대화에 필요한 資金貸付를 하는 都·道·府·縣 등 자치단체로 하여금 국가에서 필요로 하는 助成政策을 펴게 함으로써 중소기업근대화 촉진에 기여함을 목적으로 하고 있다.

자치단체에서는 대부대상中小企業에 대해서 필요하다고 인정되는 50%이내의 금액을 대부하되 무이자로 하며 대부기간은 5년이 넘지 않는 범위 내에서 政令이 정하는 바에 따라 기간을 조정한다.

넷째, 농촌지역에의 工業誘致 노력이다. 즉 공업을 유치해야 한다는 것은, ① 농촌지역에 工業이 들어올 수 있도록 적극적이며 계획적으로 그 방법을 강구하고, ② 농업종사자가 그들 스스로의 희망과 능력에 따라 유치된 공업분야에 취업될 수 있도록 지원하며, ③ 아울러 農業構造의 개선을 촉진하고, ④ 나아가 고용구조의 高度化를 도모한다는 지역진흥의 지향목표가 담겨있다.

다섯째, 後進地域開發에 있어서의 特例를 인정하고 있다.

후진지역개발에 관한 公共事業 관계 경비를 국가에서 부담하거나, 아니면 그 國家負擔率을 높인다는 등의 특례를 설정하여 공공사업을 펴감으로써 후진지역의 경제적 기반을 강화하는 한편 주민복지향상에 기여하고 있다.

여섯째, 山村 및 落島振興을 하기 위한 노력이다.

산촌이란 林野面積의 占有率이 높고 교통조건과 경제적 및 문화적 제조건이 뒤떨어져 있을 뿐만 아니라 산업개발이 뒤져 있고 주민들의 생활문화수준이 낮은 山間地 및 기타 지역을 의미하며, 落島라는 것은 본토로부터 멀리 떨어져 있는 島嶼地方을 말한다.

그들 지역에 대한 진흥계획은, 국토의 보전, 수원의 보전, 자연보전이라는 여러 기능을 맞고 있는 그 지역에 대하여, ① 진흥목표를 분명히 밝혀 두고, ② 사업실시에 따른 필요한 조치를 강구함으로써 ③ 山村에 있어서의 經濟力의 배양과, ④ 주민복지의 향상을 도모하며, ⑤ 아울러 지역격차의 시정과 국민경제의 발전에 기여한다는 목적을 지니고 있다.

낙도에 있어서도 그 地域的 特殊事業 때문에 파생되는 落後性을 제거하고 경제력의 배양과 주민생활의 안정화를 이룩한다는 내용의 목표를 지니고 있다.

일곱째, 過疎地域振興을 위하여 特別措置法을 마련하고 있다.

과소는 다른 한편에 過密현상을 만들어 내는 것이 일반적인 경향이다.

과소이든 과밀이든 密度상의 適正線을 넘어서게 되면 그때부터 문제는 병발증을 들어낸다. 과소에도 適正線이 있느냐고 의문을 지닐 사람도 있을 것이지만 過疎에도 개념상의 기준이 있다는 것을 기억해 둘 필요가 있다.

일본의 경우 전국 인구조사는 매 5년마다 실시한다. 즉, 매 5년과 10년에 실시하는데 최근 실시한 人口 센서스는 2000년도에 실시한 인구조사이다.

그리고 인구가 增加하였는가 減少하였는가 하는 것은 1960년 인구조사 자료를 기준으로 한다.

바꾸어서 말하면 2000.9.30까지는 1960년도 당시의 인구 수(센서스 결과의 人口)를 100%로 하여 2000년 센서스 人口數가 그보다 적으냐 많으냐 하는 것을 가지고 增減率을 계산한다.

일본의 경우 어느 지역이 過疎地域이냐 하는 것은 다음 두 가지의 條件에 해당하느냐 않느냐에 따라서 결정한다.

하나는, 2000년 인구조사결과에 의하여 나타난 人口 數가 1960년 그것에 비하여 20%이상 감소하였고,

다른 하나는, 財政力指數(年需要豫算에 自體豫算이 점유하는 비율)가 30%미만으로 하강하였을 때 이를 過疎地域이라고 한다.

그 두 가지 조건 중 어느 한 가지만이라도 그 조건기준에 이르지 않는다면, 이를 過疎地域이라고 규정하지 아니한다.

이와 같은 日本式 기준에 따라서 살펴보았을 때, 전국의 665개 市중에서 35개 市가 過疎地域으로 들어나 있고, 町의 경우에는 1,999개 町중에서 740개 町이 이미 過疎地域이며, 村의 경우는 591개 村중에서 382개 村이 過疎地域으로 되어 있다.

전국 3,245개 자치단체 중 이미 過疎化되어 있는 자치단체는 1,157개 지역으로서 무려 35%를 상회하고 있다.

過疎地域 인구는 800만 명으로 조사되고 있는데 그 800만 명이 居住하고 있는 總空間面積比(山地包含)는 놀라울 만큼 전국토의 46%에 해당된다고 일본의 全國過疎聯盟當局에서 밝히고 있다.

過疎地域振興特別措置法이 制定·公布(1980.3.31)된 이래 오늘에 이르기까지 인구의 減少추세는 둔화현상을 보이고 있어서 한편 安定感을 지니게 한다고 일부에서는 이야기하고 있지만, 문제는 더욱 심각하다는 것으로 지적되고 있다.

최근 10년 내에 離村傾向의 둔화이유는 더 離村할 인구가 없었기 때문인 것으로

진단되고 있는 바 이는 過疎의 한계에 이르렀음을 시사하고 있다.

그런데 더욱 불안을 안겨주고 있는 것은 離村人이 더 없을 만큼 한계에 도달하였는데도 불구하고 이른바 「마이너스 한계현상」이 일부지역에서 일고 있다는 사실이다.

즉, 在村 노령인구의 사망률이 증가함에 따라서 나타나는 현상이 바로 앞으로의 인구감소 추세를 급강하시키게 될 잠재요인으로 부상되어 있다.

過疎對策의 미래과제는 바로 여기에 있다는 것을 간과할 수 없는 단계에 이르고 있는 것이다.

이와 같은 상황에 대응하여 과소지역진흥특별조치법은 인구가 현저하게 감소되고 있다는 사실에 의하여 지역사회의 기능이 저하하고, 생활수준 및 생산기능이 다른 지역사회에 비교하여 열등한 곳에 대해서, ① 생활환경과 산업기반 등 정비에 관한 종합적이고도 계획적인 대책을 강구하며, ② 해당지역의 진흥을 도모하고, ③ 주민복지의 향상을 기하며, ④ 고용기회를 증대하고, ⑤ 지역격차를 시정함에 이바지할 것을 입법목적으로 하고 있다.

이미 35%이상의 자치단체가 과소화의 함정에 빠져들고 있다는 것은 지방자치제의 새로운 지방모색을 서둘러야 한다는 하나의 경종이 아닐 수 없다.

이와 같은 여러 가지의 지역진흥촉진을 밑받침하는 방안들은 어디까지나 지방자치단체의 기능이 보다 계획적이며 적극적으로 발휘되게끔 하기 위한 고심의 표현이었음을 알 수 있다.

지역경제의 활성화는 지역이 지니는 내재적인 조건만에 의해서 이루어지기는 어려운 것이다.

어디까지나 외부환경적인 제요인과의 접합기능을 토대로 하여 그 내재적인 요인이 외연력을 지닐 수 있을 때 기대가능성이 더욱 커져 갈 것이다.

이와 같은 시각에서 보았을 때 지방자치단체는 어디까지나 당해 지역의 입지적인 여건을 바탕으로 하여 존재하는 것이기 때문에 내재적인 조건개념에 포함된다.

그러나 중앙정부가 지니는 기능과 권한을 이양 또는 분권하여 그와 아울러 중앙기관의 지방분산과 고밀적지역의 각종 기관들이 지방으로 분산되어질 수 있을 때 지방자치단체가 지니는 그 내포요인은 더욱 半徑擴大的인 外延性을 지니면서 지역경제활성화에 이바지할 수 있을 것으로 생각되어진다.

일본의 경우 최근에 제정 · 공포(1988.6.14)된 이른바 「多極分散型國土形成促進法」은 그런 의미에서 크나 큰 의의를 지닌다고 볼 수 있다.

동법에서는, ① 인구 및 행정 · 경제 · 문화 등에 관한 기능이 지나치게 집중되어 있는 지역으로부터 그 같은 기능을 분산하며, ② 지방의 진흥개발과 대도시지역의 질서 있는 정비를 추진하며, ③ 주택 등의 공급과 지역간의 교류를 촉진하며, ④ 인구 및 사회제기능을 특정지역에 과대집중시키지 아니하고 전역에 적정히 배치하며, ⑤ 각 지역이 서로 유기적으로 제휴해가면서 나름대로의 특성을 살려가는 가운데 국토가 발전적으로 형성되어 가도록 촉진함으로써, 지역주민들이 자부심과 애착심을 가지고 보다 살기 좋은 지역사회실현에 기여한다는 내용으로 그 목적이 천명되어 있을 뿐만 아니라 그와 같은 목적의 실현을 위하여 각 분야에 걸친 다극화 분산방안이 밝혀져 있기 때문이다.

제 4 절 地域開發과 地方文化

지방자치제는 鄕土愛를 전제로 한다.[13] 자기 향토에 대한 애정이 없는 지방자치나 지방행정은 내실없는 형식에 지나지 않을 뿐만 아니라 지방자치의 궁극적 목적인 住民福祉를 달성할 수 있는 기반마저도 존재할 수 없을 것이기 때문이다.

이 같은 맥락에서 최근 들어 지방문화육성에 많은 관심을 갖는 이유는, 지방문화가 지역발전의 상징이 되기 때문에 이를 척도삼아 지역발전에 박차를 가하자는 것이 아니라, 한 지역의 문화예술활동이 지역주민들의 건전한 지역의식을 통해 발전적 의식을 고취하고, 또 지역경제 및 사회면에 직접적 영향을 미칠 수 있기 때문에 이의 창달을 통해 지역발전의 원동력으로 삼고자 하는 것이다.

이것은 국토의 균형적 개발 없이 장기적으로 지속적 국가발전이 어려우며, 폭넓은 文化的 下部構造없는 경제발전이 총체적 국가발전에 기여하는 데에는 한계가 있음을 염두에 두고 문화적 요소를 하나의 정책수단으로 선택함을 말한다.[14]

원래 文化를 배태하고 창조하는 것은 個人이고, 개인의 집합이 社會이기 때문에 정부가 문화발전의 주체가 될 수 없는 것이지만, 현실적으로 일반대중이 문화활동을 유발하기에는 적지 않은 장애요인이 있으므로 이를 극복하여 문화예술활동을 촉매·

---

13) 김기옥, 中小都市開發論(서울:대왕사, 1986), p. 223.

14) 최상철, “지역개발전략으로서 지방문화의 창달”, 地方行政硏究(한국지방행정연구원, 통권14호, 1989.11), p. 115.

활성화할 수 있도록 행정의 개입이 필요한 데 이를 文化行政이라고 한다.[15)]

그 간의 우리의 문화정책이 '70년대 들어와 전형적인 권위주의적 모습을 띠어 오면서 지역간의 균형된 문화력 향상이라는 특별한 배려 없이 그 간에 결핍되어 온 제도나 문화기간시설의 건설에만 역점을 두고 또 체제정당화에 촛점을 맞춘 것이어서 오늘날과 같은 중앙과 지방간의 문화적 골이 깊게 형성되어 왔다.

이러한 골깊은 문화적 격차를 시정하고 지방의 文化力提高를 통한 지역발전을 추진하기 위해서는 건전한 構成主義[16)]적 文化政策을 통하여 文化行政을 강화해 나가는 길만이 향토애의 촉진에 의한 지방자치를 실현하는 가장 가까운 길이 될 것이다.

1. 地方文化에 대한 認識의 轉換

지방문화는 지방행정 · 지역개발 · 지역경제라는 자치적 차원과 연계하여 주어지는 인식의 문제로 대체될 수 있는 개념이다.

따라서 지방문화의 창달 또는 진흥은 지방정치의 자율화, 지역경제의 활성화라는 시각에서 검토되어져야 한다.

1) 地方行政과 地方文化

지방행정은 지역사회와 주민의 행정수요에 대한 충족과정이라고 動態的으로 파악할 수 있다.

이런 측면에서 지방문화는 지방행정의 근원이고, 母體인 동시에 그릇이라고 정의할 수 있을 것이다.

더 나아가 지방수행과정에서 보아도 지방행정은 지방문화의 후순위 · 차순위임에도 불구하고, 행정현실에 있어서는 개발우선, 전시우선, 선심우선의 방향으로 성급하게 추진되어 오는 과정에서 지방문화는 疎外地帶 내지 關心外領域으로 인식되어 온 것이 숨길 수 없는 사실이 되었다.

이러한 지방행정인의 의식 때문에 지방문예인들의 입장은 위축 · 소외 · 예산을 구걸하는 입장으로 전락하고, 그에 대한 불만으로 지방행정에 대한 斜視的 입장으로 노

15) 김여수, "문화와 문화정책", '88문화촉매반강의교재(한국문화예술진흥원, 1988), p. 196.

16) 문화정책에 있어서 構成主義라 함은, 自由主義와 대립되는 개념으로서, 체제의 자율적 작용을 조정하는데 문화정책의 목표를 설정하고 그의 달성을 위한 수단을 강구하는 것이다.

골화되었다고 보여진다.

지역의 발전은 그 지역의 성장잠재력에 있다고 본다면, 그 성장잠재력은 그 지방문화에 최우선치를 두고 구하여야 한다고 생각된다.

또한 지역개발기준으로서 적실성(local relevancy)도 지방문화에서 찾아야 한다.

이러한 文化地域主義(cultural regionalism)에 대한 노력 없는 지방행정은 그 계획이나 집행과정에서 지역사회의 정치적, 경제적 · 사회적 · 문화적 활력이 소외되어 버릴 수 있기 때문이다.

2) 地域經濟와 地方文化

지역경제차원에서 지방문화를 논하는 것은 지역경제인, 즉 지방상공인들의 지방문화에 대한 시각교정에서부터 출발하여야 한다.

지방문화예술활동은 소모성資源이 아니다.

지역경제적 측면에서 지방문화를 발굴 · 보존 · 승계하는 것은 실업자와 반실업자를 흡수할 수 있으며, 이렇게 함으로써 近隣地域社會(community)의 경제가 활성화될 수 있다는 데에 있다.

또한 美的 價値와 藝術的 方法이 소비기술을 개발시키면서 생산기술의 제고에 예술이 교육적 역할, 즉 인간의 잠재력을 개발시키는 기능을 갖는다는 점을 유의하여야 한다.

지방문화가 지역경제성장에 미치는 영향은 다음과 같은 세 가지 측면에서 분석해볼 수 있다.[17)]

첫째, 直接的 效果는 문예활동이 지방상공인과 직접거래를 함으로써 지역경제의 주체가 된다.

둘째, 間接的 效果는 문예활동을 위한 지출은 그 지역경제의 특정부문에 영향을 미치는, 이른바 산업부문간 상호작용에 의하여 그 지역의 경제승수효과가 증가된다.

셋째, 誘發效果로서 우수한 문예활동이 이루어지면 그 주변의 경제부문(음식점, 호텔 등)에 대한 관객의 소비지출에 따른 효과와 나아가서는 지역에 대한 인상이 좋아져서 다른 지역으로부터 인구나 산업이 유입되므로 그 지역경제가 활성화될 가능성이 증대된다.

이와 같이 지방문화예술이 지역경제에 미치는 順機能적 역할은 문예활동에 대한

---

17) D.Cwi, “Models of the Role of the Arts in Economic Development.” in W.S. Hendel, J.L.Shanahan & A.J.Mac Donald(eds), *Econmic Policy for the Art*(Mass :Art Books, 1980), p. 308.

공공지원의 근거를 제공한다.

3) 地域開發과 地方文化

지역의 경제발전에만 촛점을 두어 온 종래의 지역개발연구에서는 문화예술은 경제개발의 성장과실이 가져다 준 파급효과이며, 따라서 지방문화는 그 지역의 경제개발과는 직접적으로 연결되지 않는다고 보았다.

그러나 2000년대에 들어오면서 문예활동이 지역개발에 직접적인 영향을 줄 수 있다는 새로운 시각이 확산되어 이에 관한 이론적 · 실증적 연구가 활발히 이루어졌다.

문화단체와 예술활동이 지역사회의 활성화, 산업의 유치, 지방세원의 확충, 취업의 기회와 질의 제고, 그리고 관광객이나 고객의 증가 등에 기여할 수 있다는 것이다.

이러한 주장은 지역개발의 측면에서 구체적으로 보면 다음과 같다.

첫째, 經濟的 開發이라는 측면에서 볼 때 예술이 지역경제기반의 일부분으로서 주민들에게 취업의 기회와 소득을 창출하는 등 후기산업사회에 있어서 서비스 경제를 통합하는 경제부문이 될 수 있다.

둘째, 物理的 開發이라는 측면에서 볼 때 예술활동과 문화적 쾌적성을 활용하는 것이 산업 및 인구재배치의 수단이 되며 인적 자원의 유출방지의 요인이 되는 등 예술이 도시계획의 패러다임(paradigm)적 역할을 하며, 물리적 환경이 경제적 골격을 형성한다.

셋째, 敎育 및 人間開發에 있어서, 예술은 근린지역사회의 정체성(identity)과 결속력을 제고시킴으로써 주민의 정신건강과 지역경제를 활성화시킨다.

이와 같은 견지에서 볼 때 지방문화는 지방발전의 총체적 잠재성을 가지고 있다고 간주할 수 있다.

따라서 지방문화에 대한 공공지원은 補助金(subsidy)이라는 차원이 아니라 지역개발을 위한 投資(investment)라는 차원에서 시행되어야 한다.

2. 地方文化의 實態

지방문화의 문제점도출이라는 차원에서 지방문화를 空間的 · 施設的 · 制度的 측면에서 보면 다음과 같이 분석할 수 있다.

1) 文藝活動의 空間的 宗主化

주민의 정신적 단합을 통하여 의사의 통일성과 행동의 결속을 강화시킴으로써 일정 지역주민의 생활을 유도해 갈 수 있는 힘을 地方文化力이라고 한다.

이에 대한 객관적 지표로서 한 지역내의 문화예술인의 거주와 그들이 전개하는 문화예술활동을 들 수 있다.

이러한 지방문화력의 객관적 지표에서 볼 때 우리의 지방문화의 실태는,

첫째, 文化藝術活動이 지나치게 서울 등 大都市에 편재되어 있다.[18]

우선 미술·음악·문학 등 주요 3개 부문의 문예인들의 거주분포를 살펴보면, 이들 총수 7,616명중 3,844명(50.5%)이 서울에 집중하여 있다. 이는 전국 인구의 약 25%가 서울에 집중하여 있음을 감안한다면 그 집중도는 2배 이상이다. 또한 5개 직할시를 포함하여 보면 전체의 69.6%가 100만 이상의 대도시에 편중되어 있다.

이들 분야별로 보면, 미술인의 서울 집중도(73.6%)가 음악인(44.0%)이나 문학인(49.4%)의 경우보다 월등히 높은 것은 작품의 상품성이 높고 그에 따라 수요자와의 근접에 대한 필요성이 상대적으로 높기 때문인 것으로 판단된다.

둘째, 문화예술인들의 大都市에로의 集中性向이 심화되고 있다.

문화예술활동에 종사하는 인구는 지역간의 기대소득의 차이와 같은 경제적 이유로 인한 지역간 거주이동의 빈도가 높지 않는 것같이 여겨짐에도 불구하고 실제에 있어서는 이동상황이 빈번(당초지역에서 이동률 73.5%)한 것으로 나타나는 이유 중 가장 큰 것은 직장 등 경제적 여건과 활동여건 등 객관적 사유로 표출되고 있다.

문화예술인들은 창조적 활동인으로서의 역할과 일상생활인으로서의 역할을 동시에 수행함에 있어 다른 어느 분야의 활동인들 보다 역할갈등(role conflict) 심하다. 이는 문예인들의 대부분이 생활을 영위할 수 있을 만큼 소득을 올리지 못하는 소득차질(income gap)이 발생하거나 고율의 실업이 발생하는 데에서 기인한다.[19]

따라서 직장관계가 지역이동의 중요한 요인이 되며, 보다 나은 생활편익시설, 보다 나은 활동여건의 지역을 찾아서 또는 연고지역을 찾아서 이주하게 된다.

이주방향도 이에 따라 당연히 대도시지역으로 향하는 것이 자연스러운 추세로 나타나고 있다.

---

18) 최상철, 전게논문, pp. 103～104.

19) W.J.Baumol & W.G.Bowen, *Performing Arts:The Economic Dilemma*(Mass:M, I, Press,1966), p. 167.

2) 地方文藝人들의 物的基盤의 脆弱

지방문화가 활성화되지 못하는 이유 중 그 무엇보다도 중요한 것은 문예인들이 의욕적인 활동을 통하여 지역발전에 기여할 수 있도록 하기 위한 물적 기반이 취약하고, 문화인으로서 자긍심을 가질 수 있을 만큼의 사회적 지위를 보장받지 못한다는 점이다.

이러한 요인은 문예인의 생계와 관련된 경제적 요인과 문예활동에 대한 사회적 평가 등 사회적 요인으로 나누어 볼 수 있다.

첫째, 산업사회에서의 文化價値에 대한 低評價는 문예인들의 삶을 보장할 만큼의 소득을 올리지 못하고 있다.

이로 인하여 그들의 활동에 관련되는 직업을 가져야 하거나 비정상적인 취업에까지 이르게 한다.

한 조사에 의하면 우리나라 문예인들의 80%정도(서울 85.4%, 직할시 78.4%, 시지역 78%, 군지역 79.3%)가 직장을 가지고 있고, 이 중에서 57.3%가 문예창작활동과 전혀 관계없는 분야에 종사하고 있는 것으로 나타나고 있다.[20)]

더 심한 것은 이들의 월평균소득액이다. 문예활동에 관련된 수입은 30만 원 이하가 67.2%이고, 10만 원 이하의 경우가 무려 41.7%나 되어 순수작품활동을 통해서는 생계유지가 곤란한 것으로 파악된다.

둘째, 대부분의 문예인들이 자신들의 창작활동에 대한 긍지와는 반비례로 그들의 社會的 地位에 대하여는 상당한 불만을 느끼고 있다.

한국문화예술진흥원 문화발전연구소의 실태조사보고서에 의하면, 사회적으로 부당한 대우 또는 형편없는 대우를 받고 있다고 느끼는 계층이 전체 문예인의 80.7%인 것으로 분석되고 있다.

물론 이러한 평가수준이 문예인의 주관적인 만족도이기는 하지만, 문화예술이 일반적인 경제계의 생산과 달리 문예인의 창의력과 창작의욕을 바탕으로 한다고 볼 때 이러한 사회적 저평가 현상은 문화경제학 견지에서의 지역발전을 위한 지방문화창달을 어렵게 하는 걸림돌이 되고 있다.

3) 文化觸媒基盤의 脆弱

文化觸媒(cultural animation) 는 문화활성화라는 말로 쓰여질 수 있는데 이 활성화운

---

20) 김형국, "문화의 탈중심화방안", 世界文學, 2000. 겨울호, p. 70.

동의 영역은 지역적으로는 행정구역단위를 토대로 하며, 내용적으로는 문화예술적인 것, 사회문화적인 것, 체육내용적인 것 등이 포함된다.

지방문화의 취약성은 객관적으로 이러한 문화촉매기반의 취약성에서 두드러지게 나타난다.

첫째, 文藝振興基盤擴充을 위한 투자는 대부분 도서관 · 박물관 · 전시관 등 문예보급기능에 쓰여지고 있으며, 創作活動을 지원하기 위한 보조금으로 지출되는 부분은 매우 미약한 실정이다.

둘째, 지방문화의 창달을 위한 法制 및 行政體制가 불비하다.

우선 법제적 측면에서 1965년에 地方文化事業造成法이 제정되어 지방문화사업자를 보호 · 육성토록 한 것이 유일한 제도적 장치였으나 그나마 이를 실현할 투자재원이 뒷받침되지 못하여 실효성을 확보하지 못하였다.

지방자치단체의 문화행정 수행체계에서도 시 · 도의 경우는 文化係에 2~3명의 직원이, 시 · 군의 경우에는 係마저도 없고 공보계에서 일괄 취급하고 있다.

다음 市 · 道綜合開發計劃 등에는 문화예술진흥방향과 주요대상만을 언급하고 있을 뿐 실천계획은 전무한 실정이다.

이에 더하여 지방자치단체는 문화재관리 등의 보존기능에 투자할 뿐 "산문화"의 보급을 위한 기반시설에의 투자는 거의 하지 않고 있는 실정이다.

셋째, 지방문예인들이 거주하는 곳에 그들의 활동을 보장해 줄 수 있을 만큼의 충분한 시설이 갖추어 있지 못하다. 이러한 文化空間의 부족은 지방문화의 정체를 가져오는 수단적 요인이 되고 있다.

3. 地方文化의 振興方案

지방자치제하에서 지역발전을 위한 창조적 능력과 기반을 조성하기 위한 文化觸媒者로서의 국가 및 지방자치단체의 문화정책은 地方文化發展의 중요한 역할을 수행하게 된다.

따라서 文化行政은 문학, 예술, 역사적 유물 등에 관한 保存 · 訓練 · 創作 · 普及의 네 가지 기능을 여러 가지 조정수단을 통하여 각 지역별, 부문별로 적절하게 수행할 수 있어야 한다. 여기에서 조정수단은 財政的 手段, 法制的 手段, 組織的 手段 및 管理的 手段 등으로 나누어 볼 수 있다.

1) 文化行政의 制度的 整備

文化部의 독립・설치는 어느 사회계층, 어느 지역, 어느 문화집단에 속하는지를 막론하고 누구나 고급문화, 발전된 문화에 접근될 수 있도록 보장하는 수단으로서 기능하게 될 것이고, 이것이 현실적으로 分散政策을 통해 가능한 것이라면 새로운 문화부에 의한 文化政策은 특히 지방적 분산에 관심을 두고 지방문화창달에 주력하여야 할 것이다.

첫째, 문화행정이 예술행정인을 훈련하고 창작을 지원하며 많은 사람을 문화예술에 접근시키기 위한 文化施設普及機能을 수행할 수 있도록 체질개선을 해 나가야 한다.

둘째, 문화행정기능의 상당부분을 地方分權化하여야 한다.

文化生活이란 자발성, 책임성, 창의성을 전제로 하기 때문에 이러한 특수성을 촉진하기 위한 연구와 기술개발, 예술행정가의 육성이 있어야 한다.

현재 한국문예진흥원에서 추진하고 있는 "문화촉매반강의"와 같은 프로그램이 보다 다양한 내용과 전문적인 내용을 다룰 수 있도록 꾸며져야 한다.

셋째, 지방문화육성에 관한 法制를 확충 정비할 필요가 있다.

현재 지방문화의 창달에 관련되는 법률로는, 지방문화사업법(1965), 문화예술진흥법(1972) 등이 있으나, 이들의 내용이 너무 형식적이고 소극적이어서 차후 지방자치단체와 민간관련부문이 지방문화육성에 기여할 수 있도록 강제하는 적극적인 법적・제도적 장치가 마련되어야 한다.

넷째, 지방문예진흥에 관련된 豫算을 충분히 확보하여야 한다.

'08년 기준 국가예산중 지방문화비지원예산은 전체예산의 0.29%에 불과하여 선진제국의 문화부문예산이 전체의 1%를 넘는 것에 비하면 너무나 부족하다. 따라서 현재 예산수준의 4~5배 이상이 확충되어야 하고, 이러한 확충예산은 지방문예인들의 창작활동지원비로 지원되어야 할 것이다.

2) 文藝創作活動의 支援

문화예술의 창작 및 공연활동에 관한 지원으로는 창작보조금의 확대, 문예작품 수요증대를 통한 간접보조, 문예인 발표기회의 확대 및 생활환경시설조성, 문예인에 대한 교육, 주민의 문예인식의 고취를 위한 교육 등을 들 수 있다.

문화예술은 善에 입각한 價値財(merits goods)이므로 공공지원이 불가피하고 그 재화의 생산결과가 소수 특권계층에만 향유되지 않도록 하려면 창작활동에의 보조정책은 분명한 명분을 갖는다.

이러한 보조는 文藝振興基金에서 지원되어야 하는데, 현재 정부가 조성하고 있는 기금(2010년까지 1조 원 목표) 중에서 지방지원의 비율을 70~80%선까지 높이는 방안이 검토되어야 할 것이다.

또한 금전적 지원 외에도 안정된 창작기반조성을 위하여 문예인들의 각종 권익에 대한 법적 보호, 세제혜택 및 지역상황에 따른 여러 가지 혜택을 부여하도록 하는 장치가 마련되어야 한다.[21]

아울러 지역에 있는 기업들의 경우 지역사회와의 유대를 강화한다는 차원에서 지역문예진흥기금으로의 기부액만큼 면세 및 감세조치 등을 통해 지역문화예술인에 대한 지원을 유도하도록 하여야 한다.

다음으로 서울에서만 적용하고 "문화를 위한 1% 시스템"을 각 지역에 확대 적용하여야 한다.[22] 이 제도를 정착시키기 위해서는 문예진흥법상의 권장사항을 義務條項으로 개정하여야 할 것이다.

지역주민들의 지방문화에 대한 인식과 관심을 높이기 위한 교육과 문화공간 확충은 필요불가결의 요소이다.

주민에 대한 文藝敎育은 중고등학교와 지역사회에서의 문예교육을 활성화하여 주민들이 고급문화에 접근하도록 유도하여야 할 것이다.

문예인들의 활동공간의 부족은 공공과 민간이 협동하여 작업실 등을 확보하는 프랑스의 방식을 도입하고, 공연시설을 확보하기 위한 수단으로는 커뮤니티시설, 특히 학교와 같은 準開放空間(semi-public space)의 유휴시간대를 활용하는 방안 등이 적극 검토되어야 할 것이다.

3) 地方文化行政의 文化觸媒運動 支援

지방문화의 창달은 각 지역의 문화양식에 맞추어 정책목표와 수단이 강구되는 것이 바람직하다.

문화촉매운동 또는 文化運動論은 1980년대에 들어와서 본격적인 논의가 이루어지

21) 문예활동에 있어 稅制減免 등의 혜택을 가장 효과적으로 사용하는 나라로서는 美國을 들 수 있다(송연택,"미국의 문화예술행정", 地方行政, 1989.10).

22) 예술품거래상의 매상고중 1%를 특별기금으로 조성하여 문예인들에게 필요한 생활지원혜택을 주는 프랑스의 특별지원제도의 도입을 검토할 때가 되었다.

고 있는데, 여기에서는 우리의 지방문화 차원에서 지방문화창달을 위하여 어떤 노력을 하여야 할 것이지 검토한다.

첫째, 文化觸媒基盤을 마련하여야 한다.

문화촉매는 참여와 학습에 의하여 지역문화를 주민자신이 창출하려는 문화활동이기 때문에 주민들이 자유롭게 접근하여 문화적 활동을 전개할 수 있도록 하는 문화시설이 전제되어야 한다.

박물관, 전시장, 극장 등 문화보급시설의 확충은 물론 지역문화센타[23) 등 지역사회의 다목적 시설을 확충해야 한다.

둘째, 文化性이 가미된 도시가꾸기운동을 전개하여야 한다.

문화예술은 그 속성상 도시지향적이다. 따라서 도시의 규모에 관계없이 그 지역특성을 살린 개성 있는 도시를 가꿈으로써 都市文化를 형성해 나가야 한다.

都市計劃이란 원래 도시의 개발과 문화창조의 과정으로서 시행되는 일종의 공간구성의 미학으로서, 이러한 계획이 이루어지는 권역은 기능적이고 안전하며 편리할 뿐만 아니라 거기에 사는 주민생활을 즐겁고 풍요롭게 할 수 있는 창의적인 것이어야 한다.

셋째, 地方文化行政制度가 補强되어야 한다.

바람직한 지방단위의 문화행정이 추진되려면, 전문성 있는 지방문화행정요원의 확보, 행정기능의 보강 및 조직개편 그리고 그에 따른 예산확보 등의 제도적 보완이 전제되어야 한다.

사실 文化藝術行政이란 예술과 관련한 창의성과 행정이 요구하는 합리성 등 양자를 겸비해야 하기 때문에 이러한 역할을 담당할 수 있는 지방공무원을 양성하기란 쉬운 일이 아니다. 따라서 임용시나 직무분담시 적성검사나 소양교육을 통해 신규행정요원을 확보하고, 기존 지방직 문화행정요원은 한국문예진흥원 등에 파견교육을 시켜 직무를 강화하여야 한다.

한편 文化藝術人을 양성할 수 있는 전문교육기관의 설립, 특히 지방대학에서의 예술교육강화를 위한 관련 학과의 설치, 우수교육요원유치 및 장학금의 지급을 확대해야 한다.

또한 문화행정에 대한 지방행정조직개편은 기초자치단체에 이르기까지 그 기능을 확대하여야 하고, 지방주민의 文化享有權보장이라는 차원에서 지방자치단체예산의

---

23) 일본의 community center의 기능을 도입하는 것이 이상적이라고 생각된다. 자세한 것은 金基玉, "일본의 community center에 관한 小巧" 地方行政, 1982.10~11월호 참조.

일정비율 이상을 문화예산으로 책정하는 방안이나, 지방에서 모금된 문예진흥기금의 지역별 전액환급 및 조정제도 등을 고려하여야 한다. 지방교부세액의 산정시나 국고보조금 지원시에 지방문화 활성화를 위한 특별행정수요가 반영되도록 하는 방안도 검토하여야 한다.

제 5 절 地域開發과 住民參加

지역개발에 있어서 주민참가가 이론적·실무적으로 중요한 관심사가 된 것은, 리만즈(A.F.Leemans)의 地域開發에 있어서 住民參加와 代表性에 관한 연구에서 비롯되었다.[24]

서구의 민주적 지방정부에 있어 주민참가와 지도자의 대표성은 선거와 지방의회를 통하여 주로 달성되었으나 시간이 흐름에 따라 지방자치단체의 기능증대 및 운영의 복잡화로 이와 같은 체계는 명백히 그 타당성을 상실하게 되었다. 특히 서유럽의 모든 나라에서는 점차로 지방수준에서 公·私活動의 구분이 모호해져 지방의회의 주민에 대한 지도자의 대표성은 약화되었고 이로 인하여 代議制보다는 개발과 지역문제의 해결을 위하여 이해당사자인 주민자신이 직접 참여하는 문제에 관심을 가져야 한다고 리만즈는 주장하고 있다.

또한 많은 나라가 "지방대의제도를 통하여 지방의 이익과 개발정책을 어느 정도로 결속시키고 결합시킬 것인가"라는 기본적인 의문에 직면하고 있다고 지적하고, 개발도상에 있는 국가들은 이와 같은 근본적인 문제의 평가에 따라 정치적 참여 및 지방대의제도를 증진시킬 필요도 있지만 이 때문에 초래되는 부정적 효과를 감소시키는 효율적인 수단을 강구해야 한다고 권고하고 있다.

24) 金學魯, "住民參與에 관한 연구—도시행정의 수요압박을 주목하며", 國土計劃(1980. 9), p. 32.

1. 地域開發過程別 住民參加

1) 住民參加의 必要性

참여적 민주주의의 강조는 주민참가를 증가시켰으며 정당·이익단체·입법기관 및 관료 등은 주민참가를 돕는 중개자역할을 하고 있다. 이와 같은 住民參加(citizen participation, citizen involvement)가 우리나라에서 쓰여지기 시작한 것은 1980년대부터이다.[25]

주민참가의 본질은 그것이 요청되는 상황이나 논자에 따라서 다양하게 규명되나 지역사회내의 생활의 질에 영향을 미치는 물리적·사회적·경제적·정치적 제조건을 유지하거나 증진시키기 위한 정부기관의 계획, 개발, 집행 그리고 정책·전략·사업의 평가수단에 주민이 실질적으로 관여하는 것을 말한다[26]고 보는 것이 정확한 견해이다.

당해 지역의 개발계획은 개발의 혜택이 지역주민들에게 분배되기 때문에 주민들이 발의하고 결정·집행하는 참가야말로 자연스러운 과정이며 민주성·효과성·자원배분의 형평성을 결정하는 일종의 결정기능인 동시에 감시자의 역할을 하기 때문이다.

이러한 관점에서 본다면, 地域開發에 있어서 주민참가는 다음과 같은 이유에서 특히 필요하다고 할 수 있다.

첫째, 지역개발은 그 근본적 의의와 이념이 지역주민의 복지증진에 있으므로 지역개발의 발의는 주민의 의사에 근거하고 그 효과는 주민의 생활의 질에 귀속되어야 한다.

둘째, 주민의 경제적 활동을 비롯한 일상생활과 직결되어 있는 지역개발이이들 주민의 진정한 인정과 수용이 앞서고, 적극적인 호응과 참여가 뒤따르지 않고는 결코 바람직한 성과를 거두지 못하게 된다.

셋째, 주민의 의사와 요구가 반영되고 있는 지역개발은 수행과정에 있어 주민의 반발과 소외를 감소시킬 뿐만 아니라 納稅를 비롯한 각종 부문에서 주민의 자발적인 협조를 쉽게 얻을 수 있다.

---

25) 황명찬, "지방행정의 민주화와 능률화의 조화 : 주민참여의 확대를 중심으로", 地方行政 심포지움 주제논문(내무부 지방행정연수원, 1986), p. 95.

26) 우동기, "개발계획과 주민참여방안의 설계", 都市問題(서울:대한지방행정공제회, 1981.5), pp. 47～48.

넷째, 민주주의의 확산과 신뢰감의 회복을 가능하게 하기 위해서도 민주적 주민참가는 필요하다.

이와 같이 이론 및 분석적 견지에서 보면, 주민의 지역에 대한 인식, 주민조직 및 지역개발은 상호 보완관계에 있다.

地域住民組織이 지방정부의 지역개발정책에 좀더 의식적으로 접근하면, 지역주민에게는 새로운 개념인 자본투자·이윤 등에 관해 생동적인 체험을 넓힐 수 있다.

한편, 지역개발계획의 수립시 주민이 직접 참여함으로써 중앙 및 지방정부에 대한 이해 및 정보가 증가하게 되며, 공공자금이 유용하게 이용되고 있는가에 대한 검토능력이 생기게 되고, 이미 시행된 정책들의 배경과 이유 등을 좀더 구체적으로 이해할 수 있게 된다.

2) 住民參加의 類型과 方法

주민참가의 형태를 制度化여부 및 救助化여부에 따라 분류하면 <표 9-1>과 같다.

<표 9-1> 주민참가의 통로

구 분	제도적 통로	비제도적 통로
구조적 통로	지방의회, 장의 공선제, 각종 위원회 등	주민단체, 이익단체 등
비구조적 통로	반상회, 주민과 대화, 공청회, 여론모니터, 이동관서제, 행정예고제, 행정상담위원제, 여론직분제, 전시회, 설문조사, 견문보고제	대중매체, 진정, 건의, 주민운동

주민참가의 가장 전형적인 형태는 주민대표들에 의한 地方議會의 구성이다. 또한 地方自治團體長이 직선에 의하여 선임되므로 투표를 통한 주민의 간접적 참여가 보장되어 있다. 이러한 구조적 통로 이외에 지역개발에 대한 주민참가가 제도화된 것으로는 행정기관에 설치되어 있는 각종 위원회와 주민들간의 조직적인 반상회 등을 들 수 있다.

이 밖에 비제도적 통로에는 주민단체, 이익단체, 대중매체, 진정, 주민운동 등이 있다.

3) 地域開發過程別 住民參加

행정과정별로 주민참가를 살펴보면, 개발계획의 수립단계 · 개발계획의 확정단계 · 개발계획의 집행단계 · 개발계획의 평가단계 등의 경우로 나누어 볼 수 있다.

(1) 開發計劃의 樹立段階

일반적으로 지역개발계획의 수립은 지역여건과 현황의 조사분석단계, 기본계획수립단계, 개발사업의 선정과 우선순위의 결정단계로 나누어 볼 수 있다.

조사분석단계에서의 주민참가는 정보수집 · 접촉 · 개입 등의 형태를 가지며, 그 수단으로서는 설문조사, 주민조직, 위원회, 공청회, 주민운동을 들 수 있다.

또한 주민들은 접촉 · 개입 · 조정 등의 형태로 기본계획수립단계와 개발사업선정 및 우선순위결정단계에 참여할 수 있다.

(2) 開發計劃의 確定段階

지역개발계획의 기본계획과 재정계획이 연계되어 사업의 우선순위가 결정된 집행계획이 수립되면 이들 계획안을 확정시키는 절차가 필요하다. 이 단계에서는 주민참가를 통하여 주민합의를 확보하는 실질적 절차와 작성된 계획안을 상급기관의 승인 · 계획 · 공고를 거쳐 확정하는 형식적 절차로 나누어 볼 수 있다.

이와 같은 개발계획의 확정은 주민의견의 조정 및 합의의 형성과 주민설득조정, 계획안의 재검토 및 수정, 주민합의에 의한 계획안의 확정단계로 이루어진다.

(3) 開發計劃의 執行段階

계획수립과정에서 다양한 방법의 주민참가가 이루어졌다 하더라도 그것은 행정기관의 주도하에 진행된 것이기 때문에 일정한 한계를 갖는다. 따라서 집행단계에서 주민의 이의신청, 합의 등이 비일비재하다. 그러므로 집행과정에서 주민의 私權行使가 부당하게 제한을 받는 경우가 발생하면 주민의 최대공약수를 도출하는 참여기회를 보장하여야 한다.

(4) 開發計劃의 評價段階

개발계획이 아무리 좋은 목표와 수단을 갖추었다 하더라도 그 집행과정에서는 예측하지 못했던 많은 문제점에 직면하게 된다. 이러한 문제점을 해결하여 목표했던 바의 성과를 이루었는가를 평가하는 것이 개발계획의 평가단계이다. 이와 같은 평가의 중요성에도 불구하고 주민참가에 의한 평가는 산발적인 정치적 활동을 통하여 이루어지고 있으며 대부분의 주민들이 계획수립과 집행에서의 주민참가의 중요성은 어느 정도 인식하고 있으나, 평가단계에서의 중요성은 제대로 인식하지 못하고 있는 실정이다.

그러나 이러한 평가는 고도의 전문적 지식을 필요로 하며 또 목표에 따른 성과의 측정도 쉬운 일이 아니다.

그러므로 설문조사, 보고서, 일상적인 주민접촉 등 제도화되어 있지 않는 참여방법에 의하여 수렴된 주민의사, 주민위원회의 의견, 외부전문가 및 행정기관의 의견을 통합・조정하여 이를 평가과정에 반영하여 평가위원회로 하여금 평가방법선정, 평가도구작성, 평가실시, 효과해석의 일련의 과정을 수행하게 해야 한다.

이상에서 살펴본 지역개발과정에서의 주민참가는 각 과정에서 참가자들의 올바른 역할설정을 바탕으로 이루어져야 한다(<표 9-2>).

<표 9-2> 過程別 參與者의 役割

	단 계	參與者			備考
		住民	公務員	專門計劃家	
의사결정	1. 지역사회가치평가	×		○	×：主役者
	2. 목표설정	×	×		○：補助者
	3. 자료수집			×	
	4. 지표 및 개발기준설정			×	
	5. 대안개발			×	
	6. 대안의 선택 및 우선순위 결정	×	×		
	7. 집행계획의 구체적 계획			×	
	8. 집행계획의 수정 및 동의	×	×		
집 행	9. 자원지원	×	○		
	10. 사업관리	×		×	
	11. 직접참여	×			
	12. 자금지원		×		
배 분	13. 사회적 이익	×			
	14. 물질적 이익	×			
	15. 개인적 이익	×			
평 가	16. 과정평가	×	○	○	
	17. 결과평가	○	○	×	

2. 各國의 地域開發과 住民參加

외국의 제도를 우리나라의 실정에 접목시키기 위한 하나의 과정으로서 미국·영국·독일·일본 등의 지역개발사업에 있어서의 주민참가제도를 살펴보면 다음과 같다.

1) 미 국

미국에서는 都市再開發事業 등에 있어서 실질적인 주민참가로서 公聽會와 地方議會에 의한 대상지역주민과의 교섭과정을 보장하고 있다.

① 住宅法(1954년 개정)은 도시재개발정책의 기본법인데, 이 법에는「실천성 있는 지방발전계획」을 요구하는 규정이 포함되어 있다. 이 실천성 있는 계획을 수립하는 데는 지역사회주민의 참여를 필수요건으로 하고 있으며, 1964년에는 주민참여요건을 개정하여 도시재개발사업의 모든 단계에 있어서의 의사결정에 주민이 참여할 수 있도록 사업대상지역 주민으로 구성되는 地域住民委員會(project area committee)를 설치하여 도시재개발사업의 결정 및 실시에 주민대표가 참가하도록 의무화하고 있다.

② *經濟均衡機會法*에서는 도시의 빈곤퇴치활동의 주역을 맡기기 위하여 지역사회활동기관을 설치하고 여기에 세 가지 임무, 즉 봉사제공, 공사의 자원동원, 가능한 한「최대한의 주민참여확보」를 필수화하고 있다.

③ 示範都市 및 廣域都市開發法은 모범도시프로그램을 창안하여 연방정부의 재정지원을 방아 빈곤자들과 빈곤지역의 자활기초를 튼튼히 하는 사업들을 추진하고 있는데 그 프로그램에도 광범위한 주민참여를 필수로 하고 있다.

2) 영 국

영국의 경우, 도시계획에 주민이 참여하는 방식으로서 都市計劃諮問節次(planning inquiries)에 주민이 참석하고 있다.

都市計劃法(1968)은 도시계획을 장기기본계획(structure plan)과 지방계획(local plan)으로 나누어, 이들의 계획작성에 주민이 참여하는 권리를 인정하였으며, 1972년에는 동법을 개정하여 기본계획을 위한 주민참여로서 심의절차에 대신하여「공개청문회」를 채택하였고, 1974년 개정에서는 공개청문회에 앞서 참석예정자들에게 적절한 고지를 하여 그 권리행사에 만전을 기하도록 하여야 한다고 규정하였다.

이에 따라 현재 지방공공단체는 광범위하게 주민과 접촉을 시도하며 토론회 · 세미나 등을 개최하여 보다 심층적인 주민의 의견을 청취하고 있다. 그리고 실시구역(action area:향후 10년 이내에 종합적인 개발 및 재개발을 실시할 구역으로 정해진 지역)에서는 의원 · 주민 · 계획작성자 등으로 구성된 합동위원회가 설치되어 있기도 한다.

3) 독 일

독일에서는 주민결정, 주민청원, 주민집회, 의회위원회에의 주민임명 등의 방법이 활용되고 있다.

① 바덴, 웰덴부르크, 헷센주 등에서는 시 · 읍 · 면의 중요사항을 住民決定에 부하도록 하고 있다. 여기에서 중요사항이란 주민전체에게 제공되는 공공시설의 설치, 행정조직의 변경 등인데 이에 대한 주민결정은 과반수 찬성에 의하여 성립한다. 기타 사항에 있어서는 住民請願에 의하여 주민결정이 제의된다. 이러한 주민청원은 인구 10만을 넘는 시 · 읍 · 면에서는 주민의 10분의 1의 서명이 필요하다.

② 바이에른주의 시 · 읍 · 면장은 적어도 1년에 1회 이상 중요사항을 논의하기 위하여 住民集會를 소집하고, 여기에서 도출된 권고사항은 3개월 이내에 의회에서 다루도록 하고 있다. 이러한 제도는 바덴, 웰덴부르크, 핫센주 등에서도 시행하고 있다.

③ 의회의 위원회에 주민을 임명하는 제도는 학식과 경험을 겸비한 주민을 그 구성원으로 임명하는 제도이다. 웨스트바, 바덴, 웰덴부르크, 핫센주 등에서 시행하고 있다.

4) 일 본

일본에서 주민참가운동이 활발히 전개되기 시작한 것은 '70년대 전반기의 공해산업반대운동에서부터이다.

① 都 · 府 · 縣의 종합계획의 책정과정에 주민이 참가하는 방법은 주민의식조사, 주민선호도조사와 공청회 등이 주를 이루고 있다.

② 市 · 町 · 村의 기본계획책정과정에의 주민참가방식으로서 특이한 것은, 계획초안의 공표→주민건의→심의회의 심의 등의 절차를 밟는 것인데 경우에 따라서는 시 · 정 · 촌 또는 심의회 등이 주민집회를 소집하기도 한다. 住民集會는 직

접 주민의 소리를 들어 계획에 반영하고, 계획에 대한 주민의 이해와 협력을 얻기 위하여 개최하는 것인데 주로 행정당국과 주민 또는 주민상호간의 토론을 목표로 한다.

5) 우리나라

주민참가의 방법은 그 나라의 정치발전과 국민의식수준에 따라 다양하며 선진국일수록 참가가 제도화되어 있고 실질적인 영향이 크다. 우리나라에서는 개발행정에 대한 주민참가가 제도화된 것으로는 都市計劃共覽制度 이외에는 없다고 보아도 과언이 아니다.

즉, 도시기본계획이외의 일반 도시계획으로서 도시재정비계획, 도시계획사업계획 등을 입안할 때 주민의견을 청취하여 이를 검토하여 그 계획에 반영하도록 하고 있으며 시장・군수가 입안하고자 하는 도시계획안을 당해 지방에서 발간되는 일간신문에 2회 이상 공고하고, 14일 이상 일반인에게 공람시키도록 하고 있다.

따라서 지방자치단체에서는 도시계획재정비, 도로, 공원 등의 도시계획시행계획과 토지구획정리, 재개발 등의 도시계획사업의 결정과 변경시 공람절차를 의무적으로 거치고 있다.

그러나 실제 지역개발사업시행에 있어서는 재정의 취약성으로 인하여 주민부담이 수반되고 주민 사이의 이해가 상충되어 주민으로부터 많은 저항을 받고 있고, 산업화・도시화에 따라 환경보호・공해방지 등의 문제가 심각하게 대두되고 있으나 이에 대한 입법불비와 규제방법의 획일성으로 인하여 효과적인 대응능력을 갖추고 있지 못한 실정이다.

따라서 주민의 저항을 완화하고 행정의 취약점을 보완하여 행정목표의 효율적인 달성을 기하기 위해서는 필요시마다 이해관계인들로 위원회를 구성하여 이들 사업추진에 적극적으로 참여하도록 하는 방안 등을 강구할 필요가 있다.27)

開發事業에 있어서는 이로 인하여 이익을 받는 다수의 시민에게 피해를 받는 소수 시민의 입장을 이해시켜 피해의 일부를 보상하여 줌으로써 피해액을 최소화하고, 사업추진과정에서 비협조적인 시민에 대해서는 계속적인 개별접촉이나 공개적인 회의를 통하여 설득하고, 끝까지 비협조적인 시민에 대해서는 지역개발저해의 책임에 대한 여론을 형성하여 참가를 유도하는 방안도 구상해 볼 수 있다.

環境保護나 公害防止에 있어서는 행정기관의 일방적인 규제방식으로 추진하기보

---

27) 金基玉, 中小都市開發論(서울:대왕사, 1986), pp. 220～223.

다는 직접 공해로 인하여 피해를 받는 지역주민들을 문제해결에 참가시킴으로써 이들의 이해와 지원을 받는 한편 사회적 압력단체로 활용하는 방안도 있을 수 있다.

이러한 완충적 위원회제 등의 활용은 자율적인 주민운동을 통하여 행정에 대한 관심과 참가의식을 고취시키는 데 보다 큰 의의가 있다.

제 10 장

地方自治와 經營行政

「최소의 부담으로 최대의 복지」는 지방자치행정이 궁극적으로 추구하는 목표이다.

지방자치행정도 국제화 · 정보화 · 지방화 추세에 맞추어 경쟁력을 갖추어야하고, 행정서비스를 강화해야 한다는 주민의 목소리가 높아지자 한정된 재원으로 이러한 수요를 충족시키기 위해서는 낡은 행정관리의 틀을 깨고 자기개혁의 바탕 위에서 새로운 지방경영과 지방자치단체의 행 · 재정의 운영상 효율성을 제고시켜야 할 절실성에 봉착하게 되었다.

21세기는 정치보다는 경영이 더 요구되는 시대이기도 하다. 따라서 지방자치단체도 하나의 경영체로서의 지위에서 주민복지를 극대화 시켜야 한다는 논의가 활발해지고 있으며, 이를 당연시하는 입장에서 「지방자치단체의 경영」 또는 「도시경영」이라는 이름으로 經營行政理論이 논구되고 있다.

제 1 절 經營行政의 論理

1. 經營行政의 槪念

1) 槪念定立의 趨勢

경영행정(도시경영)의 논의는 어느 나라에서든지 지방자치단체의 재정조달의 한계에서 출발한다. 따라서 주민욕구와 지역개발사업을 충족시키는 데에 절대적으로 부족한 재원조달수단으로서 그 논의가 대두하고 있지만 그 개념이 명확하지 않는 상태로 각국에서 다양한 의미로 사용되고 있다.

특히 지방자치단체의 경영행정이 도시경영이라는 형태로 논구되는 것은 오늘날의 도시지방자치단체(도시정부)가 도시의 인구집중과 개인간의 소득 격차의 심화와 지역간의 현격한 개발격차라는 문제점을 안고 있기 때문이다.

미국에서는 도시관리(Urban management) 차원에서 도시공공서비스의 효율적 공급과 공급체계에 관한 연구가 지방정부단위로 활발하게 이루어지고 있다. 도시문제해결과정에서 민간의 기술·지식·자금 등을 활용하고자 하는 취지에서 관민파트너쉽 또는 관민협력(Public-Privete partnerships)에 대한 연구가 1970년대 이후 활발하게 이루어지고 있다.

일본에서는 정치·경제·사회 그리고 공간을 포괄하는 자치체의 정책 내지 경영으로서 도시경영을 1980년대 이후부터 모색하고 있으며, 특히 관민협동의 제3섹타에 대한 연구가 활발히 진행되고 있다. 일본학자들은 '최소의 경비로 최대의 복지효과'를 지향하고 있으며, 기업식 경영방식과 자율적인 도시경영을 강조하고 있다.

우리나라에서 도시경영은 도시행정의 하위개념으로서의 도시관리차원에서 다루어져 왔다.[1] 정부수립 후 지금까지 지방의 자치나 자율성이 제대로 인정받지 못했고 거의 모든 결정권한 및 자원배분이 중앙에 집중되어 있었기 때문에 도시경영의 주도적인 역할이 사실상 불가능했고 따라서 학계나 실무계에서 도시경영의 적극적인 역할이 주목을 받지 못했다.

그러나 정보화사회의 도래, 세계화, 개방화, 지방화의 추세 등은 우리나라의 경우에도 도시경영의 주도적이고 적극적인 역할을 요구하고 있다. 기업적인 도시경영 및 자율적인 도시경영, 더 나아가 정책경영으로서의 적극적인 역할이 강화될 전망이다. 都市經營은 한정된 도시의 자원을 보다 효율적으로 활용하여 도시주민 등의 삶의 질을 개선하고 더 나아가 국가 전체적인 발전에 견인차적 역할을 할 것이기 때문이다.

2) 經營行政의 意義

(1) 效率的인 자치단체의 형성

지방자치단체의 경영행정이라는 어휘를 전제로 취할 수 있는 수단은 우선 두 가지가 연상·정립된다.

첫째는, 지방자치단체의 재정의 減量經營(cost down management)이다.

팽창된 행·재정구조의 군살을 잘라내고 낭비적 요소를 제거하여 재정수지의 균형을 맞추는 것이다. 즉 값싼 지방자치단체를 형성하는 소극적 방법이다.

---

1) 박종화, <u>도시경영론</u>(서울, 박영사, 1997), p. 5

둘째는, 값싼 자치단체보다 주민욕구에 즉시 반응하는 효율적인 지방자치단체를 형성하는 것이다.[2] 우선 주민의 생활상, 지방자치단체의 미래상을 정립하고 그 목표 달성을 위한 효율적인 방법을 강구하는 것이다.

여기에서 값싼 행정이란 행정의 축소균형을 노리는 재정지상주의이며, 효율성이 배제된 행정형태이다. 이 경우는 복지비 삭감을 비롯한 절대적인 총량규제에 역점을 두는 경우가 대부분이다.

지방자치단체의 경영행정은 행·재정운영의 수준의 개혁을 수반하는 政策經營으로서 효율적인 자치단체형성에 기여하는 것이어야 한다.

(2) 政策經營

종래 지방자치단체의 지역개발 수요를 충족하기 위하여 감량경영으로서 대처했던 것에 비하여 지방자치단체의 경영행정은 주민복지의 향상을 위하여 재정수단 외에 사회정책적인 여러 가지 요소를 포함한 정책개발과 집행을 하는 적극적인 개념이 되어야 한다.

지방자치단체의 존재목적이 주민복지의 향상에 있다고 본다면 지방자치단체는 스스로를 희생해서라도 주민생활을 지켜나가야 하기 때문이다.

(3) 都市經營

지방자치단체 경영행정의 핵심은 지역적으로 볼 때 都市經營에 있다. 지방자치단체를 도시적 개방자치단체와 농촌적 지방자치단체로 분류하여 주민복지수요의 광협성, 시급성, 절실성을 논할 때 도시주민의 수요가 농촌주민의 수요를 능가하기 때문에 도시경영을 논하는 것이 지방자치단체 경영이론에 있어서 우위성을 나타내기 때문이다.

일본학자들은 도시를 공동체, 경영체, 유기체로 파악하고 수익에 입각한 비용부담에 의한 효율적 도시형성, 능률적 행정서비스의 집행을 제안하고 있다.

그 대표적인 도시경영의 개념에 관한 견해는 다음과 같다.

① 제1설(磯村英一, 1955)

「도시경영이란 시민생활의 안전성을 확보하고 시민복지를 증진시켜 시민생활에 편의를 제공한다는 목적을 가지고 집행되는 여러 가지 행정활동을 하나의 관리경영으로 보는 것이다.

---

2) 高奇昇三(박영호, 이상엽역), 都市經營論(서울, 선일문화사, 1994), p. 18.

따라서 法制적 관점에서 보면 都市行政이고, 運營적 관점에서 보면 都市經營인데 이것은 시각차가 있을 뿐 그 실체는 하나이다.

도시행정의 실체를 어떻게 운영하면 좀 더 확실하면서도 효율적으로 그 목적을 달성할 수 있을 것인가 하는 것이 도시경영의 시각이다.」

이러한 시각은 사기업과는 다른 공공복지의 증대를 목적으로 하여 도시자치체를 경영주체로 하는 도시서비스의 효율적·과학적·민주적 활동 모두를 가리키는 것이라고 할 수 있다.

그러나 이에 의하면 도시정책, 행정관리와 도시경영을 어떻게 관련지을 것인지 명확하지 않다.

② **제2설**(藤田武夫, 1963)

「도시경영목표는 주민복지에 있으며, 민간기업의 경영과는 달리 운영의 효율성에 있어서도 목표가 다르며, 정치적 성격을 띈다.

오늘날 도시의 행정기능은 생활의 필수수단의 제공, 생활편의의 제공, 생활자력의 제공, 도시생활의 질서유지를 위한 규제, 생산 및 생활의 지도·육성 등 여러 방면에 걸쳐 커다란 영향력을 미친다.

도시행정이 사적 영역에도 관여한다는 점에서 공사의 활동영역이 불명료하며, 도시와 국가간의 행정의 책임구분이 애매하기 때문에 영역이나 책임구분시 명확화와 상호간의 조정이 커다란 문제가 된다. 일본에서는 도시자치체의 행·재정상 자주성이 약하므로 현재의 행·재정구조를 변혁시켜 이에 충분한 권한과 재원을 갖도록 하는 것이 도시경영의 전제조건이라 할 수 있다.

도시경영은 원래 계획을 중심으로 하는 것이지만 일본처럼 도시자치체의 자주성이 빈약한 도시경영이 수동적, 소극적인 자세를 취할 경우 계획은 존재할 수 없다. 도시자치체의 자주성이 확보되어 민주적인 운영기구가 생겨남으로써 비로소 도시의 미래상이나 계획이 형성될 수 있다.

자치행정이 주민의 생활향상을 목표로 하는 이상 도시기능의 합리화도 이 목표달성의 일환으로서 의의가 있으며, 관청조직과 주민사이의 민주적인 관계확립이 중요하다. 또한 주민의 요구를 도시의 경영방침에 반영할 수 있어야 한다는 것이 불가결의 문제이다.」

이 시각은 도시행정기능이 확대됨으로써 예전의 행정관리론으로는 대처 할 수 없다고 경고한다. 그러나 도시경영에 관하여 그 주체, 대상, 수단 등의 개념을 제시하지 못한다. 오히려 도시계획기능, 주민참가제, 행정기구 등의 개혁의 필요성을 제창한다.

그 선견성은 평가할만하지만 자치체내부경영체론의 결여, 공공경제학적 관점에서의 접근실패로 도시경영이 과연 무엇인가 하는 내용이 애매하다.

③ 제3설(宮崎辰雄, 1971)

「도시경영의 대상으로서 자치체는 공공서비스를 제공하는 회사이다. 교육에서 해면매립사업까지를 포함한 다채로운 경영체를 이루는 거대기업이라고 보고, 도시경영의 목적을 최소의 시민부담으로 최대의 복지이며, 시민복지를 극대화하는 것이 도시경영이다.」

이 시각은 단순히 지방자치단체의 재정수지에 한정하지 않고 도시를 전체적인 경영대상으로서 그 대차대조표적 입장에서 판단해야 하는 것을 도시경영의 원칙으로 들고 있다. 공간·경제·사회시스템의 세 가지 분야에 걸쳐 최적체계를 추구하여 이를 바탕으로 민주적·과학적 경영방식의 필요성을 제창하고 있다.

즉, 종합계획, 생활환경기준, 공해방지협정, 주택개발요강, 민간에너지 활용, 전세대조사, 주민참가 등 행정관리의 한계를 초월하여 공공경제, 정치·사회로 도시경영의 대상을 확대하여, 지방자치체라는 경영주체와 이러한 외부환경과의 관계설정을 경영이라는 관점에서 보고 있다.

이러한 이론과 실천의 가교에 의해 도시경영은 행정관리론과 결별하고 이를 초월하여 새로운 연구대상을 제시함에 따라 도시경영의 독자성이 도시정책이나 행정관리의 관계에서도 매우 명확하게 되었다고 할 수 있다.

그러나 이 개념도 포괄적인 도시경영개념의 명확화를 시도한 것은 아니다.3)

④ 제4설(一瀬智司, 1972)

「도시경영이란 도시자체를 하나의 경영체로 간주하여, 시장을 회사의 사장에 비겨 시민과 지역주민에게 최소의 비용부담과 사업비용으로 최대의 도시지역복지효과를 달성하려는 목적을 가진 것이다. 이러한 경영개념 하에서 도시자치체의 경영은 두 가지 의미가 있다. 하나는, 도시지자체의 행정구역을 중심으로 하여 도시 및 농촌을 포함한 도시지역의 경영이고, 둘째는 도시자치체의 행정주체로서의 지방공공단체의 내부경영이라는 것이다.

이 양자는 긴밀하게 관련되어 전자의 도시지역경영이 목적이고, 후자의 도시자치체의 내부경영이 그 수단으로 작용한다.」

이러한 정의에도 불구하고 도시경영상은 명확하지 않다.4)

---

3) 高奇昇三, 전게서, pp. 27~28.

⑤ 제5설(박종화, 1996)

「도시경영의 개념규정이 불분명한 상태에 있지만 도시경영의 목적은 비교적 명확하다. 도시경영은 한정된 자원을 보다 효율적으로 활용하여 도시주민들의 삶의 질을 개선하고 더 나아가 국가 전체적인 발전에 견인차 역할을 하는 것이다.

도시경영이란 도시의 문제해결을 위하여 도시정부를 하나의 경영실체로 파악하고 시민에게 최대의 복지를 제공하기 위하여 주어진 재원을 능률적으로 사용하고 더 나아가 필요한 재원을 적극적으로 모색 내지 확보하는 정책결정 및 구체화를 일컫는다고 볼 수 있다.

따라서 여기서는 공공서비스의 능률적 공급과 재원의 효과적인 확보방안 등이 중요과제로 논의된다.」

⑥ 개념적 정의

이상의 국내외학자들의 논의를 종합하여 볼 때, 도시경영의 개념은 현상학적 논의를 넘어 그 주체, 대상, 목적, 원칙 등에 입각하여 포괄적으로 접근하여야 할 필요성이 제기된다. 이러한 시각에서 그 개념을 정리하면, "도시경영은 지방자치단체가 그 행정주권에 입각하여 효율적인 행정관리, 효율적인 공공서비스를 위한 가장 적절한 정책선택을 통하여 최소비용으로 최대의 복지를 이룩하려는 제도개혁 및 정책전개"라고 할 수 있다.

3) 都市經營과 企業經營

도시경영과 기업경영은 경영의 본질과 그 추구하는 목적 등에 유사점이 많지만 그 이념, 원리 등에 적지 않은 차이점이 존재한다(<표 10-1>).

그러나 이양자의 구분은 상대적인 것으로 되어가고 있다.

4) 經營行政의 必要性

오늘날 지방자치단체는 단순히 주어진 재원을 능률적으로 집행하는 차원으로는 주민욕구와 기대를 충족시킬 수 없으므로 새로운 공급대안을 모색해야 할 처지에 놓여있다.

4) 高奇昇三, 전게서, p. 29.

<표 10-1> 기업경영과 도시경영

구 분	기업경영	도시경영
경영목적	수익 극대화	복지 극대화
경영이념	고객지향성, 합법성, 효율성	효율성, 형평성, 민주성, 합법성, 자율성
경영원리	이윤원리에 입각한 기업성 추구	수요충족원리에 입각한 공공성 추구
운영원리	기업회계방식에 입각한 수지계산	예산배분방식에 입각한 합의형성
경영수단	자유경제에 입각한 시장서비스 제공	강제경제에 입각한 조세징수, 공공서비스 제공
경영의식	보상원리 지배의 게젤샤프트 (이익사회)	회생원리 지배의 게마인샤프트 (공동사회)
경영환경	시장경제원리에 입각한 경쟁사회에서 확대원리	공동경제원리에 입각한 상호의존사회에서 배분원리
추구수단	광고선전, 비용추구, 이익공여에 의한 이익유도	권력적 규제, 참가제도, 경제개입에 의한 이해조정

한편으로는, 지방자치제의 재시행에 따른 지역주민의 지방자치단체에 대한 기대의 이중성을 극복해야 하고, 또 다른 한편으로는, 만성적인 재원부족상태 하에서 급격하게 팽창하고 있는 도시공공서비스 수요를 충족시킬 수 있는 새로운 대안을 모색해야 하는 압박을 받고 있다.[5]

(1) 예산절감

지방자치단체의 경영행정에 있어서 기업가적 경영방식과 전문경영방식, 정책경영방식을 도입 · 활용함으로써 한정된 지방자치단체의 예산집행을 보다 효율적으로 할 수 있다.

더 나아가 행정권한의 민간이양, 민간자본의 도입 등으로 적극적으로 예산절감을 할 수 있다

(2) 새로운 수입원 발굴

중앙의존형 정치권력구조 하에서의 지방자치단체는 부족한 재원을 중앙정부로부터 조달 · 충족시킬 수 있었으나, 지방자치시대의 지방자치단체는 의존재원 외에 적극적으로 새로운 수입원을 발굴하여 그 재원을 충족하지 않으면 안되게 되었다.

---

5) 박종화, 전게서, pp. 8～11.

사용자부담의 적절한 활용, 개발사업으로부터의 이익의 적정한 평가・환수 기타 각종 수익성사업의 발굴・육성을 통한 새로운 稅源의 창출이 절실하다.

(3) 기능의 재조정

전체사회의 복지수준을 제고하려면 정부는 잘할 수 있는 것 만하고, 잘하지 못하는 것은 잘하는 실체에게 맡겨야 한다.

따라서 지방자치단체는 각종 서비스 공급대안 중 가장 효율적인 대안의 모색을 축으로 하는 경영방식을 적극적으로 활용함으로써 그 기능을 재조정하여야한다.

(4) 경쟁력 제고

자율과 창의에 토대를 둔 경영방식의 광범위한 적용은 지방자치단체의 경쟁력을 강화할 수 있다. 시장메커니즘하의 보상원리를 도입한 자율적인 경영은 지역의 잠재력을 최대한으로 활용하는 것을 가능케 한다.

(5) 대응력 강화

세계화, 정보화, 도시화, 산업화, 지방화 등의 행정환경변화는 권력구조의 다원화와 개발주체의 다극화를 요구한다.

이러한 요구에 부응하는 경영원리의 수용과 확산은 새로운 행정환경변화에 대처할 수 있는 대응력 있는 방안이 될 수 있다.

2. 經營行政의 主體

지방자치단체의 경영행정(도시경영)을 구체적인 개념으로 확정시켜 나가기 위해서는 도시경영의 개념요소와 도시경영원칙을 논구해야 한다.

1) 地方自治團體

경영행정의 주체는 지방자치단체이다.

지방자치단체는 이론상으로, ① 관청으로서의 지방자치단체와 ② 지역주민과 사업자를 포함한 지역구성요소로서의 지방자치단체로 나눌 수 있는데, 지방자치단체의 경영주체는 후자를 의미한다.

지역주민, 사업자로부터 단절된 관청으로서의 지방자치단체로 그 주체를 한정한다면, 그 경영은 내부적인 경영에 한정되어 주민, 사업자는 단순한 수익자로 취급될 것이기 때문이다.

여기에서 다음 세 가지 사항을 유의하여야 한다.

첫째, 경영행정의 주체로서 지방자치단체는 제도상으로는 그 주권자는 주민이며, 단체장은 단순한 行政受託者로서의 지위만을 갖는다는 것이다.

사실상은 단체장이 도시경영의 결정권을 갖는다고 하여도 제도상으로는 지방자치법에 입각한 주민이 주권자이며, 지방의회의 동의 또는 승인 하에 단체장이 정책을 결정・집행하는 체제이기 때문이다.

둘째, 경영행정은 지방행정내부에 경영적 정신을 받아드리는 것이지 행정 그 자체가 기업으로 변신해 나가는 것이 아니라는 것이다.

행정은 어디까지나 그 기본정신으로서 공공성을 지니며, 경영행정이라고 하여도 단체장이 지방자치단체를 경영하는 것이지 기업을 경영하는 것이 아니다. 지방자치단체의 경영행정도 거시경제로서의 주민복지가 문제가 되며, 이 수지는 도시재정수지나 도시경제지표만으로는 측정하기 힘든 비경제요소를 내포하고 있기 때문이다.

셋째, 경영주체로서의 지방자치단체가 핵심적인 정책결정의 주도권을 가지고 있는가 여부에 대하여는 논의가 있다. 경영행정의 본질이 행정관리, 지역경영이 아니라 정책관리・경영관리에 있기 때문에 이러한 정책분야에서는 지방자치단체의 행・재정자주권이 발휘되어야 한다.[6] 경영행정의 주도권에서 제도상으로도, 현실적으로도 지방자치단체가 우위에 있다. 지방자치단체가 그 경영의 의욕을 가지고 권한을 활용해 나가려 한다면 그 주도권은 지방자치단체가 가지고 있어야 한다.

2) 住民의 經營參加行政

지방자치단체의 경영행정은 관청인 지방자치단체가 단독으로 실시해 나가는 것이 아니고 주민의 협동 등 그 참가를 전제로 하는 것이다.

그러나 주민이 경영행정의 정책결정에 효과적으로 참가 할 수 있는 제도적 보장이 되어 있는가 여부에 대하여는 의문이 제기된다.

지역주민은 단순한 행정서비스의 수혜자(beneficiary)가 아니라 서비스제공에 대한 고객(client)의 입장에 있으므로 사업자, 이익집단, 선거, 직접청구 등 여러 가지 수단을 통하여 정책결정에 참여하고 단체장의 결정에 영향을 준다. 특히 경영행정의 정책

6) 高寄昇三, 전게서, p. 58.

수행에 있어서 지역주민과 사업자의 협력은 불가결하므로 단체장, 지역주민, 사업자의 관계는 일신동체적인 공동체라고 할 수 있다. 다만 현행제도상 단체장이 일상 정책을 결정하고 지역주민은 대부분의 경우 서비스를 받고 있을 뿐이다.

따라서 경영행정에 있어서 주민의 경영참가를 어떻게 제도적으로 보장해 나갈 것인가가 중요한 정책과제로 대두하게 된다.

이에 대한 현행제도상의 결함은 부정할 수 없는 사실이며, 또한 경영참가에 대한 주민의 성숙성도 의문이다.

그러나 행정정보공개제 확대와 아울러 행정감시활동이 증가하고 지방자치법상의 주민투표제, 주민의 조례제 · 개 · 폐청구제, 주민의 행정감사청구제 등의 보장으로 그 참가폭의 실질화 · 제도화가 강화되어 가고 있다.

3. 經營行政의 原則

지방자치단체경영은 주민복지극대화라는 목적과 공공서비스의 효율화라는 수단에 의존한다.

1) 住民福祉의 極大化

지방자치단체의 경영행정이 企業經營과 구별되는 요소는 그 목적이 수익의 확보가 아닌 주민복지의 확보에 있다는 점이다.

경영행정이 각 경영사업에서 수익성, 효율성, 기업성을 추구하려고 하면 그것은 수단으로서의 목표추구이며, 궁극적으로는 그것을 통하여 주민복지로 환원시켜 나가는 목적성을 함축하고 있다.

예를 들어, 지방자치단체가 기업을 유치하는 것은 고용을 창출하고 지역경제를 진흥시키고 나아가서는 주민소득의 증대를 꾀함으로써 증수되는 지방세 수입을 재원으로 생활환경시설을 정비하고 주민복지서비스수준을 상승시키는 것이다.

여기서의 복지의 개념은 개인소득 외에 생활환경, 정신적 안정 등을 포함하는 생활서비스전반을 의미한다.

문제는 복지를 극대화 시켜 나가는 것과 생산소득, 세수증대는 반드시 일치하지 않는다는 것이다. 지역의 생산소득이 증가하였더라도 그 증가분을 재생산에 모두 투입해 버린다면 개인소득의 증대는 거의 기대 할 수 없게 되고, 세수증대에서도 그 증가분을 모두 사회간접시설에 투자해버리면 주민복지수준의 향상은 기대할 수 없게 된다.

대부분의 경우 수단이 목적이 되어버릴 위험이 있다. 고도성장기에 기업유치→지방세증수→시민복지증대라는 도식은, 기업유치→산업기반정비→주민복지감소라는 역기능에 잠식될 위험이 있다는 점을 간과해서는 안된다.

이러한 발상은 減量經營에서도 마찬가지이다. 감량경영은 반드시 주민복지의 감소를 초래한다고 할 수 없다.

낭비를 억제하여 복지서비스에 전용한다면 전체적인 복지는 커지기 때문이다. 그러나 대부분의 경우 감량경영의 발상에서는 인건비삭감, 복지선별로 염출한 여유재원이 중앙재정의 적자보전에만 쓰이게 된다. 따라서 정책경영적 발상으로 이러한 재정시스템의 희생을 가능한 한 적게 하는 재정운영방식을 확보해 나가야 한다.

2) 公共서비스의 效率化

경영행정에 있어서 공공서비스의 효율화란 단위당 투입에 대하여 최대의 복지효과를 확보하는 것이다.

기업경영의 원가계산과 같이 명확한 경제지표를 수반하여 산출할 수는 없으나 경영행정의 개념을 확실하게 하기 위해서는 費用效果分析技法으로 가능한 한 명확하게 해 나가야 한다.

첫째, 效率化의 가장 단순한 의미는 단위당 인건비, 물건비, 공사비가 싸다는 것이다. 즉, 질적인 수준이 같다면 비용이 낮은 것이 효율성에 기여한다. 지방자치단체는 시장서비스가 아니라 공공서비스의 공급을 목적으로 하므로 공급의 원료구입은 시장재, 입찰 등에 의하여 실질적으로 값싼 시장재를 구입하는 것이 가장 적절한 결정이다.

그러나 공급의 경우는 우선 서비스 내용이 같다면 값싼 편이 서비스양을 많게 한다.

예컨대, 생활보호행정, 커뮤니티센터관리 등 직영과 위탁의 차이가 거의 없는 경우에는 비용이 싸다는 것은 효율성이며, 주민복지에 기여한다.

둘째, 효율성의 효과측정은 경제적 효과뿐만 아니라 비경제적 효과(환경,복지, 문화)를 포함하여 시행해야 한다. 비경제효과, 간접효과, 마이너스효과 등도 어느 정도까지는 측정가능하며, 계량화가 불가능하다 하여도 구체적 사례로 입증하여야 한다.

셋째, 공공성과 경제성의 관련성인데, 극단적으로 표현하면 경제성의 추구와 공공성의 확보는 관계가 없다고 할 수 있다. 다만 경제성을 추구해 나간다면 사업수지도 개선되고 공공성의 확보에 있어서도 유리한 조건을 만들어 내게 되어 오히려 경제성의 추구는 공공성의 확보와 관련된다. 이러한 것은 경제성의 추구, 효율성의 향상, 행정의 비지니스화가 사업수지라는 경제효과에 매우 우위를 둘 경우 그 효과를 종합효과(경제 · 비경제효과)로 판단하려는 경영행정의 본질을 잃어버리게 된다는 것에 대한 비판이다.

따라서 경제성의 추구에서 반드시 배려해야 할 것은 우선 내부경영의 효율화라는 경제성을 왜소화하는 일없이 항상 외부경영을 포함시킨 제도적 · 구조적 적자의 원인에 입각하여 지방자치단체가 지닌 공공성을 경제원칙 안에 넣어 정책선택에 있어서 최적성을 확보해나가야 한다는 것이다.

4. 經營行政의 對象

경영행정(도시경영)의 개념이 지금까지 불명확했던 것은 그 대상의 확대와 더불어 유사개념인 도시정책이나 행정관리를 포함하는가 여부가 애매했기 때문이다. 즉 경영행정을 비지니스로서의 기업경영적인 관리 · 운영이라고 결론지을 것인가 아닌가였는데, 여기에서 지방자치단체가 지니고 있는 본질상 공공성을 완전히 불식할 수 없기 때문에 구체적으로는 경영행정의 원칙을 둘러싸고 사기업, 지방정치, 중앙지배 등에서 그 독자성을 주장하기에는 불충분하였었다.

1) 行政管理와 都市政策

경영행정의 대상은 행정관리(내부경영, inside management)와 도시정책(외부경영, outside management)을 모두 포함한다.

경영행정의 목적은 위에서 본바와 같이 주민복지의 극대화이므로 그 대상은 내부경영관리 뿐만 아니라 외부경영환경개선에도 과감하게 도전해 나가야 한다.

예를 들면, 재정수지를 개선하기 위해서는 경비절감도 요구되지만 그 이상으로 기업유치, 지역산업육성 등이 보다 효과적이다. 이러한 시책은 단순히 재정수지회복 뿐만 아니라 고용창출, 지역산업진흥, 지역문화육성 등 보다 종합적인 복지효과를 초래하기 때문이다.

따라서 경영행정을 내부경영관리로 한정하는 것은 그 목적달성을 어렵게 할뿐만 아니라 재정수지개선에도 필요이상의 희생을 강요하는 졸속 감량경영전략이 되기 쉽다. 이것은 곧 경영행정이 지방자치권을 활용한 정책활동이라는 보다 고차원적인 행정을 단념하는 것과 같다.

2) 內部經營(행정관리)

지방자치단체의 내부경영은 민간기업경영과 같이 서무 · 인사 · 노무 · 외무 · 조직 · 예산관리 등을 대상으로 한다. 과거에는 공공성이라는 명분하에 이러한 기업성의 도입을 거부해 왔으나 그 때문에 오히려 관료성이 만연된 채로 방치되어 왔었다.

예를 들면, 불요불급의 물품구입, 불균형적 인력배치에 의한 인력낭비, 불필요한 보조금지급 등이 공공성이라는 이름으로 행해져 왔는데, 이러한 것들은 기업경영의 원리를 도입함으로써 그 관료주의적 폐단을 예방 할 수 있다.

또한 내부경영의 대상은 행정관리분야에만 한정되지 않는다. 예를 들면, 집행행태로서 외곽단체, 민간위탁, 기업발주 등의 선택이 있을 수 있으며, 의사결정으로서는 주민참가, 의회, 주민수요의 측정, 행·재정계획의 수립, 행정책임 등의 문제를 고려 할 수 있다.

이러한 정책관리부분이야 말로 민간기업에는 없는 공공부문의 특수한 측면이다.

3) 外部經營(공공서비스, 정책경영)

지방자치단체의 외부경영은 그 지역이 갖고 있는 자원(사람, 토지, 에너지, 자본, 정보 등)을 어떻게 조합시켜 나갈 것인가 하는 문제와 관련된다.

이것은 단순히 부여된 자원의 이용에 그치지 않고 그 자원획득 · 활용으로의 체제형성도 포함한다고 볼 수 있다.

(1) 공공서비스 · 지역복지

① 공공서비스

공공투자와 행정서비스를 의미하는데 여기에는 도로 · 항만건설 등 사회간접자본시설의 설치 · 유지 · 관리 · 운영 등이 포함되며 병원 · 학교 · 보육시설의 관리, 생활정보, 사회교육 등 행정서비스도 포함된다. 이러한 투자와 서비스는 일정한 정책목표를 가지고 전개되는데 이를 효과적으로 달성하려는 것이 지방자치단체의 경영행정이다.

② 지역복지 · 지역개발

공공서비스를 중심으로 한 지역복지와 지역개발이 외부경영의 일환으로 전개된다. 지역복지에서도 이것을 어떻게 효율적 · 효과적으로 실행할 것인가가 그 정책의 과제이다. 지역복지와 지역개발이 종전에는 서로 다른 것으로 여겨져 왔으나, 공공투자와 행정서비스를 통하여 주민복지향상을 도모해 나간다는 전략가치에서는 마찬가지이며, 지역개발이 고용과 소득의 향상을 통하여 간접적으로 주민복지향상에 기여하는 것인데 비하여, 지역복지는 직접 주민복지에 기여한다는 점에 차이가 있을 뿐이다.

일정한 투자와 서비스를 어떻게 조합시켜 가장 효과적인 정책을 실시할 것인가라는 경영적 시점에서는 아무런 차이점이 없다.

지역개발은 收益을 정책기준으로 전개하고, 지역복지는 非受益을 정책기준으로 전개되기 때문에 본질적으로 다르다는 설도 있으나, 지역개발도 궁극적으로는 비수익을 목적으로 실시되며, 실시과정에서 각 사업의 성격상 수익성이 요구될 뿐이다.

지역복지에서도 有償福祉가 확대됨에 따라 일정한 경영원칙 하에서 채산성이 요구되어 시설관리, 서비스제공에서도 효율성이 요구되는 것과 같다.

지역복지 · 지역개발에서 그 메카니즘이 수익성인가, 복지성인가 하는 차이가 있다 하더라도 공공투자와 행정서비스는 모두 효율적으로 이루어져야 한다는 점에서는 같다.

(2) 정책경영(도시정책)

경제 · 사회 · 공간구조를 다시 바꿈으로써 주민복지의 극대화를 도모하려는 정책형성 · 집행을 의미한다.

지역개발이 지역구조의 양적 확대를 도모하는 것인데 비하여, 도시정책은 그 성장과정에서 얼마나 정책을 투입하여 적정한 성장궤도에 올려놓고 그 성과를 배분할 것인가 하는 것이다. 이 구별은 경제학에서 생산론과 분배론을 구분하는 것과 같다.

지역개발에 대하여 도시정책은 지방자치단체가 행 · 재정조치를 통하여 도시화에 수반되는 성장의 성과분을 사회적으로 적정하게 배분하려고 하는 것이다.

도시정책의 도시경영적 전개는 지역복지에서도 마찬가지이다.

지역복지가 복지시설, 서비스를 통해 지역사회에서의 복지총량의 확대를 도모해 나가는 과정에서 정책을 주입, 가장 효과적인 복지체계를 만들어 낸다.

지방자치단체의 내부경영에서는 일정한 재원을 모두 활용하기 위한 민간위탁 등의 집행형태의 선택이 이루어지나, 외부경영에서는 지역사회를 거시적으로 보아 어떠한 집행형태를 조합시키는 것이 가장 효과적인가에 대한 정책을 선택하게 된다.

따라서 도시정책의 전개에서 지역복지와 지역개발을 구분할 필요가 있다. 지역복지는 앞으로 점점 확대될 가능성이 있으며 그 정책적 대응이 요구되고 있다. 도시정책은 원래 이러한 양적 확대과정으로서의 정책적 관여를 통하여 도시·생활구조를 보다 적정한 것으로 변혁시켜 나가는 것이며, 도시경영은 도시정책안에서 경영적 요소만을 추출한 것이라고 할 수 있다.

도시경영은 행정관리, 지역개발 그 자체는 아니며, 이러한 분야속에서 비용효과적 요소와 관계된 부분만을 대상으로 하는 것이다.

예를 들면, 사무자동화(OA)에 대하여 그 체계의 소프트·하드시스템의 형성보다는 그 비용효과나 효율적 사용을 분석해 나가는 것이며, 또 이러한 OA화를 무리 없이 추진하여 운용해 나가기 위해서는 개인정보보호조례나 비밀유지 시스템을 취급하게 되는데, 이것은 어디까지나 최소경비로 최대효과라는 시점에서 반드시 거쳐야 하는 과제이기 때문이다.

지역정책에서도 마찬가지라고 할 수 있다. 예컨대, 도시교통에 대하여 하드·소프트 양면에 걸친 여러 가지 전문적 기술과제가 있다. 이중에서 교통경영의 관점만을 취급하는 것이 도시경영으로서의 도시정책의 과제이다.

4) 經營行政의 體系

(1) 정책중심의 체계

경영행정은, 내부경영으로는 행정관리와 정책관리가 있으며, 외부경영으로는 공공서비스(공공투자·행정서비스)를 중심으로 한 실시과정으로서의 지역경영과 정책선택을 중심으로 한 정책경영(도시정책)이 있다.

이러한 것을 정책입안을 중심으로 하여 구분하면 지역경영(도시개발·지역복지를 위한 투자·서비스)과 행정경영(자금·인력·에너지의 행정관리)의 실시부문과 경영환경변혁, 실시정책의 선택을 기조로 하는 정책부문으로 구분 할 수 있다. 실시와 정책을 결합하는 정책관리·경영이야말로 경영행정이라고 할 수 있다.

(2) 내용중심의 체계

경영행정은 내용별로 보면 여러 분야에 걸쳐 논구되고 있다.

행정관리론(인사·노무·조직 등), 정책형성론(정책참가, 계획수립 등), 집행형태론(공기업경영, 사회단체지원, 커뮤니티활동 등), 재무회계론(자금관리, 예산분석 등)이 그것이다.

5. 經營行政의 行爲·類型

1) 經營行政의 行爲

(1) 정책관리(정책결정)

경영행정의 행위는 政策決定을 의미한다. 따라서 지방자치단체의 행정활동이나 재정활동 등은 경영행정의 본질적 요소가 아니다.

외부경영에서는 인구억제책을 채택할 것인가 인구증가책을 채택할 것인가의 여부, 내부경영에서는 제3섹타방식을 도입할 것인가 여부 등 정책결정을 우선한 다음, 결정된 사업이나 사무를 어떻게 처리할 것인가의 실시행위가 경영행정의 행위라고 할 수 있다.

거시적으로 지방자치단체의 정책은 지방자치단체가 권력주체로서 얼마나 효율적으로 사회적 환원의 가동된 체계로 형성해 나갈 것인가라는 점에 중점을 두어야 한다. 지방자치단체의 정책결정은 민주적·과학적 체계에 의한 최적결정을 추구하는 행위이다. 경영행정은 실패를 피할 수 없다하더라도 그 정책결정만은 최적결정을 목표로 형성되어야 하며 이러한 과정을 통하여 이루어지는 결정이 경영행정의 행위라고 할 수 있다.

따라서 정책관리로서의 경영행정은 정책결정이 가장 적절하게 이루어지도록 주민참가제도, 주민투표제, 주민의식조사, 정책결정지원체계의 자동화, 정보공개제도, 의회제도의 활성화 등 여러 가지 제도와 체계를 개선하는 것이 필요하다.

(2) 정책경영(외부경영환경변혁)

정책경영으로서의 정책결정·집행은 현행 제도의 범위 안에서의 경영행위뿐만 아니라 그 제도라는 경영환경을 변혁시키기 위한 정책결정·집행을 포함한다. 경영행정의 행위에는 이러한 제도개혁을 목표로 하여 지방자치단체가 중앙정부에게 적극적으로 작용하는 정치활동도 포함한다.

이것은 경영행정환경의 개선을 목표로 주권자로서의 지역주민이 주민운동을 전개하여 지방자치단체에게 주민참가의 제도적 보장, 수익자부담금의 철폐를 강요하는 것과 같은 행위이다.

지방자치단체가 그 경영을 추구하기 위해서는 주어진 경영환경조건의 테두리 안에서 노력하여야 하지만 그 경영환경조건을 변혁시키는 적극적인 정책의식도 지녀야 한다.

(3) 경영행위의 범주와 처리방식

① 경영행정은 자신의 경영체 영역 안에 그치지 않고, 다른 요소와의 관계교류도 중요성을 띄게 된다.

경영행정의 행위는 지역경제 뿐만 아니라 지방정치 시스템을 포함한 사회시스템, 그리고 그 정치대상인 공간, 특히 도시계획과 관련된다([그림 10-1]).

[그림 10-1] 경영행정행위의 구조

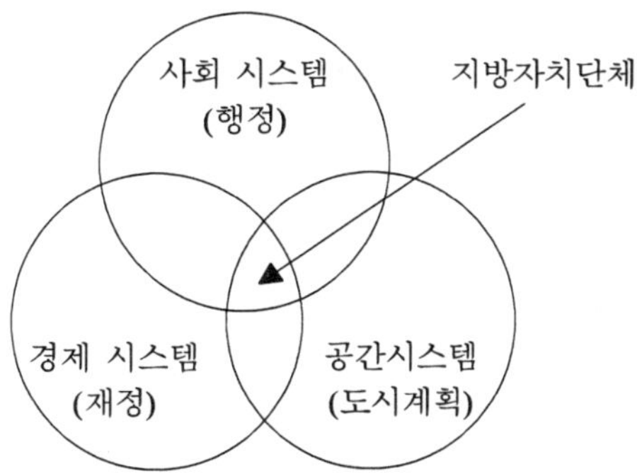

위와 같은 경영행정행위의 구조를 공적분야와 사적분야로 나누어보면, 공적분야로서 중앙정부와 지방자치단체간의 관계, 사적분야로서 지역산업과 주민간의 관계 등이 지역경제, 지역사회, 지역공간 등에서 이루어지는 행위가 연관성을 갖는데(<표 10-1>), 앞으로 지방자치단체경영행위는 공적분야의 관계가 어떻게 형성되느냐에 따라 그 성패가 좌우 될 것으로 전망된다.

<표 10-1> 경영행정행위의 공사관련도

구 분	공 적 분 야		사 적 분 야	
	중앙정부	자치단체	기업	주민
경제시스템	중앙재정	지방재정	기업회계	가계
사회시스템	국가제도	자치제도	기업권력	주민참가
공간시스템	국토계획	도시계획	기업공간	주거공간

② 경영행정행위의 처리방식에 있어서는 지역의 모든 인력, 자금, 에너지를 포괄하는 연합처리방식이 활발해지고 있다.

지방자치단체, 지역산업, 주민 등 상호협력체제에 의한 처리방식이 그것이다([그림 10-2]).

종전에는 지역개발을 지역기업이 참여하는 제3섹타방식으로 처리하였으나 이제는 복지공장의 경영으로 전환되고 있으며, 지역의사회와 지방자치단체합동의 구급센타, 지방자치단체와 민간자원봉사협회와의 합동의 봉사센타 등 제4섹타가 만들어지고 있다. 이러한 혼합형태의 운영방식은 일본에서는 지역기업과 주민조직간의 폐품회사설립 등으로 성숙하게 전환하고 있다.

연합처리방식은 지방자치단체의 일반회계안에 기금을 만들어 그 이자로 공공활동을 하는 것인데, 그 대표적인 예로 영국의 환경보전단체 국민연맹(national trust)을 들 수 있다.

[그림 10-2] 행정서비스 처리방식

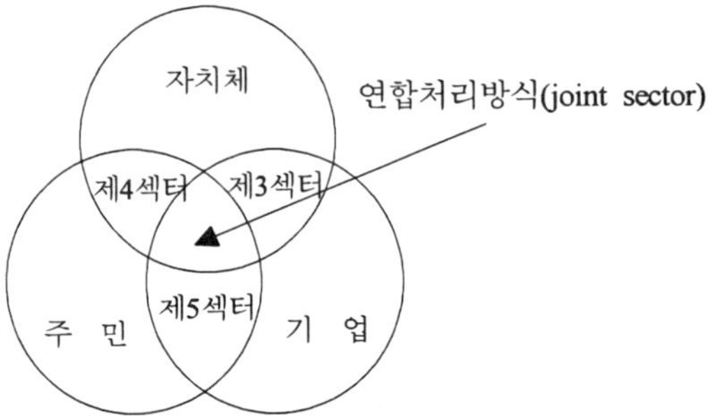

2) 經營行政의 類型

경영행정은 각 지방자치단체별로 환경과 상황이 다르기 때문에 획일적으로 유형화하기는 곤란하나 행위형태별로 공통·유사점을 추출하여 유형화를 시도 할 수 있다. 그 유형화에 있어서도 내부경영과 외부경영으로 나누어 보면 다음과 같다.

(1) 내부경영의 유형

이것은 관청경영형, 감량경영형, 기업경영형, 정책경영형으로 구분된다.

① 관청경영형(officialism management)은 종전의 지방자치단체의 행정유형인데 이것은 현상유지를 기본으로 한다. 이 유형은 관청이라는 테두리 안에서 스스로 권익의 증식을 도모하려는 경영방식이다. 이것은 주민수요를 외면하고 관청내부

의 기득권과 기존 시책만을 옹호하기 때문에 경영행정으로서는 거부반응을 강하게 받고 있다.

② 감량경영형(cost-down management)은 재정수지의 균형을 최대의 목표로 경영행정을 내부경영으로 한정시켜, 인건비 억제, 복지비 삭감, 수익자부담 철저, 민간위탁 장려 등을 수단으로 재정을 운영한다. 감량경영은 고도성장기에 비대해진 재정을 긴축한다는 점에서는 가장 효과적인 유형이지만, 재정수지의 개선을 절대시하여 지방재정의 비복지화를 꾀하게 되므로 「재정수지는 개선되었으나 주민복지는 축소되었다」는 비판을 받고 있다.

③ 기업경영형(enterprise management)은 관청의 비능률적 집행체제를 시정하기 위하여 민간기업도입방식의 도입을 도모한다. 이것은 운영방식 따라 감량경영형으로도 정책경영형으로도 전환될 위험이 있다. 따라서 기업경영형을 경영행정의 수익화로만 평가하는 것은 단적이라는 비판을 받게 된다.

④ 정책경영형(policy managment)은 정책선택을 통하여 재정수지의 균형을 도모하면서 주민복지의 향상을 도모하려는 것이다. 이것은 감량경영, 기업경영과 같은 구체적 가능성이 부족하여 추상적 구호로 그치는 경우도 적지 않으나, 정책결정의 민주화·과학화를 통하여 쓸데없는 제도의 도태, 부당지출의 배제, 비능률적 집행체계의 개선 등을 도모해 나감으로써 한정된 재원을 보다 큰 주민수요에 반영해 나간다. 그러나 관청경영형으로부터는 기득권침해라는 저항과 부딪히고, 감량경영형으로부터는 미온적이라고 비난받고, 기업경영형으로부터는 비현실적이라는 비판을 받는다. 따라서 정책경영에 있어서는 지방자치권, 주민위주의 사고, 주민수요 등 住民性 이라는 확고한 신념과 그 추진이 절대적이다.

(2) 외부경영의 유형

이것은 현상추구형, 지역개발형, 공기업형, 정책개발형으로 구분 할 수 있다.

① 현상추구형(following the present conditions)은 내부경영에서의 관청경영형과 같은 유형으로서 현행 제도상의 행정사무를 다루고 보조금행정의 처리에 부심하며, 지역의 수요나 주민수요에 입각하여 행정체질을 개선하여 행정서비스를 지향한다는 의식은 희박하다.

② 지역개발형(region development)은 내부경영에서의 감량경영형과 같은 유형으로 공공투자를 발판으로 기업유치 등 지역경제의 확대를 통하여 지역사회의 모든 문제를 해결하려 한다. 지역개발 그 자체는 주민복지로도 통하는 정책이지만 근본적으로는 팽창형으로 양적 확대에 의존하며 주민복지에는 안이한 시책으

로 대응하는 경우가 많다.

③ 공기업형(public corporation)은 내부경영에서의 기업경영형과 같은 것으로서 공유수면매립, 재개발사업 등을 발판으로 개발이익을 지방자치단체의 재정으로 환원하기 위한 적극적인 공공투자전략을 전개한다. 이 유형에서는 주민복지를 외곽단체에 의한 유상복지, 제3섹타방식으로 도모하려고 한다.

④ 정책활용형(policy application)은 내부경영에서 정책경영형과 같은 경영유형으로서, 개발이익의 사적 독점에 대해서는 택지개발부담금의 적용이라는 정책으로 대처하고, 재정개혁에서는 재정자주권을 역설한다. 물론 정책형경영의 자주권 활용이 항상 복지지향성이라는 것은 아니라는 사실을 간과해서는 안된다.

(3) 공통유형

이상에서 본 내부·외부경영의 공통유형으로는 관청형, 감량형, 기업형, 정책형으로 구분 할 수 있다.

① 관청형은, 국가와 지방의 재원배분, 현행 제도의 고수, 공무원의 기득권옹호, 주민위주의 복지 등의 특색을 볼 수 있다.

② 감량형은, 재정수지지상주의, 경비·서비스억제, 지역개발지향성, 민간위탁의 활용 등의 특색을 볼 수 있다

③ 기업형은, 개발이익의 내부화, 기업회계방식의 도입, 외곽단체의 활용,시장서비스분야의 진출 등의 특색을 볼 수 있다.

④ 정책형은, 행·재정자주권활용, 경영행정의 민주화·과학화, 집행·공급형태의 탄력화 등의 특징을 볼 수 있다

이러한 경영행정의 유형 중에서 가장 바람직한 것은 政策型이라고 할 수 있는데, 그렇다고 감량형이 필요 없다고 단언할 수는 없다. 그만큼 완벽한 행정관리를 확립하고 있는 지방자치단체는 존재하지 않기 때문이다.

따라서 경영행정의 행위는 주민복지의 극대화를 목표로 하고 서로 다른 경영유형을 분야, 시기, 상황 등에 따라 적절히 활용해나가는 것이 바람직하다.

6. 理論化의 爭點[7)]

1) 制度와 經營

경영행정을 제도로 볼 것인가, 경영으로 볼 것인가에 대하여 논쟁이 있다. 일본 등 선진국에서 지방자치의 「정치화」가 정당의 과다개입에 따른 폐단으로 정책적 결실을 보지 못했던 것과 마찬가지로, 지방자치의 「경영화」가 자주적인 지방자치제의 형성에 기여하지 못하고 감량경영의 수단으로 이용될 우려가 있기 때문이다.

지방자치단체가 경영행정을 추구하는 것은 한정된 재원으로 주민복지수준을 향상시켜 나가기 위해서는 경영적 요소를 정책운영에 도입하지 않을 수 없다는 당위성을 간과한데에서 이러한 우려가 제기된다.

① 경영행정은 정책경영으로서 내부경영에서는 경영노력을, 외부경영에서는 제도개혁이라는 양면성을 가지고 있다.

② 경영행정은 한정된 재원을 유효하게 사용하는 경영이다. 지방자치단체의 재·세정개혁 노력에 의하여 재원을 절감할 수 있지만 그 재원을 적절하게 배분하고 효율적으로 사용할 것인가 하는 것은 경영과제이다. 따라서 경영노력을 수반하지 않는 제도개혁은 지방세·재정개혁에서 반드시 벽에 부딪히게 된다.

③ 경영행정은 지방자치단체가 가능한 한 효율성을 추구하여 현상의 개혁을 추진한다는 점에서 최상의 자치권의 행사이다.

2) 企業化와 福祉化

지방자치행정에 기업성이라는 자극요소를 주입하여 행정서비스를 보다 효율화시켜 나가는 것은 바람직한 행정지향이다. 그러나 이러한 기업성의 추구로 인하여 주민복지의 극대화라는 지방자치행정 본래의 목적이 침해받지 않을까 하는 점에서 지방자치행정의 기업화와 복지화의 관계가 논쟁의 초점이 된다.

기업화에 깊이 들어가거나 복지화에 몰입하면 재정파탄을 초래하게 되는데 기업화를 수단으로 복지화의 극대화를 꾀한다는 경영행정의 도식대로 재정운영이 될 것인가 아닌가가 경영행정의 평가를 좌우하기 때문이다.

경영행정에 잠재되어 있는 위험성은, 첫째, 정치적 관점에서 지방행정의비정치화

---

7) 경영행정의 이론정립에서 논의되는 몇 가지 쟁점은 高寄昇三의 견해를 수용한 것이다.

를 초래하여 지방자치의 공동화를 진행시킨다는 점이고, 둘째, 재정적 관점에서 지방재정의 비사회화를 초래하여 지방자치의 반시민성을 깊게 한다는 것이다.

즉, 최근에 지방재정에 있어서 기업회계의 증가, 제3섹타의 증대, 공사, 수익자부담 등 수익주의적 성격을 강하게 띠는데, 이러한 도시재정에 대한 시장경제이론의 도입은 지방자치단체를 하나의 경영체로 간주하여 사회화한다(和田八東, 1971).

지방자치행정에 있어서 기업화는 어디까지나 수단이며, 지역경제, 자치재정의 메카니즘의 사회화야말로 경영행정이 목표로 해야할 중요한 과제이다. 따라서 지방자치단체는 일반행정분야에서는 주민복지를 지향하고, 재정분야에서는 기업경영기법의 도입을 지향해 나가야 한다.

3) 政治化와 經營化

지방자치단체의 경영행정은 지방자치의 정치화를 초래하는가, 경영화를 초래하는가 하는 논쟁이다. 경영화는 자칫하면 비정치화와 관련되며, 경영화는 지방자치제를 이념 없는 지방자치제로 전락시킨다는 비판에서 이 쟁점이 제기된다.

그러나 경영화는 반드시 정치화를 거부하는 것이 아니라 경영행정의 정책형경영에서는 민주화와 과학화에 의해 경영행정을 전개하는 것을 기조로 하고 있다.

이러한 정책선택이야말로 경영행정의 핵심이며, 이것은 희소가치의 권위적 배분이라는 정치 그 자체이다.

따라서 경영화는 정치화에 반드시 연동되어 나가야 한다. 그런데 현실에 있어서는 그러한 과정을 거치지 못하고 있다. 그것은 경영행정을 항상 감량경영을 기준으로 하여 수익화, 축소화로 받아들여 왜소화시켜온 까닭이다.

그러나 정책선택을 기조로 한 지방행정의 효율화로서의 경영행정은 비시민, 비복지로 비난받을 대상이 아니다. 정책형경영은 결코 정치적 대결을 회피하지 않고 정책을 수용하고 있기 때문이다.

4) 經營行政論과 民主經營論

경영행정론은 지방자치단체의 행·재정운영을 기축으로 하면서 항상 폭넓게 정책론을 전개해 나가야 한다. 경영행정론은 경제적으로는 공공경제학, 정치적으로는 주민주권론, 행정적으로는 지방주권론, 경영적으로는 기업적 관리론에 입각한 정책경영론이다.

(1) 경영행정론의 원리

경영행정론에서 그 원리로서 유의해야 할 것은,

첫째, 재정자치의 관점에서 지방재정을 둘러싼 정책결정의 자주성을 확립해야 한다. 즉, 재정자주권으로서 課稅自主權, 起債自主權을 확립하여야 한다.

둘째, 지방세·재정제도의 개혁을 재원론에서가 아니라 행정책임의 명확화, 비용부담의 공평화라는 관점에서 실질적인 개혁을 해 나가야 한다.

셋째, 재정개혁의 전제로서 재정운영능력을 향상시켜 나가야 한다.

종래 재정운영은 감량경영이라는 값싼 재정이 주도권을 차지하고 있었으나, 수익화와 복지화에 대한 양극화 경향이 깊어지고 있는 오늘날의 재정에서는 최소의 경비로 최대의 복지를 목표로 그 운영을 해 나가야 한다.

정책형경영행정은 당연히 도시정책을 구사한 효율적 도시형성, 특히 공간·경제·사회시스템의 적정화를 목표로 한 자주권 활용의 都市政策을 추구한다(<표 10-2>).

<표 10-2> 도시정책의 시스템과 규칙

시스템의 목표	정책결정의 규칙·기준	전 략
통합시스템 (시민도시)	시민우선의 원리 (自決의 메카니즘)	공적해결의 제도화 자기책임의 원칙화
공간시스템 (인간환경도시)	생태체계중심원리 (計劃의 메카니즘)	총량규제활용 환경권 확립
경제시스템 (복지사회도시)	성장에서 복지로 (公正의 메카니즘)	개발이익의 사회적 환원 비용부담의 공정화
사회시스템 (시민주권도시)	지배에서 통합으로 (참가의 메카니즘)	지방자치확충 시민적 권리의 제도화

넷째, 지방자치단체는 그 행동원리나 정책기준에 있어서 정부, 기업, 주민과는 다른 독자적인 공공메카니즘을 가져야 한다. 즉 지역사회를 자기 완결하는 개인-지역-개인이라는 짧은 준공공메카니즘에 지배된 사랑과 참가의 경제를 만들어 내야 한다.

다섯째, 지역개발, 복지서비스 등 지방자치단체의 재정행위가 초래하는 효과는 반드시 플러스기능과 마이너스기능이 있으므로 배분량의 확대뿐만 아니라 배분방법의 공정화를 도모해야 한다. 이를 위해서는 정책선택의 최적화, 집행체제의 효율화, 행·재정자주권의 활용과 내부관리의 근대화 등 지방자치단체의 혁신이 수반되어야 한다.

(2) 민주경영론의 시각

여기에서 말하는 민주경영론은 경영행정의 유형에서는 관청형경영이다. 따라서 민주경영론은 기득권을 고집하는 관청경영으로 전환되기 쉬운 체질을 가지고 있으며, 민주화를 내세우면서 효율화에는 반대하여 결과적으로는 비복지적 성향을 감추고 있다.

분권적 복지우선주의에 입각하고 있는 경영행정론(정책경영)을 비판하는 민주경영론의 시각은 다음과 같다.

첫째, 경영행정론은 정책·감량·기업경영 여하를 불문하고, 분권·참가·자치라는 민주화에 역행하며 복지비삭감, 노동강화를 목적으로 하는 반동적 경향이라는 판단에 입각하고 있다. 즉 민주경영론은 정책경영론을 제도개혁을 잃어버린 자치·분권·참가에 역행하는 政策追隋論이라고 간주한다.

둘째, 민주경영론은 경영행정에 있어서 자치능력의 회복, 자주적·창조적 경영추진의 주된 원천을 어디에서 찾아낼 것인가에 대하여 지방자치단체내의 노동자에게 너무 큰 기대를 걸고 있다. 민주적 개혁론자는 단체장과 공무원을 비판하고 개혁의 주도세력은 현장에서 일상적 실수를 주관하고 있는 노동자가 되어야 한다고 주장한다.

셋째, 공공경제학을 정책선택으로 한 경영행정론에 대하여, 경영행정론은 行政守備範圍論(공사분담의 명확화)에 근거하여 지방자치단체의 통치력의 자기형성에 역점을 두고 집단적·계급적 제도개혁의 과제를 경시하는 경향이 강하다고 비판한다.

위와 같은 민주경영론은 경영행정의 사상과 방식을 비판하고 있으나 다음과 같이 이론적 맹점을 지니고 있다.

첫째, 민주경영론은「발상이나 정책방향」에 정당성이 부여되었다고 하여도 구체적 정책이나 기술론에서는 거의 내용이나 그 사례가 없다.

둘째,「주민수요의 내용과 그 성격의 문제」인데, 경영행정론이 주민수요를 개인의 이기적 행위로 간주하여 住民需要性惡說의 입장에서 그 억제를 목표로 하려한다는 주장을 민주경영론에서는 반복한다.

이 주장은 어느 정도 타당성은 있으나 기술수준을 나타낸 것이라고 볼 수는 없다.

셋째,「행정수요의 내용과 그 성격을 명확하게 할 것」을 제기하면서 그 내용의 행정수요를 현실적 행정수요(교육, 보육, 쓰레기, 분뇨수거, 상하수도, 소방 등)의 공동사회적 성격을 지닌 생존, 생활, 발달권을 보장하는 수요와 의제적 행정수요(도로, 항만, 공항 등)의 생산적 성격을 지닌 투기, 낭비, 비효율성적 수요로 구분한다.

그러나 이것은 행정수요를 기업의 욕구와 생활욕구로 구분했을 뿐이며, 기업욕구의 억제와 더불어 생활욕구의 억제도 같이 도모하려는 감량경영론의 총수요의 억제에 미치지 못하고 있다.

민주경영론에서도 住民最低需要(social minimum)는 보장하여야 한다고 주장하는데, 이를 어떻게 형성할 것인가에 대한 정책기술론이 빈약하여 현실적 긴박감이 결여되어 있다.

넷째, 「행정의 효과와 측정」에 대해서도 방향과 목적은 어떠하든 기술론으로서는 그다지 명확하게 기술설정을 하지 못하고 있다.

민주경영론은 다음과 같이 행정효과의 측정기준을 제시하고 있다.

① 경제적 · 기술적 효과

효율이라는 개념에 가까운 경비절약효과이다. 새로운 시책이나 기법을 활용함으로써 종전의 행정기법과 비교하여 어느 정도 경제적으로 목적을 달성할 수 있는가를 측정한다.

② 사회적 효과

행정의 시책이나 기법의 활용으로 주민의 인권보장이나 사회적 공정의 확보에 어느 정도 공헌할 수 있는가를 측정한다.

③ 정치적 효과

행정의 시책이나 기법의 선택에 의해 지역과 지방자치단체에 민주주의를 어느 정도 확대하여 정착시킬 수 있는가를 측정한다.

④ 행정적 효과

행정효과는 직접적 편익효과와 간접적 편익효과로 나누어 볼 수 있다.

직접적 편익효과는 효율효과로 경제적 · 기술적 효과에 해당하며, 간접적 편익효과는 사회적 · 정치적 효과에 해당한다.

행정효과는 우선 효율효과에 따라 판단하고, 간접적 효과는 이를 보정하는 것으로 도입해야 한다. 사회적 · 정치적 효과는 대부분의 경우 수량적 파악이 불가능하기 때문에 구체적 사례로 그 효과성을 입증해야 한다.

(3) 비판

민주경영론은 한정된 재원과 제약조건 속에서 행정서비스를 해야 하는 환경 하에서 어떻게 하든 여러 개의 선택 중에서 하나 또는 두개를 선택해야 한다는 현실을 버리고 원리원칙을 반복하고 있다는 비판을 받는다.

정책경영론이 우려하는 것은 이러한 민주경영론의 낙관적 관념론이다.

그러나 민주경영론의 주장이 모두 쓸데없다거나 잘못되었다고는 할 수 없다. 오히려 그 이념성이나 방향성에서는 지방자치제에 뿌리를 내린 경영론이라고 할 수 있다. 다만 정책과학성이 결여되어 감량경영론에 뒤지고 있다고 보아야 한다.

그렇다고 해서 감량경영론이나 정책경영론이 전혀 결함이 없다는 것은 아니다.

첫째, 감량경영론에서는 재정수지의 개선을 지상목적으로 하기 때문에 사회적 공평을 무시해서라도 수익자부담을 강요해 나가며, 또한 지방자치단체의 행정책임을 재정적 관점에서 주민이나 지방기업에 전가하는 등 여러 가지 부정적 현상이 나타나고 있다.

감량경영론은 그 기조가 관료주도형의 재정운영이며, 재정팽창이라는 공공경제의 결함에 대한 방지책으로서 매우 중요한 기능을 하지만 지방자치제에 공헌하는 재정운영은 아니라고 보아야 한다. 한정된 재원 내에서 가장 적절한 선택을 하려는 지향성도 부족하고 제도의 왜곡에 도전하여 재원을 확보하려는 의욕도 부족하다.

따라서 감량경영론은 단기적 성과는 있지만, 잘못 적용되었을 때 「재정수지는 회복하였으나, 지방자치제는 사멸했다」는 결과를 초래하게 된다.

둘째, 정책경영론에서는 정책선택을 통하여 효율화를 꾀하기는 하지만 내부경영의 개선방법에서는 감량경영론과 마찬가지이다. 기계화, 민간위탁, 수익자부담 등 그 정신이 주민복지나 지방자치제의 이념을 상실할 때 용이하게 감량경영으로 바뀌기 때문이다.

특히 재정자주권을 활용하여 외부경영의 전개를 게을리 할 때 감량경영과 같은 결과를 초래하며, 민주경영론으로부터는 위에서 본바와 같은 비판을 받게 된다.

더욱이 장기적인 복지전망이나 중기적인 재정계획을 유지하지 않을 때 결과적으로 감량경영과 아무런 다른 점이 없는 재정수지지상주의에 빠져버릴 위험이 있다.

5) 政策經營論의 展開와 住民參加

(1) 정책경영론의 방향

경영행정은 정책결정이다. 따라서 탁월한 정책능력이 있는 지방자치단체장의 결단력과 과학적인 계획결정체계가 확립되어야 한다.

첫째, 재정자치의 관점에서 지방재정을 둘러싼 정책결정의 자주성을 확립해야 한다.

재정자치의 시각에서 볼 때 시급한 것은 재정자주권으로서의 과세자주권, 起債자주권의 확대이다. 이는 진정, 소송, 주민운동이라는 다각적인 방법으로 추구해 나가야 한다.

획일적인 제도와 중앙통제에 의해 지방재정의 안정화와 효율화가 초래되는 경우도 있으나 이것은 창의성 있는 재정운영을 위한 의욕의 상실이라는 엄청난 희생위에 초래된다. 따라서 재정자치권을 인정해야만이 지방재정의 건전한 운영이 도모된다.

둘째, 지방세 · 재정의 개혁은 財源論에서가 아니라 행정책임의 명확화, 비용부담의 공평화라는 관점에서 실질적으로 추진해야 한다.

「권한 없는 곳에 부담 없다」는 원칙에 입각하여 사무위임, 국고보조사업의 재편성을 시도해야 한다.

셋째, 재정운영능력을 향상시켜야 한다. 중앙정부에게 재원이양, 재정자주권을 강요한다고 하더라도 스스로 방만하게 재정을 운영하거나 낡은 재무관리에 안주하고 있으면 그 실현이 어려울 것이기 때문이다.

지금까지의 재정운영은 감량경영이라는 값싼 재정에 경도하고 있었지만, 오늘날 요구되는 재정운영은 기금적립에 의한 불황타개, 연결방식에 의한 재정회계의 근대화, 재무공개제에 의한 주민통제제도의 도입, 제3 · 4섹타, 공사제도 등에 의한 간접경영에 중점이 주어지고 있다.

수익화와 복지화라는 양극화 경향이 깊어지고 있는 현재의 지방재정에서 '최소의 경비로 최대복지'를 꾀하는 운영을 해 나가야 한다.

특히 앞으로 다가올 고령화사회, 심각해지는 토지, 교통, 쓰레기문제에 한정된 재원과 권한으로 대응해 나가려면 경제정책발상이나 경영관리적 감각에서 주체적 시책의 실현이 요구된다.

(2) 주민참가에 의한 경영행정

정책경영론에서는 그 최적결정을 위하여 주민참가제도가 보장되어야 한다. 주민참가에 의한 경영행정은 이론으로서는 화려하여도 실천에 있어서는 매우 어려운 난점을 내포하고 있어서 시행착오에 의한 제도화로의 노력이 불가피하다.

불특정다수의 지역주민의 의사를 기초로 하여 결정하는 주민참가제도는 많은 비판이 있기 때문이다. 그러나 주민참가에 의한 경영행정은 그 정책의 최적결정을 위하여 필요 불가결하다.

첫째, 지방행정의 경영화가 필연적으로 지방자치단체 공무원들의 권한을 강화하기 때문에 이를 견제하는 수단으로서 주민참가에 의하여 정책결정이 이루어 져야 한다.

둘째, 현재 시행되고 있는 감량경영화가 지방자치단체와 주민을 중심으로 하는 것이 아니고 중앙정부의 권위적 통제 하에 진행되고 있기 때문에 주민의사가 반영되는 정책결정을 하기 위해서이다.

셋째, 방만한 지방재정운영에 대하여 주민들이 비판하고 있으나 이것은 대부분 고발에 그치고 있으며, 주민의 감사청구 등 주민통제의 색채를 띄고 있다고 하더라도 지방자치제에 있어서 주민자치의 정책으로서의 이념적 · 제도적 전개가 부족하다는 단점이 있다.

참가민주주의는 조례제 · 개 · 폐청구권, 주민감사청구제, 정보공개, 알 권리로 대표되듯이 주민이 행정을 항상 감시하여 정책결정에 참가하고 제도적으로 조절해 나가야 한다.

지방행 · 재정의 건전한 운영을 위해서는 중앙통제는 필요한 감시수단일 수 있다. 그러나 보다 기본적인 감시는 자기통제이며 주민통제이다.

획일적인 지방행 · 재정제도와 과도한 중앙정부의 통제가 지방자치단체의 경영마인드의 싹을 잘라 버린 것은 부정할 수 없는 사실이다. 지방자치단체도 경영에 대하여 거부반응을 나타내고 이를 정당하게 수용하지 않았던 점도 문제이다.

감량경영을 초월한 정책경영은 지방자치제의 성숙으로의 기초를 다지는 것이다.

감량경영의 대립명제로서 정책경영을 제시하는 것은, 행 · 재정운영을 단순한 관리기술현상으로 축소시키지 않는 정책적 감각이 풍부한 경영이 되어야 하기 때문이다. 따라서 정책경영은 비용절감이라는 근시안적인 것이 아니라 행 · 재정운영의 근대화를 목표로 하는 폭넓은 복합경영의 형식이다.

행정관리형에서 행정책임의 범위, 행정서비스의 선별을 목표로 하는 정책과학형경영, 제3섹타 뿐만 아니라 주민참가의 제4섹타의 창조를 목표로 하는 간접방식형경영, 재원도입의 재무관리형에서 자주권활용을 목표로 하는 정책활용형경영이라는 다채로운 타입의 형성이다.

이러한 경영타입의 실현을 위한 실천적 과제로 정책책임론, 주민욕구의 수량화 · 지표화, 행정수요의 형성, 계획행정의 가능성, 재무회계제도 개혁 등이 논구되어야 한다.

지방자치의 관리화가 진전되면 정책논쟁은 그림자를 감추고 단체장에게 정책결정을 백지위임하여 그 결과만으로 평가하려는 풍조가 만연하게 된다. 그 결과 주민의 무관심과 수익화, 의회의 무력화와 이권화를 초래하게 되고, 정책결정의 최적화에 가까워지려는 행정노력의 의욕을 없애는 결과가 되어 지방자치의 조락은 피할 수 없는 사태가 된다.

이러한 管理化에 대하여 政策化를 지방자치체제에 도입하는 방안으로는, 첫째, 정보공개, 주민투표, 옴부즈만제도의 도입 등에 의한 주민참가제도의 보장이며, 둘째, 정책결정의 체계화, 효율적 행정처리방법도입, 현행 행정관리방식의 전환 등을 목표로 하는 경영행정의 확립이며, 셋째, 지방정치의 활성화이다.

제 2 절 地方自治團體의 經營政策

지방자치단체의 경영행정이 地域開發에서부터 行政管理까지를 포함하게 되면 그 經營政策은 당연히 다채롭게 전개되어야 한다. 그러나 순수한 경영행정이라는 시각에서 그 논점을 정리해 보면, 첫째, 외부경영에 있어서는 순전한 입지론이 아닌 지방자치단체의 입장에서 본 지역개발론, 즉 기업유치의 지역복지에 대한 기여도를 평가하는 것과, 둘째, 내부경영에 있어서는 경영정책의 선택이라는 점에서 본 행·재정효과의 평가분석으로 그 범위를 좁혀 볼 수 있다.

1. 經營政策의 原理

1) 經營政策論의 視覺

지방자치단체의 경영행정론이 지금까지는 산발적·나열적으로만 논해져 왔기 때문에 경영행정정책으로서의 독자성을 형성할 수 없었으며, 특히 경영정책으로서도 정확한 선택기준을 설정할 수도 없었으나 경영행정정책론이라는 기초에서 경영행정을 어떻게 정리해 나가야 할 것인가에 대한 논지를 다음과 같이 제시할 수 있다.

첫째, 내부경영과 외부경영과의 관계를 어떻게 형성할 것인가?

이 두 분야는 질이 다른 경영체계이지만 자동차의 두 바퀴처럼 잘 가동되지 않으면 주민복지의 극대화는 도모 할 수 없다는 것이다.

예를 들면, 기업을 유치함으로써 지방세를 증수하여 지역경제와 주민생활의 안정에 기여하였다고 하더라도 주민복지를 극대화하기 위해서는 그 증수에 따른 재원을 최대한으로 활용하여야 한다. 따라서 내부경영정책이 확립되어 있는 지방자치단체에서만이 외부경영도 성공할 수 있는 소질과 조건을 갖추고 있다고 할 수 있다.

지금까지는 외부경영론에서 정통적인 정책이 없었던 것처럼 내부경영에서도 그러한 정책이 없었던 것이 사실이다. 외부경영은 기업유치의 경우에서 보듯이 가시적이였기 때문에 그 평가는 어렵지 않았으나, 내부경영은 행정비밀에 둘러싸여 정책평가가 어려웠기 때문에 방치되어 있었으나 최근 감량경영에서 단위당 행정비교 등 현상분석지표가 제시되어 내부경영에 대한 평가도 높아지고 있다.

한정된 재원의 제약 안에서 주민복지의 극대화를 위한 최대한의 내부적 · 외부적 경영노력을 해야 하는 것이 지방자치단체의 책무이므로 지방자치단체의 내부경영과 외부경영은 수단과 목적이라는 단순한 관계가 아니라, 외부경영은 필요조건이며 내부경영은 충분조건을 형성한다고 보아야 한다. 일시적으로 외부경영정책에 성공했다고 하더라도 내부경영이 방만하고 무계획적이라면 경제환경의 호전이나 세수증대도 주민복지와 연동되지 못하고 생활행정은 공전하고 세수는 낭비되는 결과를 초래할 것이기 때문이다.

둘째, 경영행정의 수단으로서 규제 · 부담 · 계획 등을 어떻게 위치지워 조합시켜 나갈 것인가?

경영행정에 있어서 최소의 비용으로 최대의 효과를 거양하려면 법령적 규제, 재정적 조치, 공간적 설계를 능숙하게 활용하여 투자하고 서비스하는 경영수완이 요구된다.

예를 들어, 지금까지의 도시정책의 결점은 얼마나 훌륭한 시설을 건설하는가, 또는 이를 위한 최대한의 재원을 투입한다는 정책수행만 소리 높여 외쳤지, 도시경영 · 도시재정의 거시적 기준에서 어떻게 그 목적을 효과적 · 효율적으로 달성할 것인가는 논하지 않았다는 점을 유의할 필요가 있다.

따라서 경영행정을 각각의 시설경영, 특히 내부경영노력에 한정해 버릴 것이 아니라 규제, 부담, 계획 등 도시경제의 전체적 관점에서 다채로운 정책을 전개하여 외부경영순환의 개선에 노력을 경주하여야 한다.

셋째, 내부경영과 외부경영에 대한 정당한 정책평가가 있었는가?

이러한 평가가 지금까지 없었던 것이 경영행정, 특히 경영정책이 형성되지 못했던 잠재요인으로 분석되고 있다.

지금까지의 외부경영론은 지역개발에 대한 찬미와 원망만 있었지 정당한 지역개발론은 없었기 때문에 정부의 지역정책론에 대한 비판도 엄하지 않았고 그 실패에 대한 추궁도 없었다.

특히 수도권에 공장 · 학교 등의 설립제한에 관한 법과 규정이 제정되었으나 이는 결과적으로 교외화 되어가는 지역으로 세 · 재정의 특전까지 주어가면서 공장 등을 쫓아낸 것에 지나지 않아 오늘날 수도권의 과밀속의 과소라는 쇠퇴현상(inner city)을 불러일으킴과 동시에 수도권주변에 공장스프롤(sprowl)지구들이 제멋대로 생겨나게 되었다.

한편 지역개발에서도 地緣産業의 하이테크화, 고부가가치 등을 목적으로 한 내발적 개발론은 포기되어 있었다.

이것은 본래의 경영행정정책은 무시되고 경시되어 왔다는 증거이다.

따라서 산업개발전망과 지역개발균형책을 사회회계적 기법의 활용으로 보편적인 정책과학의 영역으로까지 높이고 넓혀가야 한다.

2) 地域開發論

지역개발은 경영행정의 전개이고, 경영적 수완을 최대한으로 발휘하여 나간다면 반영구적이라고 할 수 있는 개발이익을 내부로 흡수하는 경영정책을 실행할 수 있을 것이다. 그러나 지역개발은 빛과 그림자를 함께 지니고 있다는 점을 유의하여야 한다. 예컨대, 기업유치의 경우 잘되면 지역경제육성과 주민생활안정에 기여하지만 실패하면 반영구적으로 지역경제를 괴롭히고 주민생활을 위협하게 된다.

따라서 경영행정론의 시각에서 지역개발을 보았을 때 그 관점은 다음과 같이 논구된다.

(1) 지역개발과 주민복지

지역개발 그 자체와 경영행정의 목적인 주민복지와의 관련성에 대해 충분한 분석이 이루어지지 않고 있다.

지방자치단체에 있어서 지역개발은 생산소득의 확대를 목표로 추진되어지고 있다. 경영행정에서 양적 확대는 경영환경의 유리한 조건을 만들어 내기 때문이다. 도시지역에서 아무리 감량경영을 하고 공공투자를 해도 지역복지의 결정적인 수단을 장악하고 있는 것은 지역산업의 진흥이다. 농촌지역에서도 도시와의 소득격차를 시정해 가려면 역시 지역산업을 진흥시켜야 한다.

지역개발도 하나의 정책선택이지만 반드시 성공한다는 보장이 없기 때문에 지역개발정책을 시행함에 있어서는 주민복지를 우선 고려하는 사고방식을 가져야 한다.

(2) 지역개발의 주체

지방자치단체는 지역개발에 관하여 주체성을 가지고 사업수지를 명확하게 하고 그 성패에 관하여 경영책임을 져야 한다.

그런데 지방자치단체는 지나칠 정도로 시장경제에 어둡고 무디다는 약점을 가지고 있으며 중앙정부의 국토개발구상에 얽매어 있다.

그 동안 지방자치단체의 기업유치구상이 비애를 맛보지 않으면 안되었던 것은 중앙정부의 공장분산책을 안이하게 신봉하였기 때문이다.

생산소득의 확대는 바람직하다고 하더라도 타인의존형 기업유치 일변도라는 방식은 바람직하지 않다. 이점에서 지방자치단체는 「자기결정 · 자기책임」의 방식을 과감하게 시행하여야 한다.

(3) 개발이익의 환원

지역개발의 채산성, 즉 효과를 명확하게 고려하여야 한다.

계량경제기법을 이용하여 지역개발계획을 과학적으로 계획하더라도 그 추진방식이 미흡하거나 개발이익을 흡수하지 못한다면 그 개발계획은 지역주민에게 피해만을 입히게 된다. 따라서 지역개발에서는 그 개발이익을 공공적으로 흡수하는데 역점을 두어야 한다.

지역개발에 있어서 우선 요구되는 것은 풍부한 발상과 과감한 행동력이다. 지방행정은 본래 경쟁관계에 서있지 않지만 지역개발에 있어서는 도시 · 지역간의 경쟁이 극심하다는 점을 유의하여야 하고 , 지역에 있어서 소요되는 것은 지방자치단체의 장이나 공무원들의 보조금획득에 요구되는 정치력보다도 이러한 경쟁력이라는 것을 재삼 인식해야 한다.

3) 公共投資論

경영행정에서는 공공투자에 의한 경기자극과 그 파급효과, 그 형태로서의 생산형인가 생활형인가 또는 지역적 배분 등에 관심을 가졌기 때문에 공공투자전략에 대해서는 배려가 이루어지지 않았다.

그러나 공공투자는 그 투입시기와 방법 등의 잘 잘못에 따라 커다란 비용 · 효과의 격차를 나타내기 때문에 그것을 단순히 투입하고 그것에 의해 초래되는 생산소득발생액과의 투자효율에 의해서만 평가하는 것은 경영행정을 포기하는 것과 다름없다.

그 동안 공공투자론에 관하여 경영행정론에서 논의가 없었다는 것은 공공투자가 지역개발의 수단으로서 절대시되어 그 투자량의 획득에만 관심이 집중되어 그 효과를 검토할 여유가 없었다는 점과 산업개발에 무딘 지방행정풍토가 오늘날까지 공공투자와 행정서비스를 이질적인 것으로 구분해서 논해왔다는 것을 의미한다.

경영행정의 관점에서 보면 공공투자와 행정서비스를 구분해야 할 이유가 없다. 양자 모두 주민생활과 활동에 있어서 불가결한 수단이기 때문이다.

이러한 관점에서 우선 공공투자원칙론을 확고히 하고 그 전략을 가미해보면 다음과 같이 논구된다.

(1) 공공투자의 행정책임

지역자본의 안전 · 효율 · 쾌적이라는 조건을 충족시키기 위한 최저시설수준의 정비는 인구가 정착하고 기업이 입지한 이상 공공책임이라고 할 수 있다.

이러한 공공책임에 대하여 지방자치단체는 제일차적 책임을 져야 하므로 기초적 · 필수적 지역자본수요에 부응할 필요가 있다.

공공시설에 대한 행정책임은 중앙정부, 광역지방자치단체, 기초지방자치단체가 법령에 따라 시설물별로 설치 · 관리책임을 일차적으로 져야함을 의미한다.

(2) 공공투자비용의 부담

비용부담은 보조금, 사용자부담, 신규자부담 등으로 나누어 보아야 한다.

① 보조금문제는 지방재정제도로서 지역자본의 중앙정부와 지방자치단체 등 공공부문의 내부부담구분문제로 다루어져 왔으나, 이것은 이러한 제도론 보다는 경영행정의 관점에서 서비스와 수익과의 관계로서 비용부담을 구분한 후에 보조율 부담구분을 논해야 할 것이다. 또한 정책론으로는 불합리한 현행 제도를 경영적 수완으로 합리화하고, 공공서비스의 원칙을 확정해 나가야 한다.

② 사용자부담은 그 시설이 필수적인가, 기초적인 것인가, 선택성을 갖는가에 따라 구분하되 복지적 성격이 농후할수록 사용자 부담률을 낮게 하여야 한다.

③ 신규참가자(new entry)에 대한 부담금은 수도사업, 자동차취득, 사업소 신 · 증설 등에서 활용되고 있지만, 원인자 · 수익자 부담이라는 시각에서 강화해 나가야 한다.

④ 비용부담문제에서 특히 고려해야 할 것은 개발불이익에 대한 구제문제이다. 이 문제는 공해비용으로 오염원인자부담의 원칙을 적용하는 것과 같은 발상에서 검토되어야 한다.

(3) 공공투자의 형태

공공투자의 집행 · 관리주체는 대부분 공공부분인 것이 당연시 되어왔으나 경영행정의 전개에 따라 공단, 공사, 사업단, 제3섹타방식과 같이 다양한 관리주체가 출현하게 되어 이들의 집행·관리·책임문제가 형태론으로 제기된다.

① 종래 사회간접자본으로 간주되던 도로, 항만은 유료방식으로 건설비를 상환하고 관리비를 부담시키기 위하여 공단, 공사 등을 설립·운영하고 있는데, 이는 독립채산방식으로 운영되어야 한다.

② 주택·공업단지조성, 공단·공사의 임대, 분양주택 등 市場財의 공급과 관리를 위하여 특별회계방식과 공단·공사방식이 채택되고 있다.

③ 도시시설의 건설과 운영을 위하여 민간자본을 활용한 제3섹타방식이 도입되었다.

행정서비스와 마찬가지로 공공투자도 그 범위가 확대됨에 따라 순수한 공공투자는 그 형태가 없어지고 위에서 본 것과 같이 다양한 건설·관리형태를 취하게 되었는데, 앞으로도 수익적 사회간접자본의 건설·관리에는 기업경영방식의 도입을 확대하는 것이 바람직하다.

4) 行政서비스論

행정서비스론은 공공투자론 보다 훨씬 다채로운 내용을 담고 있어 공공경제론의 연구대상이 되었다. 그 논점은 행정서비스확대의 배경, 공급체계, 수익자부담, 책임체계, 결정방식 등이지만, 여기에서는 경영행정의 관점에서 고려하여야할 사항만을 검토한다.

(1) 행정서비스의 책임주체

감량경영론은 행정한계론을 근거로 행정책임문제를 규명하지만, 정책경영론에서는 다음과 같은 정책관점에서 복지서비스의 행정책임을 형성해 나가야 한다.

① 사회보장에서 지역복지로, 복지국가에서 복지사회로 정책전환이 이루어 져야 한다. 특히 지방자치단체의 행정책임은 지역서비스를 주체로 하는 지역복지의 경우, 그 특성을 잘 살릴 수 있도록 지방자치단체의 책임으로 수행되어야 한다.

② 재원보다도 복지수준의 충족을 우선하여야 한다. 재원이 없다는 이유만으로 생존권적 복지서비스를 삭감하는 것은 행정의 직무유기이다. 지방자치단체 내에서는 재원배분이나 변경이 국가보다도 용이하므로 다른 재원을 전용해서라도 복지서비스를 충족시켜야 한다.

③ 개인의 사회적 책임이 강조되어야 한다. 개인이나 가족이 어느 정도 책임을 져

야 하는가에 대해서는 '가족능력한계설'을 고려하여야 한다. 독신노인, 신체장애자, 실업자, 소년·소녀가장 등은 자조적 노력을 한다고 하더라도 최저생활유지가 어려우므로 가족능력한계를 넘는 부분에 대하여는 복지서비스가 확충되어야 한다.

(2) 서비스행정책임의 수준

복지서비스행정의 수준이 높은 것이 이상적이지만 재정력에 한계가 있고, 그 수준이 지나치게 높으면 공공서비스의 낭비가 발생하게 된다.

따라서 그 수준은 상대적으로 다음과 같은 조건을 고려하여 결정하여야 한다.

① 복지서비스수준의 결정에 있어서는 최저생계(civil mininum론)와 재정한계(handicap론)가 고려되어야 한다. 지방재정이 빈약하면 부득이 수준이 저하되겠지만 전체 재정의 범위 내에서 최대한 재원배분을 하여야 한다.

② 가족, 지역, 지방자치단체, 중앙정부의 상호분담비율을 결정함에 있어서는 가족능력한계설의 관점에서 그 부담의 한계를 결정하여야 한다.

(3) 비용부담과의 상관관계

비용부담율이 높으면 복지행정수준도 높아지는 것은 당연하다. 따라서 무임승차(free ridle)문제가 발생하기 쉬운 무료제는 경비부담제 또는 유료제로 전환하는 것이 바람직하다.

복지에 관련된 모든 것을 중앙정부 또는 지방자치단체의 예산으로 지원하는 공급체계는 결국은 고부담서비스가 된다. 따라서 가능한 범위 내에서 복지서비스는 수익자부담으로 하여야 한다.

① 개개의 공공서비스에서의 무임 또는 저렴성은 무임승차자를 유발하고, 사회적 자원의 낭비를 초래하게 되므로 복지서비스와 비용부담의 사회적 공평이라는 지역경제메카니즘을 통하여 대응해 나가야 한다. 그러나 복지서비스에 대한 수익자부담은 독립채산제와 같이 아주 철저해야 하는 것이 아니므로 수익자부담을 시행하는 경우에도 應能主義원칙을 적용해야 한다.

② 공공서비스 비용부담율은 복지성과 편익성에 따라 다음과 같이 비율을 결정해 나가야 한다([그림 10-3]). 특히 행정서비스에 있어서 수익자부담, 소위 유료제가 도입되어야 하는 것은 서비스의 성격이 변화하고 선택적·기초적인 것 이상의 서비스가 늘어나고 있기 때문이다.

[그림 10-3] 행정서비스와 비용부담

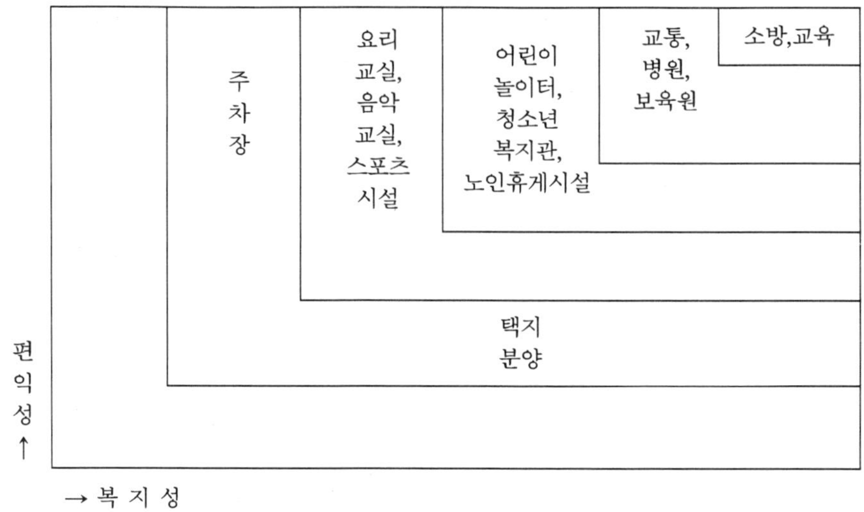

※ 자료 : 고베(神戶)시, 행재정개선위원회 보고서(1976) p. 22.

③ 수익자부담제를 시행하더라도 독립채산제, 개별원가방식을 도입할 수는 없다. 지방공기업의 경영에 있어서도 독립채산제가 붕괴되어가고 있음을 유의하여야 할 것이다. 따라서 행정서비스의 성격에 따라 비용 중 몇 퍼센트를 조세로 하고, 몇 퍼센트를 사용료로 할 것인가의 문제로 귀착된다.

구미선진국에서는 지하철건설비는 정부·지방자치단체에서 전액을 부담하고 운영비만을 운임에서 충당한다는 원칙이 정착되어 가고 있다.

수익자부담률은 행정서비스의 편익성·복지성에 입각해서 각 시설·서비스의 부담률을 결정하고 불균형이 없도록 하여야 한다.

5) 서비스供給形態論

행정서비스는 직영방식이 원칙적으로 행해져 왔으나, 최근 감량경영론으로 민간위탁을 비롯한 非直營方式이 채택되고 있다.

정책경영론에서도 간접방식을 도입하여야 한다는 의견이 지배적이다. 그 배경에는 행정서비스량의 증가, 행정기능의 확대, 행정조직의 경직성 등으로 공공기관에 의한 행정서비스공급이 최적체계일 수 없다는 반성에 근거한다.

(1) 서비스공급형태의 지배원칙

어떠한 행정서비스에 어떠한 처리체제를 활용할 것인가는 행정서비스의 성질에 따라 달라진다(<표 10-3>).

시장서비스(예, 고속도로) 등은 시장메커니즘으로 처리하는 것이 가장 적합하고, 지역서비스는 참가메커니즘에 의하여 공급하는 것이 가장 효과적이다.

특히 지방자치단체와 주민과의 협력체제인 제4섹타는 지역서비스확대에 수반되어 역할분담이 중시된다

<표 10-3> 서비스공급형태와 지배원칙

서 비 스종 별	공 급 방 식
◦ 시장서비스(시장메커니즘) ◦ 지역서비스(참가메커니즘) ◦ 일반서비스(효율메커니즘) ◦ 행정서비스(공공메커니즘)	◦ 제3섹타(기업참가) ◦ 재단 · 사단(주민참가) ◦ 공사방식(외부위탁) ◦ 직영방식(자기처리)

위와 같은 협력체제와 지배원칙의 상이에 따라 다양한 집행형태가 만들어지는데 그 형태 · 원칙은 매우 복잡하다.

주민수요에 대응하는 조직으로서, 공적 수요는 중앙정부와 지방자치단체가, 사적 수요는 기업이, 중간수요는 공기업과 지방공사 등이라는 유형이 생기는데 현실적인 주민수요의 성질과 공급주체의 조직과는 반드시 합치하지 않는다. 예컨대, 공공재라고 간주되는 것도 민간기업이 공급할 수 있고, 시장재라고 여겨지는 것도 지방자치단체가 공급할 수 있으며, 준공공재는 여러 주체가 공급 할 수 있다.

(2) 지방자치단체의 서비스공급체제

행정서비스 · 공공사업집행에 있어서 지방자치단체는 다양한 공급체제를 취하고 있다(<표 10-4>). 지방자치단체가 종래의 행정분야에만 머물고 있으면 적어도 지방공영기업이라는 지방자치단체의 공급주체로 충분히 충족할 수 있겠지만 지역개발의 진전으로 시장메커니즘으로 처리해야 하는 분야가 늘고 있다.

이러한 분야에 대한 지방자치행정이 확대되는 것은 시장재이더라도 민간부문에서는 불충분하다고 여겨지는 서비스, 또한 반대로 공공재이더라도 시장메커니즘이 어느 정도 작용하는 분야가 사회적인 수요로서 지방자치단체에 요구되고 있기 때문이

다. 공사분양주택은 전자의 사례이고, 도로공사에 의한 유료도로는 후자의 사례이다.

<표 10-4> 지방자치단체의 서비스공급체제

구 분	직 영 방 식	간 접 경 영 방 식		민 영 방 식
		공 사 방 식	혼 합 방 식	
◦ 도시개발	특별회계	도시개발공사	제3섹터	민간개발업자
◦ 교 통	공영기업	공사 · 영리단체	〃	민영교통
◦ 지역복지	생활복지국	복지사업단	제4섹터	복지법인
◦ 청 소	〃	환경위생공사	제3섹터	민간위탁

※ 자료 : 고베(神戶)시, 「도시경영시스템개발」 P.122.

(3) 민간에너지의 활용(위탁방식)

지방자치행정에 있어서 건설보다도 서비스, 위임행정보다도 고유행정의 비중이 높아짐에 따라 관의 체제에 맞추어 주민수요를 억제해가는 직영방식은 점차로 결함이 노정되고, 주민수요에 맞추어 관리체제를 대응시키는 간접방식(위탁경영방식)이 그 우월성을 발휘하고 있다.

위탁경영방식에는, 기업위탁, 단체위탁, 주민위탁 등으로 유형화 할 수 있다.

기업위탁방식은 건설, 인쇄, 청소, 쓰레기수거, 급식제공 등의 외주처리 방식과 제3섹터방식으로 나누어진다.

단체위탁방식은 학교법인 · 복지법인 등의 공익법인방식과 공사, 재단, 사단, 주식회사 형태를 불문하는 외곽단체방식으로 나누어진다.

주민위탁방식은 개개의 주민이 직접 조사원 등으로 참가하는 개인방식과 자치회, 노인회, 도움이, 시민운동클럽 등이 업무를 수탁하는 그룹방식으로 나누어진다.

위탁방식을 도입 · 시행하는데 있어서는 다음 몇 가지 사항을 명백히 하여야 한다.

첫째, 외부위탁과 지방자치단체의 책임한계를 명백히 하여야 한다.

외부위탁을 시행할 경우 지방자치단체는 제2차적인 책임자로 화할 우려가 있고 더욱이 행정체험이나 현지정보가 고갈되어 종합행정능력이나 수단을 상실하게 될 위험이 있기 때문이다.

둘째, 외부위탁의 결정기준으로서, 적격성과 경제성을 충분히 검토하여야 한다. 행정서비스가 외부위탁이 가능한 것 인지와 수탁단체의 성격 · 능력 등이 적격한 것인지를 먼저 검토하고, 행정단위당 투입비용이 직영의 경우보다 더 소모되는지 여부 등을 면밀히 검토하여야 한다.

행정서비스 중에는 경찰·소방 등과 같이 공공성이 매우 높아 외부위탁이 불가능한 분야가 있고, 어린이집·유치원·복지시설 등과 같이 민간부문과 경합하는 분야도 있음을 유의하여야 한다.

또한 민간위탁방식은 비용이 싸지만 서비스의 질이 나쁘다는 비판도 유의하여야 한다.

셋째, 적격성과 경제성을 합한 종합평가로서의 정책목표의 달성도를 고려해야 한다.

이점에서 직영방식이 비용은 높지만 공공성확보에는 공헌을 한다고 평가하는데, 여기에서의 공공성이란 간접(편익)효과, 비경제(문화, 복지, 환경 등)효과를 지칭하므로 과연 비용이 비싼 만큼 공공성이 있었는가를 구체적인 사례로 입증하여야 한다.

이러한 공공성은 선택적이고 필요성이 낮은 서비스에서는 민영에 대하여 우위성을 발휘하기가 어렵다.

넷째, 지역경제가 최적체계를 형성해가기 위해서는 정책비전의 탁월성 등 다양한 조건이 추구되어야 하는데, 그 정책들을 살리는 것은 주민에너지를 어떻게 활용하는가에 달려있다는 점을 유의해야 한다. 예를 들면, 지역복지에 있어서는 개인, 가족, 집단, 기업 등의 에너지를 복지화로 환원시켜야 만이 소기의 목적을 달성할 수 있다. 따라서 지역복지를 민간에너지를 활용하는 住民先導的 福祉로서 활성화해가기 위한 정책의 발굴과 배려가 필요하다.

6) 企業的 經營行政論

일본·미국 등 선진국에서는 지방자치단체의 경영행정이 신도심개발, 공업단지개발, 부동산개발회사설립 등의 형태로 기업화하고 있다. 그러나 기업적 경영행정은 그 자체가 갖는 여러 가지 장점에도 불구하고 대부분의 경우 성공을 거두지 못하여 비판의 과녁이 되고 있으며, 그 실패가 지방자치단체의 파산을 초래하는 경우도 있어 경영정책의 관점에서 그 특징, 장점, 비판의 요인 등을 논구해 볼 필요가 있다

(1) 기업적 경영행정의 특징

기업적 경영행정은 그 동안의 성과에 대한 많은 비판에도 불구하고 지방자치행정 속에서 점차로 비중이 높아져 가고 있는데, 그것은 공공개발론을 발판으로 기업적 도시경영의 묘미를 살려나가면 지역에 예측할 수 없는 혜택을 가져오게 되고, 민간단체를 활용하면 저렴하고 양질의 지역생활서비스를 제공할 수 도 있기 때문이다.

첫째, 지방자치단체의 광범위한 정책전개에는 공권력, 공공서비스 이외의 기업적 수단도 활용하는 것이 보다 실질적인 성과를 확보할 수 있는 가능성이 있다는 것이다. 이러한 기업적 수단의 활용은 지방자치행정에 준공공·시장메커니즘을 형성하게 되고, 주택·공업용지의 개발 등 시장베이스의 사업을 특별회계로 운영하는 것이 가능하게 된다. 예컨대, 도로·항만 등 사회간접자본시설을 유료도로나 전용부두방식으로 활용하면 보다 실질적인 공공성의 확보와 투자의 사회적 환원이 원활해 질 수 있다.

둘째, 기업적 경영행정의 지방자치단체 행·재정에서의 실증적 이익을 무시할 수 없다는 것이다. 지방자치단체가 지역개발사업에 있어서 기업적 경영행정을 하게 되면 지방자치단체가 각종 개발계획 등에서 주도권을 갖게 되므로 주민참가를 용이하게 하며 질서와 규모 있는 지역개발을 추진할 수 있게 될 뿐만 아니라 지방재정에도 공헌할 수 있게 된다.

셋째, 기업경영적 발상, 의식, 시스템은 경영행정을 보다 민주적·과학적으로 접근시켜 갈 뿐만 아니라 시장메커니즘에 의한 저항력을 키우게 된다는 것이다.

기업회계방식은 지방자치단체의 재정에 수익성을 가져오고, 행정서비스의 전면적 有償化를 도모하는 방편이라는 것이 지배적인 의견이지만, 기업회계방식은 수익성에만 기여하는 것이 아니고, 스톡회계방식에 의한 재정운영의 안정화, 연결결산방식에 의한 관변단체의 통제, 분식결산의 예방, 사업별 회계방식에 의한 비용부담의 공평화, 책임회계방식에 의한 공개화를 통해 민주화에 기여하는 것이다.

따라서 기업회계방식은 비용의식을 도입시켜 관청의 폐단을 그 내부로부터 수술하여 자기변혁에 대한 기초를 다지는 기능을 수행하게 될 것이다.

(2) 기업적 경영행정의 전략

기업적 경영행정은 그 수익성 때문에 극히 위험성이 높은 사업으로 간주된다. 따라서 탁월한 경영수완이 필요하므로 지방자치단체가 그 사업주체로서 기업적 경영행정을 수행하려고 할 때의 제약·전제 및 실시조건으로서 다음 몇 가지 관점을 경영전략 속에 포함하여야 한다.

첫째, 민간에너지의 존재, 지방경제력의 크기가 공공개발의 성패를 좌우한다. 민간에너지가 왕성한 지역은 공공개발이 왕성하고 지방자치단체는 그 뒷처리에 골몰하게 된다. 수도권에서는 민간개발쪽이 우세하다. 반면에 민간에너지가 불충분한 지역에서는 주택단지나 공업단지의 개발은 엄두도 내지 못하고 공공개발은 잔여용지를 안고 금리부담에 허덕이는 경우가 비일비재하다.

둘째, 공공개발이 토지매각, 건축물매각 등을 주로 하는 개발기업이기 때문에 인플레의 진행, 도시화의 압력 등의 경제조건에 크게 좌우된다.

공공개발이라고 하지만 결국은 부동산업이기 때문에 경영행정수완이 절대적으로 필요하지만 인플레에 의한 이득도 크다. 따라서 고도성장기에는 공공개발부문에서는 이렇다 할 경영수완 없이도 외관상 성공을 할 수 있었다. 그런데 IMF관리경제체제 이후 지가하락과 함께 토지개발공사, 주택개발공사 등이 적자에 허덕이고 있는 것은 그 동안 인플레 이득에 덕을 보아 온 안이한 경영에 기인한 결과로 지목된다.

셋째, 지방자치단체의 경영마인드이다. 개발사업이 결정된 이상 용지의 입지조건, 용지취득시기, 자금조달, 공공투자의 투입시스템, 이해관계자의 의견청취, 용지매각에 수반되는 시장조사 등 다양한 결정사항을 경영감각을 갖고 결정하고 있는지 여부이다. 공공개발부문에서는 공공성(환경보전, 주민참가 등)에 최대한 양보를 해야할 의무가 있는데 그것이 경영성을 포기해도 좋다는 의미는 아니다.

오히려 공공개발부문이 시장경제에 발을 내디딘 이상 시장메커니즘을 준수하는 것이 보다 공공적이고, 복지적이다.

넷째, 재정운영에 대한 배려이다. 공공개발에 의한 개발이익은 인플레 등에 의한 일과성 增收이므로 이것을 일반회계로 포함하여 팽창시켜 버리면 불경기가 되고, 포함시키지 않게 되면 재정위기를 초래하게 된다. 따라서 이러한 불안정한 재원에 대하여는 특별회계에서 내부유보에 충당하거나, 일반회계 내에서도 기금으로서 경기변동에 대비하는 조치를 취하여야 한다.

2. 經營政策의 形成·決定

공공투자와 행정서비스의 공통과제로서 그 정책의 형성·결정을 어떠한 과정으로 행할 것인가의 문제가 있다. 경영행정에서의 정책형성·결정의 최적화야말로 경영행정의 핵심이라고 할 수 있다.

아무리 우수한 경영행정감각과 리더쉽을 가진 지도자가 있다하더라도 정책형성·결정의 잘못은 피할 수 없으며, 과학적 자료나 민주적 참가방식에 의하지 않으면 그것이 성공했다고 하더라도 일과성으로 끝나게 되어 경영적 풍토는 배양할 수 없게 될 것이다.

1) 經營政策形成・決定의 民主化・科學化

(1) 경영정책형성·결정의 구조적 결함

경영정책형성・결정의 필요성을 인식하면서도 그동안 이를 소홀히 했던 이유는 다음과 같이 정리해 볼 수 있다.

첫째, 정치・경영행정책임의 추궁시스템이 형성되어 있지 않기 때문이다. 부패한 정치인이라도 선거에서 재선되면 목욕재개 했다고 해서 정치책임이 추궁되지 않듯이, 경영행정에서도 지역발전・주민복지를 위해서라는 명분아래 정책선택의 실패는 중화되고 애매해져 버렸다. 보다 뛰어난 정책선택이 가능했음에도 불구하고 그 선택을 하지 못한 경영자・정치가로서의 책임은 추궁되지 않은 정치풍토 탓이다.

둘째, 행정서비스(공공투자・서비스)에서의 사업수지의 경영분석시스템이 발달해 있지 않기 때문에 정책선택의 성공・실패에 대한 평가를 일반적인 감정론으로 끝내고 있다. 사업별 회계가 발달되어 구조적인 적자와 경영적 적자가 구분되고, 경영책임이 각 회계에서 명확해지면 사업 착수에서부터 그 선택을 엄격하게 행하게 될 것이고 완성후의 경영환경에 대해서도 사전에 대비하게 될 것이다.

셋째, 비용부담시스템이 확립되어 있지 않기 때문이다. 미국 시애틀시에서는 공영기업을 신설하려면 먼저 주민투표에 의하여 상환재원으로서 고정자산세 인상을 수반하는 공채발행액의 승인을 주민투표에 의하여 결정 받아야 한다. 당연히 그것에는 사업계획, 사업수입, 일반재원보전 등이 명확히 되어있고, 공개되므로 주민들은 서비스와 부담(고정재산세 인상과 요금)의 관계를 음미해서 결정하게 된다. 따라서 사업수지가 대폭적으로 빗나가면 경영책임을 묻게 되는데 우리는 지금까지 이러한 시스템을 갖추지 못하고 있다.

(2) 경영정책형성·결정의 민주화

경영정책의 형성・결정을 민주화・과학화하여 최적결정에 접근하려면 먼저 주민투표제를 활용하여야 한다. 주민투표제가 지방자치법 제12차 개정시에 도입되어 있음에도 불구하고 지방자치행정 내부에서는 아직도 부정적 견해가 많은데, 주민주권이라는 민주주의원칙에 충실하려면 이를 적극 활용하는 풍토를 조성해 나가지 않으면 안된다.

첫째, 공항・지하철건설, 간척지조성, 재개발사업 등 지역경제나 지방재정에 큰 영향을 미치는 정책결정은 과거 대표민주제가 화려했던 때는 어떻든 오늘날의 주민참가시대에는 지도자 혼자서 결정하는 권한을 가져서는 안되고 또 의회에 그런 중요결정권까지 위탁되어있다고 볼 수 없기 때문이다.

둘째, 주민투표방식은 비용부담과 행정서비스면 등 경영행정시스템으로서도 우수한 제도이고 또한 안이한 사업, 과잉투자를 억제하는 기능을 수행하기 때문이다.

경영정책의 형성·결정에 있어서는 자문적 주민투표(advisory referendum) 또는 주민앙케이트방식을 채택하는 것이 바람직하다. 주민앙케이트의 활용은 주민수용의 방향과 정도를 측정할 수 있는 구체적인 접근방법이며, 이론적으로는 전주민의 한계효용 최대화를 도모해가는 방법이기 때문이다.

경영정책의 구체적 결정과정은 가치, 기술, 실시라는 3단계를 거쳐 순차적으로 세목결정에 이른다([그림 10-4]).

[그림 10-4] 경영정책의 선택기준과 방법

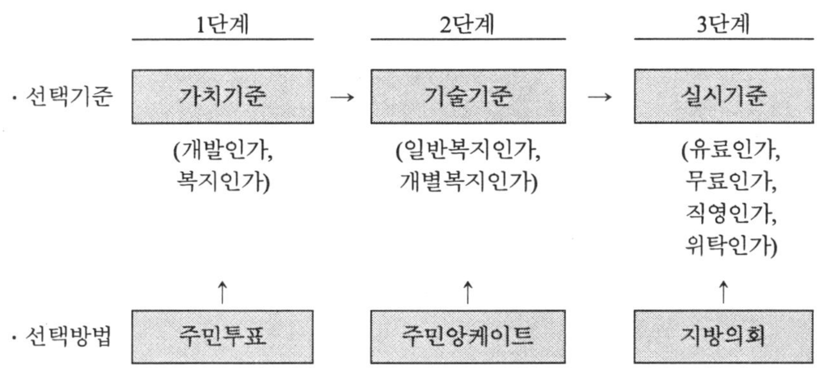

(3) 경영정책형성·결정의 과학화

다음으로 과학적 관리방식에 의한 정책선택의 방식이 도입되어야 한다.

주민투표제가 최적결정을 하는 데에도, 단체장이나 지방의회가 최적결정을 내리는 데에도 그것에 적합한 과학적 결정시스템이 형성되어 있어야 한다.

① 지방자치단체의 정책형성·결정과정

과학적 관리방식은 PPBS, 체계분석 등 여러 가지 미국식 정책결정시스템으로 도입되었지만 우리나라 정치·행정풍토에 뿌리를 내리지 못했다. 그 이유는 너무나도 성급하게 관리기술로서만 도입하려 했기 때문이다.

그러나 우리나라 지방자치단체의 정책결정방식은 그 나름대로 조금씩 과학화 되어가고 있다.

그 하나는, 종합기본계획의 수립, 지역계량경제학기법 등이 지역개발분야에 정착해가고 있다. 시빌미니멈, 커뮤니티센타 등 생활환경보전을 위한 일본식 기법도 점차 도입되고 있다. 이러한 계획성이 지방자치제의 시설정비·확충에 있어서 최적결정으로 진보하고 있음을 나타낸다.

또 하나는, 주민앙케이트, 주민생활의식조사, 생활구조분석 등으로 주민수요를 파악하고, 도시구조의 객관적 분석에 의해 도시진단을 도모하는 등 과학적 정책결정의 기초조건을 형성해가고 있다.

지방자치단체의 정책형성·결정의 메카니즘을 거시적으로 보면, 선거, 주민투표, 주민운동과 같은 정치메카니즘에 의해 투입(input)이 이루어진다. 그러한 투입을 유도하는 지표로서 기본계획, 의식조사 등이 있는데 이러한 계획·조사들이 지방자치단체 내부의 정책결정을 제약하고 가이드라인이 되기도 한다.

그리고 산출(output)로서 행정서비스가 이루어지고, 그것들이 다시 평가되고, 투입되어 순환한다.

② 경영정책형성·결정의 과학화

오늘날 우리나라 지방자치행정에 있어서 [그림 10-5]와 같은 순환방식이 가동하고 있는데, 지적되는 것은 지방자치단체 내부에서 정책형성·결정의 시스템이 과학적이라고 할 수 없다는 것이다. 따라서 다음과 같은 관리기술의 수준향상과 관청개혁이 필요하다.

즉, 외부경영에 관한 계획과학성의 형성과 내부경영에 관한 계획과학성의 실효성이 요구된다.

첫째, 중장기재정계획, 중기예산제도, 예산편성시스템 등과 기본계획, 주민앙케이트 등과의 연결성이 극히 희박하다는 것이다. 예컨대, 10만 인구의 도시에서 10만 명 수용의 뉴타운을 조성하는 용도지역을 결정하였다고 가정하면, 현행의 정적인 세·재정재도 하에서는 과중한 수준의 택지개발부담금을 부과하더라도 재정파탄을 면할 수 없게 되고, 중장기계획이 결여되어 있기 때문에 장기상환사업이 되어 도시시설은 낙후하게 되고 거액의 선행투자로 인하여 파탄에 빠지게 된다.

둘째, 예산편성 시스템의 결여이다. 단년도주의와 건설베이스의 정책평가방식을 채택하고 있어 각종 시설의 건설비에 관심을 쏟고 유지·운영에 대해서는 소홀히 하고 있다. 복지·교육 등을 제외하고, 국고보조금은 건설보조에만 주어지고 운영에 대하여는 각 지방자치단체에 전가하고 있어 이에 대한 정책배려가 거의 없는 실정이다. 이것이 운영베이스로 검토된다면 그 시설뿐만 아니라 주변의 개발계획이나 이용자

[그림 10-5] 지방자치행정의 정책형성 · 결정과정

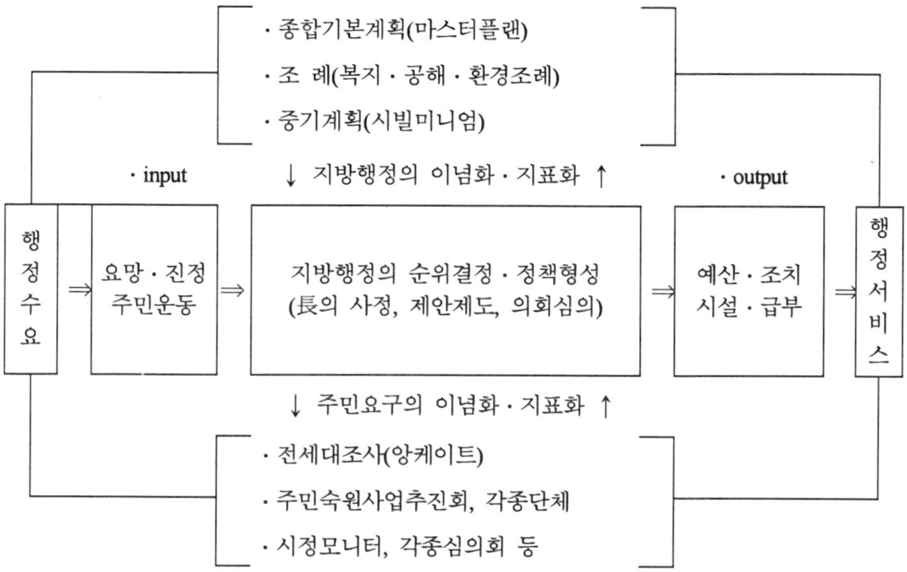

유치 등 여러 가지 정책대응이 이루어 질 것이다.

셋째, 경영마인드, 종국적으로는 주민마인드가 결여되어 있다. 예산은 납세자의 부담이라는 자각이 공무원에게 있다면 과학적 조사에 의하여 가능한 한 저렴하게 건설 · 운영하려고 하는 정책지향성이 작용할 것이다.

시설 · 시책의 개설에 즈음해서는 주민수요 · 생활구조분석은 물론이고 다른 도시의 같은 시설 · 시책의 자료를 수집하고 경영면에서의 검토를 추가해 갈 것이다. 그런데 대부분의 경우 건설 후 · 시설개시후의 재정적자는 일반회계로부터 당연히 보전될 것이라는 발상이 뿌리깊이 박혀있어 가능한 한 화려하고 사치스러운 시설, 수준 높은 시책이 활용되고 막대한 비용은 타인의 일처럼 간과해버리고 있는 현실에서 볼 때 경영정책형성 · 결정의 과학화는 시급한 현안으로 대두되어 있다.

2) 政策經營의 確立 · 展開

우리나라에서 경영행정은 지역개발보다 훨씬 뒤져있다. 전체적인 비전도 없고 전략도 없다. 대부분의 경우 개개의 프로젝트, 사업 · 서비스의 수익성에만 관심을 기울이고 규모가 큰 경영행정의 예는 거의 없다.

그러나 「지역복지의 극대화를 위한 자치재정의 자구 노력」의 일환으로서 경영행정이 필수적으로 요구되는 점을 감안할 때 경영정책의 형성과 결정, 그리고 집행을 위하여 다음과 같은 정책의 도입과 발상의 전환이 필요하다.

(1) 정책경영의 전개

첫째, 경영행정과 지방재정을 거시적으로 , 사업과 서비스를 미시적으로 접근한 경영행정정책의 확립이 필요하다. 공간적으로 종합개발계획, 용도지역제는 있는데, 경비분석에 입각한 경영행정정책은 없기 때문이다. 거시적 분석에서는 도시화의 에너지를 팽창·쇠퇴를 불문하고 어떻게 통제해 가는가, 이 에너지를 적정하게 제어하는 것은 지역경제의 효율화, 그리고 주민복지에 공헌하는 것이 된다.

급격한 인구증가는 어쩔 수 없이 사회간접자본시설의 뒤쫓기식 정비를 하게 되고 이는 비용이 높은 공공투자가 되어 종국에는 거대한 재정적 낭비를 초래한다.

선행투자는 저렴한 토지취득, 이중투자의 예방 등 이점이 많지만 현행 제도상으로는 선행투자가 어렵게 되어 있다. 반면에 동일 지방자치단체내의 인구이동은 세수가 늘지 않음에도 불구하고 공공시설을 하게 되고 행정서비스도 단위면적당으로 비율이 높아진다.

따라서 인구의 교외화 억제, 도심건축물의 분산을 위한 시책의 수립·시행이 절실해 진다.

개개의 사업에 있어서는 더욱 경영분석이 필요하다. 철도·버스·도시시설의 배치, 문화·스포츠 시설의 설계와 유지비 등 경영적인 면으로 보아 적절한 배치와 설계는 반영구적으로 플러스효과를 가져온다는 것을 간과해서는 안될 것이다.

둘째, 지방자치단체의 자주권활용에 의한 정책경영을 전개하여야 한다.

정책경영평가는 개발이익을 어떻게 사회적으로 흡수하고 분배했는가를 분석하는데, 도시화는 시장메커니즘에 따라 행해지므로 이것이 방임되어 있는 한 사회적 이익이나 사회적 공평이 충족되는 것은 기대할 수 없게 된다. 따라서 시장메커니즘의 개입, 시장경제와의 경쟁을 통해서 어떻게 도시정책의 목적을 충족시킬 것인가에 정책경영의 진가가 발휘된다.

한편, 서비스행정의 비중이 높아짐에 따라 그 비용의 경감이 요구되고 있는데, 정책경영으로서는 인건비·서비스의 억제가 아니라 시스템의 변혁을 통해서 행정서비스의 효율화를 도모해야 한다.

셋째, 행정서비스(공공투자·서비스)를 거시적으로 해석해서 그 우선순위를 결정하는 정책과학, 적어도 정책지향성이 희박하여 경영행정적으로도 거액의 손실이 초래되고 있는 점을 간과해서는 안된다.

넷째, 건설보다 운영(경영)에 대한 배려가 있어야 한다. 경영을 베이스로 하면 계획,

설계 자체가 변경될 것인데, 지방자치단체에는 건설과 경영이 분리되어 있다.

예컨대, 복지 · 교육 · 문화시설 등에 있어서 그 방면의 전문가그룹만이 모여 토론하고 결정하기 때문에 이에 의해 완성된 것은 주민들이 마음대로 사용하기 불편하고 유지비용이 높게 된다.

이와 같이 지방자치단체의 시설 · 서비스의 경제적 분석은 개개의 비용분석은 물론 복합적 · 경영분석이 결여된 채로 낭비만을 초래하고 있는 실정이다.

(2) 정책관리의 개선

정책관리(내부경영)에 있어서는 그동안 감량경영면에서의 억제론과 민주경영에서의 비판과의 출동이 있었는데, 그것들을 지양하고 보다 효율적 · 민주적 정책관리를 형성시켜가려는 정책경영에서의 리더쉽이 빈약했었다. 그러나 정책경영이 「행정관리로부터 행정경영」으로 라는 슬로건을 내걸고 관청혁명에 헌신해야 하는 환경이 성숙되어가고 있으므로 내부관리에 있어서 정책관리라는 것이 어떠한 내용을 가지고 어떻게 전개되는 것인가를 살펴본다.

첫째, 사무관리형에서 목표관리형으로의 전환이다. 지금까지 내부관리에 있어서 가장 전형적인 관리시스템은 결재수단, 사무자동화 등의 사무관리방식이었으나, 앞으로는 일정한 정책목표를 일정한 제약조건하에서 어떻게 달성하는가와 같은 현행 제도의 변혁을 촉구하는 정책관리로 내부관리의 주류를 바꿔야 한다.

둘째, 관료관리형에서 시민통제형으로의 전환이다. 지방자치단체는 내부경영에 관한 한 중앙의 간섭과 통제를 지양하고, 「파산한 경우라도 시민통제가 가동된다」는 자기통제로 운영되어야 한다.

여론을 민감하게 느끼고 받아들여 유연하게 대응해 가지 않으면 지방자치단체는 주민신뢰를 잃게 되고 중앙의 통제를 정당화하는 분위기를 만들어 내게 될 것이다.

셋째, 관청조직의 기업시스템형으로의 전환이다. 관청조직의 비능률성, 비시민성을 탈피하기 위한 방안으로는, 행정절차를 민주화하고 주민참가를 보장하며 주민통제를 활용해 나가는 방안과 기업시스템방식을 도입하여 관청조직을 활성화하고 주민수요에 즉각 대응하는 과학적 조직체로 변혁해 나가는 방안이 있을 수 있다.

기업시스템의 도입에 대해서는 지방자치단체의 공공성을 손상한다든가, 재정운영의 수익화를 도모한다는 비판이 있다.

그러나 관리기술로서의 기업시스템은 중립이며, 더욱이 그것은 복지행정이든 개발행정이든 관리사무든 마찬가지라는 것이다.

문제는 기업성을 비판하는 지방자치단체의 관리시스템이 과학적 · 민주적인가라는 것이다. 전근대적인 관청조직을 개선하려면 조직관리시스템으로 오랜 시간동안 배양되어온 기업시스템을 이용하는 것이 바람직하다.

회계시스템 하나를 보더라도 스톡회계나 회계책임성이 뒤져 있기 때문에 관료들이 생각하는 대로 되어가고 있으며 주민수요에도 즉각적인 대응을 하지 못하고 있다.

관청조직이 원칙적으로는 봉사자로 되어있지만 실제는 권력자이기 때문에 주민수요를 관청수요에 맞춰야만 공공서비스를 받을 수 있는, 이른바 주객이 전도된 시스템이 가동되고 있다.

기업성은 이 관청시스템의 벽을 무너뜨리고 원가의식, 주민에 대한 서비스정신, 기금제도 등을 주입하여 관청혁명의 선풍을 일으키려 한다.

넷째, 현상추구에서 자주권활용형으로의 전환이다. 이것은 내부경영문제를 왜소화시키지 않고 외부경영의 정책과제로서 대응해가는 방식을 의미한다.

지방자치단체가 현행 행·재정제도의 테두리 안에서 모든 문제를 해결해가려고 한다면 종국적으로는 주민수요를 외면하는 결과를 낳게 된다. 이렇게 되면 자주권을 가진 지방자치단체의 존재가치를 부정하는 것이 되고 만다.

따라서 테두리 안에서 처리할 수 없는 것은 테두리 밖에서 정책경영방식으로 해결하여야 할 것이다. 예를 들어, 쓰레기처리 단위비용이 높아 예산이 많이 소요될 경우 민간폐품회수업자와 주민조직을 적절하게 연결시켜 재자원화, 감량화에 성공한다면 간접적으로는 지방자치단체의 쓰레기처리예산은 그 만큼 감축될 것이다.

(3) 정책관리·경영의 확립

정책관리·경영은 경제·사회·행정시스템, 더 나아가 지방자치단체의 행·재정시스템의 변혁을 통해 한정된 재원으로 보다 많은 복지를 보다 적은 비용부담으로 행하는 것을 가능하게 한다.[8)] 이러한 변혁의 결과로서 재정수지는 균형되고, 지방자치행정제도의 개혁도 수용할 수 있게 된다.

그것은 감량경영에 비하여 훨씬 고차원적인 정책전개이므로 이를 수용·발전·확립시키는 노력을 배가하여야 할 것이다.

---

8) 高寄昇三, 전게서, p. 204.

3. 經營政策의 評價

경영행정은 정책의 선택이라고 지칭되는데 그 선택기준은 주민복지이다.

주민복지는 개인생활수요의 총화로서 적산되는데 이것은 경영행정의 최고의 가치기준이고 투자효과의 대상이다.

1) 投資效果의 評價

개개의 경영행정으로서의 사업・서비스는 일단 경제효과로서 측정되고 평가된다. 경제효과는 수요유발효과와 경영효과로 분류되고, 경영효과는 편익창출효과, 소득창출효과, 사업수지효과, 고용효과로 분류되어 평가의 대상이 된다.

(1) 경제효과

① 수요유발효과

경제효과로서는 우선 투자・소비과정에서 수요유발효과를 들 수 있다. 이것은 투자와 소비와 그 효과에 있어서 차이가 없다. 예를 들면, 생활보호는 식품 내지 의복을 구입하는 것에 의해 경제활동을 자극하고 생산투자를 불러일으키는 승수효과를 유발한다. 따라서 수요를 공공투자만으로 관계 짓는 것은 잘못이다.

공공투자에 있어서 수요유발효과는 그다지 크지 않다. 공공투자의 파급효과는 대도시에서는 0.5정도로 확산되어 버리고, 농촌지역에서는 그 지방에 부여되는 것은 기껏해야 실업대책의 임금정도이고, 철근・시멘트를 비롯한 자재는 대부분 외부로부터 조달되기 때문이다.

따라서 공공투자에 의하여 지역경기부양을 도모하는 것은 낡은 방법이고 지방재정을 빈곤하게 하는 요인이 될 뿐이다. 도로건설도 기업유치라든가 지연산업의 육성 등과 관련되어 위력을 발휘하는 것이지 공공투자 그 자체가 지역을 번영시키는 것이 아니다.

② 편익창출효과

경영행정에서는 일시적인 수요유발효과 보다는 반영구적인 편익창출효과 가 더 영향력이 크다. 이것은 민간투자의 경우 생산능력창출효과에 대응하는 것이다.

민간투자의 경우에는 그 투자활동에 의해 시설된 기계설비가 기존의 생산능력에 추가되어 그만큼 산출량의 증대에 기여하게 되지만, 공공투자의 경우에는 직접 생산활동에 기여하는 경우는 거의 없고 어떤 종류의 것은 산업기반형성을 통해서 간접적으로 생산활동에 기여한다는 성격을 갖게 되고, 생활환경시설은 생활기반의 형성을 통해 국민생활에 편익을 가져다준다.

예를 들면, 도로건설에 대한 투자는 수송비절감, 포장비절감, 수송시간단축, 교통사고감소, 쾌적함 등의 효과가 있고, 상하수도시설에 대한 투자는 생활이 더 한층 편리하고 위생적이 되어 쾌적함이 증대한다는 효과가 있다.

③ 소득창출효과

지역개발에 있어서 도로·항만 등의 건설에 관심을 기울이는 것은 이러한 기반정비에 의해 기업진출이 있게 되고 생산소득증대를 예상할 수 있기 때문이다. 주택단지 조성도 마찬가지로 주민을 정착시켜 지역소득증대를 꾀할 수 있기 때문이다.

투자과정에서의 수요유발효과 보다도 지역사회에 있어서는 소득창출효과야말로 장기적인 효과이고 직접적 산출효과이다.

그러나 지나치게 소득창출효과를 도모하면 생활환경투자 등을 억압하는 결과를 초래하여 공해·재해, 더 나아가서는 지역활력의 쇠퇴 등 장기·종합효과에서 큰 부작용을 낳을 수도 있다.

④ 사업수지(재정)효과

편익·소득효과가 아무리 크더라도 대부분의 경우 투자비용원가주의가 취해지지 않은 이상 재정투입율에서 좀 더 보정하지 않으면 올바른 의미의 투자효과는 산정할 수 없게 된다.

재정효과로서 특히 문제가 되는 것은 부대비용(running cost)이다.

건설비는 대부분의 경우 투자시설로서 남겨지므로 투자에 알맞는 효과가 있지만 유지·관리비는 그것에 알맞는 효과가 발휘되고 있다고 볼 수 없다. 따라서 마이너스 재정효과라고도 볼 수 있는 유지·관리비를 투자 전에 충분히 산정하여 반영해야 하는데, 놀라울 정도로 지방자치단체 중에는 건설에만 의미를 부여하고 운영은 부차적으로 생각하는 어리석음을 범하여 많은 예산을 투입한 시설들이 방치되어있는 것을 목격하게 된다.

(2) 비경제효과

비경제효과는 무형의 편익(intangible benefits)으로 계량적 예측이 불가능하다고 생각되어지고 있는데, 주로 투자시에 발생하는 환경, 문화, 복지 등 세 가지 분야는 어느 정도 계측이 가능하고, 나머지 산정불가능분야는 주민의 행정수요를 화폐가치로 주민에게 표출하도록 하여 그 효과를 측정할 수 있다. 예컨대, 환경효과는 방제공사가 재해에 의한 경제적 손실을 어느 정도까지 상쇄시킬 수 있는가, 문화효과는 1억 원 상당의 그림은 1억 원 상당의 자산효과가 있는가, 복지효과는 생활보호가 수급자의 불편을 급부액 상당으로 제거 할 수 있는가 등의 산정으로 그 효과를 측정할 수 있다.

아무리해도 계측불가능한 비경제효과에 대해서는 환경효과로서 도시공원, 문화효과로서 문화재보전, 복지효과로서 노인 등에 대하여 이용하는 주민들이 지불하는 화폐가치를 설문조사하여 그 결과를 분석함으로써 그 효과를 측정할 수 있을 것이다. 문화·환경·복지효과의 산출기준은 주민의 만족도이기 때문이다.

(3) 효과적 투자선택

공공투자효과에 대해서 위에서 본바와 같은 여러 가지 요소의 효과측정을 시도하는 것은 경영행정의 관점에서 최적의 투자결정을 하기 위해서이다.

이것들은 지역경제정책과 같이 경제적 모델에 따라 완전한 계량화를 도모해가는 것이 아니고 평점방식과 같이 공공투자의 경영적 평가를 함으로써 효과적 투자선택을 완수하는 것을 목표로 한다.

경영행정에 있어서 요구되는 것은 우선 경제효과를 산정하고, 그 다음으로 비경제효과도 측정하는 것이다. 왜냐하면 경제효과측정을 추구하는 것은 그 나름대로 정치·사회적 효과도 측정하는 것이 되기 때문이다. 예컨대, 도로투자의 효과를 경영적 관점에서 분석하면 경제효과뿐만 아니라 비경제효과로서 환경효과도 산출할 수 있을 것이다.

따라서 우선 경제성을 산정하고 다음으로 비경제효과도 산정하여 종합(정치·사회) 효과를 판단해야 한다. 공공서비스라고 해서 처음부터 경제효과측정을 거부해서는 안될 것이다.

2) 地域서비스의 評價

지역개발과 마찬가지로 지역서비스에 있어서도 그 선택의 기준, 효과, 범위, 집행형태를 재검토할 필요가 대두되고 있다. 지역서비스도 그 수준이 높아짐에 따라 효과가 떨어지고 있고, 그 범위가 확대됨에 따라 선택의 여지도 점차 커지고 있기 때문이다.

특히 지역복지서비스를 둘러싸고 있는 행정·사회·경영환경이 크게 변화하고 있음을 충분히 인식하고 주민수요에 즉각 부응할 수 있는 효율적 공급시스템을 형성해 나가야 한다.

(1) 지역서비스의 경제효과

우선 기본적인 문제로서 지역서비스의 경제효과를 공공투자와 같은 차원에서 살펴 본다.

첫째, 공공투자와 행정서비스는 경제효과면에서 본질적으로 같다. 다만 행정서비스가 수요유발효과면에서 뒤떨어질 뿐이다.

예를 들면, 공공투자로 교량을 건설하기 위해 시멘트를 구입하는 것과 행정서비스로서의 생활보호용으로 빵을 구입하는 것은 같은 경제효과가 있다.

둘째, 행정서비스의 소비성에 대하여 공공투자의 생산성이 주장되기도 하는데, 그것은 지금까지의 행정실제에 있어서 그러한 양태를 취하고 있을 뿐이지 본질적으로 다른 것은 아니다. 특히 행정서비스의 비경제효과는 환경, 문화, 복지효과 등 넓은 범위에 걸쳐 큰 효과가 예상된다. 따라서 공공투자와 행정서비스를 별개로 생각할 것이 아니라 주민복지의 극대화라는 점에서 종합적으로 선택·평가해야 할 것이다.

셋째, 행정서비스는 반드시 직접적인 소득창출효과를 초래하지 않는 소비가 아니다. 공공투자는 생산성에 공헌하고 채산성도 높지만, 행정서비스도 소비유발 등을 통하여 생산성에 공헌하게 될 것이다. 유상복지서비스, 문화·스포츠행정 등도 채산성이 전혀 없는 것이 아니다.

(2) 有償福祉

지역서비스에 있어서 유상복지에 대해서는 찬반이 엇갈리고 있으나 새로운 복지양태를 산출하기 위해서 필수불가결한 행정양태로 인식되어지고 있다.

유상복지가 1970년대에 등장하게 된 것은 지역서비스에 대한 행정수요의 확대와 가족기능의 사회화에 기인한다.

① 유상복지의 대두

종래 대가족·3세대가족구조 하에서 자가처리하고 있던 기능이 핵·노인가족구조로의 변화와 생활수준의 향상 때문에 사회적 기능으로 전환된 데에서 비롯되었다.

유상복지로의 추세가 점점 강화되는 상황에서 문제는 유상복지라는 새로운 지역서비스를 어떻게 평가할 것인가이다.

첫째, 복지행정이 救貧이라는 단계를 넘어섰기 때문에 주민수요, 소득단계, 비용부담율에 따라 부득이 다른 서비스를 공급할 수밖에 없게 되었다. 따라서 중앙정부・지방자치단체가 제공하는 서비스이상의 사회보장을 자체부담과 공적부문의 협력에 의해 확보하는 유상복지가 도입되게 되었다는 것이다.

둘째, 유상복지를 차별이라고 간주하는 것은 현실적이 아니다. 생명보험, 분양주택, 차액부담의료서비스 등 생활보장과 복지서비스의 경우 소득격차에서 오는 차등대우가 부정할 수 없는 현실이기 때문이다.

따라서 유상복지는 기존의 서비스를 보완적으로 확대하는 것이 아니라 어디까지나 새로운 복지서비스에 충당하는 것이 바람직하다.

셋째, 유상복지가 일반적인 행정복지수준을 저하시킨다든가, 행정의 일반복지제고 노력을 억제한다는 비판이 있는데, 이것은 잘못된 견해이다.

일반행정복지가 유상복지와 혼합되는 일없이 그 수준・내용 등은 항상 주민들의 감시・비판의 대상이 되므로 유상복지의 존재에 따라 일반행정복지가 경시되는 행정환경이 조성되는 것은 아니기 때문이다.

② 유상복지의 확대

유상복지는 가족구조의 변화에서 오는 사회변화에 어울리는 제도로서 지역적으로도 가능한 한 확대되는 것이 바람직하다. 그 이유는 다음과 같다.

첫째, 오늘날의 사회추세에서 노인들의 경제・정신적 보호를 지방자치단체에 요구하는 수요는 부모・자식간의 지리적・사회적 별거에 따라 증가하고 있다.

핵가족화로 별거하고 있는 자식부부가 노인부부를 보살피는 일 또는 경제적으로 지원하는 일이 용이하지 않아 지방자치단체 등이 이를 보살피는 일이 늘어나고 있고, 부모가 자신의 자산에 의해 자기가 바라는 서비스를 지방자치단체 등에 의존하는 경우도 있는데, 이는 자식들에게도 부담경감으로 연결되는 자조방식으로서 환영받고 있는 제도이다.

둘째, 유상봉사자에게 길을 열어주는 방법으로서 아주 실천적인 제도이다. 노후보장기금제도는 상담방문, 간호서비스, 가사서비스 등을 통해서 복지서비스에로의 유상봉사자의 기회를 열어준다. 이와 같이 복지사회, 복지기금 등이 핵・거점・자금원이 되면서 유상봉사자의 활동분야를 넓혀 가는 것은 지역사회의 활성화에 기여하는 바가 크다. 더욱이 이러한 활동의 확대는 독신노인의 실태파악이나 정신적 평온유지에 도움이 될 것이다.

민간복지법인의 활동이 활발해지면 유상복지대상자만이 아니라 일반인들에게도 그 활동이 파급되어 갈 것이고 일부 있는 자만의 복지에 머무르지 않게 될 것이다.

셋째, 유상복지제도의 신설과 확대는 일반복지의 부담경감, 불공평을 시정하게 된다. 예를 들면, 국공립병원에 입원한 노인이 퇴원 후 자택치료가 불충분하기 때문에 퇴원하지 않으려는 경우에 재산담보에 의한 복지서비스에 의해 자기부담원칙으로 처리할 수 있는데, 이것은 동시에 공적부담의 경감을 초래하는 결과를 낳게도 된다.

넷째, 오늘날 지방자치단체가 노후부양에 대해 상당한 경비·노력을 하고 있음에도 불구하고 그 비용변상은 전혀 없고 아무 노력도 하지 않은 상속인이 노인의 재산을 친족이라는 혈연만으로 몽땅 차지하는 것은 불합리하므로 이러한 노인의 재산을 지방자치단체가 증여받아 지역복지기금을 설치하는 것이 바람직하다.

이러한 정책지향은 서비스 시스템을 지역순환이라는 가장 작은 싸이클에 의해 효율적으로 시행할 수 있는 「사랑과 증여의 경제」의 실천사례가 될 수 있을 것이다.[9)]

3) 經營政策評價의 限界

경영행정정책에 대한 체계적이고 객관적인 평가는 법적 책임성은 물론이고 관리적 책임성과 정치적 책임성을 확보하는 수단이 된다.

경영행정정책의 평가는 지방자치행정 및 지방정치과정의 기본적인 통제 메커니즘으로 기능을 한다.

우리나라의 현실에 있어서는 이러한 평가가 극히 형식적인 수준에 머물고 있다. 그 이유는 정책평가 전문인력의 부족, 평가대상의 과다, 평가기준 및 평가방법의 저수준, 객관성부족, 평가결과활용의 미흡 등이 지적되고 있다.[10)]

이와 같은 문제점을 개선하고 평가를 활성화하기 위해서는 현재 우리가 직면하고 있는 문제점이 도래한 근본원인을 파악하고 현재의 자원으로 가능한 범위 내에서 점진적으로 개선해 나가야 할 것이다.

첫째, 전문인력의 부족은 단시간 내에 해결되기 어려운 문제이기 때문에 우선 내부인적자원을 발굴·육성하면서 한시적으로 외부인적자원을 활용하여야 할 것이다.

둘째, 평가대상의 과다문제는 활용가능한 인적·물적 자원과 직결된 문제이므로 평가의 필요성이나 실행가능성 등을 고려하여 결정할 수 있다.

실행가능성(feasibility)은 기술적 측면, 예산적 측면, 경제성측면, 객관성확보측면 등을 참조해서 검토해야 한다.

셋째, 평가기준과 방법의 문제는 현재까지 지나치게 양적 위주의 분석과 회계위주

---

9) 일본 무사시노(武臟野)시의 사례이다.

10) 박종화, 전게서, pp. 260～264.

의 과정분석이 주로 행해져 왔으므로 질적인 측면과 사후적인 영향평가가 강화되어야 할 것이다. 지방자치단체가 수행하는 경영사업의 수익성이나 능률성 같은 양적 분석뿐만 아니라 형평성이나 반응성 같은 질적 분석이 요청되고 있다

넷째, 평가결과의 활용문제는 정책평가의 실시단계에서부터 그 활용을 전제로 그 신뢰성, 적시성 제고에 역점을 두어야 한다.

또한 활용자의 인식능력을 감안하여 보고서를 작성하여야 할 것이며, 평가결과의 사후관리를 철저히 하여야 할 것이다.

제 3 절 經營行政의 民營化

지방자치단체가 적절하고 성공적으로 잘할 수 있는 일이 무엇인가 하는 문제와 그 일을 최소한의 비용과 노력으로 최대한 능률적으로 처리하는 방법에 관한 문제가 새롭게 제기되는 것은 여러 가지 이유가 있겠지만, 기존의 연구들이 '지방자치단체가 잘할 수 있는 일이 무엇인가'에 대한 것이라기보다 '지방자치단체가 무엇을 해야 하는가'에 집중되어 왔기 때문인 것으로 보인다.[11] 여기에서 문제를 더욱 어렵게 하는 것은 다양한 서비스수요를 요구하고 있는 주민들이 그 수요를 충족시키기 위한 조세의 증가에 대해서는 강력한 반발, 즉 조세저항을 심하게 하고 있는 점이다. 따라서 주어진 재원을 능률적으로 집행하는 차원으로는 주민들의 폭등하는 수요를 충족시킬 수 없게 되었다. 결국 한편으로는 지방자치단체의 활동에 대한 다수 주민의 기대의 이중성을 극복하고, 한편으로는 만성적인 재원부족 상태 하에서 새로운 수요를 충족시켜야 하는 심각한 재정상의 압박을 받고 있다.

이러한 곤경에 대한 대처방안의 하나로 전개되고 있는 것이 지방자치단체사무의 민영화이다.

11) 박종화, 전게서 , pp. 285~307.

1. 民營化의 概念·類型

1) 民營化(民間化)의 概念

(1) 민영화·자유화·규제완화

민영화 또는 민간화는 주민들의 수요를 충족하기 위한 활동이나 자산소유에 있어서 사회의 私的制度에 더 의존하고 지방자치단체에 보다 적게 의존하는 행정형태이다.

이러한 행정행태는 1970년대 후반에 이르기까지는 정치와 행정의 영역에서 광범위하게 보급된 개념은 아니었다.

서구에서의 민영화는 정부성장에 반대하는 대응운동으로부터 나타나서 우리시대에 필요한 사회의 수요를 바라보는 새로운 방법이 되었고 그 수요를 충족시켜 나가는데 있어서 정부의 역할을 재고려하는 노력으로 나타나고 있다.

이것이 영국에서는 주로 민간인에게 국영기업을 이전시킨다는 의미에서 비국유화(denationalization) 의미로 사용되었고, 경쟁력을 강화한다는 의미에서 자유화(liberalization) 또는 규제완화(deregulation)를 의미하였다.

민영화는 단순히 재화와 서비스를 그들의 원래의 장소인 민간부분으로 돌리려는 것이 아니라 새로운 종류의 시장관련성을 창조하고 전통적인 공공부문보다 우수하거나 필적하는 결과를 제시하고자 하는 것이다. 따라서 민영화의 움직임을 국가개입이나 지출에 대한 단순한 반대의 재현으로 정의하거나, 정부규모를 축소해서 단지 적자생존 및 가난한 사람들과 병든 사람들이 그들이 할 수 있는 대로 최선을 다해서 생활에 대처해 가도록 방치하는 국가로 회귀하고자 하는 요청으로 간주해서도 안되고, 경제학적 관점에서 정부부문 또는 공기업부문의 비효율성을 극복하기 위한 기술적인 수단문제로 축소해도 안될 것이다.

민영화는 보다 많은 정부의 관여에서 보다 작은 정부관여로의 이동을 의미하는 동태적인 개념으로 파악해야 한다. 또한 현재 공공부문에서 수행하고 있는 업무뿐만 아니라 공공부문의 책임이라고 인식되고 있으면서 방임되어 있는 일을 민간부문에서 수행하는 것도 포함하는 보다 포괄적인 개념으로 이해하여야 한다.

(2) 민영화의 실제·유형

민영화는 아주 다양한 형태로 우리의 일상생활에 적용되고 있고, 또 적용될 것으로 보인다.

쓰레기처리, 도로보수, 가로수심기와 가지치기, 상수공급, 하수처리, 가로등정비, 탁아시설운영, 구급차서비스, 위탁시설의 운영관리, 납세고지서의 송달 등 실제 여러 가지 형태로 실현되고 있다.

이와 같은 다양한 형태를 적합한 기준에 따라 유형화함으로써 민영화과정에서 발생할 수 있는 여러 가능성과 문제점에 대한 이해를 높일 수 있을 것이다.

첫째, 공기업의 완전매각이나 공기업의 지분이 민자도입으로 인해 민간에게 넘어가서 합작투자(Joint venture)형태가 가능하다. 민간지분비율이 높으면 높을수록 민영화의 정도가 커진다.

둘째, 공기업의 조직구조개편을 통하여 보다 많은 영역을 경쟁성이 강한 시장의 움직임에 맡기는 형태가 가능하다. 즉 국가가 자본금의 전액을 출자한 국가지주회사의 조직구조를 바꿈으로써 정부의 통제나 개입을 최저점수준으로 한정하고 종속상태에 있는 운영회사들을 시장기능에 따라 기능하도록 하는 것이다.

민영화로 나아가는 한 단계로서 소유권은 계속 가지고 있고 민간이 수익성이 있다고 판단하는 자산은 입찰방식으로 민간에게 임대하는 형태도 있을 수 있고 , 수익성이 낮고 기능측면의 비효율성이 드러난 부문은 재정적 개조 또는 기능적인 개조를 통하여 시장원리 하에서 기능하도록 하는 형태도 있을 수 있다.

셋째, 행정서비스를 정부가 제공하고 민간은 생산하는 유형으로서 계약, 보조금, 프렌차이즈가 있고, 민간이 생산과 제공을 담당하는 유형으로서 구입증서, 시장, 자발적 행위, 자기서비스 등의 형태가 있을 수 있다(Savas. 1977).

(3) 민영화의 요인

민영화는 비대해진 행정국가 · 복지국가 지향의 반명제로서 제기되어졌다고 볼 수 있다. 작은 정부를 지향하는 이념성, 비용-효과성을 강조하는 실용성, 이윤동기를 중시하는 상업성, 자발성과 반응성을 추구하는 대중성 등이 그 이론적 근거로 제시된다. 여기에서는 정부, 시장, 환경의 측면에서 살펴본다.

① 정부적 요인

첫째, 공공부문, 특히 정부가 지나치게 팽창되어 있고, 팽창된 공공부문이 그 내재적 특성으로 인하여 사회적 비능율을 초래하고 있고, 행정수비범위의 무책임한 확대를 가져온 점이 지적된다. 이로 인하여 경제사회분야의 규모와 능력이 그 만큼 축소되는 결과를 낳게 되어, 행정의 범위를 넘어선 활동에 대한 제한과 행정의 본래의 범위에서 나타나는 생산성저하에 대한 향상방안을 동시에 모색하는 것이다.

둘째, 선·후진국을 막론하고 여러 가지 이유로 많은 공기업이 설립되어 활동하고 있는데, 이러한 공기업이 설립목적을 달성하였거나 적자가 누증함에 따라 해당업무를 민간부문이 담당함으로써 이윤획득과 투자의 분배적 효율성을 달성할 수 있다.

공기업의 비효율적 운영이 계획된 손실(Planned losses)의 성격을 갖고 있는 구조적 제약에서 비롯되는 경우도 있으나 많은 경우 자본에 대한 수익률의 하락, 저활용, 기업가정신의 부족 등에 기인하고 있으므로 비효율적인 공기업을 민영화하는 것은 한편으로는 공기업의 운영적자로부터 발생하는 재정부담을 축소할 수 있고, 다른 한편으로는 국가소유의 공기업지분을 시장에서의 경제성과 수익성 등을 고려하여 다양한 방법으로 매각함으로써 재정압박을 해결하는 방안이 될 수 있을 것이다.

또한 교통시설, 발전시설, 상하수처리시설 등의 대형사업에 민간자본·기술·건축 등을 도입하여 민영화를 꾀할 수 도 있다.

셋째, 공기업을 시장에서의 경쟁성과 수익성 등의 기준에 따라 민간에게 넘기는 것은 정부의 재정부담을 줄일 수 있고, 공기업의 주식매각을 통한 자본조달은 增稅에 따른 조세저항을 피할 수 있을 뿐만 아니라 정부차입시 예견되는 인프레이션 위험부담을 최소화 할 수 있다. 더 나아가 소액주주를 우선으로 많은 사람들에게 주식을 매각함으로써 자본시장의 육성과 대중자본주의를 실현할 수 있다.

② 시장적 요인

첫째, 현대행정에서 복잡하게 발생하는 행정수요를 충족하기 위하여 민간이 가지고 있는 기존의 전문지식과 장비를 계약, 면허 등을 통하여 활용함으로써 업무의 전문성과 재정절감을 달성할 수 있다. 이것은 관료제의 병리현상에 따른 비효율을 회피할 수 있고 번잡한 정치적 의사결정을 거치지 않고 환경변화에 신속하게 대응할 수 있을 뿐만 아니라 행정서비스공급에 소요되었던 인원, 자금, 기구를 축소할 수 있다.

둘째, 정부의 규제완화 필요성이 점증하고 있다. 그동안 시장의 불완전성, 분배적 형평 등 시장의 부적절성 때문에 정부개입이 정당화되어 왔으나 시장의 매매장치가 갖고 있는 이점과 시장의 잠재능력이 부각됨에 따라 정부 역시 실패할 수 있다는 이론이 호응을 얻고 있다.

③ 환경적 요인

첫째, 정보·통신기술의 비약적 발전으로 산업환경이 급변하는 데에 대응하려면 민간부분의 역할이 불가피하게 확대 될 수밖에 없다. 전통적인 경제이론은 시장이 자원과 기술을 최대한으로 활용할 수 있다는 점에 주목을 했지만 보다 중요한 사실은 제반 사회적 환경이 급격하게 변화하는 가운데 시장은 사실상 획득하기 곤란한 정보의 축척이 없이도 가격신호에 따라 새로운 기술을 자극하고 활용하는데 분명한 능력을 보여준다는 것이다. 따라서 새로운 기술혁신을 받아들이기 쉬운 경제체제로 만들어 가야 한다.

둘째, 1980년대 이후 민영화가 하나의 정책유행(Policy fashion)으로 파급되고 있는 것은 영국의 대처정부와 미국의 레이건정부의 민영화정책실천이 성공적으로 전개함에 따라 유사한 문제로 어려움을 겪고 있던 각국이 정책편승을 한데 기인한다. 민영화과정을 통하여 대처정부는 영국정치에 있어서 만연했던 노·사·정의 삼각축에 따른 조합주의적 정책결정방식에서 벗어나 시장의 움직임에 입각한 임금, 생산량, 고용량을 결정함으로써 국가역활구조의 재조정이 민영화과정에 대두하게 하였음을 유의할 필요가 있다.

셋째, 정부의 개입범위가 과도하게 되면 수단인 정부가 목표인 국민의 삶을 위협하게 되어 정부불신을 초래하게 되므로 작은 정부를 지향하려는 움직임이 이념적으로 호응을 얻고 있다. 작은 정부가 만병통치약이 될 수는 없겠으나 계속 팽창해온 정부에 대한 실망 내지 반작용이 민영화를 자극시키고 있다.

2) 民營化의 展開方向

민영화는 보다 많은 정부관여에서 보다 작은 정부관여로의 이동을 의미하는 동태적인 개념으로 파악된다. 따라서 민영화의 전개도 이러한 움직임에 영향을 미치는 정부·시장·환경의 측면에서 살펴볼 수 있을 것이다.

(1) 정부의 역할 및 변동

민영화의 전개와 전망에서의 정부의 역할은 제도형성(institution building)과 공적·사적 경계의 이동(boundany shifting)이라는 측면에서 살펴 볼 수 있다.

첫째, 사회주의국가나 신생·개발도상국가의 경우는 경제의 운용이 국가주도로 이루어져왔기 때문에 민영화의 과정에서 우선시 되는 것은 국유기업 또는 기타 공기업의 민영화인데 이를 성공적으로 추진하기 위해서는 효율적으로 수립된 재산권제도를 엄정하게 집행할 수 있는 법적·제도적 준비가 선행되어야 한다. 따라서 위와 같은 경우에는 소유권이 국유에서 민간부문으로 이전되는 것 외에 민영화된 기업이 변화된 환경에서 제대로 기능할 수 있도록 하는 제도형성에 정부역활의 초점이 주어지게 될 것이다.

둘째, 민영화는 공적 부문과 사적 부문사이의 경계이동을 통하여 이루어진다. 서구자본주의 국가에서는 사회주의국가와 신흥개도국에 비해 공적 부문과 사적 부문의 구분이 상대적으로 뚜렷하기 때문에 이들 국가에서의 민영화는 공적 부문과 사적 부문간의 경계의 움직임으로 나타나고 그 주요한 방법은 공기업의 민영화이다.

그런데 공·사영역간에는 그 구분이 확실한 영역만이 존재하는 것이 아니고 경계의 희석형태나 공·사영역의 뒤섞임 형태로 나타나는 불확정영역이 존재하고 있다. 이러한 불확정영역은 공·사영역의 구분을 흐리게 할뿐만 아니라 행정책임의 배분 및 귀속문제를 발생시킨다. 그러나 불확정영역의 존재는 새로운 가능성의 영역으로 간주되어야 한다. 현대사회의 수많은 재화와 서비스를 주민들에게 가장 효율적으로 전달하는 과정에서 불확정영역은 공·사영역간의 협력의 장이 되고 궁극적으로는 민영화과정의 단계가 될 수 있을 것이기 때문이다.

셋째, 민영화는 정부기관의 생산성을 향상시켜 정부가 가지고 있는 한정된 재원으로 보다 많은 것을 주민들에게 제공하는 전략적 측면을 가지고 있다. 정부에 의해 수행되는 업무 중 각종 자료의 처리, 청구서의 발송, 쓰레기수거, 가로수정비 등 많은 부문이 정부의 고유업무가 아닌 관례적인 것들인데, 이러한 업무들은 민영화를 통해서 처리함으로써 정부재원의 낭비를 막을 수 있을 것이다.

(2) 市場의 비교우위론

시장이 효율적이기 때문에 민영화되는 것인가?

[그림 10-6] 공·사부문간의 비교우위

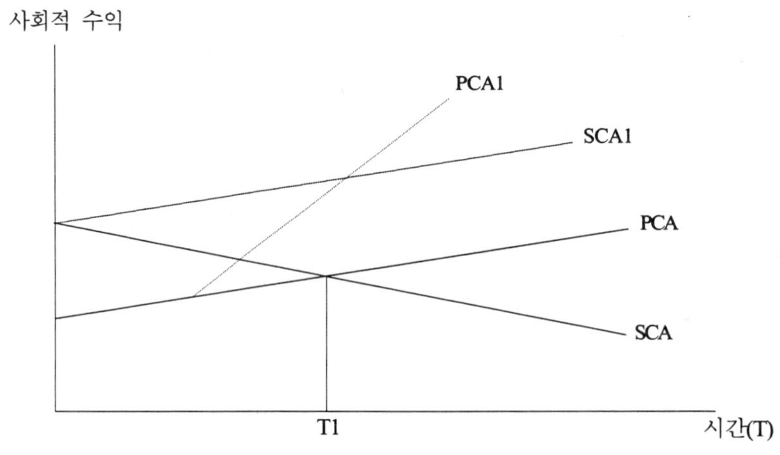

* 자료 : Ramanadham, *V.V.Privatization in Developing Countries*, .(1989) p.16

공적 영역보다 사적 영역이 사회적 수익에 있어서 비교우위(comparative advantage)가 있다면 그 부문은 민영화하는 것이 합리적이다.

공적 부문의 사회적 수익선(SCA)이 T1시점까지는 사적문의 사회적 수익선(PCA)보다 위에 위치하는가? 산업화의 초기단계에 있거나 신흥개도국의 경우에는 분할하기 곤란한 대규모의 투자, 회임기간이 긴 투자 등은 사회적 수익성이 높다하더라도 사기업은 담당하기가 어렵다. 그러나 시간이 흐름에 따라 이러한 상황은 변하게 되고 공적부문에 비해 사기업이 비교우위를 가지는 때가 오게 된다.

이러한 변화는 다음 두 가지 움직임에 기인한다. 첫째는 공적 부문의 규모가 커짐에 따라 심화되는 공적 부문 유지비용의 증가로 인한 사회적 수익의 감소이고, 둘째는 사적 부문의 역량제고에 따른 사회적 수익의 개선이다.

그런데 어느 때가 T1시점이냐는 개별국가, 개별사안에 따라 달라진다. 만일 시장의 불안전성의 완화로 PCA이 PCA1선으로 바뀌고, 공공통제의 합리화 등으로 SCA선이 SCA1으로 바뀌면 그 교차점은 또 다른 시점이 될 것이기 때문이다.

(3) 행정환경의 변화

사회체계 내에서의 행정은 주민들에 대한 자발성과 반응성, 국제사회에서의 여러가지 도전 및 충격을 행정의 개방화를 통해서 모색해 나가야 하고, 그 과정에서 필요한 지식 · 정보 · 자원 등의 흐름은 정보 · 통신기술에 의존하게 된다. 따라서 민영화에 영향을 미치는 환경적 요인은 행정의 개방화정도와 정보 · 통신기술의 고도화 정도로 압축하여 볼 수 있다.

첫째, 특정시점의 개별국가의 민영화의 정도는 개별적으로 판단되어야 할 사항이지만 이념적이든 정치철학적 요인이든 행정의 개방성이 높으면 높을수록 민영화의 정도가 높아질 것이다. 행정의 관심사항이 개인이나 조직내부에 한정되어 폐쇄적으로 운영되지 않고 사회체계내의 일원으로서 개방적으로 운영되면 사회적 효율성을 높이는 방향으로 움직여 가야할 것이고 공공업무의 민간부문으로의 이양(load shedding) 내지는 민간부문의 참여 비중이 높아질 것이다.

둘째, 정보 · 통신기술의 고도화가 진행되면 될수록 산업의 신속한 적응력이 무엇보다도 중요하게 될 것이므로 민간부문의 역할이 불가피하게 더욱 확대될 것이다.

기술혁신이 다양한 형태로 빈번하게 발생하는 곳에서는 그 기술혁신을 수용하기 좋은 체제로 만들어 가기 위해서 민간의 역할범위는 확대될 수밖에 없을 것이다.

3) 民營化의 活用

경영행정에서 뿐만 아니라 행정전반에 걸쳐서 민간부문의 활용이 점차 확대되어 가고 있다. 경영행정과정에서 민간부문의 적극적인 활용이 필요한 것은 개발도상국가만의 문제가 아니라 선진산업국가들의 경우에도 공통되는 현실이다.

우리나라와 같이 지난 몇 십년간 경제가 급속도로 발전해서 민간부문의 역량이 엄청나게 팽창된 경우에는 실제적인 역량에 맞는 정도의 역할이 기대되고 있다.

이와 같은 변화에 제대로 적응하지 못하고 '시스템의 부적응' 현상이 노출되면 그것은 공공부문의 경쟁력을 낮출 뿐만 아니라 민간부문의 생존자체도 손상을 줄 것이다.

(1) 민간부문활용의 필요성

민간부문의 활용이란 민간의 자본참여만을 의미하는 것이 아니다. 이것은 민간의 활력, 창의성, 기술, 경영능력, 기업가정신 등을 포괄하는 다의적인 개념이다.

민간부문활용의 필요성은 다음 세 가지 차원에서 접근할 수 있다.[12)]

첫째, 민간부문은 경영기술이나 기술개발력이 높고, 수요에 신축적인 대응을 할 수 있는 능력도 높기 때문에 투자사업의 효율성이 높다.

둘째, 공공부문은 재원의 부족과 조직의 비효율성문제 등으로 다양한 주민수요에 신축적으로 대응하지 못하고 있기 때문에 민간부문활용으로 그에 대응하려 하는 것이다.

셋째, 민간부문은 수요자가 원하는 특정 서비스를 특정가격으로 공급하므로 서비스 수요자가 비용을 부담하지 않는다는 전제하에 가질 수 있는 터무니없는 수요를 조절하는 내재적인 기능을 가지고 있기 때문에 주민의 기대수준을 조절할 수 있다.

(2) 민간부분활용의 방법 및 분야

민간부문을 활용하는데 있어서는 직접참여, 간접참여, 사무위탁형태의 계약, 제3섹터 등의 형태로 나누어 볼 수 있다.

첫째, 민간부문에서 공공사업을 직접 시행하는 형태인데, 이것은 민간부문이 건설, 자금조달, 운영까지 책임지는 형태로서 유료도로, 유료터널 등의 경우에 활용된다.

이 방법은 민간기업이 수익성확보에만 치중해서 서비스의 가격을 지나치게 높게

---

12) 박종화, 전게서, p. 312.

책정하거나 서비스의 질을 저하시킬 우려가 있으므로 요금이나 가격규제를 병행하여야 한다.

둘째, 민간부문이 자본참여만을 하고 경영에는 관여하지 않는 형태인데, 이것은 공공부문이 주도적인 역할을 수행하고 향후 민간자본을 상환하게 된다. 정부보증채발행, 공사·공단의 채권발행, 민간차입 등이 그 예이다.

셋째, 사무위탁형태의 계약(cantracting out)방식은 , 중앙정부, 지방자치단체, 공사, 공단 등이 그 업무의 전부 또는 일부를 민간부문에 위탁하여 처리하는 것이다.

이 방식은 경비를 절약하고 서비스의 질을 개선하기 위하여 활용되는데, 폐기물수거, 도로보수, 공항운영, 탁아시설운영 등 광범위한 분야에서 시행되고 있다.

넷째, 도시 및 지역개발 등 공공성이 요구되는 대규모 개발사업에 민간부문의 자금, 기술, 경영능력 등을 활용하기 위하여 지방자치단체와 민간부문의 중간에

위치하여 공익성과 수익성을 동시에 모색하고자 하는 관민혼합출자회사형태가 전형적인 제3섹타 또는 관민파트너쉽 형태이다.

우리나라에서 이 방식이 활용되고 있는 사례는 다음 <표 10-6>과 같다.

<표 10-6> 우리나라의 민자도입사례

부 문	사 례	비고
·도로	남산1호터널, 북악터널, 원효대교, 부산 제2만덕터널 등	
·민자역사	서울역, 영등포역, 동인천역 등	
·공용지하 주차장	종로, 세종로, 동대문지하주차장 등	
·공원개발	① 지방자치단체가 주체가 되어 국·공유지를 대상으로 공원계획을 수립하고 사업자를 선정시행(예 : 서울대공원의 드림랜드) ② 토지소유자 또는 그로부터 토지사용승락을 얻은 자가 정부승인으로 공원조성(예 : 용마자연공원, 월곡공원의 드림랜드 등) ③ 학교 등 시설이전지에 대형건물의 신축과 동시에 공원용지를 확보하여 조성(예 : 원서근린공원)	
·위락개발	·매직아일랜드, 여수오동도관광지개발사업	
·기 타	·오물수거, 분뇨수거	

(3) 제약요인

경영행정과정에서 민간부문의 역할이 필요하고 중대함에도 불구하고 우리나라에서는 그 활용이 저조한데 그 이유를 정리해보면 다음과 같다.

첫째, 정부는 민간참여를 촉진할 경우 이것이 특혜로 인식되어질 것을 우려하는 한편 민간부문이 공공성을 어느 정도까지 지켜 나갈 수 있을 것인지 회의감을 가지고 있으며, 민간부문에서는 경쟁성에 입각한 수익의 확보보다는 제도적인 측면에서 수익성의 보장을 원하고 장기적인 수익보다는 단기적인 수익에 집착하는 경향을 보이고 있다. 공적·사적부문 공히 민간부문활용을 제대로 인식하지 못하고 있다.

둘째, 공·사간 역할분담이 불분명한 영역은 정부가 담당하는 관례로 인하여 정부부문이 지나치게 확대되고 있다

셋째, 지금까지의 민간참여는 자본참여만으로 한정하여 활용한 탓으로 효과성도 낮았고 참여동기부여도 부족하였다.

넷째, 「지역균형개발 및 중소기업육성에 관한 법률」과 「사회간접자본시설에 대한 민자유치촉진법」 등이 제정되어 제도적인 규정이 체계화되어 가고 있지만 그 이전의 유료도로법, 항만법, 산업입지 및 개발에 관한 법률 등 각종 개별 법규들은 구체적인 절차조항이 미비되어 있었다.

2. 民資誘致

사회간접자본시설에 대한 민간자본유치촉진법(1994. 8. 공포)은 사회간접자본시설, 사업절차의 투명성과 공정성확보, 민자유치방안의 제도화로써 그 제도적 의의를 갖는다.

이 법은 민자유치대상이 되는 사회간접시설, 민자유치사업의 시행주체·추진체계·유인장치, 경영권 및 수익성의 보장장치, 신용보증기금의 설치·운영 등을 규정하고 있다.

1) 社會間接資本施設擴充과 民資誘致

민간부문의 활용은 민간의 자본참여만을 의미하는 것이 아니지만, 현실적으로 막대한 투자수요에 대하여 턱없이 부족한 자본조달방안으로서 민간의 자본참여는 큰 의의를 갖는다.

사회간접자본시설의 확충을 위한 재원조달방안으로서 납세율의 제고, 수수료 또는 사용료의 현실화, 외자도입, 국공채발행, 그리고 민자유치를 고려할 수 있다.

사회간접시설확충과정에서 민자유치가 갖는 장점은 다음과 같다.

첫째, 정부의 재정부담을 감경시켜서 남는 투자여력을 사회적 수요가 큰 교육, 복지, 보건 등의 공공서비스에 집중할 수 있다.

둘째, 시설사용료가 사실상 현실화 될 것이기 때문에 수익자부담원칙을 확립할 수 있다.

셋째, 민간부문의 창의성과 효율적 경영기법이 함께 도입되어 사회간접자본 서비스의 질과 공급원가를 절감할 수 있다.

넷째, 중앙정부의 재정지원과는 별도로 지방자치단체의 독자적인 시설투자 추진이 가능하므로 지역특성과 주민의 수요에 적실한 사업추진이 가능하다.

다섯째, 사업기회의 확대로 경제성장 및 고용창출을 도모할 수 있다.

여섯째, 공공부문은 기본적인 서비스수요를 담당하고, 민간부문은 고급서비스를 담당하는 것과 같은 역할분담을 통하여 지방자치제와 소득수준에 부응하는 다양한 서비스를 할 수 있게 된다.

2) 民資誘致의 制度化

사회간접자본시설에 대한 민간자본유치촉진법(이하, 민자유치법이라 칭함)과 동법에 따른 민자유치기본계획(1993. 12. 공고)은 다음과 같이 민자유치방안을 제도화하고 있다.

(1) 민자유치대상이 되는 사회간접자본시설

민자유치대상이 되는 사업은 시설의 성격에 따라, 제1종 시설과 제2종 시설로 구분된다.

① 제1종 시설은, 공공성이 강한 사회간접자본시설로서, 도로 및 도로부속물, 철도, 도시철도, 항만, 다목적 댐, 수도, 하수도 및 종말처리장, 하천부속물, 어항, 폐기물처리시설, 전기통신설비 등 12개 시설이다.
이러한 시설들은 성격상 준공과 동시에 국가 또는 지방자치단체에 귀속된다. 사업시행자는 총사업비 내에서 무상으로 사용할 수 있고, 관리운영권을 보유하게 된다.

② 제2종 시설은, 전원설비, 가스공급설비, 집단에너지시설, 전산망, 유통단지, 화물터미널 및 창고, 여객자동차터미널, 항만종합여객시설, 관광지 및 관광단지, 노외주차장, 도시공원, 폐수종말처리시설, 재활용시설, 생활체육시설, 청소년수련시설, 도서관, 박물관 및 미술관 등 18개 시설로서 민자유치의 촉진을 위하여 사업시행자(민간법인 또는 민·관합동법인)가 소유하면서 운영하게 된다.

(2) 민자유치사업의 시행주체

민간법인과 민·관합동법인만이 시행주체가 될 수 있다.

국가, 지방자치단체, 정부투자기관, 특별법에 의하여 설립된 공사 또는 공단의 공공부문은 민·관합동법인에 참여할 수 있는 자격을 가지며(동법 §2:8), 그 외의 법인은 민간법인에 해당하므로 지방공기업 등의 공공기관들은 민간법인으로서 사업시행자가 될 수 있다(동법 §2:9).

외국법인 역시 민간법인에 해당하므로 사업참여가 가능하지만 그 참여의 정도는 외자도입법의 규정에 의하여 정하여 진다.

(3) 민자유치사업의 추진체계

민자유치사업의 추진체계는 민자유치기본계획, 시설사업기본계획, 사업계획, 실시계획으로 나누어 볼 수 있다.

① 민자유치기본계획

민자유치사업을 전체적으로 총괄하고 지침을 제시하기 위하여 재정경제부가 3년간의 기간을 대상으로 매년 연동계획으로 수립하는 중장기계획을 말한다.

이 기본계획은 정책방향과 구체적인 대상시설의 목록 등을 포함한다.

② 시설사업기본계획

개별 프로젝트별 민자유치계획으로서 기본계획에 의거하여 주무관청이 수립하여 일반에게 고시한다. 계획수립과정에서 민간부문이 주무관청에게 유망사업을 제안 할 수 있다. 주무관청은 이를 검토하여 반영여부를 제안자에게 통보한다.

행당사업의 투자비 규모가 2,000억 원 이상이거나, 주무관청이 2개 이상이거나, 2개 이상의 시·도에 걸쳐 수행되는 사업계획은 재정경제부에 설치된 민자유치사업심의위원회(위원장 : 재정경제부장관, 위원 : 15인 이내로 구성)의 심의를 거쳐서 확정되며, 그 이외의 사업은 주무관청(해당 중앙부처 또는 지방자치단체)이 자체적으로 결정한다.

③ 사업계획

주무관청이 고시한 시설사업기본계획에 의거하여 사업시행자가 되기를 원하는 민간법인 또는 민·관합동법인은 구체적인 사업계획을 수립하여 주무관청에 제출하고 사업시행자지정을 요청한다. 주무관청은 사업계획서를 바탕으로 사업시행자를 지정한다. 이 경우 투자비규모가 5,000억 원 이상인 사업 또는 부대사업의 투자비규모가 3,000억 원 이상인 사업 등은 민자유치사업심의위원회의 심의를 거쳐야 한다.

④ 실시계획

사업시행자로 지정된 법인체는 해당 사업에 대한 구체적 실시계획을 수립하여 주무관청의 승인을 받는다. 본사업과 관련된 타부처의 여러 가지 인·허가사항은 擬制처리된다. 사업완공 후 사용(준공)검사까지는 사업시행자의 책임이다.

민자유치사업의 추진체계와 관련된 사회간접자본시설사업의 흐름도는 [그림 10-7]과 같다.

[그림 10-7] 사회간접자본시설사업의 흐름도

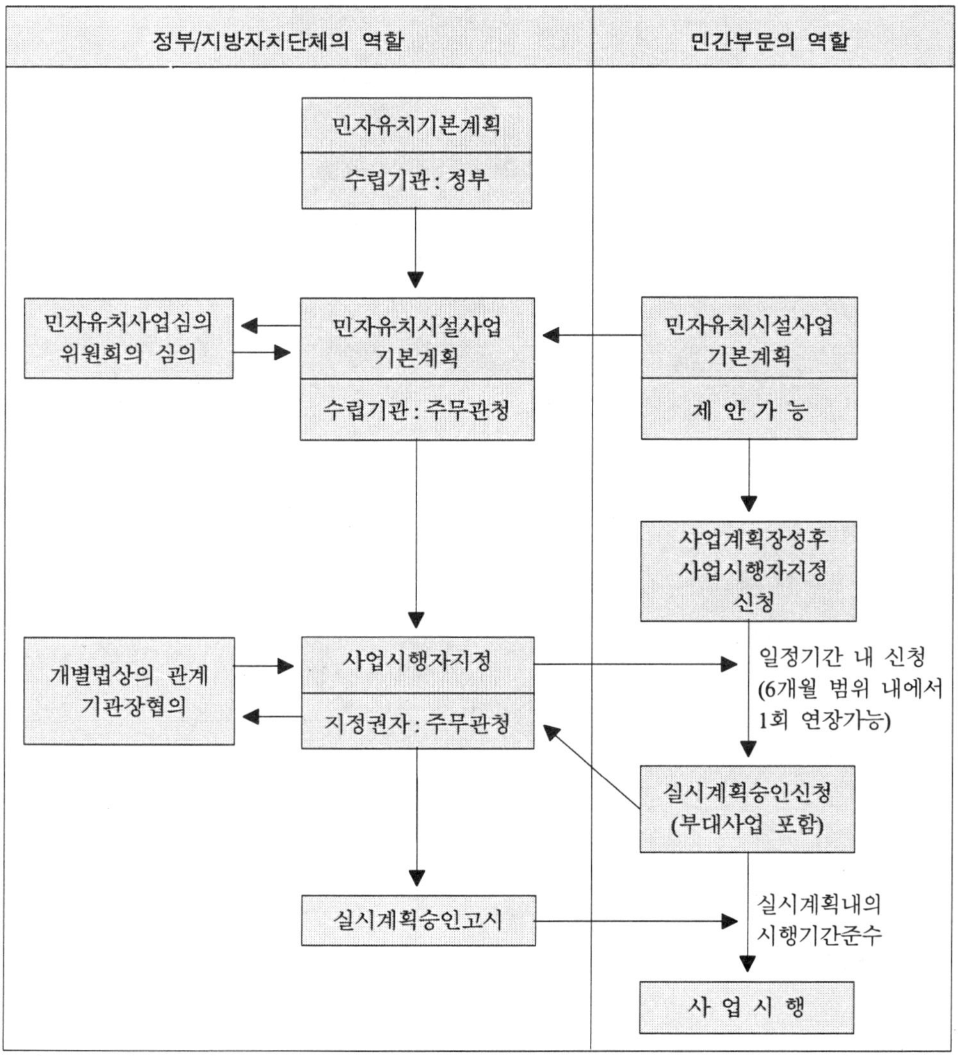

* 자료 : 양지청, 사회간접자본론, p. 294.

(4) 민간자본유인장치

민간자본을 유치하기 위해서는 적절한 유인장치가 필요하므로 민자유치법에서는 다음과 같은 유인장치를 마련하고 있다.

① 각종 인・허가의 의제처리로 행정절차를 간소화하고 있으며, 필요한 경우에 한하여 사업시행자가 토지수용권을 발동할 수 있도록 규정하고 있다.

② 사업시행자의 공사비부담을 완화하기 위하여 사업예정지역 안에 있는 국・공유재산을 당해 시설이 준공될 때까지 무상으로 사용하는 규정과 각종 부담금 감면과 관련 조세의 감면규정을 두고 있다.

③ 대규모기업집단에 속하는 회사는 순자산액의 40%를 초과해서는 국내의 타회사에 출자할 수 없도록 제한(독점규제 및 공정거래에 관한 법률 §10:1)하고 있으나 사회간접자본시설의 특성상 대기업의 적극적 참여를 유도하기 위하여 일정한 범위 내에서 출자총액제한의 예외를 인정하고 있다.

④ 배당의 특례, 국고보조금의 교부, 장기대부 등에 관한 규정을 두고 있다.

⑤ 주목을 요하는 것은, 商業借款에 관한 규정을 두고 있는 것이다. 국제화시대에 해외자금시장의 활용이 필요한 것이 사실이지만 국내 통화정책과 적절한 조화가 이루어져야 할 부분이다.

(5) 경영권 및 수익성 보장

① 경영권 보장

민간참여자의 경영권보장을 위해서 사업시행자가 관리운영권(무상사용권)만 가진 제1종 시설에 대해서는 주무관청이 관리운영권의 내용(사용기간, 사용요건 등)을 마음대로 변경할 수 없도록 규정하고 있다. 극히 제한적인 경우에 한하여 주무관청이 사업시행자와 협의하여 무상사용으로 변경할 수 있지만 그 경우에도 변경으로 인한 손해에 대하여는 보상을 의무화하고 있다.

제2종 시설은 공공부문의 출자비율을 50%미만으로 제한하고 의결권도 원칙적으로 배제하고 있다.

② 수익성 보장

민간참여자에게 적절한 수익성을 보장해 주기 위하여 무상사용기간, 사용료의 결정, 부대사업의 허용범위 등을 규정하고 있다.

첫째, 무상사용기간은 민자유치사업심의위원회의 개별심의결정사항으로 규정하고 있으며, 불가피한 사유가 있을 경우에는 추후에도 동일한 절차를 거쳐 변경이 가능하도록 규정하고 있다.

둘째, 사용료의 결정은 수익자부담원칙의 점진적 강화로 요금의 적정화를 기하며 사용료결정에 자율성을 부여하기 위하여 신고제를 원칙으로 하고 있다. 이 경우 주무관청은 사용료의 협의 · 조정권을 갖는다.

셋째, 사용료수입으로 투자비의 보전이나 시설의 정상적인 운영이 곤란한 경우에는 사업시행자에게 수익성 부대사업을 부여할 수 있도록 규정하고 있다. 부대사업은 주택건설, 택지조성, 도시계획, 도심지재개발, 공단개발, 관광숙박업 및 관광객이용시설업, 화물터미널사업, 항만운송사업, 대형도소매점 및 집배송단지사업 등 9가지이며, 사회간접자본시설사업의 실시계획이 승인 · 고시되면 그에 대한 인 · 허가도 의제처리된다.

(6) 신용보증기금설치 · 운영

사업시행자의 투자재원확보에 도움을 주기 위해서 신용보증기금을 설치 · 운영한다. 특히 지역의 중소기업들은 대기업에 비하여 자체 신용이 취약하므로 정부 · 지방자치단체의 출연금으로 신용보증기금을 조성하여 한국산업은행, 신용보증기금, 기술신용기금의 3개 기관에 의해 관리 · 운영한다.

제 11 장

北韓의 地方行政[1)]

우리가 민족적 과제로 안고 있는 남북의 문호는 열리는 것인가?

그렇게 바라던 민족의 동질성은 회복되는 것인가 아니면 회복될 수 있는가?

이러한 의문에 대하여 민족적 소망과는 달리 비관론이 지배적인 것 같다.

그것은 우리의 노력이나 지혜가 모자라서가 아니고, 북한의 정치체제 내지 행정체제의 폐쇄적 특성에서 비롯되어지고 있다는 사실에 아무도 이의를 제기하지 못할 것이다.

그렇다고 해서 포기할 수 없는 민족적 염원을 현재화하기 위해서는 다각적인 검토·연구·보완하는 노력이 우리에게 더욱 절실히 요구되고 있다.

따라서 우리 지방공무원들이 우선 알려진 자료를 근거로 하여 북한의 지방행정의 체제·구조·기능 등을 숙지하여 두는 것은 知彼知己의 제일보라고 생각된다.

여기에서는 북한의 지방행정에 대하여 개괄적이지만 다각도로 파악하고자 한다.

일반적으로 자유민주사회 혹은 복지사회를 추구하는 국가에서의 행정이 주민에 대한 서비스제공의 증대에 목적을 두고 있는 것과는 달리, 공산주의 혹은 전체사회의 행정은 공산사회건설의 전술적 개념, 즉 공산당에 주민을 귀속시키는 역할을 수행함을 상기할 때 북한의 지방행정 역시 이 범주에 놓여 있다고 단적으로 말할 수 있다.

특히 북한의 지방행정은 그 일련의 행정과정을 통하여 지역주민에게 조작된 이미지를 전파·세뇌시키는 데 역점을 두고 있다.

그러므로 여기에서는 북한의 지방행정에 대한 단선적·단편적 인식을 탈피하여 주어진 자료의 범위 내에서 가능한 한 그 객관적 실체를 파악함으로써 지방행정의 남북한 비교연구를 위한 최소한의 자료를 제공하고자 한다.

---

1) 김기옥, '북한의 지방행정', 김규정교수 화갑논문집(중앙행정학연구회, 1992), pp. 641~664.

제1절 北韓行政의 一般的 性格

사회주의 사회는 집단주의에 기초하면서 공산주의 사회의 건설을 최고의 목표로 삼고 있다. 이 集團主義란 명목상으로는 주민구성에 있어서 계급적인 대립과 갈등이 없이 같은 처지에 있는 사람들로 형성되어 있다는 것이 강조된다.

이러한 집단주의체제에는 그에 상응하는 권력구조와 사회발전의 방법론이 요구된다. 따라서 각 사회주의 국가들은 그들이 처한 구체적 사정에 따라 권력구조와 사회발전의 방법론을 달리하고 있다고 할 수 있다.

1. 首領·黨·人民의 三位一體

북한의 경우는 맑스·레닌주의의 유물사관과는 달리 독창적인 主體史觀이라는 것으로 체제이념을 삼고 있다.

북한은 혁명과 건설의 추진과정에서 제기하고 풀어나간 '수령·당·인민'이라는 과제를 북한사회발전의 주체문제로 보고, 이를 중심으로 권력구조를 형성시켜 나갔을 뿐 아니라 공산주의 건설의 기본적인 방법론으로 택하고 있다.

그러므로 북한 공산주의자들이 강조하는 소위 수령·당·인민의 전일체적 관계는 북한의 행정에만 국한되는 것이 아니라, 북한의 전 부문을 관통하는 제일의 명제라고 할 수 있다. 북한 공산주의자들이 정의하는 수령·당·인민의 정의는 다음과 같다.

1) 首 領

북한에서는 수령은, '당의 혁명전술과 당의 지도사상을 창조하며, 프롤레타리아 독재체제의 총체를 령도하는 최고수뇌이며, 전당과 통일단결의 중심'(조선문화어학 사전)이라고 정의하고 있다.

북한에서 수령은 노동당 총비서와 국가주석을 겸하는 절대권력자, 그것도 無誤謬의 권력자로 제도화하고 있다.

형식상 노동당 총비서는 중앙위원회 전체회의에서 선출되고, 정무원을 지도하는 집행기관인 비서국을 지도하고, 국가주석은 최고인민회의에서 선출하고, 정무원 · 중앙재판소 · 중앙검찰소 등을 총괄한다(중앙일보, 94.7.16. 8면).

2) 黨

공산주의 이론에서는 당은, '일정한 계급의 이익을 수호하며 그의 요구와 지향을 실현하기 위하여 투쟁하는 계급의 선봉대'라고 정의하고 있다. 아울러 노동계급의 당은 '노동계급과 인민대중의 이익을 대표하고 사회주의 · 공산주의 위업을 실현하기 위하여 투쟁하는 가장 선진적인 당'이라고 설명한다.

3) 人 民

북한에서 인민대중은 맑스가 규정한 유물사관적인 시각에서가 아니라 주체사관의 관점에서 그 개념을 정의하고 있다. 자주성 실현의 역사라는 측면에서 인민대중을 '모든 예속과 구속을 반대하고 자주성을 옹호하는데 이해관계를 가지는 계급과 계층으로 이루어진 사회적 집단'이라고 본다.

북한행정체제에서 수령 · 당 · 인민대중은 서로 밀접하게 결합된 유기적이고 전일체적 관계로 설명된다.

그러나 이러한 이론은 수령을 유일한 사회정치적 생명체로 보는 이론적 허구에 지나지 않는다고 보아야 한다.

북한 행정체제의 실제에 있어서는 수령이 의사결정의 주체이고 집행자일 뿐 당과 인민은 수령의 종속자로서 수단에 지나지 않기 때문이다.

2. 中央集權主義

북한행정의 가장 대표적인 특징은 모든 행정기관이 중앙의 최고권력자를 정점으로 중앙집권화되어 있다는 점이다.

1) 가식적 민주주의 중앙집권제

공산주의자들은 이것을 '민주주의 중앙집권제'라 부르고 있다.

북한 헌법은, 「조선민주주의 인민공화국에서 모든 국가기관들은 민주주의 중앙집권제 원칙에 의하여 조직되어 운영된다」라고 규정(§9)하고 있다.

여기에서 민주주의 중앙집권제란 한 마디로 사회주의적 통치기구에 관한 기본원리이다. 그들의 설명에 의하면, '민주주의 중앙집권제라는 것은 광범한 인민대중의 의사에 기초하며 결정을 채택하고 지도기관들을 선거하며 그 지도기관이 채택한 결정을 실천하기 위한 투쟁을 유일적으로 지도하는 것'을 의미한다.

따라서 그들 스스로의 정의에서 보듯이, 민주주의라는 것은 용어의 혼란전술로서 사용하고 있을 뿐 우리가 사용하는 본래의미의 것이 아님에 유의할 필요가 있다.

2) 1인 집권제

북한의 행정기관들은 상위기관들의 결정·지시를 의무적으로 집행하며, 특히 지방의 기관들은 해당 중앙기관들의 지도 밑에 활동한다.

이렇게 볼 때 북한에서의 민주주의 중앙집권제는 실제로 민주주의 보다 중앙집권제에 중점을 두고 있음을 알 수 있다. 이는 다음의 설명에서 더욱 분명하여진다.

'사회주의 국가기관의 조직과 활동원칙으로서의 민주주의, 즉 중앙집권제는 본질에 있어서 중앙집권제하에서의 민주주의, 즉 중앙집권제를 실행시키는 조건에서의 민주주의이다. 바로 여기에 민주주의와 중앙집권제와의 상호관계의 특징이 있다.'

결국 북한에서의 민주주의 중앙집권제란 그 화려한 선전에도 불구하고 그 중점이 중앙집권제에 있고, 정치현실에 있어 그 「중앙」이란, 곧 당총비서(국방위원장) 개인을 의미하고 있는 이상 그것은 일인집권체제를 보장하기 위한 제도적 장치에 불과한 것이다.

3. 機關統合主義

1) 최고회의제도

북한의 통치·행정체계는 기관통합주의 원칙에 입각하고 있다. 기관통합주의란 독자적이고 자발적인 국가권력의 집행자로서 행정기관이 아닌 권력의 최정점에서 말단기관까지가 계층적 구조로 이루어짐을 말한다.

단지 그 방법론적 측면에서 북한의 통치·행정체제는 모든 권력을 하나의 최고기관에 통합시키는 체제, 즉 최고회의제도를 채택하고 있을 뿐이다.

최고회의 구성은 프롤레타리아트를 지도하는 선임된 열성공산당원들로 구성됨으로써 모든 권력은 사실상 黨으로 통합된다. 그럼에도 불구하고 최고회의제도를 두고 있는 것은 黨의 방침을 국가정책으로 합법화·규율화하기 위해서이다. 그들의 설명에 의하면 이 같은 형태를 기관통합주의라고 한다.

2) 비공식조직의 부인

북한 최고인민회의의 실질적인 주요기능은 타기관에서 결정된 정책을 인준하고, 북한주민이 보다 용이하게 그 정책을 받아들일 수 있도록 정통성을 부여하는 것이다.

최고인민회의는 열성당원들의 회의체적 성격으로 말미암아 그 대의원들은 당의 총비서 지배하에 놓이게 된다.

그러므로 기관통합주의란 결국 모든 권력은 총비서에게 통합되어 있음을 뜻한다.

북한은 이러한 의미의 기관통합주의를 철저하게 채택하고 있으므로 비공식적 조직이란 존재할 수 없게 된다.

제 2 절 北韓의 地方行政組織

북한의 지방행정체계는 크게 보아 두 부분으로 구성되어 있다.

그 하나는 지방행정의 지도기관이고, 다른 하나는 지방행정의 집행기관이다.

지방행정의 지도기관으로서는 지방인민회의, 지방인민위원회가 있고, 집행기관으로서는 행정·경제지도위원회와 지구계획위원회·도농촌경제위원회 등과 같은 특수행정기관이 있다([그림 11-1]).

1. 地方行政의 基幹組織

1) 지방인민회의

지방인민회의는 중앙의 최고인민회의에 대비되는 지방주권기관으로 도·직할시·시·구역·군단위에서 구성되며, 리단위에는 구성되지 않는다.

그 구성원의 선출에 있어서는 최고인민회의 상설회의가 결정하는 대의원선출비율

[그림 11-1] 북한의 지방행정조직체계

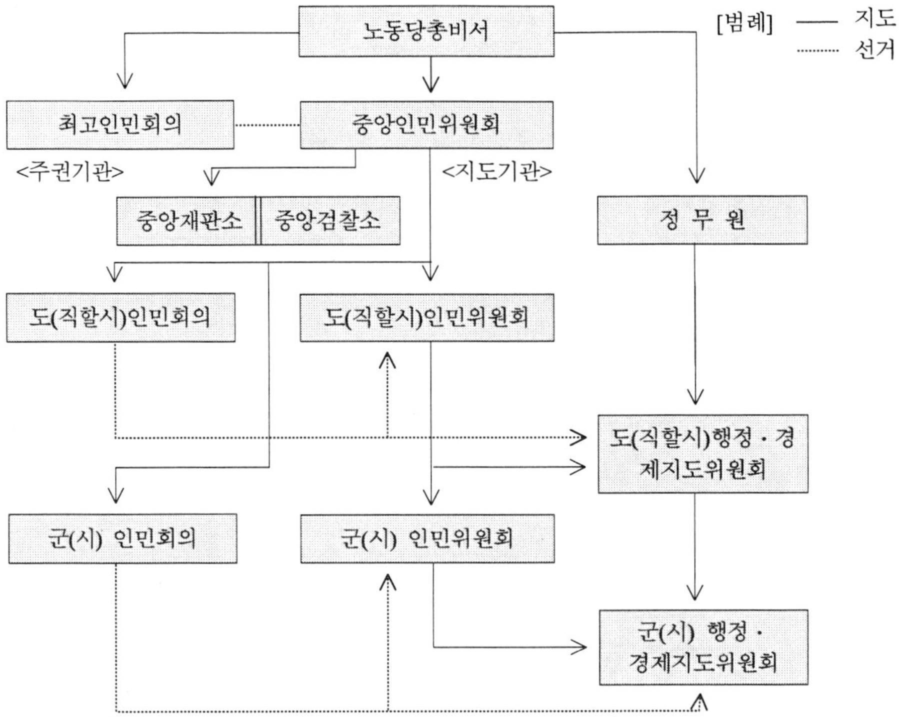

에 의거하여 선출되는 대의원들로 구성된다. 그 대의원 임기는 도·직할시의 경우는 4년, 시·구역·군은 2년이다.

대의원은 명예직이고 공무수행 중 실비를 받는다.

정기회의는 1년에 1~2회 개최하며, 임시회의는 해당 인민위원회가 필요하다고 인정할 때 또는 대의원 전원의 3분의 1이상 요청이 있을 때 소집한다.

지방인민회의는 지방의 주요기관으로서 의결기관이며, 해당 인민위원회 위원장을 선거하는 등 지방행정에 관여할 수 있는 중요한 권한을 가지고 있지만, 중앙인민위원회의 지도를 받게 되어 있어 실질적으로는 중앙행정의 대행기관의 역할에 그치고 있다 여기에서 유의할 것은 주권기관으로서의 지방인민회의의 '주권'성에 관한 규명이다.

북한에서는 주권의 개념을 '계급독재를 실현하는 정치적 지배권'이라 규정하고, '주권쟁취의 결정적 형태는 혁명투쟁에 의한 폭력적 방법으로 쟁취할 수 있다'고 함으로 주권을 대표하는 주권기관은 폭력과 혁명을 표방하고 있다고 보아야 한다는 것이다.

2) 지방인민위원회

지방인민위원회는 중앙인민위원회에 대비되는 지방기관으로서, 해당 지방인민회의의 휴회 중에는 지방 주권기관이 됨과 동시에 중앙인민위원회의 지도를 받아 해당 지역의 국가기관사업과 지방적 사업의 집행을 지도하는 지방행정의 전반적 지도기관이다.

그 구성은 지방당간부 · 지방인민회의 및 지방행정위원회간부, 지방검찰소 및 재판소의 소장, 지방사회안전국 국장, 공장 · 기업소의 책임자 등으로 되어 있는 것으로 알려지고 있다

지방인민위원회는 지방의 전반적 사업지도는 물론 지방인민회의에서 채택한 결정을 공포하게 되어 있어 지방인민회의를 대표하는 기능까지 갖는다.

그러나 이러한 권한에도 불구하고 지방인민위원회는 중앙인민위원회의 종속된 기관에 불과하다.

지방인민위원회는 중앙인민위원회의 지도를 받아 해당 지방사업을 선도하고 있으므로 국가정책을 집행하는 지방적 기관이라고 보아야 할 것이다.

3) 지방행정 · 경제지도위원회

북한의 지방행정집행기관으로서는 지방행정 · 경제지도위원회가 있다. 이것은 1981년 9 · 9절을 기하여 지방행정위원회를 개편한 것으로 알려지고 있다.

이 위원회는 소관업무에 대하여 해당 인민회의, 인민위원회에 대하여 책임을 지며, 상급 행정위원회와 정무원 그리고 해당 인민위원회의 지도를 받고, 또 이에 복종하도록 되어 있는 2중, 3중의 업무감독과 통제를 받고 있다.

북한이 공산국가의 전형적인 지방조직에 경제지도를 가미하고 그 위원장을 각료급 인물로 보하도록 한 것은 그 동안 전쟁준비에 혈안이 되어 침체된 경제회복에 중점을 두고 모든 부문에 있어 생산력향상과 낙후된 지방산업을 육성하는데 있는 것으로 보여진다([그림 11-2]).

[그림 11-2] 군(시 · 지역) 행정 · 경제지도위원회조직체계(예)

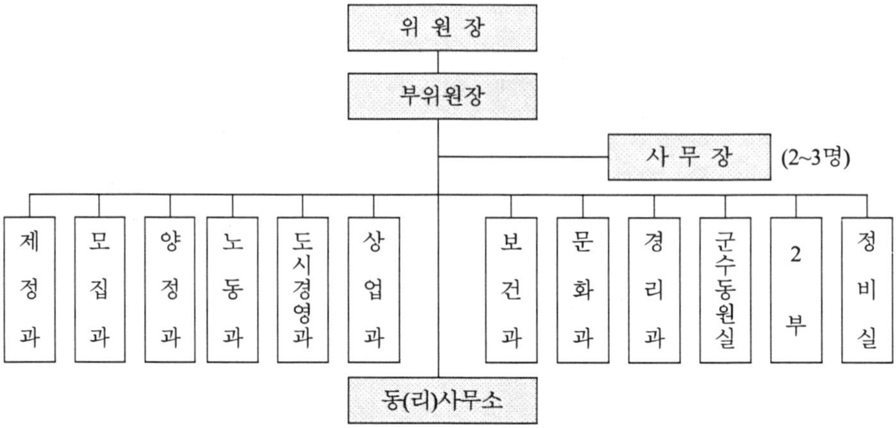

2. 特殊地方行政機關

1) 지구계획위원회

각 지구계획위원회는 1964. 4. 국가계획위원회의 지방기구로 조직되었다.

국가계획위원회는 현 정무원의 각 부서 중 외교, 사회안전, 인민무력부가 관장하고 있는 업무를 제외한 인민경제전반에 걸쳐 소관별 관할국을 그 산하에 두고 있다.

각 지구계획위원회는 국가계획위원회의 보조기능을 수행하며, 해당 지역 내 인민경제의 모든 부문에서 당 정책에 입각한 계획을 작성하며 이를 정확히 실행하도록 지도 · 통제한다.

2) 도농촌경리위원회 및 시 · 군협동농장경영위원회

도농촌관리위원회와 이의 시 · 군조직인 시 · 군협동농장경영위원회는 지방농업기관으로서 중앙의 농업위원회의 지도 · 감독을 받는다.

도농촌관리위원회는 도경제지도위원회와 동급기관이며, 농업위원회에서 하달되는 영농계획을 각 시 · 군별로 하달하고 그 집행을 지도 · 감독하며 해당 지방의 농기계작업소, 국영 농 · 목장을 직접 운영 · 지도한다.

3) 지방철도국

지방철도국은 철도부의 지방조직이므로 철도부의 지방적 역할을 수행하기 위하여 평양·청진·함흥·개천 등 4개 지방에 설치되어 있다.

4) 협동수산관리위원회와 수산협동관리이사회

수산위원회의 도(직할시)지방조직으로서 수산관리국과 협동수산관리위원회가 있으며, 군지방조직으로서 수산협동관리이사회를 두고 있다.

이들 기관은 어업 및 어구와 수산협동조합 관계의 업무를 관장한다.

5) 도경공업위원회

중앙에 지방공업경영국, 도단위에는 경공업위원회, 시·군단위에는 공업경영위원회를 설치하고 해당 지방의 공장·기업소에 대한 전반적 지도사업을 담당하고 있다.

6) 도통계국

도(직할시)통계국은 농업·공업 등 경제생산에 관한 통계업무를 담당한다.

7) 도(직할시)건설위원회

도(직할시)건설위원회는 중앙의 국가건설위원회의 지도를 받아 관할구역 내에서의 도로건설, 주택건설 등 건설부문 전반에 대한 사업을 집행하는 국가행정의 지방적 기구이다. 군단위에는 조직을 두고 있지 않는 것으로 알려지고 있다.

제 3 절 北韓의 地方行政區域

1. 南北韓 地方行政區域 比較

8 · 15 해방당시 북한에는 6개도(강원도는 남 · 북한에 걸쳐 있었기 때문에 이북 5도로 칭함), 102개 부 및 군, 809개 읍 · 면이 있었다.

2002.10.1. 현재는 1특별시 · 3직할시 · 9도, 24시, 31구역, 146군 · 146읍, 4,392리 · 동, 255노동자구로 개편된 것으로 알려지고 있다(<표 11-1>).

현행 북한의 지방행정구역 현황 중에서 특이하게 인식되는 것은 다음과 같다.

구역은 평양특별시와 남포직할시에 19구역과 5구역이 설치되어 있으나 개성 · 나선직할시에는 하나도 없으며, 그리고 함경북도 내에 14개가 설치되어 있다는 점이다. 노동자구는 평양특별시와 나선직할시 내의 군과 9개 도내 시 · 군에 설치되어 있지만 남포 · 개성직할시 내에는 설치되어 있지 않다는 점이다. 읍은 군청소재지로서 군의 숫자와 동일하게 146개가 설치되어 있다. 시와 구역에는 동 · 리, 그리고 군에는 리와 읍을 하부관할구역으로 체계적으로 설치되어 있다.

한편 1945년 해방당시와 현재의 지방행정구역을 비고해보면, 도－시(군)－읍 · 면 · 리 · 동의 구조로 변하였고, 6도 9시 89군에서 1특별시, 3직할시 9도 24시 146군으로 변모하였다는 점이다. 이러한 점에 볼 때, 북한 행정구역 개편의 특징은 시와 군단위 숫자가 많이 늘어났다는 점을 볼 수 있다. 또한 지방행정구역 명칭을 보면, 전투적인 색채를 띤 것, 곱고 순수한 우리말 표현을 사용한 것, 김일성 우상화 차원의 개명사례와 사람이름을 사용한 것 등이 존재하는 것을 볼 수 있기도 하다.

또한 지방행정구역을 남북간 비교적 차원에서 보면, 시 · 도단위의 경우 북한이 해방 이후 비록 규모는 작지만 남한의 행정계층 및 구역 수와 유사하게 하기 위해 양강도, 자강도, 직할시 등의 개편을 단행한 것으로 보이며, 이것은 통일시 선거가 행해지면 동일하거나 혹은 우월한 입장을 취하려는 의지에서 출발한 것으로 판단될 수 있다. 시 · 군 · 구단위의 경우 그 숫자면에서 북한은 농촌형 지역을 광범위하게 갖고 있고, 남한은 도시형 지역을 갖추고 있는 것으로 판단할 수 있어 북한의 도시화율이 남한에 비해 낮음을 간접적으로 알 수 있게 한다. 북한의 리, 노동자구, 읍은 사무소가

<표 11-1> 북한의 행정구역현황

(2002. 10. 1 현재)

시 도 별	시·군·구역·구·지구					리·동·노동지구			도소재지
	시	군	구역	구	지구	리	동	노동지구	
평양특별시	–	4	19	–	–	118	284	10	–
남포직할시	–	1	5	–	–	35	75	–	–
개성직할시	–	3	–	–	–	60	28	–	–
나선직할시						11	19	1	
평 안 남 도	5	5	–	1	1	363	117	29	평성시
평 안 북 도	3	22	–	–	–	484	87	31	신의주
함 경 남 도	3	15	–	–	–	235	65	17	강계시
함 경 북 도	1	11	–	–	–	144	25	67	혜산시
황 해 남 도	4	15	–	1	1	467	160	32	함흥시
황 해 북 도	3	12	7	–	–	256	141	44	청진시
자 강 도	1	19	–	–	–	418	26	10	해주시
양 강 도	2	14	–	–	–	272	59	7	사리원
강 원 도	2	15	–	–	–	393	60	7	원산시
계	24	146	31	2	2	3,255	1,137	255	–

* 자료 : 통일부 정보분석실

<표 11-2> 南北韓의 行政區域 比較

구 분	남한(09. 1. 1)	북한(95. 10. 1)	차 이
특별시	1(서울)	1(평양)	0
광역시	6(광역시)	3(남포, 개성, 나선)	3
도	9	9①	–
시	77	24	53
군	84	146	△62
구(구역)	69(자치구)	31	28
읍②	209	148	51
읍③	1,208(면)	–	–
동(동리)	2,168	4,392동리	–
로동자구④	–	255	–
(참고) · 면적 · 해방당시 행정구역	 99,263㎢ 9도 19시 134군 9구 75읍 1,448면	 122,370㎢ 6도 9시 89군 810읍면	–

* 자료 : 행정안전부

주) ① : 해방 전에 비하여 강원도포함, 자강도, 양강도 신설, 황해남북도 분할

② : 북한은 군별로 군 이름을 딴 읍이 1개씩 있음.

③ : 북한은 면을 폐지하여 3단계 행정계층 채택

④ : 리와 같은 행정단위이지만 광산, 임산사업소, 수산사업소, 공장기업소 등 인구 집중지역에 설치

존재함에도 불구하고 행정단위라기 보다는 생산단위이기 때문에 남한과 비교할 때 통·리 수준으로 이해되기도 한다.

북한에서 해방이후 지금까지 대소규모의 행정구역개편을 빈번히 감행하여, 특히 道증설계획을 구실로 3개도를 신설한 저의는 그들이 항시 구두선처럼 내걸고 있는 남북협상을 통한 북한 주도하에 남북한 총선거가 있을 것을 예상하고, 인구비례가 아니고 지역별 대표제, 즉 1개 읍에 몇 명 또는 1개 시·군에 몇 명의 대의원을 선출하자고 주장하면서, 그때 남한과 같이 9개도와 비슷한 시·군으로 세분함으로써 대등한 권리를 주장해 보자는 속셈인 것으로 추찰된다(<표 11-2> 참조).

2. 地方行政階層調整과 行政地名變更

1) 지방행정계층구조

1948년 9월의 인민민주헌법에서는 시·도—시·군—면—리를 행정단위로 하는 4층제의 행정계층구조였으나, 1952년 12월 22일 최고인민회의 정령으로 면을 폐지하고 리를 광역화시키면서 시·도—시·군·구역—리의 3층제 구조를 구축하였다. 그러다가 1972년 12월 최고인민회의에서 채택한 사회주의헌법에서는 종전의 3단계 지방행정계층구조에서 행정단위인 리를 생산단위로서의 성격만을 지니도록 함으로써 사실상 2단계 지방행정계층구조(시·도—시·군·구역)를 갖추게 하였다.

결국 현행 북한의 지방행정계층구조는 직할시·도—시·군·구역—읍·리·동·노동자구로 이어지는 3층제로 볼 수 있으나, 읍·리·동·노동자구는 생산단위이면서 동시에 시·군·구역의 하부 관할구역이기 때문에 지방행정계층구조(또는 지방자치계층구조)는 2층제라고 할 수 있다.

한편 생산단위인 동은 일반적으로 30–40개의 반으로 구성되며, 1개의 반은 30–40가구의 조로 형성되고 있는 바, 동의 인구는 4,500-8,000명(1가구 5인으로 산정)으로 추정된다. 동사무소는 동사무장이 행정을 관할하는데, 평양시의 경우 사무장 포함 4인, 농촌지역의 경우 6–7인이 근무한다. 동사무소는 자치조직이 아니기 때문에 그들의 임금은 시·군의 경리과에서 지급한다.

둘째, 노동자구는 400명 이상의 성인 주민들이 살고 있고 그들의 65% 이상이 노동자들로 이루어진 공장·광산·탄광·임산마을과 어촌 등에 조직되는 말단행정단위를 말한다. 노동력을 집단적으로 관리하여 생산성과 효율성을 높이기 위해 탄전지대,

공업단지, 염전, 광산지역, 발전소, 어장, 특수농장 등 인구밀집 지역에 도시형태를 갖추어 설치한 행정단위로 일종의 특수촌락이다.

셋째, 생산단위인 리와 동 밑에는 각각 인민반과 작업반이 있다. 인민반은 주 2회 생활총화를 갖고 양육문제, 노동력동원, 청소, 공공질서유지, 사건·사고 전파 등 각종 문제를 토론하여 해결책을 찾는 역할을 한다. 인민반 조직은 반장, 세대주반장, 위생반장, 선동원, 비밀정보원을 두고 있다. 반장은 소속 주민들의 추천형식을 거쳐 시·군(구역) 인민위원회에서 지명하며, 대부분 직장에 나가지 않는 여성당원이나 간부 부인들이 맡는다. 세대주 반장은 인민위원회가 아닌 노동당에서 직접 지명하며 선거 등 행사시 인민반을 통제한다. 위생반장은 인민반의 환경책임자이다. 선동원은 반원들의 사상교양을 담당하는데, 인민반내 당원들로 구성된 당분조의 책임자를 겸임하고 있다. 별도로 둔 비밀정보원은 국가안전보위부나 인민보안성에서 배치한 감시원이라고 할 수 있다. 한편 작업반 밑에는 분임조가 있기도 하다.

남북한의 지방행정계층구조를 살펴보면, 남북한이 공히 시·도–시·군·구에서 의회와 집행기관이라는 기관구성형태를 따고 있음은 물론 자치계층을 2층제로 하고 있다는 점에서 같다. 그러나 자치계층이 아닌 행정계층의 경우, 북한의 동·리·노동자구는 생산단위를 기준으로 획정된 것이라는 점에서 남한의 읍·면·동과는 다른

<표 11-3> 북한의 지방행정계층구조

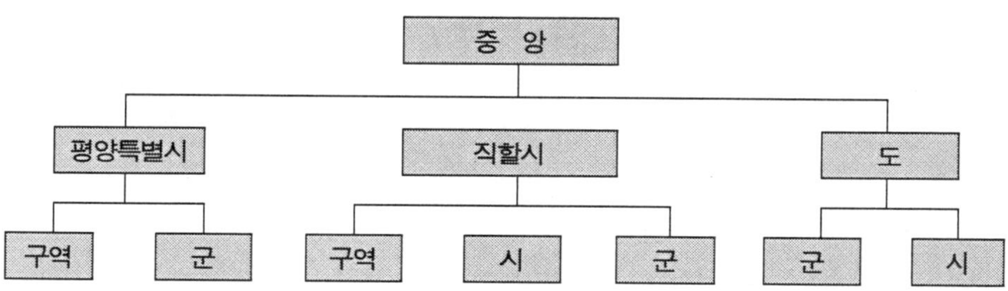

* 평양·남포직할시의 하부행정계층에는 군과 구역이 있으나, 개성직할시의 경우에는 구역이 없으며, 라선직할시는 현재 시군구역 모두 없는 것으로 나타나고 있음.
* 구역의 하부단위로는 동이 대부분을 차지하며 리는 소수임.
* 군에는 군청소재지로서의 읍이 1개씩 배정되어 있음.
* 도내의 시 중에서 대도시(함흥, 청진 등)의 경우 하부행정계층에 구를 두고 있음(우리나라의 인구 50만 이상의 시에 행정구를 두고 있는 것과 유사함).
* 노동자구는 구역, 시, 군에 일부 존치함.

위상을 가진 것으로 보이고, 규모면에서는 남한의 통·리단위와 유사한 것으로 평가된다. 특히 1개 군마다 1개의 읍을 설치하고 있는 것은 남한과 유사하지만 읍의 법적 지위에 대하여는 차이가 있는 것으로 판단된다.

2) 지방행정지명변경

또 하나 특이한 것은 행정구역개편을 거듭하면서 행정지명도 수없이 바꿨다는 것이다. 지금까지 저들이 바꾼 행정지명들을 유형화해 보면 ① 주체성을 높인다는 의미로 한글화 한 것(예: 송우동→솔모루동), ② 새로 생긴 행정구역에 고유어를 사용한 것(예: 과일군, 새별군 등), ③ 일반어휘에 사회·정치적 의미를 부여하는 것(예: 충성동, 은덕군, 은혜리 등), ④ 종전의 면에 쓰던 명칭을 군·리 명칭으로 바꾼 것(예: 곽산면→곽산군, 양산면→양산리 등), ⑤ 사람이름으로 만들어진 것(예: 김정숙 군, 김형직 군 등), ⑥ 김일성의 현지지도 날짜를 명칭화한 것(예: 구오동, 십일리, 이팔리 등) 등으로 분류해 볼 수 있다. 이러한 행정지명의 변경은 주민의식을 과거에서 멀어지게 하여 충성을 유도하고, 남북간에 지명변경을 통한 사상적 혼란을 유도하려는 저의가 있는 것으로 추측된다.

제4절 北韓의 地方行政機能

북한의 지방행정은 정치적 목적을 위한 주민통제에 역점이 두어지기 때문에 그 기능도 그 정치적 목적에 따라 제약을 받는 것은 당연한 결과로 보여진다.

여기에서는 그들의 지방행정기관에서 하고 있는 업무를 개괄적으로 보아 지방행정기능으로 분류하면, 교육·경제·치안·의료·보건·문화·생활환경 등으로 나누어 볼 수 있을 것 같다.

1. 教育業務

1) 중앙집권적 교육체제

북한의 교육은 중앙집권화되어 있다. 즉, 교육행정이 중앙으로부터 지방행정단위에 이르기까지 일원화되어 있다.

교육의 내용에 대해서는 일원적인 지도와 감독하에 통제되고 있으나, 학교시설문제나 교원의 임용 그리고 전보, 학생의 모집 등은 지방행정업무에 분담시키고 있다.

교육체계는 초·중등교육, 고등교육(대학), 공장대학 등 3계열로 시행되는데 그 지도·감독체계는 각기 다르다.

초·중등교육은 시(구역)군정에서, 고등교육(대학)은 도(직할시)의 수요를 충족시키기 위해 사범계·이공과계·농과계·의과계·자연계 등의 대학은 지방의 도정에서 지도·감독하며, 공장대학은 공장·기업소의 소재지에 설치되어 있는데 이 대학의 운영은 해당 공장·기업소에서 책임지는 것을 원칙으로 하고 중앙의 관련부서는 지도를 받는다.

2) 공산주의적 인간양성

북한의 교육행정에서는 11년제의 의무교육과 전반적 무료교육제가 실시되고 있다. 그 교육행정기관은 교육위원회·보통교육부·고등교육부 등 3부분으로 구성되어 있다.

이러한 교육행정기관들이 무엇을 어떻게 하는지에 대해서는 그들의 '사회주의 교육에 관한 테제'에 잘 나타나 있다. 즉, 사회주의 사회에서 학교는 혁명화의 본거지이며 문화혁명의 거점이라고 전제하고, 학교의 사명은 사회주의교육학의 기본원리에 기초하여 자라나는 새 세대들을 공산주의적 인간으로 키우며 민족간부를 양성하는데 있다고 한다.

한마디로 그들의 교육업무는 공산주의 로보트를 만드는데 그 목적을 두고 있다고 할 수 있다. 이러한 비판의 논거는 교육사업을 지도하는 교수들에게 정치사상성과 과학성을 강조하고, 교수를 당정책화하는 데서도 엿볼 수 있다.

2. 經濟業務

자유경제의 시장조절기능에 의존하는 경제체제하에서는 국가적 성격을 띤 경제계획이나 경제통제에 해당하는 것 이외에는 지방자치업무로 되어 있다. 그러나 중앙집권적 통제경제하에서는 모두가 국가기관에서 추진하고 있다.

1) 경제활동의 지도 · 규제

북한의 경제업무란 경제활동을 지도 · 조장 · 규제하는 업무를 말하는데, 도경제위원회가 도내의 모든 공장 · 기업소에 대해서 직접 지도하는 관리체제를 갖추고 있는 것으로 알려지고 있다. 그리고 시(구역)군에서는 소규모공장에 대해서 지도 관장한다.

그런데 농업행정에 대해서는 도농촌관리지도위원회에 의한 일원적인 지도체계에 의해서 지도 · 관리되고 있기 때문에 지방행정에서는 사실상 관여하지 못하고 있다.

임야는 모두가 국가소유로 되어 있으며, 개인소유 또는 협동농장의 소유를 허용치 않고 있다.

수산업에 있어서도 국영기업체인 수산사업소에서 모든 업무를 관장하고 있으며, 해안을 끼고 있는 군에는 수산협동조합이 조직되어 있다.

지방공업은 전적으로 군행정 및 경제지도위원회의 관장업무로 되어 있으며, 지방인민경제에 포함시켜서 추진한다. 그런데 지방공업은 대부분 밥공장 등 소비품공업으로서 공장규모는 적은 편이다.2)

일반시장은 폐지된 지 오래이며, 농촌에서는 농민시장이라는 것이 10개리 단위로 개설되어 있는데 이에 대한 지도는 지방행정에서 하도록 되어 있고, 물물교환의 형식으로 거래되는 경우가 많다고 한다.

2) 경제관리

북한에서 經濟管理란, 사회적 생산과정에 대한 지휘기능을 실현하는 것이라고 풀이되고 있다. 이러한 경제활동의 지휘기능에서 가장 중요시되는 것이 政治事業을 선

---

2) 2000년 말까지 알려진 북한의 지방산업공장의 현황은 다음 표와 같다. (2000년말 현재)

구 분	섬 유	식 료	일용품 · 기타	계
공장수 (%)	793 (20.0)	621 (15.6)	2,561 (64.4)	3,975 (100)

행시키는 일이다.

따라서 노동당은 북한의 모든 레벨의 경제활동에서 결정적인 역할을 하며, 노동당 지도부는 모든 경제정책을 결정짓고, 정책집행을 감독·통제하는 최고권력조직이다.

정무원내의 각 행정부에서는 그들의 사업활동을 중앙인민위원회와 당중앙위원회에 정기적으로 보고하게 되어 있다.

경제관리에서 당의 권한은 직접적으로는 각 경제단위에서 상정되는 계획안의 승인, 간부등용의 거부권 등 정기적 감사권을 통해 행사되고 있으며, 간접적으로는 각 경제단위에 조직, 침투되어 있는 초급당위원회를 통해 소속당원을 교양하는 방법으로 실현된다.

중앙급 행정단위인 부와 위원회는 중앙인민위원회와 당중앙위원회 경제부서의 직접적 통제와 자체기관에 조직되어 있는 부·당위원회의 통제를 받게 된다.

도 및 군급 행정단위까지도 이와 평행하게 해당 초급당위원회를 조직하여 해당 행정단위를 통제하며, 한편 동일한 행정단위의 당위원회를 통해 당정책을 침투·관철시킨다.

각급 당은 해당 각 수준의 정부기관보다 많은 영향력과 권력을 갖고 있다.

북한경제의 당면과제를 해결하는 정책의 하나로 최근 지방경제의 활성화방안이 밀도 있게 논의되고 있다고 한다.

3) 지방공업육성

지방경제의 문제는 지방공업발전의 문제이며, 이것은 소비재증산의 요구와 무관하지 않다. 이처럼 지방공업육성책이 지향하는 목적은 재정·인력·기술·원료 등 중앙경제의 부담을 줄이는 대신 지방의 생산시설을 활용하여 유휴노동력과 원료를 최대한 동원함으로써 소비재수요를 충족시키고 산업화의 기본기지로 만들자는 것으로 보인다.

3. 治安業務

1) 국가보위부와 사회안전부

북한의 치안업무는 철저하게 중앙집권화된 일인체제로서 프롤레타리아 독재의 강력한 무기로 되어 있다.

북한의 공안기관은 국가보위부와 사회안전부가 있는데, 이들은 행정단위에는 물론 생산단위에까지도 그 요원들이 파견되어 있다.

國家保衛部는 주로 반당·반체제음모자 색출과 사상사찰을 주임무로 하고 있으며, 이 기관을 당비서가 직접 장악 운영하고 있다고 한다.

社會安全部는 주로 사회안전질서를 주임무로 하고 있는데 지방에서는 시(구역)단위까지 기관이 설치되어 있으며, 각리협동농장에는 파견 또는 담당하는 형식으로 업무를 수행하고 있다고 한다.

따라서 지방행정기관으로서의 공안기관은 횡적인 관계가 유지되고 있을 뿐 복종관계는 아닌 것이다. 그러나 이들 기관은 해당지역의 당조직으로부터의 당적 통제를 받도록 되어 있다.

치안행정요원들은 모두 군부대식으로 계급이 주어지는데 정규군인과 구별하여 준군인이라고 하고 있으며, 계급에 상응하는 보수를 받는다. 복장은 군복착용과 민간복착용이 가능하나 인민경비대원의 경우는 사복착용이 극히 제한되어 있고 군복형태는 정규군인과 약간 다르다.

2) 열악한 인권상황

자유민주체제하에서 치안행정은 소극적으로는 모든 국민이 자신의 권리와 자유를 부당하게 침해받지 않으며, 적극적으로는 자아의 실현을 위한 대내외적 조건의 확충에 그 목적이 있음은 두말할 나위 없다.

그러나 공산주의사회, 특히 북한과 같은 폐쇄적 전체주의 사회에서는 체제에 복종하는 획일적 인간형만이 양산되어 질뿐이며, 이로부터 이탈되는 행위에 대해서는 치안행정의 명목으로 이에 제재를 가하게 된다. 따라서 치안행정의 뒷면에는 항상 인간의 권리가 제대로 지켜지지 않는 열악한 인권상황이 뒤따르게 된다. 즉, 북한의 치안행정과 열악한 인권상황은 동전의 양면과도 같다.

4. 醫療·保健業務

1) 선전뿐인 무상치료제

북한은 전시효과를 거양하려는 목적으로 '전반적 무상치료제'와 '예방의학적 방침의 관철'을 주요 보건정책으로 삼고 있는 것으로 알려지고 있다.

북한은 이러한 제도를 최근에는 도시·농촌 등 전지역에 확대하였을 뿐 아니라 탄광·광산·공장·기업소 등 생산단위에까지 실시하고 있다고 주장하고 있으나, 「대부분의 의사들이 근로자들의 건강을 성심껏 돌보지 못하고 사람들을 잘 만날 수 없다는 핑계로 계획대로 일하지 않는다」고 자기비판하고 있어 동제도의 사실상 문제점을 실토하고 있는 형편이다.

2) 인민경제계획으로서의 보건

북한의 보건행정기관으로서는 정무원에 보건부가 있고, 지방에는 특별시·도행정위원회 보건부, 시·군행정위원회 보건부를 두고 있으며, 리에는 보건지도원을 배치하고 있다.

방역기관으로는 정무원산하 각부장들로 구성되는 국가위생방역위원회와 특별시·도·시·군·리에 방역위원회를 두어 방역대책을 논의 결정한다.

또한 전염병예방선전 및 계몽사업기관으로 적십자위원회와 각 리에는 리적십자초소반이 각각 배치되어 있다.

보건행정요원의 양성은 각 인민경제계획에 의하여 계획적으로 이루어지고 있다. 보건행정요원양성소를 각 도에 설치하고, 중등보건요원을 통일적으로 재교육시키기 위하여 準醫양성반, 東醫 2급 양성반, 보건요원양성반을 두고 있으나, 1968년부터 중앙보건학교에서 보건기관들의 간부재교육, 전문과의사양성, 의사재교양사업을 실시하고 있다고 한다.

5. 文化(문학·예술) 業務

1) 정치사상 계몽수단

북한의 문화행정의 기본노선은 모든 문학·예술로 하여금 당 정책의 구현 및 선전·찬양, 집권자의 우상화, 공산주의적 인간개조, 정치사상교양, 노력동원 및 노동의 욕제고 등에 이바지하게 하는 것이라 하겠다.

따라서 북한의 문화예술은 사회주의적 사실주의에 입각한 창작방법이 그 기조를 이루고 있으며, 사회주의적인 내용과 민족적인 형식의 채택은 인간성, 계급성, 당파성을 강조하여 당 정책선전 및 이의 구현과 정치사상계몽수단 등으로 이용함으로써 순수예술성을 말살하고 목적의식적인 경향으로 일관되어 있는 것이 특징이다.

그렇기 때문에 일반적으로 순수예술적인 가치면에서는 보잘 것 없는 북한예술이지만, 주민을 선동하고 계몽하는 수단으로서의 역할은 커다란 효과를 가져오고 있다는 점에서 문화행정은 중요한 지방행정의 내용이 된다.

2) 경제선동사업에 동원

북한문화행정의 최근 특징은, '문화예술에서 대중화방침의 실현'이라는 구호의 철저한 이행이라 하겠다. 즉 북한에서는 '인민대중은 사회주의문화의 창조자이다. 따라서 문학예술에 근로대중이 널리 참가하여야만 빠른 발전을 기할 수 있기 때문에 문화활동부문에서 전문화 경향을 철저히 경계하고 창작사업에서 신비주의를 가져야 한다'는 교시에 따라 당의 지도 밑에 문학소조, 예술소조활동이 대대적으로 전개되고 있다.

특히 최근에는 경제선동사업을 더욱 강화하여 예술선전대, 기동예술선동대를 조직하여 적극 활용하고 있다고 한다.

6. 生活環境業務

1) 지방단위 생활환경 개선계획

이 업무는 주로 지방단위의 생활환경과 관련된 사업을 말한다. 여기에는 도시계획, 농촌지역계획, 도로·교량의 건설, 배수시설, 공해의 제거, 식품위생, 가로조명, 공원, 광장, 운동장, 오락 및 휴게시설, 공설욕장 등이 환경적 업무에 속한다고 할 수 있다.

그런데 도시와 농촌지역계획에 있어서 가장 중요한 주택건설은 개인이 아니라 국가에서 건설하는 것으로 되어 있다.

농촌주택의 경우에 있어서는 국가에서 주택을 건설하고, 그것을 협동농장에서 대여받는 형식으로 되어 있다.

도인민위원회가 있는 시에 있어서는 건설사업부에서 공공기관, 주택건설을 책임지고 건설을 하는데 이는 건설위원회의 계획에 의해서 이루어진다.

건설위원회에서는 주택, 공공건물뿐만 아니라 도시계획, 도로, 교량건설 등 일체를 계획하고 그것을 건설사업소에서 추진한다. 북한에서 이를 「건설트러스트」, 「건설사업소」 등으로 부르고 있다고 한다.

그런데 농촌의 경우는 자기구역의 도로를 협동농장에서 책임을 지고 관리하며 수리 · 보수 등을 하는 것으로 되어 있다. 그리고 농업생산에 관련된 시설, 예컨대 탈곡장, 창고 등은 기술적 지원을 시 · 군에서 받으며, 그것을 건설하는 것은 협동농장에서 한다.

도로의 경우에는 그 등급을 구분하지 않고 있는데, 그 도로의 실태는 노폭이 매우 좁고 조악하며 포장율도 낮다.

수도는 군기구소재지까지는 시설이 완비되지 않는 것으로 알려져 있고, 오물청소행정에 있어서는 대부분이 연료가 무연탄에 의존하고 있기 때문에 「재」의 처리가 큰 문제인 것 같다.

분뇨는 모두 수집되어 농작물의 퇴비생산에 이용되고 있기 때문에 도시주변의 협동농장에서 수거하는 것을 원칙으로 하고 있다고 한다.

2) 환경보호법 제정

공해행정은 평양을 중심으로 대기오염과 수질오염을 방지하는 정도에 그치고 있다고 한다.

그런데 북한 최고인민회의 제7기 5차 회의(1986. 4. 7~9)에서 환경보호법을 채택하면서, 「환경보호법은 복되고 참답게 삶을 보장해 주는 가장 인민적인 시책」이라고 선전하고, 「이 법은 조선반도와 그 주변에서 핵무기, 화학무기개발 및 사용으로 나라의 환경이 파괴 · 오염되는 현상을 반대하고 투쟁할 것을 선포한다」고 강조함으로써 이 법의 채택이 반미선전에도 그 목적이 있음을 명백히 하고 있다.

제 5 절 北韓地方行政의 特徵

1. 行政組織體系上의 特徵

1) 「수령」의 유일적 지도체제

북한에서는 사회주의 국가기관들에 대한 수령의 유일적 영도는 국가사업전반과 국가활동 총체에 대한 수령의 영도를 포괄한다고 하고, 수령의 영도를 떠나서는 국가기관들이 계급투쟁과 사회주의, 공산주의 건설을 힘 있게 밀고 나가는 프로레타리아 독재의 강력한 무기로 될 수 없다고 한다.

또한 이것은 수령의 유일적 영도 밑에 모든 국가기관들이 조직·운영되고 활동하는 것이 사회주의 국가건설의 합법칙적 요구라는 것을 보여주는 것이라고 한다.

이상과 같은 이론에 입각하여 북한의 우리식 사회주의 헌법에서는 수령의 유일적 영도하에 모든 국가기관들이 조직·운영되고 활동하도록 규정하고 있다.

2) 주민동원체제

공산집권자들에게 있어서 동원이란 정치이념의 순수성을 유지하기 위해 사회주의 경제건설을 촉진한다는 구실에서, 또 이러한 이념과 정책을 통치자의 목적에 따라 정치교화 및 사회화 운동을 능률적으로 실시하기 위해 행사되는 '조직적인 강제행위'이다.

북한에서의 실제적인 주민동원양상은 대표적으로 청산리방법과 천리마운동을 들 수 있다.

청산리방법[3]이란 북한의 농업경영의 기본지도방법인데, 이것은 북한헌법(§12)에 명시가 될 정도로 농업분야 뿐만 아니라 전부문의 기본적인 지도방법으로 되어 있다. 그러나 이 병법이 나온지 30여 년이 경과한 오늘날까지도 큰 실효를 거두지 못하고 있으며, 오히려 집권자 우상화 정책에 따른 북한 지방행정조직의 또다른 주민동원실상은 주민운동에서 극명하게 나타난다.

천리마운동[4]도 북한헌법(§13)에 표기되어 있는데, 그들이 1957년부터 시작되었던 제1차 5개년계획을 추진하면서 부족되는 건설자금을 인민의 노동력으로 보충하기로 한데에서 비롯되었다고 한다. 당의 총로선으로 채택된 이 운동은 1963년 3월부터는 천리마작업반운동으로 심화되었으며, 이것은 천리마운동이 내세웠던 모든 근로자의 공산주의적 교양·개조를 바탕으로 한 작업반 단위로 책임을 지게 함으로써 양자를 유기적으로 결합시키고자 한 것이라고 한다.

천리마운동은 개인을 집단에 묶어 연대책임하에, 「전체는 하나를 위하여, 하나는 전체를 위하여」라는 공산주의적 전체주의 속에 개인을 함몰시키는 이데올로기적 성격을 띠고 있으며, 북한사회의 모든 부문에서 새로운 공산주의적 인간의 모델을 창조

3) 청산리방법이란 1960. 2, 김일성이 평안남도 강서부 청산리에 위치한 청산협동농장에서 15일간 머물면서 집단화한 농촌의 농업관리방법이 어떤 것인가 현지지도한 끝에 제시하였다고 한다.

4) 천리마운동은 1956. 12 개최된 노동당 중앙위원회 전원회의에서 비롯되었다고 한다.

하는 운동으로 발전되고 있다고 한다.

2. 行政業務上의 特徵

1) 지방행정업무의 창의성 결여

북한의 모든 지방행정업무는 당과 국가의 정책을 무조건적으로 집행하는데 그 목적이 있기 때문에 지방주민들의 복리향상을 위한 자율적인 업무가 허용되지 않고 있다. 그러므로 지방행정에 있어서 창의성이 결여되는 것은 너무나도 당연하다.

그리고 모든 사업에 인민경제계획이라는 것을 수립하고 계획대로 추진해 나가는 것으로 되어 있어 계획이외의 지방사업에 대해 관심을 가질 필요가 없는 것이다.

따라서 권력의 중앙집권화에 따른 권위주의와 관료주의가 체질화된 행정체제이기 때문에 상부에는 아첨하고 하부에는 호령하는 비민주적인 풍토가 조성되고 있으며, 관료들이 운명주의에 빠져 무사안일적 행태를 노정하고 있다.

2) 행정처리에 있어서의 권위주의와 관료주의

북한의 권력은 중앙집권화되어 있기 때문에 지방행정은 중앙의 정책을 실천하는 것에 불과하므로 창발성의 결여와 함께 명령식 또는 관료주의적인 행정 및 사업이 전개되고 있다.

지방인민회의가 구성되기는 하지만, 그러한 기구가 지방자치를 위한 의회의 역할을 한다고 생각하는 사람은 한사람도 없다.

그리고 지방행정에 대해서는 중앙의 지시와 결정만을 충실히 집행하는 기관으로만 인식되고 있다. 형식상으로는 지방행정은 해당 인민회의와 자기의 상부기관에 복종하고 책임지는 것으로 되어 있으나, 실제 지방인민회의에 대해서 아무런 관심이 없다고 할 수 있다. 그러므로 지방행정의 집행기관은 상부의 지시와 결정의 실행을 위해서만 노력을 하게 되고, 그의 완수를 위해서 명령식 사업방법이 표출되는 것이다.

지방행정이 관료주의의 틀에서 벗어나기 힘들다는 것은 지방행정의 책임자로부터 말단에 이르기까지의 인사행정이 철저하게 중앙집권화되어 있으며, 상부와 하부와의 관계가 복종을 넘어서서 무조건성원칙이 적용되고 있다는데서 찾아볼 수가 있다.

지방의 일선행정이 이처럼 명령식, 관료주의가 팽배하게 되면 주민과 행정기관과의 관계가 원만치 못하며, 표면상으로는 행정에 협조하고 복종하는 것으로 나타나지만, 내면으로 불평불만을 가지게 되고 나아가서 체제 전체를 불신하게 된다.

북한의 주민에 대한 관료들의 권위주의적 행태는 행정의 불합리성을 누적시켜 왔을 뿐 아니라, 관·민 사이에 괴리현상을 심화시킨 하나의 주요원인으로 지적될 수 있다는데 이론이 없을 것이다.

여기에서 하나 빼놓을 수 없는 지적은, 과거 김일성이 왜 이런 권위주의적 관료제를 이용했느냐 하는 문제이다.

그가 비록 사회주의 혁명을 정책의 기본목표로 내세웠으나, 북한주민의 대다수로부터 외면당하는 가운데 오직 냉전정책(cold war policy)에 편승한 소련의 힘에 의하여 집권하였다. 따라서 그의 이 같은 미약한 지지기반은 그로 하여금 권위주의적 관료제를 이용할 수밖에 없게 했다는 것이다.

3) 중첩지도에 따른 행정업무상의 혼란

제도적인 측면만으로 보더라도 지방행정기관은 이중종속으로 되어 있으며, 당의 지도·감독까지 합하면 삼중종속으로 된다. 그 밖에 1973년 2월부터 실시되고 있는 3대혁명소조운동은 또 하나의 지도체계가 형성되었다고 할 수 있다. 이처럼 다중적인 지도·감독으로 인해 그를 직접적으로 수용해야 하는 지방행정기관으로서는 큰 부담이 되는 것이다. 더욱이 중앙당의 집중지도가 실시되게 되면 모든 행정업무는 마비상태에 빠지게 되고 집중지도의 지시에 따라야 한다.

한편, 과거에 김일성의 현지교시 또는 김정일의 실무지도가 있게 되면 그러한 지도내용이 지금까지의 사업방향과 별 차이가 없을 경우에는 큰 문제가 제기되지 않았으나, 전혀 새로운 방향으로 지시가 내려지게 되면 행정업무도 바꾸어야만 했던 것이다.

3. 他部門과의 關係上의 特徵

1) 행정에 대한 당의 통제 및 우위

공산체제에서의 행정의 특수성은 한 마디로 '당의 지도역할'이라는 말로 설명할 수 있다.

이론상으로는 정책결정기관으로서의 당의 기능과 행정적 집행기관으로서의 정부, 즉 행정체계와의 기능은 구별되어 있다. 그러나 당은 정책이 제대로 수행되고 있는가를 확인하기 위하여 정부를 감독할 수 있다는 규정을 두고 있다. 따라서 실질적으로 당은 행정부를 감독한다기 보다 운영하는 결과를 초래하기도 한다.

노동당의 계층제와 행정기구의 계층제가 종적으로, 수평적으로 긴밀히 상호 연결되어 있고, 인적구성면에서도 「이중적 겸직장치」에 의해 당으로부터 정치적 통제를 받고 있다. 구조면에서도 당의 행정통제는 정무원의 중앙행정부서 및 지방산하기관을 당중앙위원회 통제 하에 두고 각종 당감독부서를 각 행정기관이나 단체, 하부 지방행정조직에 배치하여 모든 측면에서 깊이 관여할 수 있게 하고 있다.

2) 자발적 사회단체의 부재

북한은 초기의 공산화과정에서 당시 소련의 조정에 의해 유일당지배체제를 은폐하고자 소위 민주우당을 만들었었다. 그러나 우당들은 정당으로서의 기능을 할 수 없었고, 공산당의 정책노선을 추종하면서 공산당과 인민을 연결시키는 연결대의 역할을 수행할 뿐이었다.

또한 북한에는 노동당의 정책노선을 협찬하는 보조부대, 즉 노동당의 외곽단체들이 있다. 이들 단체를 근로단체라고 하는 바, 수많은 단체들 가운데 대표적인 것은 직업총동맹, 농업근로자동맹, 사회주의 노동청년동맹 및 민주여성동맹이다.

이런 단체들을 조직한 목적은 '대중을 당 주위에 묶어 혁명투쟁에 동원시키고, 김일성의 유일적 영도를 확고히 보장'하려는데 있었다고 한다. 그러므로 북한노동당의 외곽단체는 일당독재체제를 강화하고 정치과정에서 획일적인 여론을 조작형성하는데 동원된다. 따라서 북한측이 대남전략의 일환으로서 대한민국에 대해 그 무엇을 제의하면, 예외 없이 많은 외곽단체들은 군중집회를 열고 북한측의 제의를 지지하곤 한다.

북한의 우당 · 사회단체들은 노동당의 전위조직이기 때문에 결국 일당지배체제를 옹호 · 강화하는 기능을 수행하는 사회적 강화수단이다.

이와 같은 북한에서의 자발적 사회단체의 부재는 사회내 각양각색으로 존재하는 대중적 의사와 이해를 행정과정에 반영할 수 없음을 의미한다.

제 6 절 統一後 北韓地方行政의 整備方案

1. 體制變動의 理論과 그 實際

북한의 체제변동에 영향을 주는 변수는 여러 가지가 있겠지만 그 중에서도 經濟가 가장 객관적이고 중요한 요소라고 판단하는 것이 지배적인 견해이다.

실제로 제2차 세계대전 이후 각국의 사례를 보면 국민소득이 일정수준을 넘었을 때 공통적으로 체제변동이 일어났다.

우리나라를 비롯한 스페인, 포르투갈, 그리스, 브라질 등 독재에 시달리던 국가들은 공통적으로 경제성장을 이룩하면서부터 민주화의 길에 들어서기 시작하였다. 이들 국가의 정권들은 한결같이 정치적 정통성의 부족을 메우기 위하여 경제개발을 촉진하였으나, 일정수준 이상의 발전단계에 진입하면서 오히려 정권유지가 어렵게 되었었다.

독재정치가는 적절한 수준에서 경제도 일으키고 정치적 지지도 획득하려 하나, 한번 경제성장이 시작되면 국민들의 기대상승이 폭발하게 됨으로 발전의 수레바퀴를 멈추기 어렵게 된다는 것이 정설이다. 따라서 「경제성장의 최대 피해자는 결국 성장정책을 편 독재자 자신」이라는 아이러니도 성립하게 된다.

물론 경제성장이 반드시 민주주의로 연결된다는 보장은 없지만 독재정권의 붕괴를 초래하는 데 결정적인 영향을 주는 것은 사실이다.

1) 體制變化의 모형

경제성장과 정치변동의 관계에 대해서는 논란이 있지만, 경제성장이 체제변화를 일으키는 동기가 된다는 것은 스페인 프랑코체제붕괴, 헝가리의 공산체제붕괴, 루마니아의 차우체스쿠의 몰락 등의 예에서 쉽게 논증할 수 있다.

경제가 성장하면 사회구조는 급속한 분화과정을 거치게 된다.

직업이 다양해지고 사회단체 · 이익단체 등도 증가하며 이에 따라 국민들의 이해관계도 복잡해진다. 이렇게 되면 수직적 사회구조에서 적용되던 획일적 통제는 불가능해진다. 더욱 중요한 것은 경제가 성장하면 통신량과 대외교류가 크게 늘어나 폐쇄체제는 더 이상 유지하기가 어려워진다는 것이다.

체제변동은 제도개혁을 통하여 평화적 · 점진적으로 일어나는 漸進模型과 구체제의 급격한 붕괴를 거쳐 일어나는 斷層模型으로 나누어 설명된다([그림 11-3]).

[그림 11-3] 정치체제가 변하는 모형

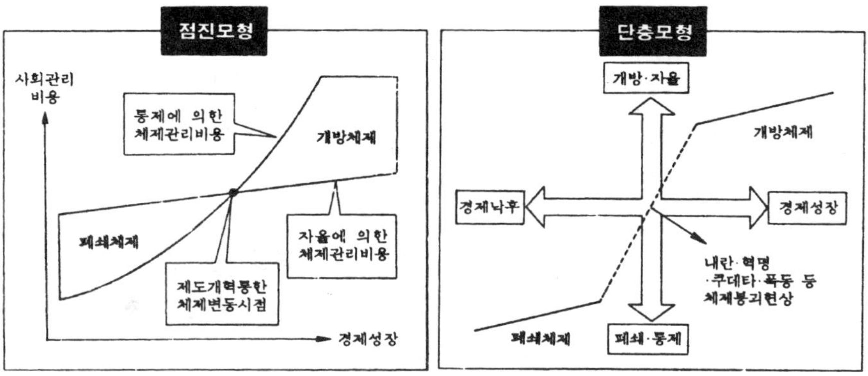

점진모형은 경제성장에 따라 자율과 개방에 의한 사회관리비용이 통제에 의한 사회관리비용보다 싸게 드는 시점에서 개혁이 이루어진다고 본다.

단층모형은 체제변화요구에 기득권층이 집단적인 저항으로 맞서고 이 때문에 폭력적인 상황이 전개되면서 구체제가 갑작스럽게 무너진다고 본다.

스페인 · 포루투갈 등이 점진모형으로, 루마니아 · 알바니아 등이 단층모형으로 분류된다.

북한의 경우는 어떤가? 이를 단층모형으로 분류하는 시각이 지배적인 것 같다.

극단적인 사회통제 때문에 다른 나라와 같은 수준에서 비교하기는 어렵지만 개방과 경제성장을 추진할수록 폐쇄적 · 통제적 체제를 유지하기가 어려워 질 것이라고 전문가들이 예상하기 때문이다.

북한의 지방행정을 분석하면서 통일 후의 정비방안을 모색해 보는 것은 시기는 예측할 수 없다 하더라도 북한의 정치체제가 단층모형에 의하여 그 운명이 결정될 것을 가정하는 데에서 비롯된다.

2) 北韓地方行政整備의 必要性

① 행 정

행정은 사회환경의 불안정성의 급속한 파급을 막아주는 방파제 역할을 함으로써 사회가 안정으로 회복하는 시간을 단축시켜 주는 역할을 하는 것을 중요한 존립근거로 하고 있다.

남북한 통일은 통일의 형태가 우리 헌법이 지향하는 자유민주방식에 의한 평화통일(헌법 §4)이 될 것을 전제로 하지만 통일에의 준비가 장기간 있었든 그렇지 않든 간에 남북한의 정치, 경제, 문화, 행정, 개인의 심리구조까지 심대하고 복잡한 그리고 급격한 혼동을 가져다 줄 것만은 틀림없다.

이러한 사회환경의 혼동과 격동이 예상된다면 혼동과 격동의 급속한 파급과 장기화를 막는 역할을 하는 행정, 특히 일반 시민과 직접적인 접촉을 유지하는 지방행정의 정비는 필수적인 과제라고 할 수 있을 것이다.

남북한이 통일하는 목적은 그것이 민족의 소원에 의거하는 것이기도 하지만, 냉정하게 볼 때 변화하는 국제환경 — 일본의 경제대국화와 군사대국화, 중국경제의 급속한 성장과 해군력의 신장, 세계경제의 블럭화와 보호무역화, 특히 북한주민의 경제성장의 욕구 — 속에서 민족의 존립확보와 성장의 보장을 위한 기본토대 조성을 위한 것이라고 할 수 있다.

통일의 목적이 여기에 있다면 통일로 인한 혼동을 조기에 극복하면서 활력있는 경제활동을 지원할 수 있는 사회기반구조의 제공이 있어야 한다. 이러한 역할을 해주는 것 중의 하나가 바로 안정성을 확보한 지방행정제도이다.

지방행정이 불안정하면 기업이 진출하지 않는다. 기업이 진출하지 않거나 진출시기가 늦추어진다면 그만큼 북한 지역의 경제개발이 늦어지고 전체적으로 통일의 효과는 약해질 것이다.

남북한은 통일독일처럼 오랫동안 통일의 후유증에 시달려서는 안되고 또한 시달림을 견뎌낼 여력도 없다. 따라서 통일 후의 북한정비문제, 특히 지방행정정비에 대한 연구가 필요한 것이다.

② 남북한의 이질성 극복

통일 후 가장 시급한 것 중의 하나가 남북한 시민간의 이질성 극복이다. 언어, 생활방식(의식주), 경제활동의 양상, 교육내용의 상이에서 오는 이질성을 극복하거나 그 정도를 약화시키는 것은 통일정부의 지상과제일 것이다.

남북한의 시민들이 서로 상대방을 타민족처럼 여긴다면 여기에는 경제발전도 있을 수 없고 진정한 통일이 성취되었다고도 할 수 없을 것이기 때문이다.

북한시민이 열등감과 상실감을 느끼지 않으면서 남한의 언어 등을 접하도록 하는 역할을 바로 지방행정제도가 담당해야 하는 것이다. 여기에 지방행정정비의 또다른 필요성이 있다.

더 나아가 통일이 되면 예상되는 결과는 통일독일의 현황을 볼 때 실업률의 증가, 형편없이 낮아질 문화생활, 경제적 어려움, 자본주의 문화의 일방적 유입으로 북한시민이 받을 곤혹감과 상실감, 남한기업이 북한경제의 전체적 측면보다 기업의 이익만을 위해서 투자할 경우 발생할 북한경제의 불균형적 발전 등이다.

이런 어려운 상황 속에서 북한시민들의 이익을 효율적으로 대변해 줄 수 있는 기관이 절대적으로 필요하다. 북한지방행정은 이 역할을 수행해야 하며, 따라서 적절한 북한지방행정의 정비가 필요하게 되는 것이다.

2. 北韓地方行政制度의 整備方案[5]

1) 통일 後 북한지방행정이 받을 충격

(1) 조선노동당의 영향력 상실

통일은 조선노동당의 영향력을 급속히 상실시킬 것이다. 북한 행정기구는 현재 조선노동당의 통제를 받고 있다. 이러한 당과 행정과의 관계는 다른 측면으로 해석할 수 있다. 즉, 북한 행정은 당의 통제를 받는 대신 당으로부터 받는 신임을 가지고 행정의 시민에 대한 권위를 세웠다는 점이다. 행정의 권위가 일반대중의 동의와 인정에서 온 것이 아니라 당의 신임에서 온 것이라면, 당의 영향력 상실은 곧 행정기구의 존립근거의 약화로 이어질 것이다.

(2) 행정의 와해

행정의 와해란 행정기구가 없어진다는 것을 반드시 의미하는 것은 아니며, 행정이 자신의 업무를 수행할 수 없게 되면 그것을 와해라고 할 수 있을 것이다.

통일이 되면 북한지방행정조직이 와해된다는 예측의 근거는 어디에 있는가.

---

5) 오석환 외, '통일 후 북한정비계획', 清牧(1993.12), pp. 11～40.

① 북한행정은 자본주의와 자유민주주의가 혼합된 상황에서 성장한 남한의 행정조직과는 성격자체를 달리한다. 남한의 행정조직은 자본주의사회 조성의 핵심적인 주체로 성장해서 90년대부터는 자본주의 사회의 민주화 추세에 맞추어 변모되어 왔다. 그러나 어떤 역할을 했고 어떤 변모를 했던 간에 남한의 행정조직의 법률상 그 존립근거는 처음부터 국민에 대한 봉사였다.

반면에 북한의 행정조직은 그 근거가 사회주의 국가실현을 제1목표로 삼는 노동당의 통제와 신임에서 나온다. 이런 상황에서 당의 권한 자체가 상실된다면 이것은 행정이 제기능을 수행할 수 없게 만들 것이다.

② 남한 지방행정의 기본정신은 시민에 대한 봉사와 시민에게 더 나은 서비스를 제공하는 것이다. 이 정신내용은 분명 북한지방행정이 추구해온 것보다는 시민의 입장에서 볼 때 확실히 더 나은 것이다.

통일이 되면 남한의 지방행정이 시민을 위하여 무엇을 수행하고 있으며, 또 무엇을 하려고 노력하고 있으며, 행정과 시민과의 관계가 어떻게 정립되어 있는가가 북한시민에게 알려질 것이다. 그렇다면 이 내용의 전파는 북한시민의 욕구를 높이는 것은 물론 지금까지 경험해온 북한지방행정에 대한 강도 높은 불만을 표출시킬 것이다.

문제는 북한지방행정이 이런 격동적인 외부환경의 불만표출상황을 합리적으로 해결할 수 있는 경험과 기술을 보유하고 있는가 하는 점에서 나온다. 결론은 없다고 할 수 있다. 해결기술이 없다면 북한행정은 북한시민으로부터 무능한 조직으로 받아들여지게 될 것이고 이것은 북한지방행정조직의 와해를 촉진시킬 것이다.

남한지방행정과 북한지방행정은 그 기본성격이 판이하게 다를 뿐 아니라 북한일반시민의 입장에서 볼 때 선호하는 행정의 성격은 남한에 두어질 것이라는 점에 유의해야 한다.

③ 북한지방행정의 경우 지방행정관료는 집행기능만 담당하고 당인사가 정책결정기능을 수행해왔다. 그런데 통일이 되면 정책결정을 담당했던 당인사가 퇴진내지 권한을 상실할 것이다. 그런데 지방관료는 정책결정기능이 약하기 때문에 통일이 북한지방행정의 공백을 초래할 우려가 있다.

따라서 통일 후 유능한 관료가 빠르게 육성 내지 보완되지 않으면 행정의 공백이 장기화되어 행정의 와해를 가져올 수 있다.

2) 통일 후 북한지방행정 정비의 기본방향

(1) 당과 행정의 분리

북한지방행정정비의 가장 기본적인 조건은 북한행정의 기본성격자체를 변화시키는 것이다. 그를 위해서는 지방행정조직과 노동당조직을 분리시키는 것이 필요하다. 분리의 방법으로는 다음을 제시할 수 있다.

① 지방당과 지방행정조직과의 연계조직인 지방인민위원회를 즉시 폐지해야 한다.

② 지방행정조직 내에 설치된 당기구나 사회안전부 지부 등 정치성과 이념성이 큰 비행정성 조직을 폐지 내지 철수시켜야 한다.

③ 노동당의 행정참여를 규정한 헌법 등 관련법을 즉시 폐지해야 한다.

(2) 이념과 행정의 분리

북한지방행정을 지배하는 이념은 사회주의사상과 주체사상이다. 이런 이념은 지방행정조직과 분리되어야 한다. 분리되어야 하는 이유는 다음과 같다.

① 이념과 행정을 분리함으로써 행정의 전문화노력에 도움을 줄 수 있다.

② 통일로 발생하게 될 북한시민의 이념상의 혼동은 북한사회혼란의 주요원인이 될 것이다. 따라서 지방행정조직은 이념혼동의 시간을 단축하고 이념과 행정활동의 한계를 명확히 구분함으로써 이념혼동으로 발생하는 사회혼동이 행정조직으로 확산되는 것을 막을 뿐 아니라 사회전체가 이념혼동을 겪는 시간을 단축시키는 역할을 해야 할 것이다.

③ 통일 후 북한행정조직의 재정비를 위해서는 북한지방공무원의 충원경로를 재조정하는 것이 필수적이라고 할 수 있다. 이념과 행정의 분리는 바로 새로운 충원을 위해서는 어떤 기준을 세워야 할 것인가를 정하는 데 도움을 줄 것이다.

(3) 남한지방행정공무원의 북한지방행정에의 참여

통일은 북한지역행정에 있어서 남한행정이 보유한 행정기술과 경험에 대한 수요를 증가시킬 것이다. 이것은 어떤 해석을 하든지 간에 남한행정공무원의 북한행정에 대한 참여의 수요증가를 의미한다. 따라서 남한공무원이 북한행정에 참여하게 될 경우의 참여형태에 대해서 논의할 필요가 있다고 할 수 있다.

그러나 이 문제는 상당한 이권이 개입할 소지가 있고 남한행정의 단점을 고스란히 이전시킬 수도 있다는 점에서 매우 신중을 기울여야 하는 부분이다.

북한지방행정에 대한 남한공무원의 참여형태는 다음과 같은 3가지를 생각해 볼 수 있다.

① 계선책임자로 참여

남한공무원이 북한지방행정조직의 상급책임자 내지 최고책임자, 즉 계선의 책임자로 직접 참여하는 것을 생각해 볼 수 있다. 이 형태는 다음과 같은 긍정적인 면과 부정적인 면을 갖고 있다.

(i) 긍정적인 면 : 이 방법이 성공한다면 북한행정개혁의 현실적이고 직접적인 실현이 이루어질 수 있으며, 정비와 개혁의 시간을 크게 단축시킬 수 있을 것이다.

(ii) 부정적인 면 : 북한지방시민들이 남한에 흡수됐다는 피해의식을 가질 우려가 매우 크며, 계선책임자로 활동하기 위해서는 북한지방현황에 밝아야 하는데 그런 공무원이 남한에는 많지 않다는 문제가 있다.

② 계선책임자의 핵심참모로 참여

남한의 공무원이 북한지방행정조직의 계선책임자에 대한 핵심참모나 고문의 위치에 참여하는 방법을 생각해 볼 수 있다. 여기에는 다음과 같은 긍정적인 면과 부정적인 면이 있다.

(i) 긍적적인 면 : 남한의 행정기술과 경험을 이전하는 과정에서 발생할 수 있는 거부감, 피해의식 등을 다른 방법에 비해서 상대적으로 줄일 수 있고 북한행정은 북한시민의 손에 의해 움직여야 한다는 측면에서 볼 때 바람직하다고 할 수 있다.

(ii) 부정적인 면 : 통일이 되면 북한지방행정조직의 계선책임자가 자질이나 통일전의 경력에 대한 시비로 교체되거나 권한이 상실될 가능성이 크다. 이처럼 계선책임자의 위치가 불안정해 진다면 그를 보좌하는 참모의 위치 또한 불안정해져 행정기술과 경험이 잘 활용되지 않거나 늦어질 가능성이 크다. 또한 참모가 갖는 근본적인 한계, 즉 계선의 불신임과 경계 · 최종책임을 지지 않는다는 점 등 때문에 이 방법에도 문제가 있다.

③ 지방행정조직과는 별도의 지원조직을 만들어 참여하는 방법

(i) 긍정적인 면 : 북한사회의 혼란이 증폭되거나 안정되는 것에 관계없이 확실하고 안정적으로 행정기술을 이전시킬 수 있는 토대를 만들 수 있다는데 의의가 있다.

(ii) 부정적인 면 : 별도의 지원기구를 설치 운영하기 위해 필요한 많은 재원과 인력을 남한에서 담당해야 하는데 현실적으로 이것은 남한정부에 큰 부담을 줄 것이다. 또한 지방행정에 관여하는 조직을 증가시켜 기존 행정조직을 무력화 내지 허실화시킬 우려가 있다.

④ 비 판

3가지 방안은 나름대로 장단점이 있으나 가장 채택가능성이 있는 안은 1과 2안의 혼합이라고 할 수 있다.

현직의 계선책임자가 유능하고 지역주민으로부터 신망과 인정을 얻고 있다면 2안의 참여를 하고, 그렇지 않고 무능하고 강한 당성을 보유하고 있으며 지방행정조직이 당과 이념의 영향력을 벗어나지 못하고 있을 경우에는 1안으로 참여하는 것이 바람직할 것이다.

(4) 충원경로의 정비

북한지방행정을 정비하는 필요성은 다음과 같이 2가지로 압축할 수 있다.

첫째, 북한행정의 권위근거와 존립근거를 당의 인정과 신임에서 시민의 동의와 신임으로 빠르게 전환시켜 본래 행정이 수행해야 하는 임무를 제대로 수행할 수 있도록 하는 것이다.

둘째, 통일 후 상당기간동안은 북한지방행정이 사회변화의 주체를 담당하도록 하기 위함이다.

이를 위해서는 북한지방공무원의 충원경로를 재정비할 필요가 있다.

충원의 기본방식은 공개시험제를 채택하고 시험내용으로는 이념성과목은 배제하고 행정의 기본정신과 행정기술의 빠른 습득을 위한 과목으로 정해야 한다. 윤리, 외국어, 문학, 한문, 행정학, 경제학, 전산학 등을 그 예로 들 수 있다.

3) 북한지방행정과 지방자치의 문제

남북한의 통일이 2000년대에 이루어진다면 통일당시까지 남한지방정부는 큰 이변이 없는 한 최소한 10여 년간의 지방자치실시의 경험을 갖게 될 것이다.

그렇다면 통일이 되면 북한지방행정에도 지방자치제도를 실시할 것인가 하는 문제가 자연스럽게 제기될 것이다. 따라서 이 문제에 대해서도 논의할 필요가 있다.

이 문제에 대해서 대두될 수 있는 찬성론과 반대론은 다음과 같이 예상될 수 있다.

(1) 찬성론

① 북한지역에 있어서 지방자치의 실시는 북한시민의 행정참여기회를 정당화하고 현실화시킴으로써 북한사회변화를 가속화시킬 수 있을 것이며, 남한행정조직이 보유한 자치기술과 경험에 대한 필요성을 높여 양조직의 관계를 더욱 협력적인 관계로 전환시킬 수 있을 것이다.
② 남한시민만이 자치를 경험하고 북한시민은 경험하지 못한다면 양시민간의 형평성에 문제를 제기할 수 있다. 형평성을 충족시키기 위해서도 실시해야 한다.
③ 지방자치의 실시는 북한행정조직에서 이념성과 당의 영향력을 빠르게 제거시킬 수 있을 것이다.

(2) 반대론

① 행정은 사회혼란의 파급을 막는 방파제 역할을 수행해야 한다. 그런데 통일이 되면 북한사회 전반이 혼란에 빠질 것은 자명하다. 그런데 이런 혼란한 '행정의 주위환경'에서 자치단체의 장과 의회의원을 뽑는 지방선거가 시행된다면 행정내부로 사회혼란이 파급되고 이것은 지방행정의 공백을 초래할 수 있다.
② 북한지방행정조직이 자치를 받아들일 준비가 되었는가를 정확히 알아보아야 한다. 북한행정조직의 대시민관은 남한행정조직의 그것과는 기본구조자체가 다르다. 지방자치는 본래 남한행정조직의 시민관과 일치하는 것이다. 따라서 북한행정조직이 자치에 적합한 시민관으로 전환할 시간을 주지 않고 자치를 시행하는 것은 북한행정조직에게 당혹감과 반발심, 향후 행정조직의 미래에 대한 불안감을 갖게 만들 것이다. 이것은 지방자치실시의 효과를 크게 경감시킬 것이다.
③ 한마디로 아무나 자치단체장이나 의원에 출마할 수 없다는 것이다. 지역사회에서 영향력이 있고 조직력, 자본력이 있어야 하는데 북한의 일반시민에게서 그런 조건을 갖는 사람을 찾는 것보다는 과거 행정의 고위층이나 당에 참여했던 사람들 속에서 찾는 것이 더 쉬울 것이다. 후자의 성향은 다분히 보수적이고 사회변화에 저항적일 것이다.

따라서 지방자치의 실시는 자칫 북한지방행정을 극좌 보수파 인사가 지배하는 형국을 초래할 수 있을 것이다. 엘친이 이끄는 러시아가 대표적인 사례를 제공해준다. 러시아의 최고회의와 지방의회에는 선거로 뽑힌 다수의 보수파의원들이 개혁에 제동을 걸고 중앙권력의 분산을 시도하고 있다. 지방자치를 북한에 실시하게 되면 러시아와 같은 상황이 초래될 수 있을 것이다.

(3) 비 판

결론적으로 북한에 지방자치제의 실시는 반드시 이루어져야 한다. 그러나 그 실시에는 일정기간의 여유가 있어야 한다. 지방행정을 정비하는 목적은 사회혼란의 파급과 지속을 최소한으로 단축하고 국제사회에서 통일한국의 성장토대를 만들며, 사회이질성을 빠르게 줄이기 위한 것이다. 그런데 지방자치제의 실시는 위의 목적을 수행하기 위한 정비과정에 너무 많은 불안정성을 조장할 것이다.

북한지방행정의 정비는 개혁과 그 의미가 상통한다. 개혁과정에서는 개혁에 소외되는 기득권층의 저항과 반발이 거세게 일어나는데, 특히 북한의 정비는 오랜 세월동안 보지도 못한 그리고 겪어보지도 못한 생활양식, 가치관, 행정기술을 가진 남한 행정가의 대대적인 참여 속에 일어나기 때문에 그 저항의 강도는 거의 혁명과정에서 일어나는 저항의 강도와 맞먹을 수도 있을 것이다.

이런 예상되는 강력한 저항에 대비할 수 있고 북한사회정비의 속도를 가속화하기 위해서는 무엇보다도 북한지방행정의 시급한 안정이 중요하다고 할 것이다. 따라서 북한지방선거의 실시는 최소한 북한지방행정조직의 기초적인 안정이 이루어진 이후로 미룰 필요가 있다.

북한지방행정조직의 기초적 안정의 내용은 다음 사항을 담고 있다.

① 북한지방행정조직의 상위직 행정가의 교체가 완료되어야 한다. 또는 기존의 상위직 행정가의 새로운 행정조직에 대한 적응이 이루어져야 한다.

② 남한 행정가의 북한지방행정정비참여의 폭이 각 지역의 여건에 맞추어 안정적으로 그리고 명확히 또는 묵시적으로 설정되어야 한다.

③ 북한지방행정조직이 남한의 지방행정조직이 시민에게 제공하는 행정서비스중 기초적인 서비스를 제공하고 있어야 하며, 이 활동에 대한 서비스공급자인 행정공무원과 수요자인 일반시민간에 익숙한 수용이 있어야 한다.

3. 北韓地方行政 整備時 注意事項

1) 북한 기득권층의 저항에 대한 예방

북한지방행정정비의 기본방향은 위에서 언급한 바와 같이 당과 행정의 분리, 이념과 행정의 분리, 남한 행정가의 참여, 새로운 교육을 받고 자유민주적인 가치관을 갖는 사람의 행정가로의 충원 등이다. 이런 방향으로의 지방행정정비는 기존의 지방행정에 참여하고 있던 당원, 사회안전국원, 상위 행정요원들의 기득권상실을 가져올 것이다.

이러한 기득권을 상실한 층이 기득권의 계속적인 유지를 위해 사회불안을 고의적으로 조장할 가능성이 매우 크다고 할 수 있다. 따라서 이들에 의한 사회불안 조장을 어떻게 막을 것인지, 이들의 불안감을 증가시키지 않고 정비를 추진할 수 있는 방법은 무엇인지에 대한 연구가 추가로 이루어져야 할 것이다.

2) 대한민국 행정가의 일방적 지배

남한행정가가 북한지방행정을 지배한다는 분위기가 조성될 우려가 매우 크다.

북한지방행정정비의 가장 큰 핵심은 남한행정가가 북한행정에 직접 참여하여 변화를 이끌어내는 것이다. 이것은 당연하고 적절하다고도 할 수 있다. 그러나 이것은 자칫 북한시민과 북한행정가가 자신들이 남한정부에 의해 지배받고 있다는 생각을 갖도록 할 수가 있다.

이것은 매우 어려운 문제이다. 이것은 어떤 제도나 법률로 해결되는 문제가 아니다. 남한행정가가 어떤 가치관과 의식구조를 가지고 북한정비에 참여할 것이냐에 의해 결정되는 문제이다. 그리고 최고 통수권자가 통일한국 속의 북한의 지위설정에 관해 어떤 생각을 갖고 있는가에 의해 결정될 문제이다.

따라서 북한정비의 기본 틀은 다음 2가지여야 하다.

첫째, 북한사회의 빠른 변화이고, 둘째는 진정한 동반자관계(real partnership)의 빠른 구축이라고 할 수 있다. 이 양자는 동시적으로 이루어져야 한다. 어느 하나만을 우선시하면 다른 것은 당연히 무시되고 이것은 후에 고칠 수 없는 치명적인 아픔을 민족사에 남길 것이다.

국가성장을 위한 토대에만 급급한 나머지 남한사회의 행정기술을 여과 없이 투입하고 남한행정가를 무분별하게 참여시키게 되면 이것은 북한과 남한사이에 현실적인 생활뿐만 아니라 심리적으로도 우열관계와 지배·복종관계, 북한시민의 피해의식을 초래할 것이기 때문이다.

통일이 양시민간에 감정적 대립을 초래한다면 진정한 동반자관계가 성립될 여지가 없어지고 이것은 북한사회변화의 속도를 늦추게 될 것이다.

3) 대한민국 지방행정의 문제점 이식

남한지방행정의 문제가 그대로 북한지방행정에 이전될 가능성이 매우 크다.

남한지방행정의 문제점은, 첫째 유능한 인재의 충원이 원활하게 이루어지지 않고 있다는 점이다. 행정에 투입되는 인력 중 현재 가장 우수하다고 인정되는 공채사무관의 경우 내무부는 기피부처가 되고 있고 실질적으로도 내무부의 공채출신자에 대한 대우 자체도 열악하다고 할 수 있다. 둘째, 중앙정부에 대한 의존도가 높다는 점이다. 셋째, 지방공무원의 소극적 업무수행을 들 수 있다.

위와 같은 남한지방행정의 문제점이 북한지방행정에 고스란히 이전된다면 통일한국은 똑같은 또 하나의 문제점을 만드는 결과만 될 뿐이다. 이 점을 주의해야 한다.

4) 전문행정가의 참여통로확보

북한지방행정을 효율적으로 정비하기 위해서는 무엇보다도 남한의 행정가 중에서도 유능하고 열의 있는 행정가가 적극 참여해야 한다.

그러나 현실적으로 유능한 행정가가 북한정비에 참여할 가능성은 매우 낮다. 첫째, 북한사회의 불안정한 상황은 남한행정가에게 자신의 신변상의 불안감을 갖게 만들 것이고, 둘째 주변 생활시설이 열악하여 거주상의 문제가 있고, 셋째 북한행정에의 참여는 장기간의 참여를 요구하는 바 경우에 따라서는 생활권의 완전한 이전을 필요로 할 것이다. 이런 어려움이 예상되는 상황에서 참여를 적극 받아들일 젊고 유능한 행정가가 얼마나 될지 의문스럽다.

그러나 젊고 유능한 행정가의 적극참여는 북한정비의 성공의 관건이다. 따라서 젊고 유능한 행정가가 적극 참여할 수 있는 방안의 연구가 필요하다.

5) 북한주민의 동요 예방

북한사회에서 집단행동이 폭발적으로 일어날 가능성에 대비해야 한다.

통일이 되면 북한시민은 남북한 생활수준의 격차를 인식할 것이다. 또한 북한행정의 정비는 북한행정의 성격이 근본적으로 변할 것을 요구하게 되고 또한 그렇게 이루어질 것인데 이것은 북한시민이 그 동안 겪어왔던 북한행정활동에 대한 누적된 불만을 폭발시키는 계기를 제공할 수 있을 것이다. 또한 통일 전까지 행정의 정책을 결정하고 행정에 권위를 부여해오던 당인사가 행정에서 물러나거나 그 권한을 잃게 될 것이고 또한 남한행정의 지원이 늦거나 그 진척속도가 지지부진해질 경우 이것은 북한행정의 무능으로 나타날 것이다.

이런 여러 요인들은 북한시민들이 집단적으로 문제를 제기하고 집단행동을 일으키도록 할 가능성을 매우 크게 한다.

6) 논의의 한계

지금까지의 논의는 추론적 방법에 의하였다. 추론적 방법을 채용하면 읽는 사람으로 하여금 처음부터 신뢰도를 일정부분 상실하고 들어가게 한다. 따라서 추론적 방법이 갖는 나름대로의 타당성에도 불구하고 신뢰성의 한계를 가지고 있다고 할 수 있다.

이런 한계를 인정하지만 지금까지 해온 논의는 나름대로 큰 의의를 가진다고 생각한다. 무엇보다도 이 논의는 자료가 사실상 전무한 상태라 할지라도 북한정비에 관한 논의를 진행시킬 수 있다는 어쩌면 당연한 사실에 대한 본격적인 인정을 할 수 있는 계기가 될 수 있을 것이기 때문이다.

사 항 색 인

[ㄱ]

가내시액 261
가변적 계획 451
가용재원 460
가치재 599
간선형 233
간접경영방식 439
간접경영사업 438
감량경영 612
감량경영형 629
감량형 630
감사원법 374
감사직열 498
감축관리 448
강시장형 233
강제설립 391
개괄적 열거주의 249
개괄주의 249
개발권 115
개발이익환수금 445
개발이익 642
개발제한구역 528
개발행정 657
개발행정지원 기능 571
개인복지 66
개인정보보호법 79
객체적 조건 584
거시적 재정운용제도 459
건설사업소 700
건전재정 460
건전재정의 원칙 409
건축허가 532
검사위원 421
검사의견서 422
겸직 353
겸직금지 246
경관 522
경력직 지방공무원 490
경력직 498
경비 414
경비부담원칙 372
경상예산 418
경상적 수입 410
경성부 522
경영권 보장 678
경영수익사업 477
경영정책 639
경영정책론 639
경영참가행정 619
경영행정 478, 611
경영행정론 632
경영행정이론 611
경영화 632
경정예산 419
경제개발비 417
경제관리 696
경제균형기회법 607
경제기반모형 584
경제선동사업 700
경제시스템 627
경제안정성장촉진법 459
경제적 개발 595
경제효과 659
경직성 570
계급제 497
계내이동 504

계량화 35
계속비 414
계속사업비 256
계층형 344
계획된 손실 668
계획승인제도 455
고객 619
고도산업사회 36
고용직지방공무원 491
고유사무 147
고정자산세 587
공·사분담론 449
공간시스템 627
공개경쟁시험 486
공공서비스 623
공공지출계획 455
공공투자론 642
공공투자비용 643
공공하수도 533
공기업채 428
공기업형 630
공모공채 446
공무원교육체계 380
공무원교육훈련법 518
공무원참가론 74
공문서공개제도 78
공문서공개조례 83
공법상부담 426
공법인 393
공산주의적 인간양성 695
공선의회 46
공원 533
공익성기금 442
공적·사적 경계의 이동 669
공정보수(fair return) 474
공직분류제 496
공직자해직청구제도 99
공채발행 410
공평성 584
공해방지 609
과세자주권 633
과세제도의 지역화 586
과소문제 583
과소지역 590
과소지역진흥특별조치법 590
관광세 468
관료관리형 657
관료우위론 350
관료제도 42
관료주의 703
관리사회 68
관리의 인간화 493
관리적 책임성 664
관리학적 접근방법 27
관리화 639
관민파트너쉽 673
관민협력 612
관찰사 522
관청경영형 628
관청형 630
관치행정 32
관할구역 114
광고세 467
광역공사 544
광역구 542
광역시세 425
광역의회 543
광역적 공익효과 587
광역적 행정수요 377
광역행정수요 541
교구 91
교부금 433
교부금제도(aid-in-grants) 409
교육과정 507
교육비특별회계 319
교육수요조사 514
교육위원 305
교육위원예정자 306
교육재정 319
교육직류 498

교육훈련 506
교육훈련기관 292
교육훈련수요 508
구빈 662
구빈법 53, 296
구성주의 593
구역변경 117
국가공무원 485
국가공무원제 484
국가관여 343
국가법 349
국가보위부 698
국가사무 157
국가시책구현의 원칙 410
국가재정 408
국가주도 567
국가통합성 유지 567
국고보조금 361, 430
국고보조금제 370
국고보조금제도 410
국고보조율 370
국민연맹 628
국민주권주의 486
국세 466
국외연수 512
국제교류 510
군참사관 349
권력분립제도 51
권력분산형 404
권력적 관여 344
권력적 집권 53
권력적 집권론 342
권력적 행정감독 361
권력제한원리 67
권력지향성 71
권력통합주의 98
권리 491
권위주의 703
권한대행 289
권한이양 378
규모경제성 583
규범론적 접근방법 27
규약변경 393
규제완화 666
규칙 160
규칙제정권 144, 161, 281, 317
균등분배 37
균등희생 464
근린지역사회 594
근무규칙 488
금융제도의 지역화 586
금전급부의무 427
기계적 능률 33
기관대립형 233
기관위임사무 147
기관통합주의 684
기관통합형 231
기금 465
기금채권 446
기금출연금 445
기능(사무) 재배분 567
기능의 이원화이론 487
기본계획 458
기본구상 458
기본법 95
기술계 직군 499
기술직공무원 490
기술직수당 505
기술혁신 404
기업가적 정신자세 512
기업경영 616
기업경영형 629
기업시스템형 657
기업적 경영행정론 649
기업형 630
기준보조율 434
기채승인 442
기채자주권 633
기초수요 접근방법 565
기초자치단체우선의 원칙 157
긴급재정·경제처분·명령 481

[ㄴ]

낙도진흥 589
납세자소송제도 130
내부경찰권 273
내부자율권 255
내용적 수요조사 514
능동적인 실체 30
능률 493
능률성 483

[ㄷ]

다극분산형 국토형성촉진법 591
다단계 수평이동 501
다목적특별구 49
다수결원리 69
다원성 34
다층제 113
단기적 균형화전략 577
단일목적특별구 49
단점 277
단체위임사무 147
단체자치 59
단층모형 707
단층제 113
당 682
당과 행정의 분리 711
당연퇴직 314
대가관계 464
대리기관 149
대립 40
대립형 323
대방청인질서유지권 273
대부이자율 447
대부자금 446
대외채무 411
대응력 376
대응성 116
대의정치론 53
대의회제도(다수주의) 241
대중교통자금충당세 470
대중교통행정 533
대중선택이론 66
대집행 363
대체정책 24
대표권 315
대표적 주민총회 235
대항적 개념 63
도·농복합형 119
도·농분리형 120
도·농통합적 행정구역제도 579
도·농통합형 120
도경공업위원회 689
도농촌경리위원회 688
도로공간점용료 472
도로점용료징수조례 472
도세 425
도시개발 56
도시경영 612
도시경영론 613
도시계획 532
도시계획공람제도 609
도시계획법 607
도시계획세 408
도시계획자문절차 607
도시관리 612
도시권행정협의회 575
도시문제 41
도시사회 41
도시재개발사업 535
도시적 토지이용규제 569
도시정책 622, 633
도시행정과정 530
도시행정론 27
도시혁명 41
도시화 37, 508
독립적 경제주체 463
독립채산제 439, 442
독점권 442
동기유발 517
동작화과정 33

동태적 보수주의 448

[ㅁ]

막료조직기능 77
말소속지 118
명목적수입 464
명시이월비 414
명예 등의 제한 491
명예직 244
명예직공무원 484, 498
명예퇴직수당지급에 관한 규칙 488
목적세 425
목적외 운영 420
목표관리형 657
목표달성도 33
몬트리올 도시공동체 547
무기명비밀투표 264
무상치료제 698
무오류의 권력자 682
문서사무관리 379
문서열람제도 79
문예교육 600
문예진흥기금 600
문화공보직열 498
문화예술인 601
문화예술행정 601
문화운동론 600
문화지역주의 594
문화체육비 438
문화촉매(cultural animation) 597
문화촉매운동 600
문화행정 598
물리적 개발 595
민간부문활용 672
민간에너지 648
민간자본유인장치 678
민간자본유치 574
민방위비 417
민방위업무수당 505
민방위운영비 438
민영화 449, 665
민자사업 574
민자유치 674
민자유치기본계획 676
민주경영론 632
민주성 483
민주적 공무원제 486
민주주의중앙집권제 683
민주화의 법률적 구현 111

[ㅂ]

발전모형 492
발전방안 493
발전지표 32
배상책임 153
배제주의 154
법령준수의무 491
법무직류 498
법인 404
법인경제 403
법적 책임성 664
법정교부세률 370
법정보조율 435
법정외세제 471
법정의무적 경비 262
법정자본금 445
법치주의 481
변동역군 506
변상책임 442, 491
변수 508, 551
변화의 중심지 43
별정직지방공무원 490
보건진료기관 292
보궐선거 280
보상 491
보수제도 369
보수체계 505
보조금관리법 437
보조기관 275, 494
보증채무부담행위 411

보통교부세 431
보통세 425
보편성의 원칙 424
복권 429
복무조례 488
복종의무 491
복지균등화 541
복지행정 657
복합사무조합 45
복합사무처리 390
본예산 413
봉급 491
부가가치세 587
부교육감 317
부단체장 288
부담금 433
부담분화의 원칙 424
부대비용 660
부동산투기 574
부윤 522
부의장 264
분권적 관여 356
분권형 447
분리적 행정구역제도 572
분립형 344
분별성의 원칙 424
분쟁조정 376
분파주의(sectionalism) 232
불경제현상 583
불공평세제 465
불복소송 365
불신임권 320
불신임의결 265
불필요론 267
비경제효과 660
비교우위 671
비국유화 666
비권력적 관여 344
비능률성 570
비목 420
비상근공무원 498
비수익성사업 574
비용효과분석기법 621
비집행기능 402

[ㅅ]

사기 493, 500
사무관리형 657
사무국 274
사무위임 374
사무위임권 285
사무위탁 113, 385
사무의 관리·집행권 281
사무인계 285
사무처 274
사법기관에 의한 명령제 362
사법심사 83
사법적 관여 346
사실론적 접근방법 27
사심관제 101
사업계획 458, 676
사업수지(재정)효과 660
사업예산 418
사용료 408, 425
사용료수입 472
사용자부담 449
사임 279
사전심의기관 309
사직 272
사회·노정직류 498
사회간접자본시설 675
사회간접자본시설에 대한 민간자본유치 촉진법 674
사회개발비 417
사회개혁 65
사회계약 72
사회변동 30
사회복지비 438
사회시스템 627
사회안전부 698

사회안정 30
사회적 능률 33
사회적 합의형성 73
사회직렬 498
사회통합 39
사후감사 374
사후평가 519
산업경제비 438
산업화 508
상급요직 501
상담직공무원 498
상명하복관계 385
상수도사업 532
상업차관 678
상임위원회 266
상호권한의존관계모형 337
상호의존관계론 351
상환금 420
생산업적수당 505
생활권 115
생활행정 34
서명 270
서비스공급형태론 646
서울특별시세 425
선거형 233
선결처분권 283, 316, 325
선진국 402
선출권역 305
선택과 부담 449
선택적(임의적) 투표제 123
성문법인 91
성실의무 248
성적주의 486
성품 488
세목 423
세무직류 498
세외수입 및 기금수입 464
세원 466
세율 423, 466, 481
세입세출예산 414
세입예산 416
세출예산 416
소극적 감독 148
소극적 보고·진술권 254
소극적 주관쟁의 394
소득창출효과 660
소방공동시설세 408
소방기관 292
소비의식 585
소속행정기관 275, 292
소송사무 522
소양교육 508
소의회제도(소수주의) 241
소인행정 554
손해배상책임 491
수급불균형 511
수당 491
수도권광역행정조정위원회 524
수도권연합정부 540, 580
수도권정비계획법 550
수도권정비심의위원회 575
수도권지역 524
수도청 543
수도청설치안 543
수령 682
수산협동관리이사회 689
수수료 408, 425
수수료수입 475
수수료수입원 475
수요유발효과 659
수요증가율 476
수의적 자치사무 512
수익성 보장 678
수익자부담 472
수익자부담의 원칙 449
수익자부담제 646
수임사무 374
수입·지출 422
수입신장율 470
수자원세 470

수장제 321
수정예산 258, 413
수직적 관계모형 337
수평·경쟁관계론 351
수평적 관계모형 336
수혜자 619
승인 360
승진시험제도 489
시·군분리 44
시·군세 425
시·군통합 44
시·군협동농장경영위원회 688
시·모의회의원정수 238
시민사회 36
시민집단운동 405
시민참가 72
시민통제형 657
시범도시 및 광역도시개발법 607
시설개발 577
시설비 420
시설사업기본계획 676
시장단체 352
시지배인제 234
시지배인제도 99
시헌장 347
시험연구기관 292
신권한배분(new right)사조 341
신권한배분법 56
신규참가자 643
신분 및 직위보유권 491
신분보장 486
신세원 371
신용보증기금 679
신중앙집권주의 55
신중앙집권화 56, 341
신중앙집권화현상 335
신지방공무원법 57
신지방분권화 56, 342
신지방선거법 57
신지방재정법 57
신청주의 원칙 435
실비변상 491
실습중심교육 517
실시계획 677
실증적 정의 54
실행가능성 664
실행예산 418

〔ㅇ〕

안정성의 원칙 424
압력·이익단체 354
약시장형 233
양도소득세 587
업무추진비 420
여론조성 354
여비조례 488
역할갈등 596
역할분담 527
연계개발계획 541
연고주의 353
연고채 446
연금 491
연동계획 457
연동계획내용 462
연동계획체제 462
연동계획환경 462
연동방식 455
연동화(escalation) 461, 475
연동화계획 451
연동화지침 461
연방국가 62
연합처리방식 627
연합체 555
열거주의 249
영기준예산 450
영기준예산제도 450
영리행위금지 278
영리행위제한 246
영향력 351
예비비 414, 417

예산심의권 256
예산절감 617
예산총칙 414
예산편성기본지침 415
예산회계법 459
예시적 열거주의 154
예측 35
오수세 467
Y이론 494
외부불경제 470
요직 501
위원회제도 265
위원회형 행정조직 548
위임형 의결기구 309
위탁경영방식 441
위탁금 433
유급직 244
유급직공무원제도 484
유상복지 662
유상복지제도 664
유상봉사자 663
유상화 650
유일성 521
유일적 지도체제 701
육조 522
응능주의 645
응익성의 원칙 424
응익원칙 464
응익주의 408
의결권 249
의무 491
의무교육경비 319
의무불이행 328
의무태만 328
의사결정항목 450
의사분권화 144
의사제척의 원칙 269
의식구조 454
의원내각제 321
의장 264
의정활동비 244
의존(조정)재원 430
의회규칙 270
의회우위주의 98
의회해산권 320
2차적 입법권 347
이권화 479
이념과 행정의 분리 711
이상형자치 39
이용 420
이원적 대표민주제 40, 71
이의소송 365
이익집단 400
이익표출기능 86
이자수입 425
이중적 지위 60
이차보전재원 446
이체 420
인가 360
인간개발 595
인건비 420
인민 682
인민경제계획 699
인사감독권 361
인사관리제도 369
인사교류방식 494
인사규칙 516
인사위원회 368, 493
인사평정 515
인수선 429
인적 집단 484
1인 집권제 684
일반목적구역 115
일반법 347
일반성 521
일반의결정족수 269
일반지방자치단체 112
일반직공무원 490
일반채 428
일반행정비 417, 438

일반회계 413
일부사무조합 45
일사부재의 원칙 269
일선기관 31
일선행정 34, 484
임기제 146
임면권 281
임명형 233
임시수입 465
임시적 수입 465
임시회 267
임의법 347
임의설립 391
임의적 의결사항 255
입법적 관여 345
입법적 해결방식 394
입헌강령 53

[ㅈ]

자격상실결의 272
자격심사 272
자금배분계획 451
자기기관선임원칙 368
자기발견의 논리 76
자료제출 376
자문기관 294
자발적 사회단체 705
자본금 445
자본예산제도 560
자본참여방식 441
자원(resources) 355
자원봉사직공무원 498
자원세 470
자유민주주의 63
자유재량 478
자유토론 보장 273
자유화 666
자주권활용형 658
자체감사 375
자치계층 114
자치구 113, 526
자치구역 115
자치구조합 528
자치단체수입화 475
자치입법권 144
자치분쟁조정위원제도 394
자치의식 61, 90, 564
자치재정권 147
자치적 분권 57
자치조직권 145, 291
자치행정 32, 34
자치행정권 146
자치행정기능 384
작은 정부 341
잔여지구 116
잠재력 405
장기재정전망 455
장기적 균형화전략 577
장기차입금 465
장점 276
재경직류 498
재량권 488
재무직류 498
재무회계규칙 417
재무회계론 625
재산수입 425
재원론 637
재원조정 526
재원조정특례 530
재원확보방안 453
재의요구권 282, 324
재의요구명령 362, 364
재정계획 458
재정력지수 590
재정민주주의 257
재정안정화 기능 410
재정자주성 463
재정자주성의 원칙 410
재정재건계획 455
재정정보 460

재정정책 460
재정중기전망 455
재정한계 645
적극적 보고·진술권 254
적극적 주관쟁의 394
적극적 행정 407
적극행정 478
적실성 555
전기세 467
전담조직 570
전문가 403
전문가주의 402
전문성 제고 495
전문지식 487
전문직업행정인 503
전문직지방공무원 490
전문행정가 502
전문행정관리관제도 92
전문행정인 502
전문화 495
전보 500
전보제한기간 501
전용 420
전인교육 517
전임교관단 517
전직시험 500
전환(conversion)과정 338
점변주의 23
점변주의적 정책형성방식 25
점진모형 707
접도건물 473
접도건물의 접도사용료 472
정당 399
정당참여 400
정량무한정의 근무의무 491
정령 101
정례회 267
정률세 470
정무직 지방공무원 242, 490
정보개시청구권 79
정보공개 79
정보공개법 381
정보분석체제 541
정보제공 512
정보화사회 509
정보화시대 509
정부가 없는 공간영역 43
정부간관계 336
정부간자문위원회 352
정부투자기관관리기본법 447
정액세 470
정족수 303
정착성의 원칙 424
정책 21
정책결정 626
정책결정참여 487
정책경영 613, 624
정책경영형 629
정책과학 22
정책금융기관 444
정책분석론 22
정책추수론 634
정책학적 접근방법 27
정책형 630
정책형성과정 21
정책형성론 625
정책형성집단 402
정책화 639
정책활용형 630
정치·사회과정 21
정치역학 335
정치역학관계 88
정치문화 96, 406
정치사업 696
정치운동 및 집단행동금지 491
정치의 지역적 실험장 67
정치인 242
정치자원 350
정치적 불안정성 42
정치적 조직체 401

정치적 중립성 486
정치적 책임성 664
정치적 행위자 401
정치학적 접근방법 27
정치화 83, 632
정치활동 487
제1종시설 675
제2종시설 675
제3섹타 673
제도적 조건 584
제도형성 669
제복·제모착용권 491
제소명령 364
제한세율제 470
제한적 의결기관 300
제한적 자치권 95
조례 158
조례제정·개폐청구권 160
조례제정권 144
조세법률주의 481
조세저항 464
조세징수교부금 537
조정위원회 389
조합장 392
존위 102
종목 481
종할식 557
종합계획 458
종합과학성 26
종합과학적 접근방법 27
종합성 34
종합적 지역행정체제 571
종합행정 35
종합행정가 502
종합행정인 503
좌수 101
주관쟁의조정 394
주민 121
주민감사청구제 130
주민동원체제 702
주민발안 62
주민발안제 128
주민복지 406
주민세균등할 408
주민소환 62
주민수요성악설 634
주민운동 70, 354
주민의 권리 122
주민자치 59
주민주권의 주체 76
주민주권행정 38
주민주도형 지역개발 565
주민집회 608
주민참가 68, 72
주민참여 380
주민청원 608
주민총회제 235
주민최저수요 635
주민통제 300, 415
주민투표 62
주민투표제 123
주법 347, 349
주의 창조물 348
주체사관 682
주체적 조건 584
준개방공간 600
준거기준 452
준공공재 477
준광역시 534
준광역시행정 534
준국무위원 559
준예산 260, 415
준요직 501
준주권적 지위 62
준한직 501
중·장기지방재정계획 457
중기관리 535
중기재정계획 455
중기재정계획제도 451
중기지방재정계획수립지침 461

중소기업근대화자금 589
중소기업지도기관 292
중앙분쟁조정위원회 395
중앙정치 404
중앙집권 52
중앙집권적 교육체제 695
중앙집권주의 683
중앙행정 28
증량 24
증분주의 23
중원선거 239
지구계획위원회 688
지도·감독권 384
지도·지원행정 570
지록산업 584
지방개발사업단 45
지방경비(세출) 437
지방경비 417
지방공기업 438, 534
지방공단 440
지방공무원 483
지방공무원단체 353
지방공무원법 488
지방공무원보수규정 488
지방공무원수당규정 488
지방공무원수당지급에 관한 조례 488
지방공무원임용령 488
지방공무원제도 484
지방공무원징계 및 소청규정 488
지방공사 440
지방공업육성 697
지방공영기업 588
지방공직분류구조 498
지방교부세 361, 430
지방교부세법 437
지방교육자치제 299
지방교육행정 300
지방궤도사업 533
지방문화 593
지방문화사업조성법 598
지방별정직공무원과 고용직공무원의 임용 등에 관한 조례 488
지방분권 52
지방분권적 행정체제 529
지방분권제 541
지방분권현상 342
지방분권화 144
지방분쟁조정위원회 395
지방선거 399
지방세 423, 466
지방세법 423
지방세수원 478
지방세수입 464
지방세원 466
지방세입기준 409
지방양여금 430
지방양여금제도 371
지방양여세제 371
지방언론 401
지방예산 412, 421
지방의원연합 354
지방인민위원회 687
지방인민회의 685
지방자금 584
지방자치단체분쟁조정위원회 361
지방자치단체의 장 275
지방자치단체조합 390
지방자치론 27
지방자치복고운동 87
지방자치복권 429
지방자치의 위기론 89
지방자치제도 51
지방재정 407
지방재정계획위원회 454
지방재정계획제도 448
지방재정력 463
지방재정법 407
지방재정협의회 352
지방적 관심사항 512
지방적 연방주의 45

지방적 사무 484
지방전문직공무원규정 488
지방정주생활권 566
지방정책형성 21, 401
지방정치 378, 404
지방제도조사회 352
지방채 411, 416, 425, 428
지방채무·채권제한의 원칙 411
지방채무부담 411
지방채발행수입 465
지방특화산업 382
지방행정·경제지도위원회 687
지방행정 28, 31
지방행정계층 113, 366
지방행정기구 498
지방행정수요 508
지방행정활동계획 412
지분국가(주) 62
지식적 집권 53
지식적 집권론 342
지역 564
지역감정 583
지역개발 5개년계획제도 581
지역개발 563
지역개발계획 453
지역개발계획단 581
지역개발계획제도 576
지역개발금융기금 429, 442
지역개발론 27, 641
지역개발비 438
지역개발사업 446
지역개발세 470, 580
지역개발역량제고 566
지역개발행정 565
지역개발형 629
지역경제 382, 581
지역경제성장 582
지역경제육성 533
지역경제제력 581
지역경제직류 498
지역공동사회(community) 28
지역균형개발 및 중소기업육성에 관한 법률 674
지역균형개발특별회계 581
지역문제 41, 51
지역복지·지역개발 624
지역복지 37
지역사회 86
지역사회개발 56, 566
지역산업 577
지역산업개발 577
지역생활권 566
지역서비스 661
지역소비 584
지역수출 584
지역적 특수사업 589
지역정주생활권 개발전략 566
지역주민위원회 607
지역주민조직 604
지역투자 584
지역행정 35
지연산업 641
지원제비 438
지원협력체제 527
지정시제도 538
지하자원세 470
지휘·감독권 285
직렬별 직급구조 499
직무교육 508
직무대리 289
직무대행권 289
직무이행명령 362
직무전념의무 491
직무집행권 491
직무태만 376
직선제 276
직선형 233
직속기관 292
직업공무원제 486
직위남용금지의무 249

직위분류제 497
직접경영방식 439
직접제소 364
집강 102
집권적 관여 356
집권형 447
집단주의 682
집행기관 다원제 234
집행기관 231, 274
집행기관의 일원주의 236
집행정지결정 365
집행형태론 625
징계 273
징계양정에 관한 규칙 488
징계책임 491

[ㅊ]

차등규제 579
차등보조율제 370, 434
차등요율 474
차입재원 411
참가형 주민 38
참사회 234
참정권 130
창도자 506
채무 428
채무부담행위 414
채무상환 418
책임 491
천리마운동 702
첨가소화방식 429
청구인명부 129
청렴 및 품위유지의무 248
청산리방법 702
청원권 271
청원불수리사항 271
청원수리권 254
청취 353
체류세 468
체류세율 468
체제변동의 이론 706
체제변화 706
초광역행정수요 541
최고독임제 행정청 313
최저생계 645
최저수준 513
최적모형 335
추가경정예산 261, 413, 419
추가예산 419
취약성 570
친절공정의무 491

[ㅋ]

커뮤니티 참가 72
쾌적자원 478
쿠테타 65

[ㅌ]

탈지역화현상 586
토론토연합정부 545
토지거래 535
토지공개념 587
토지구획정리사업 535
토지이용배분 578
토지증가세 587
통계직렬 498
통치권 408
통할대표권 281
통합 44
통합형 345
퇴직 272, 280
투자 595
투자계획수립능력 573
투자사업비 262
투자심사분석제도 450
투자적 사업계획 452
투자효과 659
특례 521
특별교부세 370, 431
특별구 49
특별권력관계 486

특별목적 지방자치단체 550
특별목적구역 115
특별목적지방행정기관 296
특별연수 500
특별위원회 266
특별의결정족수 269
특별조치법 522
특별지방자치단체 113
특별지방행정기관 294
특별평가 469
특별평가이익세 469
특별회계 410, 413
특수경력직 지방공무원 490
특수경력직 498
특수업무수당 505
특수업무수당지급조례 488
특이성 521
특정보조금(specific grants) 434
특정지역 지방세제도 580
특정지역보조금(Target Grant) 434
특정직공무원 490

〔 ㅍ 〕

파견제도 485
판윤 522
편익창출효과 659
편입 279
평화적 사회개혁기능 65
폐쇄체제 43
포괄보조금제도(Block Grant System) 34
포괄보조율 435
표준세률 470
풀뿌리 민주주의 64
품위유지의무 491
필수의결사항 255
필요경비 255
필요사무 148
필요적 심의·의결기관 396
필요적 자치사무 512

〔 ㅎ 〕

하부행정기관 275, 294
하수도사용료 467
학교구 300
한계비용가격결정 474
한성부 522
한성판윤 522
한정적 배치 493
한지공무원모집제도 571
한직 501
할거주의(sectionalism) 461, 568
합목적성 33
합법성 감독 148
합법성 33
합병 44
합의 40
합의과정 21
합의제기관 494
합의제행정기관 293
합의체 486
합의형 322
합작투자 667
해산 393
행·재정개혁론 449
행·재정지표 452
행동양식 454
행정계층 114
행정계통 351
행정과정의 민주화 492
행정관리 622
행정관리론 625
행정구역 115
행정국가 85
행정권한 재분배 373
행정기관 의한 명령제 362
행정기구 291
행정능력 378
행정분산 63
행정사무감사 및 조사권 250
행정사무감사 253

행정서비스 656, 662
행정서비스론 644
행정수비범위 449
행정수비범위론 634
행정수요 35
행정수탁자 619
행정위원회 293
행정의 경영화 478
행정쟁송권 491
행정적 관여 346
행정적 분권 57, 63
행정적 예산 419
행정적 의의 61
행정적 중립화 340
행정적 해결방식 394
행정적 후견 348
행정전산화 531
행정절차법 381
행정정보공개 78
행정정보망 379
행정지원직공무원 498
행정직군 496
행정체제 77, 338
행정특례 523
행정학적 접근방법 27
행정한계론 449
행정협의회 113, 386, 528
향약 102
향직단체 101
향청 101
향토애 592
향회 102
허가 360
헌법의 부속법전 112
헌장제도 522
혁신자치체 70
현금 465
현상추구형 629
협동수산관리위원회 689
협동적 해결방안 575
협력형 322
협의 360
협의조정 397
협의체 287
형사책임 491
호적사무 522
확인조사 376
확정판결의 통지 280
환경변화예측 36
환경보전 535
환경보전세 467
환경보호 609
환경보호법 701
환경오염방지문제 377
환경평가 69
환류(feed back)과정 338
회계감사 361, 444
회계년도 412
회계업무수당 505
회계직류 498
회기계속의 원칙 269
회의공개의 원칙 269
회피 252
횡할식 557
후진지역개발 589

[著者略歷]

중앙대 법정대 법학과와 서울대 환경대학원 및
서울대 법학연구소와 서울대 행정대학원 국가정책과정을 수료하고,
중앙대 대학원에서 행정학박사학위를 받음.
카자흐스탄, 알마티국립대학에서 명예정치학박사 학위를 받음.
몽골, 미트릭스대학에서 명예법학박사 학위를 받음.
제6회 행정고등고시 합격
전라남도 지방과장, 무안군수, 상공국장, 내무부 새마을지도과장, 세정과장,
순천시장, 지방행정연구원 연구부장, 원장(직대),
중앙공무원교육원 교수 · 행정쇄신실무위원회 위원 · 한국경제정책평가연구원 원장,
한국행정학회 이사, 행정고시 · 5급승진시험 · 공인중개사 시험위원 등을 역임.
서울특별시 동작구청장(민선 초대)
호남대학교 경영대학원장 · 행정대학원장, 중앙대 행정대학원 객원교수
한국경제정책평가연구원 이사장

현 : 숭실대 겸임교수

[著　書]

韓國地方自治論, 中小都市開發論, 受驗 行政法, 새마을금고法要論, 사회복지법제론
秘書學要論, 지방(도시)행정론, 地方自治와 都市政策, 不動産理論과 不動産租稅,
地方自治에 참여하는 길, 地方自治行政論, 일본지방자치법(역),
뉴 리더, 일본을 보면 미래가 보인다, 큰정치 · 작은정치(칼럼집 Ⅰ),
지방자치의 수요예측(역), 미국의 정부구조, 새우등 · 개미허리(칼럼집Ⅱ),
난세의 처세술, 뉴리더, 말을 잘해야 출세한다 등 다수

最新版 **地方自治行政論**

2009년　7월　1일　최신판 1쇄 인쇄
2009년　7월　10일　최신판 1쇄 발행

저　자　金　基　玉
발행인　高　晙　英
발행처　法　英　社

(135-280) 서울시 강남구 대치동 611
전화 (501) 8898　Fax (501) 8895
등록　1987. 11. 5　제3-125호(윤)
Homepage : bubyoungsa.co.kr
E-mail : bypuco@chollian.net

파본은 교환해드립니다.　　정가 **35,000**원

ISBN　978-89-7032-259-9